이 책의 한국어판 저작권은 EYA(Eric Yang Agency)를 통해 케임브리지대학교 출판부(Cambridge University Press)와 독점계약한 (주)소와당에 있습니다. 저작권법에 의하여 보호를 받는 저작물이므로 무단전재와 복제를 금합니다.

Korean translation copyright © 2021 by SOWADANG
Korean translation rights arranged with Cambridge University Press through EYA(Eric Yang Agency)

CAMBRIDGE WORLD HISTORY: Volume II (Ch.8~23)
Copyright © Cambridge University Press 2015

농업과 세계사 2
지역별 농업의 기원

그레이엄 바커 · 캔디스 가우처 편집 / 류충기 옮김

기원전 12,000년 – 기원후 500년

Cambridge World History
VOL. II Ch.8~23

소와당

케임브리지 세계사 시리즈 소개

케임브리지 세계사 시리즈는 활발한 연구가 펼쳐지고 있는 세계사 분야를 새롭게 개괄하는 권위 있는 개론이다. 세계사 및 지구사의 최근 연구 경향을 반영함으로써 포괄하는 시간적 범위를 확대했으며, 문헌 기록 이후의 역사뿐 아니라 인류의 전체 역사를 대상으로 했다. 국제적으로 다양한 분과 학문에서 선도적인 연구 업적을 내는 필자들을 섭외했고, 200명 이상의 저자들이 참여하여 오늘날까지 인류의 과거를 종합적으로 설명했다. 세계사는 다양한 방법론을 통해, 그리고 다양한 시공간적 범위에서 검토되어야 한다는 인식이 성장하고 있음을 감안하여, 시리즈의 각 권에서는 지역별 연구, 주제별 연구, 비교 연구의 성과를 수록했으며, 사례 연구를 더하여 넓은 시각의 연구를 깊이 있게 들여다볼 수 있도록 기획했다. 바로 이런 점이 케임브리지 세계사 시리즈의 특징이라 하겠다.

시리즈 편집 총괄
메리 위스너-행크스(Merry E. Wiesner-Hanks)
- Department of History, University of Wisconsin-Milwaukee

편집위원회
그레이엄 바커(Graeme Barker)
- Department of Archaeology, Cambridge University

크레이그 벤저민(Craig Benjamin)

- Department of History, Grand Valley State University

제리 벤틀리(Jerry Bentley)

- Department of History, University of Hawaii

데이비드 크리스천(David Christian)

- Department of Modern History, Macquarie University

로스 던(Ross Dunn)

- Department of History, San Diego State University

캔디스 가우처(Candice Goucher)

- Department of History, Washington State University

마니 휴스-워링턴(Marnie Hughes-Warrington)

- Department of Modern History, Monash University

앨런 캐러스(Alan Karras)

- International and Area Studies Program, University of California, Berkeley

베냐민 케다르(Benjamin Z. Kedar)

- Department of History, Hebrew University

존 맥닐(John R. McNeill)

- School of Foreign Service and Department of History, Georgetown University

케네스 포메란츠(Kenneth Pomeranz)

- Department of History, University of Chicago

베린 셰퍼드(Verene Shepherd)

- Department of History, University of the West Indies

산자이 수브라마니암(Sanjay Subrahmanyam)

- Department of History, UCLA and Collège de France

스기하라 가오루(杉原 薫)

- Department of Economics, Kyoto University

마르설 판 데르 린던(Marcel van der Linden)

- International Institute of Social History, Amsterdam

에드워드 왕(Q. Edward Wang)

- Department of History, Rowan University

노먼 요피(Norman Yoffee)

- Departments of Near Eastern Studies and Anthropology, University of Michigan; Institute for the Study of the Ancient World, New York University

한국어판 영어판 분권 대조표

케임브리지 세계사 시리즈 영어판은 7권 9책으로 구성되어 있지만, 번역본 한국어판은 18권으로 출간한다. 그 이유는 분량 때문이다. 분량이 워낙 많은 데다 번역하는 과정에서 페이지 수가 더욱 늘어나 때로는 1000페이지가 넘는 경우가 생기므로, 부득이 영어판 각 1권을 한국어판 2권으로 나눴다. 다만 세계사 서술에서는 시대구분 문제가 중요한 주제 중 하나이며, 영어판의 구성 자체가 시리즈 기획자들의 의도를 담고 있으므로, 페이지 분량 문제로 한국어판에서 부득이 분권을 하더라도 영어판의 구성을 최대한 존중하고자 했다. 그리하여 각 권의 표지에서 영어판의 분권 체제를 명시했으며, 또한 아래와 같이 한국어판과 영어판의 분권 구성과 시대구분을 정리했다. ─ 옮긴이

영어판		한국어판
Cambridge World Hostory Vol. I (to 10,000 BCE)	Part 1	케임브리지 세계사 01
	Part 2	케임브리지 세계사 02
Cambridge World Hostory Vol. II (12,000 BCE~500 CE)	Ch.1~7	케임브리지 세계사 03
	Ch.8~23	케임브리지 세계사 04
Cambridge World Hostory Vol. III (4000 BCE~1200 CE)	Part 1~3	케임브리지 세계사 05
	Part 4~6	케임브리지 세계사 06
Cambridge World Hostory Vol. IV (1200 BCE~900 CE)	Part 1	케임브리지 세계사 07
	Part 2	케임브리지 세계사 08

영어판		한국어판
Cambridge World Hostory Vol. V (1200 BCE~900 CE)	Part 1~3	케임브리지 세계사 09
	Part 4~5	케임브리지 세계사 10
Cambridge World Hostory Vol. VI (1400~1800 CE)	Part I Ch. 1~10	케임브리지 세계사 11
	Part I Ch. 11~18	케임브리지 세계사 12
	Part II Ch. 1~12	케임브리지 세계사 13
	Part II Ch. 13~18	케임브리지 세계사 14
Cambridge World Hostory Vol. VII (1750~Present)	Part I Ch. 1~10	케임브리지 세계사 15
	Part I Ch. 11~23	케임브리지 세계사 16
	Part II Ch. 1~11	케임브리지 세계사 17
	Part II Ch. 12~21	케임브리지 세계사 18

케임브리지 세계사 VOL. Ⅱ 소개

농업의 발전은 대개 인류 역사상 가장 중요했던 변화로 일컬어진다. 케임브리지 세계사 VOL. Ⅱ(한국어판 03~04권)에서는 농업과 농업 공동체의 기원 및 영향을 탐구하며, 농업 경제와 목축 및 수렵채집 경제의 관계 문제도 논의할 것이다. 세계 전역에 걸쳐 농업이 가져온 획기적 변화의 패턴을 포착하기 위하여 시간 범위는 기원전 1만 2000년에서 기원후 500년까지로 확대했으며, 신석기 시대부터 그 이후 시대까지 포괄했다. 고고학, 역사언어학, 생물학, 인류학, 역사학 등 여러 전공의 학자들이 필진으로 참여했다. 농업에서 비롯된 구조적으로 보다 복잡한 사회와 문화적 형태의 발달을 추적했으며, 예컨대 정주 마을의 형성과 고도화된 식량 확보 전략 등이 논의되었다. 덧붙여 지역별 개관도 수록했고, 세계 여러 지역에서 선정된 상세한 사례 연구 성과도 포함되었다. 지역별로는 서남아시아, 남아시아, 중국, 일본, 동남아시아, 태평양, 사하라 이남 아프리카, 아메리카, 유럽 등지를 망라했다.

책임 편집 / 그레이엄 바커(Graeme Barker)
케임브리지대학교 디즈니 고고학 명예교수, 맥도날드 고고학연구소 교수, 세인트존스칼리지(케임브리지대학교) 교수. 저서로《유럽 선사 시대 농업 혁명과 선사 시대 농법(The Agricultural Revolution in Prehistory and Prehistoric Farming in Europe)》(CUP, 1985)이 있다.

책임 편집 / 캔디스 가우처(Candice Goucher)
워싱턴주립대학교 역사학과 교수. 저서로《세계사: 과거로부터 현재까지의 여정(World History: Journeys from Past to Present)》(공저)이 있고, 멀티미디어 프로젝트〈세계사의 연결 고리(Bridging World History)〉공동 책임자이다.

03권 저자 목록
마리아 팔라(Maria Pala), University of Huddersfield
페드로 소아레스(Pedro Soares), University of Minho
갸네쉬워 초비(Gyaneshwer Chaubey), Estonian Biocentre
마틴 리처즈(Martin B. Richards), University of Huddersfield
크리스토퍼 에렛(Christopher Ehret), University of California, Los Angeles
샬럿 로버츠(Charlotte Roberts), University of Durham
에이미 보가드(Amy Bogaard), University of Oxford
앨런 우트램(Alan K. Outram), University of Exeter
다프네 갤러거(Daphne E. Gallagher), University of Oregon
로드릭 매킨토시(Roderick J. McIntosh), Yale University

04권 저자 목록

앨런 시몬스(Alan H. Simmons), University of Nevada, Las Vegas

게리 롤레프슨(Gary O. Rollefson), Whitman College

엘리너 킹웰-배넘(Eleanor Kingwell-Banham), University College London

캐머런 페트리(Cameron A. Petrie), University of Cambridge

도리언 풀러(Dorian Q. Fuller), University College London

유흠익(劉歆益, Xinyi Liu), Washington St. Louis University

마틴 존스(Martin Jones), University of Cambridge

조지군(趙志軍, Zhijun Zhao), Chinese Academy of Social Sciences

유국상(劉國祥, Guoxiang Liu), Chinese Academy of Social Sciences

사이먼 캐너(Simon Kaner), Sainsbury Institute for the Study of Japanese Arts and Cultures

야노 겐이치(矢野憲一), Ritsumeikan University

오카다 겐이치(岡田憲一), Archaeological Institute of Kashihara

휴 바턴(Huw Barton), University of Leicester

팀 데넘(Tim Denham), Australian National University

폴 레인(Paul J. Lane), Uppsala University

케빈 맥도널드(Kevin C. Macdonald), University College London

데버러 피어설(Deborah M. Pearsall), University of Missouri

톰 딜레헤이(Tom D. Dillehay), Vanderbilt University

앨러스데어 휘틀(Alasdair Whittle), University of Cardiff

피터 보거키(Peter Bogucki), Princeton University

리샤르트 그리기엘(Ryszard Grygiel), Museum of Archaeology and Ethnography, Łód

케임브리지 세계사 시리즈 서문

케임브리지 역사 시리즈는 오래전부터 역사학의 특정 주제를 선정하여 권위 있는 개론을 제공해왔다. 전문가들이 각 장별로 집필을 맡아서 여러 권으로 구성된 시리즈를 제작하는 방식이었다. 이런 방식으로 만들어진 첫 번째 시리즈는 〈케임브리지 근대사〉였다. 액턴 경(Lord Acton)이 기획을 맡았는데, 그가 사망한 직후 1902년부터 1912년까지 14권으로 출간되었다. 이는 이후 시리즈 구성의 모범이 되었다. 후속 시리즈로는 7권으로 구성된 〈케임브리지 중세사〉(1911~1936), 12권으로 구성된 〈케임브리지 고대사〉(1924~1939), 13권으로 구성된 〈케임브리지 중국사〉(1978~2009) 등이 있었다. 이외에도 국가별, 종교별, 지역별, 사건별, 주제별, 장르별로 전문화된 시리즈가 있었다. 이러한 시리즈들은 〈케임브리지 중국사〉가 표방했듯이 해당 주제에 대해서 영어로 된 "가장 방대하고 가장 종합적인" 역사서였고, 〈케임브리지 정치사상사〉가 주장했듯이 해당 분야의 "주요 주제를 모두" 포괄하고자 했다.

〈케임브리지 세계사〉 시리즈는 위대한 선배들의 업적을 본받았지만 동시에 차이도 있다. "가장 방대하고 가장 종합적인" 세계사 시리즈로서 "주요 주제를 모두" 포괄하려면 적어도 300권 규모가 필요할 것이다(시간은 100년쯤 걸리지 않을까?). 그 대신 이번 시리즈는 세계사 중에서 활발히 논의되는 분야를 개괄하고자 했고, 전체는 7권(volume) 9책(book)으로 구성되었다. 시간 범위는 문자 기록이 발달한 이후로 한정하지 않고 인류의 역사 전체를 포괄했다. 이러한 범위 설정은 최근 세계사 연구 경향을 반영한 것이다. 이처럼 폭넓게 시간 범위를 설정하면 고고학과 역사학의 경계가 모호해지고, 인류의 과거를 밝혀내기 위해 두 학문이 서로 보충적 관계에 놓이게 된다. 그래서 시리즈 각 권의 책임 편집에는 역사학자뿐만 아니라 고고학자도 참여했다. 이들은 미국, 영국, 프랑스, 오스트레일리아, 이스라엘 등지의 대학교에 재직하는 학자다. 또한 저자들의 연구 분야 역시 지역 범위 못지않게 폭이 넓다. 역사학, 미술사, 인류학, 고전학, 고고학, 경제학, 언어학, 사회학, 생물학, 지리학, 지역학 전문가가 참여했다. 이들은 오스트레일리아, 영국, 캐나다, 중국, 에스토니아, 프랑스, 독일, 인도, 이스라엘, 이탈리아, 일본, 네덜란드, 뉴질랜드, 폴란드, 포르투갈, 스웨덴, 스위스, 싱가포르, 미국 등지의 대학교에 재직하는 학자다. 연구를 통해 세계사 분야를 형성하는 데 기여한 원로 학자도 포함되어 있으며, 중견 및 소장 학자는 앞으로 세계사 분야를 만들어갈 사람들이다. 저자들 중 일부는 독립된 학문 분과이자 교육 분과로서의 세계사를 구축하는 데 긴밀한 노력을 기울였다. 학계에서는 이들의 활동을 지구사(global history), 초국사(transnational history), 국제사(international history), 비교사(comparative history) 등으로 일컬었다. (이들 분야는 서로 겹치거나 얽혀 있고 때로는 경쟁 관계에 놓여 있다. VOL. I 에 이 분야의 발전을 추적하는 글이 몇 편 수록되었다.) 대부분의 저자는 자기 분야의 전문가일 뿐이라고 생각하지만, 편집자들이 보기에는 폭넓은 대중에게 해당 분야를 가장 잘 설명할 수 있는 전문가, 혹은 자신에게 익숙한 영역을 넘어 새로운 영역으로 나아갈 수 있는 학자다.

세계사에 접근하는 길은 여러 갈래가 있고, 시공간적 범위를 다양하게 설정해야 한다는 인식이 날로 심화되고 있다. 이를 반영해서 각 권에는 다양한 분야의 글이 수록되었다. 지역 연구, 주제 연구, 비교 연구뿐만 아니라 사례 연구도 포함되었다. 사례 연구는 세계사 특유의 폭넓은 시야에 깊이를 부여해줄 것이다.

VOL. I(한국어판 01~02권)에서는 핵심적인 분석의 틀을 소개한다. 시대를 관통하는 세계사를 어떻게 서술할 것인지, 가장 중요한 접근 방법과 주제는 무엇인지 등에 대한 내용이다. 그리고 인류 역사의 95퍼센트를 차지하는 구석기 시대부터 기원전 1만 년까지를 다룬다. 이후로 각 권이 포괄하는 시간 범위는 갈수록 줄어들 것이며, 각 권별로 시간 범위가 다소 겹칠 수도 있다. 여기에는 복잡한 시대구분 문제가 반영되어 있다. 진정으로 글로벌한 역사를 다루려면 시대구분 문제가 복잡할 수밖에 없다. 편집자들은 겹치는 시간 범위를 억지로 조정하지 않았고, (예컨대 고전기, 근대 등의) 전통적 시대구분에 얽매이지 않았다. 이는 기존의 시대구분에 도전하고자 하는 의미도 있다. 또한 각 권별로 시간 범위를 조금씩 겹치게 함으로써 다양한 지역 간의 고립과 불균형, 서로가 서로에게 영향을 미치는 방식을 강조할 수 있었다. 각 권은 고유의 주제, 혹은 일정한 범위 내의 주제에 집중한다. 주제 선정은 편집자들이 맡았는데, 각 권에서 포괄하는 시대의 핵심인 동시에 세계사 전체를 이해하는 데 기본이 되는 주제들이 선정되었다.

VOL. II(한국어판 03~04권) "농업과 세계사(1만 2000 BCE~500 CE)"는 신석기 시대 이전부터 시작해서 이후 농업의 기원과 세계 여러 지역의 농경 공동체를 살펴본다. 더불어 유목 경제와 사냥·어로·채집 경제 관련 이슈들도 검토한다. 농업을 통해 형성된 더욱 복합적인 사회 구조 및 문화 양식의 공통점을 추적하고, 세계 여러 지역을 개관하며, 해당 지역의 사례 연구를 제시한다.

VOL. Ⅲ (한국어판 05~06권) "고대의 도시들(4000 BCE~1200 CE)"은 초기 도시에 초점을 맞춘다. 도시는 인류 사회 변화의 원동력이었다. 도시 및 공통 이슈 비교 연구를 통해 행정 및 정보 기술의 탄생과 전승, 의례, 권력의 분배, 도시와 그 배후지의 관계를 추적한다. 세계 여러 지역을 대상으로 도시의 발전과 일부 도시가 제국의 수도로 전환되는 과정을 살펴보기 때문에, VOL. Ⅲ이 포괄하는 시간 범위는 매우 폭넓다.

VOL. Ⅳ (한국어판 07~08권) "제국과 네트워크(1200 BCE~900 CE)"는 대규모 정치 단위와 상호 교환 네트워크가 형성되는 과정을 분석한다. 여기에는 "고대 문명"이라고 일컬어지던 내용이 포함된다. 그러나 세계의 다른 지역까지 포함하다 보니 시간 범위가 더 넓어졌다. 노예, 종교, 과학, 예술, 성차별에 대한 장을 포함해 사회·경제·문화·정치·기술 발전의 공통점을 분석한다. 또한 지역별 개관을 제시하는데, 지역별로 한두 군데 사례 연구도 포함되어 있다. 이는 해당 지역을 보다 깊이 있게 들여다보도록 하기 위함이다.

VOL. Ⅴ (한국어판 09~10권) "교역과 분쟁(500~1500 CE)"은 당시 1000년 동안 특징적으로 나타났던 무역 네트워크 및 문화 교류의 확장을 조명한다. 여기에는 경전 중심 종교의 확장과 과학, 철학, 기술의 전파도 포함된다. 사회 구조, 문화 제도, 환경, 전쟁, 교육, 가족, 법정 문화 같은 의미 있는 주제들이 전 지구적 차원 혹은 유라시아 차원에서 논의된다. 그리고 아시아, 아프리카, 유럽, 아메리카의 정치 및 제국 연구에서는 VOL. Ⅳ에서 시작된 국가 형성에 관한 논의가 계속 이어진다.

이상 VOL. Ⅰ~Ⅴ는 모두 각 1책(book)이다. 그러나 VOL. Ⅵ~Ⅶ은 각 2책이다. 기존의 시대구분으로 보면 근현대에 해당하는 부분이다. 최근 500년에 해당하는 이 시대의 특징은 갈수록 복잡해졌다는 데 있다. 전례 없는 세계화가 진행되었기 때문이다. 뿐만 아니라 그리 멀지 않은 과거이기 때문에 자료도 풍부하고 연구 성과도 많이 남아 있다.

VOL. Ⅵ(한국어판 11~14권) "세계화의 시대(1400~1800 CE)"는 갈수록 확대되는 생물학적·상업적·문화적 교류를 추적하고, 정치·문화·지성의 발달을 살펴본다.

VOL. Ⅵ 제1책(한국어판 11~12권)은 갈수록 상호 의존성이 심화되는 세계가 어떻게 만들어지게 되었는지 그 기초를 살펴본다. 여기에는 환경이나 기술 혹은 질병 등의 주제, 카리브해나 인도양 혹은 동남아시아처럼 특히 교류가 집중되었던 지역, 해양 제국이나 러시아 같은 육지 중심의 제국, 이슬람 제국, 대륙과 해양 모두 진출한 이베리아반도의 제국(포르투갈과 스페인) 같은 대규모 정치 체제 등이 연구 대상에 포함된다.

VOL. Ⅵ 제2책(한국어판 13~14권)은 전 세계적 혹은 지역적 이주와 서로의 만남을 검토한다. 이주를 일으킨 경제·사회·문화·제도적 구조를 살펴보고, 또한 이주를 통해 이러한 구조가 어떻게 바뀌었는지 검토한다. 여기에는 무역 네트워크, 법, 생필품 유통, 생산 과정, 종교 체제 등의 논의가 포함된다.

VOL. Ⅶ(한국어판 15~18권) "생산, 파괴, 접속(1750~현재)"은 세계가 화석 연료 사용 단계로 접어드는 과정을 추적하고, 인구 폭발과 세계화 과정을 통한 활발한 교류의 시대를 다룬다.

VOL. Ⅶ 제1책(한국어판 15~16권)은 인구 과잉의 지구가 만들어진 물질적 조건에 대해 논의한다. 여기에는 환경, 농업, 기술, 에너지, 질병 등의 주제와, 국가주의, 제국주의, 탈식민화, 공산주의 등 현대 사회를 만든 정치적 흐름, 그리고 몇몇 핵심 지역 연구가 포함된다.

VOL. Ⅶ 제2책(한국어판 17~18권)은 앞에서 논의된 주제들을 다시 검토한다. 가족, 도시화, 이민, 종교, 과학 등의 주제뿐만 아니라 스포츠, 음악, 자동차 등 이 시대에 특징적으로 나타난 글로벌한 현상, 냉전과 1989년 같은 변화의 특별한 계기 등에 대한 연구가 포함된다.

〈케임브리지 세계사〉 시리즈에는 모두 200여 편의 논문이 수록된 만큼 종합적이라고 할 수 있다. 그러나 결코 충분하지 않다. 각 권별 책임 편집자는 무엇을 포함하고 무엇을 배제할지 고심을 거듭했다. 이는 세계사 연구자라면 누구나 맞닥뜨리는 문제다. 2000년도 더 지난 과거에 헤로도토스(Herodotos)도 그랬고, 사마천(司馬遷)도 마찬가지였다. 각 권에서 논문의 배열 순서는 해당 시대의 특성을 고려하여 책임 편집자(들)가 판단했다. 그래서 각 권의 구성이 조금씩 다르다. 권별로 시대도 조금씩 겹치므로 어떤 주제는 여러 권에 걸쳐서 등장하기도 한다. 이는 각 권의 역사적 흐름을 이해하는 데 모두 중요하다고 판단되는 주제였기 때문이다. 특히 시리즈 편집자들은 중요한 요소의 발전 과정을 각기 다른 관점에서 살펴보는 것이 세계사 연구에 가장 적합한 방향이라고 생각했다. 각주는 다른 케임브리지 역사 시리즈들과 마찬가지로 상대적으로 가볍게 달았고, 처음 이 분야에 주목하는 독자들을 위한 배려로 각 장이 끝날 때마다 "더 읽어보기" 목록을 제시했다. 또한 이 시리즈는 이전의 시리즈들과 달리 전권이 한꺼번에 출간되었다.(영어판의 경우—옮긴이) 시리즈를 출간하는 데 10여 년씩 걸리던 출판계의 여유로운 속도가 21세기 디지털 시대에 이르러 달라진 것인지도 모르겠다.

다시 말해 〈케임브리지 세계사〉 시리즈는 책이 기획 및 생산되는 시점의 시대상을 반영하고 있다. 〈케임브리지 근대사〉 시리즈도 이와 다르지 않았다. 케임브리지대학교 출판부의 설명에 따르면, 액턴 경이 기획한 것은 "세계사"였다. 그러나 실제로 그 시리즈에 수록된 수백 편의 글 중에서 주인공이나 사건 혹은 정치 단위가 유럽과 북아메리카를 벗어난 경우는 손에 꼽을 정도에 불과했다. 〈새로운 케임브리지 근대사〉(1957~1979) 시리즈도 마찬가지로 세계사를 자처했지만 지역 편중은 별로 개선되지 않았다. 이는 놀라운 일이 아니다. 1957년, 심지어 시리즈의 마지막 권이 출간된 1979년에도 유럽은 곧 "세계"였고, 근대의 모든 것은 유럽에서 비롯되었다고 믿었다. 이런 관점을 우리는 "유럽 중심주의"라 부른다. (다른 언어권에서도 세계사가 집필되는 해당 지역을 중심으로 세계를 바라보는 관점이 없지 않았다.) 20세기 중반에도 유럽 중심은 지속되었고, 세계사와 지구사 분야는 미약했다. 강연회, 학회, 학술지 등 신생 분야를 형성해간 주역들은 1980년대에 이르러서야 등장했다. 그중에는 시작된 지 10년도 안 지난 것들도 있다. 가령 〈세계사 저널(Journal of World History)〉이 1990년 처음 출간되었고, 〈지구사 저널

〈Journal of Global History〉〉이 2005년, 〈뉴 글로벌 스터디즈(New Global Studies)〉〉가 2007년 시작되었다.

세계사 혹은 지구사의 발전은 다른 모든 학문 분과에서 치열한 자기 반성이 이루어지던 시대와 맥을 같이했다. 자신의 존재를 돌아보지 않고는 어떤 연구도 불가능했고, 기존의 모든 범주가 혼란스러워졌다. 포함과 배제, 다양성에 대한 우려가 역사학의 하위 분야에서 기본으로 자리 잡았고, 이러한 분위기에서 역사학 관련 교육이 이루어졌다. 그래서 이 시리즈의 편집자들은 균형을 추구하려고 노력했다. 전통적으로 세계사 분야에서 중점을 둔 것은 거대 규모의 정치·경제적 과정이었고, 정부나 경제 엘리트들이 주체가 된 역사였다. 이것과 문화적 요인, 사고방식, 의미 등 새로운 관심 주제들의 균형을 고려해야 했다. 뿐만 아니라 우리는 세계 여러 나라의 역사에서 중요한 주제들도 포함시키고자 노력했다. 저자의 구성에서도 지역적 안배와 세대별 안배를 고려했다. 〈케임브리지 근대사〉와 비교하자면 저자군의 지역적 범위가 훨씬 더 넓고, 저자의 성별도 더 균형이 맞는다. 그러나 우리가 원한 만큼 글로벌하지는 못했다. 현재 세계사와 지구사 연구는 영어권에서 압도적으로 많이 진행되고 있다. 그래서 학자들의 분포 또한 영국과 미국의 대학교에 편중되어 있다. 현대 세계의 여러 가지 불평등한 현실도 그렇지만, 세계사 연구의 이 같은 격차는 그야말로 이 시리즈에서 서술하는 세계사의 결과다. 그중 어느 시대가 핵심 요인이었는가, 그리고 어느 정도 비중으로 기원의 문제를 다룰 것인가 하는 문제는 저자마다 의견이 다를 수 있다.

나는 다만 이 시리즈가 액턴 경의 시리즈만큼 편차가 크지 않기를 바랄 뿐이다. 가능하면 2권으로 구성된 〈케임브리지 인도 경제사〉 (1982) 정도였으면 좋겠다. 〈케임브리지 인도 경제사〉의 편집자들(Tapan Raychaudhuri, Irfan Habib)은 서문에서 이렇게 말했다. "우리는 감히 우리의 노력이 새로운 지식을 형성하는 데 촉매가 되기를 바랄 뿐이다. 그래서 머지않아 새로운 지식이 이 책에 수록된 내용을 대체할 수 있기를 기원한다." 세계사와 지구사는 활발한 분야라서 머지않아 틀림없이 새로운 지식이 등장할 것이다. 다만 우리의 시리즈가 21세기 초라는 시점에 한해서나마 세계사 분야로 들어가는 문이 되고 전체를 조망할 수 있는 유용한 개론이 되기를 기대해본다.

메리 위스너-행크스(Merry E. Wiesner-Hanks)

케임브리지 세계사 04 차례

케임브리지 세계사 시리즈 소개	4
한국어판 영어판 분권 대조표	7
케임브리지 세계사 VOL.Ⅱ 소개	9
케임브리지 세계사 시리즈 서문	13

CHAPTER 8	서남아시아의 초기 농업	35
CHAPTER 9	요르단의 아인 가잘 유적	95
CHAPTER 10	남아시아의 초기 농업	123
CHAPTER 11	파키스탄의 메르가르 유적	173
CHAPTER 12	중국의 초기 농업	209
CHAPTER 13	중국의 흥륭구 유적	251
CHAPTER 14	일본의 초기 농업	281
CHAPTER 15	일본 나라 분지의 논	337
CHAPTER 16	동남아시아와 태평양의 초기 농업	373
CHAPTER 17	뉴기니 쿡 스왐프의 농부들: 뉴기니 고산 지대의 초기 농업	431
CHAPTER 18	사하라 이남 아프리카의 초기 농업 (기원후 500년경 이전)	475

CHAPTER 19	서아프리카 사헬 지대의 티치트 문명	523
CHAPTER 20	아메리카 대륙의 초기 농업	549
CHAPTER 21	페루의 난촉 밸리	595
CHAPTER 22	유럽의 초기 농업 사회	621
CHAPTER 23	폴란드의 초기 농부들	677

케임브리지 세계사 03 차례

CHAPTER 1	서론: 농업 이후의 세계
CHAPTER 2	고유전학
CHAPTER 3	언어학적 근거를 통해 본 농업의 기원
CHAPTER 4	농업은 우리에게 어떤 의미였을까?
	- 고생물학을 통해 본 건강과 음식
CHAPTER 5	공동체
CHAPTER 6	목축
CHAPTER 7	농업과 도시화

그림 목록

8-1. 예리코의 원형탑, 기원전 8000년   61
8-2. 괴베클리 테페의 조각 기둥   63
8-3. PPNB 시대의 건축 구조물   64
8-4. 오늘날 다나 지역의 마을   65
8-5. 아이스 기오르키스(Ais Giorkis) 유적   84
9-1. 아인 가잘 유적 평면도   99
9-2. 야르무크 토기 시대 후기의 텐트 자리   101
9-3. MPPNB 주택의 서쪽 방   105
9-4. LPPNB 주택 유적   106
9-5. PPNC 시대 "복도형 건물"과 야르무크 시대 "롱하우스"   108
9-6. MPPNB 유적(매장지)   111
9-7. MPPNB 시대의 두개골   113
9-8. 아인 가잘 출토 인형   115
9-9. 아인 가잘의 건물 유적   116
9-10. LPPNB 시대의 사원 유적   118
10-1. 남아시아 신석기 연표   131
11-1. 메르가르와 피라크   177
11-2. 메르가르 지도   178
11-3. MR3 남쪽 구역   183
11-4. 메르가르 제기 무덤 287번 평면도   184
12-1. 부유법 실시 현장   217
12-2. 조(粟) 재배지, 흥륭구 유적 인근 오한기(敖漢旗) 지역   221
12-3. 탄화 기장, 흥륭구 유적, 기원전 7700년경   223

12-4. 절강성 지역의 논   233
12-5. 하모도의 신석기 유적   234
12-6. 작돈 유적의 경작지, 기원전 4000년경   238
12-7. 모산 유적의 논 구조, 기원전 4700~4200년   239
13-1. 흥륭구Ⅰ 유적도   257
13-2. 흥륭구 유적 북서쪽 방향   260
13-3. 옥수수밭과 기장 잡초, 흥륭구 유적 인근   261
13-4. 흥륭구Ⅰ 유적 출토 옥결(玉玦), 신석기 초기   265
13-5. 흥륭구Ⅰ 유적 "움집 자리 구덩이", 신석기 초기   268
13-6. 흥륭구Ⅰ 유적 출토 동물의 두개골   269
13-7. 흥륭구Ⅱ 유적에서 발굴된 토용   271
14-1. 전기 야요이 시대의 논, 후쿠오카현 이타즈케 유적   288
14-2. 초기 벼농사 관련 물질문화   290
14-3. 식량 수급 활동의 연간 시간표, 조몬 시대(왼쪽)와 야요이 시대(오른쪽)   296
14-4. 도로(登呂) 유적 평면도, 후기 야요이 농업 마을, 시즈오카현   298
14-5. 야요이 시대의 정착지, 가나가와현 오쓰카 유적   309
14-6. 야요이 시대의 논, 오사카 지역   311
14-7. 6세기의 농장 평면도, 군마현 구로이미네 유적   315
14-8. 사토야마 지형 개념도   331
15-1. 만기 조몬 시대 및 전기 야요이 시대 유적 분포, 나라 분지 남부   341
15-2. 전기 야요이 시대 논과 정착지   343
15-3. 다마데 유적   344
15-4. 아키쓰-나카니시 복합 유적의 위치   347
15-5. 전기 야요이 시대 논의 평면 및 구획, 아키쓰-나카니시 유적   351
15-6. 토기의 편년과 방사성탄소 연대측정 보정, 만기 조몬 시대

및 전기 야요이 시대	354
15-7. 논 유적 방사성탄소 연대측정 보정, 아키쓰-나카니시 유적	355
15-8. 야생 경관의 변화, 아키쓰-나카니시 지역	366
16-1. 오스트로네시아 농경인 확산 모델	380
16-2. 반논왓 유적 매장지 86구역	396
16-3. 태국 "신석기" 유적 발굴 볍씨	400-401
16-4. 니아 동굴, 매장지 B205	410
16-5. 테오우마 유적 발굴 무덤	413
16-6. 전형적인 텃밭 농장	423
17-1. 쿠크 스왐프	438
17-2. 쿠크 스왐프의 고고학적 층서 모델	442
17-3. 뉴기니 초기 농업 분석에 기초한 개념도	445
17-4. 와기밸리 상류 식물 재배 관행 연표	446
17-5. 쿠크 스왐프의 식물고고학 및 고생태학 정보	448
17-6. 쿠크 스왐프의 초기 농업 관행을 알려주는 고고 유적들	457
17-7. 잔존 제방 유적의 디지털 재구성, 약 7000~6400년 전	461
17-8. 쿠크 스왐프 발굴로 드러난 가장 오래된 수로의 평면도	464
18-1. 소 매장지	482
18-2. 진주조의 꽃대와 외피	485
18-3. 갈돌(오나 문화 유적)	489
18-4. 목축 신석기 시기 유적(Lothagam West: GeJi10)	491
18-5. 올 은고로이(Ol Ngoroi) 바위 은신처, 케냐(Lolldaiga hills)	493
18-6. 시가(담배) 모양 토기	497
18-7. 돌그릇	500
18-8. 반구형 사발과 바닥이 오목한 토기	503
18-9. 초기 가축 사육 정착지 전경, 남아프리카공화국(Kasteelberg Hill)	512

19-1. 티치트 문화 지역 지도	526
19-2. 티치트 이전 시기 유적	528
19-3. 지간야이(Djiganyai) 유적 발굴 현장, 2000년	530
19-4. 지간야이(Djiganyai) 출토 석기	532
19-5. 토기에 남아 있는 재배종 기장의 흔적, 티치트 문화	533
19-6. 다클레트 엘 아트루스-Ⅰ 유적 평면도, 모리타니	538
19-7. 티치트 문화의 전형적인 토기 테두리	544
20-1. 아메리카 대륙의 농작물 기원지 추정 지도	552
20-2. 발로 밟는 쟁기(따비)	580
21-1. 난촉 밸리 지도, 페루	600
21-2. 라스 피르카스 유적, 난촉 밸리 충적토에 위치	603
21-3. 주택 개념도, 파이한 유적, 약 1만 년 전	605
21-4. 주택의 흔적, 라스 피르카스 유적	606
21-5. 사각형 주택의 기초, 티에라 블랑카 유적	607
21-6. 두 개의 언덕, 세멘테리오 데 난촉 유적	609
21-7. 코카 이파리, 티에라 블랑카 유적	609
22-1. 아이스맨 복원 모형	625
22-2. 렌젤 문화의 주택	628
22-3. 빈차-벨로 브르도 유적의 일부	629
22-4. 티사폴가르-바사타니아 유적의 매장지 구역	630
22-5. 바이에른 산록 지대의 다양한 주택 형태	633
22-6. 정착지 환호 구조의 상상도	634
22-7. 거석 유물 복합 유적	636
22-8. 알프스 고고도 지대의 자연석	655
23-1. LBK 문화 정착지 지도	684
23-2. LBK 문화 건축 구조물 유지, 브제시치 쿠야프스키 유적	687

23-3. 선형토기(LBK), 팔보르츠 출토　　　　　　　　　　　688
23-4. 브제시치 쿠야프스키 그룹 분포도　　　　　　　　　694
23-5. 브제시치 쿠야프스키 그룹의 정착지 평면도, 오스윈키 유적　　696
23-6. 브제시치 쿠야프스키 그룹의 집자리 유적, 미에호비체 발굴　　696
23-7. 브제시치 쿠야프스키 그룹의 매장지, 오스윈키 유적　　701
23-8. 공동 매장 사례, 오스윈키 유적　　　　　　　　　　705
23-9. 브제시치 쿠야프스키 그룹의 사슴뿔 도끼, 오스윈키 유적　　711

지도 목록

8-1. 근동 지역의 주요 고고 유적지   39
10-1. 남아시아의 주요 고고 유적지   126
10-2. 남아시아의 주요 지역과 유적지, 각 지역의 초기 농업을
       대표하는 품종들   132
12-1. 중국의 주요 지역과 유적지   212
14-1. 일본의 주요 유적지   300
16-1. 동남아시아의 주요 유적지   376
18-1. 아프리카의 주요 지역과 유적지   481
20-1. 아메리카의 초기 농업 유적지   558
22-1. 유럽의 주요 고고 유적지   624
23-1. 유럽 중북부의 쿠야비 및 브제시치 쿠야프스키(BK) 위치   680

표 목록

8-1. 근동 지역 신석기 연표   44
10-1. 남아시아의 재배종 식물과 사육종 동물 및 기원지   129
20-1. 아메리카 대륙의 곡물 간략 목록   553-554

그림/표 출처

〔그림 8-1〕 photo: Israel/Ancient Art and Architecture Collection Ltd/ Bridgeman Images. 〔그림 8-2〕 from A.H. Simmons, *The Neolithic Revolution in the Near East: Transforming the Human Landscape* (Tucson: University of Arizona Press, 2007). 〔그림 8-3〕 photo by Alan H. Simmons. 〔그림 8-4〕 from A.H. Simmons, *The Neolithic Revolution in the Near East: Transforming the Human Landscape* (Tucson: University of Arizona Press, 2007). 〔그림 8-5〕 photo by Alan H. Simmons. 〔그림 9-1〕 drawing by G. Rollefson based on earlier versions by A. Omari and M. Bataineh. 〔그림 9-2〕 photo by Y. Zo'bi. 〔그림 9-3〕 photo by C. Blair. 〔그림 9-4〕 photo by Y. Zo'bi. 〔그림 9-5〕 (a) photograph by C. Blair. (b) photo by Y. Zo'bi. 〔그림 9-6〕 (a) photo by C. Blair. (b) photo by B. Byrd. 〔그림 9-7〕 photo by H. Wada. 〔그림 9-8〕 photos by John Tsantes. 〔그림 9-9〕 (a) photo by H. Wada. (b) photo by Y. Zo'bi. 〔그림 9-10〕 photos by B. Degedeh. 〔그림 11-1〕 after C.A. Petrie and K.D. Thomas, 'The topographic and environmental context of the earliest village sites in western South Asia', *Antiquity*, 86:334 (2012). 〔그림 11-2〕 after C. Jarrige et al. (eds.), *Mehrgarh: Field Reports 1974-1985 from Neolithic Times to the Indus Civilisation* (Karachi: Department of Culture and Tourism, Government of Sindh, Pakistan, in collaboration with the French Ministry of Foreign Affairs, 1995), fig. 4. 〔그림 11-3〕 after J.-F. Jarrige et al., 'Mehrgarh Neolithic: the updated sequence', in C. Jarrige and V. Lefèvre (eds.), *South Asian Archaeology 2001*, 2 vols. (Paris: Éditions Recherche sur les Civilisations, 2005), vol. I, fig. 2. 〔그림 11-4〕 after M. Lechevallier and G. Quivron, 'Results of recent excavations at the Neolithic site of Mehrgarh', in

J. Schotsmans and M. Taddei (eds.), *South Asian Archaeology 1983*, Series Minor 23 (Naples: Istituto Universitario Orientale, 1985), 69-90, fig. 9. 〔그림 12-5〕 photograph kindly supplied by Judith Cameron. 〔그림 12-7〕 after P. Ding et al., 'Zhejiang Yuhang Linping Maoshan yizhi (Maoshan site at Linping, Yuhang, Zhejiang province)', *News on Cultural Relics*, 17 March 2010, fig. 1. 〔그림 13-1〕 after H. Yang et al., *The Origin of Jades in East Asia: Jades of the Xinglongwa Culture* (Centre for Chinese Archaeology and Art, Chinese University of Hong Kong, 2007), 19. 〔그림 13-4〕 after Yang et al. 2008: 90. 〔그림 13-5〕 after Yang et al. 2008: 11. 〔그림 13-6〕 after Yang et al. 2008: 23. 〔그림 14-1〕 courtesy of Fukuoka Prefectural Board of Education. 〔그림 14-2〕 redrawn from A. Wieczorek and W. Steinhaus (eds.), *Zeit der Morgenröte: Japans Archäologie und Geschichte bis zu den ersten Kaisern* (Mannheim: Reiss-Engelhorn-Museen, 2004). 〔그림 14-3〕 Left: Jomon calendar adapted from T. Kobayashi, *Jomon Reflections* (Oxford: Oxbow, 2004); Right: Yayoi calendar adapted from Osaka Prefectural Museum of Yayoi Culture (ed.), *Yayoi bunka (Yayoi Culture)* (Osaka, 1991), 93. 〔그림 14-4〕 from C.M. Aikens and T. Higuchi, *The Prehistory of Japan* (New York and London: Academic Press, 1982), 227. 〔그림 14-5〕 courtesy of Kanagawa Prefectural Board of Education. 〔그림 14-6〕 redrawn from T. Inoue, 'Early irrigation systems of rice paddy fields in Japan', in B.J. Coles et al. (eds.) *Bog Bodies, Sacred Sites and Wetland Archaeology* (Exeter: Wetland Archaeology Research Project, 1999), 115-20. 〔그림 14-7〕 redrawn from Inoue 1999. 〔그림 14-8〕 redrawn from K. Takeuchi et al. (eds.), *Satoyama: The Traditional Rural Landscape of Japan* (Berlin: Springer, 2003). 〔그림 16-1〕 from G. Barker, *The Agricultural Revolution in Prehistory: Why did Foragers Become Farmers?* (Oxford University Press, 2009), fig. 6.17. 〔그림 16-2〕 image credit: Charles Higham.

〔그림 16-3〕 image credits: Cristina Castillo. 〔그림 16-4〕 image credit: Graeme Barker/G. Barker and M. Janowski (eds.), *Why Cultivate? Anthropological and Archaeological Approaches to Foraging-Farming Transitions in Southeast Asia* (Cambridge: McDonald Institute for Archaeological Research, 2011), fig. 7. 〔그림 16-5〕 from S. Bedford et al., 'The Teouma Lapita site and the early human settlement of the Pacific Islands', *Antiquity*, 80 (2006), fig. 9. 〔그림 16-6〕 photo by Huw Barton. 〔그림 17-2〕 from T.P. Denham et al., 'Contiguous multi-proxy analyses (X-radiography, diatom, pollen and microcharcoal) of Holocene archaeological features at Kuk Swamp, upper Wahgi valley, Papua New Guinea', *Geoarchaeology*, 24 (2009), fig. 3. 〔그림 17-3〕 updated version of T.P. Denham, 'Early to mid-Holocene plant exploitation in New Guinea: towards a contingent interpretation of agriculture', in T.P. Denham et al. (eds.), *Rethinking Agriculture: Archaeological and Ethnoarchaeological Perspectives* (Walnut Creek, CA: Left Coast Press, 2007), fig. 5.4. 〔그림 17-4〕 updated version of T.P. Denham et al., 'Contiguous multi-proxy analyses (X-radiography, diatom, pollen and microcharcoal) of Holocene archaeological features at Kuk Swamp, upper Wahgi valley, Papua New Guinea', *Geoarchaeology*, 24 (2009), fig. 1. 〔그림 17-5〕 reproduced from T.P. Denham, 'Environmental archaeology: interpreting practices-in-the-landscape through geoarchaeology', in B. David and J. Thomas (eds.), *Handbook of Landscape Archaeology* (Walnut Creek: Left Coast Press, 2008), 468-81. 〔그림 17-6〕 all photos provided by, and used with permission of, Prof. Jack Golson and reproduced from T.P. Denham, 'Early to mid-Holocene plant exploitation in New Guinea: towards a contingent interpretation of agriculture', in T.P. Denham et al. (eds.), *Rethinking Agriculture: Archaeological and Ethnoarchaeological Perspectives* (Walnut

Creek, CA: Left Coast Press, 2007), fig. 5.3. 〔그림 17-7〕 from T.P. Denham and S. Haberle, 'Agricultural emergence and transformation in the upper Wahgi valley, Papua New Guinea, during the Holocene: theory, method and practice', *The Holocene*, 18 (2008), fig. 5. 〔그림 18-1〕 photo © Kat Manning, reproduced with permission. 〔그림 18-2〕 photo © Kat Manning, reproduced with permission. 〔그림 18-3〕 photo © Matthew Curtis, reproduced with permission. 〔그림 18-4〕 photo © Elisabeth Hildebrand, reproduced with permission. 〔그림 18-5〕 photo © Paul J. Lane. 〔그림 18-6〕 photo © Joanna Casey, reproduced with permission. 〔그림 18-7〕 photo © Stanley Ambrose, reproduced with permission. 〔그림 18-8〕 photo © Oli Bolies, reproduced with permission. 〔그림 18-9〕 photo © Karim Sadr, reproduced with permission. 〔그림 19-2〕 photo by K. MacDonald. 〔그림 19-3〕 photo by K. MacDonald. 〔그림 19-4〕 illustration by R. Vernet and K. MacDonald. 〔그림 19-5〕 photo by K. MacDonald. 〔그림 19-6〕 courtesy of R. Vernet. 〔그림 20-2〕 Werner Forman Archive/Bridgeman Images. 〔그림 22-1〕 after M. Egg and K. Spindler, *Kleidung und Ausrüstung der Gletschermumie aus den Ötztaler Alpen* (Mainz: Verlag des Römisch-Germanischen Zentralmuseums, 2009). 〔그림 22-2〕 after A. Osztás et al., 'Alsónyék-Bátaszék: a new chapter in research of the Lengyel Culture', *Documenta Praehistorica*, 39 (2012). 〔그림 22-3〕 photo courtesy of Nenad Tasić. 〔그림 22-4〕 after I. Bognár-Kutzián, *The Copper Age Cemetery of Tiszapolgár-Basatanya* (Budapest: Akadémiai Kiadó, 1963). 〔그림 22-5〕 after R. Ebersbach, 'Houses, households, and settlements: architecture and living spaces', in F. Menotti and A. O'Sullivan (eds.), *The Oxford Handbook of Wetland Archaeology* (Oxford University Press, 2013), 283–301. 〔그림 22-6〕 drawing by Ian Dennis. 〔그림 22-7〕 after S. Cassen (ed.), *Autour de la Table: explorations archéologiques et discours savants sur des architectures* mégalithiques à Locmariaquer, Morbihan (Nantes: Laboratoire de recherches archéologiques, CNRS, and Université de Nantes, 2009). 〔그림 22-8〕 photo by Pierre Pétrequin/ CRAVA.

〔표 8-1〕 compiled from A.H. Simmons, *The Neolithic Revolution in the Near East: Transforming the Human Landscape* (Tucson: University of Arizona Press, 2007).

CHAPTER 8

서남아시아의 초기 농업

앨런 시몬스
Alan H. Simmons

고든 차일드(V. Gordon Childe)가[1] "신석기 혁명(Neolithic Revolution)"이란 말을 만들어냈을 때, 이 말이 그렇게 오래 사용될 줄은 본인도 몰랐을 것이다. 그는 수렵채집 경제로부터 농업 기반 경제로 넘어가는 전환기를 "신석기 혁명"이라 표현했던 것인데, 사실 그 "혁명"은 인류 역사상 가장 심오하고 혁신적인 변화였다. "혁명"의 당시부터 오늘날까지, 인류 사회의 사실상 모든 측면에 그 "혁명"이 영향을 미쳤다. 아마도 그래서인지, 신석기라는 개념은 정의하기가 간단치 않다. 그것이 생활 경제의 변화를 의미하는 것은 틀림없다. 야생 식량 자원을 사육 혹은 재배하는 것, 그리고 항구적 정착 공동체를 수립하는 것이 이 개념에 포함되어 있다. 그러나 이는 단순한 문제가 아니다. 적어도 근동 지역에서는 반(半)정주적 주거지가 사육 혹은 재배가 시작되기 이전부터 존재했기 때문이다. 반대로 아메리카 남서부 지역을 비롯한 몇몇 지역에서는 식물 재배가 시작된 뒤에도 마을이 형성되지 않았다.[2] 이와 같이 "신석기"라는 개념에

---

1 V.G. Childe, *Man Makes Himself* (London: Watts, 1936).
2 S. Fish and P. Fish, 'Comparative aspects of paradigms for the Neolithic transition in the Levant and the American Southwest', in G. Clark (ed.), *Perspectives on the Past: Theoretical Biases in Mediterranean Hunter-Gatherer Research* (Philadelphia: University of Pennsylvania Press, 1991), 396-410.

는 다양한 행동 양식이 내포되어 있다. 신석기가 가장 강하게 영향을 미친 지점은 인간이 서로를, 그리고 주변 환경을 대하는 태도에 있었다. 그러므로 신석기란 경제적 변혁을 일컫는 말이기는 해도 사육과 재배의 문제라기보다는 사람들이 식량을 어떻게 바라보고 또한 이용하는지, 그 관점의 문제라고 해야 할 것이다. 여기에는 기술적 및 사회적 혁신도 함께 요구되었다. 이 모두를 하나로 묶어서 "신석기 패키지"라고 한다.

알려진 바로 가장 오래된 신석기 문화는 서남아시아, 흔히들 "근동(Near East)"이라고 부르는 지역의 "비옥한 초승달 지대"에서 등장했다(지도 8-1).[3] 앞으로 연구에 따라서는 다른 지역에서 더 오래된 신석기 문화가 발견될 수도 있겠지만, 가장 많이 가장 철저하게 연구된 곳은 그래도 근동 지역의 신석기 문화일 수밖에 없다. 서구 문화가 근동에서 파생되었다고 알려져 있었기 때문에, 학문으로서의 고고학이 처음 시작될 때부터 유럽 및 아메리카의 학자들이 근동 지역을 집중적으로 연구했기 때문이다. 필자가 이 글에서 말하는 "근동"이란 넓은 의미로 사용된다. 그래서 기존에 수많은 연구가 이루어졌던 레반트 지역뿐만 아니라 메소포타미아와 아나톨리아, 즉 오늘날의 이란, 이라크, 터키 지역이 모두 포함된다.

필자가 사용하는 "신석기" 개념은 다음과 같다. 신석기란 시간의 틀

---

3 G. Barker, *The Agricultural Revolution in Prehistory: Why did Foragers Become Farmers?* (Oxford University Press, 2006); S.F. McCarter, *Neolithic* (New York and London: Routledge, 2007); A.H. Simmons, *The Neolithic Revolution in the Near East: Transforming the Human Landscape* (Tucson: University of Arizona Press, 2007).

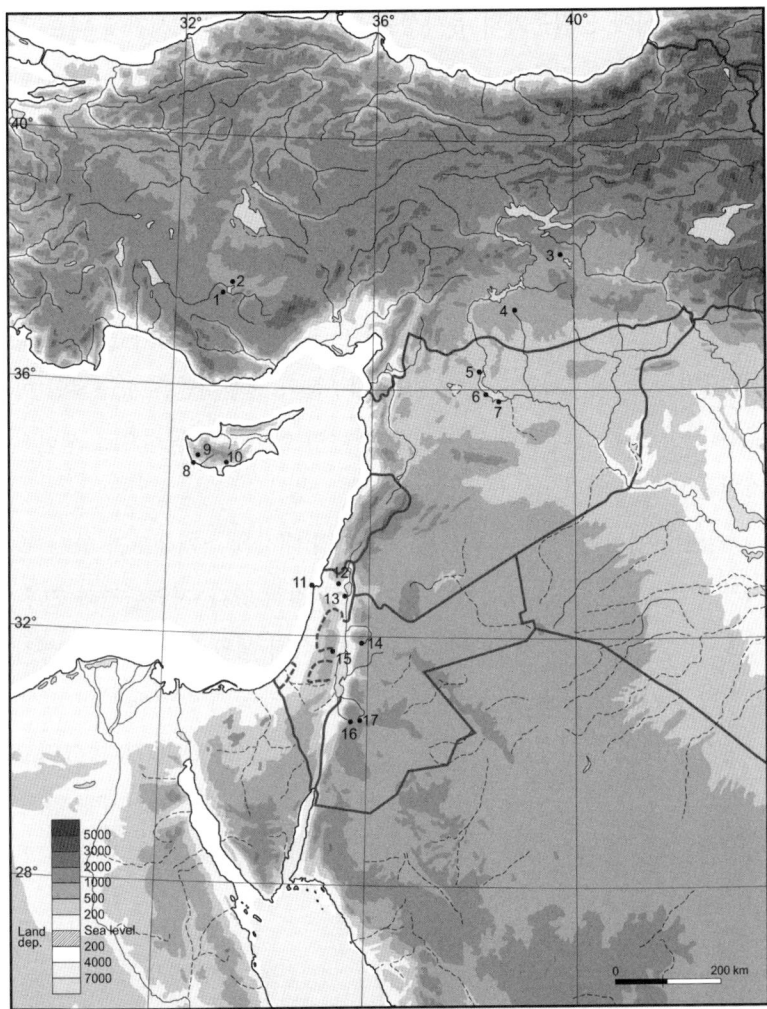

[지도 8-1] 근동 지역의 주요 고고 유적지
1. Suberde; 2. Catal; 3. Cayonu; 4. Godeckli; 5. Jerf el Ahmar; 6. Mureybat;
7. Abu Huyera; 8. Mylouthkia; 9. Ais Yiorkis; 10. Shillourokambos; 11. Atlit Yam;
12. Kfar Hahoresh; 13. Shar HaGolan; 14. Ain Ghazal; 15. Jericho;
16. Wadi Feinan; 17. Ghwair Ⅰ.

이면서 동시에 물질문화의 유사성을 일컫는다. 그러나 시간에 따른 정의와 물질문화를 기준으로 하는 정의는 경계가 다소 불분명한 측면이 있다. 예를 들어 필자가 말하는 "신석기"에는 생활 경제가 대체로 수렵과 채집에 머물러 있는 사람들도 포함되는데, 이들은 신석기의 물질문화를 받아들이고 신석기 마을의 사람들과 교류한 사람들, 예를 들면 레반트 남부의 건조 지대에 살았던 사람들이다. 그곳의 신석기인은 최소한 1년 중 일정 기간 동안에는 이동식 수렵채집인으로 살아갔다.[4] 이들처럼 "변두리" 신석기인도 있었지만, 대부분의 신석기인은 항구적인 마을에 거주했다. 그리고 대개는 야생 자원이 아니라 인공적으로 생산한 자원을 먹고 살았다.

이번 장에서 필자는 근동 지역 신석기의 대강을 소개해보려 한다. 필자가 말하는 맥락에는 여러 주제들이 서로 얽혀 있다. 자연환경과 기후, 근동 지역에만 특수하게 적용되는 이론, 신석기 생활 경제의 특성, 정착 문제와 초기 마을의 특성, 물질문화의 경향성, 새롭게 발달한 사회 질서, 신석기 시대의 핵심 지역과 팽창, 신석기 라이프스타일의 결과, 그리고 미래의 연구 동향 등이다. 이러한 주제에 본격적으로 들어가기에 앞서, 먼저 몇 가지 용어와 시대구분 문제에 대해서 조금 이야기를 해두는 편이 좋을 것 같다.

기초: 연구사, 용어, 연표

근동 지역의 신석기 연구가 처음 시작된 때는 고고학이 아직 분과

---

4 Simmons, *Neolithic Revolution*, 127-8.

학문으로 형성되는 중이었다. 그래서 수많은 학자들이 연구에 참여했지만, 그들의 학문적 배경이나 출신 국적에 따라 서로 다른 용어가 사용되었다. 이 글을 쓰면서도 이러한 사실을 새삼 절감하게 된다. 가급적 전통적인 신석기 연구 학술 용어를 사용하고자 하지만, 근동 지역 안에서도 연구 대상 지역마다 다른 용어가 사용되었다. 나투프 문화(Natufian culture)만 하더라도 그렇다. 나투프 문화는 신석기 시대 이전의 중요한 문화로, 나중에 전개될 신석기 문화 발전의 기본 틀이 만들어진 시기였다. 나투프 문화의 단계는 전기와 후기로 나뉜다. 나투프 문화 이후로 PPN 시대와 PN 시대가 길게 이어졌다. PPN 시대란 토기가 만들어지기 이전의 신석기(Pre-Pottery Neolithic, PPN) 시대를, PN 시대란 토기가 만들어진 이후의 신석기(Pottery Neolithic, PN) 시대를 의미한다. PPN 시대는 근동의 신석기 문화가 번성했던 시기를 대표하는데, 다시 세부적으로 A, B, C 단계(PPN-A, PPN-B, PPN-C)로 나뉜다. PPNA 시대를 엘키암(El Khiam) 문화와 텔에스술탄(Tell es-Sultan) 문화로 나누기도 하는데,[5] 여기에 대해서는 논란이 있다. 즉 엘키암 문화가 과연 고유의 정체성이 있었는가 하는 문제 때문이다.[6] PPNB 시대는 전기, 중기, 후기로 나누는 것이 일반적이다. PPNC 시대는 비교적 최근에 밝혀졌는

---

5 O. Bar-Yosef, 'Earliest food producers - Pre-Pottery Neolithic (8000-5000)', in T. Levy (ed.), *The Archaeology of Society in the Holy Land* (London: Leicester University Press, 1998), 190-204.
6 Y. Garfinkel, 'Critical observations on the so-called Khiamian flint industry', in S. Kozlowski and H.G. Gebel (eds.), *Neolithic Chipped Stone Industries of the Fertile Crescent and their Contemporaries in Adjacent Regions* (Berlin: Ex oriente, 1996), 15-21.

데, 요르단의 거대한 유적지 아인 가잘('Ain Ghazal)을 발굴하는 과정에서 규명되었다.[7] PN 시대는 대체로 A, B 단계(PN-A, PN-B)로 나누지만 지역에 따라 차이가 있다. 이들 용어는 캐슬린 케년(Kathleen Kenyon)의 예리코(Jericho) 연구를 통해 널리 알려졌는데, 지금도 그 개념 그대로 사용되고 있다.

제1차 세계대전 이전에는 로런스(T. E. Lawrence)나 레너드 울리 경(Sir Leonard Woolley) 같은 과감한 고고학자들에 의해 최초의 신석기 유물이 발굴되기 시작했다. 이를 통해 근동 지역에서는 구석기 시대와 대규모 도시 문화의 등장 사이에, 기존에 알려지지 않은 모종의 중간 단계가 있었다는 사실이 드러났다.[8] 본격적인 신석기 연구는 1920년대에 시작되었다. 특히 레반트 남부 지역 조사가 이루어졌는데, 가장 의미가 깊었던 기념비적 업적은 단연코 성서의 도시 예리코 발굴이었다. 1930년대에 존 가스탕(John Garstang)은 이 유적에서 신석기 발굴층위의 기본 순서를 확립했다. 뒤이어 1950년대에는 케년(Kenyon)이 발굴을 이어갔다. 그는 고도로 발달하고 오랫동안 지속된 대규모 신석기 공동체를 보고했다. 이 공동체는 지금까지도 신석기 개념의 기본 사례로 널리 참고가 되고 있다.[9] 예리코 발굴의 초기 단계에서는 예리코를 신석기 유적이라고 단정했는데, 이는 불행한 사건이었다. 왜냐하면 예리코 유적은 대

---

7 A.H. Simmons et al., ''Ain Ghazal: a major Neolithic settlement in central Jordan', *Science*, 240 (1988), 35-9; and see Chapter 9.
8 A. Moore, 'The development of Neolithic societies in the Near East', in F. Wendorf and A. Close (eds.), *Advances in World Archaeology*, vol. IV (New York: Academic Press, 1985), 1-69.
9 K. Kenyon, *Digging Up Jericho* (London: Benn, 1957).

부분의 다른 신석기 유적과는 상당한 차이가 있었기 때문이다.

북쪽에서도 로버트 브레이드우드(Robert Braidwood)를 비롯한 여러 학자들에 의해 신석기 유적지가 보고되었다. 제2차 세계대전이 끝난 뒤 고고학 연구가 가속화되었다. 브레이드우드는 자르모(Jarmo) 유적을 비롯한 이라크의 여러 유적지를 연구했다. 그의 선구적인 학제간 연구는 특히 중요한 의미가 있었다. 더욱이 브레이드우드와 케년은 누구의 유적지가 "더 중요한지" 과감하게 의견을 교환했다. 이외에도 멜라아트(Mellaart)를 비롯해 터키에서 활동한 연구자들이 있었다. 이들은 특히 차탈회위크(Çatalhöyük), 수베르데(Suberde), 차이외뉴(Çayönü) 같은 주요 유적지들을 연구했다. 이들의 연구를 통해 우리는 신석기 시대 레반트의 핵심 지역을 벗어나는 다른 지역의 신석기 문화에 관한 지식을 상당히 넓힐 수 있었다. 그러나 불행히도 정치적 고려 때문에, 특히 이란과 이라크는 주요 유적의 발굴을 끊임없이 방해했다. 이유는 달랐지만 터키도 사정은 비슷했다. 터키의 신석기 문화는 고도로 발달했고 영역도 방대했지만, 최근에 와서야 비로소 뚜렷한 연구 대상으로 주목을 받고 있다.[10] 레반트 지역 연구도 대단히 확대되었다. 예리코보다 더 작은 규모의 수많은 신석기 공동체들이 보고되고 있고, 덕분에 우리는 보다 균형 잡힌 시각을 가질 수 있게 되었다. 근동 지역의 정치 환경은 끊임없이 변덕을 부리고 있다. 그럼에도 불구하고 오늘날 신석기 연구는 더욱 정교해지고 있다. 경우에 따라서는 신석기에 대한 상식을 완전히 뒤집

---

10 M. Özdoğan and N. Bas,gelen (eds.), *Neolithic in Turkey: The Cradle of Civilization* (Istanbul: Arkeoloji Sanat Yayınları, 1999).

단계	기존(보정 전) BP	보정 후 BP
Natufian	c. 12,800~10,200	c. 15,000~12,000
PPNA	c. 10,500~9,200	c. 11,700~10,500
PPNB	c. 9,500~7,900	c. 10,500~8,700
PPNC	c. 7,900~7,500	c. 8,600~8,250
PN	c. 8,000~6,100	c. 9,000~6,900

[표 8-1] 근동 지역 신석기 연표
참고로 일부 지역에서는 PPNC 시대와 PN 시대가 다소 겹친다. 레반트 지역에서는 PN 시대의 시작을 약 7500년 전(BP)으로 본다.

기도 하는데, 특히 요르단, 터키, 키프로스의 경우가 그러했다.

근동의 신석기 시대 연표는 수많은 방사성탄소 연대측정 결과에 근거해서 만들어졌다. 지역별로 다소간 차이가 있거나 겹치기도 하지만, 기본 틀은 [표 8-1]과 같다. 이 글에서 전개될 주제별 논의에서는, 필요한 경우 연표에서 보이는 각 단계의 자료들을 포함하게 될 것이다.

자연환경

근동이라 하면 매우 광범위한 지역을 포괄하며, 세부 지역별로 경관이 뚜렷하게 달라진다. 오늘날 근동 지역 대부분에서 자연환경이 악화되었지만, 1만 2000년 전에는 그렇지 않았다. 플라이스토세가 끝나고 홀로세가 시작될 무렵, 기후 및 기온 변화가 극심했었다. 그 결과 초기 농업에 적합한 우호적 자연환경이 확대되기도 했다가 거꾸로 감소하기도 했다. 이런 변화는 대개 빠르게 진행되었지만, 인류에게 미친 결과는 수 세대를 거쳐 지속되었다. 따라서 신석기 시대가 도래한 원인이 기후나 환경 요인인지, 아니면 순수하게 문화적 현상인지를 두고 상당히 많은 논란이 이어져왔다. 좀 더 구체적으로 말해 논쟁의 초점은 신석기 시대가 유리한 환경 조건에서 시작되었는지, 아니면 불리한 환경 조건에서 시작되었는지를 판단하는 데 있었다.

이 문제를 연구하는 데는 새로운 연구 방법론이 큰 도움이 되었다. 최근에는 옛날의 자연환경을 파악할 수 있는 여러 방법론이 발달했다. 예를 들면 이스라엘 소레크 동굴(Soreq Cave) 내부의 스펠레오뎀(speleothem, 석회 동굴 내부의 독특한 퇴적 지형 - 옮긴이)을 상세히 분석(동굴 내부 퇴적물에서 얻은 자료의 안정동위원소를 분석)함으로써 신석기 시대 대부분의 시기에 해당하는 고기후 관련 자료를 추출해냈다.[11] 이외에도 그린란드의 아이스코어(GISP2) 연구, 그리스와 터키 및 레반트 지역의 화분(꽃가루) 코어 연구, 네게브 사막의 달팽이 화석 동위원소 변동성 연구, 사해 해수면 높이 연구, 지구화학 연구 등에서 고기후 관련 자료들이 생산되고 있다.

이와 같은 연구들에 기초하여 보자면, (오할로Ohalo 유적처럼[12] 신석기 이전에 해당하는 최말기구석기Epipalaeolithic 유적에서도 반半정주적 생활의 흔적이 발견된 사례도 있지만) 나투프 문화 초기, 즉 빙하기가 끝난 뒤 온화한 기후 조건에서 정주 생활의 경험이 비교적 뚜렷이 축적되기 시

---

11 M. Bar-Matthews et al., 'Late Quaternary paleoclimate in the eastern Mediterranean region from stable isotope analysis of speleothems at Soreq Cave, Israel', *Quaternary Research*, 47 (1997), 155-68.
12 D. Nadel (ed.), *Ohalo II - a 23,000 Year-Old Fisher-Hunter-Gatherers' Camp on the Shore of the Sea of Galilee* (Haifa: Hecht Museum, 2002).

작했다. 이후 영거드라이아스기(약 1만 1000~1만 년 전 BP)가 되자 기후는 상당히 춥고 건조해졌다. 후기 나투프 문화의 여러 집단들이 흩어져서 이동성이 더욱 강화된 생활 방식으로 되돌아갔던 이유는, 적어도 부분적으로는 이러한 기후 때문이었을 것이다. 그러나 신석기 초기에 이르러 환경 조건은 다시 좋아졌다. 대개는 오늘날보다 더 좋은 환경이었다. 일부 지역에서는 초기 PPNA(토기 이전 신석기 A) 시대까지 영거드라이아스기 기후 조건이 유지되었다. 그러나 신석기 시대에는 대체로 온난한 경향이 지속되었다. 그 결과 식량 자원이 풍부한 지중해성 삼림 지대와 삼림 스텝 지대가 확장되었고, 호수와 연못이 증가했으며, 인류에게 새로운 개척의 기회가 주어졌다. PPNB(토기 이전 신석기 B) 시대의 기후 조건은 이전보다 조금 나빠졌다. 약 9000년 전 무렵 레반트 지역의 기후는 지중해성 기후였다(근동 지역 어디나 그랬던 것 같다). 물론 지형도 바뀌었다. 홀로세가 시작될 무렵 해안 평야 지대는 오늘날보다 훨씬 더 넓었다. 이후로 점차 해수면이 높아지면서 평야 면적이 줄어들다가, 금석병용 시대에 이르러 오늘날 같은 해안선이 만들어졌다.

약 8200~8000년 전, 짧지만 강력한 기상 악화 현상이 있었다. 비교하자면 영거드라이아스기 최악의 상황 정도였다. 이때 세계 곳곳에서 급속도로 사막화가 진행되었다. 이 사건이 중요한 이유는, 시기적으로 PPN(토기 이전 신석기) 시대의 마감과 거의 일치하기 때문이다. 아마도 이것이 변화의 계기가 되었을 수도 있다. 그러나 이 사건과 관련된 연대 측정은 보정된 연대로 보느냐, 아니면 보정되기 전 연대로 보느냐에 따라 달라진다. 그러므로 계산하기에 따라서는 PN(토기 이후 신석기) 시대의 사건으로 볼 수도 있다.[13] 어쨌든 PN 시대의 환경 조건은 오늘날과

거의 비슷했다.[14]

신석기 등장 이유에 관한 이론들

신석기 혁명은 고고학 초기 단계부터 이미 중요한 문화적 사건으로 인식되었다. 고고학이 발달하면서 이론적 강조점은 발굴에서 문화사 위주로 흘러갔는데, 과거 인류의 행동 양식을 설명하려면 그쪽이 더 유리했기 때문이다. 그리하여 신석기 문화가 왜 등장했는지에 관해서 많은 학자들이 다양한 이유를 제시했다. 이 글에서 살펴볼 이론들은 근동 지역에 국한된 가설들로, 재배 및 사육의 기원에 관한 이론적 논의들이다.

최초의 이론 중 하나는 고든 차일드(Gordon Childe)의 고전으로, 자연환경이 변화를 주도했다는 가설이다. 흔히 "오아시스 주변 이론(oasis propinquity theory)"이라 한다.[15] 이 가설에 따르면 플라이스토세 말의 강력한 기후 변화 때문에 많은 지역에서 사막화가 확대되었고, 그것이 동식물과 인간 등을 모두 오아시스나 강가로 끌어 모았다고 한다. 이러한 환경에서 인류는 어떤 동식물이 자신에게 유리한지 재빨리 인식할 수 있었고, 마침내 재배 및 사육에 이르렀다는 것이다. 이 모델은 실질적 데이터가 상당히 부족했지만 한때 많은 사람들이 받아들였다. 로버트 브레이드우드(Robert Braidwood)와 린다 브레이드우드(Linda Braidwood)는 이 모델을 부분적으로 수정했다. 이들은 학제간 협력에 기초한 이라

---

13 Simmons, *Neolithic Revolution*, 40-4, 185.
14 A. Rosen, *Civilizing Climate: Social Responses to Climate Change in the Ancient Near East* (Lanham, MD: AltaMira Press, 2007).
15 Childe, *Man Makes Himself*.

크 현지 조사를 바탕으로 오아시스 가설을 구체적으로 검증했다. 브레이드우드는 재배 및 사육의 "핵심 지역"이 자그로스산맥의 산록 지대에 존재했다고 주장했다. 그래서 그의 이론은 흔히 "산중턱 모델(hilly flanks model)"이라고 일컬어진다. 브레이드우드의 연구는 생물학과 지구과학을 비롯해 폭넓은 과학 분야와 협력을 추진했다는 점에서도 선구적인 업적이었다. 브레이드우드가 보기에 식량 생산은 인간의 전문성이 점차 축적된 결과, 즉 문화적 진화의 자연스러운 결과였다.[16]

최근 수십 년간 고고학 데이터가 많이 축적되었기 때문에, 여기에 비추어 보면 이전의 가설들은 비판의 여지가 적지 않다. 예를 들어 "오아시스 주변 이론"은 다양한 사실들을 설명하기에 너무 단순하다. 신석기 초기에 강렬한 혹은 재앙에 가까운 기후 변화가 있었다는 증거는 없다. 더욱이 대부분의 초기 신석기 유적은 강가나 오아시스 근처에 위치하지 않았다(예리코는 예외다). 브레이드우드의 가설도 마찬가지다. 그가 제시한 "산중턱 모델"이 비록 실질적인 고고학 발굴 자료에 근거를 두고 있지만, 이후 발굴된 고고학 자료와 어긋나는 면이 적지 않았다. 무엇보다도 최초의 신석기 유적은 언덕에 위치하지 않았다. 그럼에도 불구하고 초기의 모델들은 신석기의 등장을 설명하고자 한 최초의 시도였다는 데 의의가 있으며, 물론 역사적 의의도 있다.

과정주의 고고학(processual archaeology), 즉 신고고학(new archaeology)이 등장하면서 많은 학자들의 관심을 끌었다. 신고고학 모델은 기존 모

---

16 R. Braidwood, 'The agricultural revolution', *Scientific American*, 203 (1960), 130-41.

델과 상충되는 지점을 많이 내포했으며, 대부분은 주로 근동 지역의 자료에 근거를 두고 있었다. 과정주의 모델의 특징은 식량 자원에서부터 인구 성장과 확산, 자원 부족, 기후 변화 및 이들의 조합에 이르기까지 다양한 주제를 다룬다는 데 있었다. 대체로는 농업의 집중화, 생태 환경의 변화, 토지 이용, 정주 생활의 상호 관계에 관한 내용이 포함되었다. 농업이 발달해서 인구가 증가한 것이 아니라, 거꾸로 인구가 증가함으로써 농업이 발달했다는 가설을 기본 전제로 했다. 이는 초기 이론과 상충되는 가설이었다. 초기 이론에서는 먼저 사육 및 재배가 이루어졌고, 그에 따라 인구가 증가했다고 보았다. 그러나 현재까지 발굴된 자료에 근거해 볼 때, 최소한 근동 지역에서는 나투프 문화 시기에 정주 생활과 인구 증가 현상이 먼저 나타났고, 그 때문에 농업 개발 수요가 생겨났다.

최초의 과정주의 모델 중 하나로 루이스 빈포드(Louis Binford)의 가설이 있었다. 그의 가설에 따르면, 나투프 문화 초기 근동 지역의 생태 환경은 지중해 연안 같은 좋은 조건이었으며 인구도 증가했다. 그런데 이후 건기가 지속되면서 증가한 인구를 부양하기 어려워지자 일부 집단이 "분리"되어 주변 지역으로 흩어져 나갔다.[17] 이들 집단은 기존에 활용되지 않던 자원, 예를 들면 야생 곡물 같은 자원을 이용했으며 결과적으로 작물 재배가 이루어졌다.

같은 시기에 대하여 켄트 플래너리(Kent Flannery)는 "광범위한 식량 수급 모델(broad spectrum subsistence model)"을 제시했다. 최말기구석기

---

17 L. Binford, 'Post Pleistocene adaptations', in S. Binford and L. Binford (eds.), *New Perspectives in Archaeology* (Chicago: Aldine Press, 1968), 313-41.

(Epipalaeolithic) 말기에 다양한 식량 자원이 활용되었고, 그것이 인구 증가로 이어졌다는 가설이다.[18] 기존에 야생 곡물은 2차적 혹은 3차적으로 간주되던 식량 자원이었지만, 많은 인구를 부양할 수 있다는 장점이 있었다. 그래서 사람들은 곡물에 더욱 관심을 기울였고, 재배를 하기까지 이르렀다. 플래너리에 따르면 농업을 선택한다는 것은 곧 더 많이 일하는 방향, 원하는 음식을 더 적게 먹는 방향을 선택하는 것이었다. 그래서 농업은 자발적이기보다 강제적으로 채택되었을 가능성이 컸다. 플래너리는 또한 근동 지역과 메소포타미아 지역에서 마을의 기원에 관한 가설도 제시했다. 마을은 공유 경제를 기반으로 한 사회적 요인들에 의거해서 생겨난 것이었다. 공유 경제는 점차 핵가족 중심의 생활 경제로 진화했다.[19]

이외에도 근동 지역에 관해 수많은 과정주의 가설들이 제시되었다. 인구 증가, 자원 부족, 생태 환경 변화 등 다양한 측면에 근거를 둔 가설들이었다. 또한 "후기-과정주의 고고학(post-processual archaeology)"의 등장과 함께 사회적 원인을 강조하는 수많은 가설들이 제시되었다. 과정주의 고고학은 물론 후기-과정주의 고고학도 비판의 목소리를 피할 수는 없었다. 예를 들어 헨리(Henry)는 과정주의적 모델의 대부분이 고고학 자료에 부합하지 않는다고 주장했다.[20] 사회적 모델 및 후기-과정

---

18 K. Flannery, 'Origins and ecological effects of early domestication in Iran and the Near East', in P. Ucko and G. Dimbleby (eds.), *The Domestication and Exploitation of Plants and Animals* (Chicago: Aldine Press, 1969), 73-100.
19 K. Flannery, 'The origins of the village as a settlement type in Mesoamerica and the Near East: a comparative study', in P. Ucko et al. (eds.), *Man, Settlement and Urbanism* (London: Duckworth, 1972), 23-53.

주의 해석 모델에 대한 비판도 있었다. 스미스(Smith)는 "확인된 근거 부족(fact-free)"을 이유로 대부분의 가설을 거부했다.[21] 코뱅(Cauvin)의 "상징 혁명(symbolic revolution)" 개념은 심지어 후기-과정주의 고고학자들로부터도 비판을 받았다.[22] 코뱅의 가설은 인류의 지성적 변화를 설명하는 데 상당히 유리한 면이 있지만, 고고학 자료에 의해 충분히 뒷받침되지는 못했다. 코뱅의 가설을 비롯한 최근의 몇몇 연구들은[23] 신석기 이전의 인류가 정신적 능력 면에서 현대인보다 열등했다는 전제를 바탕으로 하지만, 오늘날 대부분의 고고학자들은 이런 전제를 결코 흔쾌히 받아들이지 않는다.

신고고학 모델에 대한 일부 비판의 여지는 충분히 수긍할 만하다. 그럼에도 불구하고 신고고학 덕분에 식량 채집에서 생산 단계로 넘어간 과정과 그 결과에 대해서 오늘날 많은 부분이 밝혀지기도 했다. 스미스가 지적했듯이, 재배 및 사육 경제(domestic economies)가 왜 채택되었는가 하는 문제에 대한 연구는 기술 혁신에 따른 학제간 연구 덕분에 상당

---

20 D. Henry, *From Foraging to Agriculture: The Levant at the End of the Ice Age* (Philadelphia: University of Pennsylvania Press, 1989).
21 B. Smith, 'The transition to food production', in G. Feinman and T.D. Price (eds.), *Archaeology at the Millennium: A Sourcebook* (New York: Kluwer Academic/Plenum, 2001), 199-229.
22 J. Cauvin, *The Birth of the Gods and the Origins of Agriculture*, trans. T. Watkins (Cambridge University Press, 2000 [1994]); for criticism, see I. Hodder, 'Symbolism and the origins of agriculture in the Near East', *Cambridge Archaeological Journal*, 11 (2001), 107-12.
23 T. Watkins, 'Household, community and social landscape: maintaining social memory in the early Neolithic of Southwest Asia', in M. Furbolt et al. (eds.), *As Time Goes By? Monumentality, Landscapes, and the Temporal Perspective* (Bonn: Habelt, 2012), 23-44.

한 진전을 이루었다.[24] 연대 추정을 더욱 정밀히 하는 기술이나, 더욱 풍부한 생태 환경 데이터 추출 기술, "분자 고고학(molecular archaeology)"에서 재배종과 그 조상인 야생종의 관계를 분석하는 기술, "유전자 지문(genetic fingerprinting)"을 통한 DNA 분석 등이 모두 그러한 기술 혁신에 포함된다(고유전학을 의미한다. 03권 제2장 참조 — 옮긴이).

이상에서 살펴본 바와 같이 농업의 출현 문제에 관해서 보편적으로 합의된 모델은 아직 존재하지 않는다. 그러나 수많은 모델에서 내세우는 핵심 요인은 대체로 비슷하게 반복되는 특징이 감지된다.[25] 예를 들면 정주 생활, 저장 시설, 높은 인구 밀도, 고도의 자원 다양성, 수확 및 재처리 관련 기술, 재배종 개량에 적합한 야생종의 존재 등이다. 또 다른 주요 요인으로 경쟁, 생산 및 자원 지역의 소유권, 기후 또는 식생의 변화, 인구 압력 등을 들 수 있겠다. 이러한 변수들 모두가 신석기 모델의 이론을 구축하는 데 지속적으로 영향을 미치고 있다.

농업과 재배종 및 사육종 검토

근동 지역에서 재배종 및 사육종의 핵심은 양, 염소, 소, 돼지, 보리, 에머밀, 외알밀 등이었다. 렌즈콩, 완두콩, 병아리콩, 비터베치콩, 아마(亞麻), 누에콩, 호밀 등도 재배되었지만 앞서 열거한 작물들보다 부차적

---

24 B.D. Smith, *Emergence of Agriculture* (New York: Scientific American Library, 1995).
25 B. Hayden, 'An overview of domestication', in T.D. Price and A.B. Gebauer (eds.), *Last Hunters, First Farmers: New Perspectives on the Prehistoric Transition to Agriculture* (Santa Fe, NM: School of American Research Press, 1995), 273-99.

이었다.[26] 재배종 식물이나 사육종 동물이 그 조상인 야생종에 비해 정확히 어떤 점이 달라졌는지, 그리고 그것이 신석기 개념을 정의하는 데 어떤 영향을 미치는지를 밝혀내기란 기술적으로 많은 어려움이 따른다. 그래서 사육 및 재배가 정확히 무엇을 의미하는지에 관해서 최근 많은 논의가 있었다. 상식적으로는 어떤 형태적 변화를 보고 재배종 및 사육종과 야생종의 차이를 판단한다. 그러나 형태적 변화는 재배 혹은 사육 과정의 결과로 나타난 것이기 때문에, 개념적으로는 형태적 변화가 발생하기 이전에 먼저 재배 혹은 사육 과정이 있었다는 사실을 간과할 수 없다. 일부 연구자들은 재배종 및 사육종을 결정하는 기준을 바꿔야 한다고 주장했다. 그리고 형태적 변화는 아직 일어나지 않았지만 "인간화" 과정이 진행된 경우도 있다고 한다.[27]

나투프 문화인은 생활 경제에 다양한 선택지를 가지고 있었다. 말하자면 그들은 복합적인 포레이저(forager)였다. 그들은 폭넓은 범위에서 다양한 자원을 활용했다. 그러나 단백질은 대부분 특정 동물, 특히 가젤로부터 획득했다. 식물 자원과 관련해서는 이와 같은 특징이 그렇게 분명하지 않았다. 다만 나투프 문화에 속하는 많은 집단에서 계절에 따라

26 D. Zohary, 'Domestication of the Neolithic Near Eastern crop assemblage', in P. Anderson (ed.), *Prehistory of Agriculture: New Experimental and Ethnographic Approaches* (Los Angeles: Cotsen Institute of Archaeology, University of California, 1999), 42-50.

27 E. Asouti and D.Q. Fuller, 'A contextual approach to the emergence of agriculture in Southwest Asia: reconstructing early Neolithic plant-food production', *Current Anthropology*, 54 (2013), 301-5; J.D. Vigne et al., 'New archaeological approaches to trace the first steps of animal domestication: general presentation, reflections and proposals', in J. Vigne et al. (eds.), *First Steps of Animal Domestication* (Oxford: Oxbow, 2005), 1-16.

야생 곡물을 수확한 점은 확인할 수 있었다. 그러므로 일부 나투프 문화 집단에서 어떤 형태로든 작물을 재배했을 가능성은 존재한다. 그러나 호밀과 개를 제외하면 그들이 식물을 재배하거나 동물을 사육했다는 명확한 근거가 아직 발견되지 않았다.

나투프 문화에서 관찰된 전반적 경향은 PPNA(토기 이전 신석기 A) 시대에도 그대로 지속되었다. 그리고 나투프 문화권의 적지 않은 지역에서 집중적인 작물 재배와 특화된 사냥에 의지해 인구를 유지했다. 그러나 중요한 점은, PPNA 시기에도 개와 호밀 말고는 형태적으로 뚜렷하게 구별되는 재배종 혹은 사육종이 발굴된 것이 없다는 사실이다. PPNA 시대의 경제적(그리고 사회적) 패턴은 기존에 우리가 알고 있었던 것보다 훨씬 더 복잡했고, 지역적 편차도 상당히 컸다. 예를 들면 북부 지역의 유적지에서 소와 양족(caprine, 양과 염소를 포괄하는 생물학적 분류-옮긴이)을 사냥한 흔적이 발견되었고, 논란의 여지는 있지만 아나톨리아의 할란 체미(Hallan Çemi)에서는 돼지를 사육한 흔적이 발견되었다.[28] 중부 및 남부 지역에서 주로 사냥한 동물은 가젤이었다. 그리고 PPNA 문화인이 지중해의 키프로스섬까지 진출했고, 이들이 곡물 재배와 야생 곰 사냥 기술을 전파한 것으로 알려져 있다.[29]

동물 사육과 작물 재배가 확실히 자리 잡은 시기는 PPNB(토기 이전

---

28 M. Rosenberg et al., 'Hallan Çemi, pig husbandry, and post-Pleistocene adaptations along the Taurus-Zagros arc (Turkey)', *Paléorient*, 24 (1998), 25-41; J. Peters et al., 'Early animal husbandry in the northern Levant', *Paléorient*, 25 (1999), 27-47.
29 J.D. Vigne et al., 'First wave of cultivators spread to Cyprus at least 10,600 y ago', *Proceedings of the National Academy of Sciences*, 109 (2012), 8445-9.

신석기 B) 시대였다. 물론 이때도 야생 자원은 계속 이용되었다. 사육과 재배가 확인되는 유적은 지역적으로 다양한 편차가 있었다. 동물 사육의 경우, 중요한 변화는 양족(양/염소)이 가젤을 대신했다는 점이다. 대부분의 증거는 식물 재배가 동물 사육보다 먼저였다고 증언하고 있다. 그리고 주요 동물 사육은 레반트 남부보다 북부와 터키 남동부에서 처음 시작되었다는 데 많은 연구자들이 동의하고 있다.[30] 레반트 회랑(비옥한 초승달 지대의 북부와 남부를 연결하는 통로)이 사육종을 남쪽으로 소개하는 중요한 통로 역할을 했던 것 같다. PPNB 시대에는 염소와 특히 양의 사육 비중이 점차 늘어났고, 북부에서는 소와 돼지가 중요했다. 동물 사육의 1차적 목적은 대부분 고기를 얻는 데 있었으며 우유, 털, 거름, 견인 등의 용도는 부차적이었다. 일부 사육종의 과학적 분석을 통해 당시 목축이 발달했음을 짐작할 수 있다. 아마도 근동 지역의 유목 관습과 마을의 형태(점점이 흩어진 패턴)가 이 시기에 자리를 잡았던 것 같다.

해안 지역에서는 해양 생물 자원도 매우 중요했다. 자료가 절대적으로 부족하기는 하지만 해수면 아래에서 발굴된 신석기 유적, 예컨대 이스라엘의 아틀리트-얌(Atlit-Yam) 유적에서 희귀하나마 이런 사례를 확인할 수 있었다. 해안 지역의 마을에서 어로를 바탕으로 하는 생활 경제가 존재했다는 사실은, 기존에 우리가 알고 있는 신석기 시대 이론에서 누락된 부분이었다. 이는 또한 지중해 섬 지역의 개척에 관해서도 새로운 내용을 알려주고 있다.[31]

---

30 J. Peters et al., 'Early animal husbandry in the northern Levant', *Paléorient*, 25 (1999), 27-47.

PPNB 시대에는 풍부하고도 다양한 생활 경제의 기반이 확인되었지만, PPNC(토기 이전 신석기 C) 시대에는 가용 식량 자원의 폭이 상당히 줄어든 것으로 나타났다. 이러한 패턴은 PN(토기 이후 신석기) 시대에도 그대로 이어졌다. PN 시대의 식량은 거의 전적으로 재배종 곡물과 콩과 식물, 그리고 길들여진 동물 혹은 사육종 동물에 의존했다. 일반적으로 PPN(토기 이전 신석기) 시대보다 PN(토기 이후 신석기) 시대의 재배종 및 사육종의 품목이 더 적은 것으로 나타났다. PN 시대가 끝나갈 무렵 레반트 지역 남부에서 올리브유 생산이 시작되었고, 유제품을 이용한 증거도 나타났다. 메소포타미아에서는 제한적이나마 관개 시설의 흔적이 발견되는데, 이전에는 보고된 적 없는 새로운 발굴이었다.[32]

또한 맥주와 포도주 제조는, 그 이전 시대에는 모르겠으나 PN 시대에는 확실히 시작되었다. 직접 증거는 충분하지 않지만 이란의 PN 유적 하지 피루즈 테페(Hajji Firuz Tepe, 약 7000년 전 BP)에서 발굴된 토기의 잔류물을 조사한 결과, 그 토기에 포도주(적포도주와 백포도주 모두 가능)를 담은 것으로 확인되었고, 해당 유적의 맥락에서 볼 때 대규모 생산과 소비가 이루어진 것으로 추정되었다. 최근에는 괴베클리 테페(Göbekli Tepe)에서 PPN시대의 맥주 제조를 짐작케 하는 연구 결과도 있었다. 알

---

31 E. Galili et al., 'The emergence of the Mediterranean fishing village in the Levant and the anomaly of Neolithic Cyprus', in E. Peltenburg and A. Wasse (eds.), *Neolithic Revolution: New Perspectives on Southwest Asia in Light of Recent Discoveries on Cyprus*, Levant Supplementary Series 1 (Oxford: Oxbow, 2004), 91-101.
32 E.B. Banning, 'Ceramic Neolithic: late or Pottery Neolithic', in P. Peregrine and M. Ember (eds.), *Encyclopedia of Prehistory*, vol. VII: *South and Southwest Asia* (New York: Kluwer Academic/Plenum, 2002), 40-55.

코올의 이용은 사회적 관계, 지위, 여가, 의례, 신분재, 나아가 심리적-약리학적 사용 등 막대한 의미를 함축하고 있다.[33]

부처(Butzer)를 비롯한 여러 연구자가 지적했듯이, PN 시대 경제는 기본적으로 지중해성 농업 경제에 바탕을 두고 있었다. 곡물과 채소를 재배했고, 다양한 식물과 향신료를 활용했으며, 과수원을 조성했고, 가축을 길렀다.[34] 기본적인 패턴의 정착 시기는 PN 시대였던 것으로 추정되며, 기존의 농업 목축 경제에서 취급한 품목(사육종 및 재배종)은 점차 줄어들었다(즉 집중화되었다). 토기가 생산된 이후 식량 자원의 재처리와 요리에 변화가 있었다. 이는 틀림없이 생활 경제의 패턴에도 영향을 미쳤을 것이고, 그 과정에서 2차적 활용의 비중 또한 늘어났을 것이다. 더불어 목축은 사회·경제적으로 점점 더 중요한 역할을 맡게 되었을 것이다.

정주 생활, 최초의 마을, 신석기 시대의 물질문화

신석기 시대의 특징이라 하면 곧 마을 단위의 정주 생활과 풍부한 물질문화(유물)가 대표적이었다. 그러나 "정주 생활"이 실제로 무엇을 의미하는지를 두고 많은 논란이 이어졌다. 게다가 오래된 수수께끼, 즉 닭이 먼저냐 달걀이 먼저냐 하는 질문과도 같은 신석기 시대의 문제가

---

33 O. Dietrich et al., 'The role of cult and feasting in the emergence of Neolithic communities: new evidence from Göbekli Tepe, south-eastern Turkey', *Antiquity*, 86 (2012), 674-95; S. Katz and M. Voigt, 'Bread and beer: the early use of cereals in human diet', Expedition, 28 (1986), 23-34; P. McGovern, *Ancient Wine: The Search for the Origins of Viniculture* (Princeton, NJ and Oxford: Princeton University Press, 2003).

34 K. Butzer, 'Ecology in the long view: settlement histories, agrosystemic strategies, and ecological performance', *Journal of Field Archaeology*, 23 (1996), 141-50.

있었다. 바로 "정주 생활이 먼저냐 재배 및 사육이 먼저냐" 하는 논쟁이었다. 이제 근동 지역에서는 이 문제에 해답을 내릴 수 있게 되었다. 나투프 문화 공동체의 반(半)정주 생활 유적이 발굴되었기 때문이다. 그곳에서 재배 및 사육의 흔적은 발견되지 않았다. 나투프 문화의 유적도, 그리고 신석기 시대의 유적도 모두 유형이 굉장히 다양했다는 점을 간과해서는 안 된다. 유물이 흩어져 있는 유적도 있고, 의례 행사가 거행된 장소, 마을 유적, 거대 유적(제9장 참조) 등이 저마다 다른 유형이었다. 그러나 전체적으로 볼 때 어떤 식으로든 정주 생활을 반영하고 있는 것은 사실이다.

초기 나투프 문화에 속하는 일부 집단은 작은 규모의 마을에 모여 살았다. 몇몇 예외가 없지 않지만, 발굴된 구조물의 대부분은 정주 생활을 위한 거주지로 해석되었다. 더 넓은 지역에 걸쳐 이동 생활에 걸맞은 좀 더 조잡한 구조물들이 등장한 시기는 나투프 문화 후기였다. 예외적으로 시리아의 유프라테스강 중류에서는 아부 후레이라(Abu Hureyra) 혹은 무레이바트(Mureybat) 같은 거대 마을 유적이 발굴되었는데, 이들은 나투프 문화 초기나 후기나 별로 변화가 없었다. 나투프 문화의 건축물은 반지하 형태가 전형적이었다. 대개 원형 혹은 반원형으로, 지름은 보통 3~6미터였다. 아부 후레이라 유적에서 발굴된 최초의 건축 구조물은 복합 건물이었다. 둥글게 반지하를 팠고, 방을 여러 개 만들었으며, 지상에는 목재와 갈대로 오두막을 지었다. 대부분의 나투프 문화 유적에서 건축 구조물은 몇 채 되지 않는다. 다만 건축된 구조물은 단단하게 지어졌고, 주로 좁은 지역에 밀집되어 있었다. 그래서 연구자들은 이 유적을 작은 "마을"로 이해하고 있다.[35]

정주 생활은 PPNA 시대에 더욱 확고히 자리 잡았다. 일부 유적지를 보면 이전 나투프 문화 시기의 마을보다 규모가 더 커졌던 것 같다. 큰 마을에는 거주하는 주민이 수백 명에 달했다. 그러나 몇몇 가구가 모여 사는 작은 동네에서 몇 가지 국한된 활동으로 살아가는 경우도 있었다. 가족 단위의 주거지 형태는 다양했다. 기본적으로는 예부터 전해오던 원형 혹은 타원형을 유지했지만, 반지하로 파고 들어가지는 않았다. 북부 지방에서 발굴된 일부 PPNA 시대 구조물은 정사각형 혹은 직사각형이었다. 특이하게 지름 5~8미터의 거대 구조물도 있었다. 무레이바트 유적지에서 어떤 구조물 하나에 프레스코 벽화를 그렸던 흔적이 발견되었는데, 건축물에 그려진 회화 작품으로는 최초였다. PPNA 시대의 예리코는 규모나 지속 기간 면에서 다른 유적지들과 차이가 있었다. 약 10에이커(4헥타르 이상)에 달하는 면적에 걸쳐 건물 유적이 분포했으며, (건물이 허물어지면 그 위에 다시 건물을 지었기 때문에) 건물 유적에서 25개 이상의 발굴층위가 구별되기도 했다.

PPNA 시대 건축 구조물 중에는 주거용이 아닌 것도 있었다. 시리아의 텔 아브르(Tell Abr)-3 유적과 제르프 엘 아흐마르(Jerf el Ahmar) 유적, 요르단의 와디 페이난(Wadi Feinan, 혹은 Wadi Faynan)-16 유적 등지에서 발굴된 몇몇 건축 구조물은 공동체를 위한 건물로 추정되었다.[36]

---

35 O. Bar-Yosef, 'The Natufian culture in the Levant: threshold to the origins of agriculture', *Evolutionary Anthropology*, 6 (1998), 159-77.
36 T. Yartah, 'Tell 'Abr 3, un village du Néolithique précéramique (PPNA) sur le moyen Euphrate: première approche', *Paléorient*, 30 (2004), 141-58; S. Mithen et al., 'An 11,600-year-old communal structure from the Neolithic of southern Jordan', *Antiquity*, 85 (2011), 350-64.

특히 와디 페이난-16 유적은 규모도 작고 외따로 멀리 떨어져 있어서 다른 공공 건축물과 차이가 있었다. PPNA 시대 유적 중에서 비주거용 건축물로 더욱 극적인 사례 두 건이 있는데, 예리코의 거대한 돌탑(그림 8-1)과 성벽이 그것이다. 이들은 오래전부터 확연히 차별화되는 유적으로 알려져 있었다. 케년(Kenyon)은 그 탑과 그에 연결된 성벽이 방어용 건축물이라고 생각했다. 그러나 바르-요세프(Bar-Yosef)의 주장은 달랐다. 그는 성벽 시스템이 갑작스런 홍수를 방지하기 위해 물줄기를 돌리는 것과 관련이 있으며, 그 탑은 사원이었을 것이라 추정했다.[37] 로넨(Ronen)과 애들러(Adler)는 탑과 성벽을 합쳐서, 위험한 "악령"으로부터 주민들을 보호하기 위해 사용된 주술적 복합 건물이라고 생각했다.[38]

뭐니 뭐니 해도 가장 인상적인 유적은 터키의 괴베클리 테페(Göbekli Tepe)다. 이 거대 유적이 차지하는 면적은 약 22에이커(거의 9헥타르)에 달했으며, 깊이는 15미터였다. 이용 시기는 PPNA 시대와 PPNB 시대 모두에 걸쳐 있었다. 이 유적에서 일상생활 관련 흔적은 거의 발견되지 않았다. 의례 공간으로 사용되면서, 종교적 모임을 갖거나 물품과 아이디어를 서로 나누기도 했을 것이다. 발굴자들은 이 유적을 진정한 신석기 건축물이 아니라 그 이전의 수렵채집인 사회에서 주로 건축된 구조물로 보았다.[39] 재배종 식물 혹은 사육종 동물의 흔적이 발견되지 않

---

37 O. Bar-Yosef, 'The walls of Jericho: an alternative interpretation', *Current Anthropology*, 27 (1986), 157-62.
38 A. Ronen and D. Adler, 'The walls of Jericho were magical', *Archaeology, Ethnology and Anthropology of Eurasia*, 2 (2001), 97-103.
39 O. Dietrich et al., 'The role of cult and feasting in the emergence of Neolithic communities', *Antiquity*, 86 (2012), 674-95; S. Scham, 'The world's first temple',

〔그림 8-1〕 예리코의 원형탑, 기원전 8000년

는다는 점이 그 근거였다. 그러나 이러한 해석은 너무 멀리 나간 것일지도 모른다. 사육종 혹은 재배종 동식물의 흔적이 발굴되지 않았다는 사

Archaeology, 61 (2008), 22-7; K. Schmidt, 'Göbekli Tepe, southeastern Turkey: a preliminary report on the 1995-1999 excavations', *Paléorient*, 26 (2001), 45-54.

실이 곧 괴베클리 테페 사용자들이 수렵채집인이었다는 것을 의미하지는 않기 때문이다. 특히 PPNB 시대는 더더욱 그렇게 보기 어렵다. 그곳에서 거행된 의례가 무엇이었는지는 몰라도, 발굴된 사실은 단지 건물을 사용하는 동안 재배종 혹은 사육종 동식물을 필요로 하지 않았음을 나타낼 뿐이었다. 게다가 배닝(Banning)은 괴베클리 테페의 의례용 함의에 대해서도 문제를 제기했다.[40] 고고학적 해석이 어떠하든 괴베클리 테페가 인상적 건축물이라는 사실만큼은 부정할 수 없을 것이다. (지름 10~30미터에 이르는) 거대한 동심원 혹은 타원 형태가 몇 겹으로 겹쳐진 구조물로, 그 안에는 부조가 새겨진 비석 혹은 기둥이 수직으로 세워져 있었다. 정성스레 새긴 부조(그림 8-2)의 내용은 거의 실물 크기를 반영한 동물, 사람의 팔, 풍경 등이었다. 벽체는 완전히 땅속에 묻혀 있는데, 구덩이를 파고 벽체를 심은 뒤 의도적으로 흙을 되메움한 것으로 추정되었다.

PPNB 시대에도 특징적인 건축물들이 있었다. 여러 유적지에 훌륭한 건축물들이 보존되어 있었는데, 3미터 이상 되는 건축물도 흔히 볼 수 있었다. 최근 20여 년 간 이들 건축물에 관한 상세 연구가 진행되었다. 사회조직, 가정의 구성, 생활 경제의 패턴, 유적지와 지리적 패턴, 주거용 건물과 비주거용 건물의 관계 등을 밝히는 연구 작업의 일환이었다.[41]

---

40 E.B. Banning, 'So fair a house: Göbekli Tepe and the identification of temples in the Pre-Pottery Neolithic of the Near East', *Current Anthropology*, 52, Supplement 4 (2011), S619-60.
41 E.B. Banning, 'Houses, households, and changing society in the late Neolithic and Chalcolithic of the southern Levant', *Paléorient*, 36 (2010), 45-83.

〔그림 8-2〕 괴베클리 테페의 조각 기둥

[그림 8-3] PPNB 시대의 건축 구조물
그와이르(Ghwair) 1번 유적, 요르단 남부.

    PPNB 시대에는 복합 건축물이 발달했고, 마을의 가정집들은 여러 개의 방으로 구성된 사각형 구조였다. PPNA 시대에서 PPNB 시대로 넘어가면서 생겨난 주요 변화는, 방의 형태가 원형 내지 타원형에서 정확한 사각형으로 바뀐 점이었다(그림 8-3). 이러한 형태의 건축 구조는 오늘날까지도 근동 지역의 마을에서 관찰되는 패턴과 같다(그림 8-4). 그럼에도 불구하고 일부 PPNB 시대 주거지는, 특히 건조 지대에서는 원형을 유지하고 있었다. PPNB 시대에는 전반적으로 비슷한 건축 양식이 유지되었지만 지역별 및 시기별로 차이는 있었다. PPNB 시대 범위에서 일어난 변화는, 특히 거대 유적지에서 보이는 경향은 방의 개수를

[그림 8-4] 오늘날 다나 지역의 마을
그와이르(Ghwair) 1번 유적 인근, 요르단 남부. PPNB 시대의 마을과 대체로 비슷한 풍경이다.

늘리는 대신 방 하나의 크기는 줄이는 방식이었다. PPNB 시대 건축 구조물은 대개 상당히 공들여 만든 것이었고, 일부는 2층 구조로 내부에 계단이 있었다. 내부의 방들이 서로 연결되어 있어서 대부분은 "콘도미니엄" 같은 형태를 띠었다. 내부 바닥에는 대체로 질 좋은 회반죽을 칠했는데, 채색을 하는 경우가 많았다. 매장지는 대개 이 바닥층 아래에 있었다. PPNB 시대에 흔히 확인되는 주목할 만한 활동이 있는데, 그것은 바로 개인 거주지를 "리모델링"하는 것이었다.

주거용 건축물 이외에 공동체를 위한 혹은 의례를 위한 비주거용 건축 구조물의 흔적도 상당히 많이 발굴되었다. 또한 거주 목적이 아니지만 공들여 조성한 흔적이 있는 유적들도 발견되었다. 비주거용 건축물로 뚜렷하게 구별되는 유적이 정착지 마을 경계 내부에 위치하는 경우도 있었고, 외부에 위치하는 경우도 있었다. 이들은 주거용 건축물과 달리 규모가 더 컸고, 공간 구성도 달랐다. 의례 거행 혹은 공동체 전체를 위한 목적에 걸맞은 구조였다. 때로는 비주거용 건물이 주거용 건물에 부속으로 딸린 경우도 있었다.

PPNB 시대 유적지 가운데 주거용 건축물이 없는 특이한 유적이 이스라엘의 크파르 하-호레쉬(Kfar Ha-Horesh)에서 발견되었는데, 장례를 위한 건축물이 있던 유적이 틀림없다.[42] PPNA 시대의 비주거용 건축물로는 아마도 괴베클리 테페가 가장 극적인 사례일 것이다. 건조 지대에서는 상징적 행동 양식과 관련이 없는 비주거용 건축물 사례들이 일부 확인되었다. 예를 들어 "사막의 연(desert-kites)"은 양쪽으로 길게 돌담을 쌓은 형태의 구조물로, 가젤을 사냥할 때 사냥감을 몰아넣기 위한 덫이었던 것으로 추정된다.[43]

PPNC 시대의 건축 구조물 자료는 이전 시대보다 부족한 형편으로, 그나마 남아 있는 대부분의 사례는 아인 가잘('Ain Ghazal)에서 확인되었다. 그곳 유적들은 대체로 PPNB 시대 후기의 주거용 건축물을 재사

---

42 N. Goring-Morris, 'Life, death and the emergence of differential status in the Near Eastern Neolithic: evidence from Kfar Ha-Horesh, lower Galilee, Israel', in J. Clarke (ed.), *Archaeological Perspectives on the Transmission and Transformation of Culture in the Eastern Mediterranean* (Oxford: Oxbow, 2005), 89-105.
43 A. Betts, 'The Pre-Pottery Neolithic B period in eastern Jordan', *Paléorient*, 15 (1989), 147-53.

용한 것으로, 건축 평면 양식은 대개 두 가지로 나뉜다. 하나는 조그만 사각형 구조였고, 다른 하나는 반지하에 복도와 방을 갖춘 구조였다. 중요한 변화는 바닥에 사용하는 회반죽의 품질 저하였다. 원인은 생태 환경의 변화로 추정된다. 아인 가잘에서 비주거용 건축물도 발견되었는데, 대규모의 공간에 낮은 담장을 두른 구조였다. 아마도 담으로 길거리와 정원을 분리한 흔적인 것 같다.[44]

케년의 최초 연구에서는 PN 시대의 특징을 쇠퇴의 징후라 했다. 그의 견해는 이후 여러 세대를 거치는 동안 많은 학자들에게 영향을 미쳤다. 케년은 예리코 유적의 PN 층위에서 발견된 원형 구조물 유적이 주거지인 동시에 흙벽돌을 만드는 곳이라고 해석했었다. 그래서 PN 시대의 사람들은 부분적으로 유목 생활을 했으며, 더 이상 중후한 건축물을 조성하지 않은 것으로 추정했다. 오늘날의 우리는 그러한 해석이 잘못되었다는 사실을 알고 있다. 심지어 근동 지역에서 건설된 신석기 유적 가운데 가장 큰 유적이 바로 PN 시대의 유적이었다. 아마도 가장 유명한 유적은 터키의 차탈회위크(Çatalhöyük)일 것이다. 이외에도 레반트 지역에서 상당수 마을 유적이 발굴되었다.

PN 시대의 건축물은 방이 여러 개 있는 사각형 구조가 특징이었다. 물론 예리코에서 보듯이 원형 건축물도 없지는 않았다. 바닥재로는 주로 회반죽이 사용되었다. 그러나 PPNB 시대만큼 흔히 사용되지는 않았다. 대부분의 구조물은 10~30제곱미터 규모였고, 방이 여러 개 있는 일

---

44 G. Rollefson, 'Changes in architecture and social organization at 'Ain Ghazal', in H.-G. Gebel et al. (eds.), *The Prehistory of Jordan II: Perspectives from 1997* (Berlin: Ex oriente, 1997), 287-307; and see Chapter 9.

부 구조물 중에는 2층 건물도 있었다.[45] 지역에 따라 건물 구조나 마을 구조는 상당히 다양했다. 아마도 가장 독특한 구조는 터키 중부에 있는 대형 주거지의 "밀집 구조"일 것이다. 이런 구조는 원래 아나톨리아 지역에서 유래했던 것 같다. 대규모 밀집 구조를 가진 이런 건축물에서는 개별 공간들이 긴밀히 연결되어 하나로 뭉쳐져 있었다. 차탈회위크에서 주거용 방은 대부분 일종의 가족 매장지 기능을 겸했다. 방바닥 아래에 시신을 묻었고, 방 안에 프레스코 벽화와 조각 인형들이 있었다. 벽화 중에는 머리가 없는 인간의 신체를 그려둔 장면이 흔히 있었다. 주거용 건축물에 신성 공간이 포함되면서 공공 건물과 사적 건물의 경계가 점점 더 희미해졌다.

레반트 지역 남부의 많은 유적들은 케년이 언급한 PN 시대의 임시 거주지 같은 특성을 많이 보였다. 그러나 최근의 발굴 성과를 참조하자면, 건축 구조물은 매우 다양했으며 케년이 애초 설정한 특성을 벗어나는 사례도 많았다. 예를 들어 이스라엘의 샤아르 하골란(Sha'ar Hagolan) 유적을 재발굴한 결과, 공들여 건축한 사각형 건축물들이 대규모로 발견되었다. 그중에는 새로운 패턴(길거리를 따라 조성된 마당 있는 주택들)이 보였고, 공동체를 위한 용도로 해석되는 대형 구조물도 확인되었다.[46]

아인 가잘에서는 PN 시대 초기의 주거용 건축물들이 많이 발굴되었다. 직선 형태의 대규모 주택(약 9×5미터)들이 많았는데, 바닥층은 진흙으로 다졌고 방이 여러 개였다. 그리고 PPNB 후기의 건축물을 리모델

---

45 Banning, 'Ceramic Neolithic'.
46 Y. Garfinkel et al., 'Sha'ar Hagolan 1: Neolithic Art in Context (Oxford: Oxbow, 2002).

링한 대형 건축물이 있었는데, 애프스 구조(apsidal structure, 직사각형으로 맨 뒤는 반원형 – 옮긴이)를 갖추고 있었다. 또 다른 건축물 중에는 마당과 복잡한 벽체로 구성된 구조물이 있었고, PPNC 시대에 건축된 거대한 벽을 계속 사용하면서 리모델링한 흔적도 있었다. 그러나 이 유적의 존속 기간이 끝나갈 무렵, 임시 구조물을 조성한 흔적이 나타났다. 아마도 텐트 같은 구조물을 이용했던 것 같은데, 이런 임시 구조물이 영구적 시설을 대체하게 되었다.[47]

물질문화의 경향성

정주 생활 정착지가 확고히 자리 잡자 다양한 물질문화와 의례 문화가 더욱 복잡해졌다. 나투프 문화의 특징적 유물은 잔석기였다. 여러 유적지에서 출토된 잔석기들은 유형도 다양했고, 한 번에 출토되는 양도 상당했다. 전체 발굴 유물 가운데 잔석기가 차지하는 비중은 약 40퍼센트 정도였다. 대부분은 뿔이나 나무 손잡이와 연결하여 합성 도구로 사용되었다. 그들의 석기는 원석을 뗀석기 기법으로 가공하여 만든 것이 대부분이었다. 가끔은 아나톨리아 지역에서 수입한 흑요석도 발견되었다. 기하학적 형태의 반달돌칼이 대표적이었다. 이외에도 다른 종류의 잔석기와 조금 더 큰 도구들이 있었는데, 예를 들면 삼각형 도구, 뷰렝(burin), 송곳, 끌개, 뚜르개, 도끼, 등날이 있는 돌날, 돌날 등이었다. 일부는 매끄럽게 표면 처리를 했다.[48] 자주 발견되는 도구의 특성을 근거로

---

47 Rollefson, 'Changes in architecture'.
48 Bar-Yosef, 'Natufian culture in the Levant'.

우리는 그 지역의 전통적, 기능적, 시기적 특성을 짐작한다. 예컨대 발사체 무기의 촉(창촉 혹은 화살촉)은 대개 공기 역학적 형태 때문에 뚜렷이 구별이 되지만, 나투프 문화 유적에서는 그러한 발사체 무기가 발굴된 사례가 없었다.[49]

나투프 문화에서 의미심장한 도구는 간석기(ground stone)였다. 간석기는 생활 경제를 판단할 수 있는 지표이자 정주 생활을 의미하는 도구였다. 간석기의 형태는 다양했고 만들기도 쉽지 않았다. 간석기는 대개 하나의 유적지에서 많은 수량이 한꺼번에 출토되는 경향이 있었다. 특히 규모가 큰 유적지일수록 더욱더 그랬다. 간석기 중에는 운반이 가능한 것도 있고, 너무 커서 움직이기 어려운 것도 있었다. 절구와 절굿공이 모양으로 생긴 것을 비롯하여 특이하게 생긴 다양한 유물들이 있었다. 속이 아주 깊은 절구 모양의 간석기는 흔히 바닥이 뚫린 채로 발굴되어서 "돌 파이프"라는 별명을 얻기도 했다. 모양에 신경을 써서 예술성을 가미한 간석기도 있었다.

골각기 전문가의 손길을 짐작케 하는 유물도 있었다. 대표적 사례가 반달돌칼의 손잡이였는데, 동물 모양으로 장식된 것도 있었다. 조개로 만든 유물 중에는 상당히 멀리 떨어진 곳에서 가져온 조개도 포함되어 있었다. 이를 비롯하여 개인 장신구 유물도 많이 발굴되었다. 석회암이나 뼈로 만든 자연주의적이고 도식적인 조그만 인형들도 비교적 흔히 발견되었다. 이러한 유물들은 인간의 형상보다 동물의 형상을 표현한

---

49 A. Belfer-Cohen and N. Goring-Morris, 'The late Epipaleolithic as the precursor of the Neolithic: the lithic evidence', in Kozlowski and Gebel (eds.), *Neolithic Chipped Stone Industries*, 217-25.

경우가 많았다.[50]

PPNA 시대의 물질문화는 여러 가지 측면에서 나투프 문화를 닮아 있었다. 특히 뗀석기 방식의 잔석기 도구들이 유지된 것도 그렇고, 간석기가 풍부하게 발굴되는 것도 그랬다. PPNA 시대 유적의 유물도 풍부하고 매우 다양했다. 또한 지역별로 상당한 정도로 지역성을 드러내기도 했다. 이 시기의 도구들 중에는 반달돌칼이 포함되어 있었고, 발사체 무기의 촉도 등장했다. 돌도끼와 표면을 연마한 셀트(celt)도 여러 유적에서 발굴되었다.

식물성 식재료에 대한 의존도가 점점 더 높아지던 유적에서는 예상대로 다양한 형태의 간석기가 출토되었다. 특히 PPNA 시대에 이런 유물이 풍부했다. 일부 간석기에는 기하학적 문양이나 곡선 패턴이 표현되어 있었는데, 이는 나투프 문화로부터 이어진 전통이었다. 시리아의 제르프 엘 아흐마르(Jerf el Ahmar) 유적에서 발굴된 유물들은 특히 인상적이었다. 다양한 부조 혹은 조각 유물이 발굴되었는데, 복잡한 문양이 새겨진 돌 항아리, 맹금류를 비롯한 동물 인형, 기하학적 문양으로 장식된 홈돌(grooved stone), 옆면에는 동물 문양이 새겨지고 다른 면에는 점들이 새겨진 조그만 타원형 돌 등이 있었다.

돌이 아닌 다른 재료로 만들어진 유물도 있었다. 마을에서 정주 생활을 하는 데 필요한 전형적인 물건들이었다. 예를 들면 골각기들이 풍부하고도 다양했다. 또한 제한적이나마 바구니 만드는 기술도 있었던 것

---

50 Bar-Yosef, 'Natufian culture in the Levant'; F. Valla, 'The first settled societies: Natufian (12,500-10,200 BP)', in Levy (ed.), *Archaeology of Society*, 169-87.

으로 확인되었다. PPNA 시대에는 다양한 물건에 그림이 그려졌다. 나투프 문화와 마찬가지로 PPNA 시대의 유물 중에도 무언가를 새긴 돌이나 자갈이 포함되어 있었다. 그러나 더욱 의미심장한 것은 동물과 사람의 형상을 본뜬 인형이었다. 나투프 문화와 달리 PPNA 시대에는 주로 여성의 형상을 표현한 인형이 많아졌고, 동물 형상을 표현한 인형은 사실상 발굴된 것이 없었다. 코뱅(Cauvin)은 PPNA 시대 "동물의 왕국"을 대표하는 동물은 황소라는 인상을 받았다고 한다. 그러나 황소는 인형으로 표현되기보다 소 두개골을 집에 묻어두거나, 혹은 다른 형상과 결합된 황소 형상으로 표현되었다.[51] 그는 이러한 패턴을 새로운 종교의 시작을 알리는 징후로 해석했다. 즉 "여신과 황소"라고 하는 이원론으로 표현되는 종교였다. 그러나 PPNA 시대 출토 인형이 대부분 여성이라는 점에 대해 모든 연구자가 동의하는 것은 아니다. 오히려 대다수는 성별이 모호하거나 양성을 다 지녔다고 보았다.[52]

PPNB 시대의 유물도 상당히 많이 남아 있었다. 신석기 시대의 그 어느 시기보다 PPNB 시대의 뗀석기가 더 많았다. 전체적으로 볼 때 잔석기는 거의 사라지고 대개 돌날 위주였으며, 배 모양 몸돌(naviform core)이 자주 사용되었다. 표준화된 기술이 적용됨으로써 우수한 품질의 도구들이 다양하게 만들어졌다. 예를 들면 매우 다양한 발사체 무기의 촉, 반달돌칼, 송곳, 돌날, 끌개, 뷰렝 등이었다.

PPNB 시대에는 간석기로 만든 그릇도 PPNA 시대보다 품질이 더

---

51 Cauvin, *Birth of the Gods*, 25-33.
52 D. Schmandt-Besserat, 'A stone metaphor of creation', *Near Eastern Archaeology*, 61 (1998), 109-17.

좋아지고 더욱 다양해졌다. 큰 접시는 PPNB 시대의 발명품이었다. 맷돌과 절굿공이도 흔히 사용되었다. 가루를 만드는 여러 가지 도구들은 PPNA 시대보다 더 커졌고, 아마도 이를 사용하는 요리도 더 많아졌을 것이다. 어떤 갈판은 애초에 땅에 박아서 움직일 수 없는 고정식으로 만들어졌다. 이외에도 출토된 유물의 구체적인 예를 들자면 팔레트, 사발, 도끼, 보드게임판으로 추정되는 것, 돌 팔찌를 비롯한 수많은 개인용 장신구 등이었다. 저장용 도구를 만드는 데 사용된 재료로는 밧줄, 바구니, 나무, 돌, 회반죽, 초기 단계의 토기 등이 있었다. 회반죽으로 만든 용기에는 때때로 그림이 새겨져 있었는데, 돌로 만든 용기보다 그림이 더 다양했다. 이처럼 풍부한 유물들은 상당히 의미심장한 사회적 의미를 내포했다. 아무래도 여가 시간과 개인의 취향이 많이 반영되어 있었기 때문이다.[53] 이외에도 PPNB 시대의 유물에는 주목할 만한 다양한 골각기와 석기 및 조개껍데기 장신구들이 포함되어 있었다. 그러나 시대를 대표하는 유물은 의례 및 상징과 관련된 유물이었다. 예를 들면 토큰(token, 조약돌만 한 크기의 점토 덩어리. 모양이 다양하고 기호가 새겨진 경우도 있다. — 옮긴이), 마스크, 회반죽을 덧입힌 해골, 조각상, 인형 등이었다. 아인 가잘에서 발견된 인간의 형상은 가장 충격적인 유물이었다(그림 9-8 참조).[54]

---

53 E.B. Banning, 'The Neolithic period: triumphs of architecture, agriculture, and art', *Near Eastern Archaeology*, 61 (1998), 188-237; K.Wright, 'The social origins of cooking and dining in early villages of western Asia', *Proceedings of the Prehistoric Society*, 66 (2000), 89-121.
54 Simmons et al., ' 'Ain Ghazal', 36.

끝으로 PPNB 시대의 중요한 기술적 성취를 보자면, 그것은 바로 불을 다루는 기술이었다. 석회암에서 횟가루(석고)를 만들려면 높은 온도가 필요했다. 횟가루는 다양한 용도로 사용되었다. 특히 바닥과 벽체의 마감재로 사용되었고, 조각상이나 그릇을 만드는 데도 쓰였다.[55]

PPNC 시대의 도구들을 보면 표준 기술이 약해졌음을 알 수 있는데, 특히 뗀석기 기술에서 커다란 변화가 있었다.[56] 우선시하는 원재료도 달라졌고, 배 모양 몸돌(naviform core) 기술도 비중이 약해졌다. 더 작고 가벼워진 발사체 무기의 촉이 PPNC 시대의 특징적 유물이었다. 간석기 기술에 대해서는 거의 알려진 바가 없지만, PPNB 시대의 기술이 그대로 사용되었을 것으로 추정된다.

PN(토기 이후 신석기) 시대에는 물론 토기가 중요한 물건이었다. 처음에 토기는 실용적 목적보다 의례용으로 사용되었다는 주장도 있었다. 레반트 지역에서 처음 토기가 등장했을 때는 상당히 복잡한 형태를 띠고 있었다. 그래서 예전의 연구자들은 그것을 북부에서 수입된 것으로 여겼다. 그러나 최근의 연구에 따르면, 레반트 지역 사람들도 자체적으로 토기 제작 능력을 충분히 보유하고 있었다.[57] 고퍼(Gopher)는 토기의 등장이 엄청난 질적 변화라고는 생각하지 않았다. 왜냐하면 PPN(토기 이전 신석기) 시대에 이미 회반죽이나 점토를 가지고 작업하는 관행이 존재했기 때문이다.[58] 적은 양이긴 하지만 PPNB와 PPNC 층위에서

---

55 Banning, 'Neolithic period', 204-5.
56 G. Rollefson, 'Neolithic chipped stone technology at 'Ain Ghazal, Jordan: the status of the PPNC', *Paléorient*, 16 (1993), 119-24.
57 Banning, 'Neolithic period'.

토기가 발굴된 사례도 있었다. 아마도 실험적으로 만들어보았던 것으로 추정된다. 물론 아인 가잘에서 출토된 인물 형상과 백색 토기는 회반죽을 매개로 하는 기술력의 분명한 증거가 아닐 수 없다. 토기의 종류는 상당히 다양했다. 장식이 가미된 경우도 있었고 그렇지 않은 경우도 있었으며, 조잡한 형태의 토기도 있었고 정교하게 만들어진 토기도 있었다. 최초의 토기는 도구 없이 손으로만 성형을 했으므로 그만큼 형태가 다양했다. 지역별 차이도 상당히 뚜렷했다.

뗀석기는 이후에도 여전히 중요한 도구였다. PPNC 시대의 뗀석기는 이전과 달리 그리 정교하게 만들어지지 않은 경우가 흔히 보였다. 이러한 경향은 PN 시대에도 지속되었다. 이제는 돌날보다 석편(石片) 기술 위주가 되었다. 다양한 형태의 발사체 무기 촉과 반달돌칼도 있었다. 그러나 찌르개(point)가 예전의 PPNB 시대만큼 흔하지는 않았다. 그 이유 가운데 하나는 사냥의 비중이 예전만 못했기 때문일 것이다. 거대한 주먹도끼도 중요했다. 분쇄 도구도 PN 시대를 통틀어 중요한 도구였다. 농업이 강화된 시대였던 만큼 이는 당연한 일이었다.

돌 이외의 다른 재료로 만든 다양한 실용 도구들도 있었다. 예를 들면 가락바퀴(spindle whorl) 같은 것이었다. 가끔은 봉인(stamp seal)도 출토되었다.[59] 그러나 PN 시대의 가장 "유명한" 유물은 아마도 다양한 형태의 인형일 것이다. 돌로 만든 것도 있었고(때로는 돌에 선을 새긴 것도 있다), 점토로 만든 것도 있었다. 연구자들은 이러한 유물에 상징적 의미

---

58 A. Gopher, 'Early pottery-bearing groups in Israel: the Pottery Neolithic period', in Levy (ed.), *Archaeology of Society*, 205-25.
59 Banning, 'Ceramic Neolithic'; Gopher, 'Early pottery-bearing groups'.

가 있다고 보는데, 대개는 다산을 상징하는 것으로 해석한다. 그중에서도 가장 유명한 대표작은 어머니 여신(mother goddess)이라고 불리는 인형으로, 차탈회위크를 비롯한 몇몇 곳에서 발굴되었다. 레반트 지역 남부의 대표적인 형상은 샤아르 하골란(Sha'ar Hagolan)에서 출토되었다. 이곳에는 크게 두 가지 유형의 형상이 있는데, 돌에 선을 새긴 것과 점토로 만든 것이었다. 점토 인형은 남자 인형도 있고 여자 인형도 있었다. 흔히 매우 세련된 특징을 가지고 있는데, 대개는 크고 뚱뚱한 여인상이었다. 특히 인형의 눈이 독특하게 생겨서 흔히들 "커피콩 눈"이라고도 했고, 옛날 PPNB 시대에 해골에 회반죽을 덧입힐 때 눈에 조개껍데기를 붙인 사례와 연관 지어 "조개껍데기 눈"이라고도 했다. 이외에도 곡물의 씨앗이라거나, 대추 씨라거나, 심지어 여성의 음부라고 해석하는 경우도 있었다. 세부 형태를 최대한 절제한 몇몇 인형은 상당히 주목할 만하다. 또한 돌이나 점토로 만든 음경 모양의 유물도 하나의 범주로 보아야 할 것이다.[60]

새로운 사회 질서: 공동체와 의례의 발달

재배 및 사육, 그리고 마을의 정착 생활이 시작되면서 사회적 관계도 새롭게 바뀌었다. 신석기 시대에 시작된 몇몇 사회적 관념의 변화는 이후 시기의 변화를 이끄는 기반이 되었다. 즉 의례, 가족 및 공동체 구조, 횡적·종적 사회관계, 축제 등의 행위가 이때 모두 고도화되었다. 이러한

---

60 A. Gopher and E. Orrelle, 'Yarmukian imagery', within Gopher, 'Early pottery-bearing groups in Israel', 222-3.

행위의 대부분은 앞서 서술한 신석기 시대 물질문화의 풍요를 반영하는 것이었다. 신석기 시대의 삶과 관련한 이러한 주제들은 흥미롭긴 하지만 증거를 확보하기가 쉽지 않다. 다만 갈수록 많은 연구자들이 이 연구에 참여하고 있는 추세다. 고고학 자료를 기반으로 당시의 의례와 이념을 확인하는 일은 쉽지 않은 과제다. 그러나 최근 연구에 따르면, 신석기 시대의 자료가 기존의 생각처럼 그렇게 적지는 않다고 한다.[61]

나투프 문화에서 사회적 지위를 나타내는 증거는 거의 발견된 것이 없었다. 그러나 어느 정도 신분의 차이는 존재했던 것 같다. 특히 대규모 유적지에서 그 흔적이 발견된다. 특별히 나투프 문화 초기의 매장지에 정교한 형태의 부장품이 많았다. 그러나 나투프 문화 후기에는 이런 패턴이 사라졌고, 시신 하나만 묻는 방식으로 바뀌었다. 장례 패턴을 분석한 일부 연구 결과에 따르면, 태생적이거나 정해진 사회적 신분은 아니더라도 본인의 사회적 성취는 어느 정도 반영되어 있다고 한다.[62]

PPNA 시대에 (제르프 엘 아흐마르 같은) 큰 마을이나 (와디 페이난-16 같은) 작은 마을 할 것 없이 모두가 사회적 조직을 필요로 했던 것만은 분명한 사실이다. 늘어나는 인구와 (최소한의 야생 작물 관리나 공공 구조물 건축 같은) 공동체의 활동에 대처하려 해도 사회적 조직이 필수적이었다. 이 시대의 장례 풍습 중 나투프 문화에서부터 이어져오던 것이 있는데, 집안의 바닥층 아래에 시신을 묻고 나서 일정한 시간이 지난 뒤

---

61 Asouti and Fuller, 'Contextual approach'; Dietrich et al., 'Role of cult and feasting'; Watkins, 'Household, community and social landscape'.
62 B. Byrd and C. Monahan, 'Death, mortuary ritual, and Natufian social structure', *Journal of Anthropological Archaeology*, 14 (1995), 251-87.

두개골을 자르는 의례였다. 이러한 풍습은 PPNB 시대에 더욱 정형화되었다. 매장은 사회적(태생적) 신분이 아니라 공동체 내부의 질서를 반영하는 것이었다. 이외에도 PPNA 시대의 장례 풍습에 여성 인형이 포함되어 있었다. 나투프 문화에서는 동물 인형이 사용되었지만 PPNA 시대에 와서 사람 인형으로 바뀐 것이었다. 또한 PPNA 시대의 건축 구조물은 갈수록 복잡해졌다. 소의 두개골이 건축 구조물의 일부로 사용되기도 했다. 예리코처럼 대규모의 작업도 있었고, 괴베클리 테페 같은 거대한 복합 구조물 건축도 있었으며, 주거지 유적 안에 공동체를 위한 공간도 더 크게 자리를 잡았다. 이 모두는 의례 행위의 규모가 더 커졌음을 의미한다. 이와 같은 PPNA 시대의 공동체를 위한 건축물, 그리고 기념비적 구조물은 생활 경제보다 공동체를 더 중요시했던 사회적 경험을 반영하는 것이다.[63] 근거리 및 원거리 교역도 PPNA 시대의 사회적 구성 요소였다. 이는 개별 집단이 문화적으로 외부와 단절해서 존재하지 않았음을 의미한다. 심지어 이 시기 교역 네트워크는 키프로스섬까지 연결되는 해상 교역망과도 연결되어 있었다. 사회적 위계질서에 대한 증거는 희박하지만, 틀림없이 교역을 통제하는 사람들은 있었을 것이다 (즉 사회적 통제 아래 교역이 이루어졌을 것이다).

　PPNB 시대에는 사회적 조직이 형성되었을 것으로 추정된다. 공동체의 규모가 대체로 컸고, 공공 건축물 혹은 공동체를 위한 건축 구조물도 존재했던 것으로 이를 유추할 수 있다.[64] PPNB 시대의 경제적 기반

63　Mithen et al., 'An 11,600-year-old communal structure'.
64　I. Kuijt (ed.), *Life in Neolithic Farming Communities: Social Organization, Identity, and Differentiation* (New York: Kluwer Academic/Plenum, 2000).

은 핵가족 위주의 가정이었으나, 동시에 집단적 교류가 있었다는 추론에도 많은 연구자들이 동의하고 있다.[65] 버드(Byrd)의 주장에 따르면, 신석기 마을의 특징은 공유 및 소비의 사회적 네트워크 축소와 공동체 결속을 위한 메커니즘 강화였다.[66] 당시의 관념도 가족 구성원 개인을 기억하는 데 초점이 맞추어졌던 것으로 나타났다. 당시 사람들은 농사를 지었으므로 물론 토지 소유 문제도 중요했을 것이다.

PPNB 시대에는 상징물이 풍부했다. 일부 학자들은 신석기 시대를 종교 혁명의 시대로 간주했지만,[67] 달리 보는 학자들도 있었다. 즉 상징(symbolism)이 사회 전체를 압도했다고 말할 수는 없어도, 적어도 상징이 담당한 사회적 역할의 비중은 갈수록 강화되었던 것으로 추정된다. 어떤 해석을 따르든 PPNB 시대에 의례 생활이 풍성했던 것만은 의문의 여지가 없다. 상징물도 많았고, 장례 풍습이나 의례 장소 유적 등에도 그러한 사실이 반영되어 있었다. 신석기인의 사회적 통합을 위해 축제와 춤이 중요한 역할을 했다는 근거도 갈수록 많이 발견되고 있다.[68]

PPNB 사회가 평등한 사회였는지, 아니면 위계질서가 있는 계층 구조의 사회였는지에 대해서는 논쟁이 아직 끝나지 않았다. 매장지 발굴

---

65 Flannery, 'Origins of the village', and 'The origins of the village revisited: from nuclear to extended households', *American Antiquity*, 67 (2002), 417-33.
66 B. Byrd, 'Public and private, domestic and corporate: the emergence of the Southwest Asian village', *American Antiquity*, 59 (1994), 639-66.
67 Cauvin, *Birth of the Gods*.
68 Dietrich et al., 'Role of cult and feasting'; Y. Garfinkel, *Dancing at the Dawn of Agriculture* (Austin: University of Texas Press, 2003); K. Twiss, 'Transformations in an early agricultural society: feasting in the southern Levantine Pre-Pottery Neolithic', *Journal of Anthropological Archaeology*, 27 (2008), 418-42.

자료를 보면 사회적 지위를 유추할 수 있다. 또한 쿠이트(Kuijt)의 연구에서는 두개골의 변형, 두개골에 덧입히는 회반죽과 그림, 매장 이후 2차적으로 두개골을 분리하여 다른 곳에 숨기는 등의 풍습으로 볼 때 사회 계층의 분화가 있었을 것으로 추정했다.[69] 적어도 대규모 공동체에서는 지휘부가 형성되어 있었을 것이고, 최소한 특정 부문에 한해서라도 규칙은 존재했을 것이다.

PPNB 시대에는 외부 세계로도 널리 뻗어 나갔다. 근동 지역과 키프로스 전역에 걸쳐 교역과 사회적 상호 관계가 존재했다는 근거는 상당히 많이 발견되었다.[70] 재배 및 사육 경제와 마을의 정착 생활은 이 시대에 이미 확고히 자리 잡은 상태였다. 그러므로 PPNB 시대 대부분의 사회에서 본격적인 사회적 변화를 경험했을 것이다. 당시에는 사회적 "교류의 범위"라는 것이 존재했다. 그 결과 지역주의가 갈수록 강화되었고, 서로 구별되는 민족 집단이 이 시기에 형성되었던 것 같다.

PN 시대로 넘어간 뒤에도 변화의 시기는 상당히 오래도록 지속되었다. 일부 지역에서는 특히 더 그랬다. 근동 지역 북부에서는 대부분 PPN 시대에 등장한 변화가 계속해서 발전하고 있었다. 예전의 연구자들은 PPN 시대와 PN 시대 사이에 "신석기의 거대한 간극(Great Neolithic Gap)"이 존재했다고 주장했다. 그러나 오늘날 이를 인정하는 연구자는

---

69 I. Kuijt, 'Keeping the peace: ritual, skull caching, and community integration in the Levantine Neolithic', in Kuijt (ed.), *Life in Neolithic Farming Communities*, 137-64.
70 T. Watkins, 'Putting the colonization of Cyprus into context', in Peltenburg and Wasse (eds.), *Neolithic Revolution*, 23-34; M. Zeder, 'The origins of agriculture in the Near East', *Current Anthropology*, 52, Supplement 4 (2011), S221-35.

드문데, PPNC 시대와 PN 시대는 끊어지지 않고 연속되었기 때문이다. 일부 지역에서는 PPN 시대 후기에 폐허로 방치되었던 흔적이 발견되기도 했다. 그러나 머지않아 PN 시대의 공동체가 그 자리에서 다시 문화를 이어 나갔다. 북부 지역에서 이러한 문화적 궤도는 대부분 세계 최초의 도시가 형성되는 데까지 나아갔다. 다른 지역, 특히 레반트 남부 지역은 이보다 낙후된 변두리 지역이었음에도 불구하고 예전의 문화적 붕괴 주장은 더 이상 받아들여지지 않고 있다. 레반트 남부에서도 부분적으로는 다른 지역 못지않게 고도로 발달한 문화 단계가 확인되었기 때문이다. 이는 당연히 문화적 후퇴가 아니라 새로운 조건에 맞게 효율적으로 적응한 결과였다.

대규모 공동체의 존재에도 불구하고 PN 시대의 사회 조직은 아직 가정의 범위를 벗어나지 않는 초보적 단계였던 것으로 추정된다. 고도로 구조화된 사회적 계층 분화를 나타내는 근거는 거의 발견된 것이 없다. 장례 풍습은 PPNB 시대와는 달랐다. 특히 사후에 두개골을 분리하는 풍습이나 어린아이를 장례하는 풍습 등에서 차이가 있었다. 상상에 기반을 둔 정교한 인형에서 의례나 상징적 행위를 확인할 수 있는데, 살찐 여성의 몸매를 표현하는 경우가 많았다. PPNB 시대에 형성된 사회적 교류의 범위 내에서는 지역 문화가 더욱 강화되었다. 전반적으로 말해 PN 시대에는 강고한 부족적 연대를 기반으로 지역적 정착 생활에 확고히 적응했고, 이후 근동 지역에서 수천 년 동안 지속될 문화적 패턴이 이때 형성되었다.[71]

---

71 Banning, 'Ceramic Neolithic'; Simmons, *Neolithic Revolution*, 226-8.

지역별 중심지와 신석기의 확산

근동이란 매우 넓은 지역이며, 그 내부에서도 상당한 정도의 다양성이 펼쳐져 있다. 그러나 신석기에 관한 우리의 지식은 대부분 레반트 지역을 근거로 하는데, 그곳 연구가 가장 많이 이루어졌기 때문이다. 그래서 흔히 레반트 모델을 우선시하게 된다. 하지만 다른 곳에도 지역별로 중심지가 있었다. 아나톨리아 지역과 근동 "내륙" 지역(주로 이란과 이라크) 등은 모두 근동 지역 신석기 문화의 다양성을 가리키고 있다.[72] 그러나 각 지역별 상호 관계는 아직 분명히 밝혀지지 않은 상태다.

신석기 문화가 유럽 등 다른 지역으로 확산되기도 했지만, 그 기원지는 근동 지역이었다. 신석기 문화의 확산과 관련해서 "인구 전파론 vs. 문화 전파론" 논쟁이 있었다. 그러나 오늘날 연구자들은 어느 쪽이든 너무 단순한 주장으로 평가하고 있다. 신석기 문화는 아나톨리아 지역을 거쳐 전파된 것으로 알려져 있었다.[73] 그러나 해양 루트를 주장하는 연구자들도 있었다.[74] 키프로스섬만큼 문화 전파의 증거가 확실한 곳도 없기 때문이었다.

지중해 섬 지역은 신석기 문화에 관한 한 최근까지도 주변부로 인식되어왔다. 전통적으로 대부분의 지중해 섬 지역에 사람이 살기 시작한 시기는 신석기 후기로 알려져 있었다. 키프로스는 그중에서 가장 먼저

---

72 T. Watkins, 'Supra-regional networks in the Neolithic of Southwest Asia', *Journal of World Prehistory*, 21 (2008), 139-71.
73 J. Diamond and P. Bellwood, 'Farmers and their languages: the first expansions', *Science*, 300 (2003), 597-603.
74 C. Broodbank, 'The origins and early development of Mediterranean maritime activity', *Journal of Mediterranean Archaeology*, 19 (2006), 199-230.

사람이 살았던 섬으로, 그곳의 "토기 이전 키로키티아 문화(Pre-Pottery Khirokitia culture)"는 대륙에서 신석기 문화가 시작된 이후 약 2500년이 지난 뒤에 시작되었으며, 섬 지역에 신석기 문화가 자리 잡은 뒤로 자체 발전은 거의 없었던 것으로 알려져 있었다. 대륙 지역과 같은 수준의 발전이나 접촉의 증거는 거의 발견된 것이 없었고, 곧바로 고립되어 섬에 적응하는 과정에서 발생한 독특한 문화가 되었다는 해석이었다.

그러나 최근 20년 동안 지중해 섬 지역의 인류 진출에 관한 우리의 이해는 혁명적으로 바뀌었다. 신석기 이전 시기의 섬 지역 진출에 관한 연구는 근거가 충분하지 못했다. 아직 일반적으로 인정받지는 못했지만, 최근의 일부 연구에서는 호모 사피엔스 이전의 고인류가 일부 섬 지역에 진출했다는 도발적 주장도 있었다.[75] 그것까지는 모르겠지만, 적어도 신석기 문화에 관한 한 키프로스의 중요성이 갈수록 비중을 더해가고 있다. 나투프 문화와 시기가 같은 키프로스의 몇몇 핵심 유적지에서는 최말기구석기 후기의 양상이 나타났다. 그리고 신석기 인류(PPNA와 키프로스형-PPNB 모두)의 진출이 새롭게 밝혀지면서 그 시기가 레반트 지역이나 아나톨리아 본토에 비해 늦지 않았던 것으로 드러났다(그림 8-5). 실제로 영구 정착이 시작된 시기는 키프로스형-PPNB 시대였던 것 같다.[76] 오늘날에는 키프로스가 신석기 혁명의 주변지가 아니라 중심적 역할을 한 곳이었다는 사실이 충분히 알려져 있다. 키프로스와 대륙

---

75 A.H. Simmons, *Stone Age Sailors: Paleolithic Seafaring in the Mediterranean* (Left Coast Press, 2014).
76 A.B. Knapp, 'Cyprus' earliest prehistory: seafarers, foragers and settlers', *Journal of World Prehistory*, 23 (2010), 79-120.

[그림 8-5] 아이스 기오르키스(Ais Giorkis) 유적
키프로스형-PPNB 문화를 보여주는 유적이다.

본토 사이에 수많은 왕래가 있었던 것은 분명한 사실이다. 키프로스에 관한 새로운 연구는 기존의 고고학적 관점을 완전히 바꾸어놓고 있다. 즉 섬 지역의 인류 진출, 초기 항해 능력, 재배 및 사육의 과정, 이에 수반되는 사회 변화, 대륙의 신석기 핵심 지역으로부터의 신석기 전파 등이 모두 새롭게 밝혀지고 있다.

양족(양/염소)이나 돼지 같은 주요 사육종 동물이 키프로스의 신석기 식생활에서 중요한 부분이었지만, 소는 없었던 것으로 알려져 있었다. 그러나 새로운 연구 성과에 따르면, 이른 시기에 소가 도입되었지만 최초의 신석기 문화 시기 이후 곧바로 소 사육이 단절된 것으로 드러났다. 그 이유는 분명하지 않지만 경제적 문제일 수도 있고, 의례와 관련된

문제일 수도 있다. 혹은 생태 환경 변수가 작용했을지도 모른다.[77]

키프로스섬의 초기 신석기 문화는 섬과 대륙 본토의 상호 교류가 상당한 정도로 지속되었음을 보여준다. 그래서 키프로스섬은 대륙 문화 전파의 거점(staging ground)이었던 것으로 인정되고 있다. 새로운 연구 성과들은 관련 주제의 전면적 재해석을 요구하고 있다. 즉 신석기 문화의 전파 및 인간의 이주, "지중해식 어촌 마을"의 등장, 그리고 그 마을이 키프로스섬으로 사람과 자원을 실어 나르는 역할을 했을 가능성 등이 모두 새롭게 해석되어야 할 주제들이다.[78]

신석기 문화의 결과

신석기의 기원에 관해서는 많은 연구가 이루어졌지만, 그 결과에 대한 연구는 훨씬 더 적었다. 그러나 최근 들어 사정이 달라져 결과에 대한 논의들이 많이 제출되고 있다. 내용상으로는 긍정적 평가도 있었지만 특히 부정적 평가가 많았다. 생태 환경과 사회적 결과로 보자면, 토지의 과도한 이용, 질병의 증가, 마을 생활에서 비롯된 감염 문제 등이 신석기 시대에 더욱 가속화되었다고 한다. 예를 들어 신석기 마을 생활에 관해 다음과 같은 암울한 그림이 제시되기도 했다.

정착지는 … 분명 썩은 유기물과 인간이 버린 쓰레기로 … 심각하게 오염된 상태였을 것이다. 쓰레기는 해충을 불러들였을 것이고, 해충이 운반

---

77 A.H. Simmons, 'Until the cows come home: cattle and early Neolithic Cyprus', *Before Farming* (on-line version), 2009/1, article 5.
78 Galili et al., 'Emergence of the Mediterranean fishing village'.

하는 병원균도 함께 모여들었을 것이다. 파리와 모기는 대변-구강(fecal-oral) 경로를 통해 전염병 및 기타 질병을 옮겼을 것이다. 쥐는 출혈열(hemorrhagic fever), 야생 개와 기타 육식 동물은 광견병, 야생 고양이는 톡소플라스마증(toxoplasmosis)을 옮겼을 것이다. 질병은 끊임없이 이어졌을 것이다. … 연못이나 강가 인근에서는 … 파상풍, 말라리아, 주혈흡충병(schistosomiasis)이 더욱 기승을 부렸을 것이다. 비축된 식량은 병원균의 또 다른 주요 원천이었다. … 신석기 시대의 삶은 … 끝없는 고통의 연속이었고, 사람들은 "묵시록의 네 기사(죽음, 기근, 질병, 타인의 악행)를 영원히 피할 수 없음을" 잘 알고 있었다.[79]

이 정도는 과장된 표현이겠지만, 마을의 정착 생활이 일부 예기치 못한 결과를 가져온 것만큼은 분명한 사실이었다. 이상하지만 또 한 가지 분명한 사실이 있다. 신석기 시대 근동 지역에서는 인구가 늘어나고 사회 구조가 복잡해지면서 사회적 스트레스 또한 강화되었음에도 불구하고 극단적 폭력을 사용하지는 않았던 것 같다. 근동 지역에서 신석기 시대를 통틀어 공동체 간 폭력적 충돌의 증거가 발견된 적이 없었다. 이는 폭력이 일상화되었던 유럽의 신석기 시대와 극명한 차이를 보이는 점이었다.[80] 아마도 이는 오래도록 서서히 축적된 사회 조직이 얼마나 효율

---

[79] P. Akkermans and G.M. Schwartz, *The Archaeology of Syria: From Complex Hunter-Gatherers to Early Urban Societies (ca. 16,000-300 BC)* (Cambridge University Press, 2003), 78-9.

[80] J. Guilaine and J. Zammit, *The Origins of War: Violence in Prehistory* (Oxford: Blackwell, 2005).

적인지를 보여주는 증거일 것이다. 근동 지역에서 신석기 정착지는 오래도록 유지된 경우가 많았다. 이로 보아 시간이 지날수록 마을의 정착 생활은 긍정적 측면이 부정적 측면을 능가했던 것으로 볼 수 있다.

동향과 전망

100년 이상 연구가 이어졌음에도 불구하고 아직도 신석기 시대에 대해 우리가 알지 못하는 많은 것들이 남아 있다. 다만 문제의 범위가 점차 축소되어 문제 자체는 명확해지는 중이다. 예를 들면 특정 재배종 혹은 사육종의 기원지가 어디였는지 정확한 지역을 확인하는 문제, 신석기 문화의 "패키지"에 그들이 어떻게 포함되었는가 하는 문제, 다른 지역으로 확산되는 경로를 파악하는 문제 등이 오늘날의 연구자들이 탐구하는 주제다. 아주 최근에는 사회 구조와 사회 조직에 관한 복합적인 주제들이 많이 연구되고 있지만, 결론까지는 아직 많은 간극이 남아 있다. 특히 사회적 계층 구조, 지휘부의 역할, "눈에 보이지 않는" 인간의 특성을 비롯하여 특별히 젠더와 어린이 문제에 대한 이해가 많이 부족한 상태다. 신석기 시대의 이념과 의례는 최근 연구의 최전선에 놓여 있는 문제들이다. 그러나 현실적 근거를 통해 이를 이해하는 것은 여전히 어려운 과제로 남아 있다. 정착 생활의 정도를 총체적으로 평가하는 기준은 아직은 좀 더 분명히 설정되어야 할 문제다. 연대측정 기술이 비약적으로 진보했음에도 불구하고, 신석기 시대와 관련해서는 여전히 시급한 문제들이 남아 있다. 단순한 하나의 예를 들자면 방사성탄소 연대측정의 수치를 그대로 쓰느냐, 아니면 보정한 연대를 쓰느냐 하는 문제다. 방사성탄소 연대측정 표준 곡선(calibration curve)의 신석기 시대 범위 중에서 일부 구간에 "오차(wiggle)" 구간과 "수평 구간(flat spot)"이 존재하기 때문에, 연대측정값이 이들 구간에 포함되면 해석이 더욱 어려워진다. 최근 연구는 또한 계속해서 확장된 신석기 문화권의 범위를 보다 분명히 하는 데 도움을 주고 있다. 이제는 신석기 시대의 "핵심" 지역이 근동 지역 내부에서도 여러 곳에 존재했었다는 사실이 명확히 밝혀졌다. 그러므로 미래의 연구는 새로운 발굴 성과를 근동 전체의 맥락에서 해석하는 데 초점을 맞추어야 할 것이다. 더욱이 키프로스섬에서 발굴된 자료는, 신석기 공동체가 상당히 폭넓게 확산되었으며 그들이 항해 기술을 보유하고 있었음을 짐작케 한다. 앞으로 연구가 계속되면 키프로스섬에서 인류의 초기 진출 단계가 명확히 밝혀질 것이다. 그러면 다른 섬 지역의 인류 진출에 대해서도 비슷한 연구의 진전을 앞당길 것이다.[81]

신석기 시대 교류 관계의 특성을 더욱 정교히 분석하는 연구도 진행 중이다. 여기에는 중심지/주변부의 관계, 특정 부족 혹은 "민족"의 정체성과 그들의 확산 등 접근하기 어려운 문제들이 포함되어 있다. 이러한 맥락에서 매장지 발굴 자료에 대한 정밀 분석이 시도되고 있으며, 특히 유전자 추출은 매우 큰 의미를 지니고 있다. 이와 같이 해결해야 할 많은 문제들이 산적해 있다. 개별 유적지와 유물의 특성을 밝히려면, 근동

---

81 N. Phoca-Cosmetatou (ed.), *The First Mediterranean Islanders: Initial Occupation and Survival Strategies* (Oxford University School of Archaeology, 2011); M. Zeder,'Domestication and early agriculture in the Mediterranean basin: origins, diffusion, and impact', *Proceedings of the National Academy of Sciences*, 105 (2008), 11597-604.

지역 내부에서 기존에 충분한 연구가 이루어진 지역이나 그렇지 않은 지역을 막론하고, 기초 자료를 더욱 분명히 구축하는 일상적 업무가 필요한 것은 물론이고 지역 전체 차원의 종합적 연구 또한 과제에 포함되어야 할 것이다. 더불어 앞으로의 연구는 거시적 관점의 연구에 "새로운 조명"을 비출 필요가 있다.[82] 또한 아수티(Asouti)와 풀러(Fuller)가 전망했던 연구 방법론처럼,[83] 여러 차원의 증거들을 종합하여 신석기 시대의 모든 측면에 대해 탐구할 수 있어야 한다. 이는 곧 수많은 요소들이 놓여 있는 맥락을 종합적으로 보아야 한다는 의미다. 신석기가 다만 생활 경제적 이행의 문제만은 아니기 때문이다. 식량 생산과 소비 문제는 단순히 경제 문제라기보다 공동체의 상호 교류와 의례의 "실행"을 포괄하는 종합적 매개체였다.

끝으로 아직 연구하지 않은 중요한 문제가 하나 남아 있다. 즉 신석기인이 현생 인류에게 남겨둔 연약한 유산을 보호하는 일이다. 근동 지역 대부분의 국가에서 고고 유물 관련 예산은 상당히 제한적인 편이다. 그리고 유물 보존과 관련된 예산은 주로 신석기 이후 시대에 속하는 거대하고 인상적인 유적에 사용되는 경향이 있다. 유적지가 발굴되었을 때 보존 문제는 중요하게 부각되는 이슈가 아니었다. 심지어 오늘날까지도 이 문제에 배정되는 연구 예산은 많지 않고, 그래서 문제 제기는 금방 잊혀버리며, 또한 그래서 보존 관련 예산은 늘어나지 않고 여전히 부족한 현실이다. 이러한 딜레마를 어떻게 벗어나야 할지 준비된 해답은 없다. 분명

82 T. Watkins, 'New light on Neolithic revolution in South-west Asia', *Antiquity*, 84 (2010), 621-34.
83 Asouti and Fuller, 'Contextual approach'.

한 한 가지 대책이라면, 보존 예산이 확보될 때까지 더 이상 추가적 발굴을 진행하지 않는 것뿐이다. 새로운 발굴을 하지 않는 동시에 기존에 발굴된 유물에 연구를 집중하는 것은 상당히 매력적인 대안이다. 그러나 새로운 발굴을 통해 밝혀지는 사실들 또한 적지 않다. 그러므로 이 문제는 틀림없이 앞으로의 연구가 직면해야 할 중요한 도전이 될 것이다.

결론

재배 및 사육 경제의 발달은 인류의 중요한 이정표 중 하나였다. 그것이 없었다면 오늘날의 세계는 더 좋아지거나 나빠지는 문제가 아니라, 아예 존재하지도 않았을 것이다. 이를 가장 대표적으로 보여주는 사례가 근동 지역의 신석기 시대였다. 어떻게, 그리고 왜 이런 일이 일어났는지에 대해 상당한 연구 성과와 통찰이 축적되었다. 동시에 근동 지역 신석기 시대는 오늘날의 고고학 발달에 크게 기여했다.

신석기 시대를 연구하는 많은 학자들은 재배 및 사육이 단지 동식물뿐만 아니라 생태 환경과 인간 그 자체를 바꾸어놓았다고 말한다.[84] 이러한 판단은 신석기 시대의 도래가 더 이상 "자연적" 현상이 아니었다는 의미를 함축하고 있다. 인류가 존재한 이래 사냥과 채집이 오래도록 성공적으로 행해져왔다는 사실을 과소평가할 수 없지만, 안정적인 식량 생산과 잉여 생산물이 없었다면 이후의 문화적 성취 또한 없었을 것이며, 근동 지역을 비롯한 세계 곳곳의 도시 문화 발전도 나타나지 않았을

---

84 P. Wilson, *The Domestication of the Human Species* (New Haven, CT: Yale University Press, 1988).

것이고, 결국 그러한 과정이 축적되어 존재하는 오늘날의 현대 사회 또한 결코 존재하지 못했을 것이다.

더 읽어보기

Asouti, E. and D.Q. Fuller. 'A contextual approach to the emergence of agriculture in Southwest Asia: reconstructing early Neolithic plant-food production.' *Current Anthropology*, 54 (2013), 299-345.

Banning, E.B. 'The Neolithic period: triumphs of architecture, agriculture, and art.' *Near Eastern Archaeology*, 61 (1998), 188-237.

Barker, G. *The Agricultural Revolution in Prehistory: Why did Foragers Become Farmers?* Oxford University Press, 2006.

Bar-Yosef, O. 'The Natufian culture in the Levant: threshold to the origins of agriculture.' *Evolutionary Anthropology*, 6 (1998), 159-77.

Bar-Yosef, O. and R. Meadow. 'The origins of agriculture in the Near East.' In T.D. Price and A.B. Gebauer (eds.), *Last Hunters, First Farmers: New Perspectives on the Prehistoric Transition to Agriculture*. Santa Fe, NM: School of American Research Press, 1995. 39-94.

Bellwood, P. *First Farmers: The Origins of Agricultural Societies.* Oxford: Blackwell, 2005.

Binford, L. 'Post Pleistocene adaptations.' In S. Binford and L. Binford (eds.), *New Perspectives in Archaeology*. Chicago: Aldine Press, 1968. 313-41.

Braidwood, R. 'The agricultural revolution.' *Scientific American*, 203 (1960), 130-41.

Cauvin, J. *The Birth of the Gods and the Origins of Agriculture*, trans. T. Watkins. Cambridge University Press, 2000 [1994].

Colledge, S. and J. Conolly (eds.). *The Origins and Spread of Domestic Plants in Southwest Asia and Europe*. Walnut Creek, CA: Left Coast Press, 2007.

Colledge, S., J. Conolly, K. Dobney, K. Manning, and S. Shennan (eds.). *The Origins and Spread of Domestic Animals in Southwest Asia and Europe*. Walnut Creek, CA: Left Coast Press, 2013.

Diamond, J. and P. Bellwood. 'Farmers and their languages: the first expansions.' *Science*, 300 (2003), 597-603.

Flannery, K. 'Origins and ecological effects of early domestication in Iran and the Near East.' In P. Ucko and G. Dimbleby (eds.), *The Domestication and Exploitation of Plants and Animals*. Chicago: Aldine Press, 1969. 73-100.

Garfinkel, Y. *Dancing at the Dawn of Agriculture*. Austin: University of Texas Press, 2003.

Henry, D. *From Foraging to Agriculture: The Levant at the End of the Ice Age*. Philadelphia: University of Pennsylvania Press, 1989.

Hodder, I. 'Symbolism and the origins of agriculture in the Near East.' *Cambridge Archaeological Journal*, 11 (2001), 107-12.

Kuijt, I. (ed.). *Life in Neolithic Farming Communities: Social Organization, Identity, and Differentiation*. New York: Kluwer Academic/Plenum, 2000.

McCarter, S.F. *Neolithic*. New York and London: Routledge, 2007.

Mellaart, J. *The Neolithic of the Near East*. London: Thames & Hudson, 1975.

Özdoğan, M. and N. Başgelen (eds.). *Neolithic in Turkey: The Cradle of Civilization*. Istanbul: Arkeoloji Sanat Yayınları, 1999.

Price, T.D. and O. Bar-Yosef (eds.). *The origins of agriculture: new data, new ideas*. Special edition of *Current Anthropology*, 52, Supplement 4 (2011).

Simmons, A. *The Neolithic Revolution in the Near East: Transforming the Human Landscape*. Tucson: University of Arizona Press, 2007.

Simmons, A., I. Köhler-Rollefson, G. Rollefson, R. Mandel, and Z. Kafafi. ' 'Ain Ghazal: a major Neolithic settlement in central Jordan.' *Science*, 240 (1988), 35-9.

Smith, B.D. *The Emergence of Agriculture*. New York: Scientific American Library, 1995.

Twiss, K. 'Transformations in an early agricultural society: feasting in the southern Levantine Pre-Pottery Neolithic.' *Journal of Anthropological Archaeology*, 27 (2008), 418-42.

Vigne, J.D., F. Briois, A. Zazzo, et al. 'First wave of cultivators spread to Cyprus at least 10,600 y ago.' *Proceedings of the National Academy of Sciences*, 109 (2012), 8445-9.

Watkins, T. 'New light on Neolithic revolution in South-west Asia.' *Antiquity*, 84 (2010), 621-34.

Wilson, P. *The Domestication of the Human Species*. New Haven, CT: Yale University Press, 1988.

Zeder, M. 'Domestication and early agriculture in the Mediterranean basin: origins, diffusion, and impact.' *Proceedings of the National Academy of Sciences*, 105 (2008), 11597-604.

_____. 'The origins of agriculture in the Near East.' *Current Anthropology*, 52, Supplement 4 (2011), S221-35.

CHAPTER 9

요르단의 아인 가잘 유적

게리 롤레프슨
Gary O. Rollefson

연표

아인 가잘('Ain Ghazal)은 농업이 시작된 뒤 거의 1000년이 지나서 조성된 도시였다. 생태 환경이 좋고 (영구 하천 자르카강Zarqa River과 수량이 풍부한 아인 가잘 샘처럼) 마르지 않는 물이 있었기 때문에, 기원전 5750년경까지 도시가 유지되었다.[1] 혹은 그 뒤로 더 지속되었을 수도 있다.[2] 이렇게 오래도록(거의 2500년 동안) 도시가 유지되었다는 사실 자체가 아인 가잘 고고학에서 가장 중요한 연구 주제다. 그것은 곧 그동안 변화하는 환경에 아인 가잘의 주민들이 성공적으로 적응한 결과였기 때문이다. 그들이 마주했던 변화는 주민들 스스로가 의식하지 못하는 가운데 찾아온 환경의 변화였다. 오랜 세월 동안 아인 가잘의 주민들이 일상생활을 영위하는 과정에서 네 차례의 주요 발전 단계가 있었으며, 이후 단계로는 이어지지 못했다.

1　이번 장에서 표시되는 연도는 모두 방사성 탄소동위원소 연대 보정 후(calibrated)의 값이다 (연대 보정과 관련해서는 시리즈 02권 제14장 각주 7 참조 — 옮긴이).
2　Z. Kafafi et al., ''Ain Ghazal revisited: rescue excavations October and December-January 2011-2012', *Neo-Lithics*, 2/12 (2012), 21-9; cf. G. Rollefson et al., 'Neolithic cultures at 'Ain Ghazal, Jordan', *Journal of Field Archaeology*, 19 (1992), 443-70.

— MPPNB(토기 이전 신석기 B 중기): 기원전 8500~7500년

— LPPNB(토기 이전 신석기 B 후기): 기원전 7500~6900년

— PPNC(토기 이전 신석기 C): 기원전 6900~6400년

— 신석기 야르무크 토기(Yarmoukian Pottery Neolithic) 시대: 기원전 6400~5500년

유적지의 규모와 상황

가장 오래된 발굴층위는 건조한 적토층(red clay) 위에 있었다. 이 층위를 근거로 보건대 아인 가잘은 약 2헥타르 면적의 작은 마을로 시작되었던 것 같다(그림 9-1). 우호적인 생태 환경 조건에서 MPPNB 시대에 인구가 급성장했고, 약 1000여 년의 기간 동안 마을 주민의 규모는 600~750명, 면적은 5헥타르까지 확대되었다.

레반트 지역 남부에서 MPPNB 시대가 마감될 때는 혼란기였고, 이 지역의 정착지 패턴에는 심각한 손상의 흔적이 남아 있다.[3] 이 무렵부터 이스라엘과 요르단 계곡에 있는 농촌 마을이 완전히 방치되는 일이 발생했으며, 마을을 떠난 사람들은 다른 곳으로 피난처를 찾아 떠났다. 주로는 요르단 고원 지대로 올라갔던 것 같다. LPPNB 시대가 시작되면

---

[3] G. Rollefson, 'Local and regional relations in the Levantine PPN period: ' Ain Ghazal as a regional center', *Studies in the History and Archaeology of Jordan*, 3 (1987), 29-32, and 'The character of LPPNB social organization', in H.-D. Bienert et al. (eds.), *Central Settlements in Neolithic Jordan* (Berlin: Ex oriente, 2004), 145-55; H.G.K. Gebel, 'Central to what? The centrality issue of the LPPNB mega-site phenomenon in Jordan', in Bienert et al. (eds.), *Central Settlements in Neolithic Jordan*, 1-19.

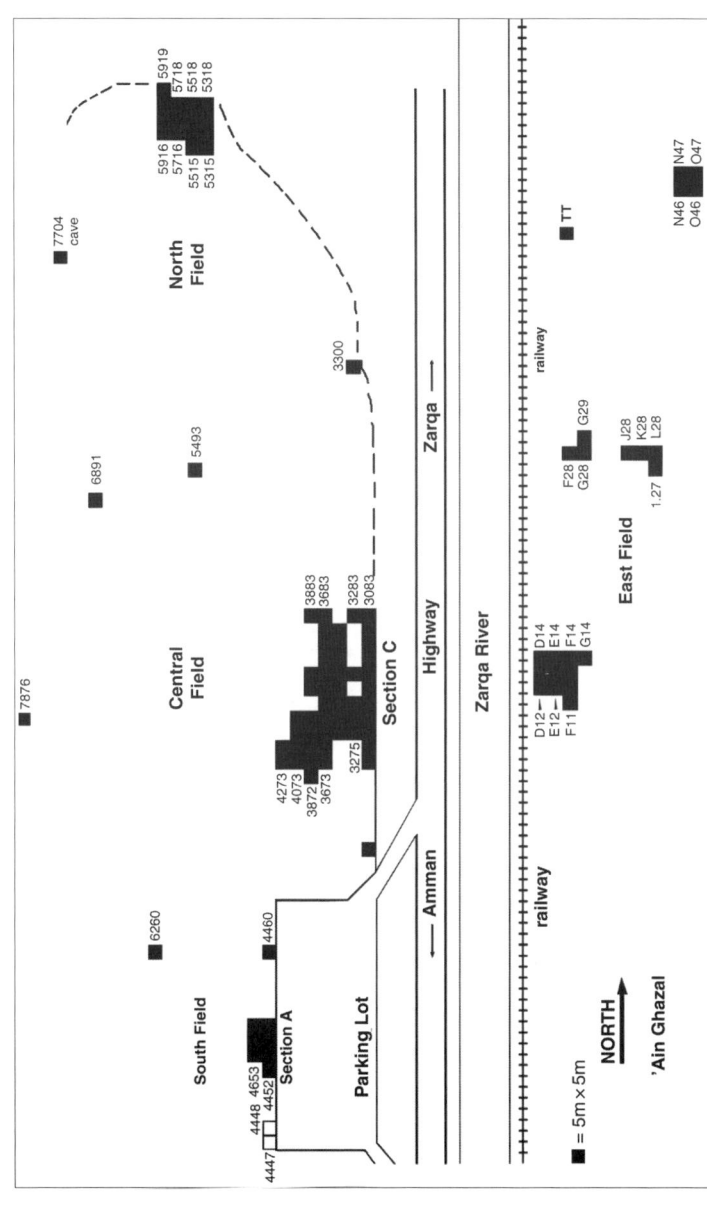

(그림 9-1) 아인 가잘 유적 평면도 자르카강(Zarqa River)의 동부와 서부.

CHAPTER 9 - 요르단의 아인 가잘 유적

서 아인 가잘에서는 사실상 인구 폭발 사태가 진행되었다. 두어 세대를 거치는 동안 자르카강 동안과 서안에서 모두 마을 면적이 늘어났다. 기원전 7000년경 마을 크기는 기존의 두 배인 10헥타르를 넘어섰으며, 아마도 거의 15헥타르까지 이르렀던 것 같다.[4] 이 무렵에 아인 가잘의 주민 수는 2500명 이상이었다. PPNB 시대의 또 다른 "거대 도시"가 요르단과 시리아 남부에서 발견되었다.[5] 이 시기 동안 인구는 빠르게 성장했고, 사회 및 경제적 조직 구조도 극적인 변화를 맞이했다. 아직 완전한 "도시" 단계까지 나아가지는 않았지만, 아인 가잘은 더 이상 평등했던 옛날의 단순한 마을이 아니었다.

　　MPPNB 시대와 LPPNB 시대를 거치면서 아인 가잘 주변의 토지 압박이 계속되었다. 그러므로 마을 주민들의 생활 수준이 저하된 것은 어쩌면 당연한 일이었다. PPNC 시대가 시작되면서 동부 평원에는 더 이상 거주하는 사람이 없었다. 기원전 제7천년기가 시작될 무렵 자르카강 서쪽에서 주택 밀도는 급격히 낮아졌다. 신석기 야르무크 토기 시대가 시작되면서 아인 가잘의 규모는 계속 줄어들었다. 게다가 집들 사이의 거리도 더 멀어졌다. 인구 규모는 MPPNB 시대 초기로 되돌아갔던 것 같다. 마침내 아인 가잘 주변의 농지들은 그대로 방치되었고, 농업은 더 이상 가족의 생계 수단이 되지 못했다. 신석기 시대 아인 가잘 최후의 흔적은 텐트를 쳤던 자리로 추정되는 둥근 형태의 유적으로, 야르무크 토기 시대 후기의 유목민이 거주했던 곳이다(그림 9-2).

4　G. Rollefson, 'Neolithic 'Ayn Ghazal in its landscape', *Studies in the History and Archaeology of Jordan*, 6 (1997), 241-4.
5　H.G.K. Gebel and G. Rollefson (eds.), *Neo-Lithics*, 2/97 (1997).

[그림 9-2] 야르무크 토기 시대 후기의 텐트 자리
사진 상단의 원형 구조물. 양/염소를 사육하던 목동들이 아인 가잘을 방문했던 흔적이다. 사진 중앙에 보이는 돌은 담으로 둘러싸인 도로의 흔적이다. LPPNB 혹은 PPNC 시대에 처음 건축되었는데 야르무크 시대까지도 사용되었다.

아인 가잘의 환경 변화

최근 1만 5000년 동안 레반트 지역 남부의 생태 환경이 얼마나 열악했는지는 기존에 충분히 연구된 바 있다.[6] 9500년경 전부터 시작된

---

6 E.g. B. Weninger et al., 'Abrupt climate forcing observed at early Neolithic sites in southeast Europe and the Near East', in H. Todorova et al. (eds.), *In the Steps of James Harvey Gaul*, vol. II: *The Struma/Strymon River Valley in Prehistory* (Sofia: Gerda Henkel Stiftung, 2007), 7-28; G. Rollefson, 'Slippery slope: the late Neolithic rubble layer in the southern Levant', *Neo-Lithics*, 1/09 (2009), 12-18.

환경 재앙 이후로 아인 가잘의 생태 환경 또한 결코 예전의 상태를 회복하지 못했다. 마을이 번영을 구가하고 있을 당시 건축재와 연료 수요 때문에 주변의 초목을 과도하게 소비하는 바람에 주변 지역이 바로 옆 동쪽에 있던 스텝 지대와 다를 바 없이 변해버렸다.[7]

생태 환경 관련 자료는 주로 동물 유적에서 얻는다. 동물 뼈에는 그 지역의 식물 환경이 가장 잘 남아 있다. 그래서 식물이 시대에 따라 어떻게 분포했는지를 동물 뼈로 확인할 수 있다. MPPNB 시대에 아인 가잘 주변에는 50종 이상의 식물이 분포했다. 주변의 생태 환경으로는 숲, 스텝, 강변, 초원 사이에 드문드문 나 있는 숲, 사막, 호수 등이 있었다.[8] 동물 뼈 가운데 거의 절반을 차지하는 동물이 있었으니, 그것은 바로 염소였다. 염소 사육이 시작된 때는 MPPNB 시대였다.[9]

굉장히 다양하던 동물의 종 수는 LPPNB 시대에 이르러 뚜렷이 줄어들기 시작해, PPNC 시대에는 약 15종까지로 감소했다. 이는 정착지

---

7 G. Rollefson and K. Pine, 'Measuring the impact of LPPNB immigration into highland Jordan', *Studies in the History and Archaeology of Jordan*, 10 (2009), 473-81.
8 I. Köhler-Rollefson et al., 'The fauna from Neolithic 'Ain Ghazal', in A. Garrard and H.G. Gebel (eds.), *The Prehistory of Jordan: Status of Research in 1986*, British Archaeological Reports - International Series 396 (Oxford: British Archaeological Reports, 1988), 423-30; I. Köhler-Rollefson and G. Rollefson, 'The impact of Neolithic subsistence strategies on the environment: the case of 'Ain Ghazal, Jordan', in S. Bottema et al. (eds.), *Man's Role in the Shaping of the Eastern Mediterranean Landscape* (Rotterdam: Balkema Press, 1990), 3-14 (4); I. Köhler-Rollefson et al., 'A brief note on the fauna from Neolithic 'Ain Ghazal', *Paléorient*, 19 (1993), 95-8.
9 I. Köhler-Rollefson, 'Proto-élevage, pathologies and pastoralism: a post-mortem on the process of goat domestication', in H.G. Gebel et al. (eds.), *The Prehistory of Jordan, II: Perspectives from 1997* (Berlin: Ex oriente, 1997), 557-65.

주변의 생태 환경이 악화되었음을 의미한다.[10] 사라진 종은 주로 숲을 기반으로 하는 동물이었고, 대부분은 새였다. 기원전 제7천년기가 시작될 무렵 사냥의 비중이 감소한 것은 분명하게 확인이 된다. 사냥을 통한 단백질 섭취 비중은 MPPNB 시대에 약 50퍼센트를 차지했으나, 야르무크 시대에는 그 비중이 10퍼센트에 불과했다. 야생 동물의 고기는 이제 주요 식량 자원이 아니라 다양한 식량 자원 중 한 요소로 자리매김되었다.[11] 아인 가잘의 주민들은 야생 동물에서 얻는 단백질이 줄어든 만큼 사육 동물의 범위를 넓혀 나갔다. 그 이전까지는 모르겠지만 적어도 LPPNB 시대에는 양, PPNC 시대에는 돼지, 야르무크 시대 초기에는 소 사육이 분명히 시작되었다.

사회 조직

아인 가잘 주민들의 관계는 도시가 존속하는 동안 상당히 많은 변화를 거쳤다(권역 내 다른 공동체들과의 관계도 마찬가지였다). 우리가 가진 정보의 대부분은 사람들이 건축한 구조물을 근거로 추론한 내용이지만, 주민들의 상징적 행동 양식과 사후 처리 풍습도 중요한 자료가 된다.

---

10 G. Rollefson and I. Köhler-Rollefson, 'The collapse of early Neolithic settlements in the southern Levant', in I. Hershkovitz (ed.), *People and Culture in Change*, British Archaeological Reports - International Series 508 (Oxford: British Archaeological Reports, 1989), 73-90.
11 Köhler-Rollefson et al., 'Brief note on the fauna'.

건축 구조물 해석

초기 단계의 아인 가잘에서는 도시가 소규모로 밀집되어 있었다. 주택은 자르카강 서안에 서로 가까이 자리하고 있었다. 더 이상 가까울 수 없을 만큼 이웃들끼리 가까이 붙어 있는 점으로 보아, 주민들은 아마도 친족 관계로 연결되었던 것 같다. 어떤 집들은 너무 가까이 지어져서 두 집의 벽 사이로 사람 하나도 지나갈 수 없을 정도였다. 이런 식으로 몇 채의 집들이 그룹별로 밀집되어 있었지만, 그룹들은 몇 미터 간격으로 떨어져 있었다.

아인 가잘을 포함하여 MPPNB 시대 레반트 지역에서는, 주택 규모로 보건대 부모와 혼인하지 않은 자녀로 구성된 핵가족 단위로 한집에 거주했던 것 같다. 이는 주식을 농업에 의존하는 사회에서 흔히 볼 수 있는 구성 방식이었다(그림 9-3). 밀집된 가옥 배치 구조로 볼 때, 생산 및 소비의 단위가 가족별로 독립되어 있었지만 자원이 부족한 시기에는 가족들 간의 공유 풍습이 있었던 것 같다. 또한 재난이 닥쳐왔을 때는 단일 가족 혹은 친인척 집단의 범위를 벗어나는 외부인에게 자원을 나누어주는 풍습이 있었을 가능성을 배제할 수 없다.

약 1000년 동안 지속적으로 자연환경이 악화되었고, 요르단강 유역(Yordan Valley) 및 이스라엘 지역에서 많은 농경 마을이 폐허가 되었다. 많은 가족이 아인 가잘로 이주해 오는 바람에 자르카강(Zarqa River) 서안에서 인구가 폭발적으로 증가했다. 뿐만 아니라 강 건너편에도 새로운 마을들이 생겨났다. 아인 가잘의 사회 환경에는 긴장이 더해질 수밖에 없었다. LPPNB 시대에는 새로운 사회 질서가 등장하기 시작했다. 상당한 규모의 2층 건물이 분명하게 확인되었다(1층의 바닥 면적만 하더

[그림 9-3] MPPNB 주택의 서쪽 방
아인 가잘 중앙 평원에 위치. 동쪽 방(그림 상단)은 1970년대 고속도로 건설 과정에서 불도저로 완전히 밀어버렸다. 이 건물 바닥층 아래에 시신 12구가 매장되어 있었다.

라도 이전 시기에 비해 두 배 더 커졌다)(그림 9-4). 2층 건물이 중요한 이유는 가족 구조 때문이다. 즉 MPPNB 시대에 보편적이었던 핵가족 구성이 LPPNB 시대에 이르러 적어도 부분적으로는 대가족 단위로 바뀌었음을 의미한다.[12] MPPNB 시대의 경제적 독립 단위였던 핵가족이 기원전 제8천년기 후반에는 가까운 핵가족 단위들끼리 통합되는 과정을

---

12 물론 LPPNB 시기의 아인 가잘에 보다 작은 규모의 주택에서 독립적으로 생활한 핵가족 단위의 공동체가 많이 남아 있었을 가능성도 없지는 않다. 다만 지금까지 요르단 전역에 걸친 이 시기의 발굴 성과로는 크고 복합적인 구조의 주택만 확인되었고, 그것이 대가족 가설에 보다 부합하는 근거로 해석될 따름이다.

[그림 9-4] **LPPNB 주택 유적**
우측 상단 손상 부분이 2층 건물의 1층 자리다. 건물에 불이 나서 완전히 파괴되고 남은 유적. LPPNB 후기. 건물의 평면도를 그려보니 3~4가족이 이 건물에서 거주했던 것으로 추정된다. 상단 우측에 회칠한 바닥에 둥근 모양이 남아 있는데, 그곳이 화덕 자리다.

거쳤다. 몇몇 핵가족 단위가 모여 공동으로 노동력을 투입했고, 그 결과로 생산된 자원은 공동으로 저장하여 친인척과 그 배우자들이 함께 공유할 수 있도록 했다.[13]

기원전 제7천년기가 시작된 직후, 중요한 사회문화적 변화가 일어났다. 당시의 사회적 구조 변화는 특히 건축 구조물에 잘 드러나 있다. 두 가지 주택 구조가 최초로 등장했는데, 그 기능적 구조가 많은 의미를 담고 있었다. 첫 번째 혹은 "평범한" 건물은 핵가족 상황으로 되돌아갔다. 부모와 미혼 자녀가 함께 거주하는, 규모가 작은 단칸방 건물이었다. 면적은 약 15제곱미터였다. 마당이 딸려 있어서 중요한 일상생활은 마당에서 이루어졌다.[14] 특히 마당은 담으로 둘러싸여 있었다. 담장으로 둘러싸인 마당은 LPPNB 시대의 "사원"과 관련이 있지만, 주택에 이런 구조가 처음 등장한 때는 아인 가잘의 PPNC 시대였다(아래 참조).

새로운 구조는 "복도형 건물"이었다. 반지하층이 특징적인데, 여기에 거주한 사람들은 1년 중 일부 기간만 아인 가잘에서 살았던 것 같다(그림 9-5 a). 우기가 시작되는 가을/겨울에서 추수가 끝나는 5월/6월까지 이 집의 가족들은 스텝 지대나 건조한 사막 지대에 나가 양과 염소를 키우다가, 동부 지역에 물이 말라 식물이 사라지는 시기에 다시 아인 가잘로 되돌아왔다.[15]

아인 가잘에서 농민과 목축민의 주거 공간은 PPNC 시대부터 분리되기 시작했고, 야르무크 시대가 시작될 무렵에는 확연히 구분되었다. 야르무크 초기 단계에서 주택의 구조가 다시 한 번 통일된 구조를 보이는데, 이는 아인 가잘 공동체가 더 이상 목축민을 포용하지 않았음을 의

---

13 G. Rollefson, 'Developments in social organization at Neolithic 'Ain Ghazal based on changes in architecture', in Gebel et al. (eds.), *Prehistory of Jordan*, II, 287-307.
14 G. Rollefson and I. Köhler-Rollefson, 'PPNC adaptations in the first half of the 6th millennium BC', *Paléorient*, 19 (1993), 33-42 (36).
15 Rollefson and Köhler-Rollefson, 'PPNC adaptations'.

[그림 9-5] (a) PPNC 시대 "복도형 건물" (b) 야르무크 시대 "롱하우스"
(a) 하단 중앙에 출입구가 있고, 건물 좌측으로 편편한 돌을 깐 경사로가 설치되어 있다.
(b) 사진의 하단 우측. 방은 최소 3칸 이상이며, 면적은 약 4×9미터다. 중앙 좌측에 동그란 모양의 야외 부엌 자리가 있다. 좌측 상단의 별표 윗부분은 PPNC 시대의 주택 자리다.

미한다. 핵가족 구조가 다시 대두되었고(그림 9-5 b), 가족 단위의 독립성이 강조되어 주택 간 거리가 상당히 멀어졌다. 커다란 마당을 사이에 두고 이웃집과의 거리가 최소 15미터 이상 떨어져 있었던 것 같다.[16]

의례 해석

사회적 차별은 가족 안에서, 보다 광범위한 친족 안에서, 그리고 공동체 안에서 일반적으로 존재했지만, 가장 두드러지게 나타나는 곳은 의례 공간이었다. 예를 들어 매장지를 보면 사람들을 세 가지 서로 다른 "종류"로 나누었음을 알 수 있다.

① "특별한" 사람들. 주택의 바닥층 아래에 시신을 매장하는 형식은 한때 MPPNB 시대의 "전형적인 매장" 풍습으로 알려졌지만,[17] 이제는 거기에 묻힌 사람들이 결코 "전형적"이지 않았다는 사실이 분명히 확인되었다.[18] 한 집에서 확실한 사례가 나왔는데, 그 집 바닥층 아래에는 모두 12구의 시신이 매장되어 있었다. 그런데 매장지를 교체하거나 개조 혹은 리모델링한 흔적이 복잡하게 드러났다(그림 9-3). 거의 400년 동안 이런 일이 지속되었던 것으로 추정된다. 모두 합해서 대략 33년마다 한 차례씩 매장이 이루어졌다. 가족은 부부와 미성년 자녀 3~4명

16 Z. Kafafi and G. Rollefson, 'The 1994 season at 'Ayn Ghazal: preliminary report', *Annual of the Department of Antiquities of Jordan*, 39 (1995), 15-16.
17 G. Rollefson, 'The 1983 season at the early Neolithic site of 'Ain Ghazal', *National Geographic Research*, 1 (1985), 44-62 (55).
18 H.-D. Bienert et al., 'Where are the dead?', in Bienert et al. (eds.), *Central Settlements in Neolithic Jordan*, 157-75.

으로 구성되었다. 그렇다면 적어도 각 세대마다 4~5명의 시신이 사라져버린 셈이다(비율로 따지면 80퍼센트 혹은 그 이상이다). 이것만 보더라도 바닥층 아래에 매장된 사람은 무언가 특별한 사람이었으리라고 추정할 수 있다(그림 9-6 a). 바닥층 아래 매장된 사람들의 연령은 청소년부터 50세 이상까지 다양했으며, 성별로는 남성도 있고 여성도 있었다. 사후에 어떤 기준에 따라 바닥층 아래 매장될 사람을 선정했는지는 밝혀지지 않았다.[19]

② 두 번째 부류의 사람들은 가족 구성원 중에서 바닥층에 매장되지 않은 나머지 사람들이다. 그들이 어디에 어떻게 매장되었는지 전혀 알려진 바가 없다. 주거지 외부 어딘가에 "묘지"를 조성했을 것으로 추정할 수는 있지만, 100년 넘게 신석기 유적 주변을 발굴했어도 PPNB 시대의 매장지는 레반트 지역 어디에서도 발견되지 않았다.

③ 세 번째 부류의 사람들은 "쓰레기장에 매장된" 사람들이다. 실제로 쓰레기 더미 속에 "버려진" 시신이 발굴되었기 때문에 붙은 명칭이다. 이렇게 매장된 사람들은 두개골과 시신에 특별한 손상 없이 온전한 상태였다. 매장지에서 유골과 쓰레기가 함께 출토된 것은 곧 이들이 사망 당시에 최소한의 존중도 받지 못했음을 의미하며, 살아생전의 사회적 지위도 짐작할 수 있게 한다(그림 9-6 b).[20]

---

19 Ibid., 169-75.
20 아이들의 유골(즉 사망 당시 15개월 미만의 유아)은 맥락이 다른 현상으로 이해되어야 하므로 위의 분류에 포함시키지 않았다. See G. Rollefson, 'Ritual and ceremony at Neolithic 'Ain Ghazal (Jordan)', *Paléorient*, 9 (1983), 29-38, and 'Neolithic 'Ain Ghazal (Jordan): ritual and ceremony II', *Paléorient*, 12 (1986), 45-52. See also G. Rollefson, 'Ritual and social structure at Neolithic 'Ain Ghazal', in I. Kuijt (ed.),

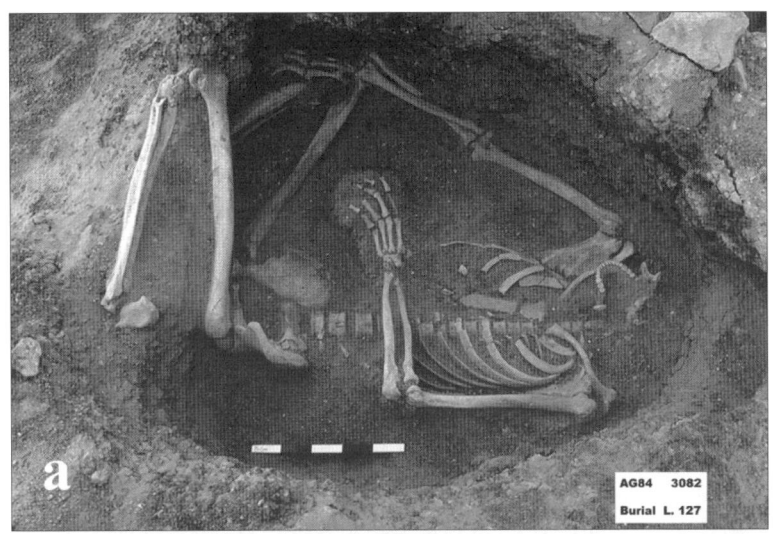

[그림 9-6] MPPNB 유적(매장지)
(a) MPPNB 주택의 바닥층 아래 조성된 매장지. 두개골을 제거하고 시신을 흙에 묻은 뒤 바닥층에 다시 회칠을 했다. (b) MPPNB 후기의 "쓰레기 매장" 유적. (a)의 토양은 깨끗했지만, (b)에는 유골 주위로 숯, 자갈, 부러진 동물의 뼈 등이 함께 묻혀 있었다.

주택의 바닥층 아래에 매장된 사례가 사회적 차별의 징표로 해석된다면, 가족 구성원 가운데 사람들을 차별하는 어떤 기준이 있었다는 의미가 된다. 이와 관련해서 두개골 문제는 더욱 수수께끼다. 주택의 바닥층 아래에 매장된 시신은 모두 머리가 잘린 상태였다. 시신이 부패하는 시간이 어느 정도 지난 뒤 매장지를 다시 파고 해골을 분리했는데, 아래턱뼈는 그대로 남겨 두었다(그림 9-7; 그림 9-6 a와 비교). 그 뒤 두개골을 어떻게 처리했을지는 여러 가지 가능성이 남아 있다. 오늘날의 우리로서는 아직 그 이유를 알지 못하기 때문이다. 두개골을 분리해 특별히 취급하는 풍습은 PPNC 시대에 전혀 계승되지 않았다. 아마도 이런 풍습이 레반트 지역에서는 LPPNB 말기에 이미 사라진 상태였을 수도 있다. LPPNB 시대에 아인 가잘에서 두개골을 어떻게 처리했는지에 관한 증거는 확인된 것이 없다. 그러나 요르단 남부에 있는 바스타(Basta)에서 발굴된 LPPNB 매장지에서 두개골이 분리되지 않은 시신이 충분히 발견되었기 때문에, 적어도 요르단 남부에서는 기원전 제8천년기의 마지막 4반세기에 그 풍습이 막을 내렸다고 얘기할 수 있을 것이다.[21] 그래도 다마스쿠스 지역, 예컨대 텔 라마드(Tell Ramad)나 텔 아스와드(Tell Aswad) 같은 유적지에서는 두개골 분리 풍습이 계속해서 엄격히

Life in Neolithic Farming Communities (New York: Kluwer Academic/Plenum, 2000), 163-90 (170).
21 H. Nissen et al., 'Report on the excavations at Basta 1988', Annual of the Department of Antiquities of Jordan, 35 (1991), 17-19; M. Berner and M. Schultz, 'Demographic and taphonomic aspects of the skeletons from the late Pre-Pottery Neolithic population from Basta, Jordan', in Bienert et al. (eds.), Central Settlements in Neolithic Jordan, 241-58.

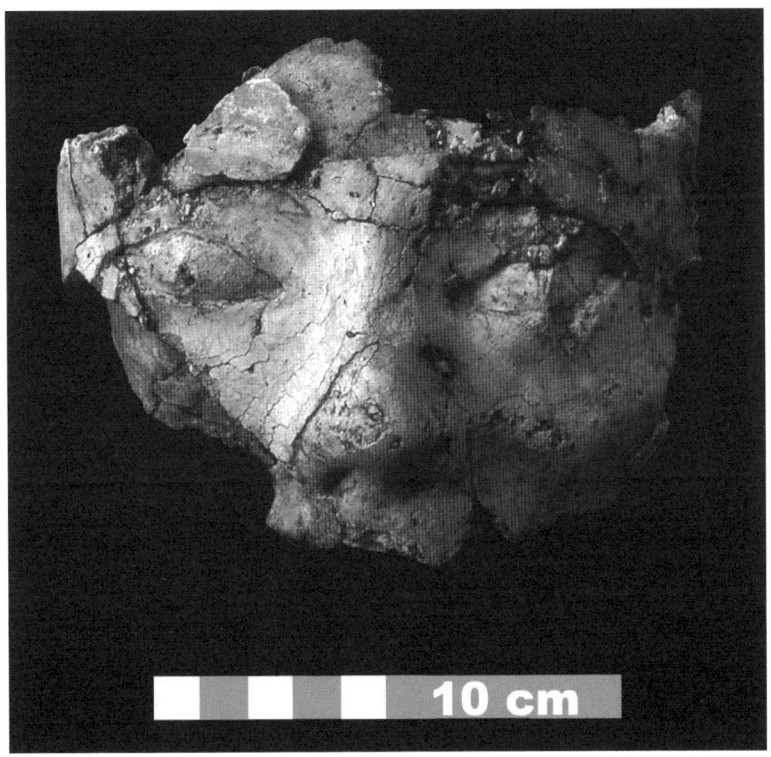

[그림 9-7] MPPNB 시대의 두개골
아인 가잘 출토. 회반죽을 입혀 섬세하게 다듬은 흔적이 보인다.

시행되었다.[22]

22 H. de Contenson, *Ramad: site Néolithique en Damascène (Syrie) au VIIIe et VIIe millénaires avant l'ère Chrétienne* (Beirut: Institut Français d'Archéologie du Proche-Orient, 2000); D. Stordeur and R. Khawam, 'Les crânes surmodelés de Tell Aswad (PPNB, Syrie): premier regard sur l'ensemble, premières réflexions', *Syria*, 84 (2007), 5-32.

야르무크 시대의 매장지는 아인 가잘에서 오직 하나밖에 발굴된 것이 없다. 위치는 버려진 주택의 모퉁이였다. 이로 보아 공동체 영역에 매장하는 행위의 사회적 의미는 이 무렵에 이미 다 사라졌던 것 같다.[23]

인물상

MPPNB 시대 두개골에 회반죽을 칠하는 풍습이 조상 숭배와 모종의 관계가 있다면,[24] 아인 가잘에서 발굴된 놀라운 인물상들도 레반트 중부 지역의 특징적인 조상 숭배 문화의 연장으로 이해할 수 있다.[25] 아인 가잘에서 출토된 두 개의 인물상은 얼굴에 "화장"을 했고, 회칠한 두개골의 모습과 상당히 유사했다.[26] 많은 사회에서 구전 전통이 과거를 기억하는 통로였지만, 수많은 세대를 거슬러 혈통을 추적하려면 신화적 조상이 정립될 필요가 있다. 아인 가잘의 인물상이 의미하는 바는 바로 그것일 것이다(그림 9-8).

---

23 Kafafi et al., ' 'Ain Ghazal revisited', 22.
24 Bienert et al., 'Where are the dead?', 169-70.
25 E.g. J. Garstang, 'Jericho: city and necropolis, fifth report', *Liverpool Annals of Archaeology and Anthropology*, 23 (1935), 143-84; K. Kenyon, *Archaeology in the Holy Land* (London: Ernest Benn, 1979).
26 Rollefson, 'Ritual and ceremony at Neolithic 'Ain Ghazal (Jordan)', and 'Neolithic 'Ain Ghazal (Jordan): ritual and ceremony II'; C. Grissom, 'Statue cache 2', in D. Schmandt-Besserat (ed.), *Symbols at 'Ain Ghazal*, vol. III, 'Ain Ghazal Excavation Reports (Berlin: Ex oriente, 2013), 247-336; K. Tubb and C. Grissom, ' 'Ayn Ghazal: a comparative study of the 1983 and 1985 statuary caches', *Studies in the History and Archaeology of Jordan*, 5 (1995), 437-47; D. Schmandt-Besserat, 'The plastered skulls', in Schmandt-Besserat (ed.), *Symbols at 'Ain Ghazal*, 215-42.

[그림 9-8] 아인 가잘 출토 인형
(a) 아인 가잘에서 출토된 세 개의 쌍두 인형 중 하나. 회반죽으로 만든 흉상. 1985년 출토. 높이 95센티미터. (b) 아인 가잘에서 출토된 두 개의 입상 가운데 하나. 1985년 출토. 높이 115센티미터.

의례용 건물

아인 가잘에서 발굴된 몇 개의 건축물은 분명 주거용이 아니었다. 그중에서 적어도 LPPNB 시대의 건축물 넷, 야르무크 시대의 건축물 하나는 분명하게 확인이 되었다. 이외에도 비주거용일 가능성이 있는 LPPNB 시대의 건축물이 셋 더 있었다. 지금까지 발굴된 결과로만 볼 때, 아인 가잘에서 발굴된 MPPNB 시대의 건축물은 모두가 주거용이었다.

기원전 제8천년기 후반(LPPNB 시대)의 비주거용 건축물은 2종 혹

[그림 9-9] 아인 가잘의 건물 유적
(a) 애프스 구조의 건물. 원래는 LPPNB 시대에 건축되었으나, 야르무크 시대 아인 가잘 주민들이 재사용했다. 약 4.5×3.5미터. (b) 원형 "기도처" 건물. 아인 가잘의 북쪽 평원에 있다. 원형 구조(지름 2.5미터)의 건물은 네 차례에 걸쳐 재사용되었는데, 애초의 건물 형태는 애프스 구조였다.

은 3종이 있었던 것 같다. 애프스(apse)형 건축물들(하나는 동쪽 평원, 하나는 중앙 평원, 나머지 한두 개는 북쪽 평원 출토)은 기본적으로 사각형 건물에 안쪽 끝 부분이 둥근 형태로 되어 있는데, 시기를 막론하고 아인 가잘의 주거용 건물보다 훨씬 작았다(내부 면적이 약 7.5제곱미터에 불과했다)(그림 9-9 a).[27]

원형으로 된 두 개의 특이한(종교적) 건물 혹은 "기도처(shrine)"(그

---

[27] G. Rollefson et al., 'The Neolithic village of 'Ain Ghazal, Jordan: preliminary report on the 1988 season', *Bulletin of the American Schools of Oriental Research*, Supplement 27 (1990), 95-116 (fig. 12).

림 9-9 b)가 북쪽 평원에서 발굴되었는데, 둘 다 애프스형 건물들보다 더 작았다(각각의 면적이 5제곱미터 미만이었다). 이 작은 면적 안에서 가운데 중심에는 구멍이 뚫려 있고, 바닥층에 빈 공간을 두고 그 위에 마루를 깔았으며, 특이한 기하학적 구조에 여러 차례 바닥을 새로 깔았던 흔적이 남아 있다. 이 모든 구성 요소에서 원형 건축물의 종교적 특성이 강하게 드러나는데, 아마도 특정 친족 단위의 종교 행위와 연결되어 있었던 것 같다.[28] 이 작은 건물에서 행해진 종교 행위는 조상 숭배와 관련이 있었다. 아인 가잘에서 거대 건물이 출현한 이후로는 이러한 조상 숭배 풍습이 더욱 사적으로 행해졌던 것 같다.[29] 대형 종교적 건물(사원, 아래 참조)에 비하자면, 애프스 구조 혹은 원형 구조의 작은 건물은 "기도처" 정도로 볼 수 있다. 위계상 낮은 단계의 종교 건물이었던 것이다.

남아 있는 두 개의 의례용 건물 유지를 우리는 "사원(temple)" 유적지라고 하는데, 주요 주거지를 기준으로 자르카강 건너편 동쪽 평원에 위치해 있었다(그림 9-10). PPNB 시대의 주거용 건물과 달리 이들 두 건물은 회칠을 하지 않은 맨바닥이었다. 세 개의 "선돌(standing stone)"이 있었고, 제단과 화덕 자리를 둘러 일곱 개의 바위가 놓여 있었다. 이 모든 점이 의례 행위를 위한 건물이었음을 분명히 보여주었다. 두 사원은 약 100미터 간격을 두고 떨어져 있었다. 둘 중 하나의 조성 연대는 기원

---

28 G. Rollefson and Z. Kafafi, 'The 1993 season at 'Ain Ghazal: preliminary report', *Annual of the Department of Antiquities of Jordan*, 38 (1994), 20-3.
29 G. Rollefson, 'Blood loss: demographic stress and religious revolution in Neolithic 'Ain Ghazal, Jordan', in M. Benz (ed.), *The Principle of Sharing: Segregation and Construction of Social Identities at the Transition from Foraging to Farming* (Berlin: Ex oriente, 2010), 183-202.

〔그림 9-10〕 LPPNB 시대의 사원 유적
(a) LPPNB 시대의 사원. 북쪽 방향으로 촬영. 동쪽 평원의 경사면 높은 곳에 위치. 선돌(standing stone)이 중앙부 상단에 위치하고(가운데 돌은 쓰러져 있다), 오른쪽 가운데에는 붉은색 석고로 마감한 화덕 자리가 있다. 돌 바로 왼쪽에는 불에 탄 진흙이 있어 "평지 제단(floor altar)"이었음을 알 수 있다. (b) 동쪽 평원의 남부 가장자리에 위치한 사원. LPPNB 시대 초기(사진 하단부 3분의 1) 제단이 뒷벽(동쪽) 앞에 놓여 있고, 그 앞에는 색칠하지 않은 석고로 만든 화덕 자리가 있다.

전 7015±131년이었다. 기타 다른 유물들과의 시간적 관계는 파악되지 않았다.[30]

작은 규모의 애프스 구조 건물이 개별 친족 집단이 전통 의례를 거행하던 장소였다면, 큰 규모의 사원은 공동체 전체가 단결을 도모하던 장소였다. 아마도 농지나 목초지 등 한정된 자원을 두고 경쟁하던 정착민의 분열을 막기 위한 의례를 거행했을 것이다.[31] 이러한 의례가 어떤 식으로 거행되었는지는 알 수 없다. 그러나 친족 집단과는 인연을 끊고 종교 단체에 복무하는 일군의 사람들이 있었다. 이들의 임무는 의례와 축제를 거행하고 일부 친족 집단보다 공동체 전체의 이익을 도모하는 것이었다.[32]

지금까지 발굴된 야르무크 시대의 건축물은 모두 핵가족이 거주하는 표준적 형태를 띠고 있다. 그러나 중앙 평원에 있는 애프스 구조의 한 건물은 예외로, LPPNB 시대의 건물을 야르무크 시대 사람들이 재사용한 것이었다(그림 9-9 a). 야르무크 시대의 유물 중에는 도기(fine-ware)로 만든 컵과 작은 그릇 몇 개가 있는데, 이외에는 재질을 막론하고 가정용 토기가 발견되지 않았다. 이로 보아 한쪽 끝이 반원형 구조로 되어 있는 이 건물은 어떤 공동의 목적을 위해 사용되었던 것 같다. 그러나 도기 말고는 이를 가리키는 유물이나 건물의 특징을 찾아볼 수 없

---

30 G. Rollefson and Z. Kafafi, ''Ain Ghazal excavations 1996', *Biblical Archaeologist*, 59 (1996), 238, and ''Ain Ghazal: ten seasons of discovery', *ACOR Newsletter*, 8 (1996), 1-3; G. Rollefson, ''Ain Ghazal (Jordan): ritual and ceremony III', *Paléorient*, 24 (1998), 43-58, and 'Blood loss'.
31 Rollefson, 'Ritual and social structure'.
32 Rollefson, 'Blood loss'.

어서, 구체적으로 어떤 목적에 사용된 건물인지 확정하기가 어렵다. 야르무크 시대 아인 가잘의 의례 공간에 대해서는 거의 알려진 것이 없다. 그리고 애프스 구조의 건물이 단순한 회합 장소 이외의 목적으로 사용되었다고 주장할 근거도 없다. 아마도 마을의 의사 결정을 위해 모였던 장소일 것이다.

더 읽어보기

Betts, A.V.G. *The Later Prehistory of the Badia. Excavations and Surveys in Eastern Jordan*, vol. II. Oxford: Oxbow, 2013.

Byrd, B. *Early Village Life at Beidha, Jordan: Neolithic Spatial Organization and Vernacular Architecture*. Oxford University Press, 2005.

Garfinkel, Y., D. Ben-Shlomo, and N. Korn. *Symbolic Dimensions of the Yarmukian Culture: Canonization in Neolithic Art*. Sha'ar Hagolan 3. Jerusalem: Hebrew University Institute of Archaeology, 2010.

Garfinkel, Y., D. Dag, H. Khalialy, et al. *The Pre-Pottery Neolithic B Village of Yiftahel: The 1980s and 1990s Excavations*. Berlin: Ex oriente, 2012.

Gebel, H.G.K., H.J. Nissen, and Z. Zaid (eds.). *Basta. II: The Architecture and Stratigraphy*. Berlin: Ex oriente, 2006.

Rollefson, G. 'The greening of the badlands: pastoral nomads and the "conclusion" of Neolithization in the southern Levant.' *Paléorient*, 37/1 (2011), 101-9.

Simmons, A., G. Rollefson, Z. Kafafi, et al. 'Wadi Shu'eib, a large Neolithic community in central Jordan: final report of test excavations.' *Bulletin of the American Schools of Oriental Research*, 321 (2001), 1-39.

Stordeur, D. and R. Khawam. 'Les crânes surmodelés de Tell Aswad (PPNB, Syrie): premier regard sur l'ensemble, premières réflexions.' *Syria*, 84 (2007), 5-32.

CHAPTER 10

남아시아의 초기 농업

엘리너 킹웰-배넘Eleanor Kingwell-Banham
캐머런 페트리Cameron A. Petrie
도리언 풀러Dorian Q. Fuller

오늘날 남아시아의 풍경은 주로 드넓은 들판과 농지로 뒤덮여 있다. 북서부 지역에서는 겨울비에 의지하여 주로 밀과 보리를 재배한다. 동부 지역의 경우 저지대는 여름비에 의지하여 벼농사를 짓는 논이 많고, 남부 지역에서는 코코넛 과수원이 농업 경제의 중요한 부분을 차지하고 있다. 이처럼 광대한 지역 안에는 수렵채집인 집단도 있었다. 이들은 농업에 크게 의존하지 않으며 소규모 단위로 흩어져 살았다. 이들이 지금은 비록 주변부로 밀려났지만, 선사 시대 이래로 줄곧 남아시아의 사회 경제에서 중요한 부분을 차지해왔다.[1] 또한 역사 기록이 시작된 이래로 정착 농업을 하는 사람들도 있었고, 이들과 함께 이동식 농업 및 이동식 목축을 하는 사람들이 공존해왔다. 물론 이들은 역사 기록이 시작되기 전부터 전통을 이어온 사람들이었다. 선사 시대에 있었던 이들 집단의 상호 작용을 오늘날에 와서 특정하기란 쉽지 않은 일이다. 특히 신석기 시대의 흔적은 매우 제한적이며, 극소수의 유물과 유적이 남아 있을 뿐이다. 그래서 인도아대륙의 농업이 정확히 언제 어디서 시작되었는지를 확정하기란 어려울 수밖에 없다. 게다가 남아시아의 선사 시대는 매우

---

1 K.D. Morrison and L.L. Junker (eds.), *Forager-Traders in South and Southeast Asia* (Cambridge University Press, 2002), 1-20.

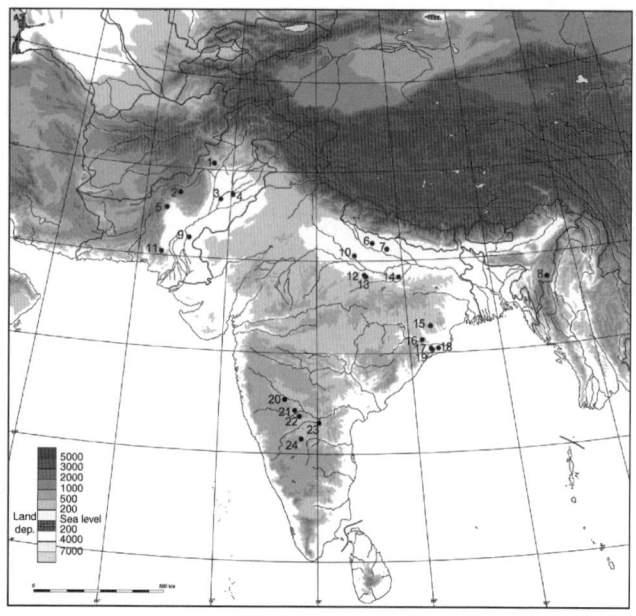

[지도 10-1] 남아시아의 주요 고고 유적지
1. Sheri Khan Tarakai; 2. Rana Ghundai; 3. Jalipur; 4. Harappa; 5. Mehrgarh;
6. Tokwa; 7. Lahuradewa; 8. Napachik; 9. Kot Diji; 10. Damdama; 11. Amri;
12. Koldihwa; 13. Mahagara; 14. Senuwar; 15. Kuchai; 16. Salabhdihi;
17. Gopalpur; 18. Golbai Sasan; 19. Bajpur; 20. Kodekal; 21. Budihal;
22. Watgal; 23. Utnar; 24. Sanganakallu.

혼란스러워서 전통의 혼재 그 자체가 하나의 특징으로 간주되었다. 남아시아, 동아시아, 아프리카, 서남아시아 등지에서 시작된 식물 재배와 동물 사육은 모두 시기를 달리하여 인도아대륙 곳곳으로 유입되었다. 또한 유입된 자원들은 저마다 이 지역의 농업 공동체 발전에 일정한 역할을 담당했다. 남아시아 농업의 기원에 대한 연구는 다른 지역만큼 발달하지 못했다(제8장 서남아시아 편, 제22장 유럽 편 참조). 그러나 연구 세대를 거듭하면서 남아시아의 독자적인 재배 및 사육의 기원과 농업 발달이 서서히 모습을 드러내고 있다.

인도아대륙의 생태 환경은 대체로 1년 단위로 움직이는 몬순에 의해 결정된다. 연간 강우량의 대부분이 짧으면 2주 안에 모두 쏟아지면서 이 지역의 사회경제적 삶에 커다란 영향을 미친다. 남아시아 곳곳에서 초기 농업 공동체는 몬순 때문에 고난을 겪었을 것이다. 일부 지역에서는 뚜렷한 계절적 변화 때문에 정착 생활이 굉장히 어려웠을 것이다. 가축과 가까이 붙어 살면서 질병이 증가하는 등 내부적 문제도 있었을 것이고, 주기적으로 발생하는 홍수와 가뭄도 극복하지 않으면 안 될 문제였을 것이다. 그럼에도 불구하고 신석기 시대에 이르러 남아시아에서는 세계의 다른 지역과 같은 변화가 일어났다. 식량 생산이 포레이징(foraging)을 대체했고, 이동식 생활보다는 정착 생활이 늘어났으며, 인구 밀도가 높아지는 경향을 보였다. 신석기 시대를 구체적으로 언제로 규정할 것인지에 대해서는 남아시아 내부에서도 지역에 따라 다르다. 일부 지역에서는 기원전 7000년경부터 신석기 시대가 시작되는 반면, 다른 지역에서는 기원전 3500~2500년경에 시작되기도 했다. 신석기 시대가 끝나갈 무렵에 이르자, 인도아대륙의 수많은 지역에서 사람들은 정주 생활을 영위하고 거의 보편적으로 토기를 제작했다. 일부 직물 생산이나 제철 기술도 확보된 상태였다. 많은 지역에서 기원전 1000년경까지 신석기 시대가 지속되다가 청동기를 거치지 않고 사실상 철기 시대로 바로 넘어갔다. 다만 인더스강 유역에서는 청동기 시대가 분명히 확인되었다. 이는 인더스 문명의 도시 성장 및 쇠퇴에 연결되는 문제였다. 드라비다어족, 문다어족, 인도아리아어족 등 인도아대륙의 언어지

리학적 분포가 확립된 때는 신석기 시대였다는 연구 보고가 있었다.[2]

초기 농업 기술을 가지고 들어온 농민의 수가 얼마나 많았는지, 작물 재배 및 가축 사육을 받아들인 수렵채집인은 어느 정도였는지, 야생종을 길들이는 과정은 어떠했는지 등의 문제에 관해서는 논란의 여지가 남아 있다. 그러나 남아시아의 각 지역별로 농업의 기원이 달랐다는 점만은 분명한 사실이다. 남아시아의 재배종 및 사육종 중에는 토종 야생종에서 진화한 것뿐만 아니라 외부 지역, 특히 서아시아에서 전파된 것도 있었다. 토종 야생종 중에서 순화(재배종화)된 곡물이라 하면 몇 가지 기장류(Brachiaria ramosa, Echinochloa frumentacea, Panicum sumatrense, Paspalum scrobiculatum, Setaria pumila), 콩류(Cajanus cajan, Macrotyloma uniflorum, Vigna mungo, Vigna radiata, Vigna aconitifolia), 참깨와 면화(Gossypium arboreum, Sesamum indicum), 그리고 아마도 타로(Colocasia esculenta)가 포함된다.[3] 또한 물소와 혹소(zebu cattle)도 인도아대륙의 토종 야생종이 사육종으로 진화한 경우다(표 10-1).[4]

---

2 F.C. Southworth, *Linguistic Archeology of South Asia* (London: Routledge-Curzon, 2005); D.Q. Fuller, 'Non-human genetics, agricultural origins and historical linguistics in South Asia', in M. Petraglia and B. Allchin (eds.), *The Evolution and History of Human Populations in South Asia* (Netherlands: Springer, 2007), 393-443; F.C. Southworth and D.W. McAlpin, 'South Asia: Dravidian linguistic history', in I. Ness and P. Bellwood, *The Encyclopedia of Global Human Migration*, vol. I (Chichester: Wiley-Blackwell, 2013).

3 D.Q. Fuller, 'Agricultural origins and frontiers in South Asia: a working synthesis', *Journal of World Prehistory*, 20 (2006), 1-86.

4 R.H. Meadow and A.K. Patel, 'Prehistoric pastoralism in northwestern South Asia from the Neolithic through the Harappan period', in S. Weber and W. Belcher (eds.), *Indus Ethnobiology: New Perspectives from the Field* (Lanham, MD: Lexington, 2003), 65-93.

일반 명칭	학명	고고학적으로 확인된 최초 출토지
동물		
돼지	*Sus scrofa*	A genetically separate lineage in India?
물소	*Bubalus bubalis*	Northwest, lower Indus; more than once? (1)
혹소	*Bos indicus*	Northwest, Indus (1)
식량 작물		
브라운탑 기장	*Brachiaria ramosa*	South India (4)
오이	*Cucumis sativus*	North/northwest India? (multiple origins?) (2, 1?)
말콩	*Macrotyloma uniflorum*	South India and northwest (1, 4)
코도 기장	*Paspalum scrobiculatum*	India
수마트라 기장	*Panicum sumatrense*	Western India (Gujarat, Punjab)
멜론	*Cucumis melo*	Northern India (additional origins in East Asia, and possibly Egypt) (2)
모스빈	*Vigna aconitifolia*	North India?
녹두	*Vigna radiata*	South India and northwest (1, 4)
비둘기콩	*Cajanus cajan*	East India: Orissa (3)
벼(인디카종)	*Oryza sativa* subsp. *indica*	North India: middle Ganges (2)
사와 기장	*Echinochloa frumentacea*	Secondary rice weed, north India? (2?)
참깨	*Sesamum indicum*	Northwest, Indus (1)
우라드콩	*Vigna mungo*	Western India (Gujarat)
직물 생산용 작물		
목화	*Gossypium arboreum*	Northwest, Indus (1)
수세미오이	*Luffa cylindrica*	Northern India (additional origins in East Asia, and possibly Egypt) (2)
황마	*Corchorus olitorius*, *Corchorus capsularis*	North/northwest India? (2, 1?)

[표 10-1] 남아시아의 재배종 식물과 사육종 동물 및 기원지
괄호 안 숫자는 [그림 10-1]에 표시된 지역을 의미한다.

이번 장에서는 남아시아 전반에 걸쳐 신석기 고고 유적과 초기 식량 생산의 근거를 요약하고, 뚜렷한 차이를 보이는 네 개 주요 지역을 나누어(표 10-1, 그림 10-1) 연대기, 곡물 관련 생태 환경, 문화적 전통에 초점을 맞추어 논의를 해보고자 한다.

① 북서부 지역(인더스강 유역 포함)
② 갠지스 평원
③ 인도 동부
④ 인도 사바나 지대

기존 연구에 따르면, 이들 각 지역에서 초기 농업과 "신석기" 유형의 사회가 독자적으로 발전했다.[5] 그러나 각 지역 안에서도 여러 기원지가 복합적으로 모자이크처럼 공존했을 가능성도 있다. 예를 들어 곡물의 기원으로 보자면 사우라슈트라(구자라트)와 데칸 지방 남부(카르나타카)가 서로 달랐고, 인더스-갠지스 분기점 및 갠지스 상류(펀자브, 하리아나, 서부 우타르프라데시)와 갠지스 중류(동부 우타르프라데시, 비하르)도 서로 달랐다. 그렇지만 몇몇 기원지를 제외하고 대부분의 지역은, 인도아대륙의 다른 지역이든 아예 다른 지역이든, 어쨌든 외부에서 농업 기술이 유입된 뒤부터 고고학적 유적이 발견된다. 인도아대륙 전체적으로 볼 때 농업의 확산 방향은 완전히 다르고 서로 상충되기도 했다.[6] 예를 들어

---

5 Fuller, 'Agricultural origins and frontiers', and 'Finding plant domestication in the Indian subcontinent', *Current Anthropology*, 52, Supplement 4 (2011), S347-62.

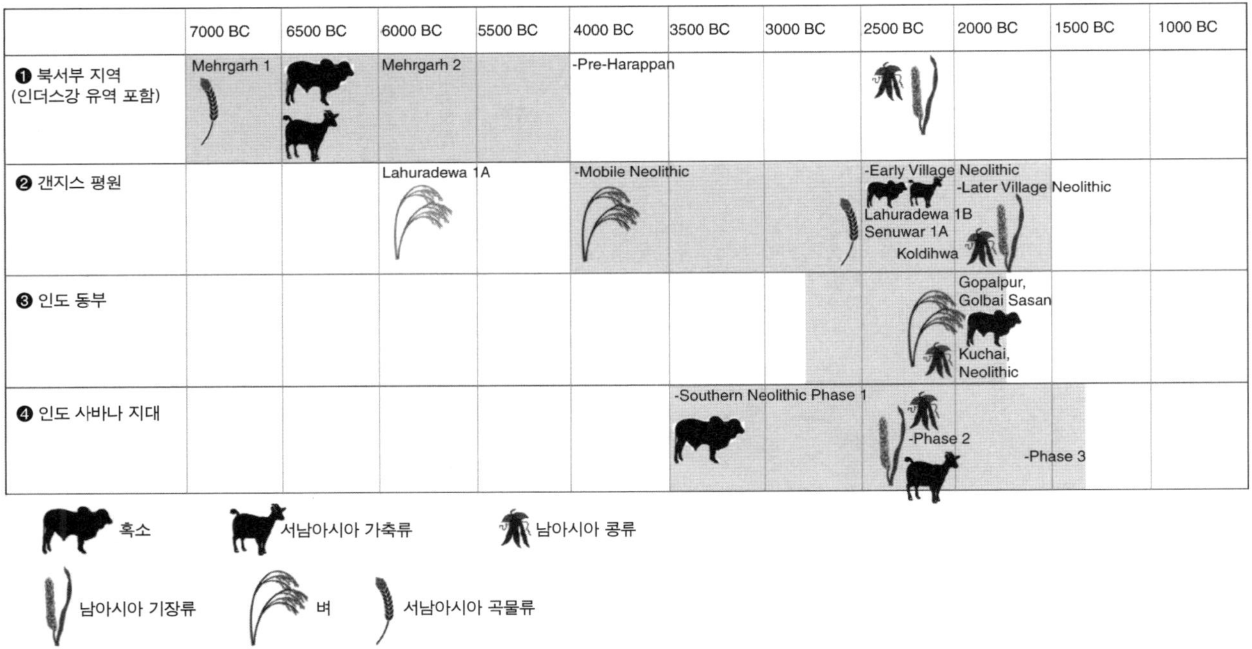

	7000 BC	6500 BC	6000 BC	5500 BC	5000 BC	4500 BC	4000 BC	3500 BC	3000 BC	2500 BC	2000 BC	1500 BC	1000 BC
❶ 북서부 지역 (인더스강 유역 포함)	Mehrgarh 1		Mehrgarh 2				-Pre-Harappan						
❷ 갠지스 평원			Lahuradewa 1A				-Mobile Neolithic			-Early Village Neolithic / Lahuradewa 1B / Senuwar 1A / Koldihwa	-Later Village Neolithic		
❸ 인도 동부											Gopalpur, Golbai Sasan / Kuchai, Neolithic		
❹ 인도 사바나 지대								-Southern Neolithic Phase 1			-Phase 2	-Phase 3	

혹소 | 남아시아 가축류 | 벼 | 남아시아 곡물류 | 남아시아 콩류 | 남아시아 작물류

남아시아 기장류

[그림 10-1] 남아시아 신석기 연표

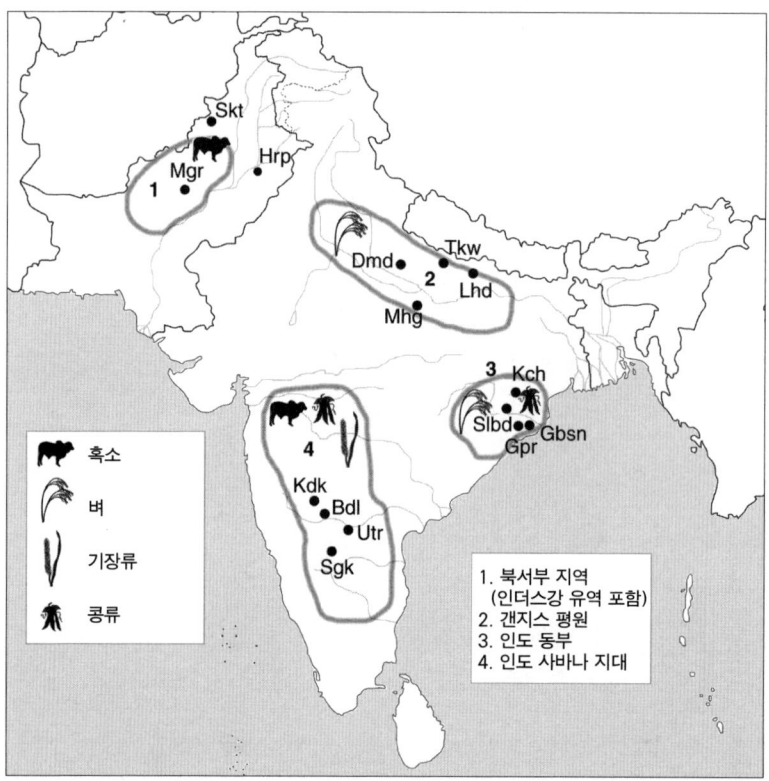

[지도 10-2] 남아시아의 주요 지역과 유적지, 각 지역의 초기 농업을 대표하는 품종들
(범례: Skt=Sheri Khan Tarakai, Hrp=Harappa, Mgr=Mehrgarh, Dmd=Damdama, Tkw=Tokwa, Lhd=Lahuradewa, Mhg=Mahagara, Kch=Kuchai, Slbd=Sulabhdihi, Gpr=Gopalpur, Gbsn=Golbai Sasan, Kdk=Kodekal, Bdl=Budihal, Utr=Utnur, Sgk=Sanganakallu)

6 Fuller, 'Agricultural origins and frontiers', and 'South Asia: archaeology', in Ness and Bellwood, *Encyclopedia of Global Human Migration*, vol. I.

갠지스 평원에서 발굴된 자료를 근거로 보자면 대체로 남아시아 기원의 농업은 동쪽에서 서쪽으로 전파되었고, 서남아시아 기원의 농업은 서쪽에서 동쪽으로 전파되었다. 이처럼 상충되는 패턴은 농업과 인구 확산 모델 연구를 촉진했고, 이로써 상호 작용과 다양한 흐름들이 밝혀졌다.[7] 이번 장에서는 현재까지 밝혀진 범위에서 기원의 연대, 생물지리학적 기원지, 정착 및 식량 수급 체계의 주요 경향성 문제에 논의의 중점을 두고자 한다(지도 10-2).

남아시아 북서부 지역

남아시아에서 가장 오래된 농업의 흔적들은 인더스강 서편의 여러 지류들을 따라가며 발견되었다. 메르가르(Mehrgarh) 유적에서 보듯이(제11장 참조) 발굴지의 고고학적 맥락은 토기가 등장하기 이전(aceramic) 시기의 정착지 지층이었다. 내용물은 서남아시아에서 전래된 곡물들과 양, 염소 등이었고, 시기는 기원전 제7천년기까지 거슬러 올라갔다. 토기 이전 신석기 지층으로 확인된 시기의 메르가르는 규모가 작은 마을이었지만, 틀림없는 정착 거주지였다. 그곳의 신석기 시대가 언제 시작되었는지에 대해서는 아직 확실히 정립된 이론이 없지만, 기원전 7000년설이 널리 받아들여지고 있다.[8] 메르가르 II기와 토기 신석기

---

[7] E.g. N. Patterson et al., 'Genetic structure of a unique admixed population: implications for medical research', *Human Molecular Genetics*, 19 (2010), 411-19; C. Lemmen and A. Khan, 'A simulation of the Neolithic transition in the Indus valley', in L. Giosan et al. (eds.), *Climates, Landscapes, and Civilizations*, Geophysical Monograph 198 (Washington, DC: American Geophysical Union, 2013), 107-14.

(ceramic Neolithic)의 출현은 기원전 6000년경(약 8200년 전 BP)으로 연대가 비교적 분명하게 확인되었다. 당시 남아시아 전역에서 건조 기후가 확대되었다. 그러한 환경 변화가 농업 발전을 이끈 원인으로 추정되고 있다. 기원전 6000년 이전부터 기원전 4000년경 사이 기본적 생계 수단과 지속적 정착 생활을 보여주는 유적으로는 메르가르가 유일한 사례다. 같은 시기의 다른 유적은 체계적으로 발굴된 사례가 없다. 기원전 4000년경에는 소규모 신석기 마을이 서부 경계 지역에 존재했던 것으로 확인되었다. 예를 들면 반누 분지(Bannu basin, 파키스탄) 같은 지역이다. 메르가르와 마찬가지로 그곳 정착지에서도 재배 및 사육 문제에 있어서 서남아시아의 영향이 강하게 나타났다.[9]

서부 파키스탄 지역에서 확인된 토기 없는 신석기 단계, 즉 킬리 굴 무함마드(Kili Gul Muhammad, 토기 없는 신석기 시대의 대표 유적으로, 유적지 명칭을 따서 그 시대를 일컫는다. 다만 남아시아에서 토기 없는 신석기 시대는 기원전 7000~5000년경으로 추정되지만, 킬리 굴 무함마드는 기원전 5500년경의 유적이다. ─옮긴이) 단계 유적은 대략 19곳 정도 된다.[10] 다만 그중 일부 유적은 연대를 좀 더 엄밀히 확인할 필요가 있으

8　Fuller, 'Agricultural origins and frontiers', and 'Mehrgarh Neolithic: the updated sequence', in C. Jarrige and V. Lefèvre (eds.), *South Asian Archaeology 2001*, 2 vols. (Paris: Éditions Recherche sur les Civilisations, 2005), vol. I, 129-41; C.A. Petrie et al., 'The investigation of early villages in the hills and on the plains of western South Asia', in C.A. Petrie (ed.), *Sheri Khan Tarakai and Early Village Life in the Borderlands of North-West Pakistan: Bannu Archaeological Project Surveys and Excavations 1985-2001*, Bannu Archaeological Project Monographs 1 (Oxford: Oxbow, 2010), 7-28.
9　Petrie (ed.), *Sheri Khan Tarakai*, 7.

며(예를 들면 Rana Ghundai 유적), 적어도 일부 유적은 지표층에서 출토된 도구를 근거로 중석기/수렵채집인의 유적으로 확인된 곳이지만 사실상 제대로 연대가 확인되지 못했다(예를 들면 반누 지역의 Gul Shah Tup, Nekumshakh, Tup Takhtikhel, Yarak 유적).[11] 확인된 일부 중석기 시대 유적지가 실제로 메르가르 I 단계 유적과 같은 시기일 가능성은 충분하다. 더욱이 인도아대륙의 다른 지역에서 수렵채집을 기반으로 생활한 사람들이 이후 1000여 년은 지속되었던 것으로 확인되는데(예를 들면 Bagor, Adamgarh, Tenmalai[12]), 이를 근거로 보자면 일부 수렵채집 생활이 경계 지역이나 남아시아 서부의 다른 지역에서도 존재했을 가능성이 있다. 신드강(Sindh river) 상류 및 하류 지역을 조사한 결과 많은 유적지가 확인되었다. 여기서 특징적인 잔석기 도구들이 발굴되었는데, 이는 메르가르, 암리(Amri), 코트 디지(Kot Diji), 하라판(Harappan) 등지에서 발굴된 석기와 다른 유형이었다.[13] 그러나 이들 유물에 대해서도 연대는 분명하

---

10 G. Possehl, *Indus Age: The Beginnings* (Philadelphia: University of Pennsylvania Press, 1999), figs. 4.14 and 4.28, table 4.13.
11 F. Khan et al., 'Prehistoric and protohistoric settlements in Bannu district', *Pakistan Archaeology*, 23 (1988), 99-148 (102); F. Khan et al., *Explorations and Excavations in Bannu District, North-West Frontier Province, Pakistan, 1985-1988* (London: British Museum, 1991), 21-2.
12 D.K. Chakrabarti, *India: An Archaeological History: Palaeolithic Beginnings to Early Historical Foundations* (Delhi: Oxford University Press, 1999), 99, and *The Oxford Companion to Indian Archaeology: The Archaeological Foundations of Ancient India* (Oxford University Press, 2006), 97.
13 E.g. P. Biagi, 'The Mesolithic settlement of Sindh (Pakistan): a preliminary assessment', *Praehistoria*, 4-5 (2003-4), 195-220, and 'New discoveries of Mesolithic sites in the Thar desert (upper Sindh, Pakistan)', in E. Olijdam and R.H. Spoor (eds.), *Intercultural Relations between South and Southwest Asia:*

게 확인하지 못했다.

이런 마을들은 주로 골짜기 어귀의 충적선상지에 위치해 있었다. 이러한 곳의 생태 환경은 서아시아 여러 지역에서 초기 농부들이 선호하던 조건으로, 이란 남부 평원에도 이런 지형이 많았다(예를 들면 Rahmatabad, Shah-Maran/Daulatabad).[14] 초기 마을이 형성되고 농업이 확산되는 과정에서 그와 같은 생태 환경 조건이 필수 요소였을 가능성도 있다. 특정 주거 환경을 선택(기본적으로는 하비타트 트래킹habitat tracking, 즉 더 나은 서식지를 찾아 이동하는 형태)할 때 선호하는 패턴과 서남아시아 일부 농업 지역의 입지가 일치하는 결과를 보이기 때문이다.

남아시아의 토기 없는 신석기 시대에 등장하는 곡물(6줄쌀보리, 재배종 6줄겉보리, 야생종 및 재배종 2줄겉보리, 재배종 에머밀, 재배종 외알밀, 쌀밀)은 "서남아시아 농업의 기본 품종"이었다.[15] 다만 초기 단계에서 콩류는 확인되지 않았다. 오늘날 파키스탄과 아프가니스탄 일부 지역에 야생종 보리가 확인되고 있다. 그래서 재배종 보리가 메르가르 인근의 토종 보리에서 진화했을 가능성이 제기되었다.[16] 최근 유전자 연

Studies in Commemoration of E.C.L. During Caspers (1934-1996) (Oxford: Archaeopress, 2008), 78-85.
14 C.A. Petrie and K.D. Thomas, 'The topographic and environmental context of the earliest village sites in western South Asia', *Antiquity*, 86/334 (2012), 1055-67 (1057).
15 D. Zohary, 'The mode of domestication of the founder crops of Southwest Asian agriculture', in D.R. Harris (ed.), *The Origins and Spread of Agriculture and Pastoralism in Eurasia* (London: UCL Press, 2006), 142-58.
16 C. Jarrige et al. (eds.), *Mehrgarh: Field Reports 1975-1985 from Neolithic Times to the Indus Civilization* (Karachi: Department of Culture and Tourism, Government of Sindh, Pakistan, in collaboration with the French Ministry of

구에 따르면, 재배종 보리의 기원지는 한 곳이 아니었다. 동양의 보리들은 레반트 지역이나 유럽 본토의 보리와 다른 품종이었다. 아마도 이란이나, 혹은 그보다 더 동쪽에서 기원했을 가능성이 크다.[17] 그러나 재배종의 진화 과정을 확인할 수 있는 고고학적 과정이 밝혀지지 않았다. 또한 기원전 제3천년기 인더스 유역에서 재배된 곡물들은 주로 서아시아적 특성(콩류, 아마, 밀, 보리)을 보였고, 남아시아적 요소는 매우 제한적이었다. 이런 정황들을 종합해볼 때, 초기 재배 곡물은 주로 서쪽에서 전파되었을 가능성이 크다.[18]

초기 메르가르 유적에서 발견되는 동물들은 주로 야생종이었다. 가젤, 야생 양, 사슴, 야생 들소, 야생 소, 염소 등이 있었다. 가젤이 가장 많았고, 그다음으로 염소가 많았다.[19] 그런데 매장지에서는 사육종 새끼 염소 뼈가 상당수 발견되었다. 한편 쓰레기 더미에서는 성년기 및 성년기 직전 연령의 동물 뼈가 상대적으로 적게 발견되었다. 이를 통해 일관된 도축 패턴을 짐작할 수 있었다. 즉 사육종 염소는 아주 어릴 때 도축했다는 것이다. 토기 없는 신석기 시대를 거치면서 동물 유적 가운데 양

  Foreign Affairs, 1995), 63ff.; Possehl, *Indus Age*.
17 P.L. Morrell and M.T. Clegg, 'Genetic evidence for a second domestication of barley (*Hordeum vulgare*) east of the Fertile Crescent', *Proceedings of the National Academy of Sciences*, 104/9 (2007), 3289-94.
18 Fuller, 'Agricultural origins and frontiers', and 'Finding plant domestication'.
19 R.H. Meadow, 'Notes on the faunal remains fromMehrgarh, with a focus on cattle (*Bos*)', in B. Allchin (ed.), *South Asian Archaeology 1981* (Cambridge University Press, 1984), 34-40, and 'Animal domestication in the Middle East: a revised view from the eastern margin', in G.L. Possehl (ed.), *Harappan Civilization: A Recent Perspective*, 2nd rev. edn (New Delhi: Oxford University Press, 1993), 295-320; Meadow and Patel, 'Prehistoric pastoralism'.

과 소의 비중이 점차 늘어났다. 또한 작은 크기의 동물들이 갈수록 많은 비중을 차지했다. 이는 동물 사육이 실행되었다는 증거로 간주된다.[20] 그러나 양의 유전자 분석 결과, 남아시아에서 독자적으로 사육종 양이 진화했을 가능성은 없는 것으로 확인되었다. 혹은 독자적인 사육종이 있었는데 어느 시기엔가 모두 사라지고 서아시아 종자로 대체되었을 수도 있다.[21]

북서부 지역에서 신석기 생활 경제에 기여한 동물 중에는 추정컨대 현지에서 진화한 사육종도 있었다. 그중에서도 가장 중요한 동물은 혹소(zebu cattle, Bos indicus)다. 메르가르 근처에서 사육종 혹소가 등장한 시기는 기원전 7000년경에서 기원전 4500년경 사이로 알려져 있었다.[22] 소는 인도아대륙의 사육종 동물 가운데 가장 큰 비중을 차지한다는 점에서 혹소의 등장은 매우 중요한 주제다. 사육종 혹소를 개량하는 과정에서 야생종과 교배시켜 다른 교잡종도 만들어졌다. 이외에도 메르가르에서 초기 단계의 인도산 목면(木棉, Gossypium arboreum)을 이용한 흔적이 발견되었는데, 야생 목면을 이용한 것이 아니라 재배를 했던 것으로 추정된다. 목면은 청동기 시대와 그 이후에 중요한 옷감의 재료로

20 R.H. Meadow, 'The origins and spread of agriculture and pastoralism in northwestern South Asia', in Harris (ed.), *Origins and Spread of Agriculture*, 390-412.
21 S. Hiendleder et al., 'Molecular analysis of wild and domestic sheep questions current nomenclature and provides evidence for domestication from two different subspecies', *Proceedings of the Royal Society B*, 269 (2002), 893-904.
22 Meadow, 'Animal domestication'; S. Chen et al., 'Zebu cattle are an exclusive legacy of the South Asia Neolithic', *Molecular Biology and Evolution*, 27/1 (2010), 1-6.

사용되었다.[23] 이외에 물소(*Bubalus bubalis*)와 참깨(*Sesamum indicum*)도 중요했다. 기원전 2500년 무렵에는, 적어도 일부 지역에서는 이미 사육종 물소와 재배종 참깨가 자리 잡고 있었다.

남아시아에서 이동식 수렵채집 생활로부터 정주식 농업-목축 생활로 이행하기까지 뚜렷하게 구별되는 몇 단계를 거쳤던 것 같다. 이후 밀, 보리, 양, 염소, 소 등을 기반으로 하는 농업-목축 경제가 확산되었고, 이후 점점 더 복잡한 수공업 제조가 이루어졌다.[24] 이러한 관행은 기본적으로 서아시아에서 남아시아로 전파된 것이었다. 최초의 전파는 이란고원 혹은 아프가니스탄을 거쳤고, 남아시아 최초로 전해진 곳은 파키스탄 서부였다. 그러나 이와 같은 과정은 아직 명확히 밝혀지지 않았다. 인구 전파(농업-목축민을 포함한 인구의 이동)였는지, 아니면 문화 전파(기존에 다른 생활을 하던 현지인이 농업-목축 문화를 수용)였는지, 혹은 양자의 조합이었는지 등이 분명히 파악되지 않았다. 메르가르 발굴 결과의 체질인류학적 분석, 그리고 렌틸콩의 계통발생학적 분석을 근거로 보자면, 전파/이주의 물결이 두 차례에 걸쳐 일어났던 것 같고, 두 번째 물결은 기원전 4500년경이었다.[25] 청금석(lapis lazuli) 같은 원거리

---

23 C. Moulherat et al., 'First evidence of cotton at Neolithic Mehrgarh, Pakistan: analysis of mineralized fibers from a copper bead', *Journal of Archaeological Science*, 29 (2002), 1393-401; D.Q. Fuller, 'Domestication, diffusion and the development of agricultural villages: a study of the south Indian Neolithic', in E.R. Raven (ed.), *South Asian Archaeology 1999* (Groningen: Egbert Forsten, 2008), 143-58.

24 E.g. G.L. Possehl, *The Indus Civilization: A Contemporary Perspective* (Walnut Creek, CA: AltaMira Press, 2002), 30-40; Petrie et al., 'Investigation of early villages'.

교역 품목을 통해 원거리 접촉이 수천 년 동안 유지되었음을 분명하게 알 수 있다. 그래서 최초의 정착 마을이 생겨날 무렵의 남아시아가 사람과 사상이 널리 이동할 수 있는 지역이었다는 데 대해서는 의문의 여지가 없다.

토기 사용 단계로 접어든 시기는 기원전 6000년경이었다. 이 무렵 남아시아 북서부 지역에는 초기 마을들이 형성되어 있었으며, 당시 그곳 주민들에게 여러 가지 중요한 사회경제적 변화가 일어났다. 최초의 토기가 이때 등장했을 뿐만 아니라 흙벽돌 건물도 상당수 건축되었다. 이는 당시에 특정 수공업 작업이 이루어졌고, 주민들의 농업 경제가 뚜렷한 발전을 이룩했다는 명백한 증거였다.[26] 토기는 서아시아와 마찬가지로 넓적한 진흙 판을 이용해서 만들었다. 토기는 요리 과정의 변화를 의미했다. 즉 분쇄와 진흙 오븐 구이가 중심이 되었을 것이다. 이는 신석기 시대 인도의 다른 지역과는 다른 방식이었다.[27] 특히 주목할 만한 변화는 메르가르 Ⅱ단계의 생활 경제 흔적이었다. 이 시기에는 야생종 동물이 거의 사라지고 사육종 동물로 대체되었다. 대부분은 소(발굴 자료의 50퍼센트)였고, 양과 염소는 그보다 적었다.[28] 이전 단계에 비해서 정

---

25 Fuller, 'South Asia: archaeology'.
26 Meadow, 'Origins and spread of agriculture'; Jarrige et al. (eds.), *Mehrgarh: Field Reports*, 62ff.
27 D.Q. Fuller and M. Rowlands, 'Ingestion and food technologies: maintaining differences over the long-term in West, South and East Asia', in T.C. Wilkinson et al. (eds.), *Interweaving Worlds: Systemic Interactions in Eurasia, 7th to the 1st Millennia BC* (Oxford: Oxbow, 2011), 37-60.
28 Meadow, 'Faunal remains from Mehrgarh', and 'Origins and spread of agriculture'.

착지나 정착지 안 주거 구역 및 주거지의 규모도 모두 커졌다.[29] 그러나 자료 분석에 따라 생활 방식은 전혀 다르게 이해될 수도 있다. 예를 들면 앞에서도 언급했듯, 토기가 등장한 뒤에도 수렵채집에 부분적으로 혹은 전적으로 의존하는 집단이 남아시아 경계 지역이나 다른 지역에 지속적으로 존재했을 가능성은 충분히 있다. 그러므로 새로운 마을은 기존에 다른 식의 생활 문화를 가진 사람들이 차지하지 않은 지역에서 성립되었을지도 모른다.

기원전 제4천년기 인도아대륙 서부 지역에도 초기 마을 사회가 형성되어 있었으며, 더욱 중요한 사회경제적 발전이 일어났다. 밀, 보리, 양, 염소, 소 등을 기반으로 하는 농업-목축 생활 경제가 이 무렵부터 확산되기 시작했다. 명백한 근거로 확인된 확산 지역은 남아시아의 서부 경계 지역을 따라 구릉 지대, 산악 지대, 평원 지대 등이었다. 결국 확산의 파도는 인더스 평원까지 도달했다.[30]

남아시아 서부 지역의 초기 마을 유적에 관해 우리가 알고 있는 절대 연대 및 상대 연대에 비추어 볼 때, 밀, 보리, 양, 염소, 소를 기반으로 하는 목축 경제는 인더스 평원에 등장하기 전에 먼저 발루치스탄(Baluchistan) 남부 및 북부, 그리고 카이베르파크툰크와(Khyber Pakhtunkhwa) 남부로 유입되었다. 라나 군다이(Rana Ghundai, Loralai) 혹은 페리아노 군다이(Periano Ghundai, Zhob) 같은 정착지들이 셰리 칸 타라카이(Sheri Khan Tarakai, Bannu basin)나 잔디 바바르-A(Jhandi Babar

---

29 Possehl, *Indus Age*.
30 Petrie et al., 'Investigation of early villages'; Petrie and Thomas, 'Topographic and environmental context'.

A, Gomal plain) 등의 유적보다 먼저 조성되었다. 이들 모두는 평원 지역의 마을보다 먼저 조성된 정착지들로, 전반적으로 비슷한 물질문화를 가지고 있었다.[31] 인더스 평원에 있는 최초의 정착 마을 유적은 잘리푸르(Jalilpur)와 하라파(Harappa),[32] 그리고 촐리스탄(Cholistan)에서 발견되었다.[33] 이 시기의 유적은 모두 99곳이 발굴되었다(52곳은 임시 주거지였고, 45곳은 정착지였으며, 2곳에서는 수공업 생산의 증거가 발견되었다). 공통적으로 하크라(Hakra) 양식의 토기가 확인되었으며, 발굴층위는 4개의 서로 연결된 층위로 구분되었다. 하크라 양식의 토기에는 이 지역 최초의 물레질 토기와 일반 토기가 모두 포함되어 있었다. 이 시기의 하라파는 라비(Ravi) 단계(3300~3000 BCE)로 확인되었다. 이 단계가 나중에 초기 하라파 문명으로 연결되는데, 이때부터 축적된 성과가 기원전 2600~2500년경 하라파 문명의 성숙한 도시 문화로 이어지게 되었다.

펀자브 고지대, 하리아나 지역, 인더스-갠지스 분기 지역 등이 식량 생산 초기 단계에 과연 서로 연결되어 있었는지, 아니면 분리되어 있었는지에 관한 의문에는 아직 명확한 해답이 제시되지 않았다. 발루치스탄이나 카이베르파크툰크와 지역의 유적에서는 발견되지 않는 곡

31 Petrie et al., 'Investigation of early villages'; K.D. Thomas et al., 'Early village sites in the Gomal plain', in Petrie (ed.), *Sheri Khan Tarakai*, 379-98; Petrie and Thomas, 'Topographic and environmental context'.
32 M.R. Mughal, 'A summary of excavations and explorations in Pakistan (1971 and 1972)', *Pakistan Archaeology*, 8 (1972), 117-24; J.M. Kenoyer and R.H. Meadow, 'The Ravi phase: a new cultural manifestation at Harappa', in M. Taddei and G. De Marco (eds.), *South Asian Archaeology 1997* (Rome: Instituto italiano per l' Africa e l'Oriente, 2000), 55-76.
33 M.R. Mughal, *Ancient Cholistan: Archaeology and Architecture* (Rawalpindi: Ferozsons, 1997).

물이 인도 북서부 지역의 몇몇 유적지에서 발굴되기도 했다. 인도 북서부 지역에서는 몬순 계절에 의존하는 지역 토종 작물, 예컨대 기장류(*Panicum sumatrense, Setaria pumila, Setaria verticillata*)나 콩류(*Vigna mungo, Macrotyloma uniflorum*)를 자체적으로 재배종화했을 가능성도 있다.[34] 구자라트 지역의 라자스탄(Rajasthan)과 사우라슈트라(Saurashtra)에서는 기원전 3500년경 중석기 전통이 토기 문화로 이행되었다. 이 시기의 문화를 주로 "금석병용(Chalcolithic)" 문화라고 하는데, 이때 구리의 초기 생산이 이루어지고 이후 인더스 지역과의 연계도 시작되었다. 지금까지 발굴된 결과로 볼 때 인도 "내륙" 지방의 정착지에서는 서아시아에서 도입된 겨울 곡물과 콩류가 주류를 이루었지만, 몬순 기후의 영향을 받는 일부 토종 작물이 추가되었다.[35] 불행히도 연대를 알 수 있는 시기는 인더스 문명 이후(2600 BCE 이후)부터다. 그러나 인더스 문명은 인도 사바나 지대의 농업을 가리키는 것이며, 같은 시기 인더스강 유역의 겨울 곡물, 즉 밀과 보리 위주의 전통과는 확연히 다른 것이었다. 그래서 현지 기반 신석기 전통과 현지 기반 재배종 성립에 관한 논란이 제기되었다. 이 문제는 실질적인 발굴 자료를 통해 확인되지 못했으며, 유적이나 유물의 맥락을 바탕으로 연구를 더 해야 할 문제로 남아 있다. 또한 이 전통과 남부 데칸 지역 농업의 관련성도 밝혀야 할 문제다(이후

---

34 Fuller, 'South Asia: archaeology'.
35 M.D. Kajale, 'Palaeobotanical investigations at Balathal: preliminary results', *Man and Environment*, 21/1 (1996), 98-102; see also A.K. Pokharia et al., 'Archaeobotany and archaeology at Kanmer, a Harappan site in Kachchh, Gujarat: evidence for adaptation in response to climatic variability', *Current Science*, 100/12 (2011), 1833-46; and Fuller, 'Finding plant domestication'.

논의 참조). 특히 양쪽 지역의 사육종 동물 구성이 같다는 점이 단서가 될 것이다.

갠지스 평원

갠지스강 중류의 평원에서는 자생적 신석기 전통이 명확히 확인되었다. 벼농사의 흔적과 정착 생활 유적들이 자생성 판단의 근거였다. 그러나 같은 시기 인더스강 유역에는 규모가 더 큰 정착지들이 이미 존재하고 있었다. 인더스강 유역 마을의 경제 기반은 밀-보리-양-염소였다. 과연 농업 마을이 갠지스강 유역에서 자생적으로 생겨난 것인지, 아니면 인더스강 유역의 농업 마을로부터 영향을 받은 것인지는 논쟁의 여지가 남아 있다. 다만 벼농사 기반의 신석기 전통은 분명 인더스강 유역에서 볼 수 없는, 갠지스강 유역의 독자적 특징으로 확인되었다.

남아시아 최초의 벼농사 유적은 라후라데와(Lahuradewa)에서 발견되었다. 이곳은 아마도 인도아대륙에서 가장 중요한 유적 중 하나일 것이다.[36] 남아시아에서 가장 오래된 토기가 발굴된 유적도 이곳이었다. 라후라데와는 우타르프라데시(Uttar Pradesh) 북쪽에 위치하는데, 초승달 모양 우각호(牛角湖) 근처다. 이 호수는 한때 갠지스강의 지류였는데, 나중에 강줄기가 끊어지면서 호수로 변했다. 주변의 조그만 강줄기와 우각호에서 사람들은 물고기를 잡을 수 있었다. 아마도 갠지스강 중

---

36 R. Tewari et al., 'Preliminary report of the excavation at Lahuradewa, district Sant Kabir Nagar, U.P. 2001-2002: wider archaeological implications', *Pragdhara*, 13 (2002/3), 37-68; R. Tewari et al., 'Early farming at Lahuradewa', *Pragdhara*, 18 (2008), 347-73.

류 지역에서 물고기는 중석기 및 신석기의 중요한 생계 자원이었을 것이다. 라후라데와에서는 기원전 9000년경부터 사람이 거주했던 것으로 추정되지만, 발굴 자료를 통해 분명하게 확인된 최초의 시기는 기원전 7000~6000년경이다. 그 직접적 근거는 바로 볍씨(Oryza sp.)였다. 그곳에서 발굴된 볍씨의 연대는 기원전 6400년경으로 확인되었다. 유적지의 초기 단계에 해당하는 발굴층에서 저장되어 있던 볍씨와 왕겨가 나온 것으로 보아, 당시 이 지역에서는 이미 벼를 수확하고 있었던 것으로 추정된다. 기원전 6000년경 벼 유형의 식물규소체(phytolith)가 확인되었고, 또한 코어를 추출하여 화분(꽃가루)을 분석한 결과 당시 그 지역에서 나무가 줄어들고 풀 비중이 증가한 것으로 확인되었다.[37] 그러므로 이 유적을 매우 이른 시기의 벼농사 지역으로 해석하는 것은 타당성이 높다. 최초의 벼농사 기록으로는 중국의 양자강 유역과 견줄 만한 정도다. 그러나 라후라데와 발굴 볍씨가 과연 농업을 통해 생산된 것인지, 당시 정착 생활의 비중이 어느 정도였는지에 대해서는 아직 명확히 밝혀지지 않았다.

최근 벼의 유전자 분석과 고고학 발굴 성과를 종합해본 결과, 재배종 벼 중에서 인디카(indica)는 이 지역에서 독자적으로 진화한 것이 아니었다. 야생종에서 재배종으로 넘어가는 유전자 변이의 특성 면에서 인디카는 동아시아의 벼 품종인 자포니카(japonica)와 핵심적 요소가 다르지 않았다. 다시 말해서 초기에 이미 완전한 재배종으로 확립되어 있

---

37 M.S. Chauhan et al., 'Pollen record of Holocene vegetation, climate change and human habitation from Lahuradewa Lake, Sant Kabir Nagar district, Uttar Pradesh, India', *Man and Environment*, 34 (2009), 88-100.

는 자포니카종과 야생종인 (그러나 이미 인간이 관리 및 경작을 하고 있는) 원시-인디카종을 결합하여 재배종 인디카(O. s. indica)를 만들었던 것이다.[38] 원시-인디카종은 갠지스 평원의 순수 야생 환경이라면 살아남지 못했을 어떤 특징을 지니고 있었다. 따라서 우리는 원시-인디카종도 야생종이지만 이미 인간의 관리를 받고 있었다는 사실을 알 수 있다. 야생종 벼의 서식 환경을 관리하고 파종 기술도 이미 보유한 상태에서 재배종 자포니카가 도입되었다면, 재배에 성공할 확률이 그만큼 더 높았을 것이다. 라후라데와 유적 발굴 자료를 통해서도 이를 확인할 수 있었다. 또한 라후라데와 호수에서 추출한 코어에서 발견되는 탄화 물질을 통해서도 같은 사실이 확인되었다.[39] 미세 탄화 물질이 기원전 7200년경부터 증가한 것으로 나타났는데, 당시 인위적으로 식물을 불태우는 일이 있었던 것으로 추정된다. 야생종 벼를 관리하기 위해 경쟁자인 잡초를 불태움으로써, 잡초가 없는 환경에서 벼가 자랄 수 있도록 조정했던 것이다.

라후라데와 유적은 매우 이른 시기의 신석기부터 금석병용기까지 걸쳐 있다는 점에서 아주 독특한 유적이었다. 이에 못지않게 독특한 점은 바로 벼농사의 연대 문제였다. 방사성탄소 연대측정 결과, 라후라데와의 초기 벼농사 시기는 최소한 기원전 6400년경까지 거슬러 올라갔

---

38 D.Q. Fuller and L. Qin, 'Water management and labour in the origins and dispersal of Asian rice', *World Archaeology*, 41/1 (2009), 88-111; D.Q. Fuller et al., 'Consilience of genetics and archaeobotany in the entangled history of rice', *Archaeological and Anthropological Sciences*, 2/2 (2010), 115-31; Fuller, 'Finding plant domestication'.
39 Chauhan et al., 'Pollen record of Holocene vegetation'.

다. 메르가르 유적도 그랬지만, 라후라데와 주변에서도 비슷한 정도로 오래된 유적이 발견되지 않았다. 근처의 주시(Jhusi), 콜디와(Koldihwa), 토크와(Tokwa) 등지에서 발견된 초기 신석기 주거지 유적을 방사성탄소 연대측정법으로 분석한 결과, 시기는 모두 기원전 2500~2000년경으로 확인되었다. 이는 라후라데와-1B 단계에 해당하는 연대였다.[40] 고고학적 발굴 자료에서 밀, 보리, 렌틸콩, 양/염소, 흑소 등이 등장하는 시기가 바로 이 무렵이었다. 이러한 품종은 모두 인더스 문명을 거쳐 북서부 평원에서 갠지스강 유역으로 수입된 것들이었다. 기원전 2000년 이후로는 남인도 지역의 작물들도 유입되었다. 예를 들면 브라운탑 기장(browntop millet), 말콩(horsegram), 녹두 등이었다. 이를 통해 빈디아산맥과 남쪽의 데칸고원 사이에 교역이 있었음을 알 수 있다. 데칸 지역과의 교류는 인더스강 유역과의 교류와 뚜렷한 차이를 보였다. 요컨대 우리는 라후라데와 유적에서 세 단계의 변화를 확인할 수 있었다. 즉 신석기 혹은 신석기-중석기 시대의 야생종 원시-인디카 단계(라후라데와-1A단계, 7000~2500 BCE), 신석기 마을 형성 단계(라후라데와-1B단계, 2500~2000 BCE), 신석기/금석병용기 마을 확립 단계(라후라데와-2단계, 2000~1000 BCE)다. 이후로는 철기 시대로 넘어갔다. 신석기 마을 형성을 더 이른 시기, 즉 기원전 5000~4000년경으로 보는 견해도 있었다. 그러나 그 근거는 주로 혼재된 탄화 샘플(이른바 고목효과Old Wood Effect 문제로, 방사성탄소 연대측정 과정에서 나타날 수 있는 대표적 오류 유

---

40 E. Harvey, 'Early agricultural communities in northern and eastern India: an archaeobotanical investigation', unpublished PhD thesis (University College London, 2006).

형 중 하나 – 옮긴이)이나 발굴층위가 흐트러진 유적지에서 나온 것들이 었다.[41]

갠지스강 유역의 농업 기반 영구 정착지에서는 밀과 보리를 주로 재배했고, 드물게 양/염소와 소를 사육했다. 기원전 2500~2000년경에 이르면 벼가 여러 유적지에서 발견된다. 담다마(Damdama), 세누와르(Senuwar), 마하가라(Mahagara) 등지에서도 벼가 발견되었다.[42] 이 시기에는 농업의 발전이 뚜렷하게 나타났다. 이모작이 특징이었는데, 겨울 작물(밀, 보리 등)과 여름 작물(벼 등)을 같은 해에 돌려 지었다(원문에서는 여름 작물과 겨울 작물이 바뀌어 있지만, 단순한 교정 실수로 보여 고쳐서 번역한다. – 옮긴이). 문화적으로 이 시기에는 신석기 사회에서 고전적 발전이 확인된다. 줄무늬 토기(cord-impressed pottery), 표면을 매끄럽게 다듬은 셀트(celt, 도끼날을 닮은 신석기 도구), 맷돌 등이 이 시기의 유물들이다. 특히 콜디와, 세누와르, 나르한(Narhan) 등의 유적지에서는 갈대와 대나무를 엮어서 뭉친 진흙 덩어리가 발굴되었다. 이는 특정 유형의

---

41 Fuller, 'Finding plant domestication'; V.D. Misra, 'Beginnings of agriculture in the Vindhyas (north-central India)', and J.N. Pal, 'Recent excavations at Tokwa: fresh light on the early farming culture of the Vindhyas', both in L. Gopal and V.C. Srivastava (eds.), *History of Agriculture in India, up to c. 1200 AD* (New Delhi: CSC for the Project of History of Indian Science, 2008), 19-30 and 48-69.
42 Damdama: K.S. Saraswat, 'Plant economy of early farming communities at Senuwar', in B.P. Singh (ed.), *Early Farming Communities of the Kaimur*, vol. II (Jaipur: Publication Scheme, 2004), 416-535; M.D. Kajale, 'Some initial observations on palaeobotanical evidence for Mesolithic plant economy from excavations at Damdama, Pratagarh, Uttar Pradesh', in N.C. Ghosh and S. Chakrabarti (eds.), *Adaptation and Other Essays* (Santiniketan: Visva Bharati Research Publications, 1990), 98-102. Senuwar: Saraswat, 'Plant economy'.
- Mahagara: Harvey, 'Early agricultural communities'.

건축 재료, 즉 나뭇가지를 엮어 벽체를 만들고 초가지붕을 씌운 오두막 건물의 흔적이었다. 토크와 유적의 발굴 사례에서 보듯이 이러한 구조물은 대개 원형이었고, 안에는 화덕 자리가 있었으며, 대개는 가운데 기둥 자리 구멍을 중심으로 원을 그리고 있었다.[43] 이러한 건물과 함께 발견되는 이모작의 흔적은 매우 중요하다고 할 수 있겠는데, 건물의 흔적이 나타나기 이전에는 이모작의 흔적도 보이지 않는다. 한 장소에서 머물러 살아야만, 또한 그럴 수 있는 능력을 갖추어야만, 갠지스강의 주기적 범람과 갠지스 평원에서 자라는 벼의 이익을 확보할 수 있었다.

남아시아의 다른 지역에서도 대체적 과정은 이와 비슷했다. 남아시아에서는 토기 없는 중석기에서 신석기로 넘어가는 과정에서 연속성이 명확히 확인되었다. 예를 들면 담다마 유적의 신석기는 기원전 2000년까지, 레카히아(Lekhahia) 유적은 기원전 2100년경까지, 그리고 사라이-나하르-라이(Sarai-Nahar-Rai) 유적과 마하다하(Mahadaha) 유적은 기원전 1000년경까지 거슬러 올라간다.[44] 이러한 유적지들에서 발굴 층위는 대체로 그리 깊지 않았다. 이는 곧 사람들이 그곳에서 간헐적으로 거주했음을 의미한다. 그러나 최종 발굴층위가 오염되었을 가능성도 없지 않다. 담다마, 마하다하, 사라이-나하르-라이 등지에서 화덕 자리를 포함한 원형 구조, 불에 탄 흔적이 있는 회칠한 바닥이 발굴되

---

43 V.D. Misra et al., 'Excavation at Tokwa: a Neolithic-Chalcolithic settlement', *Pragdhara*, 11 (2000/1), 59-72.
44 Harvey, 'Early agricultural communities'; J.N. Pal, *Archaeology of Southern Uttar Pradesh: Ceramic Industries of Northern Vindhyas* (Allahabad: Swabha Prakashan, 1986).

었다. 그러나 더욱 흥미로운 발굴 성과는 그곳에서 발굴된 상당수의 인골일 것이다.[45] 동물의 흔적은 사슴과 가젤이 주를 이루었다.[46] 또한 식물의 흔적으로 보아 야생종 벼를 포함한 야생 식물을 이용했던 것으로 보인다.[47] 요약하자면 갠지스강 중류 지역에서는 먼저 야생종 벼를 관리하기 시작했고(c. 7000 BCE 이후), 그로부터 오랜 시간이 지난 기원전 2000년경에 이르러 농업-목축 기반의 정착 마을이 본격적으로 등장했다. 농업 마을 주변으로는 수렵-채집-어로 문화 공동체가 곳곳에 산재했다. 그러다가 기원전 제2천년기에 집약적 벼농사의 관행이 확고하게 자리 잡았다. 그 뒤로는 인구가 급격히 증가했고, 사회가 복잡성을 더해서 마침내 철기 시대의 도시가 등장했다. 그때가 기원전 제1천년기 중엽이었다.

45 U.C. Chattopadhyaya, 'Settlement practices and the spatial organisation of subsistence and mortuary practices in the Mesolithic Ganges valley, north-central India', *World Archaeology*, 27/3 (1996), 461-76; J.R. Lukacs, 'Mesolithic hunters and foragers of the Gangetic plain: summary of current research in dental anthropology', *Dental Anthropology News Letter*, 6/3 (1992), 3-8; J.R. Lukacs and J.N. Pal, 'Mesolithic subsistence in north India: inferences from dental attributes', *Current Anthropology*, 34/5 (1993), 745-65; J.N. Pal, 'The Mesolithic phase in the Ganga valley', in K. Paddayya (ed.), *Recent Studies in Indian Archaeology*, Indian Council of Historical Research Monograph Series 6 (Delhi: Munshiram Manoharlal, 2002), 60-80; G.R. Sharma et al., *Beginnings of Agriculture (Epi-Palaeolithic to Neolithic): Excavations at Chopani-Mando, Mahadaha, and Mahagara* (Allahabad: Abinash Prakashan, 1980); R.K. Varma et al., 'A preliminary report on the excavations at Damdama (1982-1984)', *Man and Environment*, 9 (1985), 45-65.
46 U.C. Chattopadhyaya, 'Researches in archaeozoology of the Holocene period (including the Harappan tradition in India and Pakistan)', in S. Settar and R. Korisettar (eds.), *Indian Archaeology in Retrospect*, 4 vols. (New Delhi: Indian Council of Historical Research, 2002), vol. III, 365-422.
47 Harvey, 'Early agricultural communities'; Kajale, 'Some initial observations'.

인도 동부 지역

인도 동부 지역의 초기 신석기 사회 연구는 인도아대륙의 다른 지역에 비해 미진한 편이다. 그러나 고고학 연구 성과를 통해 다양한 맥락의 정보가 왕성하게 축적되고 있다. 농업 이행을 이해하는 데 핵심 근거가 되는 생태 환경의 복원과 재검토 또한 인도 동부 지역에서는 상당히 제한적으로 이루어졌다. 그러므로 농업 공동체의 확립에 이르는 변화의 여정은, 지금 단계에서는 대체로 가설에 의존하고 있는 형편이다. 그러나 신석기 사회의 특성과 자료에서 보이는 의문점들은 지금도 여전히 검토가 이루어지고 있다. 우리의 논의는 오디샤(옛날의 오리사Orissa)에 초점을 맞출 것이다. 이곳에서는 나름의 독특한 신석기 문화가 존재했던 것으로 추정된다. 생계는 주로 쌀, 콩, 야생 동물, 소 등에 의존했다.

인도 동부 지역에서 방사성탄소 연대측정이 이루어진 유적지는 별로 없다. 우리가 보기에 이 지역의 신석기 시대는 기원전 2500년경에 시작되었다. 그러나 이 수치는 대체로 신석기-금석병용기 유적에서 후기 층위를 근거로 한 것이며, 해당 유적지에서 가장 시기가 앞서는 층위는 절대 연대가 확인되지 않았다.[48] 인도 동부 지역의 신석기 시작 연대는 대개 기원전 3500년경으로 보는 설이 유력했다.[49] 이 가설은 남인도 지역과의 비교에 근거한다. 즉 연대가 보다 분명히 확인된 남인도의

---

48 Harvey, 'Early agricultural communities'; E. Harvey et al., 'Early agriculture in Orissa: some archaeobotanical results and field observations on the Neolithic', *Man and Environment*, 31/2 (2006), 21-32.
49 See R.N. Dash, 'The Neolithic culture of Orissa: a typo-technological analysis', in K.K. Basa and P. Mohanty (eds.), *Archaeology of Orissa*, vol. I (New Delhi: Pratibha Prakashan, 2000), 201-21.

다른 유적과 비교하여 그 유사성을 근거로 인도 동부 지역의 연대를 추정한 것이다. 몇몇 지역 조사 및 발굴 결과, 인도 동부 지역 신석기 주거지는 주로 두 가지 유형으로 나뉘었다. 첫 번째 유형은 고지대의 전통으로, 주로 언덕 같은 고지대에서 발견되었다. 이들 유적에 대해서 식물고고학이나 동물고고학으로 분석할 만한 유물이 발굴된 적은 거의 없다. 주로 석기와 깨진 토기 파편이 많았는데, 사람들이 간헐적으로 머물렀던 캠프의 흔적일 것으로 추정된다. 두 번째 전통은 오디샤의 해안 평야 지대에서 발견되는데, 인공적으로 조성된 언덕 위의 주거지가 특징이었다. 인공 언덕은 높이가 8미터에 달했다. 여기서는 식물고고학 및 동물고고학적으로 분석해야 할 흔적들이 함께 발굴되었다.

인도 동부 지역 최초의 농부와 관련해서 최고의 증거는 해안 평야 지역 정착지에서 발굴되었다. 이를 동부 습지 전통(Eastern Wetlands tradition)이라 하며, 유적지는 카메스와리팔리(Khameswaripali), 골바이 사산(Golbai Sasan), 고팔푸르(Gopalpur) 등이다.[50] 골바이 사산과 고팔푸르에서 발굴된 대규모 정착지에 대한 체계적 발굴이 이루어졌고, 총체적으로 식물고고학적 분석이 시행되었다. 이곳 인공 언덕은 지름이 150~200미터, 높이는 8미터에 달했다. 신석기 시대 유적에서는 흔히 볼 수 없는 구조물의 흔적이 발굴되었는데, 바닥층이 있고 가끔 기둥 자

---

50 P.K. Behera, 'Excavations at Khameswaripali - a proto historic settlement in the middle Mahanadi valley, Orissa: a preliminary report', *Pragdhara*, 11 (2000/1), 13-34. On the original excavations, see B.K. Sinha, 'Golbai: a protohistoric site on the coast of Orissa', and S.K. Kar, 'Gopalpur: a Neolithic-Chalcolithic site in coastal Orissa', both in Basa and Mohanty (eds.), *Archaeology of Orissa*, 322-55 and 368-91.

리가 나 있었다. 이로 보아 당시 사람들은 원형 오두막에서 거주했던 것으로 추정된다. 양쪽 유적지 모두에서 붉은 토기와 회색 토기가 발굴되었고, 골각기와 몇 개의 셀트(celt)도 발견되었다. 거시적 식물 분석과 식물규소체 분석이 정밀하게 진행된 결과, 인도 동부 지역 신석기 농업 관행의 유형을 밝혀줄 자료들이 많이 나왔다. 주요 농업 생산물은 쌀이었다. 각각의 유적지에서 발굴된 곡물의 약 50퍼센트가 볍씨였다.[51] 유적지는 주기적으로 강물이 범람하는 강변의 충적토에 위치하고 있었다. 가장 시기가 올라가는 발굴층위에서부터 이미 볍씨, 벼와 같은 유형의 식물규소체, 이삭 줄기 등이 모두 발견되었다. 이외의 다른 곡물로는 콩류(말콩과 비둘기콩)와 몇몇 기장류(브라운탑과 세타리아 sp.) 등이 있었다. 식생활은 주로 쌀과 콩에 의존했으며, 보조적으로 가축의 고기도 먹었다. 금석병용기에는 소를 사육했고, 돼지도 사육했을 가능성이 있다. 그런데 아마도 신석기 시대부터 소와 돼지 사육이 시작되었을 것으로 추정된다. 돼지 사육은 특히 흥미로운 주제다. 최근의 유전자 연구에 따르면, 야생 멧돼지와의 유전적 간극이 아시아 다른 지역 돼지보다 인도 돼지에서 더 뚜렷했다.[52] 또한 남아시아의 다른 지역에서는 신석기부터 금석병용기까지 돼지 뼈가 거의 발견되지 않았다. 동물의 흔적을 보면 당

---

51 Harvey, 'Early agricultural communities'; E. Kingwell-Banham, conference poster, 'An Indian domestication of rice? The story from Orissa, East India, and the development of rice cultivation systems', International Union for Quaternary Research, Bern (2011), and 'Rice and language across Asia', Cornell University (2011).
52 G. Larson et al., 'Patterns of East Asian pig domestication, migration, and turnover revealed by modern and ancient DNA', *Proceedings of the National Academy of Sciences*, 107/17 (2010), 7686-91.

시 사람들이 사냥도 했던 것 같다. 액시스사슴(chital)이나 인도영양(닐가이)의 뼈가 발굴되었다.[53] 금석병용기 발굴층위에서 발견된 골각기 낚싯바늘과 바닷물고기의 흔적으로 어로 활동도 확인되었다. 그러나 신석기 층위에서는 비슷한 흔적이 나타나지 않았다.

초기 곡물 재배와 관련해서 특히 고고학자들의 주의를 끈 품종은 비둘기콩(pigeon pea, *Cajanus cajan*)이었다. 고팔푸르와 골바이 사산 양쪽 유적에서 모두 비둘기콩이 출토되었다.[54] 비둘기콩은 발굴 빈도가 그리 높지 않고 발굴 지역도 흔하지 않지만, 지역 내에서 자생적으로 재배된 품종으로 추정된다. 비둘기콩의 야생종 조상은 오늘날 동고츠산맥 지역에 서식한다. 옛날에는 서식 범위가 좀 더 넓었던 것 같지만 그래도 중심지는 동고츠산맥이었다. 그러므로 인도 동부 지역의 신석기 문화에서 콩류는 독립적으로, 또한 자생적으로 재배종화했다. 인도 동부 지역의 신석기 문화에서 야생종 벼를 관리 혹은 재배했을 가능성도 거론되었다. 그러나 최근의 연구 성과는 그러한 가설에 의문을 제기하고 있다. 이 지역 최초의 볍씨는 재배의 흔적을 포함하는 벼이삭과 함께 발견되었다(식별 가능한 벼이삭 중에서 약 70퍼센트가 이러한 흔적을 포함하여 재배종으로 추정되었다). 볍씨의 외형을 측정한 결과 또한 재배종과 일치했다.[55]

고팔푸르와 골바이 사산에서는 이외에도 과일과 견과류도 일부 발

---

53 S.K. Kar et al., 'Explorations at Gopalpur, district Nayagarh, coastal Orissa', *Man and Environment*, 23/1 (1998), 107-14.
54 Harvey, 'Early agricultural communities'.
55 Fuller et al., 'Consilience of genetics'; Harvey, 'Early agricultural communities'; Kingwell-Banham, 'Indian domestication of rice?'

견되었다. 고팔푸르 유적에서 밀감 비슷한 과일의 껍질이 발견되었고, 고팔푸르와 골바이 사산 유적 모두에서 정체가 불분명한 견과류 껍질이 발견되었다. 야생 견과류를 채집한 것인지, 아니면 수목 재배(arboriculture)를 한 것인지는 확인되지 않았다. 그러나 당시에 이미 어떤 식으로든 나무를 관리했던 것만은 분명한 것 같다. 게다가 밀감 나무 원산지는 히말라야를 가로지르는 띠처럼 형성되어 있다. 그러므로 밀감 비슷한 과일의 껍질이 이 지역에서 출토되었다는 사실은 곧 사람들이 그 나무를 인도아대륙으로 가지고 들어왔음을 의미하며, 수목 재배의 초기 단계를 짐작케 한다. 밀감처럼 생활 경제적 가치가 있는 나무들의 이동은 수목 재배의 상한 연대를 추정할 수 있는 근거가 된다.[56] 인도 동부 지역의 경우 수목 재배의 상한 연대는 상당히 늦은 편으로, 기원전 1500년경이었다. 그러나 이는 흔히 간과하는 사실을 입증하는 근거가 되기도 한다. 밀감이나 망고 나무의 탄화된 흔적이 야생종의 예상 서식지를 벗어나 인도의 다른 지역에서 발견되는 시기는 기원전 1400년경 이후였다. 이는 곧 기원전 제2천년기 중엽에는 수목 재배가 인도 대부분 지역에서 일반화되어 있었음을 의미한다.

소규모의 주변부 유적들도 있는데, 예를 들면 바지푸르(Bajpur), 바나바사(Banabasa), 쿠차이(Kuchai) 등이다. 이들 유적에서는 흩어져 있는 석기 말고 별다른 고고학적 유물이 발굴되지 않았다.[57] 같은 지역에서

---

56 E. Kingwell-Banham and D.Q. Fuller, 'Shifting cultivators in South Asia: expansion, marginalisation and specialisation over the long-term', *Quaternary International*, 249 (2012), 84-95.
57 Harvey, 'Early agricultural communities'; K.K. Basa et al., 'Neolithic culture of

일부 중석기 층위와 신석기 층위가 나뉘었는데(토기 파편으로 신석기 층위를 구분), 적어도 일부 집단들은 농업 이행 과정에서 다른 집단으로 대체되지 않고 연속성이 유지되었음을 알 수 있다. 식물고고학적 흔적이 거의 발견되지 않는 이유는 이 유적들이 간헐적으로 머무는 정착지였기 때문이다. 즉 일시적 캠프였던 것으로 추정되는데, 그곳에 머문 사람들이 수렵채집인이었을 수도 있고, 이동식 농업을 하는 사람들이었을 수도 있으며, 혹은 석기 생산에 전문화된 사람들이었을 가능성도 있다.[58] 유적지 주변의 자연환경으로 보면 농업도 가능한 지역이었다. 그러나 인도 동부 신석기 맥락에서 정주적 농업인과 이동식 생활을 한 사람들의 차이는 생태 환경의 차이가 아니라 문화적 차이였다.

고지대 유적에 살았던 사람들이 덩이줄기 식물이나 박(다양한 종류의 *Cucurbitaceae*)를 먹었을 가능성도 있지만, 고고학 발굴로 그 흔적을 발견하기란 쉽지 않다. 이런 식물은 구덩이에 넣은 채로 구울 수 있기 때문에 별도로 토기가 필요하지 않았으며, 이들 유적에서 발견되는 토기 파편은 매우 드물었다. 불행하게도 이 두 식물은 고고학적으로 확인하기 어렵고, 곡물에 비해 보존의 가능성도 매우 적었다. 이들 유적에서 생계 수단이 무엇이었는지 본격적 가설을 세우려면 더 많은 연구가 필요할 것이다. 그러나 오디샤 지역에서 야생종 타로와 얌의 흔적이 발굴되

Pallahara, central Orissa', in Basa and Mohanty (eds.), *Archaeology of Orissa*, 264-84.
58 P.K. Behera, 'Neolithic culture complex of Bonaigarh, Orissa', in Basa and Mohanty (eds.), *Archaeology of Orissa*, 222-63; D.Q. Fuller, 'Agricultural origins and frontiers in South Asia: a working synthesis', *Journal of World Prehistory*, 20 (2006), 1-86.

었다. 그것이 재배종의 선조였을 가능성이 있다.

인도 동부 지역 신석기 연구는 석기 도구 분석으로부터 훨씬 더 풍부한 근거를 이끌어내고 있다. 특히 오디샤의 순다르가르(Sundargarh) 지구에서는 석기 도구를 전문적으로 생산했던 유적이 몇 군데 발견되었다.[59] 그곳의 신석기 유적은 조립현무암(dolerite rock) 지대에 위치하며, 대부분의 석기 도구는 이 돌로 만들어졌다. 술라브디히(Sulabhdihi) 유적에서는 셀트를 대량 제작했던 흔적이 남아 있으며, 그보다는 작은 규모지만 석편 석기(flake)와 돌날 등을 제작하기도 했던 것으로 추정된다. 유적지는 브라흐마니강(Brahmani River)의 지류인 강가에 위치하는데, 생산 과정에서 발생하는 쓰레기를 모아둔 네 개의 더미가 발견되었다. 높이는 3미터, 지름은 160미터에 달했다. 발굴된 도구의 대부분은 반쯤 제작하다 만 것들로, 제품을 완성하기 전에 다른 곳으로 옮겨서 최종 작업을 했던 것 같다. 아마도 목적지는 정착지 마을이었을 것이다. 조립현무암(粗粒玄武巖)으로 만든 석기는 인도 전역의 다양한 정착지 유적에서 발견되었다. 이는 조립현무암이 어디서나 구할 수 있는 재료이기 때문일 수도 있지만, 상당한 규모의 전문 석기 생산지 유적을 감안할 때 신석기 시대에 이미 방대한 교역 네트워크가 조성되었을 가능성도 있다. 이 지역의 초기 농부들이 겨울철에 대규모 석기 제작에 참여했을 수도 있다. 오디샤의 신석기 유적에서는 겨울 작물이 발견된 적이 없으므로, 겨울철에는 농작업이 없었음을 알 수 있다. 농부들은 아마도 고지대의 전통과 같은 임시 거처로 가서 석기 생산에 참여했을 것이다. 혹은 고지대 전통

---

59 Behera, 'Neolithic culture complex of Bonaigarh'.

과 이동식 사회가 공존했을 수도 있다. 그랬다면 정주 집단과 이동 집단 사이의 활발한 교역이 어떠했을지 흥미로운 주제가 아닐 수 없다.

그러한 증거는 발굴로 드러날 성격의 것이 아니지만, 인도 동부 지역만의 독특한 복합 사회가 존재했던 것만은 분명한 사실이다. 그러므로 이 주제는 더 깊이 탐구할 가치가 충분히 있다. 토착 야생종 비둘기콩 재배 연구에 못지않게 농민들과 이동 생활 집단 사이의 상호 교류는 특히 흥미로운 주제다.

북동부 인도 및 방글라데시 지역의 신석기 문화에 관해서는 고고학적 근거가 거의 없다. 그럼에도 간략히 언급해둘 필요는 있다. 여름벼(aus rice) 중에는 방글라데시와 북동부 인도 지역 자생종이 포함되어 있는데, 최근 유전자 연구를 통해 이들의 유전자 특성이 오리자 사티바(*Oryza sativa*), 즉 자포니카에서 파생된 인디카종과는 다른 것으로 확인되었다.[60] 기존에는 형태를 근거로 이곳의 여름벼도 인디카로 분류했지만, 유전자 연구 결과로 제3의 품종으로 분류되었다. 즉 이 지역 어딘가에서 독자적으로 진화한 재배종으로 보는 것이다.[61] 동남아시아에서 이 지역으로 석기나 토기, 재배종 식물과 사육종 동물 등이 유입되었다는 가설이 종종 제기되곤 했다.[62] 그러나 현재로서는 그러한 가설을 뒷받

---

60 A.J. Garris et al., 'Genetic structure and diversity in *Oryza sativa* L', *Genetics*, 169/3 (2005), 1631-8; K.L. McNally et al., 'Genomewide SNP variation reveals relationships among landraces and modern varieties of rice', *Proceedings of the National Academy of Sciences*, 106/30 (2009), 12273-8.
61 Fuller, 'Finding plant domestication'.
62 M. Hazarika, 'A recent perspective on the prehistoric cultures of northeast India', in M. Rajput (ed.), *Understanding North East India: Cultural Diversities, Insurgency and Identities* (New Delhi: Manak, 2011), 30-55; C.F.W. Higham,

침할 만한 근거가 없다. 이 지역에서도 신석기 유적층은 그리 깊지 않다. 신석기 유적은 대체로 언덕 위나 고지대에서 발견되었다. 고고학적 유물층은 얇은 경우가 많아서 대개는 1미터가 채 안 되었다. 일부 유적을 발굴한 결과, 신석기 도구와 줄무늬 토기가 발견되기도 했다. 나파치크(Napachik)와 마니푸르(Manipur) 유적에서 발굴된 토기가 특히 흥미로운데, 세 개의 다리가 달린 것이 특징이었다. 삼발 토기는 중국 전통 토기였다.[63] 그러므로 이 지역의 신석기 문화는 아마도 인도아대륙보다 중국이나 동남아시아의 신석기 전통과 맥이 닿아 있었던 것으로 추정된다. 그러나 현재까지 확인된 방사성탄소 연대측정 결과는 기원후 0년 정도까지 거슬러 올라갈 뿐이어서, 이 지역의 신석기 문화는 여전히 미스터리로 남아 있다.

인도 사바나 지역

남아시아의 독립적인 농업 기원지 사례는 인도아대륙의 남부 지역에서 가장 강력하다. 여기서는 곡물이 야생종 선조로부터 재배종으로 진화하는 전체 과정이 분명하게 드러난다. 기장과 콩류가 대표적 사례다. 농업이 시작된 시기는 파키스탄이 기원전 6000년경인 데 비해 남인

'Languages and farming dispersals: Austroasiatic languages and rice cultivation', in P. Bellwood and C. Renfrew (eds.), *Examining the Farming/Language Dispersal Hypothesis* (Cambridge: McDonald Institute for Archaeological Research, 2002), 223-32; G. van Driem, 'The trans-Himalayan phylum and its implications for population prehistory', *Communication on Contemporary Anthropology*, 5 (2011), 135-42.

63 Fuller and Rowlands, 'Ingestion and food technologies'.

도 지역은 기원전 2800년경으로 다소 늦었다. 그러나 외부의 영향 가능성을 배제하기에 충분할 만큼 이곳의 농업 시스템은 독특한 면이 있었다. 카르나타카, 안드라프라데시, 타밀나두 북서부를 포함한 남인도에서는 200곳 이상의 신석기 유적지가 발굴되었다. 이는 남아시아에서 가장 풍성한 발굴 성과였다. 유적지 가운데 약 50퍼센트는 애쉬마운드(ashmound)였다. 그래서 이들 유적을 "애쉬마운드 문화(ashmound tradition)"라고 일컫기도 했다.[64] 애쉬마운드에는 불에 타고 남은 재와 유리질로 변성된 재료들이 더미로 쌓여 있었다. 타다 남은 소똥뿐만 아니라 인공 유물과 동물 뼈 등도 함께 섞여 있었다. 애쉬마운드의 규모는 최대 5000제곱미터, 높이는 최대 10미터에 달했다.

남인도 지역 최초의 신석기 유적은 코데칼(Kodekal), 우트누르(Utnur), 바트갈(Watgal) 등에서 발견되었고, 최초의 신석기 정착지 연대는 기원전 3000년경으로 확인되었다(남인도 신석기-1a단계).[65] 이들 유적지에서 주거 흔적이 발견되는 층위에는 토기가 포함되어 있었다. 그러나 애쉬마운드는 없었고, 동식물의 흔적도 극히 드물었다. 특히 부디할(Budihal), 브라흐마기리(Brahmagiri), 피클리할(Piklihal), 우트누르(Utnur) 등은 남인도 신석기(Southern Neolithic)-1b단계의 시작을 알리

---

64 K. Paddayya, 'The problem of ashmounds of southern Deccan in the light of the Budihal excavations, Karnataka', *Bulletin of the Deccan College Post-Graduate and Research Institute*, 60-1 (2001), 189-225; F.R. Allchin, *Neolithic Cattle-Keepers of Southern India: A Study of the Deccan Ash Mounds* (Cambridge University Press, 1963).

65 D.Q. Fuller et al., 'Dating the Neolithic of south India: new radiometric evidence for key economic, social and ritual transformations', *Antiquity*, 81 (2007), 755-78.

는 유적지로, 시기는 기원전 2500년경이다. 이 단계부터 애쉬마운드가 등장했으며 소, 양, 염소 사육의 흔적도 발견되었다. 그러나 곡물을 재배한 흔적은 전혀 없었다. 기원전 2200년경(남인도 신석기 2단계)에 이르러 산가나칼루(Sanganakallu)와 테칼라코타(Tekkalakota) 같은 마을 유적이 인도아대륙 남부 고지대에서 등장하기 시작했고, 곡물 재배의 흔적도 나타났다. 기원전 1800년경(남인도 신석기 3단계)에 이르러 애쉬마운드에는 더 이상의 흔적이 추가되지 않았다. 마을은 계속 유지되었고, 어떤 마을은 거석 시대(c. 1400~1200 BCE)까지도 유지되었다.[66]

인도의 다른 지역에서 초기 농업이라고 하면 당연히 곡물 농업이었으나, 남부 지역의 농업은 전혀 다른 경로를 거쳤다. 즉 목축이 먼저 시행되었던 것이다. 최초 단계의 유적부터 거의 모든 애쉬마운드에서 소, 양, 염소의 뼈가 발견되었다.[67] 대부분의 애쉬마운드는 인도아대륙 중에서도 건조 지대에 위치했는데, 모래 토양에 화강암 위주의 지형이었다. 주변의 다른 지역들에는 물이 잘 공급되는 흑토(black soils)가 있었지만 건조 지대에는 이런 토양이 거의 없었다. 그래서 건조 지대는 오늘날에도 상대적으로 농사를 짓지 않는 곳이 많다. 이러한 주거지 패턴은 초기에 그곳에 거주하던 사람들이 이동식 유목민이었고, 그들에게 곡물 농사는 상대적으로 덜 중요했다는 사실을 반영하고 있다.[68] 조사 결과 그

---

66 B. Allchin and R. Allchin, *The Rise of Civilisation in India and Pakistan*, South Asian edn (New Delhi: Cambridge University Press, 1996); Fuller et al., 'Dating the Neolithic'; R. Korisettar et al., 'Bhramagiri and beyond: the archaeology of the southern Neolithic', in Settar and Korisettar (eds.), *Indian Archaeology in Retrospect*, vol. I, 151-237.
67 Korisettar et al., 'Bhramagiri and beyond'.

지역에서는 기원전 2000년 이후 농업 기반 정착지가 많아졌다. 이는 당시 정주 생활과 작물 재배가 증가했음을 의미한다. 또한 동시에 건조화가 강화되는 자연환경에 맞서 현지 여건에 맞는 농법이 개발되었음을 의미한다.[69]

방사성탄소 연대측정 결과 애쉬마운드가 늘어난 시기는 비교적 짧은 약 100~200년에 불과했다. 애쉬마운드의 증가가 멈춘 시점 이후로 그곳에는 사람이 살지 않고 떠나버린 곳도 있었고, 다른 정주민이 들어와서 마을을 이룬 곳도 있었다. 일부 방치된 애쉬마운드에 다른 누군가가 이어서 사용했던 흔적도 있다. 사용 기간이 늘어난 만큼 애쉬마운드에 더 많은 재가 축적되었다. 즉 100~200년 사이에 단절된 구간별로 사용한 결과물들이 여러 차례에 걸쳐 축적되었다. 예컨대 쿠다티니(Kudatini) 유적이나 팔라보이(Palavoy) 유적 같은 경우, 재가 축적되다가 휴지기에는 자연 토양이 축적되었고 이후 다시 재가 축적되었다.[70] 이러한 애쉬마운드가 왜 다시 사용되었는지, 왜 어떤 애쉬마운드는 버려지고 또 어떤 애쉬마운드는 정착 마을로 발전했는지, 그 이유는 밝혀지지 않았다.

애쉬마운드의 역할은 상징적 의미였는지 실용적 목적에 사용되었는지도 확실히 밝혀지지는 않았다. 재 위에 소 발자국이 찍혀 있는 사례로

68 P.G. Johansen, 'Landscape, monumental architecture, and ritual: a reconsideration of the south Indian ashmounds', *Journal of Anthropological Archaeology*, 23 (2004), 309-30.
69 C. Ponton et al., 'Holocene aridification of India', *Geophysical Research Letters*, 39/3 (2012), L03704.
70 Allchin, *Neolithic Cattle-Keepers*; Fuller et al., 'Dating the Neolithic'.

보아, 최소한 처음에는 거대한 소 우리로 사용되었던 것 같다. 그러나 애쉬마운드가 점점 커지면서 그 자체로 어떤 "기념비적" 상징물이 되었을 수도 있다. 예를 들면 부디할(Budihal) 유적의 경우, 상층부에는 가축 배설물을 의도적으로 편편하게 발라둔 흔적이 있었다.[71] 시각적으로 가축 배설물을 쌓아 거대한 불을 일으키는 더미의 규모가 놀랄 만큼 컸을 것이고, 아주 멀리서도 충분히 볼 수 있는 정도였을 것이다. 그렇다면 애쉬마운드는 대규모 사회적 회합의 구심점으로 사용되는 동시에 과거의 사건을 의미하는 상징적 풍경이었을 수도 있다.[72] 많은 사람들이 주기적으로 모이는 회합은 교역을 촉진하고, 결혼을 매개하며, 사육 소의 근친 교배를 회피하는 계기도 될 수 있었다. 아마도 이 모든 요소가 고려되었을 것이다. 그러나 가축 배설물을 이토록 거대한 규모로 쌓아두었다는 것은 곧, 민족학 연구에서 흔히 보고되는 바와 같이 가축 배설물로 거름을 만드는 등의 다른 사용법은 알지 못했음을 의미한다. 그러므로 농업이 다양화되고 집약화되면서 애쉬마운드 유적이 감소한 것은 단지 우연이 아니었을 것이다.

애쉬마운드는 저지대 평야에 위치하지만 가까운 언덕 위에는 정착지 유적이 있는 경우가 많고, 애쉬마운드와 정착지 유적의 시기도 대개는 같았다. 이러한 조건에 맞는 정착지 중에서 발굴 작업이 진행된 곳은

---

71 K. Paddayya, 'The ashmounds of south India: fresh evidence and possible implications', *Bulletin of Deccan College Post-Graduate and Research Institute*, 51-2 (1991-2), 573-626.
72 N. Boivin, 'Landscape and cosmology in the south Indian Neolithic: new perspectives on the Deccan ashmounds', *Cambridge Archaeological Journal*, 14/2 (2004), 235-57; Johansen, 'Landscape, monumental architecture, and ritual'.

그리 많지 않지만, 대부분의 경우 예외 없이 곡물의 흔적이 발견되었다. 애쉬마운드 유적과 주거지 유적의 상호 관계에 대해서는 충분한 연구가 이루어지지 못했다. 그러나 마을에서 이목(移牧) 생활을 하는 목축민이 주기적으로 양쪽을 오갔다는 가설이 제기된 적은 있다. 가까운 정착지 마을에서 추수가 끝나면 애쉬마운드 구역에서 동물들을 몰고 와 남아 있는 곡물 줄기와 뿌리를 먹였고, 동물 배설물은 농지 토양을 비옥하게 했으며, 곡물과 사육 동물의 고기를 서로 교환했을 것이라는 가설이었다.[73] 이보다 고립된 애쉬마운드는 건기에 거행한 사회적 회합의 장소로 해석되었다. 아마도 그 위치가 부족들 간의 영토 경계 부근이었던 것 같다.[74]

재배종 곡물이 발굴되었지만, 발굴 위치는 평원이 내려다보이는 언덕 위 유적지였다. 따라서 언덕에 있는 마을이 대부분 곡물 농업의 중심지였던 것으로 추정된다. 농업의 가장 기본적인 특징은 토종 식물을 기반으로 한다는 점이었다. 남인도 신석기 문화에서 주식 작물은 두 종류의 소립자 기장(*Brachiaria ramosa*, *Setaria verticillata*)과, 두 종류의 콩(*Macrotyloma uniflorum*, *Vigna radiata*)이었다. 이러한 재배종 작물의 야생종 선조는 주변 숲속이나 데칸고원 및 서고츠산맥 가장자리에서 자생했던 것으로 추정된다. 소립자 기장은 지금도 이 지역의 강가나 초원 지역에서 흔히 발견되는데, 오늘날 기장 농사에서는 잡초로 취급된다. 이러한 속성 때문에 브라운탑 기장(*Brachiaria ramosa*)은 인도의 일부 지역에

---

73 D.Q. Fuller et al., 'Southern Neolithic cultivation systems: a reconsideration based on archaeobotanical evidence', *South Asian Studies*, 17 (2001), 149-67.
74 E.g. Boivin, 'Landscape and cosmology'.

서 "리틀 기장(*Panicum sumatrense*)의 애인(불륜 상대)"이라는 별명을 얻었다. 이러한 작물들이 야생종에서 재배종으로 진화하기까지는 어마어마하게 오랜 시간이 걸렸던 것 같다. 고고학적으로는 기원전 1000년경이 되어서야 재배종과 같은 크기의 녹두(*Vigna radiata*)가 발견되었다. 즉 재배의 초기 단계에서 역사적 기록으로 확인될 만큼의 형태적 변화가 일어나지 않았던 것이다. 그러나 이는 오해의 소지가 있다. 즉 재배종 식물은 익어도 깍지가 벌어지지 않고, 종자 휴면 기간을 잃도록 진화했다. 이 두 가지 속성은 모두 재배종의 지표가 되는 특징이다.[75]

기원전 1900년에 이르러 일부 유적지에서는 북방으로부터 겨울 작물(밀, 보리, 풀완두)을 받아들인 흔적이 나타나기 시작했다. 그러다가 기원전 1500년에 이르면 다른 곳에서 여름 작물도 받아들여 농업 시스템이 다양화되었다. 신석기 후기에 유입된 작물 중에는 오디샤 지역에서 받아들인 비둘기콩(*Cajanus cajan*)이 있었다.[76] 또한 편두(*Lablab purpureus*), 진주조(*Pennisetum glaucum*), 수수(*Sorghum bicolor*), 손가락기장(*Eleusine coracana*) 같은 아프리카 원산의 곡물들도 있었다.[77] 그러나 이런 수입종은 주식 작물의 지위에서 토종 기장을 밀어내지 못했다. 면화, 아마, 과일나무 등 또한 이 시기부터 등장했다.[78]

---

75 D.Q. Fuller and E. Harvey, 'The archaeobotany of Indian pulses: identification, processing and evidence for cultivation', *Environmental Archaeology*, 11/2 (2006), 219-46.
76 Ibid.
77 D.Q. Fuller and N. Boivin, 'Crops, cattle and commensals across the Indian Ocean: current and potential archaeobiological evidence', *Etudes Océan Indien*, 42-3 (2009), 13-46.

생태 환경에 관한 연구도 이루어졌는데, 토착 야생종 식물이 자연 상태의 생태 환경에서 인간이 의도적으로 조성한 생태 환경으로 적응해 가는 과정을 추적했다. 연구 결과에 따르면 홀로세 후기에 이 지역은 점점 건조해졌고, 숲과 식량 자원이 줄어들었으며, 숲 주변부에서 자생하던 콩과 기장류도 그만큼 줄어들었다.[79] 자연 상태의 개체 수가 줄어들자 사람들은 먹을 수 있는 야생 식물을 더욱 열심히 찾았고, 생산성을 높일 수 있는 방법을 고민했다. 결과적으로는 이러한 노력이 식물과 인간의 관계를 더욱 긴밀하게 만들었고, 재배종 작물이 출현하게 된 배경이 되었다.[80] 이 지역의 초기 농부들은 야생 식량 자원을 획득하는 능력이 뛰어나 상대적으로 재배 혹은 관리한 식물에 덜 의존했다. 건조 기후가 확대되면서 야생 식량 자원이 더욱 줄어들었고, 그것이 기원전 2000~1400년경 농업의 다양화를 가져온 배경이 되었을 것이다. 재배종 작물의 확대는 가뭄 같은 불리한 생태 환경의 변수에 대응할 수 있는 여유를 제공했다. 하나의 작물이 실패하더라도 보험처럼 안전장치로 재배한 다른 작물이 성공하면 되는 것이다. 손가락기장은 장기간 보관하더라도 알곡이 떨어져 나가지 않은 상태로 보존이 가능했다. 이는 건조 지대 및 반건조 지대에 사는 사람들이 위험 회피 전략으로 개발한 작물

---

78 E. Asouti and D.Q. Fuller, *Trees and Woodlands of South India: Archaeological Perspectives* (Walnut Creek, CA: Left Coast Press, 2007); D.Q. Fuller, 'Domestication, diffusion and the development of agriculture villages: a study of the south Indian Neolithic', in Raven (ed.), *South Asian Archaeology*, 143-58.
79 Asouti and Fuller, *Trees and Woodlands*.
80 D.Q. Fuller et al., 'Cultivation as slow evolutionary entanglement: comparative data on rate and sequence of domestication', *Vegetation History and Archaeobotany*, 21/2 (2012), 131-45; Fuller et al., 'Consilience of genetics'.

의 특성이었다.

결론

남아시아의 신석기 발전은 크게 보아서 기본적으로는 "신석기 혁명"의 가장 고전적인 패턴을 그대로 따랐다. 먼저 영구 정착지가 등장했고, 이후 농업이 개발 혹은 유입되었으며, 그다음으로 토기가 제작되었다. 남아시아에서 신석기의 대표적인 특징, 즉 토기와 정주 생활과 가축과 직물 등은 모두 신석기 시대 말기에 등장했다. 그러나 이러한 요소들이 모두 동시에 출현할 수는 없기 때문에, 식물고고학적으로 확인된바 처음 출현 시기가 지역별로 달랐다. 따라서 남아시아의 신석기는 오랜 시간에 걸쳐 다양한 변종들이 연속된 장면으로 이해해야 할 것이다. 문화의 발전 과정은 곡물의 진화 과정과 비슷했다. 식물고고학적 근거가 더욱 풍부해질수록[81] 야생종에서 재배종으로 넘어가는 오랜 진화 과정이 더 자세하게 드러났다. 문화적 과정도 마찬가지였다. 신석기 문화의 요소는 점진적으로 발전하며 서로 연결되었고, 지역에 따라 서로 다른 경로를 거치기도 했다. 신석기 문화의 발전에 기여한 요소 중 하나는 바로 농업과 수렵채집의 공존이었다. 수많은 지역에서 오래도록 이러한 공존의 전통이 이어졌다.

남아시아에서 우리는 적어도 세 가지 유형의 주요 신석기 문화를 확

---

81 Fuller et al., 'Cultivation as slow evolutionary entanglement'; D.Q. Fuller et al., 'Convergent evolution and parallelism in plant domestication revealed by an expanding archaeological record', *Proceedings of the National Academy of Sciences* (2014), doi:10.1073.

인할 수 있었다. 북서부(발루치스탄)에서는 정주 생활, 곡물 농업, 가축 사육이 일찍부터 발달했다. 북서부 모델은 서남아시아 모델과 비슷했다. 곡물로 만든 빵이 식생활 전통의 중심에 자리했고, 흙벽돌로 지은 상당한 규모의 건축물, 그리고 나중에는 토기가 발달했다. 한편 갠지스 평원 지역에서는 매우 이른 시기부터 토기가 사용되었다. 습지의 수렵채집인이 사용하던 토기였다. 이는 동아시아의 플라이스토세 후기 전통과 일부 연관성이 있었다.[82] 그러나 갠지스 평원에서는 토기 사용자와 토기를 사용하지 않는 "중석기" 문화의 사냥꾼이 오래도록 공존했다. 갠지스 평원에서 벼농사는 매우 느리게 등장했다. 농업, 재배종 벼, 가축, 정주 생활이 모두 발달하기까지는 아마도 신석기 요소(예컨대 토기나 갈돌 등)가 처음 등장한 이후 거의 5000년의 시간이 소요되었다. 사바나 유형의 신석기 문화는 데칸 남부 지역에서 가장 잘 드러났다. 사바나 지대에서는 주기적으로 이동하는 목축 생활을 했고, 숲 지대에서는 열매를 채취하는 전통이 이어졌다. 이러한 전통은 아마도 타르 사막의 가장자리에서 시작되었던 것 같다. 이들은 서쪽으로부터 양, 염소, 소를 들여왔고, 이후 타르 사막을 가로질러 남쪽으로 확장되었다. 이것이 풀러(Fuller)의 사바나 회랑(Savanna corridor) 가설이었다.[83] 그러나 그의 가설을 받아들인다 하더라도, 줄무늬 토기를 기반으로 하는 토기 제작 전통, 토착 야생종 식물로부터 재배종 식물 개발, 애쉬마운드의 발달 등은 대체로 데칸

---

82 See e.g. Fuller and Rowlands, 'Ingestion and food technologies'; Y. Kuzmin, 'Two trajectories in the Neolithization of Eurasia: pottery versus agriculture (spatiotemporal patterns)', *Radiocarbon*, 55/2 (2013), 1304-13.
83 Fuller, 'Finding plant domestication'.

지역 남부의 현지인이 독자적으로 발전시킨 문화였다. 인도의 동부 및 북동부 지역은 기원 문제의 측면에서 아직은 그 특성이 제대로 연구되지 못했다.

세계 전체적 차원에서 보자면, 원시적 수렵채집 문화에서 신석기 문화로 이행한 핵심 지역들 가운데 중요한 두 개 지역이 남아시아에 위치했다. 즉 갠지스강 유역과 남인도 지역이었다. 그러나 오늘날 발굴 성과로 볼 때 농업 기술을 보유한 사람들이 새로운 지역으로 이주하거나, 혹은 수렵채집인이 다른 곳에서 농업 기술을 수입한 흔적이 점점 더 많이 드러나고 있다. 인도아대륙에서는 식물 재배 및 동물 사육과 식량 생산 방식이 매우 다양하게 펼쳐져 있었다. 결국 이러한 다양성 덕분에, 전 세계 육지의 2.73퍼센트에 불과하지만 거주 인구는 세계 인구의 15~20퍼센트를 차지하는, 세계에서 가장 인구 밀도가 높은 이 지역의 사람들이 먹고살 수 있었을 것이다.

더 읽어보기

Allchin, B. and F.R. Allchin. *The Rise of Civilisation in India and Pakistan*. Cambridge University Press, 1982.

Allchin, F.R. *Neolithic Cattle-Keepers of South India: A Study of the Deccan Ashmounds*. Cambridge University Press, 1963.

Basa, K.K. and P. Mohanty (eds.). *Archaeology of Orissa*, vol. I. New Delhi: Pratibha Prakashan, 2000.

Boivin, N. 'Landscape and cosmology in the south Indian Neolithic: new perspectives on the Deccan ashmounds.' *Cambridge Archaeological Journal*, 14 (2004), 235-57.

Fuller, D.Q. 'Finding plant domestication in the Indian subcontinent.' *Current Anthropology*, 52, Supplement 4 (2011), S347-62.

_____. 'South Asia: archaeology.' In I. Ness and P. Bellwood (eds.), *The Encyclopedia of Global Human Migration*, vol. I. Chichester: Wiley-Blackwell, 2013.

Many of Fuller's articles can be found online at www.ucl.ac.uk/archaeology/people/staff/fuller

Johansen, P.G. 'Landscape, monumental architecture, and ritual: a reconsideration of the south Indian ashmounds.' *Journal of Anthropological Archaeology*, 23 (2004), 309-30.

Meadow, R.H. 'The origins and spread of agriculture and pastoralism in northwestern South Asia.' In D.R. Harris (ed.), *The Origins and Spread of Agriculture and Pastoralism in Eurasia*. London: UCL Press, 1996. 390-412.

Morrison, K.D. and L.L. Junker (eds.). *Forager-Traders in South and Southeast Asia: Long-Term Histories*. Cambridge University Press, 2002.

Petrie, C.A. (ed.). *Sheri Khan Tarakai and Early Village Life in the Borderlands of North-West Pakistan: Bannu Archaeological Project Surveys and Excavations 1985-2001*. Bannu Archaeological Project Monographs 1. Oxford: Oxbow, 2010.

Possehl, G.L. *The Indus Civilization: A Contemporary Perspective*. Walnut Creek, CA: AltaMira Press, 2002.

Settar, S. and R. Korisettar (eds.). *Indian Archaeology in Retrospect*. 4 vols. New Delhi: Indian Council of Historical Research, 2002.

Singh, P. *Neolithic Cultures of Western Asia*. London and New York: Seminar Press, 1974.

Tewari, R. et al. *Pragdhara*, 19 (2008/9). (This is the most recent issue of *Pragdhara*. Each issue includes excavation reports and archaeological papers from across India, and from the Palaeolithic to Historical periods.)

Weber, S.A. and W.R. Belcher (eds.). *Indus Ethnobiology*. Lanham, MD: Lexington, 2003.

CHAPTER 11

파키스탄의 메르가르 유적

캐머런 페트리
Cameron A. Petrie

메르가르(Mehrgarh)는 남아시아에서 가장 유명한 유적지다. 지금까지 알려진 바로는 남아시아에서 가장 오래된 정주 생활, 농업, 목축의 근거가 이 유적에서 발굴되었다.¹ 인도아대륙에서 농업이 출현한 시기와 세부 사항을 논의할 때 메르가르 유적은 핵심적 위치를 차지해왔다. 앞 장에서 보았듯이 남아시아의 신석기 기원지는 하나가 아니었다. 인도아대륙의 농업 이행은 분리된 별개의 여러 지역에서 발생했다. 그리고 각각의 과정은 나름대로 여러 가지 요인들에 의해 강화 혹은 제한되었다. 지역별로 자생 식물의 분포, 사육에 적합한 동물, 비가 많이 내리는 시

1 C. Jarrige et al. (eds.), *Mehrgarh: Field Reports 1974-1985 from Neolithic Times to the Indus Civilization* (Karachi: Department of Culture and Tourism, Government of Sindh, Pakistan, in collaboration with the French Ministry of Foreign Affairs, 1995); J.-F. Jarrige et al., 'Mehrgarh Neolithic: the updated sequence', in C. Jarrige and V. Lefèvre (eds.), *South Asian Archaeology 2001*, 2 vols. (Paris: Éditions Recherche sur les Civilisations, 2005), vol. I, 129-41; J.-F. Jarrige et al., *Mehrgarh: Neolithic Period - Seasons 1997-2000* (Paris: Éditions de Boccard, 2013); J.-F. Jarrige, 'Mehrgarh Neolithic: new excavations', in M. Taddei and G. De Marco (eds.), *South Asian Archaeology 1997* (Rome: Instituto italiano per l'Africa e l'Oriente, 2000), 259-83; J.-F. Jarrige, 'Mehrgarh Neolithic', *Pragdhara*, 18 (2008), 135-54; J.-F. Jarrige and C. Jarrige, 'Premiers pasteurs et agriculteurs dans le sous-continent Indo-Pakistanais', *Palevol*, 5 (2006), 463-72; also R.H. Meadow, 'The origins and spread of agriculture and pastoralism in northwest South Asia', in D.R. Harris (ed.), *The Origins and Spread of Agriculture and Pastoralism in Eurasia* (London: UCL Press, 1996), 393.

기, 생태 환경 등이 모두 달랐던 것이다. 그중에서 메르가르는 특히 남아시아 서부 지역과 관련해서 의미 있는 유적이었다. 관련되는 주제는 초기 농업과 목축의 독립성 정도, 기여한 동식물의 품종, 특히 서아시아를 비롯한 외부 인구의 유입 등이다.

메르가르는 파키스탄의 발루치스탄에 있는 카치 평야(Kacchi plain)의 북쪽 끝 볼란 패스(Bolan Pass) 아래에 위치해 있다. 이 장에서는 메르가르 유적의 신석기 및 금석병용기를 개괄해보고자 한다. 카치 평야는 인더스 평원과 이란고원 사이에 놓여 있으며, 기본적으로 볼란강(Bolan River)의 침식 작용에 의해 생겨난 충적선상지다(그림 11-1).[2] 메르가르 발굴팀은 1974~1986년, 1997년, 2000년에 파키스탄으로 파견 나온 프랑스의 고고학자들이었다(발굴 책임자는 J.-F. Jarrige와 C. Jarrige). 이 글은 그들의 발굴 보고서에 크게 의존하고 있다.

주지하듯이 메르가르는 복합적 고고 유적이다. 즉 여러 개의 정착지 유적으로 구성되어 있는데, 볼란강 우측 강변으로 약 4킬로미터 거리에 정착지 유적들이 펼쳐져 있으며, 포괄하는 면적은 300헥타르에 달한다(그림 11-2). 정착지 주민은 가끔씩 다른 사람들로 대체되었던 흔적이 보인다. 그래서 개별 유적지마다 큰 틀에서 각각의 단계를 나눌 수 있다. 주요 단계는 총 8기(期, Ⅰ~Ⅷ기)로 나뉜다. 절대 연대로는 기원전 6000~2000년경이지만, 이곳에 최초로 사람이 살았던 흔적은 기원전 7000년경까지 거슬러 올라가기도 한다. 이 글에서 논의하는 메르가르

---

2 C.A. Petrie and K.D. Thomas, 'The topographic and environmental context of the earliest village sites in western South Asia', *Antiquity*, 86 (2012), 1055-67.

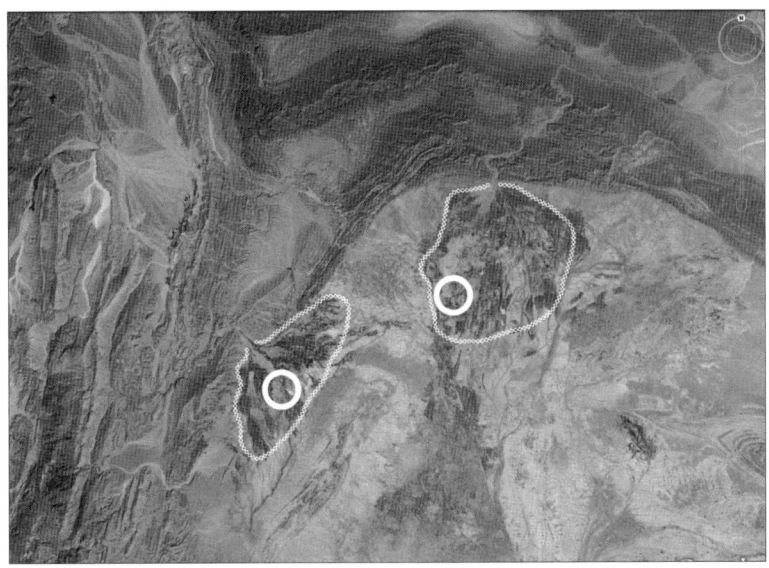

[그림 11-1] 메르가르와 피라크
구글 어스 이미지에서 메르가르(왼쪽 원)와 피라크(오른쪽 원) 유적의 위치를 표시했다. 시기적으로 피라크가 후대의 유적이다. 지도를 통해 두 유적의 관계를 짐작할 수 있다. 두 유적 모두 충적선 상지에 위치해 있다.

유적의 "신석기"는 3단계(Ⅰ, ⅡA, ⅡB), 그리고 "금석병용기" 또한 3단계 (Ⅲ, Ⅳ, Ⅴ)로 나뉜다.[3]

3 Jarrige et al. (eds.), *Mehrgarh: Field Reports*, 56-7, fig. 3; Jarrige et al., 'Mehrgarh Neolithic', 130; Jarrige et al., *Mehrgarh: Neolithic Period*; C. Jarrige, 'Human figurines from the Neolithic levels at Mehrgarh (Balochistan, Pakistan)', in U. Franke-Vogt and H.-J. Weisshaar (eds.), *South Asian Archaeology 2003* (Aachen: Linden Soft, 2005), 27-37 (27); Jarrige and Jarrige, 'Premiers pasteurs et agriculteurs'; Jarrige, 'Mehrgarh Neolithic'; J.G. Shaffer, 'The Indus valley, Baluchistan, and Helmand traditions: Neolithic through Bronze Age', in R.W. Ehrich (ed.), *Chronologies in Old World Archaeology*, 3rd edn, 2 vols. (University

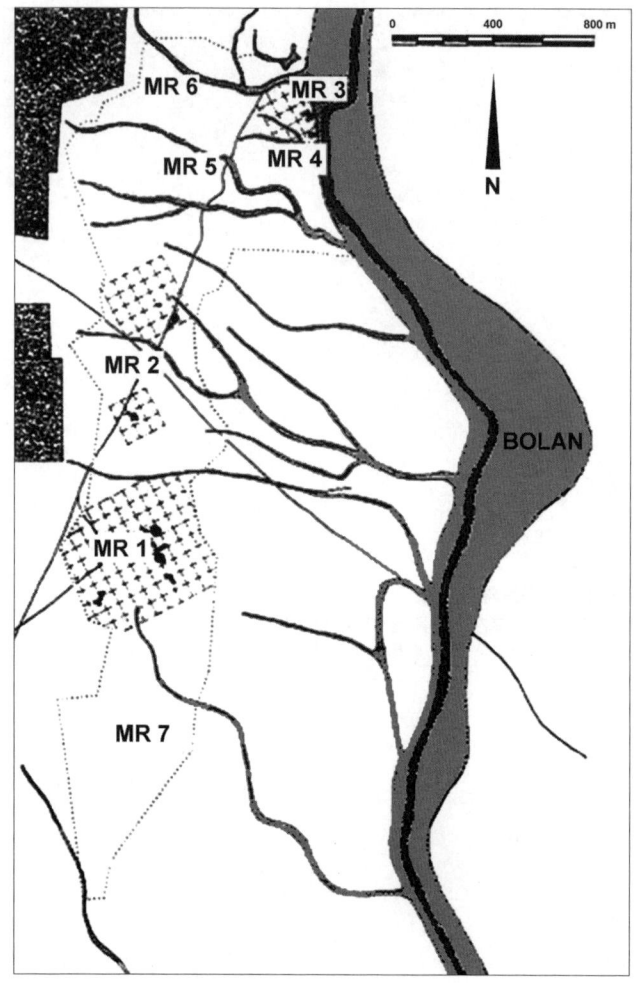

[그림 11-2] 메르가르 지도
볼란강의 강줄기를 따라 위치한 유적지의 분포를 보여준다.

역사상 어느 시기를 막론하고 메르가르가 고립된 적은 없었다. 발굴된 유물을 근거로 볼 때 그곳 주민들은 술라이만산맥(Sulaiman Range)의 고지대나 저지대 사람들과 교류했다. 인도아대륙의 서쪽 경계가 이 산맥이었다. 그리고 이 산맥 너머 멀리 떨어진 곳에 있는 이란고원 사람들과도 교류를 이어갔다.[4] 현재로서는 발루치스탄 및 주변 지역에서 발견된 초기 정착 마을 유적들을 통틀어 가장 종합적으로 연구가 진행된 곳이 메르가르 유적이다.

남아시아 토기 없는 시대의 초기 마을

메르가르 같은 최초의 정착 마을이 조성되는 과정에 대해서는 많은 의문이 제기되었다. 남아시아에서 농업이 등장하고 확산되는 과정에서 농업인은 기존의 수렵채집인을 대체하거나, 그들을 농업인으로 흡수하거나, 혹은 정착 마을에서 공존했을 수도 있다.

메르가르 제 I 기의 생활

메르가르에서 가장 오래된 발굴층위는 MR3구역에서 발견되었다. 7미터에 달하는 층서에 포함된 건축물 잔해는 총 9단계로 나뉘었다.[5] 기

---

of Chicago Press, 1992), vol. I , 441-64 (443, 452ff.), vol. II, 425-46 (fig. 6).

4 See Chapter 10 in this volume.

5 Jarrige et al. (eds.), *Mehrgarh: Field Reports*, 57; Jarrige et al., 'Mehrgarh Neolithic: the updated sequence', 131, fig. 2; Jarrige et al., *Mehrgarh: Neolithic Period*; Jarrige, 'Mehrgarh Neolithic: new excavations'; Jarrige, 'Human figurines'; also Shaffer, 'Indus valley', vol. I, 454; G.L. Possehl, *Indus Age: The Beginnings* (Philadelphia: University of Pennsylvania Press, 1999), 464.

본적으로 그중 어느 층서에서도 토기가 나오지 않았다. 그러나 점토로 성형하여 불에 구운 인형과 역청을 칠한 바구니가 발견되었다. 메르가르 최초의 시기에 해당하는 제 I 기는 보리 위주의 농업 경제가 특징이었다. 곡물 농업의 근거 자료는 주로 흙벽돌이었는데, 불에 구운 벽돌에는 곡물 자국이 그대로 남아 있었다. 발굴된 보리 씨앗이나 벽돌에 찍힌 낟알 자국으로 품종을 분석해본 결과, 6줄쌀보리(*Hordeum vulgare*)가 약 90퍼센트를 차지했다. 이외에도 재배종 6줄겉보리와 재배종 2줄겉보리 및 야생종 2줄겉보리가 있었다. 매우 드물기는 하지만 재배종 에머밀, 재배종 외알밀, 쌀밀도 발견되었다.[6] 제 I 기 층위에서 발굴된 동물 관련 자료는 가젤, 염소, 양, 사슴, 들소, 사육 소 등이 있었는데, 주로 야생종이 많았다. 매장지에는 상당수의 새끼 염소 뼈가 묻혀 있었고, 쓰레기 더미에서는 성체 혹은 그 직전 연령의 염소 뼈가 발견되었는데, 상대적으로 개체 수가 더 적었다. 이로 보아 사육하는 염소는 가능한 이른 시기에 잡아먹는 관행이 있었던 것 같다.[7] 종합하자면 메르가르 제 I 기의 사

---

6 L. Costantini, 'The beginning of agriculture in the Kachi plain: the evidence of Mehrgarh', in B. Allchin (ed.), *South Asian Archaeology 1981* (Cambridge University Press, 1984), 29-33; Jarrige et al. (eds.), *Mehrgarh: Field Reports*, 63-4; Jarrige et al., *Mehrgarh: Neolithic Period*; Meadow, 'Origins and spread of agriculture', 393-5.

7 R.H. Meadow, 'Early animal domestication in South Asia: a first report of the faunal remains from Mehrgarh, Pakistan', in H. Härtel (ed.), *South Asian Archaeology 1979* (Berlin: Dietrich Reimer, 1981), 143-79, 'Notes on the faunal remains from Mehrgarh, with a focus on cattle (Bos)', in Allchin (ed.), *South Asian Archaeology 1981*, 34-40, 'Faunal exploitation in the greater Indus valley: a review of recent work to 1980', in J. Jacobson (ed.), *Studies in the Archaeology of India and Pakistan* (New Delhi: American Institute of Indian Studies, and Oxford&IBH Publishing, 1986), 46-64, 'Animal domestication in the Middle East: a revised view from the

람들은 작물 재배와 동물 사육을 하는 동시에 사냥도 했던 것으로 추정된다. 메르가르 제 I 기는 최소한 킬리 굴 무함마드(Kili Gul Muhammad) 유적의 최초 단계 토기 없는 시대와 부분적으로 시기가 겹치는 것으로 나타났다. 킬리 굴 무함마드 유적은 퀘타 계곡(Quetta valley)에 있는데, 볼란 패스의 반대편 끝에 해당하는 위치다.[8]

  메르가르 제 I 기의 건축 구조물은 주로 진흙이나 흙벽돌로 만들었다. 건물은 작은 방들로 구성되는데, 방 안에는 화덕 자리가 있었고, 사람이 살던 곳에서 석기와 골각기 유물이 발굴되었다.[9] 발굴팀(J.-F. Jarrige et al.)은 오래도록 메르가르 유적과 이란 신석기 유적의 유사성에 주목해왔다. 이란 최초의 신석기 유적들은 자그로스산맥 중부 및 북부 지역에 분포해 있다. 토기 없는 신석기 시대의 유적들로, 메르가르의 서쪽으로는 가장 가까운 신석기 유적이 그곳이었다. 그러나 발굴팀의 견해에 따르면, 이란의 신석기 문화가 메르가르로 전파된 것은 아니었던 것 같다. 양측의 신석기 문화가 중간 지역에 살던 사람들과 접촉하며 간접적 영향을 주고받기는 했겠지만, 각각은 독립적으로 발달한 문화로 보았다.[10]

  eastern margin', in G.L. Possehl (ed.), *Harappan Civilization: A Recent Perspective*, 2nd rev. edn (New Delhi: Oxford University Press, 1993), 295-320, and 'Origins and spread of agriculture', 402ff.; Jarrige et al., *Mehrgarh: Neolithic Period*.
8 Shaffer, 'Indus valley', vol. I, 453; Jarrige et al., 'Mehrgarh Neolithic: the updated sequence', 64.
9 Jarrige et al., 'Mehrgarh Neolithic: the updated sequence', fig. 1; Jarrige et al., *Mehrgarh: Neolithic Period*; Shaffer, 'Indus valley', vol. I, 443.
10 Jarrige et al. (eds.), *Mehrgarh: Field Reports*, 65; Jarrige et al., *Mehrgarh: Neolithic Period*.

킬 굴 무함마드 유적의 절대 연대와 상대 연대

MR3구역에서 발굴된 메르가르 제 I 기 유물로 확인된 바로는 제 I 기의 지속 기간이 상당히 길었다. 처음 사람들이 살기 시작한 때는 기원전 7000년경 혹은 그보다 더 앞서는 기원전 제8천년기였던 것으로 추정된다.[11] MR3구역에서 토기 없는 단계를 그렇게 오랜 기간으로 잡는 가장 결정적인 근거는 바로 해당 층서의 깊이다(그림 11-3). MR3구역에서 메르가르 제 I 기 내내 지속된 구조물은 없었다. 새로운 구조물이 과거의 구조물 근처에 새로 건축되었다. 버려진 과거의 구조물 내부에는 건물이 무너지면서 발생한 쓰레기들이 가득 들어 있었고, 하나 혹은 그 이상의 매장지가 포함되어 있었다. 쓰레기 더미에서 성년과 미성년의 인골이 발굴되었다.[12] 이런 매장지에는 어린 염소의 뼈나 다양한 인공 유물이 포함되어 있는 경우가 많았다. 현지에서 구할 수 없는 재료로 만들어진 유물도 있었다. 예를 들면 바닷조개 껍데기나 청금석, 터키옥 등이었다(그림 11-4).[13] 무덤구덩이가 기존 구조물의 흙벽돌 벽을 뚫고 지나가지 않은 것으로 보아, 무덤구덩이를 팔 당시에도 기존 구조물의 벽체는 식별될 정도로 남아 있었던 것 같다. 새로 건축한 두 번째 구조물도 나중에는 방치되었는데, 그때쯤이면 먼저 있던 첫 번째 구조물의

---

11 Jarrige, 'Mehrgarh Neolithic: new excavations', 280-3; Shaffer, 'Indus valley', vol. I, 453; Meadow, 'Animal domestication in the Middle East', and 'Origins and spread of agriculture', 393; Jarrige et al., 'Mehrgarh Neolithic: the updated sequence', 141; Jarrige, 'Human figurines', 27; Jarrige and Jarrige, 'Premiers pasteurs et agriculteurs'.
12 Jarrige et al., 'Mehrgarh Neolithic: the updated sequence', 132.
13 Shaffer, 'Indus valley', vol. I, 443-4; Jarrige et al., *Mehrgarh: Neolithic Period*.

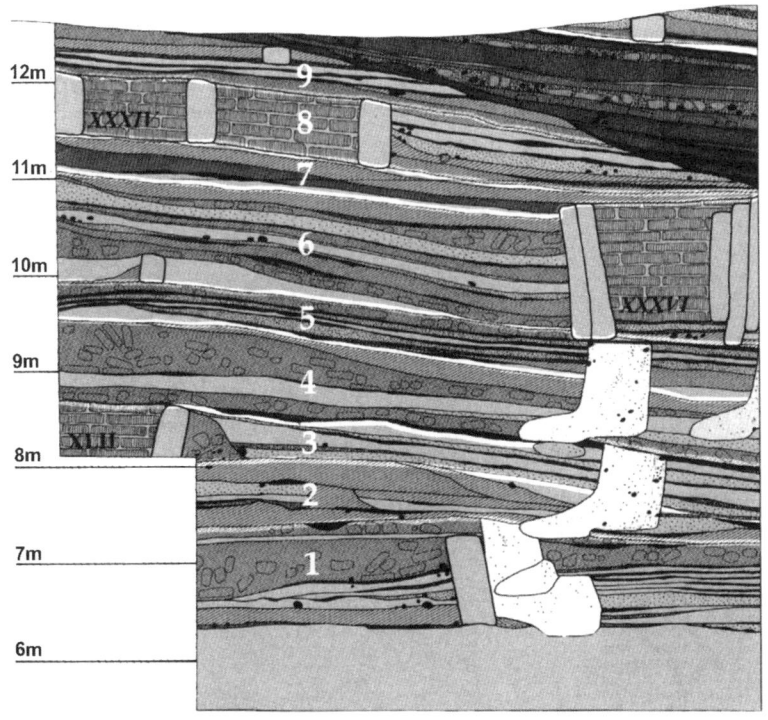

[그림 11-3] MR3 남쪽 구역
강에 인접해 있다. 다층적인 주거지 발굴층위와 무덤 유적이 포함되어 있다.

벽체는 모두 사라지고 벽체가 있던 자리는 지면과 평평한 상태가 되었다. 그래서 세 번째로 건축된 구조물은 첫 번째 구조물이 있던 자리에 세워졌다. 발굴팀은 현대의 민속 조사를 실시하여 불에 굽지 않은 흙벽돌의 수명을 관찰해보았다. 민속 조사 결과를 바탕으로 발굴 유적의 구조물 수명을 계산했는데, 지속 기간은 약 30년 내지 40년 정도로 추정했다.[14] 이렇게 추산하면 오차 범위가 너무 커질 수도 있겠지만, 발굴 층

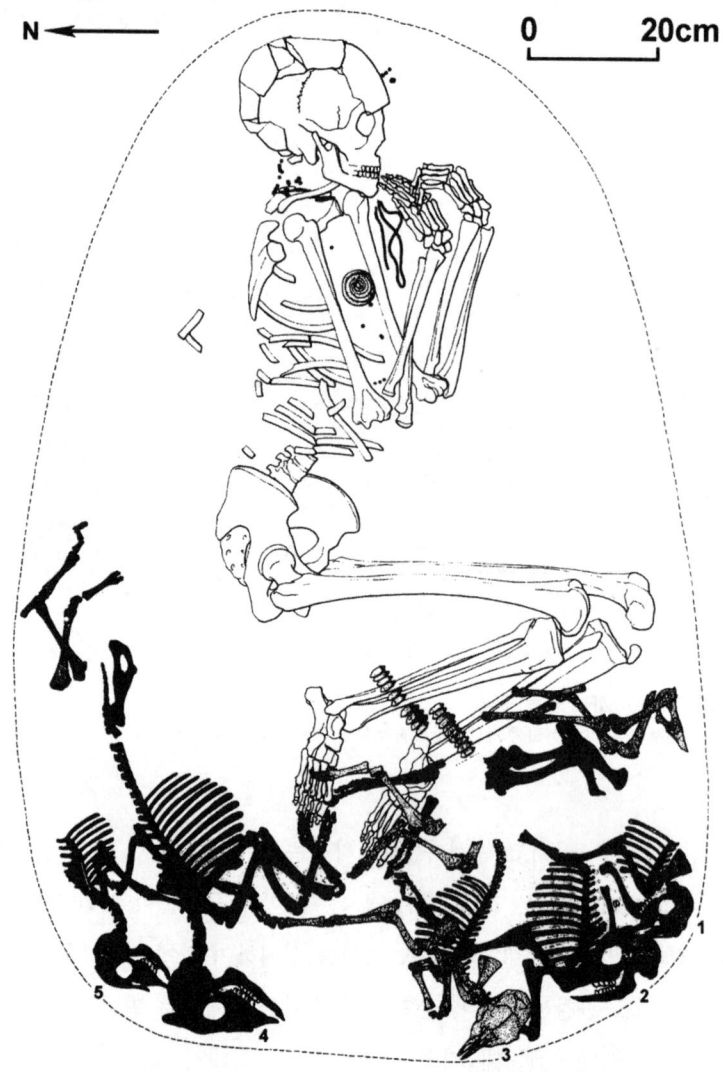

〔그림 11-4〕 메르가르 제Ⅰ기 무덤 287번 평면도

서의 각 단계별 지속 기간의 평균값과 정확히 일치했다. 메르가르 제Ⅰ기에서는 모두 18단계의 주거지가 확인되는데, 이를 근거로 전체 기간을 계산해보면 540~720년이 된다.

초기 연구에서 제시했던 메르가르 제Ⅰ기의 연대 추정치는 뒷받침할 절대 연대 근거가 없었다. 제Ⅰ기 유물의 방사성탄소 연대측정 결과는 문제가 많아서 절대 연대의 근거로 사용하기가 어려웠다. 그래서 상대적 지표를 대신 사용하는 수밖에 없었다. 제Ⅰ기 유물 가운데 탄화 곡물은 극히 드물었고, 가장 이른 단계에서 발굴된 숯도 양이 매우 적었다. 그래서 이 두 가지 근거 중 어느 것도 제Ⅰ기의 방사성탄소 연대를 확정하는 데 사용할 수 없었다.[15] 제Ⅰ기의 세부 단계를 구분하는 방식은 몇 가지가 있었다. 처음에는 토기 없는 단계를 ⅠA, 토기 있는 단계를 ⅠB로 나누기도 했다.[16] 그러나 이런 식으로 수정한다고 해서 기존 절대 연대 자료와의 관계가 어떻게 달라지는지는 아직 불분명하다.

발굴팀은 흙벽돌의 수명을 30~40년으로 보고 메르가르 제Ⅰ기의 지속 기간을 최대 720년으로 계산했는데, 이는 그 기간 동안 사람들이 지속해서 거주했다는 전제를 바탕으로 한다. 메르가르 제Ⅱ기는 방사성탄소 연대측정 결과 기원전 5470~4700년경으로 확인되었다(아래 참조). 그렇다면 토기 없는 시대의 메르가르는 기원전 제7천년기 최말기에

---

14 Jarrige et al., 'Mehrgarh Neolithic: the updated sequence', 132.
15 Jarrige et al., 'Mehrgarh Neolithic: the updated sequence'; Jarrige and Jarrige, 'Premiers pasteurs et agriculteurs'; also Meadow, 'Origins and spread of agriculture', 393; Jarrige, 'Mehrgarh Neolithic: new excavations', 281.
16 Jarrige et al., 'Mehrgarh Neolithic: the updated sequence', 130.

시작되었을 수 있다. 물론 이러한 추산은 제Ⅰ기의 마지막과 제Ⅱ기의 시작이 맞붙어 있다는 가정을 전제로 한다. 그러나 볼란강 주변에서 드러난 층서에 기초해 볼 때, 제Ⅰ기와 제Ⅱ기 사이에는 상당한 간극이 존재했던 것 같다.[17] 따라서 메르가르 제Ⅰ기를 시기적으로 확정하려면 아직 추후의 방사성탄소 연대측정 결과를 더 기다려보아야 할 것이다.

재배 및 사육: 자생인가, 수입인가, 둘 다인가?

메르가르 제Ⅰ기에서 확인된 곡물(6줄쌀보리, 재배종 6줄겉보리, 야생종 2줄겉보리, 재배종 2줄겉보리, 재배종 에머밀, 재배종 외알밀, 쌀밀)은 남아시아 전역에서 농업의 기반이 되는 작물이었다. 다만 재배종 콩이 확인되지 않는 점은 주목할 만한 특이점이다. 조하리(Zohary)와 호프(Hopf)의 연구에 따르면, 야생 보리의 중심지는 비옥한 초승달 지대였다. 그리고 아프가니스탄과 발루치스탄 지역에는 "잡초" 형태의 보리가 있었다고 한다. 메르가르의 보리는 후자에 가깝다.[18] 야생종 보리의 분포가 그러했다면, 메르가르에서는 보리가 자생적으로 재배되었을 가능성도 있다. 메도(Meadow)의 연구는 메르가르 제Ⅰ기 유적에서 발굴된 야생종 보리가 사실은 농지에서 서식하던 잡초였을 가능성에 주목했다. 그리고 야생종 보리는 메르가르 제Ⅰ기 유적 이후로는 메르가르를

---

17 Jarrige et al. (eds.), *Mehrgarh: Field Reports*, 60; Jarrige et al., 'Mehrgarh Neolithic: the updated sequence', 130.
18 D. Zohary and M. Hopf, *Domestication of Plants in the Old World*, 3rd edn (Oxford University Press, 2000), 54, maps 4 and 5; also D.Q. Fuller, 'Neolithic cultures', in D.M. Pearsall (ed.), *Encyclopedia of Archaeology* (New York: Academic Press, 2008), fig. 5.

비롯한 남아시아의 다른 어느 유적에서도 발견되지 않았다는 점을 지적했다.[19]

유전자 분석을 근거로 보자면, 아시아의 토종 보리는 뚜렷하게 두 종으로 나뉜다. 하나는 레반트 지역이 원산지이고, 다른 하나는 비옥한 초승달 지대의 동쪽, 아마도 자그로스산맥의 산기슭 혹은 더 멀리 동쪽 지역이 원산지로 추정된다.[20] 중앙아시아에서 극동 지역에 이르기까지 다양한 품종의 보리는 대부분 레반트 보리가 아니라 동부 지역 보리의 특성을 가지고 있다. 다시 말해 이들은 모두가 유전자 유사성을 가지고 있다. 그러나 두 종의 보리 분포지가 확연히 구분되지는 않는다. 연구 결과 유럽에서 재배종 보리의 개화 시기가 현지에 적응하는 과정에서 유전적으로 동부 보리가 기여한 바 있는 것으로 나타났다.[21] 자그로스산맥의 서부, 예컨대 자르모(Jarmo)와 알리 코시(Ali Kosh)에서 확인

---

19 Meadow, 'Origins and spread of agriculture', 395; though see also Jarrige et al. (eds.), *Mehrgarh: Field Reports*, 63ff.
20 P.L. Morrell and M.T. Clegg, 'Genetic evidence for a second domestication of barley (*Hordeum vulgare*) east of the Fertile Crescent', *Proceedings of the National Academy of Sciences*, 104 (2007), 3289-94 (3291); T.A. Brown et al., 'The complex origins of domesticated crops in the Fertile Crescent', *Trends in Ecology and Evolution*, 24 (2009), 103-9 (107); G. Jones et al., 'DNA evidence for multiple introductions of barley into Europe following dispersed domestications in Western Asia', *Antiquity*, 87 (2013), 701-13; also F. Salamini et al., 'Genetics and geography of wild cereal domestication in the Near East', *Nature Reviews Genetics*, 3 (2002), 429-41; D. Saisho and M.D. Purugganan, 'Molecular phylogeography of domesticated barley traces expansion of agriculture in the Old World', *Genetics*, 177 (2007), 1765-76.
21 H. Jones et al., 'Population-based resequencing reveals that the flowering time adaptation of cultivated barley originated east of the Fertile Crescent', *Molecular Biology and Evolution*, 25 (2008), 2211-19 (2211).

되는 초기 마을 유적으로 보아, 이 지역이 유전적으로 동부 보리의 기원지로 추정되었다. 그러나 메르가르 또한 야생종 보리 서식지의 동쪽 끄트머리에 위치해 있었기 때문에, 메르가르에서도 재배종이 만들어졌을 가능성이 있다는 주장도 제기되었다.[22] 이에 대한 반론도 있었으며(Salamini et al.), 동부 보리는 부분적으로는 히말라야산맥의 자연환경이 유전자에 미친 영향 때문에 생겨난 변종이라는 해석도 있었다(Saisho and Purugganan).[23] 그런데 특히 남아시아의 관점에서 보자면, 이들의 견해를 결론으로 받아들이기가 어렵다. 이들은 대체로 비옥한 초승달 지대 동쪽의 자료를 거의 이용하지 않았다. 또한 이들의 연구에서는 논란이 되고 있는 지역, 즉 오늘날의 아프가니스탄과 파키스탄 지역으로부터 획득한 샘플이 전혀 검토된 바 없었다. 따라서 재배종 보리의 탄생에 메르가르가 어느 정도로 기여했는가 하는 것은 아직 밝혀지지 않은 문제로 남아 있다.

외알밀과 에머밀의 경우는 보리와 완전히 다르다. 메르가르의 위치는 재배종 외알밀과 재배종 에머밀의 선조가 되는 야생종들의 서식지와 멀리 떨어져 있다. 이들 야생종의 분포 지역은 비옥한 초승달 지대에 국한되어 있었다.[24] 자그로스산맥 중서부 지역을 넘어서는 동쪽 지역에서는 이들 야생종의 변종조차 전혀 나타나지 않는다. 그러므로 이들로부

---

22 Morrell and Clegg, 'Genetic evidence', 3291; also Brown et al., 'Complex origins', 107.
23 Salamini et al., 'Genetics and geography'; Saisho and Purugganan, 'Molecular phylogeography'.
24 Zohary and Hopf, *Domestication of Plants*, 35, 44, maps 1 and 3; also Meadow, 'Origins and spread of agriculture', 395.

터 진화한 재배종 곡물들은 이란고원의 서쪽에서 이란고원 지역으로 유입되었고, 이후 이란고원을 넘어 북쪽과 남동쪽으로 전파되었던 것으로 추정된다. 메르가르 제 I 기에서 발굴된 재배종은 어느 시점에 발루치스탄 지역에서 유입된 것이었다. 이주민이 종자를 가지고 왔을 수도 있고, 현지인이 원거리 교역을 통해 종자를 수입했을 수도 있다.[25]

보리와 더불어 최근에는 옛날 밀의 유전자적 특성을 밝히려는 시도가 이어져왔다. 다만 연구의 대부분은 유럽 지역에 초점을 맞추었다. 염소풀속(Aegilops tauschii)과 보통밀(Triticum aestivum) 분석 결과, 보통밀의 기원지는 터키 남동부 혹은 시리아 북부, 즉 비옥한 초승달 지대의 핵심부였다.[26] 이러한 연구 결과는 메르가르에서 발견된 재배종 밀이 수입종이라는 사실을 뒷받침한다. 그럼에도 불구하고 보리의 사례와 마찬가지로, 밀의 유전자적 특성에 기여한 요소를 더욱 분명히 이해하려면 인도아대륙의 샘플을 더 많이 분석할 필요가 있다.

다양한 품종의 밀이 발루치스탄에서 메르가르 제 I 기로 수입되었을 가능성이 있다면, 재배종 보리 또한 같은 경로로 수입되었을 가능성도 있다. 그러나 메르가르 초기 단계에서 콩이 전혀 나타나지 않는 것으로 보아, 남아시아의 재배종 작물들이 모두 같은 시기에 유입되지는 않았

25 Cf. D.R. Harris, 'The origins and spread of agriculture and pastoralism in Eurasia: an overview', in Harris (ed.), *Origins and Spread of Agriculture*, 552-73 (563); Meadow, 'Origins and spread of agriculture', 395; D.Q. Fuller, 'Agricultural origins and frontiers in South Asia: a working synthesis', *Journal of World Prehistory*, 20 (2006), 1-86 (22ff.).
26 R.J. Giles and T.A. Brown, 'GluDy allele variations in *Aegilops tauschii* and *Triticum aestivum*: implications for the origins of hexaploid wheats', *Theoretical and Applied Genetics*, 112 (2006), 1563-72.

다. 사실 콩의 유입 시기는 아직 밝혀내지 못한 문제로 남아 있다.[27] 메르가르에 곡물이 수입되는 패턴을 보면 남아시아의 기초 작물들이 어떻게 전파되었는지 짐작할 수 있다. 서남아시아에서 이들 작물들은 주로 "패키지"로 언급된다. 그러나 메르가르의 사례에서 보듯이, 그들이 전파될 때도 반드시 "패키지"로 움직였다고 보기는 어렵다. 메르가르 지역에서 최초로 재배된 작물들은 곧 서남아시아를 비롯한 다른 지역에서 들여온 대표적인 수입종이었다.

앞에서도 언급했듯이 메르가르 제Ⅰ기에서 발견된 동물들 중에는 야생종이 많았으나, 한편으로 사육종 염소와 관련된 풍습이 확인되기도 했다. 사육종 동물의 전파에 관한 상세한 유전자 연구는 주로 비옥한 초승달 지대로부터 서쪽, 즉 유럽 전파에 초점을 맞추고 있었다. 이와 대조적으로 자그로스산맥 중서부를 넘어 동쪽으로의 전파 연구는 상당히 빈약한 편이었다. 오늘날의 사육종 염소와 그 선조인 야생종의 위석(胃石)에서 추출한 미토콘드리아 DNA(mtDNA)를 분석했는데, 위석은 파키스탄에서 채취한 상당수의 샘플을 비롯하여 폭넓은 지역에서 발굴된 자

---

27 Meadow, 'Origins and spread of agriculture', 396; M. Tengberg, 'Crop husbandry at Miri Qalat Makran, SW Pakistan (4000-2000 BC)', *Vegetation History and Archaeobotany*, 8 (1999), 3-12; D.Q. Fuller, 'Harappan seeds and agriculture: some considerations', *Antiquity*, 75 (2001), 410-14, 'An agricultural perspective on Dravidian historical linguistics: archaeological crop packages, livestock and Dravidian crop vocabulary', in P. Bellwood and C. Renfrew (eds.), *Examining the Farming/Language Dispersal Hypothesis* (Cambridge: McDonald Institute for Archaeological Research, 2003), 191-213 (193), 'Indus and non-Indus agricultural traditions: local developments and crop adoptions on the Indian peninsula', in S.A. Weber and W.R. Belcher (eds.), *Indus Ethnobiology: New Perspectives from the Field* (Lanham, MD: Lexington, 2003), 343-96 (350), and 'Agricultural origins and frontiers in South Asia', 20.

료를 포함했다. 분석 결과 이란고원의 동부 및 그보다 더 동쪽에서 사육종으로 진화한 하플로타입은 나타나지 않았다.[28] 사육종의 기원지 가운데 두 곳이 확인되었는데, 하나는 이란고원 중부에서 자그로스산맥 남부까지 이어진 지역으로, 여기서 기원한 사육종 염소는 오늘날 사육종 염소의 mtDNA에 기여한 바가 상대적으로 적었다. 다른 하나의 기원지는 자그로스산맥의 중부에서 북부까지, 그리고 아나톨리아 동부까지 이어진 지역인데, 이곳이 오늘날 사육종 염소의 핵심 기원지로 확인되었다. 나데리 연구팀(Naderi et al.)은 인더스강 유역에서 진화한 염소 사육종은 전혀 없다고 분명히 확인해주었다. 그렇다면 결과적으로 인도아대륙의 초기 신석기 시대에 발견되는 염소는 서쪽으로 1000킬로미터 이상 떨어진 곳에서 들어온 수입종일 가능성이 매우 높다.[29] 이러한 연구 결과는 메르가르가 염소의 자생적 사육종 기원지라는 일부의 주장을 확실하게 잠재웠다. 그러나 가능성은 없을지라도 메르가르 유적에서 염소 뼈의 샘플을 채취하여 분석할 필요가 없는 것은 아니다. 오늘날 나데리 연구팀이 남아시아에서 확보한 샘플은, 수천 년 동안 현지에서 전해오던 사육종이 어느 시점엔가 완전히 수입종으로 대체된 결과일 수도 있기 때문이다.

메르가르 제Ⅰ기를 거치는 동안 양과 소는 점차 주류 가축으로 자리 잡았다. 그리고 갈수록 동물의 크기가 줄어들었는데, 이는 흔히 사육이

---

28 S. Naderi et al., 'The goat domestication process inferred from large-scale mitochondrial DNA analysis of wild and domestic individuals', *Proceedings of the National Academy of Sciences*, 105 (2008), 17659-64.
29 Ibid., 17663.

실시되었음을 확인하는 지표의 특징이기도 하다.[30] 1980년대에 행해진 유전자 연구 결과, 현대의 모든 사육종 양은 서남아시아의 단일한 조상 (*Ovis orientalis*)에게서 유래한 것으로 확인되었다. 최근의 mtDNA 연구 및 염색체 분석 또한 이러한 결과를 뒷받침했다.[31] 자그로스산맥 너머 동쪽 지역으로 최근에 사육종 양이 수입되어 기존의 사육종 양을 완전히 대체하는 사건이 발생했을 가능성을 제외한다면, 유전자 연구 결과는 남아시아에서 독자적으로 사육종 양이 진화했을 가능성을 완전히 배제했다. 유전자 연구가 워낙 분명하기 때문에 이를 근거로 추정하자면, 메르가르 제Ⅰ기의 사람들이 기르던 사육종 양이 인도아대륙으로 소개되었다고 보는 것이 가장 자연스럽다.

소의 경우, 특히 인도혹소(*Bos indicus*)는 사정이 전혀 다르다. mtDNA 분석 결과 혹이 없는 소(taurine)와 혹이 있는 소(zebu)의 유전자 표지가 완전히 달랐다. 이와 함께 동물고고학의 메르가르 출토 동물 뼈 연구 성과를 고려하자면, 인도혹소는 남아시아 혹은 아마도 이란 동부 지역에서 현지의 야생 동물로부터 사육종으로 진화한 품종일 것이다.[32]

---

30 Meadow, 'Origins and spread of agriculture', 403.
31 H.-P. Uerpmann, 'The origins and relations of Neolithic sheep and goats in the western Mediterranean', in J. Guilane et al. (eds.), *Premières communautés paysannes en Méditerranée occidentale* (Paris: CNRS, 1987), 175-9; S. Hiendleder et al., 'The complete mitochondrial DNA sequence of the domestic sheep (Ovis aries) and comparison with the other major ovine haplotype', *Journal of Molecular Evolution*, 47 (1998), 441-8.
32 R.T. Loftus et al., 'Evidence for two independent domestications of cattle', *Proceedings of the National Academy of Sciences*, 91 (1994), 2757-61; Meadow, 'Origins and spread of agriculture', 403; D.E. MacHugh et al., 'Microsatellite DNA variation and the evolution, domestication and phylogeography of taurine

남아시아와 동아시아의 인도혹소에 초점을 맞추어 mtDNA를 분석한 결과, 사육종 진화의 중심지는 인더스강 유역이며 시기는 기원전 6000년경으로 추정되었다.[33] 메르가르 유적에서 발굴된 동물 뼈는 그곳에서 사육종의 진화가 이루어졌다는 사실을 확인해주고 있다.

종합하자면 생물고고학적 근거들을 통해 메르가르 최초의 주민이 수렵채집도 하고 동시에 작물도 재배했으며, 일부 사육종 동물도 길렀음을 확인할 수 있었다. 독자적 사육종 진화의 증거(예컨대 인도혹소)가 동물고고학적 근거 및 유전자 연구 결과로 확인되었지만, 메르가르 제Ⅰ기 사람들이 개척한 농경목축 경제는 대부분 수입종 동식물(밀, 염소, 양, 아마도 보리)에 의존하고 있었다. 이를 통해 남아시아권의 서쪽 경계 지역에 살던 사람들과 이란고원 전역에 걸쳐 살던 토기 없는 신석기 문화의 정착민 사이에, 상대적으로 적은 인구 규모에도 불구하고 원거리 교역이 이루어졌다는 사실이 확인되었다. 그럼에도 불구하고 메르가르 제Ⅰ기 사람들이 재배 및 사육한 동식물의 품종과 그보다 서쪽(이란고원)의 토기 없는 신석기 유적에서 나타나는 동식물의 품종이 서로 달랐던 것으로 보아, 생활 경제 양식의 전파 과정은 총체적 혹은 패키지 방식의 전파가 아니라 복잡다단하면서도 지역별로 미묘한 차이가 있었음을 알 수 있다.

and zebu cattle (*Bos taurus and Bos indicus*)', *Genetics*, 146 (1997), 1071-86; C.J. Edwards et al., 'Taurine and zebu admixture in Near Eastern cattle: a comparison of mitochondrial, autosomal and Y-chromosomal data', *Animal Genetics*, 38 (2007), 520-4; S. Chen et al., 'Zebu cattle are an exclusive legacy of the South Asia Neolithic', *Molecular Biology and Evolution*, 27 (2010), 1-6.

33 Chen et al., 'Zebu cattle'.

토기 없는 신석기 문화의 원거리 교역과 문화 전파

최근까지도 토기 없는 신석기 유적 가운데 메르가르에서 가장 가까운 유적은 서쪽으로 1500킬로미터 떨어진 자그로스산맥 중부(Ganj Dareh, Tepe Abdul Hossein, Jarmo, Tepe Guran), 그리고 엘람 지역(Ali Kosh, Chogha Bonut, Chogha Mish)이라고 알려져 있었다. 그런데 더 가까운 곳에서 새로운 유적지가 발굴되었다. 이란 남서부 및 남동부 지역(Tappeh Rahmatabad, Tell-e Atashi)이었다. 이들 유적에서 토기 없는 신석기 정착 마을에 관해 의미 있는 자료들이 발견되었다.[34] 타페 라흐마타바드(Tappeh Rahmatabad) 유적의 방사성탄소 연대측정 결과, 토기 없는 신석기 마을의 출현은 이란의 파르스(Pars) 지역보다 자그로스산맥 중서부 지역이 시기적으로 더 앞섰던 것으로 확인되었다. 그렇다면 메르가르 지역의 정착 마을도 기존의 가설처럼 자그로스산맥 중서부 지역과 같은 시기로 봐야 할 특별한 이유가 없을 것이다.

청금석 같은 다른 지역의 물건이 메르가르에서 발견되었다는 사실은, 수천 년 동안 메르가르에서 원거리 교역이 지속되었음을 의미한다. 그렇다면 남아시아에서 출현한 최초 단계의 정착 마을은 분명 사람과 사상이 널리 전파되는 통로 역할을 했을 것이다. 메르가르 제 I 기에서 발굴된 재배종 식물과 사육종 동물이 현지에서 독자적으로 진화한 품종이 아니라는 사실은 확인되었지만, 그 전파가 문화적 혼합(현지의 수렵채

---

[34] R. Bernbeck et al., 'Rahmatabad: dating the aceramic Neolithic in Fars province', *Neo-Lithics*, 1 (2008), 37-9; O. Garazhian, 'Darestan: a group of Pre-Pottery Neolithic (PPN) sites in south-eastern Iran', *Antiquity*, 83/319 (2009), Project Gallery.

집인이 농업을 받아들임)의 과정이었는지, 인구 혼합(농업인이 다른 어딘가에서 카치 평원으로 진출함)의 과정이었는지, 아니면 두 과정이 동시에 이루어졌는지 지금으로서는 확정적으로 말하기 어렵다.

메르가르 제 I 기는 최소한 킬리 굴 무함마드(Kili Gul Muhammad) 유적의 최초 단계와 부분적으로 시기가 겹치는 것으로 확인되었다. 킬리 굴 무함마드 유적은 볼란 패스의 반대편 끝에 위치하는데, 그곳 주민은 메르가르의 주민과 교류 관계에 있었다. 아마도 계절에 따른 이목(移牧)의 과정에서 교류가 이루어졌을 것이다.[35] 포셀(Possehl)의 연구 결과, 남아시아 권역의 서부 경계 지역에서 메르가르 이외에 19곳의 토기 없는 신석기 유적이 발견되었다. 그러나 이들 모두가 영구 정착지는 아니었다.[36] 즉 남아시아 최초 단계의 정착 마을은 규모가 비교적 작았고, 특정 생태 환경 조건에 맞을 때에만 정착지가 조성되었다. 이와 같은 최초 단계의 마을에서 정주민은 수렵채집인과 함께 거주했으며, 최소한 메르가르에서는 최초의 농업인이 사냥도 병행한 것으로 확인되었다.

남아시아 정착 마을의 토기 생산

메르가르 제ⅡA기에서, 알려진 바로는 남아시아 최초의 불에 구운 토기 유물이 발굴되었고, 단단한 흙벽돌로 지은 건물 또한 최초로 등장했다. 이는 어떤 식으로든 수공업적 행위가 있었고, 주민의 농업 기반 경제 또한 뚜렷이 발전했음을 의미하는 명백한 증거가 된다.[37] MR3구역

---

35 Shaffer, 'Indus valley', vol. I, 453; Possehl, *Indus Age*, 442ff., table 4.10; also Jarrige et al. (eds.), *Mehrgarh: Field Reports*, 64.
36 Possehl, *Indus Age*, figs. 4.14 and 4.28, table 4.13; Chapter 10 above.

에서 발굴된 메르가르 제ⅡA기는 제Ⅰ기 유적층 위에 중첩되어 있었다. 그래서 단계별 이행의 성격은 분명히 파악되지 않았다.

메르가르 토기 생산의 기원과 발전 비짐(강화재)으로 왕겨를 섞어 반죽한 점토를 가지고 수작업으로 만든 그릇과 항아리 파편 몇 점, 단계별 순차 시공 기술로 건축된 구조물, 바구니 등이 메르가르 제ⅡA기 지층에서 발견되었다.[38] 이와 유사한 토기가 킬리 굴 무함마드 유적에서도 발굴된 적이 있었다(부르즈 바구니 문양 토기Burj Basket-Marked ware).[39] 점토 기술이 형성되는 과정의 유물이 발견되었다는 사실은, 메르가르에서 토기 기술이 자체적으로 발달했음을 의미한다. 역청을 칠한 바구니보다는 점토로 만든 용기가 더 효율적이었고, 이러한 수요를 바탕으로 메르가르에서 토기 기술이 발달했다. 그런데 이 기술은 이미 널리 확산되어 있던 연질 토기(soft ware) 전통과 밀접히 관련되어 있었다. 이는 기원전 제6천년기에 이미 이란고원 전역에서 확인되는 기술이다.[40] MR4구역에서도 메르가르 제ⅡA기 후기 유

---

37 Meadow, 'Early animal domestication in South Asia', and 'Origins and spread of agriculture', 403; Shaffer, 'Indus valley', vol. I, 453; Jarrige et al. (eds.), *Mehrgarh: Field Reports*, 62ff.
38 P.B. Vandiver, 'The production technology of early pottery from Mehrgarh', in Jarrige et al. (eds.), *Mehrgarh: Field Reports*, 648-61 (649-51); also Jarrige et al. (eds.), *Mehrgarh: Field Reports*, 61; Possehl, *Indus Age*, 464-5.
39 W.A. Fairservis, *Excavations in the Quetta Valley, West Pakistan* (New York: American Museum of Natural History, 1956).
40 P.B. Vandiver, 'Sequential slab construction: a conservative Southwest Asiatic ceramic tradition, c. 7000-3000 BC', *Paléorient*, 13 (1987), 9-35; C.A. Petrie et al., 'Ceramic vessels from Sheri Khan Tarakai', in C.A. Petrie (ed.), *Sheri Khan*

적이 발견되었다. 특징적 발굴을 예로 들자면 붉은색 토기(red-ware) 파편, MR3구역과 같은 기술이 적용된 비교적 단단한 구조물의 벽체 등이 있었다. 다만 이곳 벽체에서는 철 성분이 풍부한 점토액을 사용한 흔적이 분명하게 나타났다.[41]

메르가르에서 발굴된 토기 파편이, 이란고원 남부와 북부 지역에 널리 퍼져 있던 토기의 사용 패턴과 일치하는지 여부는 아직 분명히 밝혀지지 않았다. 이란고원에서의 토기는 이주와 정착이 서쪽에서 동쪽 방향으로 전파되었음을 말해주는 분명한 사례로 알려져 있다.[42] 그러나 1000여 년이 지난 뒤 메르가르의 토기는 서방의 이란고원 토기보다 더 표준화되고 세련된 수준으로 발전했다. 또한 메르가르 주변의 발루치스탄 지역에서 발달한 토기 기술이 이란 동부의 토기 생산 기술에 영향을 미쳤다는 증거도 발견되었다.[43] 다양한 측면의 토기 생산 기술이 발루

Tarakai and Early Village Life in the Borderlands of North-West Pakistan, Bannu Archaeological Project Monographs 1 (Oxford: Oxbow, 2010), 71-193; C.A. Petrie, '"Culture", innovation, and interaction across southern Iran from the Neolithic to the Bronze Age (6500-3000 BC)', in B. Roberts and M. Vander Linden (eds.), *Investigating Archaeological Cultures: Material Culture, Variability and Transmission* (New York: Springer, 2011), 151-82.

41 Vandiver, 'Production technology', 650-1; also Jarrige et al. (eds.), *Mehrgarh: Field Reports*, 62.

42 D.R. Harris and C. Gosden, 'The beginnings of agriculture in western Central Asia', in Harris (ed.), *Origins and Spread of Agriculture*, 370-89; L.R. Weeks et al., 'The Neolithic settlement of highland SW Iran: new evidence from the Mamasani district', *Iran*, 44 (2006), 1-31 (24); D.R. Harris, *Origins of Agriculture in Western Central Asia: An Environmental-Archaeological Study* (Pittsburgh: University of Pennsylvania Museum of Archaeology and Anthropology, 2010).

43 Vandiver, 'Production technology', 652; B. Mutin, 'Cultural dynamics in southern Middle-Asia in the fifth and fourth millennia BC : a reconstruction based on

치스탄 지역에서 자생적으로 발전했지만, 토기 생산 방식의 유사성으로 볼 때 메르가르 초기의 토기 생산자는 이란고원에 거주하던 토기 생산자와 어떤 식으로든 교류가 있었을 것으로 추정된다. 이를 바탕으로 추론을 좀 더 밀고 나가자면, 초기 정착 마을 단계의 사람들은 지리적으로 폭넓은 지역 범위에서 서로 교류했을 뿐만 아니라 상당한 정도로 상호 의존적인 관계에 놓여 있었을지도 모른다.

토기 파편이 발굴된 메르가르 제ⅡA기에는 정착지의 규모도 확대되었다. 그리고 곡물 저장 창고를 건축한 증거도 남아 있다. 다만 창고의 규모는 아직 비교적 크지 않았고, 구획이 나뉘어 있었다. 메르가르 제Ⅱ A기의 매장지에는 흙벽돌로 만든 벽체 혹은 받침대가 포함되어 있었다. 무덤 부장품으로는 석기, 토기 그릇, 붉은색 오커, 그리고 현지에서 구할 수 없는 바닷조개 껍데기나 터키옥, 청금석 등의 재료로 만든 구슬 목걸이가 발견되었다.[44]

메르가르 제ⅡB기 동안 토기 형식에 주목할 만한 변화가 생겨났다. 토기를 제작할 때 반죽에 강화재로 왕겨를 넣지 않고 매끈한 점토만 사용해서 더 높은 온도로 구워내는 방식이 도입되었다. 그래서 이 시기에는 기존의 거친 토기와 매끈한 토기가 함께 등장했다. 제ⅡB기 말기에 이르

---

ceramic traditions', *Paléorient*, 38 (2012), 159-84, and 'Ceramic traditions and interactions on the south-eastern Iranian plateau during the fourth millennium BC', in C.A. Petrie (ed.), *Ancient Iran and its Neighbours: Local Developments and Long-Range Interactions in the Fourth Millennium BC*, British Institute of Persian Studies Archaeological Monographs Series 3 (Oxford: Oxbow, 2013), 253-75.

44 Shaffer, 'Indus valley', vol. I, 454; Jarrige et al. (eds.), *Mehrgarh: Field Reports*, 61; Jarrige et al., *Mehrgarh: Neolithic Period*.

러 토기에는 단순한 문양이 장식되기 시작했고, 제Ⅲ기에는 붉은색 점토액으로 칠한 훨씬 복잡한 문양으로 발전했다.[45] 또한 동석(凍石, steatite)을 불에 구워 만든 흰색 구슬과 약간의 구리 유물도 출토되었다.[46]

식량 수급 방식의 발전

메르가르 제ⅡA기에는 식량 수급 방식에 뚜렷한 변화가 있었다. 식생활에서 야생 동물이 거의 사라지고 모두가 사육종 동물로 대체되었다. 대부분은 소(50퍼센트 이상)였고, 양과 염소는 그보다 적었다. 사육종 소의 개체 수가 점차 늘어나는 동안 소의 신체 크기도 서서히 줄어든 것으로 나타났는데, 메도(Meadow)의 연구에 따르면 이는 사육종이 현지에서 진화했다는 명백한 증거라고 한다.[47]

부르즈 바구니 문양 단계(메르가르 제ⅡA-ⅡB기)의 연대

메르가르 제ⅡA기 및 제ⅡB기는 기원전 제6천년기 전체를 포괄하는 것으로 알려져 있었다. 그러나 방사성탄소 연대측정 결과 제ⅡA기는 기원전 5470~4700년경(cal), 제ⅡB기는 기원전 4700~4000년경(cal)으로 확인되었다.[48] 포셀(Possehl)의 주장에 따르면, 초기 정착 마을 단계

---

45 Shaffer, 'Indus valley', vol. I, 454; Vandiver, 'Production technology', 650-1; Jarrige et al., *Mehrgarh: Neolithic Period*.
46 Jarrige et al. (eds.), *Mehrgarh: Field Reports*, 67; Jarrige et al., *Mehrgarh: Neolithic Period*.
47 Meadow, 'Early animal domestication in South Asia', 'Notes on the faunal remains from Mehrgarh', and 'Origins and spread of agriculture', 403; Shaffer, 'Indus valley', vol. I, 454.

(킬리 굴 무함마드/메르가르 제Ⅰ기, 부르즈Burj 바구니 문양 단계/메르가르 제ⅡA-ⅡB기) 전체의 연대는 아직 신뢰할 수 있는 방사성탄소 연대측정에 의해 확정되지 못한 상태다.[49]

남아시아 서부 및 서쪽 경계 지역에서 정착지 유적이 증가했고, 또한 정착지 규모가 커진 증거가 발견되었으며, 토기 출현 이후에 새롭게 정착한 마을들이 확인되기도 했지만, 당시 그 지역에서는 여전히 전적으로 혹은 부분적으로 수렵채집에 의존해서 살아가는 비정주 인구가 물론 존재했을 것이다. 페트리(Petrie)와 토머스(Thomas)는 당시 새롭게 개척된 정착지들이 충적선상지에 위치한다는 사실에 주목했다. 그렇다면 당시 농업인은 기존에 사람들이 거주하던 지역에서 확장을 시도하기보다는 새로운 지역으로 찾아 들어가 원하는 생태 환경을 선택했을 가능성이 더 높다.[50] 충적선상지는 이점이 많은 생태 환경의 니치(niche)였다. 그러나 규모가 제한적이고 수용 한계가 뚜렷했기에, 각각의 충적선상지에서 부양할 수 있는 인구 규모는 그만큼 제한적일 수밖에 없었다.

남아시아 초기 마을의 기술 발전

메르가르 토기 생산의 고도화
MR4구역 최상위층과 MR2구역에서 발견된 토기를 통해 메르가르

---

48 Jarrige et al. (eds.), *Mehrgarh: Field Reports*, 63; Jarrige, 'Mehrgarh Neolithic: new excavations', 280-3; Jarrige, 'Human figurines', 27; Shaffer, 'Indus valley', vol. I, 453-4; Meadow, 'Origins and spread of agriculture', 393.
49 Possehl, *Indus Age*, 446.
50 Petrie and Thomas, 'Topographic and environmental context'.

제Ⅲ기로 갈수록 토기 문양이 정교화되었음이 확인되었다(킬리 굴 무함마드 제Ⅱ기, 포셀의 시기 구분상 토가우Togau 단계 참조).[51] 강화재로 왕겨를 섞어 반죽한 거친 토기와 왕겨를 섞지 않은 매끈한 토기가 새로 등장했다. 새로운 토기는 매우 단단하고 불에 잘 구워 만든 토기였다(부르즈에서 출토된 바구니 문양 토기와 같은 유형). 더욱 정교해진 토기는 생산 과정에서 돌림판 기술이 도입된 흔적을 보였다. 이 기술을 이용하면 외부에 원형의 자국이 생기고 띠 모양의 장식이 더해지는 경향이 있다. 제Ⅲ기 말기에 가면 회전판을 돌리는 과정에서 생긴 손가락 자국이 뚜렷이 확인되기도 했다.[52] 이와 같이 토기 생산 기술에서 분명한 변화가 나타났다는 것은, 생산 활동이 상당히 전문화되고 기술적 진보를 이루었음을 의미한다. 예를 들면 단단한 고형 물질(Nazim Hard Clay)을 반죽에 함께 섞어 넣는 기법 등이었다. 또한 불을 조절하여 산화와 환원 조건을 번갈아 반복하는 기술을 통해 표면에 염료를 착색하는 기술, 토기 몸체가 특정 색깔을 유지하게 하는 기술에서도 상당한 발전이 있었다.[53]

---

51 Fairservis, *Excavations in the Quetta Valley*, 365-7; Shaffer, 'Indus valley', vol. I, 454; Jarrige et al. (eds.), *Mehrgarh: Field Reports*, 68; also B. de Cardi, 'Excavations and reconnaissance in Kalat, West Pakistan: the prehistoric sequence in the Surab region', *Pakistan Archaeology*, 2 (1965), 86-182, and *Archaeological Surveys in Baluchistan, 1948 and 1957*, no. 8 (London: Institute of Archaeology, 1983); Possehl, *Indus Age*, 490.
52 Vandiver, 'Production technology', 651; Shaffer, 'Indus valley', vol. I, 454; Jarrige et al. (eds.), *Mehrgarh: Field Reports*, 250, fig. 5.14.
53 Jarrige et al. (eds.), *Mehrgarh: Field Reports*, 71; Shaffer, 'Indus valley', vol. I, 454; also R.P. Wright, 'Fine ware traditions at Mehrgarh', in Jarrige et al. (eds.), *Mehrgarh: Field Reports*, 662-71.

메르가르 출토 금속 유물

메르가르 제Ⅲ기 발굴층에서 구리 막대의 파편과 구리 핀이 발견되었고, 결정적으로 구리 광석이 녹다가 다시 응고된 덩어리가 출토되었다. 이는 현지에서 구리가 자체 생산되었다는 명백한 증거였다.[54] 이러한 발견을 근거로 메르가르 제Ⅲ기는 금석병용기(Chalcolithic period)라고 일컬어진다. 그러나 이 용어가 같은 시기 주변 지역 전체에까지 적용되는 것은 아니다. 또한 보석 세공과 조가비 가공을 전문적으로 하던 장소가 발견되었는데, 이 또한 해당 산업이 현지에서 자체적으로 발달하고 있었다는 증거가 된다. 현지 원석이 아닌 재료의 사용이 늘어났다는 것은 예전부터 지속된 교류 및 교역의 전통이 계속 이어졌음을 의미한다. 수공업 제작은 정착지 내 특정 장소에서 이루어졌는데, 일반적인 주거 지역과는 분리되어 있었다.

메르가르 제Ⅲ기의 연대와 인구 확산, 구릉과 산 아래의 지역적 특성

메르가르 제Ⅲ기(토가우 단계)의 연대는 기원전 4000~3500년경이었다. 포셀은 제Ⅲ기로 추정되는 유적지를 모두 119곳 확인했다(Kili Gul Muhammad Ⅲ, Sur Jangal Ⅰ-Ⅱ, Surab Ⅱ, Rana Ghundai Ⅰ-Ⅱ, Periano Ghundai 초기 층위, Sheri Khan Tarakai 최초의 단계, Jhandi Babar 포함). 이러한 유적들은 남아시아 서부에서 정주 인구가 극적으로 증가했음을 의미한다. 이 시기 정착 마을의 패턴에 상당한 변화가 있었다(당시의 정착

---

54 Jarrige et al. (eds.), *Mehrgarh: Field Reports*, 72; Shaffer, 'Indus valley', vol. I, 454.

지 추정 면적은 295헥타르에 달한다).[55] 발루치스탄 남부에서 카이베르파크툰크와 남부까지 걸쳐 있는 지역에서 발굴되는 토기는 토가우 단계의 토기와 유사성을 보인다. 이는 발루치스탄 북부를 경유하여 이 지역과 메르가르의 교류가 있었음을 의미한다. 또한 그들이 문화적 관념이나 생활 방식이 비슷했을 것이라는 추정도 가능하다.

다채색 토기 장식의 발달

메르가르 제Ⅳ기와 제Ⅴ기 발굴층에서 다채색 토기 장식이 발견되었다(케치 베그 토기Kechi Beg ware). 이전 시대부터 보였던 표면이 거친 토기와 매끈한 토기, 물을 담을 수 있는 토기도 발굴되었다. 발굴팀(Jarrige et al.)은 다채색 토기 장식이 이 지역 특유의 현상이라고 분석했다.[56] 테라코타, 뼈, 동석(凍石)으로 만든 인장도 제Ⅳ기와 제Ⅴ기 발굴층에서 발견되었다. 일련의 석편 석기 도구는 쇠퇴하는 경향을 보였다. 이는 갈수록 구리 도구가 중요해졌음을 의미한다. 또한 저장 시설과 공예품 생산 방식, 정착지 내의 생산 장소에도 중요한 변화가 있었다.[57] 메르가르 제Ⅳ기와 제Ⅴ기 같은 시기의 유적들(Kili Gul Muhammad Ⅳ, Damb Sadaat Ⅰ, Surab Ⅲ, late Sur Jangal Ⅲ, Rana Ghundai Ⅲ-Ⅳ. 이외에도

---

55 Shaffer, 'Indus valley', vol. I, 454; Jarrige et al. (eds.), *Mehrgarh: Field Reports*, 69; C.A. Petrie et al., 'Chronology of Sheri Khan Tarakai', in Petrie (ed.), *Sheri Khan Tarakai*, 343-52; C.A. Petrie et al., 'The investigation of early villages in the hills and on the plains of western South Asia', in Petrie (ed.), *Sheri Khan Tarakai*, 7-28; Possehl, *Indus Age*, tables 4.19, 4.20, figs. 4.43, 4.44.
56 Jarrige et al. (eds.), *Mehrgarh: Field Reports*, 75.
57 Shaffer, 'Indus valley', vol. I, 455; Jarrige et al. (eds.), *Mehrgarh: Field Reports*, 71-6.

Dabar Kot, Periano Ghundai도 가능함)에서는 모두 고도의 토기 기술 발전이 확인되었다. 메르가르에서 이 시기에 구리로 제작된 유물이 발굴되기는 했지만, 발루치스탄 지역에서는 아직 같은 시기 구리 유물이 확인되지 않았다.

케치 베그(Kechi Beg) 단계(메르가르 제Ⅳ-Ⅴ기)의 연대
메르가르 제Ⅳ기와 제Ⅴ기의 연대로는 기원전 3500~3000년경(cal)에서부터 기원전 3800~3200년경(cal)까지 다양한 가설이 제시되었다.[58] 그러나 발루치스탄 북부의 발굴 지층에 대해서 확정된 방사성탄소 연대측정 결과는 아직 없다. 따라서 기존에 제시된 추정 연대는 관련된 토기 유물을 근거로 상대 연대를 추론한 것이다. 결과적으로 메르가르 초기 단계의 정착 마을은 기원전 제6천년기부터 제5천년기를 거쳐 제4천년기까지 지속되었던 것으로 보인다.

결론

메르가르는 식량 수급의 전략 측면에서 이동식 수렵채집 단계로부터 정주적 농경목축 단계로 넘어가는 과정을 분명하게 보여주는 유적이다. 이후 밀, 보리, 양, 염소, 소를 기반으로 하는 농경목축 생활 경제와 점차 고도화되는 토기 제작 기술이 남아시아 서부에 확산되었다. 메르가르 유적에서 가장 오래된 층위를 발굴하며 확인할 수 있었던 것은, 이

---

58 Shaffer, 'Indus valley', vol. I, 455; G.L. Possehl, *The Indus Civilization: A Contemporary Perspective* (Walnut Creek, CA: AltaMira Press, 2002), 29.

행 과정에 매우 오랜 시간이 필요했으며, 자생과 유입의 복잡한 상호 작용이 그 특징이었다는 사실이다. 즉 동식물은 현지에서 자생적으로 개발된 품종도 있었고, 외부에서 개발된 품종과 관행이 남아시아로 유입되기도 했다. 그러나 분명한 것은, 메르가르 같은 정착지에 거주한 사람들이 남아시아의 농업 기원에 중요한 역할을 했다는 사실이다. 인도혹소를 사육했고, 토기 생산이나 수공업 및 금속 공예에서도 다양한 혁신적 기술을 개발했다. 그 결과는 인더스 평원과 인도-이란 경계 지역의 인구가 극적으로 증가하는 데 큰 영향을 미쳤다.

더 읽어보기

Costantini, L. 'The beginning of agriculture in the Kachi plain: the evidence of Mehrgarh.' In B. Allchin (ed.), *South Asian Archaeology 1981*. Cambridge University Press, 1984. 29-33.

Fairservis, W.A. *Excavations in the Quetta Valley, West Pakistan*. New York: American Museum of Natural History, 1956.

Fuller, D.Q. 'Agricultural origins and frontiers in South Asia: a working synthesis.' *Journal of World Prehistory*, 20 (2006), 1-86.

_____. 'Harappan seeds and agriculture: some considerations.' *Antiquity*, 75 (2001), 410-14.

_____. 'Indus and non-Indus agricultural traditions: local developments and crop adoptions on the Indian peninsula.' In S.A. Weber and W.R. Belcher (eds.), *Indus Ethnobiology: New Perspectives from the Field*. Lanham, MD: Lexington, 2003. 343-96.

_____. 'Neolithic cultures.' In D.M. Pearsall (ed.), *Encyclopedia of Archaeology*. New York: Academic Press, 2008. 756-68.

Harris, D.R. *Origins of Agriculture in Western Central Asia: An Environmental-Archaeological Study*. Pittsburgh: University of Pennsylvania Museum of Archaeology and Anthropology, 2010.

_____. 'The origins and spread of agriculture and pastoralism in Eurasia: an overview.' In D.R. Harris (ed.), *The Origins and Spread of Agriculture and Pastoralism in Eurasia*. London: UCL Press, 1996. 552-73.

Jarrige, C. 'Human figurines from the Neolithic levels at Mehrgarh (Balochistan, Pakistan).' In U. Franke-Vogt and H.-J. Weisshaar (eds.), *South Asian Archaeology 2003*. Aachen: Linden Soft, 2005. 27-37.

Jarrige, C., J.-F. Jarrige, R.H. Meadow, and G. Quivron (eds.). *Mehrgarh: Field Reports 1974- 1985 from Neolithic Times to the Indus Civilization*. Karachi: Department of Culture and Tourism, Government of Sindh, Pakistan, in collaboration with the French Ministry of Foreign Affairs, 1995.

Jarrige, J.-F. 'Mehrgarh Neolithic.' *Pragdhara*, 18 (2008), 135-54.

Jarrige, J.-F., C. Jarrige, and G. Quivron. 'Mehrgarh Neolithic: the updated sequence.' In C. Jarrige and V. Lefèvre (eds.), *South Asian Archaeology 2001*. 2 vols. Paris: Éditions Recherche sur les Civilisations, 2005. vol. I, 129-41.

Jarrige, J.-F., C. Jarrige, G. Quivron, and L. Wengler. *Mehrgarh: Neolithic Period - Seasons 1997-2000*. Paris: Éditions de Boccard, 2013.

Meadow, R.H. 'The origins and spread of agriculture and pastoralism in northwest South Asia.' In D.R. Harris (ed.), *The Origins and Spread of Agriculture and Pastoralism in Eurasia*. London: UCL Press, 1996. 390-412.

Mutin, B. 'Cultural dynamics in southern Middle-Asia in the fifth and fourth millennia BC: a reconstruction based on ceramic traditions.' *Paléorient*, 38 (2012), 159-84.

Petrie, C.A., J.R. Knox, F. Khan, K.D. Thomas, and J.C. Morris. 'The investigation of early villages in the hills and on the plains of western South Asia.' In C.A. Petrie (ed.), *Sheri Khan Tarakai and Early Village Life in the Borderlands of North-West Pakistan: Bannu Archaeological Project Surveys and Excavations 1985-2001*. Bannu Archaeological Project Monographs 1. Oxford: Oxbow, 2010. 7-28.

Petrie, C.A. and K.D. Thomas. 'The topographic and environmental context of the earliest village sites in western South Asia.' *Antiquity*, 86 (2012), 1055-67.

Possehl, G.L. *Indus Age: The Beginnings*. Philadelphia: University of Pennsylvania Press, 1999.

Shaffer, J.G. 'The Indus valley, Baluchistan, and Helmand traditions: Neolithic through Bronze Age.' In R.W. Ehrich (ed.), *Chronologies in Old World Archaeology*. University of Chicago Press, 1992. vol. I, 441-64, vol. II, 425-46.

Tengberg, M. 'Crop husbandry at Miri Qalat Makran, SW Pakistan (4000-2000 BC).' *Vegetation History and Archaeobotany*, 8 (1999), 3-12.

Vandiver, P.B. 'The production technology of early pottery from Mehrgarh.' In Jarrige et al. (eds.), *Mehrgarh: Field Reports 1974-1985*. 648-61.

Wright, R.P. 'Fine ware traditions at Mehrgarh.' In Jarrige et al. (eds.), *Mehrgarh: Field Reports 1974-1985*. 662-71.

Zohary, D. and M. Hopf. *Domestication of Plants in the Old World*. 3rd edn. Oxford University Press, 2000.

CHAPTER 12

중국의 초기 농업

유흠익劉歆益, Xinyi Liu
도리언 풀러Dorian Q. Fuller
마틴 존스Martin Jones

중국 대륙은 굉장히 넓어서 극단적으로 서로 다른 생태 환경들이 공존한다. 남쪽으로 열대 지대, 북쪽으로 아북극 지대, 서쪽으로 산악 지대가 포함되어 있다(지도 12-1). 대륙의 70퍼센트는 산과 고원과 언덕이며, 특히 내륙 지역을 비롯하여 상당히 많은 지역에서 물이 부족하다. 생태 환경의 특징은 중국 농업에도 큰 영향을 미쳤다. 생태 환경에 따라 다양한 곡물이 재배되었으며, 관개 시설 건설에도 많은 노력을 기울였다. 특히 동부 저지대에서 대대적인 공사가 이루어졌다.

서부 지역에 공급되는 물의 원천은 주로 자연 강우와 산악 빙하였다. 여기서 시작되는 물줄기가 중국에서 가장 긴 두 강, 곧 양자강과 황하강을 형성한다. 양자강은 동쪽으로 약 6500킬로미터를 흘러 상해에서 바다를 만나는데, 그 강줄기가 산악 지대와 저지대의 늪지를 통과하면서 중국 지표수 전체의 약 5분의 1을 끌어들인다. 황하강은 약 5500킬로미터를 흐르는데, 황토고원(黃土高原)을 거쳐 발해만을 향한다. 이 두 개의 강줄기 하류가 각각 남북 경계가 되는 평야를 중원(中原, 중앙 평원)이라 한다. 중원은 중국에서 가장 생산성이 높은 곳이며, 중국 역사상 대부분의 세력이 각축을 벌였던 경쟁의 무대이기도 하다. 두 강은 오래도록 주요 주식 작물과 관련을 맺어왔다. 양자강은 쌀, 황하강은 조(粟, foxtail millet)와 기장(broomcorn millet)이었다.

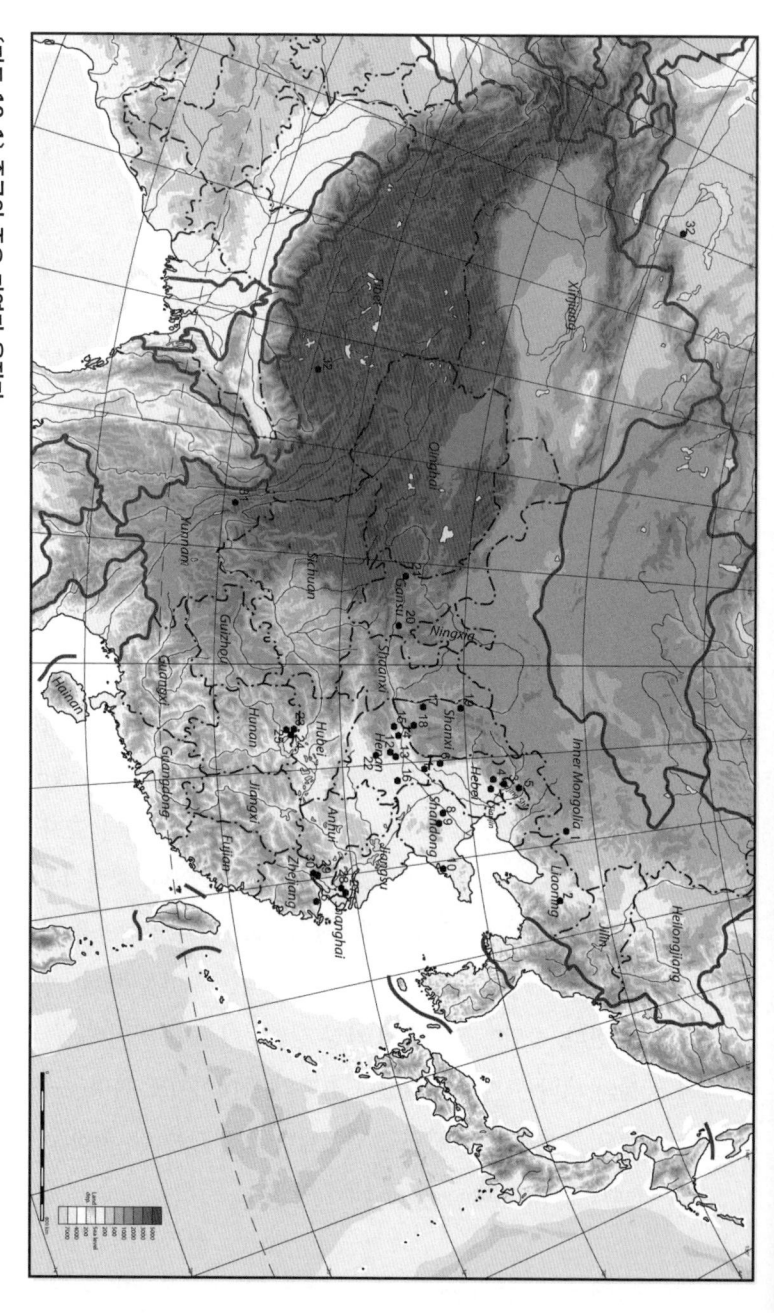

[지도 12-1] 중국의 주요 지역과 유적지

1. 흥룽구(興隆溝, Xinglonggou); 2. 신러(新樂, Xinle); 3. 저우커우뎬(周口店, Zhoukoudian); 4. 난좡터우(南莊頭, Nanzhuangtou); 5. 둥후린(東胡林, Donghulin); 6. 츠산(磁山, Cishan); 7. 타이시(台西, Taixi); 8. 웨좡(樂莊, Yuezhuang); 9. 다신좡(大辛莊, Daxinzhuang); 10. 자오자좡(趙家莊, Zhaojiazhuang); 11. 안양(安陽, Anyang); 12. 페이리강(裴李崗, Peiligang); 13. 샤오리(沙窩李, Shawoli); 14. 우뤄시포(塢羅西坡, Wuluoxipo); 15. 이리터우(二里頭, Erlitou); 16. 시수이포(西水坡, Xishuipo); 17. 시자텐(柤子灘, Shizitan); 18. 샤촨(下川, Xiachuan); 19. 류린(柳林, Liulin); 20. 다디완(大地灣, Dadiwan); 21. 린자(林家, Linjia); 22. 자후(賈湖, Jiahu); 23. 지안(集安, Ji'an); 24. 청터우산(城頭山, Chengtoushan); 25. 바스당(八十壋, Bashidang); 26. 허무두(河姆渡, Hemudu); 27. 추오둔(綽墩, Chuodun); 28. 차오셰산(草鞋山, Caoxieshan); 29. 모자산(茅家山, Mojiashan); 30. 마오산(茅山, Maoshan); 31. 하이먼커우(海門口, Haimenkou); 32. 창궈거우(昌果溝, Changguogou); 33. 베가시(Begash).

이런 곡물들이 재배종으로 진화한 현장도 바로 이들 강 유역이었지만, 나중에 집중적으로 재배된 곳은 하류로 조금 더 내려가 있는 평야 지대였다. 가장 오래된 기장류(기장과 조)가 발견된 유적은 황하강 중류의 황토고원이었다. 유적지는 오히려 강줄기와 상당히 떨어져 있는 산록 지대를 따라 분포하고 있었다. 강줄기와 가까운 곳에 관개 시설을 효과적으로 설치 및 운용할 능력을 갖춘 시기는 상당히 나중이었다. 이보다 훨씬 전부터 북방 농업 기술의 핵심은 산기슭이나 고지대에서 흘러내리는 물을 가두는 능력이었다. 가장 오래된 벼가 발견된 유적은 양자강 중류 및 하류 지역, 그리고 회하(淮河) 바로 너머의 북쪽에 있었다. 초기 벼농사 유적지는 작은 강줄기의 지류나 충적 평야의 습지에 인접해 있었다. 이런 환경에서 벼농사 관리가 더 쉬웠기 때문이다. 기원전 제2천년기에 이르러 농업용 관개 시설은 더욱더 하류로 내려갔다. 관개 시설은 강줄기 본류에 흐르는 강력한 에너지를 완화하는 기능을 했다. 관개 시설의 규모는 갈수록 커지고 구성도 복잡해졌다. 이런 활동이 처음 역사 문헌에 기록된 때는 기원전 제1천년기였다. 상당한 규모의 공사가 기록되어 있는데, 손숙오(孫叔敖, 기원전 6세기), 서문표(西門豹, 기원전 5세기), 이빙(李冰, 기원전 3세기) 같은 기술자들의 이름이 함께 등장했다.[1]

중국 북방 농업의 주요 무대였던 중원의 북쪽은 고비 사막이 가로막고 있었으며, 사막을 넘어가면 초원 지대가 나타나 서쪽으로 유라시아 대륙을 가로질렀다. 생태 환경의 측면에서 사막 지대와 스텝 지대는 모

---

1 F. Bray and J. Needham, *Science and Civilisation in China*, vol. Ⅴ I: *Biology and Biological Technology*, Part II: *Agriculture* (Cambridge University Press, 1984).

두 물이 부족한 데다 겨울이 혹독하고도 길었다. 그렇지만 문화적 및 농업적 측면에서 그 지역이 갖는 의미는 결코 적지 않았다. 중국 역사상 북방의 정치 세력이 남방을 압도했던 몇 차례의 계기가 있었다. 북방 세력의 이동 수단은 중국 농업사상 다양한 동물들, 예컨대 말과 낙타, 그리고 아마도 양과 염소, 황소 등의 사육을 촉진했다. 북방의 유목민은 중국의 북부 및 서부 경계 지역에 거주했기 때문에, 중국에서 생산된 곡물을 외부로 수출할 때도 이들의 역할이 있었다.

홀로세 1만 년 동안 농업이 확대되는 동시에 생태 환경에도 다소간의 변화가 있었다. 가장 극적인 변화의 요인은 몬순 시스템이었다. 몬순 시스템은 덥고 습한 여름 몬순과 춥고 건조한 겨울 몬순으로 구성된다. 여름 몬순은 인도양과 태평양에서 습기를 가져와 중국의 남부와 동부 대부분의 지역에 비를 뿌리고, 건조한 내륙 지방의 환경을 개선하는 데에도 큰 도움을 준다. 겨울 몬순은 고비 사막에 바람을 일으켜 황토고원까지 먼지를 실어 나른다. 몬순 시스템은 육지 및 해상 기온의 변화에 민감하게 움직이는데, 그 변화의 결과는 물리적 환경에 가장 큰 변수가 된다. 중국 대부분의 지역, 특히 남부와 동부에서 물 공급에 결정적 영향을 미친다. 중국 서부에서 물 공급에 가장 큰 영향을 미치는 요인은 바람(서풍)이다. 서로 얽혀 있는 요인들이 폭넓게 작용하면서 홀로세 초기에는 건조 기후였다가, 중기에는 습해졌다가, 이후 다시 건조 기후로 되돌아갔다. 홀로세 중기의 습한 기후는 중국의 각 지역에 따라 편차가 있었는데, 특히 몬순과 관련이 깊었다. 예를 들어 황토고원은 약 8500년 전에서 약 5000년 전까지 습한 기후였다. 즉 이 시기에 최초의 농경이 시작될 수 있었고, 이후 재배 및 사육 경제가 확산되었다. 이후에 다시 논하겠지만, 이 시기는 아직 세계적으로 식량 생산 단계에 접어들기 이전이었다.

연구사 정리

중국의 동식물 유물 연구의 역사는 고고학의 역사만큼이나 오래되었다. 시작 연도는 모두 1928년이었다. 1928년 발굴된 주구점(周口店) 동굴에서 호모 에렉투스의 유골이 나왔고, 이후 그 유골에 "북경원인(北京原人, Peking Man)"이라는 이름이 부여되었다.[2] 1931년 안양(安陽) 발굴에서도 동식물 연구와 고고학 연구가 함께 이루어졌다. 안양은 옛날 상(商)나라의 수도 중 하나로 추정되었다. 이후 중국의 고고학 발전은 20세기 정치 및 사회적 변화의 경향을 반영하게 되었다. 고고학 연구 성과는 흔히 민족주의나 공산주의 같은 정치 및 사회적 이론의 정당성을 뒷받침하는 근거로 활용되었다. 중국의 고고학 경향은 20세기 전반에는 중국의 국가 정체성 수립, 이후 20세기 후반에는 마르크스주의 이론 틀의 확립과 긴밀한 관계가 있었다. 많은 연구자들이 이러한 관계에 주목한 바 있었다.[3]

1949년에서 1979년 사이 중화인민공화국은 중앙 집권적 사회주의 정권을 조직했다. 중국의 고고학은 소련에서와 마찬가지로 단선적 사회

---

2 X. Chen, *Zhongguo Shiqian Kaoguxue Shi Yanjiu: 1895-1949* (*The History of Prehistoric Archaeology in China: 1895-1949*) (Beijing: Sanlian Shudian [Joint Publishing], 1997).
3 X. Liu and M.K. Jones, 'When archaeology begins: the cultural and political context of Chinese archaeological thought', *Bulletin of History of Archaeology*, 18 (2008), 25-7.

진화론의 틀 속에 갇혀버렸다. 이 무렵 고대 농업 시스템 관련 저서들은 생산력과 계급 투쟁의 관계에 초점을 맞추는 경향이 있었다. 주목할 만한 사례는 곽말약(郭沫若)의 중국 사회 발전 3단계론이다(Guo Moruo, 1972). 중국 사회가 원시 사회, 노예 사회, 봉건 사회로 발전해왔다는 가설로, 각각의 단계는 신석기, 청동기 초기, 청동기 후기와 대응된다.

1979년 문화대혁명이 막을 내리고 다소 느슨해진 정치적 분위기와 개혁개방 정책으로 중국 고고학계는 전면적인 변화의 시기를 맞이했다. 경제 개혁은 중국의 문호를 더욱 넓게 열어주었다. 서구와의 학술 교류가 활발해졌고, 서구의 고고학 방법론과 이론이 중국에 소개되었다. 선사 시대 농업 관련 연구 논문도 급격히 증가했다. 1980년대 들어 농업과 관련된 두 개의 주요 학술지, 곧 《농업고고(農業考古)》와 《고금농업(古今農業)》이 창간되었다.

1990년대 말 이전에는 부유법(flotation program, 유기물을 찾아내기 위해 토양을 물로 씻어내는 발굴 기법, 그림 12-1)이 체계적으로 실시되지 않아 식물고고학 자료가 별로 발견되지 못했다. 발굴된 자료들조차 연구의 초점은 식물분류학적 체계를 확인하는 데 맞추어져 있었다. 1990년대로 접어들면서 중국에서도 식물고고학이 본격화되었는데, 주로 국제 학계와의 교류를 통해 영감을 얻은 결과였다. 황기후(黃其煦)는 방문 학자로 케임브리지대학교에 다녀온 뒤 1986년 《농업고고》에 발표한 논문에서 부유법을 처음 소개했다. 이는 1960년대 말과 1970년대에 에릭 힉스(Eric Higgs)와 그의 연구팀이 초기 농업을 연구하면서 개발한 발굴 기법이었다.[4] 이어 웅해당(熊海棠)은 일본 나고야대학교에서 참관한 바를 같은 학술지에 수록했다. 이후 부유법은 1992년 중국사회과학아카

[그림 12-1] 부유법 실시 현장
탄화된 식물을 발굴하기 위해 부유법을 실시하고 있다. 산서성 유림현(柳林县) 발굴 현장. 가운데 서 있는 사람이 조지군(趙志軍)이다.

CHAPTER 12 - 중국의 초기 농업

데미가 주관하는 발굴 현장에서 이루(李樓)에 의해 처음 실시되었다. 한편 부유법에 사용된 기기는 애초 미국에서 패티 조 왓슨(Patty Jo Watson)이 설계한 것(SMAP 유형)을 변형한 것으로, 캐나다의 식물고고학자 개리 크로퍼드(Gary Crawford)가 동아시아로 처음 이 기기를 가져와 일본과 한국에서 연구했고, 나중에는 중국에서도 연구를 계속했다. 최근 20여 년 간 체계적인 부유법이 확산되어 여러 발굴 현장에서 적용되었고, 식물고고학 연구도 급속도로 발전했다. 북경의 식물고고학자 조지군(趙志軍, 그림 12-1)은 중국에서 부유법이 확산되는 데 핵심적 역할을 했다. 조지군이 2011년에 보고한 바에 따르면, 중국에서 부유법에 기초하여 발굴한 식물고고학 유적지가 80곳 이상이었다. 토양 샘플 약 7000건이 처리되었으며, 이를 통해 상당량의 탄화 식물이 확보되었다.[5] 식물고고학 자료의 급증과 함께 이를 분석하고 해석하는 연구 성과의 수준 또한 그만큼 높아지게 되었다.

동양 요리의 뿌리 깊은 전통: 삶기와 찌기

세계의 다른 지역들과 비교해서 동아시아가 놀라운 점은, 토기가 매우 이른 시기부터 발견된다는 사실이다. 지금까지 양자강 유역에서 발굴된 토기는 거의 1만 8000년 전까지 거슬러 올라가며, 일본과 시베리아에서도 거의 그 정도로 오래된 토기가 발견되었다. 중국 북부 지역에

4 E.S. Higgs (ed.), *Papers in Economic Prehistory* (Cambridge University Press, 1972).
5 Z. Zhao, 'New archaeobotanic data for the study of the origins of agriculture in China', *Current Anthropology*, 52, Supplement 4 (2011), S295-304.

서는 1만 2000년 전 홀로세의 시작과 함께 토기가 만들어졌다.[6] 이러한 초기 토기들을 사용한 사람들은 수렵채집인이었다. 그들은 물고기나 식물을 삶아 먹는 데 토기를 사용했다. 반면 서남아시아의 토기 사용은 상대적으로 늦은 약 8500년 전에 시작되었다. 농경 문화가 시작된 후로도 1000여 년이 지난 뒤였다. 서남아시아의 토기 이전 신석기 문화에서는 가루를 만들기 위한 맷돌과 진흙으로 만든 오븐(tandoor)을 널리 사용했다. 빵이나 식재료를 구워서 먹기 위한 도구들이었다(제8장 참조). 이와 달리 신석기 중국은 수준 높은 토기를 제작하여 식재료를 삶거나 찌는 도구 혹은 담아 먹는 그릇으로 사용했다.[7]

한편 서아시아에서는 초기에 재배된 작물을 가루로 만들어 먹는 문화였다. 선사 시대 중국에서도 가루를 만들기 위해 갈돌이 사용되기는 했지만, 동아시아에서는 곡물이나 기타 재료를 주로 삶거나 찌는 방식으로 음식을 준비했다. 이러한 차이는 곡물 선택의 차이로 나타났다. 유라시아 서부에서는 글루텐 단백질이 함유된 곡물로 빵을 만들었고, 동아시아에서는 끈끈한 전분 성분이 함유된 다양한 작물들, 예컨대 쌀이나 기장 등이 선택되었다. 심지어 밀 품종을 선택할 때도 이런 점이 고려되었다. 서남아시아, 중앙아시아, 혹은 남아시아와 달리 중국(동아시

---

6   E. Boaretto et al., 'Radiocarbon dating of charcoal and bone collagen associated with early pottery at Yuchanyan Cave, Hunan province, China', *Proceedings of the National Academy of Sciences*, 106 (2009), 9595-600; Y.V. Kuzmin, 'Two trajectories in the Neolithization of Eurasia: pottery versus agriculture (spatiotemporal patterns)', *Radiocarbon*, 55 (2013), 1304-13.

7   D.Q. Fuller and M. Rowlands, 'Towards a long-term macro-geography of cultural substances: food and sacrifice traditions in East, West and South Asia', *Chinese Review of Anthropology*, 12 (2009), 1-37.

아)만의 독특한 요리 전통이 오래도록 이어져왔다.[8]

동아시아 요리에서 선호하는 곡물의 성질은 차진 끈적임이 핵심이다. 찹쌀과 찰기장이 대표적이다. 끈적이는 특성은 돌연변이로 발생한 찰기 유전자(waxy gene)에 의해 만들어졌는데, 전분(starch)을 구성하는 요소 중에서 아밀로오스(amylose)가 감소하고 아밀로펙틴(amylopectin)이 증가한 것이다. 이런 특성을 가진 곡물로는 찹쌀, 찰기장, 찰옥수수 등이 있는데, 대부분 동아시아 및 동남아시아에서 재배되고 있다. 그래서 이 지역을 "끈적이는 배유 전분(glutinous endosperm starch)" 문화권이라고도 한다.[9] 이와 같은 속성은 서로 다른 품종의 식물에서 동시에 발달했다. 또한 그중 일부는 여러 차례에 걸쳐 진화의 과정을 거쳤다. 예를 들면 조(차조)가 그러한 사례였다. 이로 보아 최소한 중국에서는 선사시대 이래로 강력한 문화적 선호가 존재했음을 알 수 있다.

시작은 북방으로부터: 기장에서 콩, 대마까지

두 종류의 기장아과 식물, 곧 기장(broomcorn millet, *Panicum miliaceum*)과 조(foxtail millet, *Setaria italica*)는 원산지가 중국 북부로 알려져 있다(그림 12-2). 중국에서는 예나 지금이나 이 두 곡물을 서로 다른

---

8 D.Q. Fuller and M. Rowlands, 'Ingestion and food technologies: maintaining differences over the long-term in West, South and East Asia', in T.C. Wilkinson et al. (eds.), *Interweaving Worlds: Systematic Interactions in Eurasia, 7th to the 1st Millennia BC* (Oxford: Oxbow, 2011), 37-60.

9 G. Eriksson, 'The waxy character', *Hereditas*, 63 (1969), 180-204; S. Sakamoto, 'Glutinousendosperm starch food culture specific to Eastern and Southeastern Asia', in R. Ellen and K. Fukui (eds.), *Redefining Nature: Ecology, Culture and Domestication* (Oxford: Berg, 1996), 215-31.

[그림 12-2] 조(粟) 재배지, 흥륭구 유적 인근 오한기(敖漢旗) 지역

이름으로 부르고 있다. 기장은 서(黍, shǔ), 조는 속(粟, sù)이 가장 대표적인 명칭이다. 이 두 곡물은 신석기 시대 중원 지역(仰韶, 大汶口, 龍山 文化)의 주요 칼로리 공급원이었을 뿐만 아니라 상나라와 주(周)나라에서도 주식 작물이었다.[10]

　조(粟)의 야생종 조상은 세타리아 비리디스(Setaria viridis)로, 동아시아에 널리 분포하는 한해살이 식물이다. 그러나 야생종의 원산지가 어디였으며 서식 환경이 어떠했는지를 밝히기란 간단한 문제가 아니다. 왜냐하면 오늘날 우리가 볼 수 있는 야생종의 특성은 이미 인간의 행위가 개입된 결과이기 때문이다. 그중에는 농경지나 길가에 자생하는 잡초도 있었고, 유전적으로 재배종 조(粟)에서 파생되어 야생종으로 되돌

10　Bray and Needham, *Science and Civilisation in China*, 3-8.

아간 것도 있었다. (심지어 북아메리카에 널리 퍼져 있는 잡초 중에도 세타리아 비리디스가 있는데, 이는 최근 수백 년 사이에 유럽의 식물들이 아메리카에 소개되면서 함께 들어갔던 것이다.) 이런 점들을 감안하면서 추정을 해보자면, 최초의 서식지는 아마도 황하강이나 그 지류를 포함하여 강의 상류 충적 평야 같은 곳이었을 것이다.

조(粟)와 달리 기장(黍)의 야생종 선조는 논란이 되고 있다. 적어도 형태로 보아 유력한 후보는 파니쿰 밀리아케움의 황무지식물 변종(*Panicum miliaceum var. ruderale*)이라고 주장하는 학자들이 있었다.[11] 이 변종은 동유럽에서 동아시아까지 널리 잡초로 분포한다. 그러나 인간이 개입하지 않은 서식지에서 발견된 적이 없는 점으로 보아, 아마도 재배종에서 야생종으로 되돌아간 변종이 아닐까 짐작된다. 조(粟)의 경우와 달리 기장은 최초의 야생종 서식지로 추정되는 지역도 밝혀지지 않았다. 다만 필자들은 황토고원 북부와 중국의 스텝 지역이 원산지일 것으로 추측하고 있다.

기장이나 조(粟)의 재배종이 어떻게 야생종으로부터 진화해 나왔는지에 관해서는 우리의 지식으로 아직 충분히 알 수 없다. 재배종의 특징을 밝힐 수 있는 핵심적 근거는 수확기 종자 손실 관련 자료다(야생종은 수확기에 저절로 씨앗이 땅에 떨어지는 반면, 재배종은 사람이 수확할 때까지 이삭에 알곡이 그대로 붙어 있다. ─ 옮긴이). 벼, 밀, 보리 등의 곡물과 달리 조나 기장의 경우는 해당 자료가 없다. 하지만 다른 정황은 있다. 대부분

---

11 D. Zohary and M. Hopf, *Domestication of Plants in the Old World*, 3rd edn (Oxford University Press, 2000).

[그림 12-3] 탄화 기장(broomcorn millet), 흥륭구 유적, 기원전 7700년경

의 재배종 곡물은 수확기에 씨앗이 흩어지지 않는 성질과 더불어 진화 과정에서 알갱이가 커지는 경향이 있다.[12] 중국의 기장류 곡물에 대해서도 이는 잠재적으로 활용 가능한 근거가 될 수 있다. 기장류의 알곡이 신석기 시대를 거치는 동안 점차 커지고 모양도 변한 점은 이미 학계의 주목을 받아왔다. 그래서 학자들은 (제13장에서 상세히 논의될) 흥륭구(興隆溝) 같은 초기 신석기 유적에서 발굴된 기장(그림 12-3)을 면밀히 조사

12 D.Q. Fuller et al., 'Convergent evolution and parallelism in plant domestication revealed by an expanding archaeological record', *Proceedings of the National Academy of Sciences*, 111 (2014), 6147-52.

했다. 이 알곡은 오늘날의 재배종 기장과 야생종 기장의 중간 정도 크기를 보이는데, 그렇다면 재배종의 초기 단계로 해석할 수 있다.[13] 알곡의 크기와 형태 변화는 또한 중국 북부 지역 식물고고학 자료 중에서 기장의 비중이 늘어나는 현상과도 관계가 있다. 재배종 기장의 진화 시기와 과정은 아직 해결되지 않은 문제로 남아 있지만, 이상의 근거로 볼 때 재배종 기장과 중국 북부의 초기 농업 발달은 매우 오랜 과정을 거쳤던 것 같다. 최근 유전자 연구를 통해 기장의 지리적 관계가 명확히 밝혀졌다.[14] 마이크로새틀라이트 마커 연구(SSR microsatellite studies)에서는 유라시아 기장의 기원지가 유일 기원지(중국 북부)와 중복 기원지 모두 가능성이 있는 것으로 나타났다. 그러나 앞에서 언급한 "찰기 유전자(waxy gene)", 즉 곡물의 끈적이는 특성과 지리적 분포의 관계를 함께 고려할 때 기장의 기원지는 중국 북부이며, 여기서부터 서쪽으로 전파되었다는 가설이 보다 설득력 있다.

산서(山西) 지방에 있는 황토고원의 플라이스토세 말기 유적 두 곳에서, 주거지 및 도구 사용 마모(use-wear) 분석을 통해 농경 이전부터 식물을 이용한 증거가 발견되었다. 시자탄(柿子灘) 유적(약 1만 2700~1만

---

13 Z. Zhao, 'Cong Xinglonggou yizhi fuxuan jieguo tan Zhongguo beifang zaoqi nongye qiyuan wenti (Addressing the origins of agriculture in North China based on the results of flotation from the Xinglonggou site)', *Dongya Guwu*, 12 (2004), 188-99.
14 H.V. Hunt et al., 'Genetic diversity and phylogeography of broomcorn millet (*Panicum miliaceum* L.) across Eurasia', *Molecular Ecology*, 20 (2011), 4756-71; H.V. Hunt et al., 'Waxy phenotype evolution in the allotetraploid cereal broomcorn millet: mutations at the GBSSI locus in their functional and phylogenetic context', *Molecular and Biological Evolution*, 30 (2013), 109-22.

1600년 전 BP)에서 발굴된 전분립(澱粉粒, starch grain)에서도 도토리(참나무속), 콩(동부속), 덩이줄기류(마속), 기장아과 등의 여러 식물이 확인되었다.[15] 기장과 조(粟)는 모두 기장아과(*Panicoideae*)에 속한다. 하천도(下川島) 유적(약 2만 3900~1만 6400년 전 BP)에서 발굴된 여러 가지 분쇄용 도구의 사용 마모 흔적을 분석했더니, 서로 다른 재료를 갈아서 생긴 흔적이 확인되었다.[16] 여기서 발견된 패턴 중 하나는, 껍질이 얇고 수분이 많은 곡물을 갈 때 생기는 패턴과 비슷했다. 이런 자료들이 직접적으로 기장의 화석과 관련된 것은 아니다. 다만 어떤 곡물을 수확한 뒤에 재처리 과정을 거쳤다는 점, 식생활에 곡물이 이용되었다는 점은 충분히 짐작할 수 있다. 재배종 기장이 출현하기 전에 이미 끓이는 도구로서의 토기가 발달한 것으로 보아, 가루를 내지 않더라도 딱딱한 곡물을 먹을 수 있는 다른 방식도 존재했을 것으로 추정된다.

중국 북부의 식물고고학 자료 가운데 플라이스토세에서 홀로세 초기로 넘어가던 시기의 자료들을 분석해보면 문제는 더욱 분명해진다. 탄화된 알곡 이외에 식물규소체(phytolith)나 전분립 분석을 통해서도 연대를 알 수 있는데, 이를 통해 확인된 기장 관련 연대는 기존에 알려진 연대보다 2000년을 더 거슬러 올라간다. 남장두(南莊頭), 동호림(東胡林), 자산(磁山) 같은 하북(河北) 지역의 여러 유적에서 관련 근거가 발

---

15 L. Liu et al., 'Paleolithic human exploitation of plant foods during the last glacial maximum in North China', *Proceedings of the National Academy of Sciences*, 110 (2013), 5380-5.
16 L. Liu and X. Chen, *The Archaeology of China: From the Late Paleolithic to the Early Bronze Age* (Cambridge University Press, 2012).

견되었다. 지금까지 발표된 연구 성과 가운데 시기가 가장 앞서는 보고는 기원전 제11천년기까지 거슬러 올라간다. 최근 전분립 분석을 통해 추론한 연구 성과에 따르면, 조(粟)의 경우 세타리아 이탈리카(Setaria italica) 그리고/혹은 세타리아 비리디스(Setaria viridis)를 가공한 흔적이 홀로세 시기 북경의 동호림 유적(c. 7500 BCE)과 하북성 남장두 유적(c. 9500 BCE)에서 발견되었다.[17] 기장(Panicum miliaceum)의 경우 가장 시기가 올라가는 근거는 자산 유적에서 발견된 식물규소체인데, 층서가 확인되는 발굴층위에서 추출되었다.[18] 형태로 보아 기장(Panicum miliaceum)으로 판명되었지만 야생종일 가능성도 배제할 수는 없다. 가속기질량분석(AMS) 방사성탄소 연대측정 결과 해당 층위는 기원전 8500~7500년 시기로 확인되었다.

화석 자료 가운데 시기가 가장 앞서는 것은 기원전 제7/6천년기에 해당한다. 몇몇 지역에서 탄화된 기장과 조(粟)가 보고된 적 있는데, 시기는 기원전 5000년(cal) 이전이다.[19] 해당 유적은 내몽골의 흥륭구(興隆溝) 유적, 요령의 신락(新樂) 유적, 산동의 월장(月莊) 유적, 북경의 동호림(東胡林) 유적, 하북의 자산(磁山) 유적, 하남의 배리강(裴李崗), 사와리(沙窩李), 오라서파(塢羅西坡) 유적, 감숙의 대지만(大地灣) 유적 등이다.

---

17 X. Yang et al., 'Early millet use in northern China', *Proceedings of the National Academy of Sciences*, 109 (2012), 3726-30.
18 H. Lu et al., 'Earliest domestication of common millet (*Panicum miliaceum*) in East Asia extended to 10,000 years ago', *Proceedings of the National Academy of Sciences*, 106 (2009), 7367-72.
19 X. Liu et al., 'River valleys and foothills: changing archaeological perceptions of North China's earliest farms', *Antiquity*, 83 (2009), 82-95.

기장 유적지의 지리적 분포에서 놀라운 점은, 모두가 황토고원과 내몽골고원의 가장자리를 따라 집중되어 있다는 사실이다. 고원의 동쪽 끝이 중국 북부의 대표적 충적 평야 두 곳과 맞닿아 있는데, 화북(華北)평원(중국 북부 평원)과 동북(東北) 평원이 그것이다. 고원 지대와 평야 지대 사이에는 낮은 산지가 북동부에서 남서부로 넓게 펼쳐져 있는데, 길이가 거의 2500킬로미터에 달한다. 기원전 5000년 이전의 기장이 발굴된 유적은 모두가 이 구릉 지대에 있으며, 산맥과 관련해서 모두 비슷한 입지 환경을 가지고 있다. 이 산맥을 넘어가면 다른 초기 기장 유적들이 있는데, 산맥과의 관계는 모두 동일하다. 즉 대지만 유적은 진령(秦嶺)산맥의 산록에 있고, 월장 유적은 태기(泰沂)산맥의 산록에 위치한다.

기장 관련 유적은 가까운 강과 관련하여 공통된 입지 조건이 있다. 고지대와 아래 충적토 사이, 강물의 흐름이 갑자기 완화되는 곳으로, 비가 오면 자연스럽게 비옥한 토양이 축적된다.[20] 충적토의 유형도 다르고 형성되는 역사도 다르지만, 서남아시아에서 초기 농업이 시작된 유적지의 지형 조건도 충적토였다는 점은 어떤 공통점을 짐작케 한다. 연구자들은 이러한 패턴을 가리켜 "지리적 기회 포착(geological opportunism)" 혹은 "저수지 농법(catchment farming)"이라 했는데, 이는 중국 북부의 기장 농업과 관련해서도 적용될 수 있는 개념이다(저수지 농법은 저수 민감 농업이라고도 한다. 기후 변화에 대응하기 위한 농업 정책 중 하나로, 농지 안에 저수지를 두고 물을 순환시킴으로써 주변 강물을 오염시키지 않으면서도 지속 가능한 생태 농업 기술을 말한다. ─옮긴이).[21]

20 Liu et al., 'River valleys and foothills'.

기장과 관련된 고고학적 근거는 수수께끼 같은 측면을 내포하고 있다. 즉 유라시아의 양쪽 끝에서 모두 기장 농업이 출현했기 때문이다. 기원전 제6천년기 및 제5천년기 유럽과 캅카스 지역의 약 20군데 유적에서 기장이 발견되었고, 종(species) 차원까지 확인이 가능했다.[22] 그러나 유럽에서 발견된 기장 알곡의 직접적인 방사성탄소 연대측정 결과, 기존 발굴 자료 중 최소한 일부 혹은 전부가 의심스럽다는 결론에 도달했다(즉 후대의 기장 관련 유물이 신석기 발굴층위에 혼입된 것이다). 아시아 기장이 어느 시점에 유럽에 도착했는가 하는 문제는 아직 연구를 통해 밝혀야 할 과제로 남아 있다.

고고학적으로 발견된 정도의 양을 가지고 기장의 지리적 분포나 연대는 파악할 수 있겠지만, 과연 식생활에서 기장이 어느 정도로 기여했는지 추론하기란 쉽지 않다. 이는 유적층이 형성된 과정에 따라 상당히 달라지는 문제이기 때문이다(혼입 관련 문제는 앞에서 언급한 바와 같다). 기장의 식생활 기여도를 파악하려면 유골의 안정동위원소를 통한 고식생활(palaeodietary) 분석법이 효과적이다. 인골의 안정동위원소 수치를 통해 중국 북부 지역에서 기원전 5000년(cal) 이후로 4탄당(C_4) 곡물의 소비가 일반화되었음을 알 수 있다(중국 북부의 경우 4탄당은 기장과 조를

---

21 C. Vita-Finzi, 'Geological opportunism', in P.J. Ucko and G. Dimbleby (eds.), *The Domestication and Exploitation of Plants and Animals* (London: Duckworth, 1969), 31-4; A.G. Sherratt, 'Water, soil and seasonality', *World Archaeology*, 11 (1980), 313-30.

22 H.V. Hunt et al., 'Millets across Eurasia: chronology and context of early records of the genera *Panicum* and *Setaria* from archaeological sites in the Old World', *Vegetation History and Archaeobotany*, 17 (2008), 5-18.

통해 섭취했을 것을 전제로 한다).[23] 그러나 과거의 동위원소 패턴은 유적 및 개인에 따라 편차가 상당히 큰 편이다. 기원전 5000년 이전 기장을 섭취했다고 보고된 문화 권역은 총 다섯 곳이다. 그중 한 곳은 기장 섭취와 전혀 관련이 없었고, 두 곳은 4탄당(C_4)과 3탄당(C_3)을 혼합 섭취한 것으로 밝혀졌다.[24] 유일하게 흥륭와(興隆窪) 문화권에서 발견된 인골에서만 동위원소 분석에서 상당량의 기장을 섭취한 결과를 보였다(제13장 참조).

유라시아 대륙의 동쪽에서 서쪽으로 시선을 돌려보면, 식물고고학 자료 가운데 기장류가 없지는 않다. 하지만 안정동위원소 분석 결과에 따르면, 유라시아 서부의 신석기 시대 식생활은 대체로 3탄당 자원에 기초하고 있었다. 4탄당 곡물의 소비 흔적은 이탈리아의 경우 청동기 시대(1500~1100 BCE)까지, 중부 유럽의 경우 철기 시대(800~400 BCE)까지 나타나지 않는다. 이후로도 신석기 중국 북부에서처럼 기장류가 주요 곡물의 위치를 차지한 적은 단 한 번도 없었다.[25]

요컨대 기존의 고고학적 발굴 성과로 보자면, 기원전 5000년경 중국 북부 전역에서는 기장류 곡물에 크게 의존하고 있었다. 그 이전 시기에도 기장을 어느 정도 섭취한 흔적은 여러 유적에서 발견된다. 하지만 상

---

23 E. Lightfoot et al., 'Why move starchy cereals? A review of the isotopic evidence for prehistoric millet consumption across Eurasia', *World Archaeology*, 45 (2013), 574-623.
24 X. Liu et al., 'The earliest evidence of millet as a staple crop: new light on Neolithic foodways in North China', *American Journal of Physical Anthropology*, 149 (2012), 238-90.
25 Lightfoot et al., 'Why move starchy cereals?'

당량의 기장을 섭취한 흔적은, 탄소 동위원소 분석 결과로는 유일하게 흥륭와 유적에서만 발견되었다.

신석기 시대 사람들이 오직 기장만 먹고 살았다고 보기는 어렵다. 신석기 중기를 지나면서 새로운 사육종 및 재배종 자원이 식생활에 등장했다. 예를 들면 돼지, 콩, 대마 씨 등이다. 고고학적 발굴 자료를 바탕으로 보자면, 경작 여부와 상관없이 콩을 먹은 시기는 중국 북동부보다 중원, 즉 황하강 이남과 화북 평원이 앞선다. 예컨대 하남의 가호(賈湖) 유적에서 상당량의 글리신(glycine)이 발견되었는데, 시기는 기원전 제7천년기 후기였다.[26] 같은 유적에서 발굴된 콩은 크기가 작았다. 크기의 변화를 통해 재배종이 확인된 시기는 기원전 3650~1450년이었다.[27] 한국에서 고고학적으로 발굴된 콩도 황하강 유역과 시기적으로 비슷했다. 재배종 콩의 진화에서 이들 두 지역은 서로 연결된, 혹은 병행 발달한 지역이었다. 일본에서는 시모야(下宅部) 유적에서 조몬 시대 중기의 콩이 발굴되었는데, 황하강 유역이나 한국보다 더 이른 시기에 독자적으로 진화한 재배종 콩이었다.[28]

대마(*Cannabis sativa*)는 일찍이 중국에서 기름과 섬유를 만드는 원료가 되었을 뿐만 아니라 약재로도 쓰였다. 중국에서는 아주 오래전부터 대마 씨의 식용과 약용에 관한 문자 기록이 전해지고 있다.[29] 야생종의

---

26 Z. Zhao, 'Flotation results from the Jiahu site, Wuyang county of Henan', in Z. Zhao (ed.), *Paleoethnobotany: Theories, Methods and Practice* (Beijing: Academy Press, 2010), 108-18.
27 Fuller et al., 'Convergent evolution'.
28 G.A. Lee et al., 'Archaeological soybean (*Glycine max*) in East Asia: does size matter?', *PLoS ONE*, 6 (2011), e26720.

기원지가 어디였는지는 불분명하지만, 중국 북부 황토고원의 반건조 지대 초원 환경이었을 것으로 추정하는 연구가 있었다. 이외에도 오늘날 중앙아시아 전역에서 야생종이 분포하고 있다.[30] 유전자 근거로 볼 때 재배종의 진화는 유라시아 서부와 동부에서 독자적으로 이루어졌던 것 같다.[31] 발굴된 식물고고학 자료는 매우 빈약하지만 감숙성 임가(林家)의 마가요(馬家窯) 유적(약 4700년 전 BP), 하북성 태서(台西)의 상나라 유적(약 3500년 전 BP), 산동성 대신장(大辛莊) 유적(약 3500년 전 BP) 등지에서 발굴 성과가 있었다.

돼지는 중국에서 특히 이른 시기부터 사육된 동물이었다. 최근 동물고고학에서 기하학적 형태 분석법(동물의 크기를 컴퓨터로 모델링하는 기법)을 통해 연구한 성과에 따르면, 중원 지역에서 사육종이 진화한 것으로 추정되었다. 회하(淮河) 유역의 가호(賈湖) 유적(9000~8000년 전 BP)에서 사육종 돼지의 치아가 발견되었는데, 앙소(仰韶) 문화의 서수파(西水坡) 유적에서 발견된 것과 비슷했다.[32] 사육종 돼지 뼈의 안정동위원소 분석을 통해 돼지가 어느 시점에 기장 성분을 많이 섭취했는지 밝혀

---

29 H.L. Li, 'An archaeological and historical account of cannabis in China', *Economic Botany*, 28 (1974), 437-48, and 'The origin and use of cannabis in Eastern Asia: linguistic-cultural implications', *Economic Botany*, 28 (1974), 293-301.
30 H.L. Li, 'The domestication of plants in China: some ecogeographical considerations', in D.N. Keightley (ed.), *The Origins of Chinese Civilization* (Berkeley: University of California Press, 1983).
31 K.W. Hillig, 'Genetic evidence for speciation in cannabis (*Cannabaceae*)', *Genetic Resources and Crop Evolution*, 52 (2005), 161-80.
32 T. Cucchi et al., 'New insights into pig taxonomy, domestication and human dispersal in island South East Asia through molar shape analysis: the *Sus* remains from Niah, and Lobang Kudih caves in Sarawak', *International Journal of Osteoarchaeology*, 19 (2009), 508-30.

낼 수 있었다. 야생 멧돼지라면 결코 이런 정도로 기장을 섭취할 수 없었을 것이다. 돼지가 기장을 섭취했다는 것은 곧 돼지를 울타리 안에 가두어 사육했고, 인간의 부엌에서 나오는 음식물 쓰레기 혹은 기장을 먹은 인간의 분변이 돼지 먹이로 제공되었음을 의미한다. 대지만(大地灣) 유적에서 발견되는 앙소 문화 시기의 돼지(4500 BCE 이후)는 기장 성분을 섭취했지만, 그 이전 시기(5500 BCE)의 돼지는 기장 성분을 섭취하지 않았다.[33]

중국 남부: 양자강 유역의 초기 농업

벼농사(그림 12-4)의 기원지가 양자강 유역이라는 주장은 수십 년 전부터 제기되었다. 1970년대 하모도(河姆渡)에서 물에 잠겨 있던 신석기 유적(7000~6300년 전 BP, 그림 12-5)을 시작으로, 1990년대 양자강 중류 팽두산(彭頭山)과 팔십당(八十壋) 등의 유적에서 상당량의 벼가 발굴되면서 벼의 기원지를 설명할 때면 거의 언제나 양자강 유역이 빠지지 않고 등장했다.[34] 인도에서도 오래도록 고고학적 발굴과 유전자 연구가 진행되었고, 인도 또한 독자적으로 재배종 벼인 인디카 품종의 기원

---

33 L. Barton et al., 'Agricultural origins and the isotopic identity of domestication in northern China', *Proceedings of the National Academy of Sciences*, 106 (2009), 5523-8.
34 D.J. Cohen, 'The beginnings of agriculture in China: a multiregional view', *Current Anthropology*, 52, Supplement 4 (2011), S273-93; G. Crawford et al., 'Houli culture rice from the Yuezhuang site, Jinan', *Dongfang Kaogu*, 3 (2006), 247-51; C. Higham, 'East Asian agriculture and its impact', in C. Scarre (ed.), *The Human Past: World Prehistory and the Development of Human Societies* (London: Thames & Hudson, 2005), 234-63.

[그림 12-4] 절강성 지역의 논

지로 알려졌다.[35] 그러나 오늘날 밝혀진 바는 조금 다르다. 즉 인도의 초기 농업이 독자적으로 발달한 것은 맞지만, 재배종 벼는 약 4000년 전 동아시아 품종이 수입되었고, 이것이 인도의 농업을 더욱 강화하는 계기가 되었다.[36]

---

35 D.Q. Fuller, 'Fifty years of archaeobotanical studies in India: laying a solid foundation', in S. Settar and R. Korisettar (eds.), *Indian Archaeology in Retrospect*, 4 vols. (New Delhi: Indian Council of Historical Research, 2002), vol. III, 247-363.
36 D.Q. Fuller, 'Pathways to Asian civilizations: tracing the origins and spread of rice and rice cultures', *Rice*, 4 (2011), 78-92; D.Q. Fuller and L. Qin, 'Declining oaks, increasing artistry, and cultivating rice: the environmental and social context

〔그림 12-5〕 하모도의 신석기 유적

양자강 남쪽 강변 가까이 위치한 플라이스토세의 동굴에서 식물규소체가 발굴되었는데, 이를 분석한 결과 이 지역에서는 플라이스토세에 이미 재배종 벼가 자라고 있었다.[37] 그러나 연구에서는 어떤 식으로 재배가 이루어졌는지, 재배종과 야생종의 형태적 특성을 구분하는 기준이 무엇인지는 밝히지 않았다. 다만 1만 8000년 전(BP) 이동식 수렵채집인

---

of the emergence of farming in the lower Yangtze region', *Environmental Archaeology*, 15 (2010), 139-59; and see Chapter 10.

37 Y. Yasuda and J.F. Negendank, 'Environmental variability in East and West Eurasia', *Quaternary International*, 105 (2003), 1-6; Z. Zhao, 'The middle Yangtze region in China is one place where rice was domesticated: phytolith evidence from the Diaotonghuan Cave, northern Jiangxi', *Antiquity*, 72 (1998), 885-97.

사회가 양자강 유역에서 토기를 개발한 사실은 밝혀졌다. 즉 그들이 식량 자원을 획득한 뒤 재처리를 거쳐 섭취하는 새로운 방식을 만들어냈던 것만은 분명한 사실이다.[38] 그 지역에서 이들보다 더 정주성이 강한 수렵채집인 마을이 형성된 시기는 약 9000년 전(BP)이었다. 야생 벼는 최소한 1만 5000년 전(BP)의 것이 확인되지만, 그것이 수렵채집인의 식량 체계에서 어떤 의미를 가졌는지는 알 수 없다. 최근 식물고고학 자료 연구가 향상되면서 양자강 유역의 재배종 벼 진화 과정이 밝혀졌다. 진화 시기는 하모도 문화 시기, 즉 7000~6000년 전(BP)이었으며, 하모도 문화 직후에 재배종이 완성되었다고 한다.[39] 그렇다면 그 지역에서 농업이 시작된 시기는 약 1만~9000년 전으로 볼 수 있다. 양자강 중류 지역은 시작 시기가 조금 더 빨랐을 것이다. 그러나 진행 과정은 하류 지역과 비슷했다. 또한 회하(淮河) 혹은 양자강의 북쪽 지류인 한수(漢水) 같은 경우, 별도로 초기 벼농사가 시작되었던 지역으로 추정된다. 최초의 농업 혹은 재배종 벼의 진화가 시작된 시점 관련 근거는 아직 모호한 상태다. 현재의 고고학 연구 성과에서는 재배종 벼 진화의 시작 시점보다 완성 시점을 더 분명히 파악하고 있다.

최근 식물고고학 연구를 통해 분명하게 밝혀진 것처럼 벼농사는 수렵채집인에 의해 시작되었다. 이들은 다양한 견과류, 특히 도토리나 수

---

38 Boaretto et al., 'Radiocarbon dating'.
39 D.Q. Fuller and L. Qin, 'Water management and labour in the origins and dispersal of Asian rice', *World Archaeology*, 41 (2009), 88-111; Fuller and Qin, 'Declining oaks'; D.Q. Fuller et al., 'Consilience of genetics and archaeobotany in the entangled history of rice', *Archaeological and Anthropological Science*, 2 (2010), 115-31.

상 식물의 열매(water chestnuts, *Trapa natans* ; foxnuts, *Euryale ferox*)를 채취하는 가운데 벼농사를 시작하게 되었다. 이러한 견과류를 채집하여 저장하다가 점차 정주 생활을 하는 사회가 형성되었고, 이들이 습지의 가장자리 물이 얕은 지역을 관리하면서 그곳에 다년생 야생 벼(*Oryza rufipogon sensu stricto*)를 심기 시작했다. 이런 환경에 살던 사람들은 민물고기도 많이 잡아먹었다. 항주만(杭州灣) 지역에는 과호교(跨湖桥) 문화 및 하모도(河姆渡) 문화 유적이 있는데, 이들 마을에서는 길게 연결된 형태의 주택이 건설되었다. 이는 대가족이 한집에서 거주했던 흔적이다. 상산(上山, 절강성) 유적(1만~8500년 전 BP)에서도 같은 형태의 유적이 발견된 것으로 보아, 이미 정주 생활을 하던 수렵채집인의 마을에서 이와 같은 대가족 공동 거주 전통이 생겨난 뒤 항주만의 과호교와 하모도 문화에까지 이어졌던 것이다. 양자강 중류 팽두산(彭頭山) 문화의 주택은 특징적인 둥근 모양의 오두막에 실내 바닥층이 지표면보다 내려가 있는데, 거주 인원수는 그리 많지 않았던 것 같다. 사각형 건물은 몇 채 밖에 없었다. 그러나 그 뒤를 이은 대계(大溪) 문화 시기(6500년 전 BP)에는 대다수 건물의 형태가 사각형으로 변했다. 벼는 갈수록 견과류를 보충하는 기능을 담당했는데, 점차 견과류를 대신하여 주식 작물의 지위를 차지하기까지 아마도 2000년 내지 3000년의 시간이 걸렸던 것 같다. 그러는 사이 벼는 재배종의 특성을 갖추는 방향으로(경작 및 수확에 걸맞은 품종으로) 진화하게 되었다. 대표적 특성은 수확기에 이르러 낱알이 저절로 흩어지지 않는 것이었다. 고고학에서는 이를 재배종의 대표적 특징으로 간주한다. 뿐만 아니라 알곡 크기도 커졌고, 추론하자면 유한원추화서(有限圓錐花序) 같은 특성을 가졌을 것이며, 알곡 개수도 늘어났고, 직립성과 한해살이 등의 특성이 강화되었을 것이다.

식물고고학적 증거가 쌓이고 논바닥 구조가 그대로 남아 있는 유적도 발견되면서 초기 농업 시스템을 재구성하는 일이 가능해졌다. 처음에 벼농사는 습지 가장자리에서 시작되었다가 점차 물 깊이를 관리하는 데까지 나아갔으며, 건기에는 남은 재료를 태워서 토양을 비옥하게 함으로써 다음 농사를 준비하기도 했다. 벼가 분명하게 재배종의 특성을 보이게 된 시기는 약 6000년 전이었다. 당시 인공적으로 조성한 경작지의 흔적이 분명하게 나타난다. 예를 들면 양자강 하류, 태호(太湖)의 동쪽, 작돈(綽墩) 유적이나 초혜산(草鞋山) 유적이다.[40] 초기 경작지는 둥글고 조그만 구덩이로 구성되어 있었는데, 구덩이 하나의 지름이 1~2미터 정도였다(그림 12-6). 이러한 기술은 소규모 집약농의 특성을 보여주는 것으로, 이렇게 하면 토양에 거름을 주거나 물을 대기가 편하고 수확의 안전도 비교적 쉽게 보장할 수 있었다. 이러한 경작지는 규모가 더 작은 주택과 결부되어 있었는데, 규모로 보아 아마도 핵가족 생활을 했던 것 같다. 양자강 중류의 성두산(城頭山) 유적에서는 등고선을 따라 가늘고 길게 조성된 경작지가 발견되었는데, 옆으로는 (너비 약 2.7미터, 길이 20미터 이상의) 둑을 쌓았다. 이는 식물고고학과 관련되는 유적으로, 얕은 물에서 무논을 조성하여 경작을 했던 것으로 보인다.[41] 경작지와 마찬가지로 주택의 형태도 가늘고 긴 사각형이었고, 구조적으로 보다

40 Fuller and Qin, 'Water management'.
41 Ibid.; H. Nasu et al., 'Land-use change for rice and foxtail millet cultivation in the Chengtoushan site, central China, reconstructed from weed seed assemblages', *Archaeological and Anthropological Sciences*, 4 (2012), 1-14.

[그림 12-6] 작돈 유적의 경작지, 기원전 4000년경

영구적이었다. 이전 시기의 팔십당 유적이나 팽두산 유적의 주택보다 오히려 더 큰 규모였다.

약 6000년 전(양자강 중류의 대계大溪 문화, 양자강 하류의 마가병馬家浜 문화)에 이르면 재배종 벼가 신석기 사회에서 주식 작물로 확고히 자리를 잡고, 이로써 이후 시대에 사회 구조가 복잡해지고 인구가 증가하는 기반이 되었다. 양자강 중류 유역에서 생산성이 향상되고 벼의 비중이 증가하면서 인구가 성장했다. 이러한 현실은 기원전 제3천년기 굴가령(屈家嶺) 문화와 석가하(石家河) 문화 주거지의 규모에 반영되어 있다. 양자강 하류의 양저(良渚) 문화(3300~2300 BCE)에서는 중심 도시가 형성되었고, 정교한 옥 공예품이 생산되었으며, 기타 수공업 제품도 등장했다. 이는 배후에 광대한 벼농사 지대가 있었기에 가능한 문화였다. 양

〔그림 12-7〕 모산 유적의 논 구조, 기원전 4700~4200년

저 문화의 중심지에는 인상적인 성벽과 물류 운송을 위한 운하, 전문 기술자들을 위한 작업장, 엘리트 계층의 묘역(예컨대 막각산莫角山 유적) 등이 포함되어 있었다. 근처에 있는 모산(茅山) 유적에서는 광대한 논 유적이 발견되었는데, 오늘날 벼농사를 짓는 농부들에게 익숙한 풍경이었다. 사각형으로 경지를 정리하고 테두리에는 길과 논둑을 조성해서 지역의 강물을 끌어들일 수 있는 구조로 되어 있었다(그림 12-7). 벼 이외에 사육종 혹은 재배종으로 명확하게 확인된 품종은 돼지, 멜론, 호리병박뿐이었다. 감이나 복숭아 같은 과일, 모시풀 같은 섬유 작물, 누에의 먹이가 되는 뽕나무 등을 재배했을 가능성도 있다. 역사상 가장 오래된 직물이 양저 문화에서 출토되었다. 이를 통해 당시 모시와 비단을 생산

했음을 알 수 있다. 그러나 발굴된 방추차 유물로 보자면, 직조의 전통은 양자강 중류 신석기 문화뿐만 아니라 그 이전의 초기 벼 재배 문화였던 과호교 문화 및 하모도 문화로까지 거슬러 올라간다.

양자강 유역에서 신석기 후기에 벼농사가 확고히 자리 잡으면서 이를 기반으로 더 남쪽으로 복건, 광동, 광서까지 농업이 전파되었다. 이들 지역에 벼가 전래된 시기는 약 5000~4500년 전이었다.[42] 조(粟)도 최소한 광서 지역까지는 전파되었는데, 벼의 경우로 유추해보건대 아마도 양자강 중류 지역을 거쳐 전해졌던 것 같다. 그때까지 양자강 하류 지역에는 조(粟)가 알려지지 않았다. 물질문화의 전파 경로 또한 이와 다르지 않았다.[43] 중국 남부에서 벼와 조(粟)가 대륙 동남아시아 지역까지 전파된 때가 약 4000년 전이었다.[44] 동남아시아에서는 벼가 전래되기 전에 이미 녹말이 함유된 음식을 섭취한 것으로 확인되었다. 예컨대 야자, 바나나, 애로루트(arrow root), 염주(念珠, Job's Tears, 볏과의 한해살이풀 — 옮긴이) 등에서 전분을 섭취할 수 있었다. 이런 식물들을 재배했는지, 아니면 채집했는지는 확인되지 않았다.[45] 동남아시아 지역에 벼농사가 도입된 뒤로도 일정 기간 동안은 일부 지역에 국한되었을 것이다. 본격

42 T.L.D. Lu, 'Prehistoric coexistence: the expansion of farming society from the Yangzi River to western South China', in K. Ikeya et al. (eds.), *Interactions Between Hunter-Gatherers and Farmers: From Prehistory to Present* (Osaka: National Museum of Ethnology, 2009), 47-52.
43 C. Zhang and H.-C. Hung, 'The emergence of agriculture in southern China', *Antiquity*, 84 (2010), 11-25.
44 C. Castillo, 'Rice in Thailand: the archaeobotanical contribution', *Rice*, 4 (2011), 114-20; and see Chapter 16 below.
45 X. Yang et al., 'Sago-type palms were an important plant food prior to rice in southern subtropical China', *PLoS ONE*, 8 (2013), e63148.

적으로 인구가 성장하고 벼농사 때문에 바닷가 충적 평야의 침식 작용에 흔적을 남길 정도로 주변 환경에 뚜렷한 영향을 미친 시기는 기원전 500년 무렵이었다.[46]

두 종류의 기장류 작물이 상호 보충적 관계였던 중국 북부와 달리 남부에서는 기본적 주식 작물을 대체할 보조 작물이 존재하지 않았다. 또한 중국 북부의 콩처럼 생계에 도움이 될 정도로 중요한 2차적 작물도 없었다. 서남아시아 혹은 남아시아 일부 지역에서는 재배종 작물이 다양해서 곡물 종류가 많고 채소 종류도 많았지만(제10장 참조) 중국 남부 지역은 전혀 그런 상황이 아니었다. 양자강 유역에서 농업이 시작된 뒤 처음 2000~3000년 동안은, 예외적으로 양자강 중류 지역에서 소규모로 조(粟)를 재배한 흔적이 발견되기는 했지만, 거의 전적으로 벼농사만 존재했다. 대계(大溪) 문화 시기 성두산(城頭山) 유적에서 들깨와 멜론을 재배했을 가능성도 있다. 그러나 형태적으로 재배종 진화의 과정을 밝혀줄 만한 명확한 근거가 발견되지 않았다.[47] 황하 유역에서 2차적으로 재배종 작물(예컨대 콩과 대마)이 개발되고 수입종(예컨대 밀과 벼)도 받아들이면서 작물 구성이 다양해졌고, 다양성의 이념도 발달했다(뒤에 언급될 오곡五穀에 관한 논의 참조). 그러나 양자강의 초기 농업은 오직 벼 한 가지에 집중할 따름이었다. 나중에는 중국 남부 지역에서도 마침내 농작물이 다양해졌다. 특히 지금으로부터 4000년 전 이후로 양자강 유역이 황하강 유역에서 출현한 국가 체제에 편입되면서 밀과 콩

---

46 D. Hu et al., 'Holocene evolution in weathering and erosion patterns in the Pearl River delta', *Geochemistry, Geophysics, Geosystems*, 14 (2013), 2349-68.
47 Nasu et al., 'Land-use change'.

같은 곡물이 남쪽으로 전래되기에 이르렀다.

유라시아 서부의 영향: 밀과 바퀴

신석기 시대에 지역별로 선진적인 몇몇 복합 구조의 사회가 번성하고 쇠락하던 시기와, 중원 지역이 중앙아시아와 교류하게 된 시기는 대체로 겹치는 경향이 있다. 교류를 통해 서방의 재배종 작물을 비롯해 기술적 요소들이 중국으로 전해졌다. 유라시아 동부의 기장이 언제 처음 서부에도 등장했는지는 아직 분명히 밝혀지지 않았다. 기원전 제3천년기에 중국 이외의 지역에서 중국의 기장이 발견되었고, 같은 시기에 서방의 곡물과 가축, 특히 밀과 보리, 소와 양이 중국으로 전파되었다. 그래서 청동기 시대의 세계화 과정이 있었다고 일컬어지기도 한다.[48] 또한 인도와 파키스탄의 북서부가 "중국의 지평선(Chinese Horizon)"에 포함되었는데, 중국에서 기원한 몇몇 식물들, 이를테면 기장, 벼(자포니카), 복숭아, 살구, 대마 등이 그곳에 도달한 때가 4000년 전 이후였다.[49] 카자흐스탄의 베가시(Begash) 유적은 유라시아 대륙의 곡물 전파와 관련해서 매우 중요한 유적이다. 이곳에서 기원전 2450~2150년(cal) 시기의 밀과 기장이 실물로 발굴되었다.[50]

---

48 N. Boivin et al., 'Old World globalization and the Columbian exchange: comparison and contrast', *World Archaeology*, 44 (2012), 452-69; M.K. Jones et al., 'Food globalization in prehistory', *World Archaeology*, 43 (2011), 665-75.
49 D.Q. Fuller and N. Boivin, 'Crops, cattle and commensals across the Indian Ocean: current and potential archaeobiological evidence', *Etudes Océan Indien*, 42-3 (2009), 13-46.
50 M.D. Frachetti et al., 'Earliest direct evidence for broomcorn millet and wheat in the Central Eurasia steppe region', *Antiquity*, 84 (2010), 993-1010.

중국 내부에서 발굴된 밀은 대체로 기원전 2000년 이후의 것으로, 그 이전에도 존재했을 수는 있지만 고고학적으로 발굴된 것은 없다. 산동성의 조가장(趙家莊) 유적에서 발굴된 한 시료를 방사성탄소 연대측정법으로 분석한 결과, 기원전 2500~2270년(cal)에 빵밀이 존재했던 것으로 확인되었다.[51] 지금까지 중국에서 발견된 서방의 곡물로는 가장 오래된 사례다.[52] 한(漢)나라 때 회전식 맷돌이 수입된 이후로 국수나 빵 같은 가루음식의 발전이 가능해졌다.

같은 시기에 양, 염소, 소를 사육했던 직접적 증거도 등장한다. 이들이 서방에서 처음 도입된 때는 약 4500년 전이었다.[53] 서아시아와 중앙아시아(신강 포함) 혹은 인도 지역과는 달리, 중원 지역에서는 이들 동물의 젖을 주요 식재료로 사용했던 민족적 또는 역사적 전통이 존재하지 않는다.[54] 기원전 제2천년기 동안 다른 기술들도 유라시아 대륙의 동쪽으로 전파되었다. 기원전 2000년경에 청동기 야금술이, 기원전 1200년경에 말, 바퀴, 전차(수레) 기술이 전해졌다.[55]

---

51 G. Jin et al., 'Wheat grains are recovered from a Longshan cultural site, Zhaojiazhuang, in Jiaozhou, Shandong province', *Cultural Relics in China* (2008).
52 Z. Zhao, 'Eastward spread of wheat into China: new data and new issues', in Q. Liu and Y. Bai (eds.), *Chinese Archaeology*, vol. I X (Beijing: China Social Press, 2009), 1-9.
53 D.Q. Fuller et al., 'Across the Indian Ocean: the prehistoric movement of plants and animals', *Antiquity*, 85 (2011), 544-58.
54 F.J. Simoons, 'The traditional limits of milking and milk use in Southern Asia', *Anthropos*, 65 (1970), 547-93; W. Yan, 'Zhongguo shiqian daozuo nongye yicun de xin faxian (New discoveries of paddy rice agriculture in prehistoric China)', *Jianghan Kaogu*, 3 (1990), 27-32.
55 K.M. Linduff and J. Mei, 'Metallurgy in ancient Eastern Asia: retrospect and prospects', *Journal of World Prehistory*, 22 (2009), 265-81.

기원전 제2천년기에는 중앙아시아뿐만 아니라 중국에서도 서남아시아 기원 곡물의 비중이 상당한 증가세를 보였다.[56] 연대가 이 무렵으로 확인되는 중국 서부의 유적층에서, 즉 감숙성과 청해성, 신강과 티베트 자치구 등의 발굴지에서 밀과 보리가 흔히 보고되었다.[57] 운남성 서부의 해문구(海門口) 유적과 티베트 남부의 창과구(昌果溝) 유적(얄룽창포강 근처)에서 발굴된 자료를 보면, 밀 그리고/또는 보리가 아마 기원전 1400년경에도 이 지역에 존재했던 것 같다. 그러나 확실한 시기는 기원전 1000년경이다.[58] 이는 식재료 세계화의 초기 에피소드로, 유라시아의 동부와 서부의 곡물이 서로 교환되었던 역사다. 마찬가지의 과정이 남쪽에서도 있었다. 양자강 유역과 중국의 남쪽 끝(영남嶺南), 그리고 동남아시아와의 교류였다. 이 교류를 통해 벼와 기장이 남쪽으로 전파되었다.

---

56 A. Betts et al., 'The origins of wheat in China and potential pathways for its introduction: a review', *Quaternary International*, 30 (2013), 1-11; R. Flad et al., 'Early wheat in China: results from new studies at Donhuishan in the Hexi Corridor', *The Holocene*, 17 (2010), 555-60; N.F. Miller, 'Agricultural development in western Central Asia in the Chalcolithic and Bronze Age', *Vegetation History and Archaeobotany*, 8 (1999), 13-19; Zhao, 'Eastward spread of wheat into China'.
57 Betts et al., 'Origins of wheat in China'; Zhao, 'Eastward spread of wheat into China'.
58 J. d'Alpoim Guedes et al., 'Moving agriculture onto the Tibetan plateau: the archaeobotanical evidence', *Archaeological and Anthropological Sciences*, 6 (2014), 255-69.

오곡의 기원

현대 중국에서 농업은 매우 중요한 비중을 차지한다. 수백만 명이 농업에 종사하고, 세계 인구의 20퍼센트를 중국 농업이 먹여 살리고 있다. 중국어로 "음식" 혹은 "식사"를 의미하는 단어는 반(飯, fàn)인데, 끓여서 익힌 쌀 혹은 기장으로 쑨 죽의 의미를 담고 있다. 중국식 식사를 하는 사람들에게 반(飯)은 일상생활에서 가장 기본적인 음식이다. 반(飯)을 먹어야 끼니를 때우고 배고픔을 면할 수 있다.[59] 이는 동양에서 곡물이 얼마나 중요한지를 엿볼 수 있는 사례로, 서양에 비교하자면 가축의 중요성에 맞먹는다. 유럽에서 농업은 복합 영농으로, 곡물 생산은 언제나 동물 사육과 함께 이루어졌다. 역사적으로 중국의 농업은 언제나 곡물 생산에 집중했으며, 선사 시대에도 크게 다르지 않았을 것이다. 최근에 이르기까지 중국 음식은 대체로 채식 위주였다. 다만 최근에 그 경향이 근본적 변화를 겪고 있다.

중국은 곡물 생산량에서 세계 1위를 기록하고 있다. 주로 쌀, 기장, 조(粟), 밀, 보리, 옥수수, 감자, 땅콩을 생산한다. 이러한 작물들은 그 자체로 구대륙과 신대륙의 전 지구적 교환 체계에 따른 결과물이다. 옥수수, 감자, 땅콩은 신대륙 기원 작물인데, 유럽인이 아메리카를 발견한 뒤 16세기와 17세기에 중국으로 수입되었다. 서남아시아의 작물들, 특히 밀과 보리는 기원전 제3천년기 및 제2천년기에 중국의 농업 시스템으로 수입되었다. 이들 작물도 유라시아 교환 체계의 핵심적 구성 요소였다. 같은 시기에 이루어졌던 동아시아, 동남아시아, 남아시아, 북아프리

---

59 Bray and Needham, *Science and Civilisation in China*, 3-8.

카의 교환 체계는 최근에 와서야 연구가 진행되고 있다. 중국의 재배종 작물들도 다양한 교환 체계를 거쳐 세계의 다른 지역으로 전파되었다.

다양한 곡물과 관련된 텍스트 자료는 안양(安陽)에서 출토된 상(商)나라의 갑골문에 처음 등장한다. 논란의 여지가 없지 않지만, 갑골문 중에는 가을에 밀 혹은 보리를 심고 봄에 기장을 심는 윤작 기록이 존재한다. 이는 중국뿐만 아니라 기원전 제3천년기에서 제2천년기의 세계, 메소포타미아와 인더스강 유역을 비롯해 유라시아의 수많은 지역에서 공통적으로 확인되는 바와 같다. 예를 들어 점토판에 쐐기 문자로 기록된 메소포타미아의 농업 시스템을 보면, 농장을 중심으로 가을에 심은 보리를 먼저 수확하고, 봄에 심은 기장류와 유채류를 나중에 수확한다는 내용이 나온다.

중국의 전설에는 농업을 개발한 신화적 인물로 신농(神農, 농사의 신)이 등장하는데, 그가 최초로 오곡(五穀)을 재배하고 사람들에게 씨 뿌리는 법을 가르쳐주었다고 한다. 오곡의 목록은 문헌 자료에 따라 다른데, 대마와 참깨 같은 기름 및 향신료 작물도 포함되는 경우가 많다. 기원전 6세기 내지 5세기에 공자(孔子)가 저술했다고 알려진 《예기(禮記)》에서는 오곡을 기장, 조, 콩, 밀 혹은 보리, 대마(즉 黍稷菽麥麻)로 규정했다. 다른 버전의 목록에서는 대마가 빠지고 벼가 포함되기도 한다. 신농의 "오곡" 이야기는 대개 신화적 내용으로 이해되고 있다. 때로는 이들 작물을 신성시하는 시대도 있었고, 농경 사회와 문명의 원천으로 간주하는 시대도 있었다.

안양에서 발굴된 갑골문에는 오곡으로 해석될 만한 문자가 포함되어 있다. 최근 식물고고학이 발달하고 중국에서도 부유법을 시행하는 발굴 조사가 증가하면서 선사 시대의 곡물 생산에 대한 지식이 풍성해지고 있다. 기원전 2000년경에 이르면 중원, 하남성, 섬서성 동부 등지에서 전설 속의 "오곡"이 실제 유적으로 확인된다. 최근 중국 최초 왕조(하夏나라)의 수도로 추정되는 이리두(二里頭) 유적에서 기장, 조, 벼, 콩, 밀, 대마가 탄화된 상태로 발굴되었다. 발굴 성과는 두 가지 버전의 오곡 목록과 일치하는 결과를 보임으로써, 결과적으로 신화, 문헌, 고고 발굴 자료 및 현대 중국의 농업을 이어주는 연결 고리를 완성했다.

더 읽어보기

Barton, L., S.D. Newsome, F.-H. Chen, et al. 'Agricultural origins and the isotopic identity of domestication in northern China.' *Proceedings of the National Academy of Sciences*, 106 (2009), 5523-8.

Boaretto, E. et al. 'Radiocarbon dating of charcoal and bone collagen associated with early pottery at Yuchanyan Cave, Hunan province, China.' *Proceedings of the National Academy of Sciences*, 106 (2009), 9595-600.

Bray, F. and J. Needham. *Science and Civilisation in China*, vol. Ⅴ Ⅰ: *Biology and Biological Technology*, Part Ⅱ: *Agriculture*. Cambridge University Press, 1984.

Flad, R., S. Li, X. Wu, and Z. Zhao. 'Early wheat in China: results from new studies at Donhuishan in the Hexi Corridor.' *The Holocene*, 17 (2010), 555-60.

Frachetti, M.D. et al. 'Earliest direct evidence for broomcorn millet and wheat in the Central Eurasia steppe region.' *Antiquity*, 84 (2010), 993-1010.

Fuller, D.Q. 'Pathways to Asian civilizations: tracing the origins and spread of rice and rice cultures.' *Rice*, 4 (2011), 78-92.

Fuller, D.Q., T. Denham, M. Arroyo-Kalin, et al. 'Convergent evolution and parallelism in plant domestication revealed by an expanding archaeological record.' *Proceedings of the National Academy of Sciences*, 111 (2014), 6147-52.

Fuller, D.Q. and M. Rowlands. 'Towards a long-term macro-geography of cultural substances: food and sacrifice traditions in East, West and South Asia.' *Chinese Review of Anthropology*, 12 (2009), 1-37.

Hillig, K.W. 'Genetic evidence for speciation in cannabis (Cannabaceae).' *Genetic Resources and Crop Evolution*, 52 (2005), 161-80.

Hunt, H.V., M.G. Campana, M.C. Laws, et al. 'Genetic diversity and phylogeography of broomcorn millet (*Panicum miliaceum L.*) across Eurasia.' *Molecular Ecology*, 20 (2011), 4756-71.

Hunt, H.V., M.V. Linden, X. Liu, et al. 'Millets across Eurasia: chronology and context of early records of the genera *Panicum* and *Setaria* from archaeological sites in the Old World.' *Vegetation History and Archaeobotany*, 17 (2008), 5-18.

Hunt, H.V. et al. 'Waxy phenotype evolution in the allotetraploid cereal broomcorn millet: mutations at the GBSSI locus in their functional and phylogenetic context.' *Molecular and Biological Evolution*, 30 (2013), 109-22.

Jones, M.K., H.V. Hunt, E. Lightfoot, et al. 'Food globalization in prehistory.' *World Archaeology*, 43 (2011), 665-75.

Kuzmin, Y.V. 'Two trajectories in the Neolithization of Eurasia: pottery versus agriculture (spatiotemporal patterns).' *Radiocarbon*, 55 (2013), 1304-13.

Lee, G.A., G.W. Crawford, L. Liu, Y. Sasaki, and X. Chen. 'Archaeological soybean (*Glycine max*) in East Asia: does size matter?' *PLoS ONE*, 6 (2011), e26720.

Lightfoot, E., X. Liu, and M.K. Jones. 'Why move starchy cereals? A review of the isotopic evidence for prehistoric millet consumption across Eurasia.' *World Archaeology*, 45 (2013), 574-623.

Liu, L. and X. Chen. *The Archaeology of China: From the Late Paleolithic to the Early Bronze Age*. Cambridge University Press, 2012.

Liu, X., H.V. Hunt, and M.K. Jones. 'River valleys and foothills: changing archaeological perceptions of North China's earliest farms.' *Antiquity*, 83 (2009), 82-95.

Liu, X., M.K. Jones, Z. Zhao, G. Liu, and T.C. O'Connell. 'The earliest evidence of millet as a staple crop: new light on Neolithic foodways in North China.' *American Journal of Physical Anthropology*, 149 (2012), 238-90.

Vita-Finzi, C. 'Geological opportunism.' In P.J. Ucko and G. Dimbleby (eds.), *The Domestication and Exploitation of Plants and Animals*. London: Duckworth, 1969. 31-4.

Yang, X., Z. Wan, L. Perry, et al. 'Early millet use in northern China.' *Proceedings of the National Academy of Sciences*, 109 (2012), 3726-30.

Zhao, Z. 'New archaeobotanic data for the study of the origins of agriculture in China.' *Current Anthropology*, 72 (1998), 885-97.

CHAPTER 13

중국의 흥륭구 유적

유흠익劉歆益, Xinyi Liu
조지군趙志軍, Zhijun Zhao
유국상劉國祥, Guoxiang Liu

중국 북동부 및 중북부 지역에서 기원전 7000~5000년(cal)으로 확인된 유적은 수백 곳에 이른다.[1] 고고학자들은 이 시기에 이렇게 많은 유적지가 등장하는 이유를 홀로세 중기의 양호한 기후 조건과 관련지어 설명해왔다. 중국의 온난 습윤한 몬순 기후 덕분에 정착지들이 번성할 수 있었다는 해석이다.[2] 대부분의 유적지들은 평야의 구릉 지대나 산맥의 가장자리 언덕에 위치하고 있었다.[3] 유적지에는 특징적으로 구조물의 흔적이 남아 있었는데, 경우에 따라 "주거지", 저장용 움막, 매장지 등으로 해석되었다. 때로는 유적지 주변을 둘러 환호(環濠)를 파둔 곳도 있었다. 이 시대에는 토기와 분쇄용 석기가 번성했다. 시간이 지나면서 간석기(마제 석기)의 비중이 증가하기는 했지만 석편 석기와 잔석기도 꾸준히 이어졌다. 학계에서는 대체로 이와 같은 주거지 흔적과 도구를 합쳐서 중국 최초 정주 생활의 흔적으로 인정하고 있다. 남북으로는 대흥안령(大興安嶺)산맥에서 태행(太行)산맥과 복우(伏牛)산맥까지, 동서로는

1 L. Liu and X. Chen, *The Archaeology of China: From the Late Paleolithic to the Early Bronze Age* (Cambridge University Press, 2012).
2 Z. S. An et al., 'A synchronous Holocene optimum of the East Asian monsoon', *Quaternary Science Reviews*, 19 (2000), 743-62.
3 X. Liu et al., 'River valleys and foothills: changing archaeological perceptions of North China's earliest farms', *Antiquity*, 83 (2009), 82-95.

태기(泰沂)산맥에서 진령(秦嶺)산맥까지 산재한 이들 주거지 유적을 묶어서 중국 북부의 "초기 신석기"라 한다.

초기 신석기 시대에는 다른 여러 가지 동식물도 사육 또는 재배했겠지만, 이들 유적지는 공통적으로 두 종의 기장류 재배와 관련이 있었다. 즉 기장(broomcorn millet, *Panicum miliaceum*)과 조(foxtail millet, *Setaria italica*)가 그것이다. 한문으로는 각각 서(黍, shǔ)와 속(粟, sù)으로 표기했다(제12장 참조). 기장류를 포함해서 작은 알갱이가 열매로 열리는 초본류를 채집한 시기는 플라이스토세 말기(약 1만 5000~1만 1500년 전)까지 거슬러 올라간다. 후기 구석기 시대(약 4만 년 전 이후)에는 이러한 초본류들이 여러 채집 식량 중 일부를 차지했을 것이다.[4] 플라이스토세에서 홀로세로 넘어가던 시기의 식물규소체와 전분립(澱粉粒)을 분석해본 결과, 기장과 조는 기원전 7000년 이전부터 이미 식용으로 사용되고 있었다.[5] 그러나 기장과 조의 직접적인 화석 근거가 풍부하게 발굴되는 시기는 기원전 7000년 이후로, 모두가 초기 신석기 유적들이다.

고고학자들은 토기 형태를 근거로 초기 신석기 유적의 물질문화를 몇 가지 부류로 나누고 있다.[6] 열거하면 다음과 같다.

---

4 L. Liu et al., 'Plant exploitation of the last foragers at Shizitan in middle Yellow River valley China: evidence from grinding stones', *Journal of Archaeological Science*, 38 (2011), 3524-32.
5 H. Lu et al., 'Earliest domestication of common millet (*Panicum miliaceum*) in East Asia extended to 10,000 years ago', *Proceedings of the National Academy of Sciences*, 106 (2009), 7367-72; X. Yang et al., 'Early millet use in northern China', *Proceedings of the National Academy of Sciences*, 109 (2012), 3726-30.
6 Liu and Chen, *Archaeology of China*.

- 서요하(西遼河) 지역의 흥륭와-신락(興隆窪-新樂) 문화
- 하북 지역의 자산-북복지(磁山-北福地) 문화
- 산동 지역의 후리(後李) 문화
- 하남 지역의 배리강(裵李崗) 문화
- 감숙 동부 및 섬서 서부 지역의 백가-대지만(柏加-大地灣) 문화

최근 중국에서도 부유법(그림 12-1)이 실시되어, 이들 다섯 곳의 문화 지구 모두에서 상당량의 기장 알곡을 채취하는 데 성공했다.[7]

흥륭와(興隆窪) 문화 유적들은 대흥안령산맥 남동부에 산재하는데, 이 구릉 지대가 고문헌에서는 흔히 요서(遼西) 지역이라고 언급된다. 대부분이 오늘날 내몽고자치구 적봉시(赤峰市)에 해당한다. 요령성 서부 및 하북성 북부에서도 흥륭와 유적이 발견된다. 선사 시대 흥륭와 문화의 초기 단계는 적봉시의 유적에서 확인할 수 있다. 적봉시에서는 최소한 여섯 단계의 문화가 시기별로 구분되었는데, 열거하면 다음과 같다.

- 소하서(小河西) 문화(7000~6200 cal BCE)
- 흥륭와(興隆窪) 문화(6200~5400 cal BCE)
- 조보구(趙寶溝) 문화(5400-4500 cal BCE)
- 홍산(紅山) 문화(4500~3000 cal BCE)
- 소하연(小河沿) 문화(3000~2400 cal BCE)
- 하가점하층(夏家店下層) 문화(2200~1600 cal BCE)[8]

7 Liu et al., 'River valleys and foothills'.

흥륭와 문화 유적지는 100여 곳에 달하는데, 현재 발굴 작업이 진행된 곳은 그중 10여 군데다. 유명한 유적지로는 흥륭와 유적과 흥륭구 유적(敖漢旗), 백음장간(白音長汗) 유적(林西縣), 남태자(南台子) 유적(克什克騰旗), 사해(查海) 유적(阜新縣) 등이 있다.⁹ 그중에서 가장 자주 언급되는 유적지가 바로 흥륭구 유적인데, 발굴된 유물이 많을 뿐만 아니라 주거지 패턴을 알 수 있는 구조물의 흔적도 남아 있으며, 무엇보다 초기의 기장이 발견되었기 때문이다.

흥륭구 유적은 1982년에 발견되었다. 1998년에 기초 조사가 진행되었는데, 중국사회과학원 고고연구소와 적봉시(赤峰市) 오한기(敖漢旗)박물관 연합 발굴팀이 투입되었다. 조사를 통해 세 구역이 확인되었다. 초기 신석기 흥륭와 문화와 중기/후기 신석기 홍산(紅山) 문화, 그리고 청동기 하가점하층(夏家店下層) 문화였다.¹⁰ 발굴에 들어가기 전 이미 지표면에서 줄을 맞춰 늘어선 집자리를 확인할 수 있었다. 발굴이 진행되면서 집자리는 더욱 분명하게 드러났다. 도합 145건의 집자리가 확인되었으며, 모두가 북동-남서 방향으로 일정하게 줄을 맞춰 늘어서 있었다. 2001~2003년에 목표를 설정하고 집중적인 발굴에 착수하여 5600제곱미터 이상의 면적에 대한 발굴이 진행되었다(그림 13-1).¹¹

---

8 D. Guo, 'Hongshan and related cultures', in S.M. Nelson (ed.), *The Archaeology of Northeast China* (London: Routledge, 1995), 147-81.
9 X. Li, *Development of Social Complexity in the Liaoxi Area, Northeast China* (Oxford: Archaeopress, 2008).
10 H. Yang et al., 'Neimenggu Aohan Qi Xinglonggou Xinshiqi shidai yizhi diaocha (Survey on a Neolithic site in Aohan, Inner Mongolia)', *Kaogu*, 88 (2000), 810-28.

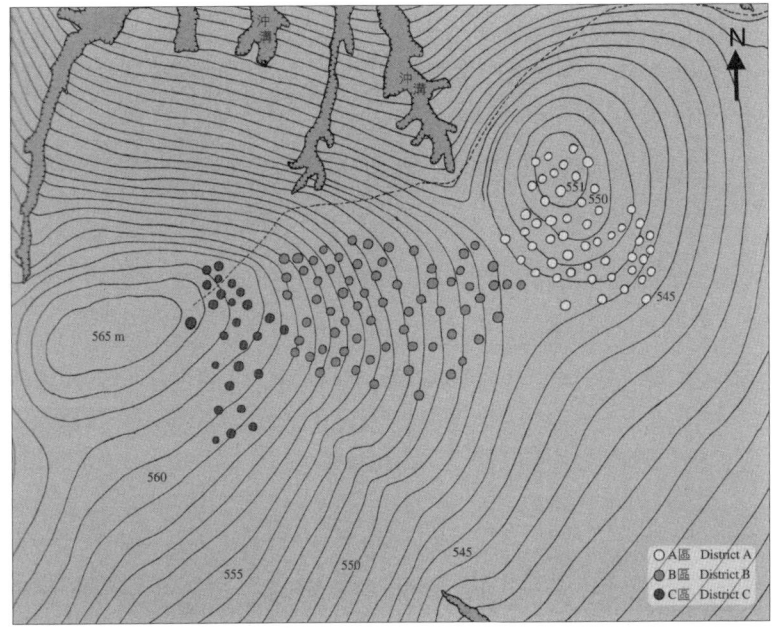

[그림 13-1] 훙룽거우 I 유적도
각각의 점은 "움막 구조물" 자리를 나타낸다.

발굴 결과 각 시대별로 모든 시대의 집자리들이 모습을 드러냈다. 모두는 세 단계로 구분이 가능했는데, 지역별로 세 군데로 나뉜다(이후 각각 훙룽거우 I, II, III으로 지칭하기로 한다). 세 구역 가운데 훙룽거우 I 구역에 유물이 가장 풍부했다. 집자리의 "바닥층"에서 도구, 장신구, 토기, 토기 파편, 동물의 뼈, 그리고 간혹 인골을 포함해 수많은 잔해들이 발굴되었

---

11 G. Liu et al., 'Neimenggu Chifeng shi Xinglonggou yizhi 2002-2003 nian de fajue (Excavation at the Xinglonggou site between 2002 and 2003 in Chifeng, Inner Mongolia Autonomous Region)', *Kaogu*, 92 (2004), 579-83.

다. 대체로 농업 활동 및 음식 준비와 관련된 유물이 많았다. 예를 들면 갈판, 갈돌, 절구, 절굿공이 등의 분쇄 도구로, 가정생활에 중요한 도구들이었다. 또한 잔석기도 상당히 많이 발견되었다. 이는 동물 뼈에 부착하여 칼날로 쓰거나 고기를 잡을 때 작살로 쓰는 도구였다.

흥륭구 I 구역에서 부유법을 실시한 결과, 탄화된 기장 알곡이 1500개 이상 발견되었다. 20개가 넘는 조(粟) 알갱이도 함께 나왔다.[12] 알곡 샘플을 직접 방사성탄소 연대측정한 결과, 기장은 약 기원전 7700년(cal)으로 확인되었다.[13] 이는 중국 북부에서 확인된 최초의 기장 기록이며, 이제까지 직접 확인된 기장 사례 중에서도 가장 오래된 것이었다. 안정동위원소 분석 결과 흥륭구 I 구역 초기 신석기인의 식생활에서 기장은 주식 작물의 지위에 놓여 있었다.[14] 이 글에서는 기장 농업과 관련하여 흥륭구 신석기인의 생활을 다섯 가지 분야로 나누어서 검토해 보고자 한다.

- 경관
- 물질문화
- 정착 생활

---

12 Z. Zhao, 'Zhiwu kaoguxue jiqi xin jinzhan (Achievements of palaeoethnobotanical study in China)', *Kaogu*, 93 (2005), 522-9.
13 Z. Zhao, 'New archaeobotanic data for the study of the origins of agriculture in China', *Current Anthropology*, 52, Supplement 4 (2011), S295-304.
14 X. Liu et al., 'The earliest evidence of millet as a staple crop: new light on Neolithic foodways in North China', *American Journal of Physical Anthropology*, 149 (2012), 238-90.

- 생산
- 소비

이 글의 궁극적 목표는 초기 신석기 시대를 조명하는 것이다. 선사 시대의 생활 양식이 시기별로 어떻게 바뀌었는지 고찰해보면 신석기 시대를 개관할 수 있을 것으로 기대한다.

경관

흥륭구에 속하는 세 구역에는 모두 칠노도산(七老圖山) 북쪽으로 망우하(牤牛河)의 강둑을 설치했던 유적이 남아 있다. 초기 신석기 정착지인 흥륭구 I 구역은 강변을 따라 나 있는 계단식 충적 평야의 제2차 층위, 산기슭의 황토 충적층에 위치하고 있다(그림 13-2). 이와 같은 지형은 초기 농부들에게 유리한 조건을 제공했는데, 공간적 제약은 있었겠지만 매우 비옥한 토양의 양분을 이용할 수 있었다. 샘에서 흘러나오는 물이나 주변의 강물이 주기적으로 범람하면서 비옥한 토양이 충적되는 곳이었기 때문이다. 이 지역에서는 아주 최근까지도 소규모 원경(園耕, horticulture)이 이루어졌다. 이는 오늘날 이른바 "저수지 농법(catchment farming, 제12장 참조)"이라고 하는 방식의 일종이라 할 수 있다. 홀로세 시기 동아시아 몬순이 최고조에 이르렀을 때는 강물의 유량이 오늘날보다 상당히 더 많았다. 식물의 성장은 샘이나 강에서 흘러나오는 물의 양에 따라 제한을 받게 되는데, 당시 그곳은 한해살이풀이 번식하기에 좋은 조건이었다. 번성하는 풀을 선택적으로 제거하면 주변에서 풀 서식지의 분포 구성을 조정할 수 있게 된다. 특히 북부 산록 지대에서 이런

[그림 13-2] 흥륭구 유적 북서쪽 방향

일이 실제로 일어났던 것 같다. 남부 구릉 지대에서는 강줄기의 흐름이 훨씬 더 복잡해서, 뿌리를 깊게 내리는 여러해살이풀이 번식하기에 유리한 환경이었다. 이런 차이는 오늘날에도 볼 수가 있다. [그림 13-3]은 적봉시 북부 산록 지역의 풍경인데, 기장밭과 옥수수밭 주변의 경작지가 아닌 들판에 기장류에 속하는 두 종류의 잡초, 곧 세타리아 비리디스(Setaria viridis)와 파니쿰 밀리아케움의 황무지식물 변종(Panicum miliaceum var. ruderale)이 번성하고 있다.

흥륭구 I 구역은 같은 환경에 자리 잡은 수많은 초기 신석기 유적지들 가운데 하나일 뿐이다. 이외에도 예컨대 흥륭와(興隆窪) 유적, 백음장

〔그림 13-3〕 옥수수밭과 기장 잡초, 흥륭구 유적 인근

간(白音長汗) 유적, 사해(查海) 유적, 남태자(南台子) 유적 등이 모두 북쪽 산록에 위치하고 있다. 이러한 입지 환경은 예컨대 후기 신석기의 홍산 문화나 청동기의 하가점하층 문화와 뚜렷이 대비된다. 후기 신석기 및 청동기의 정착지들은 주로 강줄기에 더 가까이 위치했기 때문이다. 초기 신석기 유적 가운데 강변의 평원에 위치한 경우는 없었다. 또한 강줄기로부터 완전히 떨어져 있는 고산 지대에서 발굴된 유적도 거의 없었다. 흥륭와 시기의 유적 12곳이 모두 구릉 지대에 위치했는데, 전형적으로는 강물로부터 고도가 40~50미터 정도 더 높은 곳이었다.[15]

선사 시대 사람들은 시대별로 왜 서로 다른 위치에 자리를 잡았을

까? 핵심적인 이유를 이해하려면 홀로세 시기 적봉시 주변의 하천 구조 및 황토층의 (4중) 축적 시스템을 알아야 한다. 고지리학의 가설에 따르면, 신석기 및 청동기 시대 정착지 입지와 관련해 적봉시의 하천 구조는 3단계의 변화를 거쳤다.[16] 적봉시 남부 지역에 하천 구조가 처음으로 복잡하게 발달하기 시작한 시기는 기원전 6000년에서 4500년 사이였다. 이때 언덕과 강줄기 사이의 산기슭과 평원에는 모두 황토층이 축적되었다. 흥륭와 문화에 속하는 초기 신석기 인류 유적지는 황토층이 (4중으로) 중첩된 위에 자리 잡고 있다. 하천 구조가 발달하면서 기원전 4500년에서 2000년 사이에 급격한 침식 작용이 일어나 강변의 평원이 계단식 2층 구조로 바뀌었다. 홍산 문화에 속하는 후기 신석기 인류의 활동 유적은 주로 이곳 2층 테라스 충적토에서 발견된다. 이는 곧 홍산 문화가 2층 퇴적층이 생기기 전부터 존재했음을 의미한다. 이후 기원전 2000년 이후 다시 한 번 급격한 침식 작용이 일어나 강변의 1층 테라스를 형성했다. 하가점하층 문화 시기의 청동기 문화층은 1층 테라스에서 발견되는 경우가 많고, 가끔은 2층 테라스의 황토층 위에서 발견되기도 한다. 지리학의 가설은 폭넓은 지리적 과정을 조사한 결과를 근거로 하지만, 흥륭구 I, II, III구역의 경우에 국한시켜 보더라도 대체로는

---

15 Chifeng International Collaborative Archaeological Research Project, *Nei Menggu dongbu quyu kaogu diaocha jieduan xing baogao* (*Regional Archaeology in Eastern Inner Mongolia: A Methodological Exploration*) (Beijing: Science Press, 2003).

16 Z. Xia et al., 'Geomorphologic background of the prehistoric cultural evolution in the Xar Moron river basin, Inner Mongolia', *Acta Geographica Sinica*, 55 (2000), 329-36.

가설과 발굴 결과가 일치하는 경향이 나타난다. 중국 북부 지역의 다른 많은 초기 신석기 유적들에서도 비슷한 경향의 지형적 과정이 관찰된다. 여기서 서남아시아 초기 농업 유적의 지리적 위치와 모종의 공통점이 엿보인다.[17] 예컨대 요르단 계곡에서 이와 비슷한 3단계 발전 과정이 확인되었는데, 클라우디오 비타-핀지(Claudio Vita-Finzi)의 연구는 그곳 최초 농부들의 "지리적 기회 포착(geological opportunism)"에 주목한 바 있다.[18]

물질문화

비슷한 지형 조건에 자리를 잡은 중국의 초기 신석기 공동체들은 서로 모종의 네트워크를 형성했던 것 같다. 그들의 연결망을 확인할 수 있는 근거는 두 가지다. 먼저 드물기는 하지만 옥 같은 특징적 유물이 공동체 사이에 전달되었다는 사실, 그리고 토기나 석기 같은 유물에 공통된 모티프를 사용했다는 사실이다. 이런 공통의 문화를 일컬어 훙륭와(興隆窪) 문화라고 한다. 그들의 토기는 형태가 단순하고, 양동이 모양의 용기가 특징적이다.[19] 모래를 섞어 만들었으며, 갈색을 띠었고, 코일링(coiling) 방식으로 제작되었다. 전형적인 장식은 띠 모양을 두르는 것인데, 띠에는 그물 문양, 지그재그 문양, 격자 모양, V자 모양 패턴 등이

---

17 Liu et al., 'River valleys and foothills'.
18 C. Vita-Finzi, 'Geological opportunism', in P.J. Ucko and G. Dimbleby (eds.), *The Domestication and Exploitation of Plants and Animals* (London: Duckworth, 1969), 31-4.
19 Li, *Development of Social Complexity*.

들어간다. 또한 토기의 위에서 아래까지 점을 찍기도 한다. 발굴된 도구들 중에는 뼈를 다듬은 골각기와 돌을 다듬은 석기가 모두 포함되어 있다.[20] 골각기 중에는 송곳, 바늘, 숟가락, 칼 손잡이, 작살 손잡이 등이 있었는데, 칼과 작살의 날은 석기였다. 석기 중에는 괭이, 삽, 칼의 파편이 포함되어 있었다. 또한 수많은 잔석기가 발굴되었는데, 골각기 손잡이를 부착해 사용하는 칼날과 작살 날 같은 것이었다. 갈판, 갈돌, 절구, 절굿공이 등의 분쇄 도구가 특히 중요했다.

이들 유적에서 출토된 분쇄 도구와 분쇄 행위가 구체적으로 어떤 의미였는지에 대해 많은 연구 성과들이 해답을 제시했다. 흥륭와 유적에서 발굴된 인골을 연구한 형질인류학 성과에서는 젊은 여성의 무릎이 변형된 것에 대해 분쇄 도구(갈돌)를 너무 오래도록 사용해서 생긴 흔적으로 해석했다.[21] 백음장간 유적과 흥륭구 유적에서 발굴된 갈돌의 잔류물 연구 성과에서는 얌과 도토리 등의 식물과 기타 다양한 풀을 갈았던 것이 확인되었다.[22]

중국에서 발굴된 옥 가운데 가장 오래된 유물이 흥륭구 유적에서 발견되었다(그림 13-4). 가늘게 틈이 벌어져 있는 옥결(玉玦, 발굴 사례가 가장 풍부하다)을 비롯해 다양한 형태의 옥기들(匕形器, 彎條形器, 管, 斧, 錛, 鑿等)이 있었다. 수많은 연구자들이 흥륭구에서 출토된 옥의 재질, 색채, 사회적 의미 등에 대해 논했다.[23] 흥륭구에서 발굴된 옥은 모두 연옥(軟

---

20 Ibid.
21 B.D. Smith, 'Diet, health, and lifestyle in Neolithic North China', unpublished PhD thesis (Cambridge, MA: Harvard University, 2005).
22 Liu and Chen, *Archaeology of China*, 130.

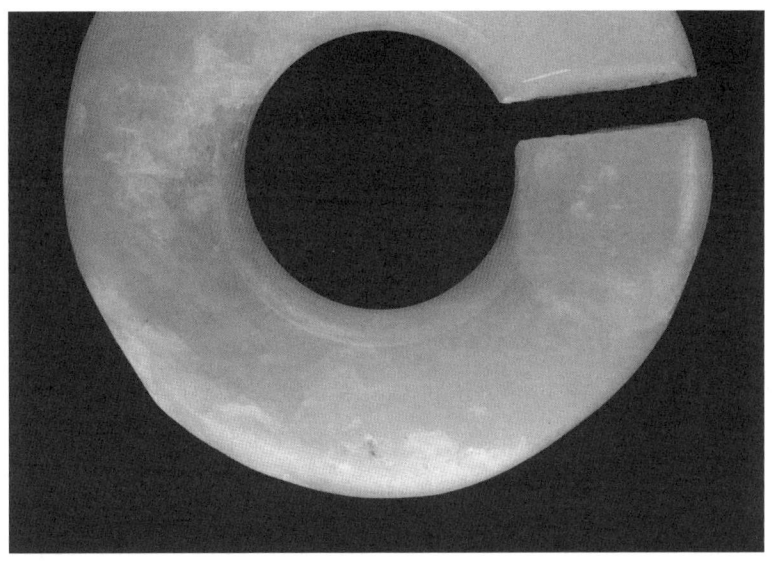

[그림 13-4] 흥륭구 I 유적 출토 옥결(玉玦), 신석기 초기

玉, nephrite)과 옥수(玉髓, chalcedony), 그리고 다른 무른 계열의 석재로 만들어졌다.[24] 이런 옥 제품을 만들려면 다양한 공정을 거쳐야 한다. 쪼개기, 구멍 파기, 갈기, 자르기, 구멍 뚫기, 긁기, 광택 내기 등이다. 다양한 유형의 옥 유물을 면밀히 검토해본 결과, 어떤 기술을 선택할지는 원석의 형태와 크기에 달려 있었던 것 같다. 때로는 제품의 같은 부분에 서로 다른 기술이 사용된 경우도 있었다. 예를 들어 옥결(玉玦)에 가

---

23 H. Yang et al., *The Origin of Jades in East Asia: Jades of the Xinglongwa Culture* (Centre for Chinese Archaeology and Art, Chinese University of Hong Kong, 2007).
24 Ibid., 275-98.

는 홈을 낼 때는 실을 사용한 경우도 있었고 칼날을 사용한 경우도 있었다.[25]

장신구 제작을 위해 원석을 선택할 때는 선호하는 색이 있었다. 황록색 연옥(軟玉)이 가장 선호하는 재료였다. 훙륭와 문화에 속하는 여러 유적에서 연옥으로 만든 옥 제품이 50점 이상 발굴되었다. 그중 상당수는 훙륭구에서 나왔고, 색깔은 모두 황록색이었다. 색채 선호가 흥미로운 이유 중 하나는 현지 출토 광물질과의 차이 때문이다. 현지 출토 광물로는 옥수, 대리석, 엽납석(葉蠟石), 활석, 벽옥 등이 있었는데, 대개가 붉은색이나 검은색 또는 흰색이었다. 당시 요서 지역에서는 연옥이 나지 않았다. 가장 가까운 거리에 있는 연옥 광산은 요령 지역의 수암(岫岩)에 있었다. 훙륭구로부터 몇백 마일 떨어져 있는 곳이었고, 거기서 나는 연옥이 황록색이었다. 따라서 훙륭와 문화에서 발견되는 옥은 원거리 교역 네트워크의 결과물이었다.[26] 수암의 연옥 유물은 원래 색깔이 바로 확인되지 않는다. 수집가들이 대개 가짜로 색을 입혀두는 경우가 많기 때문이다. 따라서 유물이 쪼개졌을 때라야 진정한 색깔을 확인할 수 있다.

동아시아에서의 황록색 선호는 구석기 시대까지 그 연원이 거슬러 올라간다. 그러므로 학자들은 훙륭구와 기타 훙륭와 문화 소속 유적지에서 발굴된 황록색 옥에 대해 무조건 높은 가치를 부여하는 것은 조심해야 한다고 지적한다. 훙륭와 문화 당시에 색깔의 선호 등급이 있었다는 근거는 없고, 따라서 옥기가 그 자체로 가치 등급이 있다는 전제에도

---

25 Ibid.
26 Ibid.

확실한 근거는 없다. 다만 훙륭와 문화에서 등장한 일부 유형이 상징성을 가지는 귀중품으로 대두되었던 것만은 사실이다.[27]

주택, 매장지, 정착지

훙륭구 유적은 중국의 초기 신석기 유적 중에서 보전이 잘되고 발굴도 거의 완벽하게 이루어진 사례에 속한다. 이 시기 중국 북부의 수많은 유적지들과 마찬가지로 훙륭구 유적 역시 사각형으로 터를 판 움집 구조가 특징적이었다. 정착지의 공간 구성은 점유 초기부터 몇 가지 구역으로 나뉘었다. 한 구역에 줄 맞추어 배치된 움집 구덩이가 약 50개 혹은 그 미만으로 포함되어 있다. 훙륭와 문화에 속하는 대부분의 유적지는 주변을 둘러 환호가 조성되어 있지만, 유독 훙륭구 유적에서는 아직 환호가 발견되지 않았다. 2001~2003년의 발굴 조사를 통해 전체 5600제곱미터 면적에서 145개 움집 자리가 발견되었으며, 모두가 북동-남서 방향으로 줄을 맞춰 배치되었고, 간격도 밀집되어 있었다(그림 13-5).

움집 자리의 면적은 30제곱미터에서 80제곱미터 사이였다. 일부 연구에서는 움집 자리가 주거용 집자리의 흔적이라고 해석했다.[28] 그러나 다른 연구자들은 집자리와 같은 구조의 흔적이라고 해서 직관적으

---

27 R. Flad, 'Xinglongwa jades and genesis of value in northeast China', in C. Deng and G. Liu (eds.), *The Origins of Chinese Jade Culture: Xinglongwa Jades Research and Catalogue* (Chinese University of Hong Kong Press, 2008), 224-34.
28 G. Liu, 'Xinglonggou yizhi diyidian dian fajue huigu yu sikao (Rethinking the excavation of Xinglonggou I)', *Neimenggu Wenwu Kaogu*, 2 (2006), 8-30.

[그림 13-5] 흥룽구 I 유적 "움집 자리 구덩이", 신석기 초기

로 모두 주택 용도로 가정해서는 곤란하다는 입장을 보였다. 음식 준비용이나 저장용, 또는 공동체 회합용 등 주택 이외의 다른 용도로 얼마든지 사용되었을 수 있기 때문이다.[29] 각각의 움집 자리에는 기둥을 세웠던 4~6개의 구멍이 규칙적으로 패어 있었는데, 대개는 가운데 화덕 자리를 중심으로 북동 및 남서 방향이었다. 몇몇 움집 자리 내부에서는 사슴과 돼지 뼈가 발견되었다. 일부 뼈에는 구멍이 뚫려 있었고(그림 13-

---

29 G. Shelach, 'Economic adaptation, community structure, and sharing strategies of households at early sedentary communities in northeast China', *Journal of Anthropological Archaeology*, 25 (2006), 318-45.

[그림 13-6] 흥륭구 I 유적 출토 동물의 두개골
"움집 자리" F5의 서부에서 발굴.

6), "바닥층"에 모여 있었다.[30] 이외에도 토기, 석기, 옥기, 골각기, 치아, 조개껍데기, 인골로 만든 장신구 등이 발굴되었는데, 모두가 "바닥층"에 위치해 있었다. 움집 자리에 인골이 매장되어 있는 경우가 많았는데, 이는 흥륭구 유적뿐만 아니라 흥륭와 유적과 백음장간 유적 등의 다른 흥륭와 문화 유적에서도 공통적으로 나타나는 양상으로 확인되었다.[31] 흥륭구 I 구역의 전체 움집 자리 145개 가운데 내부에서 매장된 인골이 발

30 Liu, 'Xinglonggou yizhi'.
31 G. Liu, 'Xinglongwa wenhua jushi zangsu zai renshi (Rethinking residential burials of the Xinglongwa culture)', *Huaxia Kaogu*, 1 (2003), 43-51.

CHAPTER 13 - 중국의 흥륭구 유적   *269*

견된 사례는 28건이었다.

2001~2003년에 실시된 발굴은 훙룽구 I 구역의 초기 단계를 파악하는 데 중점을 두었으나, 2003년에는 II 와 III구역까지 함께 발굴이 진행되었다.[32] 훙룽구 II 구역은 후기 신석기 훙산(紅山) 문화에 속하며, 훙룽구 III구역은 청동기 시대로 하가점하층(夏家店下層) 문화에 속한다. 이들 양쪽 구역에 대한 발굴 조사는 주로 기념비적 건축물과 대형 무덤에 초점을 맞추었다. 훙산 문화와 하가점하층 문화 시기의 주거지 패턴에 관해서는 아직 알려진 바가 충분하지 못한 상태다. 훙룽구 II 구역의 후기 신석기 및 III구역의 청동기 시대 일상생활에 대해서는 최근에서야 연구가 진행되고 있다.

훙룽구 II 구역에서는 1500제곱미터 면적에서 4개의 사각형 움집 자리와 31개의 저장용 구덩이가 발견되었다. 정착지 주변을 둘러 환호도 조성되어 있었다. 저장용 구덩이는 움집 자리 외부에 위치했지만 "집집마다" 소유했던 것으로 추정되는데, 예컨대 "움집" F7 주변으로 9개, "움집" F8 주변으로 7개가 발견되었다. 각각의 "움집"에는 중앙에 화덕 자리가 있었다. 토기, 석기, 조개껍데기 등의 유물은 대부분 움집 자리 안에서 발굴되었다. 2012년에 이루어진 후속 발굴 작업에서 토용이 발견되기도 했다(그림 13-7).

훙룽구 III구역에서 출토된 유물은 다른 두 곳보다 적었다. 250제곱미터 면적에 움집 자리 3개가 발견되었다. 이곳 정착지도 주변을 둘러 환호가 조성되어 있었는데, 연구자들은 이를 방어 목적의 구조물로 해

---

32 Liu et al., 'Excavation at Xinglonggou site between 2002 and 2003'.

〔그림 13-7〕 흥륭구Ⅱ 유적에서 발굴된 토용

석했다. 3개의 움집 자리 가운데 제대로 보존된 것은 F1이 유일했다. "움집"의 북동쪽에서는 난방 시설의 일부로 해석되는 "굴뚝"이 발견되었다.

흥륭구 I, II, III구역은 움집 자리와 저장용 구덩이의 관계로 보아 주거지 패턴에 차이가 있었다. 일부 연구에서 지적했듯이, 마을 및 주택에서 저장 공간의 분포 양상은 생활 경제를 이해하는 중요한 자료가 된다. 이를 통해 경제적으로 어떤 목적 아래 자원을 활용했는지, 사람들마다 자원에 접근하는 차이는 어떠했는지를 알 수 있기 때문이다.[33] 흥륭구 I 구역에서 저장 공간은 대개 움집 구조의 바깥에 위치했으며, 각 저장 공간의 크기는 대개 비슷했다. 따라서 공동체 구성원들이 저장 공간을 같이 이용했을 가능성이 크다. 그러나 서로 물품을 교환했던 근거는 발견되지 않았다. 많은 연구자들이 흥륭와 문화의 정착지로부터 일종의 토지 소유, 경제적 생산, 분배, 의례 등을 해석한 바 있다.[34] 흥륭구 I 구역과 달리 흥륭구 II구역에서는 주택 내부에 개별적으로 보유하는 저장 공간도 있었던 것 같다. 이는 플로그(Plog)의 연구에서 언급한 "제한

---

33 K.V. Flannery, 'The origins of the village as a settlement type in Mesoamerica and the Near East: a comparative study', in P.J. Ucko et al. (eds.), *Man, Settlement and Urbanism* (London: Duckworth, 1972), 23-53, and 'The origins of the village revisited: from nuclear to extended households', *American Antiquity*, 67 (2002), 417-33; S. Plog, 'Agriculture, sedentism, and environment in the evolution of political systems', in S. Upham (ed.), *The Evolution of Political Systems: Sociopolitics in Small-Scale Sedentary Societies* (Cambridge University Press, 1990), 177-99.
34 W.M. Yan, 'Neolithic settlements in China: latest finds and research', *Journal of East Asian Archaeology*, 1 (1999), 131-47; L. Liu, *The Chinese Neolithic: Trajectories to Early States* (Cambridge University Press, 2004).

적 공유(restricted sharing)" 모델로 추정된다. 즉 가정의 구성원들은 공동으로 자원을 이용했지만, 다른 가정의 사람들은 거의 접근이 불가능했다.[35] 만약 그것이 사실이라면, 청동기 시대에는 "제한적 공유"가 더욱 강화되었던 것 같다. 훙룽구Ⅲ구역은 규모가 상대적으로 더 작았지만, 최근에 하가점하층 문화에 속하는 다른 정착지들을 발굴한 결과에 따르면, 각각의 정착지는 나름의 사회정치적 단위를 구성하고 있었으며 전체를 포괄하는 별도의 정치 구조도 존재했던 것으로 밝혀졌다.[36] 그러나 각각의 정착지마다 나름대로 경제적 생활 수단을 가지고 있었고, 가족 단위의 주거지로 추정되는 유적에 울타리가 둘러져 있었다. 울타리 안에는 대체로 돌로 축조된 한두 개의 원형 건물이 있었는데, 발굴팀에서는 이를 "곡물 창고"로 추정했다.[37]

훙룽구 유적에서 시기별로 3단계를 거치는 동안 주거지의 패턴이 변화되는 양상을 보였는데, 이는 중국 북부 지역 상당수 유적에서도 비슷하게 나타났다. 신석기 시대 초기부터 후기를 거치는 동안 중국 북부 지역에 자리 잡았던 마을에서는 공동 저장 시설과 비교적 균등한 크기

---

35 Plog, 'Agriculture, sedentism, and environment', 190.
36 G. Shelach, *Leadership Strategies, Economic Activity, and Interregional Interaction: Social Complexity in Northeast China* (New York: Kluwer Academic/Plenum, 1999), and 'Violence on the frontiers? Sources of power and sociopolitical change at the easternmost parts of the Eurasian steppes during the early first millennium BCE', in B.K. Hanks and K. Linduff (eds.), *Social Complexity in Prehistoric Eurasia* (Cambridge University Press, 2009), 241-71.
37 Z. Guo and C. Hu, 'Neimenggu Chifeng shi Sanzuodian Xiajiadian xiaceng wenhua shicheng yizhi (Sanzuodian: a site with stone fortifications from the lower Xiajiadian period, in Chifeng, Inner Mongolia)', *Kaogu*, 95 (2007), 17-27.

의 주거지가 발달했다. 주거지는 여러 가족이 함께 거주할 수 있을 정도로 큰 규모였다. 일부 연구에서 지적한 바 있듯이, 초기 신석기부터 경제활동은 더 이상 공동체 전체가 아니라 일부 가정 단위로 결정되었다.[38] 이런 경우 위험도 가족 단위로 분산되었다. 청동기 시대에 이르러 정착지의 규모는 더욱 작아졌고, 내부 조직으로 보아 가정과 가정의 상호 관계가 더욱 강화되었다.

요컨대 신석기 초기에서 후기로 가는 사이 적봉시(赤峰市) 지역에서는 "제한적 공유" 모델의 마을 조직이 등장했으며, 그 특징은 제한적 토지 소유와 저장 시설의 사유화 강화였다. 흥륭구 I구역과 II구역, 그리고 이어서 III구역으로 넘어가는 동안 위험 부담은 마을 단위에서 가족 단위로 분산되었다. 이런 맥락에서 우리는 다음과 같은 추정을 해볼 수 있다. 즉 흥륭구 I구역에서는 식량의 생산과 소비가 광범위하게 공유되었고, 위험 부담 내지 보상이 집단 전체 차원에서 주어졌다. 식물성 식량의 저장과 동물 사육도 공동체 단위로 이루어졌고, 각자의 주거지를 넘어서는 공동의 안전 시설도 조성되었다. 이와 달리 흥륭구 II구역 및 III구역의 사회는 이전 시대에 비해 "닫힌" 구조를 가지고 있었다. 주택의 내부 공간에는 더 여유가 생겼지만, 식사 및 저장 공간은 더욱 닫힌 구조를 가지게 되었다.[39]

---

38 C.E. Peterson and G. Shelach, 'Jiangzhai: social and economic organization of a middle Neolithic Chinese village', *Journal of Anthropological Archaeology*, 31 (2012), 265-301.
39 X. Liu, 'Food webs, subsistence and changing culture: the development of early farming communities in the Chifeng region, North China', unpublished PhD thesis (University of Cambridge, 2010).

정착지 안팎에서의 기장 농사

초기의 정착 생활 공동체를 연구할 때 반드시 검토해야 할 가장 기본적인 주제 가운데 하나는, 그들이 이용 가능한 자원을 어떻게 관리했는가 하는 문제다. 따라서 우리는 흥륭구 I, II, III구역의 사회적 맥락에서 식량의 생산과 소비 문제를 검토해보고자 한다. 즉 공동체 구성원들 사이에서 주요 식량 자원이 어떻게 생산, 처리, 분배되었는지, 사회적 지위 혹은 부를 창출하기 위해 이를 어떻게 조정했는지를 살펴보려는 것이다.

조지군(趙志軍)에 의해 실시된 부유법은 초기 신석기 유적에 중점을 두었었지만, 흥륭구 II구역과 III구역의 시료들에 대해서도 같은 방식의 연구가 이루어졌다. 이는 중국에서 본격적으로 부유법이 실시된 초기의 대표적 사례에 속한다. 흥륭구 I구역에서 부유법을 실시한 결과, 1500개 이상의 탄화된 기장 알갱이(그림 12-3 참조)와 함께 조(粟) 알갱이 약 20개가 발견되었다. 기장 알갱이를 직접 방사성탄소 연대측정한 결과, 연대는 약 7700년 전(cal BP)으로 판정되었다. 기장과 조(粟) 모두 흥륭구 II구역과 III구역에서 발견되었다.

기장(*Panicum miliaceum*)의 유전자적 조상은 아직 밝혀지지 않았다. 따라서 야생종의 어떤 측면을 선택적으로 재배함으로써 재배종 기장이 탄생했는지 분명히 알기는 어렵다. 그러나 흥륭구 I, II, III구역에서 발견된 기장의 알갱이 크기와 모양이 점차 달라지는 것을 근거로 간접적 추론은 가능하다. 조지군은 흥륭구 I구역에서 발견된 기장 알갱이의 크기와 모양이 야생종과 현대 재배종의 중간 단계에 해당하며, 따라서 재배종의 초기 단계라고 해석했다.[40] 지리적 범위를 더 넓혀보면, 기장은 중국 북부의 수많은 유적지에서 발견되는데, 시간이 지날수록 알갱이 크기가 점점 더 커지는 경향성을 보였다.[41] 형태적 변화와 함께 기장의 비중이 감소하고 조(粟)의 비중의 증가하는 경향도 나타났다.

발굴된 곡물 그 자체뿐만 아니라 동반 출토된 다른 식물들을 살펴보자면, 흥륭구 I 구역에서 부유법으로 발굴한 모든 곡물 가운데 기장의 비중은 15퍼센트에 불과했다. 흥륭구 I 구역에서 발견된 곡물에는 점도나물(*Cerastium glomeratum*, 석죽과)과 황기(*Astragalus* sp., 콩과) 상당량이 포함되어 있었다. 곡물 가운데 50퍼센트가 이들 두 종의 식물에 속했다. 유럽점도나물은 중국에서 널리 서식하는 한해살이풀로, 구릉 지대에서 흔히 볼 수 있다. 아마란스(*Amaranthus* spp., 비름과)와 체노포디움(*Chenopodium* spp., 명아주과)도 흥륭구 I 구역에서 흔히 발견되는 식물이었다. 이들 4종은 모두 오늘날 농작물 사이에서 잡초로 기생하는 식물들이다.[42] 흔히 발견되는 잡초로 아마란스 약 9종, 명아주 약 8종이 알려져 있다. 특히 명아주(*Chenopodium album*)는 중국 북부 곡물 농사에 침입하는 대표적 잡초다.[43] 이들 품종은 모두가 기장과 거의 같은 시간에 먹을 수 있는 알곡을 생산한다. 이로 보아 흥륭구 I 구역의 농경지는 오늘날 우리가 생각하는 개념의 농경지나 채소밭과는 사뭇 다른 풍경이었을 것으로 추정된다. 흥륭구 II 구역의 경우 확인 가능한 식물 가운

---

40 Z. Zhao, 'Cong Xinglonggou yizhi fuxuan jieguo tan Zhongguo beifang zaoqi nongye qiyuan wenti (Addressing the origins of agriculture in North China based on the results of flotation from the Xinglonggou site)', *Dongya Guwu*, 12 (2004), 188-99.
41 Liu and Chen, *Archaeology of China*, 85.
42 S. Qiang, *Zacao Xue* (Beijing: Zhongguo Nongye Chubanshe, 2003).
43 Ibid.

데 기장의 비중은 더욱 낮아졌다. 또한 부유법을 통해 상당수의 과일과 견과류가 발견되었다. 자작잎배나무(*Pyrus betulaefolia*, 杜梨), 살구나무 (*Prunus armeniaca*), 참나무속(*Quercus* sp.), 개암나무(*Corylus heterophylla*), 가래나무(*Juglans mandshurica*) 등이 확인되었다. 부유법 시료 면에서 흥륭구 I·II구역과 III구역은 뚜렷한 차이를 보였다. 특히 III구역에서는 기장과 조 외에도 탄화된 콩이 발견되었다.

흥륭구 I 구역에서 나온 탄화 곡물의 대부분은 움집 자리 안에서 발견되었다. 발굴 과정에서 특히 흥미로운 점은, 겉껍질이 함께 나오지 않았다는 사실이다. 겉껍질을 포함하는 식물이나 그렇지 않은 식물이나 모두 마찬가지였다. 발굴된 곡물은 모두 겉껍질이 탈피된 상태였다. 이 지역의 후대 유적, 예컨대 흥륭구III구역과 같은 시기인 하가점하층 문화의 삼좌점(三座店) 유적에서는 오히려 반대되는 양상이 보였다. 삼좌점 유적에서는 102건의 시료 중에서 5500개 이상의 탄화된 기장 알갱이와 약 5000개의 조(粟) 알갱이가 발견되었다.[44] 기장은 거의 모든 주거지에서 나왔고, 바닥층이나 움막집 안에 동심원 구조로 설치된 두 개의 벽 사이에서 발견되었다. 더욱이 기장의 껍질도 많이 발견되었다. 기장이 발견된 곳에서 겉껍질(外穎, lemma)과 속껍질(內穎, palea)은 물론 씨눈 부스러기도 함께 발견되었다. 이런 사례로 보아 기장의 도정 작업이 집 안에서 이루어졌음을 알 수 있다.

이러한 차이는 곡물 생산의 사회적 과정에서 모종의 변화가 있었음을 의미한다. 청동기 시대에 속하는 하가점하층 문화에서는 도정 작업

---

44 Liu, 'Food webs'.

이 주로 집 안에서 이루어졌고, 아마도 소규모로 조금씩 도정을 해서 먹었던 것 같다. 민속학 연구에 따르면, 이런 과정에 따른 생산물과 부산물은 모두 집 안에서 불과 결합되었을 가능성이 크다(기장은 불에 익히고 껍질은 불에 태우는 과정 – 옮긴이). 그래서 고고학적으로 탄화된 재료가 출토될 가능성이 커졌던 것이다. 이 시기의 집 안 구조에는 주거지와 저장 공간이 모두 포함되어 있었다. 저장 공간은 돌로 벽을 쌓아 만든 좁은 공간이었다. 그 사이에 식량 자원을 보관했으므로 가정의 구성원들만 접근이 가능했다. 저장 공간에는 상당한 규모의 벽이 둘러져 있었기 때문에 다른 가정의 구성원들이 접근할 수 없었다. 요약하자면 당시 생산과 소비의 기본 단위는 가족 단위였다. 여기에 비해 흥륭구 I 구역에서는 생활의 면모가 사뭇 달랐던 것 같다. 보다 큰 규모의 공동체가 함께 작업에 참여했던 것이다. 곡물 도정이 완벽하게 이루어진 상태로 발굴된 것으로 보아, 도정 과정은 주거지 핵심 구역이 아닌 외부의 어딘가에서 실시되었다.

기장의 소비

기장류에 속하는 모든 품종은 4탄당 경로(C_4회로)를 통해서 광합성을 한다. C_4식물은 광합성을 하는 동안 C_3식물에 비해 공기 중 이산화탄소($^{13}CO_2$)를 더 많이 축적하기 때문에 탄소동위원소($\delta^{13}C$) 측정값도 더 높게 나타난다(C_3식물은 평균 약 -26.5‰, C_4식물은 평균 약 -12.5‰). 위도상 유라시아 북부에서 재배종 C_4식물은 기장과 조(粟)밖에 없다. 기장의 알곡을 섭취한 동물이나 인간의 유골에서 콜라겐을 시료로 동위원소 분석을 실시하면 독특한 C_4 신호가 나타난다. 따라서 유골의 탄소동위원소 측정값을 통해 사람 혹은 동물의 기장 소비 비중이 시공간에 따라서 어떻게 달라졌는지를 파악할 수 있다.

적봉시(赤峰市) 지역에서는 체계적인 동위원소 연구가 실시되었다. 홍륭구 I, II, III구역을 포함하여 여러 유적지에서 인간과 동물의 유골 표본을 채취했다.[45] 분석 결과 홍륭구 I 구역에서부터 사람들이 상당량의 기장을 섭취한 것으로 나타났다. 동위원소 측정값만을 가지고 재배종 기장의 진화 과정을 밝힐 수는 없다. 이 문제에 관한 우리의 지식은 아직도 상당히 부족한 편이다. 그러나 홍륭구 I 구역에서 발견된 인골로부터 기장 섭취 증거가 뚜렷하게 나타났기 때문에 당시 기장이 주식 작물이었다는 사실은 알 수 있다. 신석기 시대부터 청동기 시대를 거치는 동안 적봉시 지역에서 C_4의 섭취 비중은 계속 증가했다. 초기 신석기 유적에서 C_4가 강하게 나타나는 동물 자료는 발견되지 않았다. 그렇다면 인골에서 나타나는 C_4는 기장을 사료로 먹인 동물을 인간이 섭취한 결과가 아니라, 인간이 직접 기장을 섭취한 결과로 보아야 한다. 한편 청동기 시대 인골에서는 더욱 많은 C_4가 측정된다. 이 시기에는 동물의 뼈에서도 C_4가 측정된다. 따라서 청동기 시대 사람들은 기장을 사료로 먹인 동물을 더 많이 섭취했음을 알 수 있다.

45　Liu et al., 'Earliest evidence of millet'.

더 읽어보기

Flad, R. 'Xinglongwa jades and genesis of value in northeast China.' In C. Deng and G. Liu (eds.), *The Origins of Chinese Jade Culture: Xinglongwa Jades Research and Catalogue*. Chinese University of Hong Kong Press, 2008. 224-34.

Hanks, B.K. and K. Linduff (eds.). *Social Complexity in Prehistoric Eurasia*. Cambridge University Press, 2009.

Li, X. *Development of Social Complexity in the Liaoxi Area, Northeast China*. Oxford: Archaeopress, 2008.

Liu, L. *The Chinese Neolithic: Trajectories to Early States*. Cambridge University Press, 2004.

Liu, L. and X. Chen. *The Archaeology of China: From the Late Paleolithic to the Early Bronze Age*. Cambridge University Press, 2012.

Liu, X., H.V. Hunt, and M.K. Jones. 'River valleys and foothills: changing archaeological perceptions of North China's earliest farms.' *Antiquity*, 83 (2009), 82-95.

Liu, X., M.K. Jones, Z. Zhao, G. Liu, and T.C. O'Connell. 'The earliest evidence of millet as a staple crop: new light on Neolithic foodways in North China.' *American Journal of Physical Anthropology*, 149 (2012), 238-90.

Peterson, C.E. and G. Shelach. 'Jiangzhai: social and economic organization of a middle Neolithic Chinese village.' *Journal of Anthropological Archaeology*, 31 (2012), 265-301.

Shelach, G. 'Economic adaptation, community structure, and sharing strategies of households at early sedentary communities in northeast China.' *Journal of Anthropological Archaeology*, 25 (2006), 318-45.

Yang, H., G. Liu, and C. Deng. *The Origin of Jades in East Asia: Jades of the Xinglongwa Culture*. Centre for Chinese Archaeology and Art, Chinese University of Hong Kong, 2007.

Zhao, Z. 'New archaeobotanic data for the study of the origins of agriculture in China.' *Current Anthropology*, 52, Supplement 4 (2011), S295-304.

CHAPTER 14

일본의 초기 농업

사이먼 캐너Simon Kaner
야노 겐이치矢野憲一

다양한 식량 수급 방식

현대 일본의 농촌 경관을 주도하는 종목은 논농사다. 이는 한눈에 보아도 확연히 드러난다. 일본 육지 전체의 약 5분의 1이 평야 지대인데, 어디서나 반듯하게 경지 정리가 된 논을 볼 수 있다. 뿐만 아니라 산간 계곡이나 해안 경사면에도 가능한 곳이라면 어디든 계단식 논이 층층이 빼곡하게 조성되어 있다. 심지어 현대적 경관이 지배하는 도시 근교에도 밀집한 주택들 사이로 가끔씩 논이 들어서 있다. 일본에서는 어디서나 논을 볼 수 있고, 벼농사의 중요성은 일본인의 고정관념으로 확고히 자리 잡고 있다. 그러나 오히려 그렇기 때문에 가려지는 측면들도 있다. 예를 들면 농업의 다양성, 벼 이외의 다른 동식물과 맺어온 밀접한 관계 등은 벼농사에 가려져 잘 드러나지 못한 면이 있다. 일본에서는 최초로 논이 조성되기 이전에 이미 1000여 년을 이어오던 농업 전통이 있었다. 그러나 많은 사람들은 지금도 초기 일본 사회의 발전을 이루어낸 핵심이 벼농사 및 그와 관련된 풍습이라고 믿고 있다. 벼농사는 일본 전통의 중심으로 높이 평가되었다. 노토반도(能登半島)의 계단식 논은 세계중요농업유산(Globally Important Agricultural Heritage Systems, GIAHS)으로 지정되기도 했다. 또한 이 지역은 세계에서 가장 오래된 주먹밥(おむすび)을 자랑하는데, 이시카와현(石川県)의 스기타니 차노바타케(杉谷チ

ャノバタケ) 유적에서 2100년 전의 주먹밥이 발견되었다.[1] 고고학적으로 논의 구조 자체가 확인되기도 했다.[2] 이번 장에서는 일본 농경 사회의 발달을 기원후 500년 이전까지 추적하고, 벼농사를 비롯한 여러 식량 수급 전략이 폭넓은 사회 및 문화의 발전에 기여한 방식을 검토하고자 한다.

플라이스토세가 끝날 때부터 기원후 500년까지, 일본의 고고학적 시기는 세 단계로 나뉜다. 첫 번째 단계인 조몬(繩文) 시대는 기원전 1만 4000년경 토기의 출현과 함께 시작된다. 대부분의 조몬 토기에는 특징적인 줄무늬(승문繩文)가 있는데, 여기서 토기 및 시대를 지칭하는 이름이 만들어졌다.[3] 조몬 시대 초기에 생활 경제의 변화가 있었다. 즉 대규모 사냥에서 폭넓은 채집 위주로 생활 경제가 바뀌었다. 이때 재배종 식물의 진화가 어느 정도 이루어졌고, 일정 수준에서 농경도 실시되었다. 두 번째 단계인 야요이(弥生) 시대는 기원전 900년경 규슈(九州) 북부 지역에서 수도작 및 철기 제작 기술의 등장과 함께 시작되었다. 당시의 토기가 처음 발굴된 야요이(도쿄 시내 한 구역)라는 지명에서 토기 및 시대의 명칭이 비롯되었다.[4] 세 번째 단계인 고훈(古墳) 시대는 기원후 250년

---

1 http://isp.unu.edu/news/2011/sado-noto-farm-methods-listed-as-giahs.html (accessed 21 June 2014); I.K.M.B. Senta, *Yachi Sugitani iseki gun* (*The Yachi Sugitani Site Group*) (Kanazawa, 1995); J.J. Ertl, 'Revisiting village Japan', unpublished PhD thesis (University of California, Berkeley, 2007), 201-13.
2 G.L. Barnes, 'Paddy field archaeology', *Journal of Field Archaeology*, 13 (1986), 371-9, and 'Paddy fields now and then', *World Archaeology*, 22 (1990), 1-17.
3 S. Kaner, 'The western language Jomon', in G.L. Barnes (ed.), *Hoabhinhian, Jomon, Yayoi and Early States: Bibliographic Reviews of Far Eastern Archaeology* (Oxford: Oxbow, 1990), 31-62; T. Kobayashi, *Jomon Reflections: Forager Life and Culture in the Prehistoric Japanese Archipelago* (Oxford: Oxbow, 2005).

경 최초의 기념비적 거대 고분(古墳) 건설과 함께 시작되었다.[5] 일본 열도에서 최초로 국가적 차원의 사회 구조가 발달하면서 대규모 농지 조성과 농업 생산물에 대한 중앙 집중식 통제도 이루어졌다. 같은 시대적 맥락에서 6세기경 동아시아 대륙으로부터 불교가 소개되면서 글쓰기, 도시 건축, 통치 체제 등 중국 문명의 각종 요소들도 함께 유입되었다.

오래전부터 사람들은 일본 전통 문화의 기본이 벼농사라고 믿어왔다. 수많은 의례와 종교 사상도 그와 연관이 되었다. 7세기에 최초의 중앙 집권 국가가 수립되었을 때, 남성 인구를 기준으로 논을 분배하고 세금은 쌀로 거두었다.[6] 따라서 일본의 사회, 경제, 문화를 이해하는 핵심은 곧 벼농사의 기원을 이해하는 문제가 되었다. 그러나 일본에는 벼 이외에도 다양한 곡물의 전통이 있었다. 예를 들면 보리, 밀, 메밀, 콩, 기장 등이었다. 특히 산간 지대에서, 혹은 기근이 닥쳤을 때 이러한 곡물들이 벼를 보충하는 역할을 했다. 일본 농업사 연구는 이와 같은 숨겨진 주식 작물의 재배에 초점을 맞추어왔다. 동물 사육은 일본 농업에서 별로 큰 비중을 차지하지 않았다.

이번 장에서는 일본 벼농사의 기원과 발전을 살펴보고, 다른 식물의 재배 관련 근거를 검토하고자 한다. 논에서 벼를 재배하기 시작한 흔적

4　M. Hudson, 'From Toro to Yoshinogari: changing perspectives on Yayoi period archaeology', in Barnes (ed.), *Hoabhinhian, Jomon, Yayoi and Early States*, 63-112; K. Mizoguchi, *The Archaeology of Japan: From the Earliest Rice Farming Villages to the Rise of the State* (Cambridge University Press, 2013).
5　J.E. Kidder, *Himiko and Japan's Elusive Chiefdom of Yamatai: Archaeology, History and Mythology* (Honolulu: University of Hawai'i Press, 2007).
6　W.W. Farris, *Population, Disease and Land in Early Japan 645-900* (Cambridge, MA: Harvard University Press, 1995).

은 기원전 900년부터 등장한다. 그러나 당시 다른 재배종 작물들의 역할, 밭에서 재배하는 곡물, 주식에서 각 작물이 차지했던 위상 등에 관해서는 여전히 논쟁이 진행 중이다. 다른 작물들의 재배는, 추정컨대 화전농법을 포함하여 야요이 이전 조몬 시대부터 이어져왔던 것이다. 일본에서 농업 사회로 가는 여정은 매우 다양한 경로를 거쳤다. 따라서 우리는 농경 생활의 확산 과정에 대한 문제를 검토하지 않을 수 없고, 또한 식량 수급 전략의 다양성에 무게를 두지 않을 수 없다. 이 모두는 일본 열도에서 형성된 사회적 전통과 계승, 농업과 관련된 의례와 관습에 함축되어 있다.[7]

7 C.M. Aikens and T. Akazawa, 'Fishing and farming in early Japan: Jomon littoral tradition carried on into Yayoi times at the Miura caves on Tokyo Bay', in C.M. Aikens and S.N. Rhee (eds.), *Pacific Northeast Asia in Prehistory: Hunter-Fisher-Gatherers, Farmers and Socio-political Elites* (Pullman: Washington State University Press, 1992), 3-12; P. Bleed et al., 'Between the mountains and the sea: optimal foraging patterns and faunal remains at Yagi, an early Jomon community in southwestern Hokkaido, Japan', *Arctic Anthropology*, 26 (1989), 107-26; G. Crawford, 'The transitions to agriculture in Japan', in A.B. Gebauer and T.D. Price (eds.), *Transitions to Agriculture in Prehistory*, Monographs in World Archaeology 4 (Madison, WI: Prehistory Press, 1992), 117-31; K. Imamura, 'Jomon and Yayoi: the transition to agriculture in Japanese prehistory', in D.R. Harris (ed.), *The Origins and Spread of Agriculture and Pastoralism in Eurasia* (Washington, DC: Smithsonian Institution Press, 1996), 442-65; J.E. Kidder, 'The earliest societies in Japan', in D. Brown (ed.), *The Cambridge History of Japan*, vol. I: *Ancient Japan* (Cambridge University Press, 1993), 50-109; Y. Kuraku, 'The origin and development of rice cultivation in Japan', in Y. Yasuda (ed.), *The Origins of Pottery and Agriculture* (Kyoto: International Research Centre for Japanese Studies, 2002), 312-20; M. Nishida, 'The emergence of food production in Neolithic Japan', *Journal of Anthropological Archaeology*, 2 (1983), 305-22; Y. Sato (ed.), *Jomon nogyo wo toraenaosu (Recapturing Jomon Agriculture)*, Science of Humanity Bensei 14 (Tokyo: Bensei Shuppan, 2002); H. Shitara, *Jomon shakkai to Yayoi shakkai (Jomon Society and Yayoi Society)* (Tokyo: Keibunsha, 2014); H.

일본 농업 기원 연구사

야요이 양식의 토기가 처음 확인된 것은 1888년 도쿄대학교 캠퍼스 근처였다. 그러나 1910년대까지 일본 역사에서 야요이 시대가 가지는 의미는 전혀 인식되지 못했다. 1925년 야마노우치 스가오(山內淸男)가 야요이 토기의 표면에서 볍씨를 발견했고, 1936년 나라현의 가라코(唐古, 1977년부터는 가라코-가기唐古-鍵 유적으로 알려졌다)에서 목재 농기구가 다수 발굴되었다. 이와 같은 발굴 성과를 근거로 일본의 고고학자들은 논농사가 야요이 시대에 시작되었다고 믿었다. 그러나 벼농사의 직접적 증거에 해당하는 논과 선사 시대 주거지가 함께 발굴된 것은 20세기 중엽이 최초였는데, 그곳이 바로 시즈오카현 도로(登呂) 유적이었고, 시기는 야요이 후기였다.[8] 그 뒤 1978년 후쿠오카현의 이타즈케(板付) 유적에서 일본에서 가장 오래된 논이 발견되었다(그림 14-1). 이후 수십 년 동안 200여 곳의 선사 시대 논 유적이 발굴되었고, 그와 함께 풍성한 유물과 주거지 구조물 등이 출토되었다. 발굴 성과를 근거로 일본 열도의 초기 농업 사회와 관련하여 복잡다단한 논의가 가능해졌다.[9] 고대 일본의 농경 사회 성격에 관한 논의는 20세기 내내 마르크스주의

Shitara et al. (eds.), *Shokuryo no kakutoku to seisan* (*Production and Acquisition of Foodstuffs*), Yayoi jidai no kokogaku 5 (Archaeology of the Yayoi Period 5) (Tokyo: Doseisha, 2011).

8 W. Edwards, 'Buried discourse: the Toro site and Japanese national identity in the early postwar period', *Journal of Japanese Studies*, 17 (1991), 1-23.

9 R. Takahashi, 'Symbiotic relations between paddy-field rice cultivators and hunter-gatherer-fishers in Japanese prehistory: archaeological considerations of the transition from the Jomon age to the Yayoi age', in K. Ikeya et al. (eds.), *Interactions Between Hunter-Gatherers and Farmers: From Prehistory to Present* (Osaka: National Museum of Ethnology, 2009), 71-98.

〔그림 14-1〕 전기 야요이 시대의 논, 후쿠오카현 이타즈케 유적
일본 열도에서 알려진 바로는 최초 농부의 발자국이 남아 있다.

의 영향을 크게 받았다. 주로 역사적 유물론과 생산 양식의 관점에서 논의가 이루어졌다. 이에 대한 분명한 비판도 있었지만, 고대 사회와 문화의 변화, 그와 관련된 농업 기술의 발전은 여전히 변증법적 모순의 틀 속에서 해석되었다. 일본 야요이 시대의 물질문화 대부분은 동아시아 대륙에 기원을 두고 있었다. 그래서 고대 중국의 역사 자료와 교차 검증을 해보는 것이 해당 연구에서는 전통적으로 매우 중요시되었다. 최근 방대한 자료를 대상으로 방사성탄소 연대측정을 실시한 결과, 야요이 시대의 시작 연대는 전혀 다른 차원에서 논의가 되고 있다.[10]

사가현(佐賀縣)의 요시노가리(吉野ヶ里) 유적 발굴 이후 야요이 시대를 대표하는 이미지가 완전히 바뀌었다. 도로 유적에서 자급자족의 소규모 농업 공동체가 확인되었다면, 요시노가리 유적에서는 고도의 사회 조직과 함께 도시의 흔적이 나타났다(그림 14-2).[11]

저항에서 회복으로: 일본 초기 농업사에서 조몬 농경 문화의 의미

일본 고고학은 대개 야요이 시대부터 논의를 시작했다. 기존에는 야요이 시대의 시작을 기원전 300년경으로 보았지만 최근에는 기원전 제1천년기로 수정되었다. 이 무렵 벼농사가 시작되었고, 나중에 신토(神

---

10 S. Fujio, (*Shin*) *Yayoi jidai* (*The* (*New*) *Yayoi period*) (Tokyo: Yoshikawa bunkan, 2011); S. Shoda, 'Radiocarbon and archaeology in Japan and Korea: what has changed because of the Yayoi dating controversy?', *Radiocarbon*, 55 (2010), 421-7.
11 M. Hudson and G. Barnes, 'Yoshinogari: a Yayoi settlement in northern Kyushu', *Monumenta Nipponica*, 46 (1991), 211-35.

[그림 14-2] 초기 벼농사 관련 물질문화
야요이식 토기(후쿠오카현 이타즈케 유적), 돌칼(사가현 요시노가리 유적), 목제 농기구(후쿠오카현 사사이 유적).

道)라고 불리게 될 문화 및 신앙이 구체화되었으며, 고문헌에서 일본이라는 명칭도 최초로 등장했다.[12] 또한 같은 시기에 새로운 도래인(渡來人)이 일본으로 건너가 기존의 조몬인과 뒤섞였으며, 오늘날 대부분 일본인의 조상이 바로 그들이었다. 그들은 오늘날의 일본어와 유사한 언

12 Kidder, *Himiko*; M. Soumare, *Japan in Five Ancient Chinese Chronicles* (Fukuoka: Kurodahan Press, 2009).

어를 사용했다.¹³ 벼농사에 기반을 둔 야요이 문화는 기존의 수렵채집 문화, 원주민 문화, 조몬 시대의 문화를 대체했다. 전통적으로 야요이 이전의 문화는 오늘날 일본인의 직접적 조상이 아니라고 보았다.

그러나 일본 고고학 초창기부터 주류의 관점에 맞서는 몇몇 고고학자들이 있었다. 예를 들면 1910~1920년대의 오야마 가시와(大山柏), 1950~1960년대의 후지모리 에이이치(藤森榮一) 등이었다. 이들은 수도작 벼농사가 시작되기 이전에 어떤 초기적 방식의 농업이 존재했을 것으로 추정했다. 고고학 이외의 다른 분야에서 선도적 학자들이 이들의 주장을 지지했다. 예를 들면 식물학자 나카오 사스케(中尾佐助), 철학자 우에야마 슌페이(上山春平), 지리학자 사사키 고우메이(佐々木高明) 같은 학자들이었다. 이들은 이른바 "조엽수림(照葉樹林) 문화론"의 일환으로 조몬 시대의 농경을 지지했다. 문화론의 명칭은 일본 남서부에서 동아시아 대륙까지 이어지는 주요 삼림 지대의 이름에서 따왔다. 이 이론은 일본의 정체성을 이해하는 데 영향을 미쳤지만, 고고학적으로 많은 약점을 내포하고 있었다. 그러나 최근 연구에서 예전 생각과 달리 조몬 시대의 문화와 오늘날 일본 문화의 밀접한 연관이 드러나면서 조몬 시대가 재조명되기 시작했다.¹⁴ 조몬 시대의 사람들은 일본 열도에 성공적으로 적응했고, 탄력적인 생존 전략을 발전시켰으며, 그 전통은 1만 년

---

13 M. Hudson, *The Ruins of Identity: Ethnogenesis in the Japanese Islands* (Honolulu: University of Hawai'i Press, 1999).
14 M. Hudson, 'Foragers as fetish in modern Japan', in J. Habu et al. (eds.), *Hunter-Gatherers of the North Pacific Rim* (Osaka: National Museum of Ethnology, 2003), 263-74; S. Kaner, 'Jomon revelations: what the prehistoric Japanese did for us', *Proceedings of the Japan Society*, 150 (2014), 129-42.

이상 안정적으로 이어졌다. 그들의 적응 과정은 다양한 종류의 동식물에 대한 이해, 그리고 내륙과 강변 및 해안 지대에서 활용 가능한 잠재적 역량을 효과적으로 이해하는 데 바탕을 둔 생태공학적 측면을 내포하고 있었다. 견과류, 콩, 곡물, 아마도 전분 함유 덩이줄기, 다양한 포유동물(특히 멧돼지와 사슴), 물고기, 조개 등이 식재료로 사용되었으며, 동물 뼈, 식물 섬유질, 옻나무 수액 같은 칠기 재료 등이 그들의 물질문화 목록에 포함되어 있었다.[15]

조몬 시대에도 생태 환경에 대한 상당한 정도의 조작과 개입이 있었다. 화전 농업도 그런 방식 중 하나였다. 일부 품종에 경작 혹은 사육의 흔적이 남아 있는데, 결과적으로 유전자 변형이 이루어졌다. 주목할 만한 사례가 바로 밤나무였다.[16] 벼를 포함한 곡물의 존재는 조몬 시대 중기부터 확인되는데, 이 시기의 토기 조각에 붙어 있던 벼가 발견되었다.[17] 후지모리 에이이치는 1950년대에 조몬 시대 농경 이론을 최초로 주장한 학자였다.[18] 비슷한 시기에 오카모토 다로(岡本太郞)는 조몬 시대

15 R. Pearson, 'Debating Jomon social complexity', *Asian Perspectives*, 46 (2007), 361–88; S. Noshiro and M. Suzuki, '*Rhus verniciflua* stokes grew in Japan since the early Jomon period', *Japanese Journal of Historical Botany*, 12 (2004), 3–11; H. Obata, *Tohoku ajia kominzoku shokubutsugaku to Jomon nogyo* (*Northeast Asian Palaeoethnobotany and Jomon Agriculture*) (Tokyo: Doseisha, 2009).
16 Y. Sato et al., 'Evidence for Jomon plant cultivation based on DNA analysis of chestnut remains', in Habu et al. (eds.), *Hunter-Gatherers*, 187–98.
17 M. Nakazawa, 'Examining Jomon cultivation from seed impressions on pottery', in S. Kaner et al. (eds.), *Origins of Agriculture: Challenging Old Orthodoxies, Championing New Perspectives* (Cambridge: McDonald Institute for Archaeological Research, forthcoming).
18 E. Fujimori (ed.), *Jomon noko* (*Jomon Agriculture*) (Tokyo: Gakuseisha, 1970).

사람들이 토기의 예술적 성취를 이해하고 있었다고 주장했다.[19] 조몬 시대 유적에서 실제로 재배 작물의 흔적이 발견된 적은 없지만, 후지모리의 연구는 다른 방식으로 이를 입증하려 했다. 후지모리는 주부(中部) 지방과 간토(關東) 지방에서 출토된 수많은 주먹도끼를 조사하여 도끼날의 파손 부위를 분석함으로써, 그것이 작물 재배에 사용된 것으로 해석했다. 이를 뒷받침하는 주변 정황들도 있었다. 석기 도구들의 구성, 유적지의 규모, 유적지의 위치, 의례를 거행했던 증거 등이었다.

이렇게 해서 일본 벼농사의 발전 과정이 기존에 알려진 것보다 더욱 기나긴 과정이었다는 사실이 밝혀지자, 일본 농업의 기원에 대한 새로운 논쟁이 불가피해졌다. 이는 또한 일본사를 새롭게 해석하는 관점과도 호응했다. 기존에는 산업화 이전까지 일본 열도의 생활 경제를 벼농사 위주로 이해했지만, 새로운 일본사는 벼농사 비중을 그보다 낮추어 보는 입장이었다.[20] 즉 벼농사는 다양한 식량 수급 및 생산의 종목 가운데 한 가지 구성 요소로 취급될 뿐이다. 벼농사 도입으로 기존의 생활 경제와 확연히 구분되는 새로운 단계가 시작된 것도 아니고, 외지에서 도입된 것이라 해서 토착 수렵채집인이 저항한 것도 아니었다. 조몬 시대의 생활 방식은 이미 농업의 "사전 적응" 단계에 가 있었다. 일본 열도

---

19 S. Kaner (ed.), *The Power of Dogu: Ceramic Figures from Ancient Japan* (London: British Museum Press, 2009).
20 Y. Amino, *Rethinking Japanese History* (Ann Arbor: Center for Japanese Studies, University of Michigan, 2012); G. Crawford, 'The Jomon in early agricultural discourse: issues arising from Matsui, Kanehara and Pearson', *World Archaeology*, 40 (2008), 445-65.

대부분 지역에서 농업이 그토록 빨리 확산된 비결은 바로 여기에 있었던 것 같다.[21] 조몬 시대의 채집인 스스로 벼를 시험 재배했을 가능성도 있다. 아니면 재배는 하지 않았지만 이미 알곡을 수입해 먹어본 경험이 있었을 수도 있다. 아오모리현(青森県) 가자하리(風張) 유적에서 출토된 볍씨의 AMS 연대측정 결과, 기원전 900년경으로 확인되었다. 이는 일본 열도의 반대편 끝에서 최초의 논이 조성되었던 시기와 비슷한 연대다. 이로 보아 조몬 시대 사람들은 자신들에게 주어진 새로운 슈퍼푸드를 어느 정도는 선택적으로 재배할 능력이 있었다는 것을 알 수 있다.[22]

최근 일본 초기 농업을 조사한 개리 크로퍼드(Gary Crawford)에 따르면, 조몬 시대 사람들은 기존의 생각처럼 수렵채집인이 아니었을뿐더러 농업인도 아니었다. 조몬 시대 사람들은 생태적 니치(niche)를 조정하며 주변 환경에 영향을 미치는 방식으로 이른바 "식물 사육(plant husbandry)" 활동을 했는데, 이러한 방식을 이해하려면 기존에 사람과 식물의 관계를 이해하는 범주들, 즉 포레이징, 채집, 농업 등의 구분에서 벗어날 필요가 있다는 것이 개리 크로퍼드의 주장이었다. 이러한 관점은 일본에서 나카오 사스케(中尾佐助)의 연구 성과와 닮아 있었다. 그는

---

21 T. Akazawa, 'Cultural change in prehistoric Japan: receptivity to rice agriculture in the Japanese archipelago', in F. Wendorf and A.E. Close (eds.), *Advances in World Archaeology* (New York: Academic Press, 1982), 151-211; K. Yano, 'The introduction of wet rice cultivation into western Japan and its Jomon precursors', in Kaner et al. (eds.), *Origins of Agriculture* (forthcoming).
22 C. D'Andrea, 'The dispersal of domesticated plants into north-eastern Japan and early agriculture in Japan: research since 1999', in T. Denham and R. White (eds.), *The Emergence of Agriculture* (London: Routledge, 2007), 154-74; K.C. Twiss, 'Problems of culture change in the late and final Jomon', *Indo-Pacific Prehistory Association Bulletin*, 21 (2001), 30-6.

조몬 시대를 "반농업(semi-cultivation, 반재배半栽培)"으로 규정했다. 이는 "연 단위로 식물 생장을 돕거나 관리하는 차원의 개입"을 의미한다. 그리고 아마도 피(barnyard millet)와 콩을 재배했던 것 같고, 호리병박, 대마, 들깨, 팥 등도 여기에 포함되었던 것 같다.[23] 조몬 시대에 재배되었을 가능성이 있는 또 다른 작물로는 보리, 메밀, 우엉, 벼, 자소(紫蘇, 소엽) 등이 있다. 크로퍼드는 조몬 시대에 식물을 단지 먹을거리로만 이용한 것이 아니라 칠기나 목재로도 사용했기 때문에, 당시의 식량 수급 활동은 넓은 의미에서 "자원 생산"의 맥락으로 이해되어야 한다고 주장했다. 그때 생산했던 많은 자원들은 야요이 시대까지도 그 관행이 이어졌다(그림 14-3).

고고학의 세부 분야 중 하나로 식물의 흔적을 발견하는 데 사용하는 부유법이 폭넓게 실시되지 못해, 초기 일본의 식물 활용을 이해하는 데는 여전히 어려움이 있다.[24] 그러나 조몬 토기에서 재배종 식물의 물리적 흔적이 점점 더 많이 확인되고 있다.[25] 게다가 새로운 연구 기법들도 개발되고 있다. 예를 들면 석기 도구에 남아 있는 전분 잔류물을 확인하는 방법이 있는데, 시부타니 아야코(渋谷綾子)를 비롯한 학자들이 이를 선도하고 있다.[26] 1970년대 후쿠이현(福井県)의 도리하마(鳥浜) 유적

---

23 Crawford, 'Jomon in early agricultural discourse', and 'Advances in understanding early agriculture in Japan', *Current Anthropology*, 52, Supplement 4 (2011), S331-45.
24 Crawford, 'Advances in understanding', 5; J. Habu, *Ancient Jomon of Japan* (Cambridge University Press, 2004), 59-60.
25 Nakazawa, 'Examining Jomon cultivation'.
26 Y. Kudo (ed.), *Jomonjin no shokubutsu riyo* (*New Perspectives on the Plant Use of Jomon People*) (Tokyo: Shinizumisha, 2014).

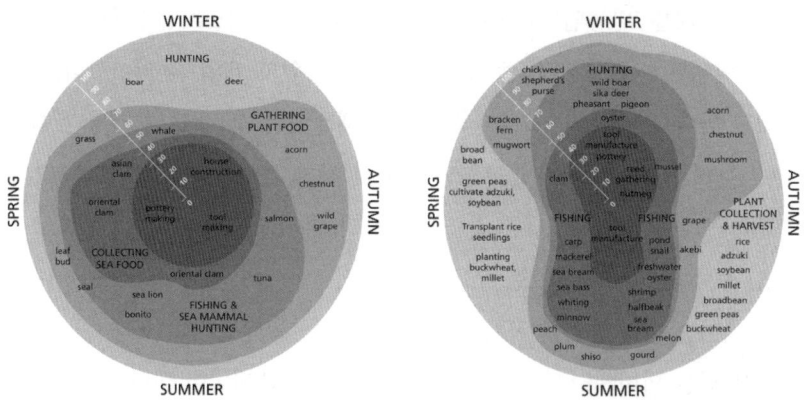

[그림 14-3] 식량 수급 활동의 연간 시간표, 조몬 시대(왼쪽)와 야요이 시대(오른쪽)

을 시작으로, 물에 잠겨 있던 조몬 시대 유적의 발굴이 증가하고 있다.[27] 최근에는 니가타현(新潟県)의 아오타(青田) 유적, 도쿄의 시모야케베(下宅部) 유적 등에서 방대한 양의 식물 관련 유물이 발견되었다. 그 결과 1980년대 이후로는 많은 고고학자들이 규슈 북부 지방에 최초로 논이 등장하기 전 이미 작물 재배와 일부 재배종이 존재했다는 데 동의하게 되었다. 그러나 조몬 시대의 식생활에서 식물의 중요성을 인정한다 하더라도, 대부분의 학자들은 여전히 조몬 시대에 진행된 것을 과연 농업이라고 할 수 있는지 의문을 제기하고 있다.[28]

---

27 See Nishida, 'Emergence of food production'.
28 Habu, *Ancient Jomon of Japan*, 60; J. Habu and M. Hall, 'Climate change, human impacts on the landscape and subsistence specialisation: historical ecology and changes in Jomon hunter-gatherer lifeways', in V.D. Thompson

인간의 유골을 대상으로 동위원소 분석을 하면, 조몬 시대와 야요이 시대 식생활의 다양성과 변화를 이해할 수 있는 풍부한 근거를 얻을 수 있다. 3탄당(C_3) 및 4탄당(C_4) 식물과 동물의 지역별·시기별 소비 비중, 육지 생물과 수중 생물의 섭취 비중뿐만 아니라 남성과 여성의 음식 차이도 알아낼 수 있다.[29] 토기에 남아 있는 음식물 찌꺼기에서 화학적 성분을 분석하는 새로운 연구 방법이 개발되면서 1만 6000년 전 실제 음식 준비에 토기가 어떤 용도로 사용되었는지도 밝혀지기 시작했다.[30]

농업 정착지 및 경관의 발달

야요이 시대의 시작: 논농사 기술 도입과 최초의 농업 정착지 등장

제2차 세계대전 이전까지만 하더라도 일본의 고고학자들은 야요이 시대의 사람들이 벼농사를 지었다고 생각했다. 그 이유 중 하나는 도로 (登呂) 유적(그림 14-4)에서 발굴된 유물들이었다. 도로 유적 발굴은 고고학이 아주 오랜 옛날의 농사 기술을 밝혀낼 수 있음을 보여주는 최초

---

and J.C. Waggoner (eds.), *The Archaeology and Historical Ecology of Small Scale Societies* (Gainsville: University Press of Florida, 2013); Kobayashi, *Jomon Reflections*; A. Matsui and M. Kanehara, 'The question of prehistoric plant husbandry during the Jomon period in Japan', *World Archaeology*, 38 (2006), 259-73.

29 B. Chisholm, 'Paleodiet studies in Japan using stable isotope analysis', *Bulletin of the International Jomon Culture Conference*, 1 (2004), 25-34; L.G. Friedman, 'What is Yayoi? Isotopic investigations into the Jomon-Yayoi transition in western Japan', unpublished PhD thesis (University of Cambridge, 2012); M. Yoneda et al., 'Isotopic evidence on inland-water Jomon population excavated from the Boji site, Nagano, Japan', *Journal of Archaeological Science*, 31 (2004), 97-107.

30 S. Kaner, 'A potted history of Japan', *Nature Digest*, 10 (2013), 30-1.

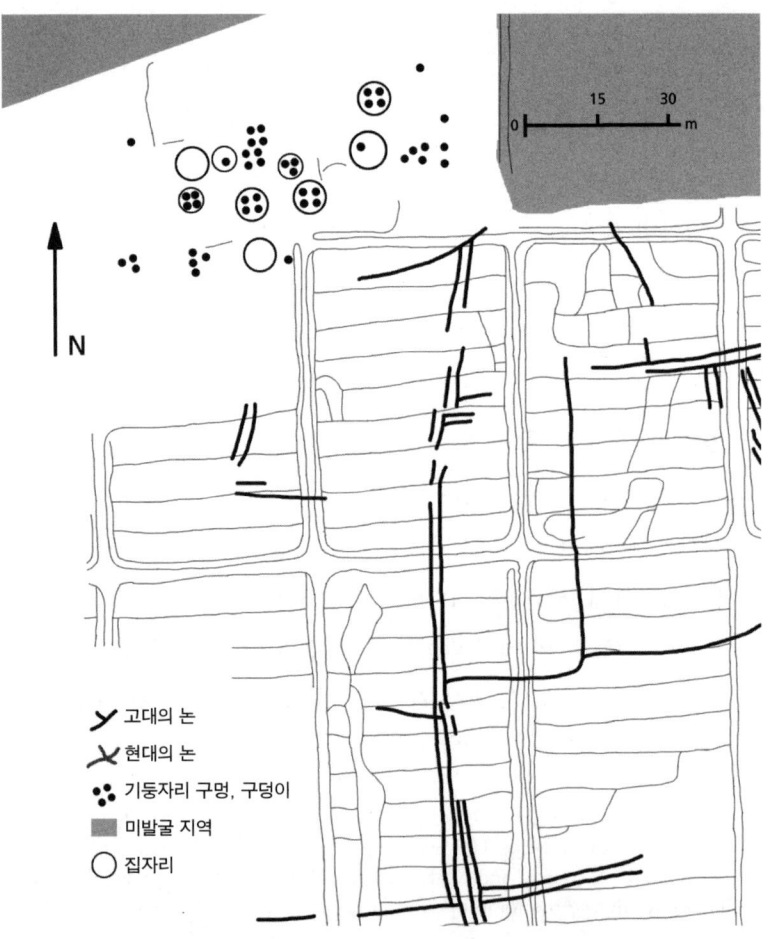

[그림 14-4] 도로(登呂) 유적 평면도, 후기 야요이 농업 마을, 시즈오카현

의 사례로서 센세이션을 일으켰다. 유물들은 지금도 농민들이 주로 사용하고 있는 익숙한 도구들이었다. 발굴 시점은 제2차 세계대전이 끝나갈 무렵으로(유적지 발견은 1943년, 1차 발굴은 1947~1948년 - 옮긴이), 일본 역사학이 사이비 역사학에서 막 벗어나기 시작하던 때였다. 일본의 전통적인 역사 연구는 오래도록 8세기의 책인 《고사기(古事記)》나 《일본서기(日本書紀)》 등 전설 같은 역사 이야기와, 이를 선전 도구로 활용한 제국주의 이데올로기에 의존해왔다. 시대적 변화 덕분에 도로 유적 발굴에서는 일본 최초로 아무런 제한 조치 없이 고대의 일상생활 연구가 이루어졌다.[31]

벼농사를 했다는 결론은 여러 농기구를 통해 추론한 것인데, 조몬 시대 사람들이 사용한 도구와는 전혀 다른 종류의 농기구였다. 논농사 농기구로는 벼이삭을 자를 수 있는 칼이 필요했다. 원래는 돌로 만들었지만 후기 야요이 시대에 이르러서는 철제 도구로 바뀌었다. 당시 아시아 대륙에서 철의 원재료가 수입되었기 때문이다. 목제 농기구 중에는 다양한 형태의 괭이(폭이 넓은 것, 좁은 것, 둥근 것), 칼날과 결합된 도구(일부 칼날은 비스듬한 각도로 결합되어 있다), 갈퀴, 쟁기날, 삽과 괭이 파편, 절구를 비롯한 볍씨 재가공 도구 등이 있었다.

규슈 북부 지방으로 벼농사가 전래된 경로에 관해서 다양한 가설이 제시되었다(지도 14-1 참조). 미야모토 가즈오(宮本一夫)에 따르면, 한반도에서 논농사가 시작된 때는 기원전 1500년경인데, 그곳 농부들이 새로운 농지를 찾아 대한해협을 건너 규슈 북부 지방으로 이주했다

---

31 Edwards, 'Buried discourse'.

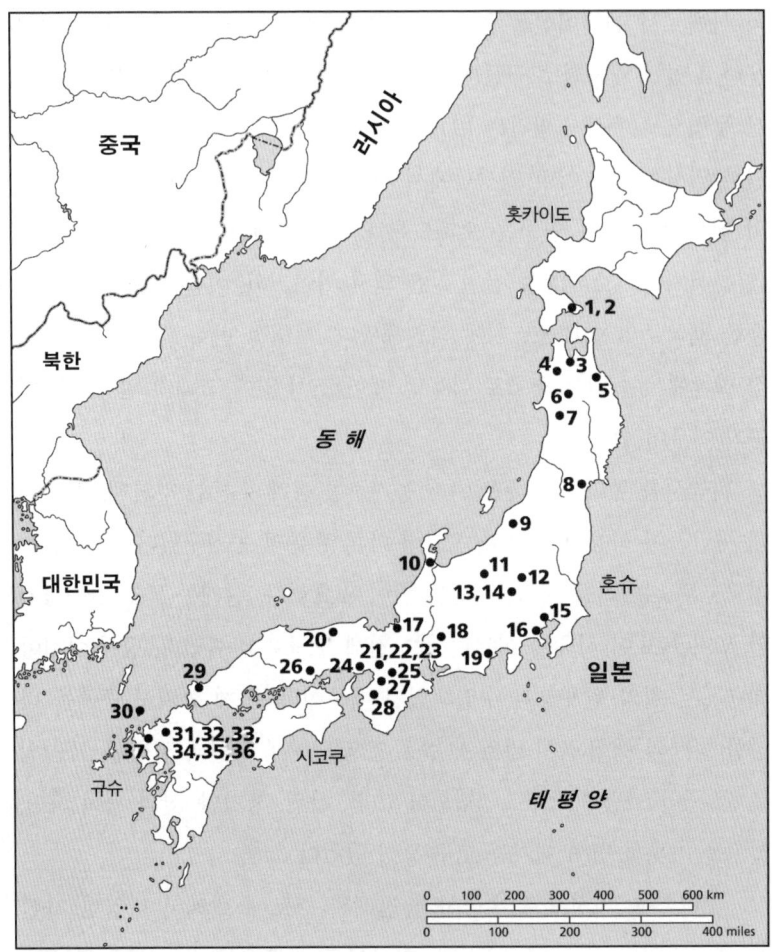

[지도 14-1] 일본의 주요 유적지
1. Yagi; 2. Kakinoshima B; 3. Sannai Maruyama; 4. Sunazawa; 5. Kazahari;
6. Taretabagi; 7. Jizoden; 8. Kutsukata; 9. Aota; 10. SugitaniChanobatake;
11. Yashiro; 12. Hidaka; 13. Kuroimine; 14. Mitsudera; 15. Shimoyakebe;
16. Otsuka and Saikachido; 17. Torihama; 18. Asahi; 19. Toro; 20. Aoya-Kamijichi;
21. Hoenzaka; 22. Uryudo; 23. Ikeshima-Fukumanji; 24. Daikai; 25. Karako-Kagi;
26. Hyakkendawa; 27. Ama; 28. Ikegami-Sone; 29. Doigahama; 30. Haranotsuji;
31. Itazuke; 32. Nishijinmachi; 33. Nabatake; 34. Etsuji; 35. Hie-Naka;
36. Kuma-Nishida; 37. Yoshinogari.

고 한다. 지구 기온이 내려가는 시기에는 한반도 지역의 생산력에 문제가 생겨 이동을 촉진했다고 보았다. 엘리트층의 매장지 발굴 자료로 보아, 당시 한반도에는 이미 상당 규모의 정착지가 발달하고 사회적 분화가 진행되어 있었다. 이주 시기는 기후 조건이 심각하게 악화된 기원전 850~700년으로 추정되는데, 규슈 지방에서 발견되는 문양이 없는 유스식(夜臼式) 토기와 관련이 있다.[32]

일본에서 가장 오래된 논은 사가현(佐賀縣) 나바타케(菜畑) 유적에서 발견되었다. 작은 계곡의 하류에 위치하기 때문에 관개 시설을 따로 할 필요가 없는 곳이었다. 그로부터 시간이 얼마 지나지 않아서 이타즈케(板付) 지역에서 관개 시설이 필요한 논이 조성되었다. 나바타케 북동쪽으로 그리 멀지 않은 곳이었다. 전체 유적지가 모두 발굴되지는 않았지만, 이타즈케 유적에서 논 면적은 대략 400×80미터에 달하는 것으로 추정된다. 정착지와는 도랑 하나를 사이에 두고 있다. 논은 구획이 나뉘어 있으며, 10센티미터 높이의 둑이 경계선을 이루고 있다. 위쪽에 위치한 마을에서부터 도랑으로 물이 흘러 아래 논까지 공급되는데, 중간에 물막이와 수문이 있어서 물 흐름을 조절할 수 있다.

후쿠오카 평원에서 에쓰지(江辻) 유적 혹은 이타즈케 유적 같은 최초의 농업 공동체들은 주변을 둘러 도랑을 파두었다. 야요이 시대가 막 시작되던 때부터 규슈 북서부에서 상당수의 정착지들이 등장했다. 에쓰지

---

32 K. Miyamoto, *Nogyo no kigen o saguru: ine no kita michi* (*Searching for the Origins of Agriculture: The Route Rice Came By*) (Tokyo: Yoshikawa Kobunkan, 2009), and 'The East Asian contexts for the origins of agriculture in Japan', in Kaner et al. (eds.), *Origins of Agriculture* (forthcoming).

유적에서는 돌을 갈아 만든 수확용 칼이 발견되었는데, 벼농사를 짓는 사람들이 거주했으며 조몬 시대의 활동 흔적도 상당히 많이 발굴된 곳이었다.[33] 그러니까 이 유적은 조몬 시대 문화와 야요이 시대 문화가 함께 나타나는 흥미로운 현장인 셈이다. 한반도에서 이주한 사람들이 개척한 식민지로 볼 만한 정착지는 발견된 것이 없었다. 그러나 새로운 건축 양식은 당시 한반도의 건축물과 상당히 닮아 있었는데, 정착지 주변으로 판 V자형 도랑도 그 일환이었다. 매장지는 주거지와 공간적으로 확연히 분리되었다. 그러나 새로운 정착지에서 사용된 토기는 기존 토착민이 사용하던 것의 변종 정도였다. 이를 근거로 이주민의 존재를 부정하는 견해도 없지 않다. 즉 규슈 북부에 살던 사람들이 대륙 문화의 일정한 측면을 수용했다는 주장이다.

전기 야요이 시대

농업 경관 발전의 다음 단계는 기원전 500년경(전기 야요이 시대의 시작)에 시작되었다. 이 무렵 일본 서부 여러 곳에서 벼농사를 기반으로 하는 정착 마을이 등장했고, 논농사 기술이 동해(일본해)와 세토(瀨戶) 내해 연안을 따라 혼슈(本州) 지방 서부로 확산되었다. 전기 야요이 시대에는 정착 마을의 수가 뚜렷이 증가했다. 기존 마을에서 규모가 작은 마을이 갈라져 나와 새로운 마을이 형성되었는데, 아마도 인구 증가 때문인 것 같다. 벼농사 덕분에 식량 수급이 안정화된 결과로 인구가 증가했던 것이다. 수많은 정착 마을들 중에는 새로 형성된 마을이 많았음에

---

33 Mizoguchi, *Archaeology of Japan*, 55-66.

도 불구하고 나름대로 지리적 특성이 반영되어 있었고, 조몬 시대 문화의 흔적도 남아 있었다. 그러므로 이 무렵 등장한 마을들은 현지인에 의해, 아니면 현지인과의 협력으로 조성된 마을로 볼 수 있겠다. 아카자와 다케루(赤澤威)는 일본 서부의 조몬 문화인이 벼농사 문화를 어느 정도 미리 접해본 경험이 있었다고 주장한 최초의 학자다. 새로운 농업 공동체는 비교적 규모가 작았고, 마을이라고 해봐야 몇몇 채의 움막 구조물이 전부였고, 정착지 주변으로 도랑을 파둔 경우가 많았으며, 지표면보다 바닥이 높은 저장 창고를 건설했다. 오카야마현(岡山県)의 히아켄가와-사와다(百間川沢田) 유적에서 구체적 사례를 확인할 수 있다. 조몬 시대에는 매장지가 주거 구역에 함께 있었는데, 히아켄가와-사와다 유적에서도 그러한 전통이 그대로 이어지고 있었다. 효고현(兵庫県)의 다이카이(大開) 유적에서도 비슷한 사례를 확인할 수 있다. 다이카이 유적에서는 조몬 시대와 같은 유형의 석기 도구들이 발굴되었는데, 예를 들면 연마한 막대기 같은 것이었다. 도구가 발굴된 곳은 농업 정착 마을 안이었으며, 마을 둘레로는 도랑이 조성되어 있었다.[34] 오늘날 오사카에 속하는 가와치(河内) 평원에서도 정착 마을이 등장했다. 그곳은 지리적 특성상 고도가 낮았으므로, 아마(安満) 유적 혹은 우류도(瓜生堂) 유적 같은 그곳의 초기 정착지들은 홍수에 취약했다.[35] 내륙 평야 지대에도 논이 조성되었다. 오사카 평원과 산맥으로 구분되어 있는 나라 분지(奈良盆地)의 나카니시-아키쓰(中西-秋津) 복합 유적에서 그 사례를 확인할

---

34 Ibid., 86-7.
35 C.M. Aikens and T. Higuchi, *The Prehistory of Japan* (New York and London: Academic Press, 1982).

수 있다.[36] 이 무렵에 많은 정착지들이 등장했는데, 그중 상당수가 그 뒤에 이어지는 중기 야요이 시대에 중요한 중심지로 발전하게 된다. 오사카의 이케가미-소네(池上曽根),[37] 나라의 가라코-가기[38] 등이 그러한 사례에 속한다.

야요이 시대 유적지에서는 예외 없이 다양한 재배종 식물이 발견되었다. 예를 들면 기장류(피, *Echinochloa utilis*, 稗; 기장, *Panicum miliaceum*, 黍; 조, *Setaria italica*, 粟)와 보리(大麥) 등이다. 그러나 아직은 그렇게 흔하지 않았고, 일상적인 정도로 발견되는 것은 고훈 시대에 이르러서다. 또한 팥, 완두, 대두 등 콩과 식물도 발견되었다. 살구, 멜론, 복숭아, 배, 자두 등 대륙에서 수입된 과일류도 상당수 발견되었다. 도토리, 밤, 호두를 포함하여 견과류는 조몬 시대 이래로 꾸준히 채취하던 식재료였다. 유적지에서 이런 식물들이 발견된다는 사실은 야요이 시대가 시작될 무렵 논농사와 함께 밭농사 및 원시 농경도 동시에 실시되고 있었음을 의미한다.[39]

---

36 이하 나라 분지 관련 논의는 이 책 제15장 참조.
37 L.A. Hosoya, 'Sacred commonness: an archaeobotanical approach to Yayoi social stratification: the "Central Building Model" and the Osaka Ikegami site', in K. Ikeya et al. (eds.), *Interactions*, 99-178.
38 J. Oksbjerg, 'Religious imagery of middle Yayoi settlements', unpublished PhD thesis (University of London, 2009).
39 G. Crawford, 'East Asian plant domestication', in M. Stark (ed.), *Archaeology of Asia* (Oxford: Blackwell, 2006), 77-95; Crawford, 'Advances in understanding'; Hudson, 'From Toro to Yoshinogari', 75-7.

중기 야요이 시대

중기 야요이 시대로 들어서면서 마을은 더 큰 규모로 발전했다. 하나의 마을은 수십 채의 주거지와 공용 창고 혹은 공동 이용 시설로 구성되었다. 고지 미조구치(孝司溝口)를 비롯한 학자들의 주장에 따르면, 당시 이 정도 규모의 마을 여러 곳을 통괄하는 일종의 사회 조직이 형성되어 있었고, 종족 혹은 연맹 공동체 단위로 전승이 되었다. 중기 야요이 시대가 끝나갈 무렵, 규슈 해안 평야의 핵심 지역에 대규모 지역 중심지가 등장했다. 생산, 분배, 의례의 중심지였다. 예를 들어 후쿠오카의 스구(須玖) 유적에는 약 1500명이 거주했고, 전체 200헥타르 면적에 40~50개 마을이 소속되어 있었다.

전기 야요이 시대의 급격한 성장세에 힘입어 형성된 수많은 정착촌들은 이후 중기까지도 비교적 안정적으로 이어졌다. 나라 분지의 가라코-가기 유적은 지역 중심지의 대표적 사례로 유명한 곳이다. 옥스비에르(Oksbjerg)는 긴키(近畿) 지방의 사례를 통해 중기 야요이 시대가 어떻게 시작되었는지 설명했다. 주변에 환호(環濠)를 두른 중심지(예컨대 가라코-가기)에서는 수공업품 생산을 담당하고 주변의 작은 마을에서는 농업을 담당하는 이중적 체제가 특징이었다. 1940년대 이후로 가라코-가기 유적은 여러 차례에 걸쳐 발굴이 이루어졌다. 그러나 움막집 자리 유적은 단 두 개에 불과했다. 소규모 유적들이 조각조각 흩어져 있는 가운데, 그 사이로 기둥 자리들이 많고 전체 면적을 둘러 환호가 조성되어 있었다. 이로 보아 그곳은 주거 용도뿐만 아니라 생산, 교환, 의례 거행의 장소로 사용되었을 가능성이 높다.[40] 또한 1995년 대형 구조물의 흔적도 발견되었는데, 오사카부의 이케가미-소네(池上-曽根) 유적이었다. 그곳은 야요이 시대의 "도시" 유적으로 추정되는 곳으로, 건물의 크기는 약 17×7미터에 달했다. 가라코-가기는 나라 분지에서 가장 오래된 농업 정착지로 알려져 있으며, 마을이 형성된 시기는 초기 야요이 시대였다. 이 또한 오사카 평원에서 농업 정착 마을들이 최초로 형성될 무렵에 생긴 정착지였다. 처음 마을이 형성될 무렵, 세 곳의 정착지가 있었다. 각각의 마을은 150~300제곱미터 면적의 자연 분지에 자리를 잡았다. 마을마다 5~6곳의 움막 주거지가 있었고, 마을 주변을 둘러 여러 개의 도랑이 조성되어 있었다. 가라코-가기 유적의 제Ⅱ단계와 제Ⅲ단계 사이, 즉 중기 야요이 시대의 전반기에 해당하는 어느 즈음에 일부러 도랑을 메운 흔적이 있었다. 그 대신 훨씬 더 큰 환호를 조성했는데, 폭이 넓은 곳은 10미터, 깊이는 2미터에 달한다. 그 뒤에도 동심원 구조의 환호가 추가로 건설되었고, 결국 너비 200미터에 달하는 구역에 수로가 조성되었다. 구역 내부는 작은 도랑으로 다시 나뉘었다. 중기 야요이 시대가 끝나갈 무렵 홍수가 발생해서 수로가 메워졌지만, 후기 야요이 시대가 시작될 즈음 메워진 수로를 다시 파냈다. 그리고 후기 야요이 시대가 끝나갈 무렵 이들 수로는 다시 메워졌다. 이후 초기 고훈 시대에는 환호가 없었지만 정착지는 그대로 유지되었다. 수로가 건설된 이후로 사람들의 생활 흔적은 분명하게 드러난 것이 없지만 대형 건물의 유적은 확인되었다. 더불어 청동기(동종銅鐘 포함), 석기(특히 벼 수확 도구), 목재, 천, 토기 등의 제작 흔적도 발견되었다. 일본 서부의 다른 지역에서 가져온 많은 양의 토기도 확인되었다. 이는 가라코-가기 유적이 지

---

40 Oksbjerg, 'Religious imagery', 70-82.

역 거점이었다는 사실을 뒷받침해준다. 또한 그곳은 의례 거행의 중심지이기도 했다. 그림이 새겨진 상당량의 토기 파편이 이를 뒷받침한다. 의도적으로 많은 양의 토기를 수로나 벽 주변에 묻어두기도 했다. 수로에는 토기를 묻은 직후에 물을 채웠던 것으로 추정된다. 유적에서는 또한 상당량의 동물 뼈도 출토되었다. 특별히 주목할 만한 유물로 멧돼지와 사슴의 뼈가 있는데, 아마도 미래를 점치는 데 사용되었던 것으로 추정된다.

기원 전후 무렵 "서부 일본 지역의 주요 충적 평야는 상당 부분이 논으로 뒤덮였고, 논에 물을 공급하기 위해 복잡한 관개 시설이 조성되어 있었다. 관개 시설 중에는 대규모 운하와, 조그만 강에 통나무를 층층이 쌓아 삼각형 모양으로 만든 꽤 큰 규모의 댐이 포함되어 있었다."[41] 오카야마의 히아켄가와 유적, 오사카의 이케시마-후쿠만지(池島-福万寺) 유적에서 그러한 사례를 확인할 수 있다. 이러한 시설의 규모와 복잡한 구조에도 불구하고(히아켄가와의 관개 시설은 길이 1킬로미터가 넘는다) 물길의 갈래가 골고루 분배되는 것으로 보아, 당시의 공동체는 평등한 관계를 유지했던 것 같다.

후기 야요이 시대가 끝나갈 무렵, 주요 중심지들은 물론 개별 정착 마을 단위로도 둘레에 도랑을 팠으며, 때로는 그 규모가 상당했다. 후쿠오카현의 히에-나카(比恵-那珂) 유적을 비롯한 일부 마을은 면적이 100헥타르에 달했고, 거의 도시의 특성을 보였다. 이처럼 거대한 정착지에는 또한 거대한 묘지가 조성되어 있었다. 무덤의 주인공은 분명 개별 마

---

41 Mizoguchi, *Archaeology of Japan*, 186.

을 단위를 넘어서는 존재였다. 쿠마타니-니시다(熊谷-西田) 유적에서는 1000점 이상의 유물이 발굴되었고, 이를 통해 모종의 세습 관계에 있는 집단 혹은 반족(半族, 둘 이상의 친족 집단이 혼인 관계를 구성할 때 그중 한 집단 — 옮긴이)이 존재했음을 알 수 있다. 일부 정착지의 규모가 상당했음에도 불구하고, 후대에 나타나는 부유한 자 혹은 엘리트 계층에 속하는 자의 무덤처럼 사회적 위계질서를 확인할 수 있는 분명한 근거는 아직 발견되지 않았다.

중기 야요이 시대에는 혼슈 동부 지역에서 인구가 뚜렷하게 증가했고, 몇몇 대규모 중심지가 등장했다. 혼슈 중부 내륙 지역에도 벼농사 공동체가 존재했는데, 군마현(群馬県)의 히다카(日高) 유적, 깊은 층위에서 논이 발굴된 나가노현(長野県) 야시로(屋代) 유적이 그러한 사례다. 간토 지방에서도 대규모 정착지와 세부 구역들이 발달했다. 가장 유명한 예를 들자면, 가나가와현(神奈川県)의 오쓰카(大塚) 유적(주변에 환호를 조성)과 사이카치도(歳勝土) 유적(매장지 구역에 환호를 조성) 등이다(그림 14-5).[42] 아오모리현(青森県)의 타레야나기(垂柳) 유적과 스나자와(砂沢) 유적에서 보듯이 논도 이미 존재하고 있었다.[43] 그곳의 농지는 수십 년간 사용되다가 방치되었다. 미야기현(宮城県)에는 태평양 해안에서 내륙으로 4킬로미터 들어간 구쓰카타(沓形) 유적에서 논이 발견되었다. 그곳에도 거대한 파도가 덮쳐 홍수가 났던 것 같은데, 바닷모래가 유적지 곳곳에 남아 있다.

---

42 Aikens and Higuchi, *Prehistory of Japan*.
43 Y. Kuraku, *Suiden no kokogaku (The Archaeology of Paddy Fields)* (Tokyo University Press, 1991).

(그림 14-5) 야요이 시대의 정착지, 가나가와현 오쓰카 유적
주변에 환호가 조성되어 있다.

후기 야요이 시대

후기 야요이 시대가 시작될 무렵 몇 가지 뚜렷한 변화가 있었다. 일부 지역, 특히 일본 중부 및 동부 지역에서 수많은 정착지들이 등장한 반면 다른 지역에서는 뚜렷한 감소세를 보였다. 대륙에서 발생한 정치적 변화의 영향으로 귀중품 수입에 혼란이 발생했을 수도 있고, 추운 기후 때문에 생산력이 크게 떨어졌을 수도 있다. 소규모 정착지들이 한꺼번에 버려져 방치되었지만, 동시에 규슈 북부에 있는 기존의 지역 거점에서는 인구가 급증했다. 긴키(近畿) 지방, 특히 오사카만 주변의 언덕 지역에는 더 큰 규모의 정착지들이 등장했다.[44] 나라 분지의 가라코-가기 또한 이 무렵 긴키 지방에서 살아남은 지역 거점 중 하나였다.

논과 부속 시설의 규모가 갈수록 복잡해지면서 관개 시설 또한 더욱 높은 수준의 효율성을 필요로 했고, 새로운 차원의 관리 능력이 요구되었다. 일본 곳곳에서 대규모 관개 시설이 등장했는데, 특히 오사카 지역, 그리고 오카야마의 히아켄가와 유적과 후쿠오카의 나가쿤류(那珂君休) 유적이 그러한 사례였다(그림 14-6). 예를 들어 도로(登呂) 유적에서 약 50필지의 논이 확인되었다. 그중 가장 큰 것은 면적이 2000제곱미터에 달했고, 그 주변으로 7만 제곱미터 면적에 논들이 펼쳐져 있었다. 여기에 물을 공급하는 넓은 운하가 있었는데, 아마도 근처 정착지의 주민들이 공동으로 농사를 지었던 것 같다.[45] 이 정도 규모의 벼농사를 감당하는 노동 조직이라면 상당한 수준의 협력 관계가 요구되었을 테고, 이를

---

44 T. Arbousse Bastide, *Les structures d'habitat enclos de la protohistoire du Japon (période de Yayoi 350 BC-300 AD)* (Oxford: Archaeopress, 2005).
45 Mizoguchi, *Archaeology of Japan*, 190-1.

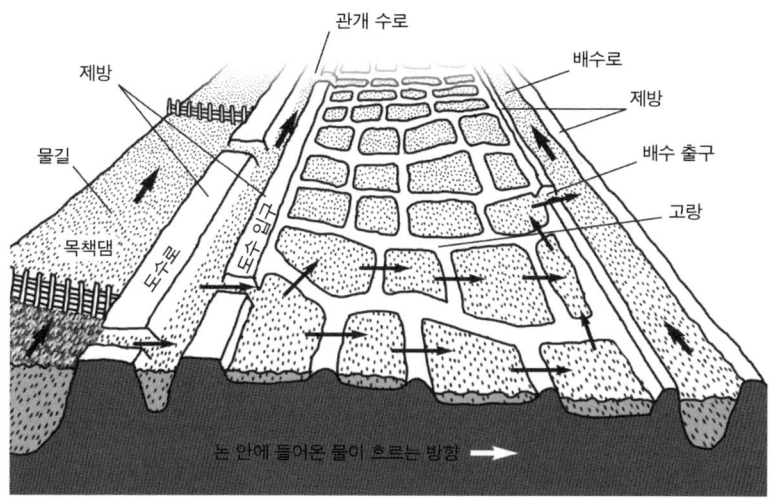

〔그림 14-6〕 야요이 시대의 논, 오사카 지역

위해 평등한 연대를 재확인하는 의례를 거행했던 것 같다. 당시에는 새로운 형태의 정착지와 매장지가 출현하기 시작했다. 이때는 사회적 지위가 완성되었다기보다 최초로 형성되기 시작한 시점이었다. 일반 주거 지역에서 분리된 특별한 주거 형태가 등장했고, 때로는 전용 창고 시설을 갖추기도 했다. 이와 같은 엘리트 주거 시설이 등장한 시기에 특별한 개인의 분묘가 건설되기 시작했다. 이 경우 아이들도 어른들과 같은 특별한 장례 절차를 거쳤다. 이러한 개인 분묘가 대규모 공동 매장 시설을 대체했다.

사가현의 요시노가리 유적은 후기 야요이 시대 정착지의 사례를 분명하게 보여주고 있다.[46] 이 지역 야요이 시대 정착지의 기원은 전기 야요이 시대까지 거슬러 올라간다. 중기 및 후기 야요이 시대를 거치면서 정착지 규모가 확대되어 전체적으로 약 25헥타르에 달했고, 주변으로 너비 7미터에 깊이 3미터의 환호가 조성되어 있었다. 요시노가리 유적의 상당 부분은 역사 공원으로 재건축되었다. 오늘날 그곳을 방문하는 관광객들은 수많은 내부 수로와 울타리로 구획된 야요이 시대 도시의 느낌을 체험할 수 있을 것이다. 그 안에는 묘지 구역과 엘리트 거주 구역도 포함되어 있다. 중기 야요이 시대의 유적으로 100개 이상의 움막 주거지가 발굴되었다. 당시 거주 인구는 1000~1500명 정도였을 것으로 추정된다. 환호 안쪽 구역 중 북서부에 엘리트 주거 공간이 위치하는데, 그곳에는 움막 구조물뿐만 아니라 기둥 구조물도 있었다. 기둥을 세워 건설한 감시탑이 늘어서 있었는데, 높이는 약 10미터 정도였던 것 같다. 감시탑에서는 환호 안쪽 구역 전체를 조망할 수 있었다. 이러한 감시탑은 기원후 3세기 중국의 역사서 《위지(魏志)》에도 기록되어 있다. 이외에도 바닥이 지표면보다 높은 저장 시설이 발견되었다. 요새 바깥 지역에 위치한 이러한 저장 시설이 30곳에 달했다. 그중 가장 큰 것은 면적이 5×6.5미터였는데, 야요이 시대의 일반적인 고상형(高床形) 창고보다 훨씬 큰 규모였다.

요시노가리 유적에서 대규모 매장지도 발굴되었다. 가장 주목할 만한 분묘는 길이 40미터, 너비 30미터에 달하는 거대 분묘다. 높이는 애초에 4~5미터였을 것으로 추정된다. 조성 시기는 전기 야요이 시대가 끝나고 중기로 접어들 무렵이었다. 다양한 토기, 청동기 단검, 유리구슬

---

46 Hudson and Barnes, 'Yoshinogari'.

등이 부장된 이 분묘에는 동아시아 대륙에서 건너온 물건들도 있었다. 이외에도 2500기(基)의 분묘가 발굴되었는데, 그중 옹관, 토관, 목관, 석관 등이 발견된 분묘는 최소 12기에 달했다. 이들 중 일부는 폭력적인 죽음을 맞이했던 것으로 보인다. 머리가 없는 시신이 있는가 하면, 화살촉이나 칼이 부장된 경우도 있었다. 조개껍데기 장신구를 통해 넓은 지역권 안에서 일상 용품 교환이 이루어졌음을 알 수 있다. 규슈 남서쪽으로는 류큐(琉球) 제도까지, 북쪽으로는 홋카이도(北海道)까지 교역권에 포함되어 있었다. 일부 분묘에서는 아마포와 비단 조각이 발굴되었다. 누에는 전기 야요이 시대 중국 남부 지역에서 수입되었다. 방대한 양의 유물이 발굴되었으며, 특히 이삭 수확용 칼, 도끼, 끌, 갈돌, 맷돌, 방추차 등이 많았다. 중기 야요이 시대부터는 화살촉, 도끼, 칼, 낫, 삽날 등의 철제 도구가 많이 출토된다. 청동기 제작은 현지에서 직접 이루어졌으며, 발굴 현장에서 돌로 만든 형틀이 많이 나왔다. 식량은 주로 벼농사를 통해 조달했다. 잉여 생산물을 충분히 확보하여 앞에서 언급한 저장 시설을 채우려면 더 많은 논이 필요했다. 이 문제에 대해서는 뒤에서 다시 논의할 것이다. 개, 사슴, 멧돼지, 돼지의 뼈와 조개껍데기 등이 발굴된 것으로 보건대 야요이 시대에도 사냥과 조개 채집은 정착지 형성의 초기 단계에는 계속 유지되고 있었다.

고훈 시대: 농업과 국가의 형성

5세기와 6세기에는 대륙에서 새로운 농업 기술이 도입되었다. 그 결과 이례적인 농지 개발이 이루어졌다. 쟁기에 철제 부품이 사용되기 시작한 때는 기원후 4세기였다. 5세기에는 쟁기날 끝에 끼우는 U자형 보습이 철기로 제작되어, 특히 건조한 고지대에서 경운 작업이 훨씬 용이해졌다. 농지를 조성하는 데 견인용 동물(소와 말)이 이용되기 시작한 때도 이 무렵이었다.[47]

기원후 6세기 중엽에 군마현(群馬縣)에서 하루나(榛名) 화산이 폭발하여 주변 지역에 최대 2미터 높이까지 화산재 등의 쇄설물이 쌓였다. 그 결과 당시의 농업 사회 경관이 이례적으로 완벽하게 보존되었고, 1980년대 이래로 유적 발굴이 이루어졌다. 이외에도 미쓰데라(三ツ寺) Ⅰ유적과 호다카(穗高) 유적에서 엘리트 계층의 주거 공간과 매장지가 발굴되었다. 구로이미네(黒井峯) 유적 발굴 결과 특히 잘 보존된 건물이 드러났고, 주거지와 소 외양간, 바닥면이 지표면보다 높은 고상형(高床形) 저장 창고(볍씨 모종 생육 공간으로 추정), 관개 시설이 갖춰진 논 등이 확인되었다(그림 14-7).[48] 건물을 비롯한 여러 시설들은 오솔길로 연결되어 있었고, 주거 구역에는 나무 잔가지로 만든 울타리가 둘러져 있었다. 이러한 구역이 최소 8곳 발굴되었는데, 각각의 면적은 30×40미터 정도였다. 그중에는 다른 집들보다 훨씬 더 큰 집도 하나 있었다.

기원후 5세기에 이르러 농업의 잉여 생산물 저장과 통제 방식에 변화가 있었다. 오사카현 호엔자카(法円坂) 유적과 와카야마현(和歌山縣) 나루타키(鳴滝) 유적에서 중앙 집중식 대규모 저장 시설이 발견되었다.[49] 호엔자카 유적에서 저장 시설로 추정되는 대형 건물 16개가 발견

---

47 R. Pearson (ed.), *Ancient Japan* (Washington, DC: Arthur M. Sackler Gallery; Tokyo: Agency for Cultural Affairs, 1992).
48 H. Tsude, 'Kuroimine', in Pearson (ed.), *Ancient Japan*, 223-5.
49 H. Tsude, 'Early state formation in Japan', in J.R. Piggott (ed.), *Capital and*

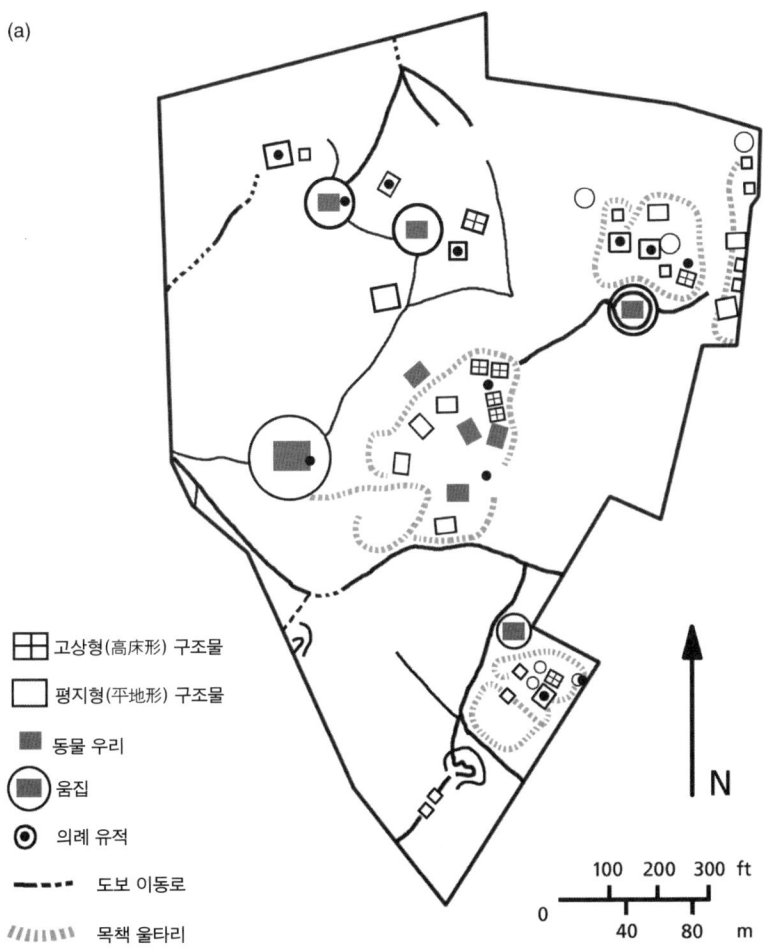

〔그림 14-7〕 (a) 6세기의 농장 평면도, 군마현 구로이미네 유적(서부)

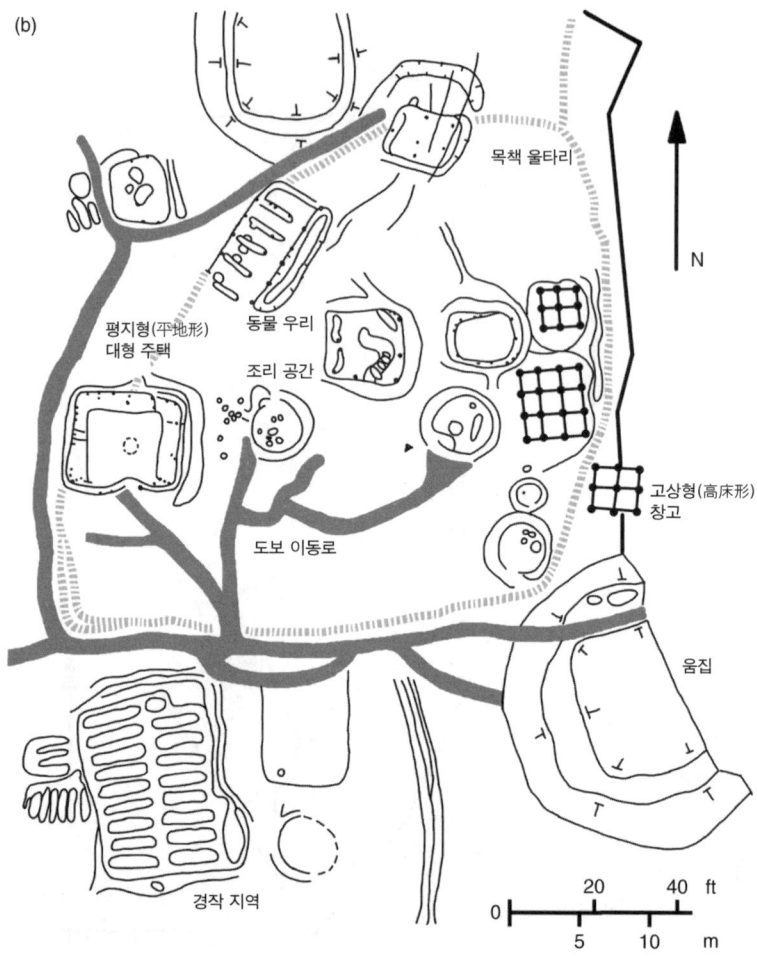

[그림 14-7] (b) 6세기의 농장 평면도, 군마현 구로이미네 유적(동부)

되었는데, 각각의 면적은 90제곱미터에 달했다. 이는 같은 시기 주거지에 부속된 저장 시설과는 비교할 수 없을 정도로 큰 규모였다. 전체적으로 저장 가능 용량은 약 3만 7000석(石), 즉 18만 9000부셸이었다. 이처럼 거대한 저장 시설에는 다른 물품들(철, 소금, 직물)도 저장되어 있었을 것이다. 쓰다 히로시(津田博司)는 과거 세금 기록으로부터 거꾸로 계산해서, 이 정도 세금을 거두려면 40만 에이커의 농지가 필요하다는 결론에 도달했다.[50]

5세기에는 새로운 대규모 공공 건설 프로젝트도 시행되었다. 열쇠 구멍 모양의 거대한 고분도 이때 만들어졌는데, 최고의 군주를 위한 무덤이었다. 가장 큰 고분은 오사카현에 있는 다이센(大仙) 고분이다. 이를 건설하려면 노동일 수로 680만 일이 필요하다는 연구가 있었다. 전통적으로는 5세기 닌토쿠(仁德) 천황의 무덤으로 알려져 있다. 길이 486미터에 이르는 이 고분은 일본은 물론 고대 사회에서 가장 큰 고분 중 하나다. 관개 시설을 포함하는 농지 조성 공사 또한 이에 못지않은 대규모 프로젝트였다. 관개 시설인 후루이치 오미조(古市大溝)는 길이 2킬로미터, 너비 20미터에 달한다.[51] 이와 같은 대규모 토지 개발을 지휘한 군주 혹은 통치자는 공간적으로 분리된 주거지에서 살았다. 미쓰데라(三ツ寺) 유적에서 그러한 사례를 확인할 수 있다.

Countryside in Japan, 300-1180: Japanese Historians Interpreted in English (Ithaca, NY: East Asia Program, Cornell University, 2006), 13-53 (33-5).
50 Ibid., 52, note 44.
51 Ibid., 35, 37.

일본의 초기 농업 사회와 논농사의 사회적 의미

야요이 시대 논농사의 사회 및 문화적 결과에 관한 논의는 갈수록 복잡해지고 있다. 20세기 후반부터 일본 전역에 걸쳐 토지 개발이 진행되었고, 그 과정에서 고고학적 발굴도 엄청나게 실시되었다. 이를 통해 밝혀진 야요이 시대 사람들의 일상생활은 대부분 논농사와 관련되어 있었다. 즉 논의 조성부터 시작해서, 수확의 성패를 좌우하는 물 공급과 수확 후 저장과 재처리까지, 이 모든 과정이 야요이 시대 사람들 대부분의 일상을 지배했다.[52]

벼농사는 대규모 인구 증가를 뒷받침했다. 야요이 시대의 일부 구간에 일부 지역, 특히 규슈와 오사카만 근처의 간사이(関西) 지방으로 사람들이 몰려들었다. 어떤 마을은 정착지 면적 100헥타르, 주민 1500명까지 성장했다. 이런 곳은 야요이 시대의 핵심적 지역 거점으로 발전했다. 이곳을 매개로 금속 가공과 귀한 석재 및 정보가 교환되었고, 누구나 이 네트워크의 중심에 접근하고자 했다. 그러나 논농사는 고도의 사회적 협력과 공동체의 단결 및 상호 의존을 필요로 했다. 이는 사회 내부적으로 발달하던 위계질서와 상충되는 요인이 되었다. 이런 갈등은 야요이 시대 말기까지 지속되었다.

이 모든 일은 예상치 못한 자연재해에서 비롯되었다. 고도가 낮은 지대의 정착지와 논은 정기적으로 홍수 피해를 입었으며, 그럴 때마다 생계 능력에 치명적 손상을 피할 수 없었다. 피해 지역 주변에 거주하는 사람들 사이에 긴장이 조성되었고, 한정된 자원을 둘러싸고 경쟁이 치

---

52 Hosoya, 'Sacred commonness'; Mizoguchi, *Archaeology of Japan*, 186-92.

열해졌다. 홍수 피해 때문이든 흉년 피해 때문이든, 이념적 문제가 개입되었다. 고지 미조구치(孝司溝口)는 이를 "야요이 신화"로 설명했다. 도타쿠(銅鐸)도 이런 신화 중 하나였다. 도타쿠란 작은 종처럼 생긴 청동기 유물인데, 야요이 시대에는 거의 언제나 농지 근처에 도타쿠가 묻혀 있었다. 이에 대해 고바야시 유키오(小林幸夫)는 벼농사를 찬양하는 서사시를 표현한 것으로 설명했다. 일부 도타쿠에는 사람이나 괴물이 그려져 있는데, 자연에서 문명으로 변화하는 과정을 표현한 장면으로 이해된다. 벼가 음식으로 변하는 과정이 곧 자연에서 문화로의 변화 과정이었다. 이는 야요이 사회의 재생산을 의미하는 은유적 표현이다. 즉 볍씨의 죽음과 후손의 탄생은 인간 및 공동체의 죽음 및 후손의 탄생과 연결되었다. 미조구치는 이를 "야요이 구조의 원칙"이라 했다.

벼농사는 작업에 참여하는 사람들의 세계관을 바꾸어놓았을 뿐만 아니라 사회 조직의 변화를 가져오기도 했다. 차별의 세습이라는 측면에서 사회적 분화가 최초로 나타났는데, 이를 촉진한 것이 벼농사였다. 그 과정은 수 세기에 걸쳐 서서히 진행되었다. 후기 야요이 시대에 이르기까지 주민들의 관습은 평등 원칙에 입각해 있었다. 엘리트 계층의 공간이 구분되지 않았고, 매장지도 공동체의 매장지를 다 같이 사용했다. 규슈 북부 지역은 논농사가 처음으로 도입된 곳이었다. 여기서 다른 지역과는 조금 다른 과정이 나타났는데, 야요이 시대 말기부터 이 지역의 엘리트 계층은 별도의 매장지 혹은 고분에 매장되었다. 엘리트의 권력은 경쟁과 전쟁을 통해 드러났겠지만, 농업의 성공은 주로 사회적 단결과 협력에 기반을 두고 있었다. 논과 관개 시설 같은 인프라의 관리 및 유지가 가능하려면 단결과 협력이 필수였다. 이것이 무너지면 엘리트 계층도 살아남을 수 없었다.

바로 이러한 긴장 관계가 야요이 사회에 내재되어 있었다. 고도로 밀집한 인구가 서로 가까이 살게 되었고, 토지와 자원 및 물건을 두고 점차 경쟁이 심화되었으며, 갈등이 언제나 평화적으로 해결될 수는 없었다. 고고학적으로 폭력의 증거도 드러났다. 매장지에서 머리가 없는 유골, 화살이나 칼에 의해 살해된 것이 분명한 유골이 발견되었다. 후기 야요이 시대의 정착지 중에는 방어 시설을 갖춘 곳이 많았고, 고지대로 이동한 경우도 많았다. 이 모두는 당시에 침략과 전투가 있었음을 의미한다. 중국 역사서에서 최초로 일본이 언급되는 시기가 기원후 3세기인데, 폭력적인 사회 혼란이 서술되어 있다. 이런 환경에서 히미코(卑弥呼) 여왕 같은 지역의 지도자가 출현했다. 히미코는 남동생들과 함께 야마타이국(邪馬台国)이라는 나라를 통치했다. 마크 허드슨(Mark Hudson)은 "전쟁 수요와 사회적 단결의 갈등이 전쟁의 의례화 및 전쟁 의례의 일종으로서의 사냥을 통해 타협을 보았다"라고 주장했다.[53] 사슴은 야요이 시대 예술에서 가장 많이 등장하는 동물로서 도타쿠(銅鐸)나 토기 파편에 그려져 있었는데, 농경의례에서 사슴은 땅의 정령을 대리하는 존재로 해석되었다. 허드슨은 이를 야요이 신화의 또 다른 표현으로 해석했다. 즉 "농업을 통한 쌀 생산의 통제와 전쟁을 통한 사회의 통제를 매개하는 사냥을 은유적으로 표현한 것이 사슴 그림"이라는 해석이다.

이러한 혼란은 기원후 3세기에 더 많은 변화를 초래했다. 새로운 형

---

53 M. Hudson, 'Rice, bronze and chieftains: an archaeology of Yayoi ritual', *Japanese Journal of Religious Studies*, 19 (1992), 139-90 (149).

태의 매장 풍습이 등장했고, 청동과 철 등 중요 자원에 대한 더욱 강력한 통제가 시행되었다. 또한 중앙 집중식 대규모 정착지가 발달했다. 일부 정착지들은 무역을 기반으로 했고, 또 다른 일부 정착지들은 갈수록 확장 및 강화되는 논농사를 기반으로 했다. 야요이 시대 유적에서 돌로 만든 저울추(石錘)가 몇 개 발견되었는데, 이는 시장 중심의 교역 관계가 존재했다는 더욱 구체적인 증거라 할 수 있겠다.

인간과 동물의 관계 변화

조몬 시대의 멧돼지는 중요한 식량 자원이면서 동시에 이데올로기적 역할도 있었다. 홋카이도와 혼슈(本州)의 태평양 쪽 연안 섬들에 있는 조몬 시대 유적지에서 멧돼지 뼈가 발견되었는데, 자연 상태의 멧돼지와는 달랐다. 따라서 당시 어느 정도의 동물 사육은 이루어졌을 것으로 추정된다. 조몬 시대의 조개무지에서 사슴 뼈도 규칙적으로 발견되었다. 그러나 토기에는 멧돼지 그림이 주로 등장하며, 사슴 그림은 유물에 거의 등장하지 않았다.[54] 고이케 히로코(小池浩子)는 동물의 흔적을 연구했는데, 그 성과에 따르면 조몬 시대의 특정 시공간 범위에서 대형 동물 사냥이 상당히 집중적으로 이루어졌다. 더불어 조몬 시대 내내 조개 채취도 이루어졌다.[55] 나중에는 대형 동물의 개체 수가 크게 감소했

---

54 L. Janik, 'Awaking the symbolic calendar: animal figurines and the conceptualisation of the natural world in the Jomon of northern Japan', in D. Gheorghiu and A. Cyphers (eds.), *Anthropomorphic and Zoomorphic Miniature Figures in Eurasia, Africa and Meso-America: Morphology, Materiality, Technology, Function and Context* (Oxford: Oxbow, 2010), 113-21; Kaner (ed.), *Power of Dogu*, 151.

다. 그래서 조몬 시대의 대규모 정착 마을에 살던 사람들은 상대적으로 물고기나 소형 동물, 특히 식물에 의존하는 생활을 했다. 최근 산나이 마루야마(三內丸山) 유적 조사 결과도 이러한 추론을 뒷받침했는데, 지금까지 조사된 조몬 시대 정착지 가운데 가장 규모가 큰 곳이었다. 시기별로 인구 밀도는 달랐지만, 기원전 3900년부터 2300년까지 거의 2000년 동안 그곳에서 사람들이 거주했다. 시기에 따라 석기 구성의 변화가 확인되었고, 후대로 갈수록 멧돼지와 사슴의 흔적이 줄어들었다. 이로써 식생활이 큰 틀에서 식물 위주로 바뀌었음을 알 수 있다. 또한 오랜 세월에 걸쳐 정착지 주변에서 대형 동물 사냥이 과도하게 이루어졌을 가능성도 있다.[56]

야요이 시대에 접어들면서 인간과 동물의 관계 또한 변했다. 이는 유물에 등장하는 사슴 그림을 통해서도 짐작할 수 있다. 예를 들어 야요이 시대 도타쿠(銅鐸) 가운데 그림이 그려진 것이 모두 364개인데, 그중 사슴 그림이 129건, 멧돼지 그림은 불과 18건이었다. 집돼지 관련 증거도 야요이 시대에 처음으로 나타난다. 일본 서부 지역의 여러 유적에서 멧돼지와 구별되는 집돼지 뼈가 발견되었다.[57] 최근 연구는 일본 사육 돼지의 유전적 조상을 밝히는 데 초점을 맞추고 있다.[58] 나바타케 유적과

---

55 H. Koike, 'Exploitation dynamics during the Jomon period', in Aikens and Rhee (eds.), *Pacific Northeast Asia in Prehistory*, 53-7.
56 J. Habu, 'Growth and decline in complex hunter-gatherer societies: a case study from the Jomon period Sannai Maruyama site, Japan', *Antiquity*, 317 (2008), 571-84.
57 Hudson, 'Rice, bronze and chieftans', 149-50.
58 E.g. T. Anezaki, 'Pig exploitation in the southern Kanto region, Japan',

가라코-가기 유적에서 구멍이 뚫린 돼지 턱뼈가 발견되었다. 그 구멍으로 나무 막대기를 꽂았던 것으로 추정되는데, 중국의 신석기 유적에서도 비슷한 종류의 돼지 뼈가 발견된 적이 있다. 가라코-가기 유적을 분석해본 결과, 멧돼지를 사로잡아서 계속 기른 흔적도 나타났다. 야요이 시대에 동물 뼈는 미래를 점치는 용도로도 사용되었다. 뜨거운 막대기로 어깨뼈에 압력을 가한 흔적이 남아 있는데, 이는 중국 상나라의 갑골문 전통을 연상케 한다. 이러한 뼈의 75퍼센트는 사슴 뼈였으며, 그다음으로 멧돼지 뼈가 많았다.[59]

개도 조몬 시대 초기부터 사육되었다. 돼지와 개는 야요이 시대 내내 가장 중요한 가축이었다. 일본 서부 지역의 야요이 시대 유적지에서는 말과 소의 뼈도 약간 출토되었다. 그러나 그 수량이 아주 적었으며, 의미 있는 정도의 비중으로 나타나는 시기는 고훈 시대에 이르러서다.[60] 군마현 구로이미네 유적에서 고훈 시대 말의 발자국이 발견되었는데, 이는 당시에 말을 사육했다는 분명한 증거다. 야요이 시대 유적에서 닭 뼈도 출토되었다. 고훈 시대가 시작될 무렵 의례 관련 유물에 수탉 그림이 등장했다. 무덤 부장품으로 닭 인형이 들어가기도 했는데, 망자를 다시 깨워주는 역할을 기대했던 것 같다. 닭 모양의 하니와(埴輪, 고훈 시대의

International Journal of Osteoarchaeology, 17 (2007), 299-308; G. Larson et al., 'Patterns of East Asian pig domestication, migration and turnover revealed by modern and ancient DNA', *Proceedings of the National Academy of Sciences*, 104 (2010), 1087-92.
59 Hudson, 'Rice, bronze and chieftans', 150-1; H. Harunari, *Yayoi jidai no hajimari (The Beginning of the Yayoi Period)* (Tokyo University Press, 1990), 86-9.
60 Hudson, 'From Toro to Yoshinogari', 76.

부장용 토용 – 옮긴이)도 고분 속에서 발견되었다. 그러나 식량으로 닭을 대량 소비했다는 증거는 아직 발견된 것이 없다.[61] 고기잡이는 여전히 중요한 일이었다. 토기를 이용해서 문어를 잡았던 흔적이 야요이 시대 해안 유적에서 많이 발견되었다. 새로운 유형의 그물추도 함께 발견되었다. 논농사의 도입으로 동물성 식재료의 수급에 변화가 있었지만, 늘어나는 인구를 먹여 살리기 위해 동물은 여전히 식생활에서 중요한 부분을 차지했다.

일본 열도의 초기 농부는 누구였을까?

교과서적으로는 현대 일본인이 "조몬인 유형"과 "야요이인 유형"으로 나뉜다고 한다. 체질인류학에서 이들의 차이를 확인하려는 시도가 많이 있었다. 그리고 이들과 아시아 및 태평양의 다른 지역과의 연계를 탐색하기도 했다. 오늘날에는 유전자 연구가 이러한 탐구를 뒷받침하고 있다.[62] 템플(Temple)과 라센(Larsen)은 조몬인 유골 400구와 야요이인 유골 521구를 대상으로 한 연구에서, 농업이 일본 열도 거주민에 끼친 생물학적 영향을 검토했다.[63] 시간이 지날수록 유골의 전분 함량이 점차

---

61 H. Ishino, 'Rites and rituals of the Kofun period', *Japanese Journal of Religious Studies*, 19 (1992), 191-216 (198).
62 M.F. Hammer et al., 'Dual origins of the Japanese: common ground for hunter-gatherer and farmer Y chromosomes', *Journal of Human Genetics*, 51 (2006), 47-58; K. Hanihara, 'Dual structure model for the population history of the Japanese islands', *Japan Review*, 2 (1991), 1-33.
63 D.H. Temple and C.S. Larsen, 'Bioarchaeological perspectives on systemic stress during the agricultural transition in prehistoric Japan', in E. Pechenkina and M. Oxenham (eds.), *Bioarchaeology of East Asia: Movement, Contact, Health* (Gainesville: University Press of Florida, 2013), 344-67.

늘어났는데, 이는 찰기가 있는 쌀과 얌 혹은 구근류를 통한 탄수화물 섭취가 증가했음을 의미한다. 그 결과 충치 발생률도 더 높아졌으며, 특히 조몬 시대 후기와 말기 및 야요이 시대에 더욱 심했다. 기근의 경험도 유골을 통해 확인되는데, 기근이 치아 법랑질 형성에 영향을 미치기 때문이다. 농업이 도입된 후로는 기근이 줄어든 것으로 나타났다. 조몬 시대의 대부분은 계절에 따라 식량 수급이 불안정했지만, 아마도 벼농사 덕분에 식량 수급의 예측 가능성과 안정성이 높아졌기 때문일 것이다. 앞에서도 언급했던 것처럼 홍수 같은 자연재해도 다른 방식으로 기근의 원인이 되었을 것이다. 이른바 "화장실 고고학"의 연구 성과를 보면, 조몬 시대와 야요이 시대의 공동체는 모두 기생충의 영향을 많이 받았다. 인구가 밀집한 정착지에 기생충도 많았을 것이다.[64] 전염병의 영향은 조몬 시대와 야요이 시대가 같지 않았다. 템플과 라센의 연구에 따르면, 야요이 시대에 전염병 발생 빈도가 감소했을 수 있지만, 전염병의 종류는 더욱 다양해졌다고 한다. 아마도 이주민의 영향으로 결핵 같은 전염병이 대륙에서 일본 열도로 전파되었을 것이다.[65] 야요이 시대의 초기 농업이 시작되는 단계에서는 이와 같은 전염병의 발생 빈도 또한 줄어들었다. 그러나 농업이 고도화되고 정치 권력이 더욱 집중화되면서 인구 밀도가 일정 수준을 넘어서자 만성 전염병이 다시 증가하기 시작했다. 히에-나카 같은 대규모 공동체의 성장과 몰락, 혹은 니시진마치(西新町) 같은 교역항의 정착지와 관련된 인구 이동에 전염병이 미친 영향을 검

---

64 A. Matsui et al., 'Palaeoparasitology in Japan - discovery of toilet features', *Memórias do Instituto Oswaldo Cruz*, 98, Supplement 1 (2003), 127-36.
65 Temple and Larsen, 'Bioarchaeological perspectives'.

토할 수 있다면 상당히 흥미로울 것이다.

마크 허드슨은 농업 사회를 "팽창주의, 개척주의, 사회적 배타주의에 기반하는 사회경제 체제"라고 규정했다. 그리고 "선사 시대에서 그 대표적인 사례"가 바로 야요이 시대가 시작될 무렵 외부에서 이주해 온 사람들에게 남아 있는 생물학적 증거라고 주장했다.[66] 조몬 시대 말기부터 기원후 제1천년기 첫 세기 사이의 인구 변화를 추산한 결과, 7만 5000명에서 540만 명까지 늘어난 것으로 나타났다. 평균적으로 연간 1퍼센트 이상 성장한 셈이다.

초기 일본어의 발달에 관해서도 비교 연구 방법론이 적용되었다.[67] 일본의 일부 고고학자들은 조몬 시대 사람들끼리는 서로 의사소통이 가능했다고 믿고 있지만, 일본 열도의 산악 지형 때문에 조몬 시대에는 언어의 다양성이 매우 강했을 것으로 추정되었다. 이러한 다양성은 조몬 시대 토기의 유형에도 그대로 반영되어 있다. 그러나 농업이 시작된 뒤로는 다양성이 유지되지 못했는데, 농업의 확장과 함께 인구가 이동했기 때문이라고 한다. 그때 농업인들이 사용한 언어가 현대 일본어의 조상어에 해당하는데, 이는 기존의 조몬 시대 사람들이 새로운 언어를 받아들인 것이 아니라 다른 사람들이 유입된 결과였다.

---

66 M. Hudson, 'Agriculture and language change in the Japanese islands', in P. Bellwood and C. Renfrew (eds.), *Examining the Farming/Language Dispersal Hypothesis* (Cambridge: McDonald Institute for Archaeological Research, 2003), 311, 312.
67 Hudson, 'Agriculture and language change'.

결론

　조몬 시대의 문화적 특성을 두고 새삼 논쟁이 강화되고 있다. 부유법을 비롯한 식물고고학 기법이 제대로 실시되지 못해 자료의 한계가 있기는 하지만, 논쟁을 촉발할 새로운 자료들도 증가하고 있다. 어쨌든 일본 열도에 논농사가 도입된 뒤로 심도 있는 변화가 있었던 것만은 분명한 사실이다. 연간 식량 수급 일정과 일상적 관행, 기반 시설 관련 투자 등에서도 중요한 재구조화가 이루어졌다. 즉 논의 조성 그 자체가 그러한 시설 투자였다. 논을 조성하기 위한 토목 공사 및 유지·관리를 위한 부속 공사가 막대한 규모로 실시되었고, 그에 따른 사회적 의미가 주어졌다. 벼의 수도작이 도입된 시기는 기원전 제1천년기 초였다. 뒤이어 혼슈 서부와 시코쿠(四國)에 야요이 "패키지"가 전파되었고, 그 뒤 혼슈 동부까지 확산되었다. 이와 관련해서 사람들의 이동이 있었고, 동시에 현대 일본어의 조상 격인 언어가 확산되었다. 그러나 벼농사가 사람들이 살지 않는 처녀지를 개척하여 확산되었던 것은 아니다. 규슈 북부의 초기 농경 마을에서부터 혼슈 북부의 선구적인 농업 정착지에 이르기까지 완전한 대체보다는 토착 풍습에 새롭게 유입된 방식이 혼재된 흔적들이 남아 있다.

　그러나 벼농사가 야요이 이후 사람들의 유일한 식량 활동은 아니었다. 벼농사 도입 이후에도 사냥과 채집은 여전히 주요한 활동이었다. 시간이 흐르면서 인간과 동물의 관계도 변해갔다. 사냥은 엘리트의 여가 활동이 되었다. 5~6세기 고분의 하니와(부장용 토용)에 그러한 모습이 잘 드러나 있다. 일본 북부 지방의 마타기(又鬼) 사냥꾼은 대형 동물 사냥의 전통을 지속적으로 이어왔다.[68] 또한 야생 식물 자원의 개발도 오늘날까지 그대로 이어지고 있다. 밀이나 기장류 같은 밭곡식 작물도 일본인의 식생활에 중요한 요소였다.

동물 사육은 일본의 초기 농업 사회에서 그 역할이 별로 중요하지 않았다. 야요이 시대부터 말과 소는 주로 농사일에 사용되었고, 인간의 노동력을 보충하는 운송 수단의 역할도 했다. 그러나 사육의 목적이 유라시아의 다른 지역에서처럼 고기나 우유를 비롯한 축산물을 활용하기 위함은 아니었다. 집돼지도 야요이 시대부터 사육되기 시작했으나, 야요이 시대의 식생활에서 돼지고기가 차지한 비중은 미미했다.

이번 장에서는 조몬 시대, 야요이 시대, 고훈 시대에 걸쳐 일본 열도의 사회 및 문화적 맥락에서 식량 활동의 변화를 살펴보았다. 오랜 시간 동안 식량 수급 전략에는 많은 변화가 있었다. 채집 경제가 만연한 가운데 조몬 시대 초기에 대규모 사냥이 등장했다. 공동체의 발달로 예전과 달리 대규모 사냥이 가능해졌던 것이다. 비교적 정주성이 강화된 몇몇 공동체는, 특히 규슈 남부 지역에서는 매우 이른 시기에 출현했다. 조몬 시대 중기에 이르러 지역별 거점이 발달했다. 주로 일본의 동부와 북부 지역에서 그러한 거점이 등장하여 교역 네트워크의 중심지가 되었고, 옥이나 흑요석 같은 귀중품이 거래되었다. 특히 태평양 연안을 따라 대형 조개무지가 나타나는데, 이는 방대한 양의 해양 자원을 활용한 증거로, 자원 압박(지나친 활용에 따른 자원 부족)을 야기했다. 조몬 시대 농업의 가능성에 대해서는 여전히 논쟁이 진행 중이다. 또한 당시 농업이 존

---

68 G.L. Barnes, 'Landscape and subsistence in Japanese history', in I.P. Martini and W. Chesworth (eds.), *Landscapes and Societies* (New York: Springer, 2010), 321-40.

재했다는 증거는 매우 희박한 것도 사실이다. 따라서 우리는 온대 지방의 수렵채집인이 이해했던 농업이 과연 무엇인지를 다시 정의할 필요가 있다.

토기 제조 과정에 묻어 들어간 볍씨가 아주 가끔 발견되기도 하고, 혼슈 북부에서 출토된 볍씨의 AMS 방사성탄소 연대측정 결과는 매우 이른 시기까지 올라가기도 한다.[69] 그러나 일반적으로는 벼농사가 규슈 북서부에 처음 도입된 시기를 기원전 제1천년기로 본다. 한반도를 통해서 전래되었거나, 혹은 중국 남부 지역에서 직접 전해졌을 가능성도 있다. 벼농사는 처음 도입된 발판을 딛고 불과 몇 세기 안에 여러 곳으로 퍼져 나갔다. 제대로 조성된 논과 그에 부속되는 관개 시설이 홋카이도를 제외한 일본 열도 전역에 등장했다. 벼농사는 금속 도구(청동기와 철기) 및 직물과 함께 등장했다. 새로운 기술들이 도입되는 복합적인 과정에서 상당한 정도의 인구 변화도 일어났다. 이주민이 대륙으로부터 건너왔고, 오늘날 우리가 알고 있는 일본어가 그때 형성되었다. 농업 때문에 지역 내에서 위계질서에 입각한 사회가 만들어졌다. 새로운 엘리트 계층이 새로운 사회를 이끌었다. 그들은 일련의 의례 행위를 통해 권력을 정당화했고, 의례에는 농업과 사냥 및 전쟁에 근거한 새로운 상징체계를 반영했다.

농업은 일본에서 더 이상 식량 문제에 국한되지 않았고, 그것은 지금도 마찬가지다. 야요이 시대에도 사냥, 채집, 어로는 여전히 중요한 활동

---

69 S. Nakayama (ed.), *Nikkan ni okeru kokumotsu nogyo no kigen* (*Origin of Grain Agriculture in the Japanese Archipelago and the Korean Peninsula*) (Kofu: Yamanashi Prefectural Museum, 2014).

이었다. 또한 다양한 곡물이 마을 공동체의 생계에 도움이 되었다. 그러나 지역 사회가 갈수록 중앙 집중화되고 인구 밀도가 높아지자, 논농사 또한 그만큼 강화되었다. 기원후 5세기에 이르러 중앙에서 관리하는 대규모 토목 사업이 시행되었다. 새롭게 출현한 중심지의 관리들이 사업을 주도했다. 구로이미네에는 놀라울 정도로 잘 보존된 농업 마을 유적이 남아 있고, 군마현의 미쓰데라 유적에는 엘리트 계층의 거주 공간도 남아 있다. 시기는 기원후 6세기의 유적이다. 화산 폭발로 마을 자체가 그대로 봉인되었는데, 이는 일본 중부 지역 농업 정착지의 실상을 보여주는 생생한 스냅숏이다. 동부와 북부는 일본에서 출현한 초기 국가의 통제권 밖에 존재하는 지역이었다. 이들 지역은 전혀 다른 발전 과정을 거쳐 원시 농업에서 본격 농업으로 넘어갔다.[70]

콘래드 토트만(Conrad Totman)이 집필한 《일본사》에서 산업화 이전 시기를 보면, 초기 및 후기 수렵채집인 다음으로 농업인이 등장한다. 그의 표현으로 분산식 농업인과 집중식 농업인을 구분했는데, 전자에서 후자로 넘어가는 시기를 기원후 1260년경 중세 시대로 보았다.[71] 오늘날 고고학적으로 밝혀진 바에 따르면, 벼의 수도작이 집중적으로 이루어진 시기는 야요이 시대와 고훈 시대로서, 기원후 500년 이전이었다. 당시 벼농사는 일본 열도에 거주하는 대부분 사람들의 삶을 바꾸어놓았다. 19세기 말 일본에서 산업화가 시작될 무렵, 인구의 80퍼센트 이상이 농업에 종사하고 있었다. 1985년에 이르러 그 비중은 3.5퍼센트로 떨어

---

70 Crawford, 'Advances in understanding'.
71 C. Totman, *A History of Japan* (Oxford: Blackwell, 2000).

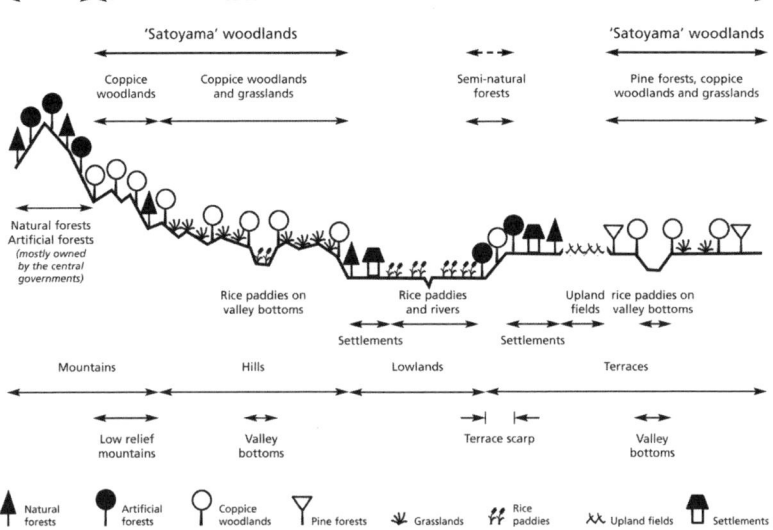

[그림 14-8] 사토야마 지형 개념도

졌고, 오늘날은 더욱더 낮아졌다.[72] 벼는 왕실 의례에서도 중심적 위치를 차지해왔으며, 지금도 일본의 식생활에서 여전히 주식 작물로 자리잡고 있다. 논농사와 함께 여러 가지 부수적인 식량 수급 방식들을 살펴보면 일본인이 시골 경관을 어떻게 만들어왔는지 엿볼 수 있다. 이를 오늘날 사토야마(里山, 산촌 마을)라고 하는데, "일본 전통의 소박한 마을 구조다. … 사토야마는 조심스레 관리하는 작은 숲과, 언덕 아래 매달려

---

72 E. Ohnuki-Tierney, *Rice as Self: Japanese Identities Through Time* (Princeton University Press, 1993), 17.

있는 마을과, 정성껏 관리하는 논으로 구성되어 있다. … 지속 가능한 방식으로 인간과 자연의 상호 작용이 일어나는 곳이다."(그림 14-8)[73] 인류가 농업 사회로 나아가는 과정에 대한 이해의 수준은 인간의 지적 능력, 동기, 기후 변화와 관련된 공동 대응, 역사적 우연, 예기치 못한 사건들로부터 갈수록 정교해지고 있다.[74] 일본의 고고학적 기록 또한 이러한 이해에 기여한다는 사실은 의심의 여지가 없다.

어느 측면으로 보더라도 일본의 초기 농업에 관한 고고학적 연구는 세계사적 차원에서 주목할 필요가 있다. 20세기 후반부터 일본 지역은 고고학적 연구가 집중되었고, 그 결과 생생한 고고학 자료를 보유하게 되었다. 이만한 성취를 내세울 만한 다른 지역을 찾기가 쉽지는 않을 것이다.

---

73 K. Takeuchi et al. (eds.), *Satoyama: The Traditional Rural Landscape of Japan* (Berlin: Springer, 2003).
74 G. Barker, *The Agricultural Revolution in Prehistory: Why did Foragers Become Farmers?* (Oxford University Press, 2006).

더 읽어보기

Aikens, C.M. and T. Higuchi. *The Prehistory of Japan*. New York and London: Academic Press, 1982.

Akazawa, T. 'Cultural change in prehistoric Japan: receptivity to rice agriculture in the Japanese archipelago.' In F. Wendorf and A.E. Close (eds.), *Advances in World Archaeology*. New York: Academic Press, 1982. 151-211.

Barnes, G.L. 'Landscape and subsistence in Japanese history.' In I.P. Martini and W. Chesworth (eds.), *Landscapes and Societies*. New York: Springer, 2010. 321-40.

Crawford, G. 'Advances in understanding early agriculture in Japan.' *Current Anthropology*, Supplement 4, 52 (2011), S331-45.

Edwards, W. 'Buried discourse: the Toro site and Japanese national identity in the early postwar period.' *Journal of Japanese Studies*, 17 (1991), 1-23.

Habu, J. *Ancient Jomon of Japan*. Cambridge University Press, 2004.

Hanihara, K. 'Dual structure model for the population history of the Japanese islands.' *Japan Review*, 2 (1991), 1-33.

Hosoya, L.A. 'Sacred commonness: an archaeobotanical approach to Yayoi social stratification: the "Central Building Model" and the Osaka Ikegami site.' In K. Ikeya, H. Ogawa, and P. Mitchell (eds.), *Interactions Between Hunter-Gatherers and Farmers: From Prehistory to Present*. Osaka: National Museum of Ethnography, 2009. 99-178.

Hudson, M. 'Foragers as fetish in modern Japan.' In J. Habu et al. (eds.), *Hunter-Gatherers of the North Pacific Rim*. Osaka: National Museum of Ethnology, 2003. 263-74.

_____. 'From Toro to Yoshinogari: changing perspectives on Yayoi period archaeology.' In G.L. Barnes (ed.), *Hoabhinhian, Jomon, Yayoi and Early States: Bibliographic Reviews of Far Eastern Archaeology*. Oxford: Oxbow, 1990. 63-112.

_____. 'Rice, bronze and chieftains: an archaeology of Yayoi ritual.' *Japanese Journal of Religious Studies*, 19 (1992), 139-89.

_____. *The Ruins of Identity: Ethnogenesis in the Japanese Islands*. Honolulu: University of Hawai'i Press, 1999.

Hudson, M. and G. Barnes. 'Yoshinogari: a Yayoi settlement in northern Kyushu.' *Monumenta Nipponica*, 46 (1991), 211-35.

Imamura, K. 'Jomon and Yayoi: the transition to agriculture in Japanese prehistory.' In D.R. Harris (ed.), *The Origins and Spread of Agriculture and Pastoralism in*

Eurasia. Washington, DC: Smithsonian Institution Press, 1996. 442-65.

Kaner, S. 'The western language Jomon.' In G.L. Barnes (ed.), *Hoabhinhian, Jomon, Yayoi and Early States: Bibliographic Reviews of Far Eastern Archaeology*. Oxford: Oxbow, 1990. 31-62.

Kidder, J.E. *Himiko and Japan's Elusive Chiefdom of Yamatai: Archaeology, History and Mythology*. Honolulu: University of Hawai'i Press, 2007.

Kobayashi, T. *Jomon Reflections: Forager Life and Culture in the Prehistoric Japanese Archipelago*. Oxford: Oxbow, 2005.

Matsui, A. and M. Kanehara. 'The question of prehistoric plant husbandry during the Jomon period in Japan.' *World Archaeology*, 38 (2006), 259-73.

Miyamoto, K. 'The East Asian contexts for the origins of agriculture in Japan.' In S. Kaner, L. Janik, and K. Yano (eds.), *Origins of Agriculture: Challenging Old Orthodoxies, Championing New Perspectives*. Cambridge: McDonald Institute for Archaeological Research, forthcoming.

Mizoguchi, K. *The Archaeology of Japan: From the Earliest Rice Farming Villages to the Rise of the State*. Cambridge University Press, 2013.

Nishida, M. 'The emergence of food production in Neolithic Japan.' *Journal of Anthropological Archaeology*, 2 (1983), 305-22.

Ohnuki-Tierney, E. *Rice as Self: Japanese Identities Through Time*. Princeton University Press, 1993.

Pearson, R. (ed.). *Ancient Japan*. Washington, DC: Arthur M. Sackler Gallery; Tokyo: Agency for Cultural Affairs, 1992.

Shoda, S. 'Radiocarbon and archaeology in Japan and Korea: what has changed because of the Yayoi dating controversy?', *Radiocarbon*, 55 (2010), 421-7.

Soumare, M. *Japan in Five Ancient Chinese Chronicles*. Fukuoka: Kurodahan Press, 2009.

Takahashi, R. 'Symbiotic relations between paddy-field rice cultivators and huntergatherer-fishers in Japanese prehistory: archaeological considerations of the transition from the Jomon age to the Yayoi age.' In K. Ikeya, O. Hidefumi, and P. Mitchell (eds.), *Interactions Between Hunter-Gatherers and Farmers: From Prehistory to Present*. Osaka: National Museum of Ethnology, 2009. 71-98.

Takeuchi, K., R.D. Brown, I. Washitani, A. Tsunekawa, and M. Yokohari (eds.). *Satoyama: The Traditional Rural Landscape of Japan*. Berlin: Springer, 2003.

Totman, C. *Japan: An Environmental History*. London: I.B. Tauris, 2014.

Tsude, H. 'Early state formation in Japan.' In J.R. Piggott (ed.), *Capital and*

Countryside in Japan, 300-1180: Japanese Historians Interpreted in English. Ithaca, NY: East Asia Program, Cornell University, 2006. 13-53.

Wieczorek, A. and W. Steinhaus (eds.). *Zeit der Morgenröte: Japans Archäologie und Geschichte bis zu den ersten Kaisern.* Mannheim: Reiss-Engelhorn-Museen, 2004.

Yano, K. 'The introduction of wet rice cultivation into western Japan and its Jomon precursors.' In S. Kaner, L. Janik, and K. Yano (eds.), *Origins of Agriculture: Challenging Old Orthodoxies, Championing New Perspectives.* Cambridge: McDonald Institute for Archaeological Research, forthcoming.

CHAPTER 15

일본 나라 분지의 논

오카다 겐이치岡田憲一
사이먼 캐너Simon Kaner 영역(英譯)*

---

* 이 글은 애초에 일본어로 작성된 원고를 영어로 번역하여 케임브리지 세계사 시리즈에 수록한 것이다. 한국어 번역본은 영역본을 기준으로 한다. 다만 영역본에서 [그림 15-1]과 [그림 15-4]의 위치 표시는 명백한 오류이므로, 나라현 유적지도(奈良縣遺跡地圖)를 근거로 바로잡았다. 또한 영역본에서 지명 "橿原(가시하라)"의 영어 표기를 "Kashiwara/Kashihara"로 혼용하여 오해의 소지가 있으므로, 한국어 번역본에서는 이를 "Kashihara"로 통일하고 한국어로는 "가시하라(橿原)"로 표기했다. ― 옮긴이

일본 열도에 농업이 도입된 시기와 방식에 대해서는 아직도 뜨거운 논쟁이 진행 중이다. 초기 일본 고고학에서는 선사 시대를 세 시기, 즉 "구석기", "조몬(繩文)", "야요이(弥生)"로 나누었다. 조몬과 야요이의 구분 기준은 바로 농업이었다. 일본에서 이른바 조몬 시대는 식량 채집 단계로, 야요이 시대는 "식량 생산에 기초한 생활 관습이 출현한 시대"로 이해되었다.[1]

벼의 수도작(水稻作)은 아시아 대륙에서 일본으로 전파되었는데, 기원전 1000년경 규슈(九州) 북서부에 처음 도입되었다. 선사 시대 논 유적이 가장 많이 발견된 곳은 나라(奈良) 분지였다. 다만 그중에 시기가 기원전 1000년까지 올라가는 것은 없었다. 그러나 나라 분지는 선사 시대 일본 서부 지역의 벼농사 확산과, 조몬 시대에서 야요이 시대로 넘어가는 과정을 잘 보여주고 있다. 이 지역의 조몬 시대 유적 가운데 가장 중요한 곳이 가시하라(橿原) 유적이다. 조몬 시대 말기의 토기 변천 과정이 이 유적을 통해 확인되었다.[2] 1940년대 이래로 가라코-가기(唐古-

1 M. Sahara, *Nogyo no kaishi to kaikyu shakkai no keisei* (*The Beginnings of Agriculture and the Formation of Agricultural Society*) (Tokyo: Iwanami Shoten, 1975); and see Chapter 14.
2 M. Suenaga, *Kashihara*, Nara Ken Shiseki Meito Tennen Kinenbutsu Chosa Hokokusho 17 (Nara Prefectural Board of Education, 1961).

鍵) 유적에서 수많은 도구들이 발굴되었다. 야요이 시대가 농업 사회였음을 분명하게 보여주는 유물들이었다.[3] 나라 분지에서 발굴된 유물들을 통해 그곳의 논 유적 시기가 2600~2400년 전(cal BP), 즉 전기 야요이 시대로 확인되었다.

벼의 수도작 기술은 일본 열도에서 개발된 것이 아니라, 중국 본토에서 한반도를 거쳐 일본으로 전해진 것이었다. 비록 나라현(奈良県)의 논 유적은 규슈 북서부의 그것보다 시기적으로 몇 세기 늦지만, 최근 이 지역의 고고학 연구를 통해 일본에서의 벼농사 확산 과정을 훨씬 자세히 알 수 있게 되었다. 수많은 유적지가 발굴되었는데, 시기는 약 2500년 전, 그러니까 전기 야요이 시대 중엽부터 시작된다. 발굴 결과 논 면적이 굉장히 방대했던 것으로 드러났다. 다 합치면 2만 5000제곱미터 이상이었다. 여기에 관개 시설과 관리에 필요한 다른 시설들이 부수되어 있었다. 이들 유적지의 발굴 성과로 볼 때 이 지역에서 벼농사는 갑자기 시작되었고, 이후 몇 차례의 자연재해에도 불구하고 꾸준히 지속되었다. 따라서 이 지역 연구를 통해 일본에서 어떤 조건 아래 벼의 수도작 기술이 확산되었는지를 밝힐 수 있을 것으로 기대된다.

나라 지역의 전기 야요이 시대 논

앞에서 언급했던 가라코-가기 유적은 나라 분지의 중앙부에 위치해 있다(그림 15-1). 1936년 이후로 여러 차례에 걸쳐 발굴이 이루어진 이

---

3 M. Suenaga et al., *Yamato Karako Yayoi shiki iseki no kenkyu* (*Research on the Yayoi Type Site at Yamato Karako*), Kyoto Teikoku Daigaku Bungakubu Kokogaku Kenkyu Hokoku 16 (Kyoto: Rinsen Shoten, 1976; 1st edn 1943).

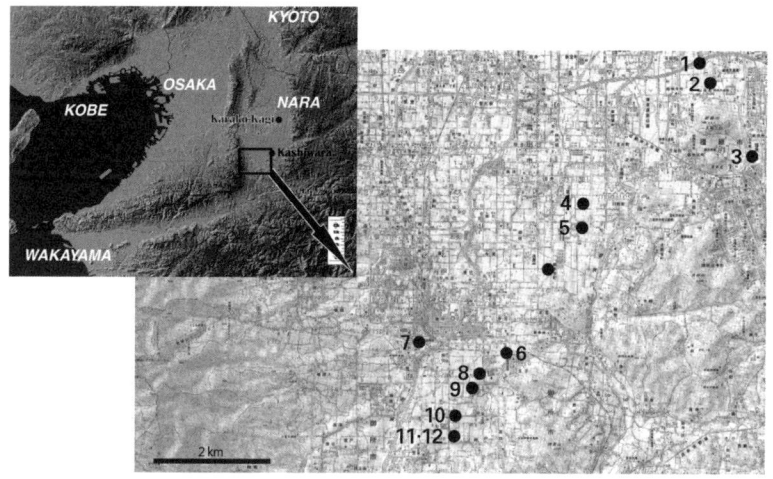

〔그림 15-1〕 만기 조몬 시대 및 전기 야요이 시대 유적 분포, 나라 분지 남부
1. 시조시나노(四条シナノ); 2. 지묘지(慈明寺); 3. 가시하라(橿原); 4. 가와니시-네나리가키(川西-根成柿); 5. 하기노모토(萩之本); 6. 간노지-혼마(観音寺-本馬); 7. 가모쓰바(鴨都波); 8. 다마데(玉手); 9. 사라기(蛇穴); 10. 이마데(今出); 11. 아키쓰(秋津); 12. 나카니시(中西).

곳은 야요이 시대 농업 정착지의 고전적 사례로 평가되는 유적이다. 정착지 둘레에 환호가 조성되어 있고, 환호 안쪽으로 큰 건물과 청동기 제조 작업장이 있으며, 가까운 곳에 사각형 모양의 묘지가 설치된 구역(方形周溝墓群)이 있었다. 그러나 가라코-가기 유적에서 논이 발굴된 적은 없었다.

최근에는 나라 분지 남서부에서 대규모 발굴이 이루어졌다. 교토, 나라, 와카야마를 연결하는 게이나와(京奈和) 고속도로가 나라 분지를 관통하는데, 고속도로가 연장되는 과정에서 발굴 사업이 시행되었다. 새로 도로가 건설되는 구역은 최소한 중세 이후로는 줄곧 논으로 사용된 곳이었다. 근처의 대부분 지역은 도시화가 진행되어 상업 혹은 산업 목적으로 개발되었지만, 이 구역만은 그대로 남아 있었다. 그래서 지금까지 이 구역에서 대규모 발굴 작업이 이루어진 적이 없었다. 새 도로 구역을 따라 먼저 시범 사업이 실시되었고, 그 결과 중요한 유적들이 잇달아 드러났다.

나라 분지에서 최초로 논 유적이 발굴된 곳은 가시하라(橿原)의 하기노모토(萩之本) 유적이다. 물론 새 도로 건설과 연계된 발굴 작업에 의해서였다.[4] 약 1800제곱미터에 달하는 논 유적은 고운 모래층으로 뒤덮여 있었다. 5센티미터 정도 높이의 논둑이 남아 있었는데, 논둑 안 구획은 각각 2.5×4미터였다. 이러한 구조의 논을 "소구획수전(小区画水田)"이라 한다(그림 15-2). 같은 유형의 논이 고세시(御所市) 다마데(玉手) 유적에서도 발견되었다. 하기노모토에서 남서쪽으로 2.4킬로미터 거리에 있는 유적이다.[5]

다마데 유적에서는 중기 및 후기 야요이 시대의 논이 상층부를 차지하고 있었고, 그 아래에 전기 야요이 시대의 논이 묻혀 있었다. 그보다

4 Archaeological Institute of Kashihara, 'Haginomoto iseki: genchi setsumeikai shiryo (The Haginomoto site: materials from the onsite explanation)' (Nara kenritsu Kashihara Kokogaku Kenkyujo, 2008); N. Mitsuishi et al., 'Haginomoto iseki (Kawanishi-cho 5, 7-9 ku) (The Haginomoto site [Kawanishi town locations 5, 7-9])', in *Nara-ken Iseki Chosa Gaiho 2007 nendo* (*Summary of Excavations in Nara in 2007*) (Nara kenritsu Kashihara Kokogaku Kenkyujo, 2011).
5 Gose City Board of Education, 'Keinawa Jidoshado kankei iseki Tamade chiku. Hakkutsu chosa genchi setsumeikai shiryo (Sites along the Keinawa expressway: the Tamade location, materials for the onsite explanation of the excavation)' (Gose City Board of Education, 2009); M. Kimoto et al., 'Keinawa Jidoshado kanren iseki Hakkutsu Chosa Hokoku Heisei 21 nen chosa no gaiyo (Report of excavations of sites along the route of the Keinawa expressway: outline of research in 2009' (Gose City Board of Education, 2010).

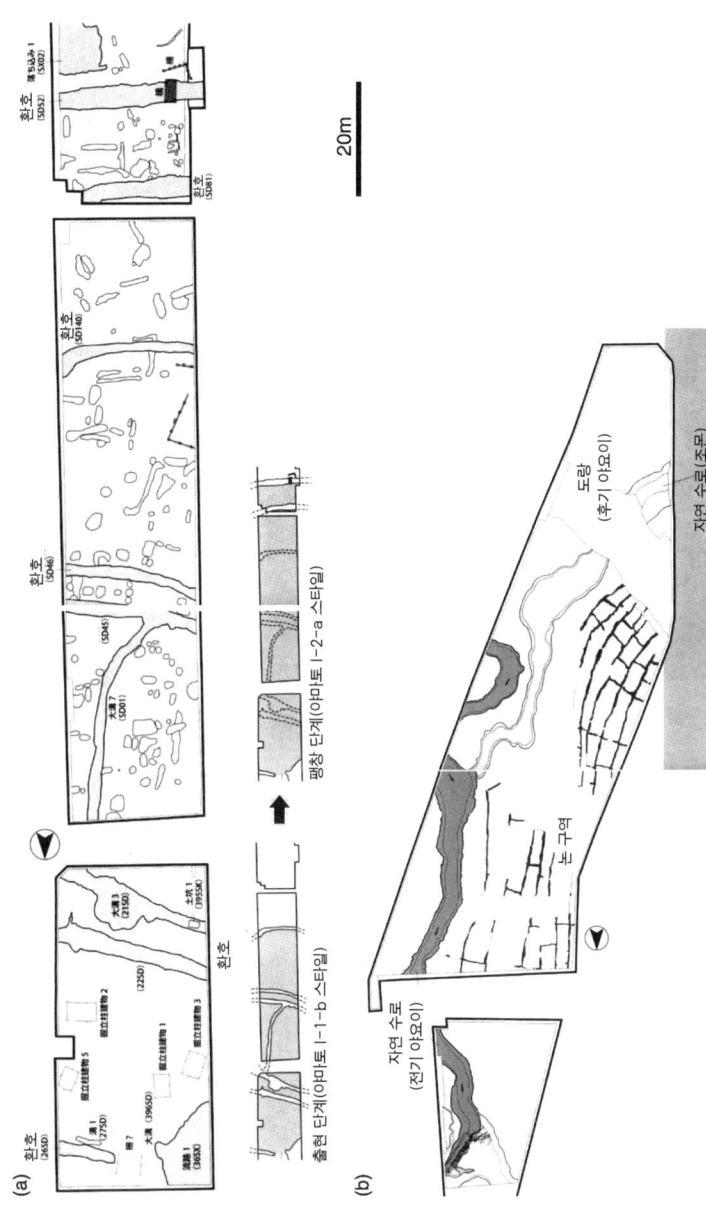

[그림 15-2] 전기 야요이 시대 논과 정착지
(a) 가와니시-네나리(가키) 유적. 환형 구조의 환호를 갖춘 전기 야요이 시대의 정착지.
(b) 하기노모토 유적. 전기 야요이 시대 최초의 논 유적.

CHAPTER 15 - 일본 나라 분지의 논   343

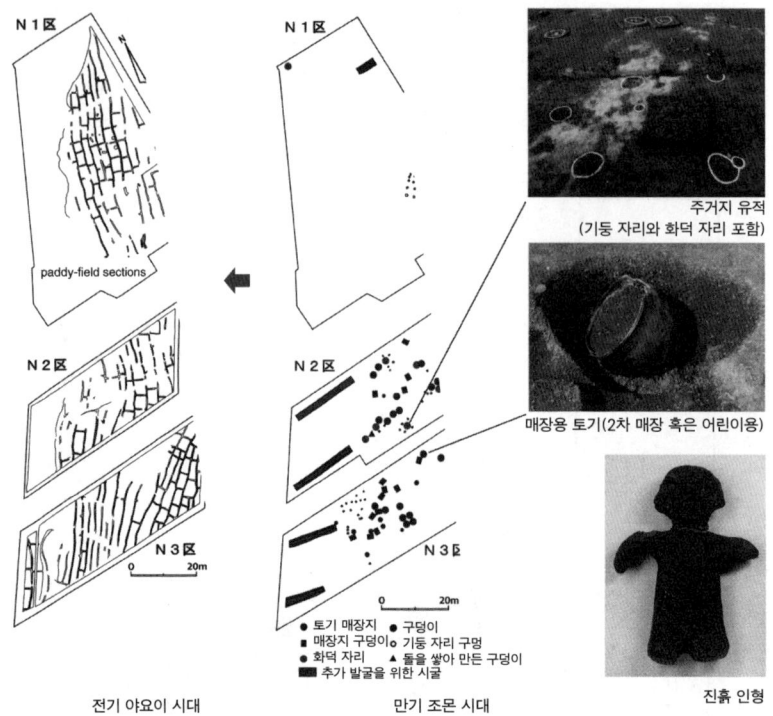

[그림 15-3] 다마데 유적
만기 조몬 시대 정착지가 전기 야요이 시대에 논으로 변했다.

아래에는 건물 유지, 매장지, 내다버린 토기 더미 등이 포함된 만기 조몬 시대 후기의 흔적이 남아 있었다(그림 15-3). 전기 야요이 시대 논의 면적은 4800제곱미터 이상이었고, 두 개의 층위로 나뉘어 있었는데, 각 층위 사이에는 모래층이 있었다. 하기노모토에서와 마찬가지로 다마데에서 발견된 두 개의 층위는 모두 "소구획수전"으로 구성되어 있었다. 사각형의 긴 변은 자연 하천과 같은 방향으로 하천과는 1.5미터 간격을 두고 이어져 있었고, 매 3.5~5.5미터마다 직각으로 짧은 변의 논두렁이 조성되어 있었다. 결과적으로 작은 사각형이 줄지어 늘어선 모양이 만들어졌다. 다마데 유적의 후기에 가서는 논두렁이 기존의 방향에서 90도를 틀어 다시 방향을 잡았다.

"소구획수전"을 건설하는 기술은 경사지나 언덕에서 최소한의 노력으로 최대한의 수평면을 확보하기 위한 목적이 있었던 것 같다. 논두렁은 각각의 논에 모두 물이 골고루 공급되도록 세심하게 설계되어 있었다. 나중에 논두렁 구조가 재배치되었다는 사실도 의미가 있다. 또한 만기 조몬 시대 후기에 방치되었던 곳에 한동안 시간이 지나 전기 야요이 시대에 이르러 다시 논이 조성되었던 것으로 추정된다. 논으로 사용한 기간이 얼마나 지속되었는지는 알 수 없지만, 모래층으로 보아 최소한 한 차례 이상 홍수가 발생했던 것은 분명한 사실이다. 그러나 논을 경작하던 사람들은 완전히 포기하지 않았다. 홍수로 뒤바뀐 지형에 맞게끔 논 구조를 재조정했다. 나라 분지에서 발견된 이와 같은 전기 야요이 시대의 논은 이후 훨씬 더 확장된 규모의 논과 부속 시설로 이어진다. 아키쓰-나카니시(秋津-中西) 유적에서 발견된 논의 면적은 2만 5000제곱미터가 넘는다.

아키쓰-나카니시 복합 유적의 전기 야요이 시대 논

아키쓰-나카니시(秋津-中西) 복합 유적은 다마데(玉手) 유적에서 남동쪽으로 1.4킬로미터 거리에 있다(그림 15-4 왼쪽). 유적지는 북쪽으로 뻗어 있는 완만한 경사지 위에 위치하고, 남쪽으로는 언덕이 있다. 유적지의 남서쪽 끝이 언덕의 가장 높은 곳인데, 열쇠 구멍 모양의 5세기 고분이 자리 잡고 있다. 그것이 바로 미야야마 고분(宮山古墳)인데, 막강한 권력을 가졌던 가쓰라기 가문(葛城氏)의 고분이다. 서쪽으로는 가쓰라기 강(葛城川)이 평야 지대로 흘러 내려가며, 남쪽은 만간지강(万願寺川)인데, 완만한 곡선을 그리며 유적지의 북동쪽을 감싸고 돌아 소가강(曽我川)을 향해 흘러간다.

아키쓰-나카니시 유적 발굴은 2009년에 시작되어 지금도 계속되고 있다(그림 15-4). 지금까지 나카니시 유적 발굴만 20차례에 걸쳐 실시되었다. 전기 야요이 시대 논이 발견된 때는 제14~20차 발굴이었다. 이 또한 게이나와 고속도로 건설과 관련해서 실시된 발굴이었다. 유적지의 남쪽 끄트머리는 숲으로 덮여 있는데, 그곳에서 제15차 발굴이 실시되었다.[6] 제15차 발굴지의 북쪽에서 두 차례에 걸쳐 논을 조성한 흔적이 발견되었다. 앞서 보았던 다마데 유적의 경우와 마찬가지로 각각의 층위 사이에 모래층이 있었다. 제14차, 제16차, 제18차, 제20차 발굴을 통해 발견한 유적이었다. 논의 구조 또한 다마데 유적과 같았다. 긴 변과 짧은 변으로 구성된 작은 사각형이 연속되어 있었다.[7]

---

6 K. Kikui, 'Nakanishi iseki dai 15 ji chosa (Fifteenth excavation of the Nakanishi site)', in *Nara-ken iseki chosa gaiho 2010 nendo* (*Summary of Excavations in Nara in 2010*) (Nara kenritsu Kashihara Kokogaku Kenkyujo, 2011).

7 K. Okada, 'Nakanishi iseki dai 14 ji chosa (Fourteenth excavation of the Nakanishi site)', in *Nara-ken iseki chosa gaiho 2009 nendo* (*Summary of Excavations in Nara in 2009*) (Nara kenritsu Kashihara Kokogaku Kenkyujo, 2010); Archaeological Institute of Kashihara, 'Nakanishi iseki dai 18 ji chosa - Yayoi jidai zenki suiden no chosa. Genchi setsumeikai shiryo (Eighteenth season of excavations at Nakanishi: research on early Yayoi paddy fields: materials for the onsite explanation)' (Nara kenritsu Kashihara Kokogaku Kenkyujo, 2011); J. Matsuoka and K. Okada, 'Nakanishi iseki dai 16 ji chosa (Sixteenth excavation

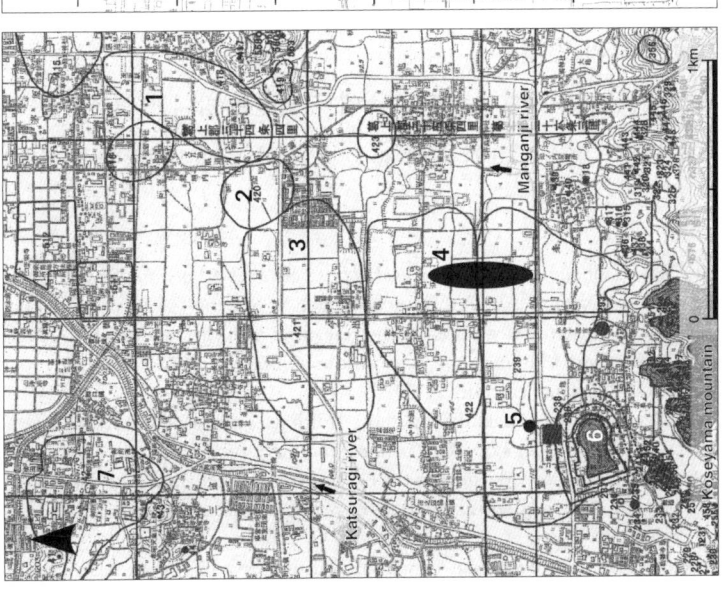

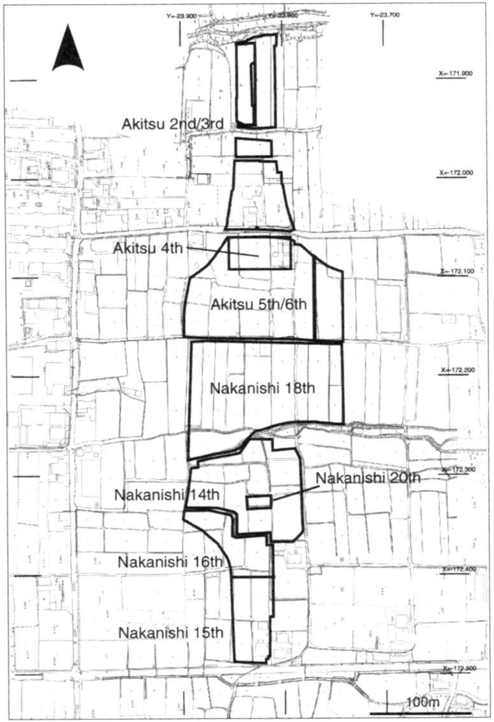

[그림 15-4] 아키쓰-나카니시 복합 유적의 위치
1. 다마데(玉手) 2. 사라기(蛇穴) 3. 이마데(今出) 4. 아키쓰(秋津) 5. 나카니시(中西) 6. 미야이마 고분(宮山古墳:室大墓)
7. 가모쓰바(鴨都波)

CHAPTER 15 - 일본 나라 분지의 논　　　　347

제18차 발굴지 바로 북쪽에서 전기 야요이 시대의 논 세 개 층위가 아키쓰 5번 및 6번 구역까지 이어져 있었다.[8] 유적지의 북쪽 끄트머리는 제4차 및 제5차 발굴에서 조사되었는데, 북동쪽 구역에서 거대한 물길의 흔적이 발견되었다. 그러나 논의 흔적은 분명하지 않았다. 이곳이 논 유적의 북쪽 한계선으로 추정되었다.[9] 결론적으로 논은 계곡의 양쪽으로 약 340미터를 뻗어 있으며, 전체 면적은 2만 5000제곱미터 이상이다. 지형으로 보자면 전기 야요이 시대의 논이 서쪽으로 만간지강까지 100미터 이상 펼쳐져 있었을 가능성도 있다. 후속 발굴을 통해 분명한 증거를 찾아낼 수 있다면, 아키쓰-나카니시 유적의 전체 논 면적은 5만~10만 제곱미터가 될 것이다.

발굴 층서와 연대

아키쓰-나카니시(秋津-中西) 유적에서 발견된 방대한 면적의 논은 그 시기가 모두 전기 야요이 시대(2600~2400년 전 cal BP)였다. 논의 발

at the Nakanishi site)', in *Nara-ken iseki chosa gaiho 2010 nendo* (*Summary of Excavations in Nara in 2010*);M. Motomura and S. Nakano, 'Nakanishi iseki dai 18 ji chosa (Eighteenth excavations at the Nakanishi site)', in *Nara-ken iseki chosa gaiho 2012 nendo* (*Summary of Excavations in Nara in 2012*) (Nara kenritsu Kashihara Kokogaku Kenkyujo, 2013).

8 K. Okada et al., 'Akitsu iseki dai 5 ji chosa (Fifth excavation of the Akitsu site)', in *Naraken iseki chosa gaiho 2011 nendo* (*Summary of Excavations in Nara in 2010*); K. Okada et al., 'Akitsu iseki dai 6 ji chosa (Sixth excavation of the Akitsu site)', in *Nara-ken iseki chosa gaiho 2012 nendo* (*Summary of Excavations in Nara in 2012*).

9 K. Okada et al., 'Akitsu iseki dai 4 ji chosa (Fourth excavation of the Akitsu site)', in *Naraken iseki chosa gaiho 2010 nendo* (*Summary of Excavations in Nara in 2010*).

굴 층서와 편년은 함께 출토된 유물을 근거로 파악할 수 있었다.[10] 논 유적에 묻힌 유물이 그리 많지는 않았으나 특수한 유형의 토기가 발견되면서, 해당 유적의 시기가 만기 조몬 시대 후기(띠 문양이 새겨진 덧띠무늬토기突帶文土器)에서 전기 야요이 시대 후기(야마토大和 I-2-b단계)에 걸쳐 있음을 알 수 있었다(그림 15-6 참조).[11] 두꺼운 발굴층위에는 모래와 자갈이 포함되어 있었는데, 이는 방대한 면적 전체가 홍수 피해를 입었음을 의미한다. 유적지 남부를 발굴한 제15차 조사에서 홍수 때 밀려온 모래와 자갈층 아래에 묻혀 있던 논이 발견되었다. 논 유적은 북쪽으로 아키쓰 유적의 제5~6차 발굴 지역까지 이어져 있었다. 조금 더 늦은 시기의 토기(전기 야요이 시대 말기의 야마토 II-1-a 유형부터 중기 야요이 시대가 시작되던 때까지)가 홍수 층위 위에서 발견되었다. 아키쓰의 제4차 발굴 지역에서 야마토 I-2-b단계와 II-1-a단계의 토기가 출토되었고, 그 위에서 시기가 더 늦은 야마토 II~III단계의 토기 파편들도 발견되었다.[12]

이처럼 층위에 따라서 시기별로 논을 개발한 과정을 파악할 수 있는데, 개발 시기를 거슬러 올라가면 만기 조몬 시대까지 이른다. 나카니시

10 See K. Kobayashi et al., 'Kawachi chiiki ni okeru Yayoi zenki no C14 nendai sokutei kenkyu (Research into C14 dating of the early Yayoi in the Kawachi area)', *Bulletin of the National Museum of Japanese History*, 139 (2008); S. Fujita and K. Mametani, 'Nara-ken ni okeru dokki hennen (Pottery chronology in Nara prefecture)', in *Nara ken no Yayoi doki shusei: honbunhen (Survey of Yayoi Pottery from Nara Prefecture: Texts*) (Nara kenritsu Kashihara Kokogaku Kenkyujo Kenkyu Seika 6, 2011).
11 Okada, 'Fourteenth excavation of the Nakanishi site'; Okada et al., 'Sixth excavation of the Akitsu site'.
12 Okada et al., 'Fourth excavation of the Akitsu site'.

유적의 제14~16차 발굴 결과 논 유적에서 고토양(palaeosol)이 발견되었고, 그중 일부에서 경작 토양(cultivated soil)이 확인되었다. 같은 토양에서 발견된 유물들은 주로 만기 조몬 시대 후반기의 덧띠무늬토기(突帶文土器)였다.[13] 그 아래에 진흙 혹은 고운 모래층이 있었는데, 여기서 발굴된 토기는 만기 조몬 시대 초·중기의 유물이었다. 그리고 그 아래 모래와 자갈 층위에서는 후기 조몬 시대 중·후기의 토기들이 출토되었다. 결과적으로 출토 유물과 층서가 시기적으로 일치하는 것으로 확인되었다(그림 15-5).[14] 이로 보아 후기 조몬 시대 후기에서 만기 조몬 시대 중기 사이에 강도 높은 침식 및 퇴적 작용이 일어났고, 만기 조몬 시대 말기에는 이 층위가 아래에 묻혀 고토양이 되었던 것이다. 논이 조성된 시기는 이 고토양이 형성된 이후였다. 같은 고토양이 아키쓰 유적의 제4~6차 발굴 당시 논의 경작 토양 바로 아래에서 발굴되었지만 유물은 별로 없었다. 물길 근처로 이어져 있는 고토양은 자갈층 아래에 묻혀 있었는데, 여기서 만기 조몬 시대의 덧띠무늬토기가 대량으로 발굴되었다.[15] 발굴된 토기들은 덧띠무늬토기 제2a단계에서 제3b단계에 속하는 것으로 밝혀졌고, 야요이식 토기는 전무했다. 그래서 이 층위는 만기 조

---

13 나카니시 유적 14번 구역 출토 고토양에서 벼(*Oryza sativa*)의 식물규소체가 그램당 3000 이상 식별되었다. 가장 오래된 층위에서는 다른 식물(*Phragmites, Pleioblastus*)의 식물규소체가 상당량 발견되었지만 벼의 식물규소체는 0이었다. J. Matsuoka and K. Okada, 'Nakanishi iseki dai 16 ji chosa (Sixteenth excavation at the Nakanishi site)', in *Nara-ken iseki chosa gaiho 2010 nendo* (*Summary of Excavations in Nara in 2010*). 따라서 논의 조성 시기는 만기 조몬 시대까지 거슬러 올라가지는 않는다.
14 Okada, 'Fourteenth excavation of the Nakanishi site'.
15 Okada et al., 'Fourth excavation of the Akitsu site'; Okada et al., 'Sixth excavation of the Akitsu site'.

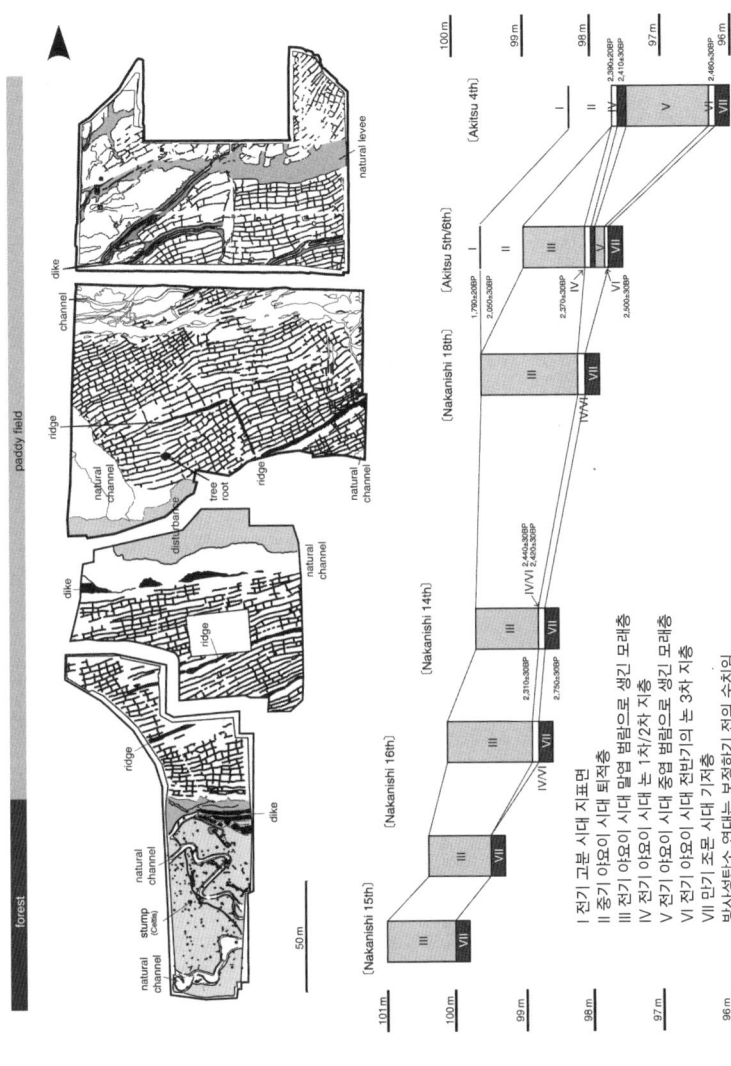

〈그림 15-5〉 전기 야요이 시대 논의 평면 및 구획, 아키쓰-나카니시 유적

CHAPTER 15 - 일본 나라 분지의 논

몬 시대가 끝나기 전에 형성된 것으로 추정되었다.

따라서 앞서 언급한 나카니시 유적의 제14~16차 발굴 결과와는 달리, 아키쓰 유적의 제4~6차 발굴에서는 만기 조몬 시대 후기부터 하천의 흐름에 따라 침식과 퇴적이 이루어져 두꺼운 자갈층이 형성되고 그 위에 다시 토양층이 형성된 것으로 확인되었다. 논은 이 토양층이 생긴 다음에 조성되었다. 결론적으로 최초의 논이 조성된 시기는 전기 야요이 시대의 야마토 I-1-a단계 이후였던 것이다.[16]

요약하자면 아키쓰-나카니시 유적에서 발견된 전기 야요이 시대의 논은 야마토 I-1-a단계부터 야마토 I-1-b단계까지 사용되었다. 토기 파편과 함께 발굴된 목재, 씨앗, 탄화 유물 등을 대상으로 방사성탄소 연대측정을 실시한 결과 역시 발굴 층서 분석 결과와 일치했다.[17] 이는 또한 가라코-가기 유적에서 발굴된 야마토 I단계 토기와도 비슷한 결과

---

16 일반적으로 덧띠무늬 3b단계의 토기는 만기 조몬 시대 말기, 야마토 I-1-a단계의 토기는 전기 야요이 시대로 그 시기가 알려져 있다. 그러나 상대적 편년에 관해서 다른 의견도 있다. 나는 선후 관계는 인정하는 입장이다. K. Okada, 'Kinki chiho Jomon banki doki hennen to Nara kenka kijun shiryo (The chronology of final Jomon pottery in the Kinki region and basic data for Nara prefecture)', in *Juyo bunkazai Kashihara iseki shutsudohin no kenkyu (Research on Excavated Materials from the Important Cultural Property Kashihara Site)*, Kashihara Kokogaku Kenkyujo Kenkyu Seika 11 (Nara kenritsu Kashihara Kokogaku Kenkyujo, 2011). 오사카 사라군조리(讚良郡条里) 유적에서 발굴된 가와치1-0 단계 유형의 토기는, 단지 양식적 측면만을 고려했을 때는 야마토 I-1-a단계 토기보다 앞서는 것으로 보인다. H. Morioka, 'Kinki chiiki (The Kinki region)', in *Koza Nihon no Kokogaku 5 Yayoi Jidai (jo) (Survey of Japanese Archaeology*, vol.V: *The Yayoi Period*, Part 1)(Tokyo: Aoki Shoten, 2011). 그러나 덧띠무늬토기 3b단계(나가하라長原 유형)와는 시기적으로 차이를 보여 나의 주장과 일치한다. T. Nakao and W. Yamane, Saragun-Jori iseki VIII (Saragun-Jori site VIII) (Sakai: Osaka-fu Bunkazai Senta, 2009).
17 Matsuoka and Okada, 'Sixteenth excavation at the Nakanishi site'.

를 보였다(그림 15-6, 15-7).[18]

논의 주인들이 살던 마을

아키쓰-나카니시 유적에 논을 조성한 사람들이 거주한 마을은 아직 발견되지 않았다. 제2차 발굴 조사 당시 너비 1.1미터, 깊이 30센티미터의 도랑이 발견되었다. 시기는 전기 야요이 시대에서 중기 야요이 시대 초기 사이로 추정되었다. 위치는 논 유적의 북쪽이었는데, 무로(室)의 미야야마 고분 근처로 지대가 조금 높은 곳이었다.[19] 발굴된 도랑의 길이는 1.6미터에 불과했으나, 주변 지역과 달리 이례적으로 많은 유물들이 발견되었다. 그곳에서 발굴된 토기의 시기는 야마토 I-2단계와 II-1단계로, 논을 사용하던 시기와 일치했다. 도랑 위에는 고운 모래와 거친 모래 및 진흙이 쌓여 있었다. 모래층 위층의 시기가 야마토 III단계로 확인되었다. 전기 야요이 시대와 중기 야요이 시대 초기 사이에 일어났던 홍수에 의해 퇴적된 모래층은 미야야마 고분 근처까지 이어진 것으로 확인되었다. 이 도랑은 주변 지역을 통틀어 전기 야요이 시대 도랑으로는 유일한 사례다. 도랑의 용도는 불분명하지만, 아마도 정착지 주변에 둘러 설치했던 환호의 일부로 짐작된다. 마을을 건설한 사람들이 곧

---

18 K. Kobayashi et al., 'Karako-Kagi iseki, Shimizukaze iseki hakkutsu shiryo no C14 nendai sokutei (C14 dating of excavated materials from Karako-Kagi and Shimizukaze)', in *Tawaramoto-cho bunkazai chosa nenpo* (*Annual Report on Cultural Properties Research in Tawaramoto Town*) (Tawaramoto Town Board of Education, 2006).

19 M. Kimoto, *Nakanishi iseki dai 2 ji hakkutsu chosa hokoku* (Gose-shi: Gose Gose-shi Kyō iku Iinkai, Heisei 2, 1990).

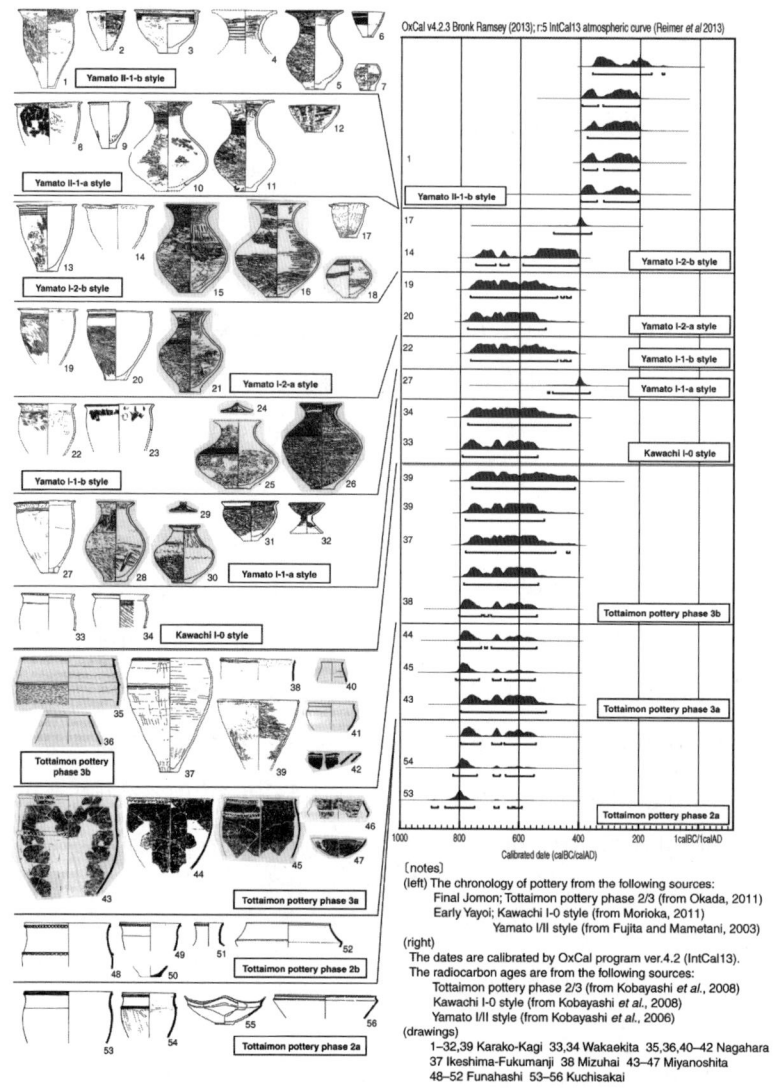

[그림 15-6] 토기의 편년과 방사성탄소 연대측정 보정, 만기 조몬 시대 및 전기 야요이 시대

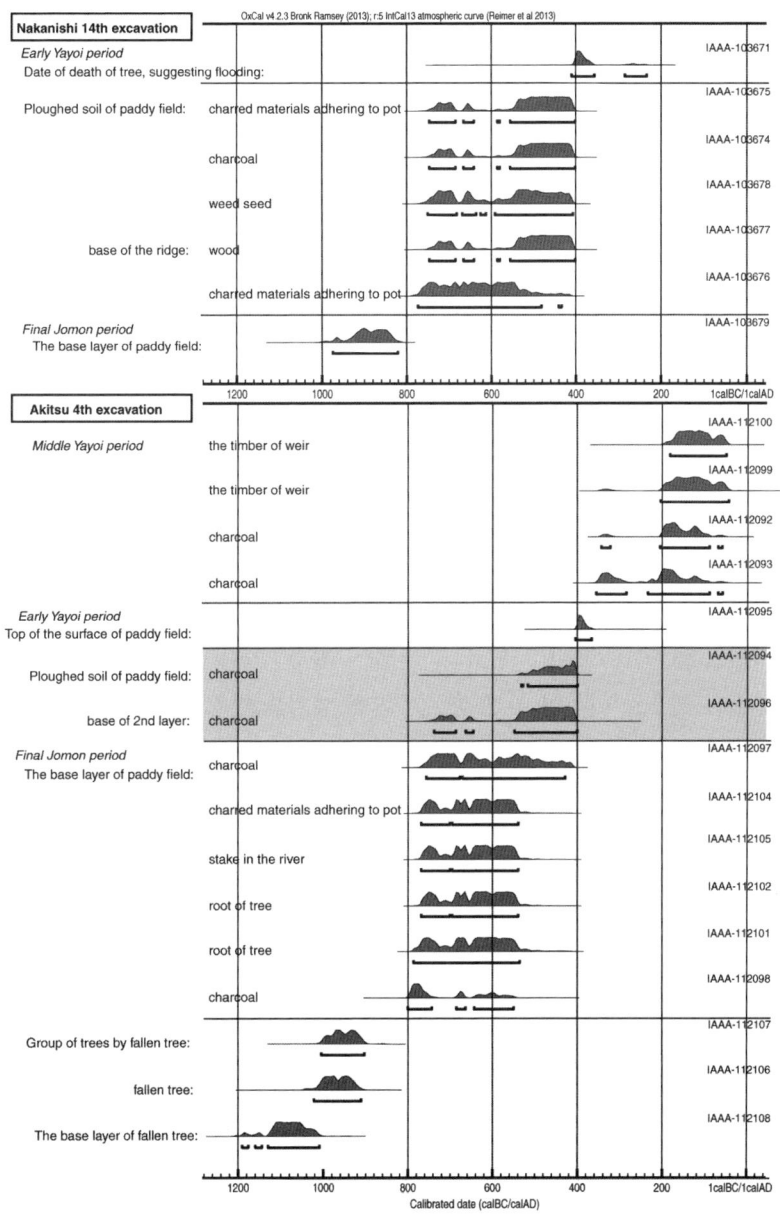

[그림 15-7] 논 유적 방사성탄소 연대측정 보정, 아키쓰-나카니시 유적

논을 조성한 사람들이었다.

하기노모토(萩之本) 유적은 가와니시-네나리가키(川西-根成柿) 지역에 걸쳐 있는데, 그곳에 논을 조성했던 사람들이 살던 마을은 하기노모토 유적으로부터 북쪽으로 400미터 거리에서 확인되었다.[20] 마을 정착지의 존속 기간은 비교적 짧아서 야마토 I-1-b단계에서 I-2-a단계까지였다. 마을 주변으로는 환호가 조성되어 있었던 것으로 확인되었다(그림 15-2). 환호 안쪽으로는 구덩이를 파고 기둥을 세워 만든 두 개의 건물 자리를 비롯해 아직 용도가 밝혀지지 않은 많은 구덩이가 확인되었다. 이곳 정착지에서 확인된 환호의 흔적은 너비 1.0~2.5미터, 깊이 50~80센티미터 정도였다. 마을 안에서 확인된 다른 도랑들과 환호 자리는 구분이 가능했고, 모두 많은 유물이 들어 있었다. 앞서 보았던 나카니시 제2차 발굴에서 발견된 환호의 흔적에 비하면 여기서 발견된 환호 자리는 비록 깊이가 더 얕지만, 너비가 1미터가 넘고 많은 유물이 들어 있었던 점으로 미루어 이 또한 정착지를 에워싼 환호로 기능했을 것으로 해석할 수 있었다.

주변에 환호를 두른 또 다른 전기 야요이 시대의 정착지가 시조시나노(四条シナノ) 유적에서 발견되었다. 하기노모토 유적에서 북쪽으로 3.5킬로미터 거리에 위치해 있다.[21] 정착지의 크기는 대략 길이 150미

---

20 T. Fukunishi (ed.), 'Kawanishi-nenarigaki iseki – Yayoi jidai zenki no kango shuraku no chosa (The Kawanishi-Nenarigaki site: investigation of an early Yayoi ditch-enclosed settlement)', *Nara kenritsu Kashihara Kokogaku Kenkyujo Chosa Hokoku*, 107 (2011).

21 M. Motomura (ed.), *Shijo-Shinano iseki* (*The Shijo-Shinano Site*), Chosa Hokoku 100 (Nara kenritsu Kashihara Kokogaku Kenkyujo, 2007).

터, 너비 100미터였다. 거주 시기는 야마토Ⅰ-1-b단계부터였고, 야마토Ⅱ단계부터는 사람이 살지 않았다. 당시에는 흔히 정착 마을을 둘러 환호를 조성했던 것으로 추정된다. 필자의 추론을 좀 더 밀고 나가자면, 매 3~4킬로미터 거리마다 마을이 하나씩 건설되었던 것으로 추정된다. 예컨대 시조시나노, 하기노모토, 나카니시 유적의 거리가 각각 그러했다. 또한 하기노모토의 논 유적과 북쪽 정착지 환호까지의 거리가 400미터였고, 나카니시의 논 유적과 환호가 발견된 나카니시 제2차 발굴지까지의 거리는 500미터였다. 이런 점에서 하기노모토와 나카니시의 구조가 비슷한데, 이 또한 3~4킬로미터 마을 위치 가설을 뒷받침하는 사실이다. 마을에서 논까지 걸어서 가면 10분이 채 걸리지 않았을 것이다. 이는 논의 끝에서 끝까지 가는 시간보다도 더 짧았다.

아키쓰-나카니시 유적에 묻혀 있는 나무들

나카니시(中西) 유적에서 출토된 유물은 매우 적었는데, 토기 조각 몇 개와 수확용 돌칼 몇 개가 전부였다. 논바닥에 찍혀 있는 발자국으로 사람들의 활동이 있었다는 것은 알 수 있었다. 그러나 그들은 논에 도구를 남겨두지 않았다. 토기 조각이나 석기가 발굴된 곳은 논이 아니라 남쪽에 있는 숲으로, 나카니시 제15차 발굴 지역이었다(그림 15-5 위쪽).[22] 그곳에는 265건의 나무 잔해가 남아 있었다. 그중 일부는 여전히

---

22 Archaeological Institute of Kashihara, 'Nakanishi iseki hakkutsu chosa. Genchi setsumeikai shiryo: Yayoi jidai zenki no suiden to satoyama (Excavations at Nakanishi: materials for the onsite explanation: early Yayoi period paddies and *satoyama*)' (Nara kenritsu Kashihara Kokogaku Kenkyujo, 2010); K. Kikui,

선 채였고, 일부는 쓰러져 있는 상태였다. 논 유적 아래 홍수로 형성된 모래층, 그 아래에 숲 유적이 묻혀 있었다. 대다수는 중국뽕나무(Morus australis), 동백나무(Camellia), 단풍나무(Acer) 등이었다. 전반적으로는 낙엽수림이었고 가끔씩 상록수가 포함되어 있었다. 나무 굵기나 수령은 나무의 종류별로 달랐다. 가시나무아속(Quercus subgen. Cyclobalanopsis, evergreen oak)은 두꺼웠고, 눈개비자나무(Cephalotaxus harringtonia, cowtail pine)는 가늘었다. 이 모든 나무가 홍수 때 죽은 것으로 추정되는데, 당시는 이미 수백 년 동안 숲이 유지되고 있었다. 강변에 있던 숲의 재생산 과정에는 홍수 같은 자연재해 이외에도 인간이 개입한 흔적이 있었다. 지형으로 보아 숲 유적 가장자리에서는 발아래로 논을 조망할 수 있었을 것이다. 그곳에서 약 30개의 호두 껍데기(일본 호두, Juglans mandshurica var. sachalinensis)가 발견되었다. 이는 당시 사람들이 호두를 채집했던 흔적이다. 화살촉과 석편 석기를 비롯해 조악한 석기들이 상당수 발견된 것으로 보아 멧돼지 같은 동물들도 사냥했던 것 같다. 지름 1미터가 넘는 팽나무(Japanese hackberry) 그루터기도 발견되었다. 이는 목재로 사용하기 위해 나무를 베어낸 흔적이다. 가와니시-네나리가키와 시조-시나노 유적의 목재 유물은 약 40~50퍼센트가 가시나무아속으로 만든 것이었고, 아키쓰-나카니시 유적과 시기가 겹쳤다. 아마도 정착지의 초창기부터 이 나무가 벌목용으로 선택되었던 것 같다.

'Yayoi jidai zenki no suiden to shinrin - Nara-ken Gosho-shi Nakanishi iseki (Forests and paddy fields in the early Yayoi period - the Nakanishi site, Gose city, Nara prefecture)', *Kikan Kokogaku*, 115 (2011).

논의 건설 및 운영

역사적 자료를 근거로 야요이 시대의 쌀 수확량을 추산할 수 있다. 앞에서 언급한 바와 같이 나카니시 유적에 논이 조성 및 사용된 시기는 전기 야요이 시대였고, 이후로는 방치되어 아무도 논을 이용하지 않았다. 당시 논 면적은 전체적으로 약 10만 제곱미터였으며, 전기 야요이 시대 거의 내내 그만큼의 면적에서 논농사가 이루어졌던 것으로 추정된다. 그렇다면 실제 수확량은 얼마나 되었을까? 데라사와 가오루(寺沢薫) 연구팀에 따르면, 중기 야요이 시대 초기 이후로 논의 생산성은 하전(下田, 생산성이 낮은 논) 혹은 하하전(下下田, 생산성이 매우 낮은 논)과 비슷했다고 한다. "하전"과 "하하전"은 모두 과거 일본에서 논의 생산성 등급을 나누던 품전(品田) 단위의 일부다.[23] 기쿠치 유키코(菊地有希子)와 미요시 노부아키(三好伸明)가 실시한 적미(赤米, 대마도 남단 쓰쓰豆酘 지역의 토종 벼로, 알곡이 붉은색이다. 야생종 벼의 특성이 많으며, 원시 시대에 재배했을 것으로 추정되는 품종이다. - 옮긴이) 재배 실험 결과도 이 가설을 뒷받침했다. 물론 이러한 결과는 벼의 품종이나 파종 방식(직파直派 혹은 이앙移秧)에 따라 달라질 수 있는 것이다.[24] 데라사와 가오루 연구팀의

---

23 K. Terasawa and K. Terasawa, 'Yayoi jidai shokubutsushitsu shokuryo no kisoteki kenkyu – shoki nogyo shakai no zentei toshite (Basic research into the quantification of plant foods in the Yayoi period)', in *Kashihara Kokogaku Kenkyujo Kiyo* (*Proceedings of the Archaeological Institute of Kashihara*), vol. V (Nara kenritsu Kashihara Kokogaku Kenkyujo, 1981).
24 A. Kikuchi and N. Miyoshi, 'Yayoi jidai no Korne shukakurgo ni tsuite – fukugen suiden ni okeru jikken kokogakuteki kenkyu (On the amount of the rice harvest in the Yayoi period – reconstructing paddy fields on the basis of experimental archaeological research)', *Kodai*, 120 (2007).

결론은 사와다 고이치(沢田吾一)의 생산량 계산법에 근거하고 있다. 이 계산법에 따르면 가장 생산량이 낮은 하하전의 연간 생산량은, 도정 과정을 거치지 않은 현미(玄米) 기준으로 1담(擔, 991.74제곱미터)에 31.75킬로그램(0.244石)이다. 데라사와 가오루 연구팀의 추산과 기쿠치 유키코 연구팀의 적미(赤米) 직파 시험 재배 결과 수확량이 거의 비슷했다. 하전은 하하전에 비해 수확량이 두 배다. 즉 1담에 63.5킬로그램(0.488석)을 수확한다. 이 수치는 시험 재배에서 적미(赤米)를 빽빽이 심었을 경우의 수확량과 비슷했다. 전기 야요이 시대에 과연 이앙법이 실시되었는가 하는 문제는 여전히 논쟁 중이다. 아키쓰-나카니시 유적에서 발굴된 벼의 줄기를 근거로 추정하자면, 당시 가장 생산성이 높은 논이 하전 정도였고, 가장 낮은 것은 하하전 정도였던 것 같다.

1담(擔, 991.74제곱미터)은 1석(石, 벼 180리터 혹은 150킬로그램)을 생산하는 면적과 같다. 하하전 1담에서는 벼 4분의 1석을 생산하며, 그 위의 등급인 하전 1담에서는 벼 2분의 1석을 생산한다. 성인 1인이 연간 소비하는 벼의 양을 계산하면, 하하전 기준 4담(3966.96제곱미터), 혹은 하전 기준 2담이 필요하다. 이를 기준으로 나카니시의 논으로 부양 가능한 성인의 수를 계산할 수 있다. 지금까지 발견된 논의 면적은 모두 2만 5000제곱미터이지만, 전체 면적은 5만~10만 제곱미터였을 것으로 추정된다. 따라서 5만 제곱미터 기준으로는 최소 12.6명에서 최대 25.21명, 10만 제곱미터 기준으로는 최소 25.21명에서 최대 50.42명을 부양할 수 있다. 그러나 이러한 수치는 이론적 계산에 불과하다. 실제로 야요이 시대 사람들이 쌀을 얼마나 먹었는지는 우리가 알지 못하기 때문이다. 오늘날 일본인은 여러 가지 식재료를 섭취하는 가운데 1인당 연간 59킬로그램의 쌀을 소비하고 있다. 이를 기준으로 계산하면 나카니시의 논으로 부양할 수 있는 인구의 수가 두 배로 늘어나게 된다.

마을의 인구 규모

논에서는 일하는 사람은 몇 명이었을까? 아키쓰-나카니시 유적에 거주하던 인구수는 비슷한 규모의 가와니시-네나리가키 유적과 시조-시나노 유적을 근거로 유추해볼 수 있다. 아키쓰-나카니시 유적에서는 사람이 살던 집의 흔적이 발견된 바 없으므로, 환호를 통해 마을의 크기를 알아보아야 한다. 효고현의 다이카이(大開) 유적이 좋은 모델이 되겠는데, 여기서는 환호로 둘러싸인 구역 안에서 움막집 자리가 발굴되었다. 전기 야요이 시대를 거치는 동안 다이카이 유적의 환호는 규모가 더 커졌다. 환호 안쪽으로 움막집 자리 5개, 저장용 구덩이 11개, 매장용 목관 1개가 발굴되었다. 모든 건물에 동시에 사람이 거주했다고 가정할 때, 그리고 한 집에 5명씩 살았다고 보면, 마을 주민의 수는 25명이 된다. 모리오카 히데토(森岡秀人)의 연구에 따르면 야요이 시대 마을에는 대체로 하나의 가족 단위로 거주를 했으며, 대개 20명 정도 규모였고, 주거용 건물은 4채 정도가 있었다고 한다.[25] 하루나리 히데지(春成秀爾)의 설명에 따르더라도 대부분의 마을은 비교적 규모가 작았으며, 주민 수는 약 30명 정도였다고 한다.[26] 다이카이 유적에서 환호 안쪽의 면

---

25 Morioka, 'The Kinki region'.
26 H. Harunari, 'Kinki ni okeru Yayoi jidai no kaishi nendai (Chronology of the beginning of the Yayoi period in Kinki)', in T. Nishimoto (ed.), *Shin Yayoi Jidai no hajimari (New Beginnings of the Yayoi Period)*, vol. II (Tokyo: Yuzankaku, 2007).

적은 65×35미터다. 가와니시-네나리가키 유적과 시조-시나노 유적의 긴 축은 각각 140미터와 150미터로, 다이카이 유적보다 두 배나 큰 규모다. 그러므로 인구도 다이카이 유적보다 두 배 더 많았다고 볼 수 있다. 그러나 이는 너무 단순한 추론이다. 가와니시-네나리가키 유적이나 시조-시나노 유적에서 건설된 환호가 여러 개였기 때문이다.

벼와 밭작물

아키쓰-나카니시 유적 마을의 인구 규모가 야요이 시대 대부분의 마을들과 비슷한 최대 40~60명 정도였다면, 우리가 앞에서 계산한 정도의 벼 생산량만으로 마을 사람들 모두를 부양할 수는 없었을 것이다. 그곳 논의 면적이 5만 제곱미터였더라도 그 정도 인구를 먹여 살릴 수 없었다. 야요이 시대 사람들이 요즘 사람들보다 쌀을 훨씬 더 적게 먹었다면, 즉 앞에서 계산한 것보다 절반 정도만 소비했다면, (논의 생산성이 "하전" 정도라고 가정하고) 5만 제곱미터의 논으로도 그 인구가 먹고 살 수 있었을 것이다. 데라사와 연구팀은 논 면적을 가지고 인구수에 대비하여 1인당 쌀 소비 규모를 추산했다. 결과적으로 후기 야요이 시대 사람들은 약 2홉(合, 1홉=180cc)의 쌀을 소비했고, 중기 야요이 시대 사람들은 1홉, 전기 야요이 시대 사람들은 0.2홉을 소비했다. 데라사와 연구팀의 결론에 따르면, 야요이 시대 사람들의 필요량보다 벼 생산량은 턱없이 적었다. 이는 전기, 중기, 후기 야요이 시대의 식량 소비 패턴에 큰 영향을 미쳤을 것이다. 즉 전기 야요이 시대 사람들은 쌀 말고 다른 종류의 작물에서 전분을 확보해야 했을 것이다. 예를 들면 기장류, 밀, 보리, 콩, 구근류, 견과류 등이었다.[27] 나카니시 유적에서 분명하게 확인된 광대한 논만 보자면, 그곳 사람들이 벼 이외의 다른 식재료에 의존했다고 생각하기 어려울지도 모르겠다. 그러나 마을 바로 옆에서 발견된, 흙 속에 파묻혀 있던 숲의 유적에서 확인되는 인간 활동의 흔적을 함께 고려하면 훨씬 더 이해가 쉬울 것이다.

논을 조성하기 전의 경관

덧띠무늬토기 3단계에 속하는 토기 파편들의 무더기가 두 군데서 발견되었다. 시기는 만기 조몬 시대 말기였고, 위치는 숲속이었다. 이는 당시 마을이 숲에서 멀지 않은 곳에 위치했다는 증거다. 야요이 시대에는 (대형 동물이 많이 줄어들어 – 옮긴이) 조몬 시대의 숲속 동물 구성과 달랐을 테지만, 야요이 시대에도 사냥, 채집, 목재 채취 등의 작업은 계속되었다. 야요이인이 숲 공간을 이용한 방식은 예전의 조몬인과 별로 다르지 않았다. 전기 야요이 시대에 논이 조성된 이후에도 마찬가지였다. 숲은 논에서 생산되는 적은 양의 쌀을 보충하는 중요한 식량 공급원이었을 뿐만 아니라, 고기나 목재 같은 다양한 자원을 제공하는 곳이었다.

조몬 시대가 끝나갈 무렵, 아직 논이 조성되기 전에 사람들이 숲을 어떻게 이용했는지를 알려주는 흔적이 남아 있다. 아키쓰-나카니시 유적을 발굴할 때 나카니시 제15구역에서 땅속에 묻혀 있던 숲이 발견되었는데, 시기는 전기 야요이 시대뿐만 아니라 만기 조몬 시대도 포함되어 있었다. 전기 야요이 시대의 논이 발굴된 지층 바로 아래, 물길이 있던 곳의 남쪽 강둑으로 다양한 종류의 참나무 둥치들이 발견되었다. 가

---

27 Terasawa and Terasawa, 'Basic research into the quantification of plant foods'.

시나무아속(Quercus subgen. Cyclobalanopsis), 상수리나무류(Quercus Sect. Cerris), 졸참나무류(Quercus Sect. Prinus) 등이 포함되어 있었다.[28] 물길의 북쪽에서는 만기 조몬 시대 후기에 속하는 덧띠무늬토기 2단계의 토기 파편들이 발견되었다. 이는 당시 가까운 곳에서 사람들이 살고 있었음을 의미한다. 이와 달리 강 남쪽에서는 유물이 거의 발견되지 않았다. 따라서 남쪽으로는 정착지가 거의 없었던 것으로 추정된다. 나무뿌리 바로 아래에서 완전한 형태의 사슴벌레도 발견되었다. 생태 환경의 측면에서 이곳은 산과 개발된 마을의 중간 지대에 속하는 곳이었다. 꽃가루 분석에 따르면, 아키쓰 유적의 제6구역에서는 나무의 꽃가루가 거의 발견되지 않는 대신 풀, 특히 차고 건조한 기후를 선호하는 쑥(Artemisia)이 많았다. 이를 통해 그곳이 비교적 개방된 숲이었음을 알 수 있다.[29] 또한 물길에서 조금 떨어져 언덕에 가까운 약간 높은 지대에는 밤나무(Castanea crenata)도 상당히 많았다. 그곳은 새로 조성된 논과 가까운 곳이었다.

간노지-혼마(観音寺-本馬) 유적은 가시하라시(橿原市)와 고세시(御所市)의 경계 지역에 위치한다. 그곳에서 약 30개의 밤나무 줄기가 출토되었다. 예전에 강물이 흘렀던 강바닥 아래에 묻혀 있었는데, 시기는 만기 조몬 시대 중엽이었다.[30] 많은 유물과 건물 및 매장지 유적이 발견되

---

28 Okada et al., 'Fourth excavation of the Akitsu site'.
29 M. Kanehara, 'Akitsu iseki kaso ni okeru shokusei, kankyo no fukugen to taisekiso seisei kankyo no kento (Investigating the alleviated environments and reconstructing the environment and vegetation from the lower layer of the Akitsu site)', in Nara-ken iseki chosa gaiho 2012 nendo (Summary of Excavations in Nara in 2012).

어 정착지로 추정되는 곳은 밤나무가 발견된 지점으로부터 약 200미터 남쪽이었다. 그 마을에서 흐르는 강물에 내다버린 많은 유물들이 강바닥에 묻혀 있다 발굴되었다.[31] 그중에는 특히 밤을 비롯해 식물 관련 자료들도 있었다. 이를 통해 당시 그곳에서 살던 사람들이 밤을 채취해서 먹었음을 알 수 있다. 밤나무 줄기는 건축 자재로도 사용되었던 것 같다. 아키쓰 유적 제6구역과 나카니시 유적 제14구역에서 발굴된 자료들에 따르면, 만기 조몬 시대 말기부터 논이 처음 조성된 전기 야요이 시대 전반기까지 밤나무는 중요한 자원 중 하나였고, 야요이 시대 사람들도 조몬 시대 사람들과 같은 방식으로 밤나무를 이용했다.

경관의 변화

아키쓰-나카니시 유적에서 처음 논이 개발될 당시 지리적 입지 여건은 어떠했을까? 당시 언덕에 가까운 비교적 높은 지대에는 숲이 있었고, 논이 조성된 곳은 지대가 낮은 쪽 경사면이었다. 논이 숲과 강 사이에 위치했다는 점에 대해서는 앞에서 언급한 바와 같다. 논이 조성된 곳

---

30 K. Hiraiwa, 'Kashihara no rekishi wo saguru 17 (Exploring the history of Kashihara 17)', in *Heisei 20 nendo Maizo Bunkazai Hakkutsu Chosa Seikaten (Exhibition of the Results of Archaeological Excavations in 2009)* (Nara: Kashihara-shi Senzuka Shiryokan, 2010).

31 M. Motomura, 'Kannonji-Honma iseki - Keinawa Jidoshado (Kannonji I ku) (The Kannonji-Honma site - Keinawa expressway [Kannonji Location I])', in *Nara-ken iseki chosa gaiho 2008 nendo (Summary of Excavations in Nara in 2008)* (Nara kenritsu Kashihara Kokogaku Kenkyujo, 2009); M. Okada (ed.), 'Kannonji Honma iseki I (Kannonji III ku) (Kannonji Honma I [Kannonji location III])', in *Nara kenritsu Kashihara Kokogaku Kenkyujo Chosa Hokoku 113* (Nara kenritsu Kashihara Kokogaku Kenkyujo, 2013).

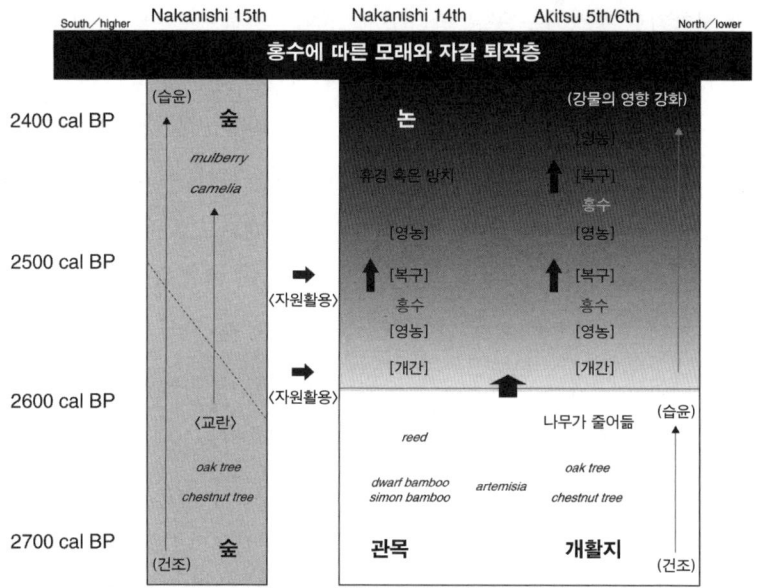

〔그림 15-8〕 야생 경관의 변화, 아키쓰-나카니시 지역

은 나무보다 풀이 많은 개방지였다. 아키쓰 유적 제4구역과 제6구역에서 검은색 고토양층이 발견되었다. 시기는 만기 조몬 시대 후기였다. 화분(꽃가루) 분석을 해본 결과, 그곳은 밤나무와 참나무로 구성된 숲이었다.[32] 나카니시 유적 제14구역에서도 검은색 고토양이 발견되었는데, 논농사용 경작 토양이 섞여 있었다. 꽃가루 분석 결과 나무가 별로 없었고, 갈대와 대나무의 식물규소체 밀도가 높게 나왔다.[33] 그곳은 입지 환

32 Kanehara, 'Investigating the alleviated environments'.
33 Matsuoka and Okada, 'Sixteenth excavation at the Nakanishi site'.

경이 불안정했다. 즉 습지가 되었다가 다시 건조 지대가 되기도 했다. 지표수가 높아질 경우 늪지가 되었다가 건조해지면 대나무가 자랐다. 항상 습지로 유지되었다면 생물 다양성이 확대되었을 테고, 조몬 시대의 수렵채집인이 선호하는 지역이 되었을 것이다. 그러나 건기가 되면 마른 강바닥을 드러냈고, 더 이상 생산성이 없는 곳이 되어버렸다. 새로운 농업 기술이 도입되면서 생태 환경에도 변화를 가져왔지만, 기존의 식량 수급 활동과 부딪치는 일은 없었다. 게다가 그곳을 논으로 개발하는 것이 오히려 기존의 식량 수급 활동에 도움을 주었을 수도 있다. 나라 분지에서 관개 시설을 동반한 새로운 논농사가 신속하면서도 유연하게 도입된 비결이 바로 여기에 있었던 것 같다(그림 15-8).

수도작 도입의 배경

관개 시설을 동반한 수도작(水稻作)의 도입이 일본 열도에서 시대를 나누는 획기적 계기가 된 것은 의심할 여지가 없는 사실이다. 이후로 식량 수급에 안정성이 더해져 잉여 농산물이 발생했으며, 그 결과 부(富)의 분배와 축적 및 집중이 생겨났다. 이 과정은 이후 일본의 사회 및 경제 발달에서 매우 중요한 의미가 있었다. 일부 사람들은 수렵채집보다 농업이 더 우월한 삶의 방식이었다고 생각하지만, 벼농사의 도입 이유가 그렇게 단순하지는 않았다.

조몬 시대의 복합적인 수렵채집 사회는 수준 높은 생활 기술을 발달시켰다. 예컨대 그들에게는 저장용 창고도 있었고, 견과류에서 타닌을 제거하는 기술도 있었다. 필자가 보기에는 조몬 시대의 문화 덕분에 벼농사와 관개 시설이 비교적 쉽게 도입될 수 있었다. 벼농사의 도입으로 과거의 생활 방식에 손해를 끼칠 일은 없었고, 기존의 다양한 사회적 활동 가운데 하나로 수용될 수 있었다. 벼농사가 기존의 다양한 식량 수급 방식에 어긋나지 않았다는 사실은 특히 주목할 필요가 있다. 벼농사는 기존의 방식을 대체하지도 않았고 그보다 우월하지도 않았다. 기존의 생활 경제와 새로운 생활 경제가 서로 충돌한 증거는 아직 발견된 것이 없다.

전기 야요이 시대가 시작될 무렵에 조성된 대규모의 논 유적이 아키쓰-나카니시에서 발견되었다. 이곳에서 논의 도입은 비교적 갑작스러운 일이었던 것 같다. 그러나 논이 조성된 곳은 만기 조몬 시대 말기에 거의 이용하지 않던 땅이다. 당시 논을 조성한 고토양을 분석해본 결과, 조몬 시대 사람들의 활동 흔적은 전혀 드러나지 않았다. 앞에서 언급했듯 상당히 건조한 지대였고, 나무보다는 풀로 뒤덮여 있었으며, 지표수의 수위가 올라갈 때는 다시 습지로 변하는 곳이었다. 따라서 조몬 시대의 채집인에게는 생산성이 낮은 곳이었고, 거의 활용 가치가 없는 땅이었다. 그래서 벼농사가 도입되면서 새로운 경제 활동을 위하여 그 땅을 이용하더라도 별로 문제 될 것이 없었다.

그러나 논을 조성하기 위해 광대한 범위의 토지를 개간하고 관개 시설을 건설하는 일은, 또한 그 뒤 잡초와 덤불을 제거하는 등 농지와 농작물을 관리하는 일은, 직접적으로 수확을 위해 노동력을 투입하는 것과 다른 종류의 노동력 투자였다. 이런 식의 노동력 투자를 실시한 많은 이유들이 있었다. 대표적으로 두 가지 이유를 들어보자.

① 지속적인 땅의 이용. 유용한 식물을 관리하고 농사를 짓는 일은

조몬 시대에도 존재했다. 자연 상태의 생장에 인간이 어느 정도 개입하는 방식이었다. 예컨대 만기 조몬 시대 중엽 간노지-혼마 유적에서 발굴된 밤나무에서 그러한 사례를 확인할 수 있다.[34] 그곳에서 밤나무는 밤을 채취하는 용도뿐만 아니라 목재로도 이용되었다. 지속적으로 토지를 이용하면 결국 자원 고갈 상태에 이르게 되고, 회복될 동안은 생산력이 고갈된 지역을 떠나 안정적으로 자원을 확보할 수 있는 다른 지역으로 이동을 해야 했다. 그러나 논을 조성하면 같은 땅을 계속해서 이용할 수 있었다. 수확기 이후 지력이 고갈되더라도 일정 부분을 휴경지로 놓아두면 나중에 다시 계속해서 벼를 재배할 수 있게 되었다.[35] 말하자면 전체 지역이 자연적으로 지력을 회복할 때까지 기다릴 필요가 없었다. 그래서 벼농사와 순환식 토지 이용으로 식량 공급의 안정성과 예측 가능성을 높일 수 있었다.

② 저장 능력과 재생산. 식량을 저장한다는 관념은 조몬 시대에도 있었다. 조몬 시대 유적지에서 견과류를 보관하기 위한 움막집 자리가 상당수 확인되었는데, 특히 지대가 낮고 습한 지역에 그러한 사례가 많았다. 야요이 시대에도 비슷한 견과류 저장 공간이 있었다. 그러나 수확한 쌀을 마을로 가져와서 저장하는 경우가 훨씬 더 일반적이었다. 조몬 시대와 야요이 시대의 저장 공간은 형태도 달랐지만 더 중요한 차이점이

---

34 Hiraiwa, 'Exploring the history of Kashihara 17'.
35 나카니시 유적 14구역에서 논에서 자라는 식물(*Scirpus, Monochoria vaginalis* Presl var. *Plantaginea* Solms-Laub., *Cyperaceae* 등)의 흔적이 다수 발견되었다. Matsuoka and Okada, 'Sixteenth excavation at the Nakanishi site'. 논 관리 방식에 따라 이러한 식물의 비중 또한 달라졌을 것으로 추정된다.

있었다. 견과류 저장은 미래의 소비를 위한 것이었지만, 벼 저장은 소비 뿐만 아니라 내년에 사용할 볍씨의 보관 용도도 있었다.

수확물을 재생산에 이용하는 것은 상당히 매력적인 일이었다. 조몬 사회는 재탄생(부활)을 갈망했고, 그를 위하여 많은 종류의 의례를 거행했으며, 흙을 구워 만든 토우(土偶)를 제작하기도 했다. 가시하라 유적 및 다마데 유적에서 토우가 발굴된 사례가 있었다. 재탄생을 기원하는 대상은 인간이었다. 그러나 동물 모양의 토우도 많이 만들어졌고, 그것이 불에 탄 동물 뼈나 기타 잔해와 함께 발굴되는 경우가 많았다. 사회를 지탱해주는 자연 사물들 또한 재탄생 관념의 대상이 되었다. 순환을 통한 자연 자원의 재생산으로 인간 사회가 유지 및 재생산될 수 있었기에, 인간은 그러한 순환에 큰 영향을 받는 존재였다. 따라서 벼 알곡은 재생산의 상징이었고, 볍씨를 저장하는 것은 곧 재생산 과정을 인간이 통제한다는 의미였다.

긴키 지방의 여러 유적에서 발견된 만기 조몬 시대 후기의 토기에는 볍씨를 눌러 만든 자국이 있었다. 이러한 자국은 벼의 존재를 증명할 뿐, 당시 사람들이 농사를 지어서 그 벼를 생산했다는 증거가 될 수는 없다.

다마데 유적 근처의 사라기(蛇穴) 유적에서, 덧띠무늬토기 2a단계에 속하는 토기 그릇 깊숙한 위치에 볍씨를 눌러 만든 자국 20개가 발견되었다.[36] 이런 정도로 많은 양의 볍씨 자국이 우연히 생겼을 리는 없다.

---

36 Y. Yonekawa et al., 'Keinawa Jidoshado Saragi chiku 2009 nendo (Excavations at the Saragi location on the route of the Keinawa expressway in 2009)', in *Nara-ken iseki chosa gaiho 2009 nendo* (*Summary of Excavations in Nara in 2009*).

지금까지 만기 조몬 시대 후기 세토우치(瀨戶內) 지역 동부(세토 내해와 마주 보는 지역)에서 수도작을 실시했다는 근거는 발견되지 않았다. 그러나 볍씨가 재생산의 상징으로서 나라 분지 지역에 소개되었을 가능성은 있다. 볍씨가 전래된 이후 얼마 지나지 않아서 기존에 벼를 생산하던 지역으로부터 이곳으로 수도작이 전파되었던 것으로 추정된다.

이번 장에서는 나라현의 최근 발굴 성과에 기초하여 조몬 시대에서 야요이 시대로 넘어가는 시기에 수도작이 도입되는 과정을 설명해보고자 했다. 필자 나름대로는 나라 분지에서 "농업의 기원"을 설명하던 기존의 가설에 중요한 변화를 가미한 새로운 모델을 소개하려고 노력했다. 이번 장에서 언급한 지역의 발굴 조사는 지금도 진행 중이며, 나의 가설은 물론 미래의 연구 성과에 따라 얼마든지 재검토되어야 할 것이다.

더 읽어보기

Amino, Y. *Rethinking Japanese History*. Ann Arbor: University of Michigan Center for Japanese Studies, 2012.

Barnes, G.L. *State Formation in Japan: Emergence of a 4th-Century Ruling Elite*. Ann Arbor: University of Michigan Center for Japanese Studies, 1988.

Hudson, M. *The Ruins of Identity: Ethnogenesis in the Japanese Islands*. Honolulu: University of Hawai'i Press, 1999.

Kidder, J.E. *Himiko: The Elusive Kingdom of Yamatai*. Honolulu: University of Hawai'i Press, 2007.

Mizoguchi, K. *The Archaeology of Japan: From the Earliest Rice Farming Villages to the Rise of the State*. Cambridge University Press, 2013.

Totman, C. *Japan: An Environmental History*. London: I.B. Tauris, 2014.

CHAPTER 16

동남아시아와 태평양의 초기 농업

휴 바턴
Huw Barton

대륙 동남아시아(MSEA, 이하 대륙동남아)와 섬 지역 동남아시아(ISEA, 이하 섬동남아)는 인도에서 중국 사이, 그리고 뉴기니까지 11개의 국가로 구성된 복합적인 정치·지리적 영역이다(지도 16-1). 대륙동남아(MSEA)는 캄보디아, 라오스, 말레이시아, 미얀마, 태국, 베트남으로, 섬동남아(ISEA)는 인도네시아, 필리핀, 싱가포르, 브루나이, 동티모르로 구성되어 있다. 보르네오섬에는 브루나이뿐만 아니라 말레이시아에 속하는 사라왁(Sarawak)주와 사바(Sabah)주, 그리고 인도네시아에 속하는 칼리만탄(Kalimantan)주가 포함되어 있다. 이외에 큰 섬으로는 수마트라, 자와, 술라웨시, 플로레스, 티모르, 할마헤라, 스람 등이 있다. 필리핀과 보르네오섬 사이에는 팔라완을 비롯해 여러 섬들이 점점 이어져 있으며, 남쪽으로는 술루(Sulu) 제도가 또한 두 지역을 연결하고 있다. 자와섬 동부에서 티모르섬까지 "불의 고리"를 따라 작은 섬들이 흩어져 있는데, 그곳이 소순다 열도(Lesser Sunda Islands)다. 소순다 열도는 수마트라섬에서 뉴기니 서쪽의 말루쿠 제도를 이어주는 징검다리가 된다.

동남아 지역의 기후는 온난습윤부터 열대까지의 범위에 펼쳐져 있다. 중국 남부에서 베트남에 이르기까지 저지대 상록수림, 산악 지대 상록수림, 낙엽수 디프테로카르푸스림(dipterocarpus forests), 석회암 카르스트림(karst forests), 연안림(littoral forests), 이탄(泥炭) 습지 맹그로브림

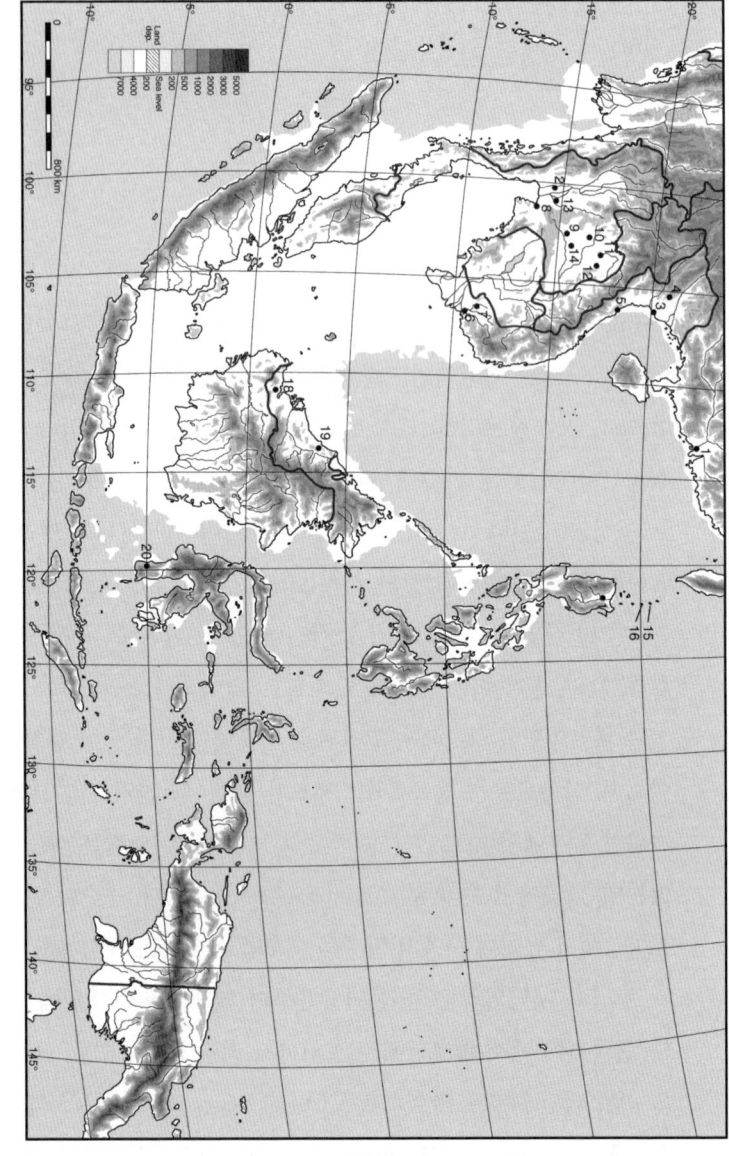

[지도 16-1] 동남아시아의 주요 유적지
1. Xincun; 2. Spirit Cave; 3. DaBut; 4. Phung Nguyen; 5. Thach Lac; 6. Rach Nui; 7. An Son 7. Loc Giang; 8. Kok Phanam Di; 9. Neon U-Loke; 9. Ban Lum Khao; 10. Non Nok Tha; 11. Ban Chiang; 12. Ban Na Di; 13. Nil Kham Maeng; 13. Nor Mak La; 13. Non Pa Wai; 14. Ban Non Wat; 15. Anaro; 16. Sunget; 16. Savidug; 17. Andarayan; 18. Gua Sireh; 19. Niah Cave; 20. Leang Burung; 20. Ulu Leang.

(mangrove forests) 등이 분포하고 있다. 이러한 삼림 지대가 대부분의 동남아 지역을 뒤덮고 있으며, 적도에 가까워질수록 낙엽수 디프테로카르푸스림은 상록수 혼합 디프테로카르푸스림으로 대체되는 경향이 있다. 남회귀선과 북회귀선 사이 수렴대(convergence zone)에서는 기후의 영향을 많이 받아 강우나 사이클론 등 계절에 따른 변화가 크고, 특히 해안 지대는 더욱 심하다.

태국은 몬순 계절풍의 영향권에 위치한다. 그래서 북동부와 남서부 해안에는 계절에 따라 비가 많이 내리지만, 내륙 산악 지대는 산록에 바람이 피해 가기 때문에 비교적 건조한 기후다. 보르네오섬은 거의 언제나 습한 기후인데, 북서부 지역은 연간 강우량이 3000밀리미터 정도 된다. 그러나 칼리만탄주 동부 해안은 계절에 따른 변화 폭이 더 큰 편이다. 소순다 열도는 인도네시아에서 가장 건조한 지역이다. 그래서 베버스 라인(Weber's Line) 서쪽으로는 생물 군상이 독특하며, 낙엽수림 가운데 군데군데 유자수림(有刺樹林)과 사바나 초원이 분포하고 있다.

대륙동남아(MSEA)는 해안 지대가 많아서 습지라든가 홍수에 민감한 내륙의 계곡이 많고, 고지대는 이들에 의해 잘게 나뉘어 있다. 태국이나 캄보디아의 내륙에는 드넓은 평야 지대가 있는데, 태국 북쪽의 코랏 고원에 평원이 있고, 태국 남서쪽에 짜오프라야 평원이 있다. 수마트라섬이나 보르네오섬 같은 큰 섬의 내륙에는 높은 산맥이 있으며, 해안 저지대 평원에는 이탄 습지와 디프테로카르푸스 열대우림이 분포하고 있다. 몇몇 큰 강이 있어서 선사 시대부터 해안과 내륙 지방을 잇는 중요한 교통로 구실을 했는데, 이를 통해 사람들이 신속히 이동할 수 있었다. 식민지 시대에는 대부분의 큰 강과 수많은 지류가 혈맥처럼 연결되어

도자기, 청동기, 향료 목재, 라탄, 제비 집 등 다양한 수입품을 실어 나르는 통로의 역할을 했다.

신석기 패러다임

대륙동남아(MSEA)와 섬동남아(ISEA)에서 "신석기"라는 용어는 대체로 홀로세 중엽, 즉 기원전 3000년경부터 기원전 1500년경에 걸쳐 일어났던 문화 및 기술의 변화를 의미한다. 정주 생활, 농업의 확산, (토기나 간석기 등의) 새로운 물질문화 출현, (직조와 방추차 같은) 신기술의 등장, 돼지와 닭의 사육도 포함된다. 동남아 최초의 신석기 문화는, 새로운 문화를 가진 사람들이 중국의 양자강 유역 마을에서 출발해 남쪽과 서쪽으로 확산되면서 시작되었다는 가설이 있었다. 이들이 육로를 통해 대륙동남아의 아열대 및 열대 지방으로 진출했으며, 해로를 통해 대만을 거쳐 섬동남아로 진출했다는 주장이다.[1] 이 가설에서는 신석기 문화와 유물이 이주민 공동체와 함께 "패키지"로 확산되었으며, 그들이 새로운 지역으로 진출함에 따라 기존 동남아에 거주하던 토착 수렵채집인은 변화 혹은 제거되었다고 보았다.[2] 그러나 이 책의 제12장 및 제14

---

1 P. Bellwood, *First Farmers: The Origins of Agricultural Societies* (Oxford: Blackwell, 2005); M.T. Carson et al., 'The pottery trail from Southeast Asia to Remote Oceania', *Journal of Island & Coastal Archaeology*, 8 (2013), 17-36; C. Higham, *The Archaeology of Mainland Southeast Asia: From 10,000 BC to the Fall of Angkor* (Cambridge University Press, 1989), and *Early Culture of Mainland Southeast Asia* (Bangkok: River Books, 2002); C. Higham et al., 'The prehistory of a friction zone: first farmers and hunter-gatherers in Southeast Asia', *Antiquity*, 85 (2011), 529-43; C. Zhang and H.-C. Hung, 'The emergence of agriculture in southern China', *Antiquity*, 84 (2010), 11-25.

장에서 논의한 것처럼, "패키지" 가설은 시공간적으로 잘 들어맞지 않는 면이 있었다. 중국 및 일본 지역에서 토기가 처음 등장한 때는 1만 8000년 전(BP)이었다. 그러나 대륙동남아와 섬동남아에서는 홀로세 중엽까지도 토기가 널리 확산되지 않았다. "패키지" 가설에 부합하지 않는 다른 분야들도 있었다. 예를 들면 정주 생활이 그렇다. 중국 남부, 베트남, 태국 남부 등지에서는 일부 해안 지역을 중심으로 농경이 시작되기 전에 이미 수렵채집인의 마을이 존재했었다.[3] 또한 베트남에서는 모서리를 갈아 만든 자갈도끼(pebble axes)가 농경의 시작보다 수천 년 앞서 등장했다.[4]

피터 벨우드(Peter Bellwood)가 예상했듯이 최초의 농업 확산 단계에서 농경인이 보유했던, 그들을 이끌었던, 그들과 함께 전파되었던 기술은 굉장히 유연한 것이었다. 그들의 기술은 벼 같은 곡물뿐만 아니라 근경류나 수목 재배와도 관련이 있었다(그림 16-1).[5]

민족언어학적으로 볼 때 초기 오스트로네시아어 사용자들은 아열대 해안

---

2 Bellwood, *First Farmers*; J. Diamond and P. Bellwood, 'Farmers and their languages: the first expansions', *Science*, 300 (2003), 597-603.
3 C. Higham, 'Mainland Southeast Asia from the Neolithic to the Iron Age', and K.S. Nguyen et al., 'Northern Vietnam from the Neolithic to the Han period', both in I. Glover and P. Bellwood (eds.), *Southeast Asia: From Prehistory to History* (London: RoutledgeCurzon, 2004), 41-67 and 189-201.
4 M.F. Oxenham et al., 'Skeletal evidence for the emergence of infectious disease in Bronze and Iron Age northern Vietnam', *American Journal of Physical Anthropology*, 126 (2005), 359-76.
5 P. Bellwood, 'Austronesian prehistory in Southeast Asia: homeland, expansion and transformation', in P. Bellwood et al. (eds.), *The Austronesians: Historical and Comparative Perspectives* (Canberra: Department of Anthropology, Australian National University, 1995), 96-111; Bellwood, *First Farmers*.

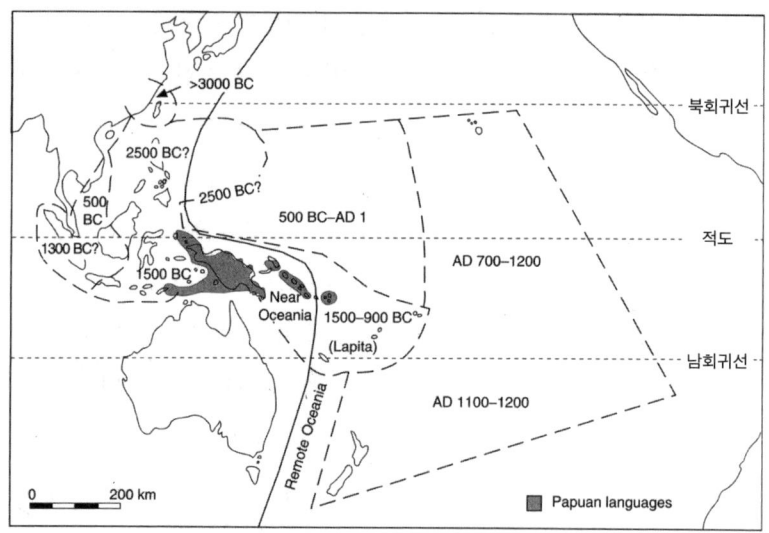

[그림 16-1] 오스트로네시아 농경인 확산 모델
피터 벨우드(Peter Bellwood)의 가설. 대륙동남아에서 섬동남아로 확산.

지대와 강가에서 생활했으며, 신석기 문화를 보유하고 있었다. 그들의 생활 경제는 곡물과 덩이줄기 식물 재배에 바탕을 두고 있었고, 여러 종의 동물도 사육했다. 민족학적으로는 그들의 후손이 섬동남아로 진출해서 훨씬 더 폭넓은 생활 경제를 **스스로 개척했다**. 열대우림의 채집 경제 및 교역, 해양 유목(sea nomadism), 다양한 형태의 관개 시설을 갖춘 벼농사와 천수답 벼농사, 이동식 곡물 재배(shifting cultivation, 輪耕), 과수와 덩이줄기 재배, 심지어 야자나무 개발까지도 포함되어 있었다.[6]

6 Bellwood, 'Austronesian prehistory', 110 (강조 표시는 저자).

매우 설득력 있는 이 가설은 실제로 여러 핵심적 논점들을 담고 있지만, 일부 확인되지 않은 사실들도 포함되어 있다. 첫째, "농경"이라는 개념이 특정 집단의 사람들에게만 존재한 것으로 전제했다. 농경은 처음에 벼농사를 통해 형성된 개념이지만(제12장 참조) 이후 어떤 종류의 식물 재배에도 적용될 수 있는, 식물 재배의 청사진 같은 개념이었다. 둘째, 나중에 이 개념은 전혀 다른 두 종류의 식물 재배 관행을 포함하게 되었다. 하나는 일년생 식물(벼나 밀)의 성장을 관리하는 것, 또 하나는 이와는 전혀 다른 방식의 다년생 식물을 재배 및 관리하는 것이었다.[7] 후자를 흔히 "근경류 재배(vegeculture)"라 하는데, 이는 근경류 작물, 야자, 과수 등의 재배를 포함하는 굉장히 넓은 범위의 다양한 관행을 통칭하는 말이다. 근경류 재배에는 정주 농업뿐만 아니라 이동식 수렵채집 경제도 포함된다. 곡물 농업과 근경류 재배는 농지 조성 면에서 중대한 차이점이 있다. 전자는 곡물을 기를 장소를 마련하기 위해 기존의 식물들을 모두 제거해야 하는 반면, 후자는 대개 기존의 식물 생태계를 그대로 놓아두고 (주로 숲의 구조를 그대로 "흉내 내기" 하면서) 숲속에서 최소한의 공간만 확보한다. 농경의 팽창주의 모델은 또한 오늘날의 동남아시아 현실을 반영하고 있다. 오늘날 대륙동남아 및 섬동남아 문화 집단

---

7 H. Barton, 'The reversed fortunes of sago and rice, *Oryza sativa*, in the rainforests of Sarawak, Borneo', *Quaternary International*, 249 (2012), 96-104; H. Barton and T.P. Denham, 'Prehistoric vegeculture and social life in island Southeast Asia and Melanesia', in G. Barker and M. Janowski (eds.), *Why Cultivate? Anthropological and Archaeological Approaches to Foraging-Farming Transitions in Southeast Asia* (Cambridge: McDonald Institute for Archaeological Research, 2011), 17-26.

의 대부분이 오스트로네시아어를 사용하며, 몽골로이드(아시아인)의 신체적 특성을 공유하고 있다.[8] 대륙동남아에 신석기 공동체가 도착한 시기에 관해서는 세 가지 가설이 있다. 즉 기원전 3000년경 설, 기원전 제3천년기 말엽 설,[9] 그리고 가장 늦은 기원전 1650년경 설이다.[10] 섬동남아 해양 루트를 통해 필리핀에 처음 인류가 도착한 때는 기원전 2000년경이었다. 아마도 그로부터 멀지 않은 시기에 남쪽으로 보르네오와 인도네시아, 그리고 동쪽으로 술라웨시와 뉴기니에 이르는 길에 있는 여러 섬에도 이들이 진출했던 것 같다.[11] 팽창주의 이론의 핵심은, 대륙동남아 및 섬동남아 지역에서 기원전 3500년 이전에는 농경이나 혹은 어떤 종류든 식량 생산 관행이 존재하지 않았다는 입장이다.[12] 신석기 공동체가 퍼져 나가면서 토착 수렵채집인은 그들에게 밀려나거나, 혹은 상관하지 않거나, 혹은 흡수되었다. 농부는 대륙동남아에서 해안선과 대규모 강줄기의 충적 평야를 따라 이동했고, 다양한 경로를 통해 보르네오, 수마트라, 자와 등의 큰 섬뿐만 아니라 미크로네시아 군도 같은 작은 섬까지도 진출했다. 마지막으로 기원전 1300년경 이들은 동쪽으

---

8 P. Bellwood, *The Prehistory of the Indo-Malaysian Archipelago* (Honolulu: University of Hawai'i Press, 1997).
9 F. Ripsoli, 'The incised and impressed pottery style of mainland Southeast Asia: following the paths of Neolithization', *East and West*, 57 (2007), 235-304.
10 C. Higham and T. Higham, 'A new chronological framework for prehistoric Southeast Asia, based on a Bayesian model from Ban Non Wat', *Antiquity*, 83 (2009), 125-44.
11 P. Bellwood, 'Asian farming diasporas? Agriculture, languages, and genes in China and Southeast Asia', in M. Stark (ed.), *Archaeology of Asia* (Oxford: Blackwell, 2006), 96-118.
12 Bellwood, 'Asian farming diasporas?'

로 더 나아가 근접오세아니아(Near Oceania) 및 원격오세아니아(Remote Oceania)까지 진출하여 라피타(Lapita) 문화의 일부가 되었다.[13]

벼는 오늘날 동남아에서 가장 흔히 볼 수 있는 작물이지만, 유일한 곡물 혹은 유일한 주식 작물은 아니다.[14] 대륙동남아와 섬동남아 전체적으로 벼농사의 방식은 매우 다양했다. 다른 식물들을 모두 제거한 들판을 조성 및 유지하면서 벼 같은 작물을 단작(건식 혹은 습식)으로 재배하는 경우도 있었지만, 근경류 재배 방식으로 다양한 작물을 혼작하는 가운데 그중 한 품목으로 벼를 재배하기도 했다. 근경류 재배 시스템은 곡물 위주의 농업과 뚜렷한 차이가 있었다. 적어도 섬동남아 지역 토착민의 경우 벼농사에 대한 적극적 저항이 있었고(혹은 매우 느린 속도로 수용했고), 벼를 주식 작물로 받아들이기까지는 1000년 이상의 시간이 걸렸다. 기존 근경류 재배 형태의 식물 관리 및 재배 방식에 맞추어 서서히 수용하는 과정을 거쳤기 때문이다.[15]

토착민의 "농업" 활동에서 핵심 작물은 타로나 얌 같은 근경류, 사고야자, 바나나, 대나무 등이었다. 이러한 관점을 받아들이는 입장에서는 근경류 재배 형태의 식물 관리 방식(농업도 포함)이 매우 이른 시기에 시

---

13 P. Bellwood and P. Koon, '"Lapita colonists leave boats unburned!" The question of Lapita links with island Southeast Asia', *Antiquity*, 63 (1989), 613-22.
14 Barton, 'Reversed fortunes'; G. Crawford, 'East-Asian plant domestication', in Stark (ed.), *Archaeology of Asia*, 77-95.
15 E.g. Barton and Denham, 'Prehistoric vegeculture'; H. Barton and V. Paz, 'Subterranean diets in the tropical rain forests of Sarawak, Malaysia', in T.P. Denham et al. (eds.), *Rethinking Agriculture: Archaeological and Ethnoarchaeological Perspectives* (Walnut Creek, CA: Left Coast Press, 2007), 50-77.

작되었다는 사실도 인정하고 있다. 그리고 그렇게 관리된 식물 중에는 재배종으로 진화한 품종뿐만 아니라 오늘날 야생종으로 머물러 있는 식물도 일부 포함되어 있다. 사고야자의 다양한 품종도 그러한 사례에 속한다.[16]

오늘날 남아 있는 가장 오래된 근경류 재배 유적은 뉴기니 산간 계곡과 쿠크 스왐프(Kuk Swamp)에서 확인된다(제17장 참조). 여기서 최소 1만 년 전의 식물 재배 흔적이 확인되며, 심지어 화전(火田)을 했던 흔적도 남아 있다.[17] 고산 지대에서는 훨씬 더 긴 기간 동안 식물의 생태 환경을 조작했던 기록이 남아 있다. 자연 상태의 식물을 제거하고 불을 질렀던 흔적과 함께 땅을 파는 도구로 추정되는 석기가 발굴되었는데, 시기는 약 2만 5000년 전으로 추정된다.[18] 근경류 재배 관련 증거가 확인되면, 비슷한 증거를 두고 수렵채집인이 한 것인지 농부가 한 것인지 구별을 해야 한다. 전자가 식물을 "관리"하는 것이라면, 후자는 "재배"한 것으로 해석된다. 불행하게도 "관리"와 "재배"를 나누는 뚜렷한 기준은 존재할 것 같지 않다. 오히려 다양한 식물을 다양한 혼작의 형태로 재배하는 정도에 따라 경우의 수만 몇 배로 늘어날 뿐이다. 문제를 더욱 어렵

---

16 Barton, 'Reversed fortunes'; A. Kjær et al., 'Investigation of genetic and morphological variation in the sago palm (*Metroxylon sagu; Arecaceae*) in Papua New Guinea', *Annals of Botany*, 94 (2004), 109-17.
17 T.P. Denham and S. Haberle, 'Agricultural emergence and transformation in the upper Wahgi valley, Papua New Guinea, during the Holocene: theory, method and practice', *The Holocene*, 18 (2008), 492-3.
18 S. Bulmer, 'Reflections in stone: axes and the beginnings of agriculture in the Central Highlands of New Guinea', in A. Pawley et al. (eds.), *Papuan Pasts: Cultural, Linguistic and Biological Histories of Papuan-Speaking Peoples* (Canberra: Pacific Linguistics, 2005), 387-450.

게 만드는 것은 주식 작물로 이용되는 많은 식물들, 예컨대 사고야자의 경우 "재배종"으로 간주되지 않는다는 사실이다. 또한 바나나(*Musa* sp.), 자주색 참마(*Dioscorea alata*), 타로(*Colocasia esculenta* L.) 등은 재배종으로 진화한 과정이 밝혀지지 않는다(뒤에서 다시 논의한다).

대륙동남아

빙하기 이후 수렵채집인은 대륙동남아 전역으로 널리 퍼져 나갔다. 집단의 규모는 크지 않았고, 아마도 가족 단위였을 것이다. 주거지의 이동이 얼마나 빈번했는지는 알 수 없지만, 집단적으로 야생 멧돼지나 사슴을 쫓아 사냥을 했다면 주거지 또한 넓은 지역 범위를 옮겨 다녔을 테고, 그 과정에서 작은 동물들을 사냥하거나 근경류와 견과류 및 과일류 채취도 했을 것이다.[19] 대륙동남아의 플라이스토세 말기 유적에서는 형태가 일정하지 않은 석편(石片) 석기와 독특한 자갈 석기가 발견되었다. 이를 호아빈(Hòa Binh) 석기라 한다. 이 석기는 렌즈처럼 한쪽 면 혹은 양쪽 면이 납작 볼록한 강자갈을 가지고 주위를 전체적으로 돌아가며 깨트려 날카롭게 만든 것인데, 그 명칭은 처음 발굴된 베트남 북부의 유적지 이름에서 따온 것이다.[20] 호아빈 석기는 홀로세 초기부터 등장해서 베트남 북부 일부 지역에서는 최초의 토기 및 사각형 돌자귀와 함께 발

---

19 R. Shoocondej, 'Late Pleistocene activities at the Tham Lod rockshelter in highland Bang Mapha, Mae Hongson province, northwestern Thailand', in E.A. Bacus et al. (eds.), *Uncovering Southeast Asia's Past* (Singapore: NUS Press, 2006).
20 W.G. Solheim, 'Reworking Southeast Asian prehistory', *Paideuma*, 15 (1969), 125-39.

굴되었다. 그러나 태국이나 말레이반도에서는 발견된 적이 없다.[21]

　1965년과 1970년에 체스터 고먼(Chester Gorman)이 태국 북부 고원지대에 있는 영혼의 동굴(Spirit Cave)을 발굴했고, 플라이스토세 말기 대륙동남아 식량 자원과 관련된 최고의 증거들이 발견되었다. 이 유적지에 사람들이 거주하기 시작한 때는 늦어도 1만 2000년 전이었고, 이후 6000년 이상 거주가 지속되었다.[22] 약 1만 년 전 층위에 남아 있는 흔적을 통해 모두 22종의 식물이 확인되었다. 그중에는 고무, 송진, 독(毒) 성분도 포함되어 있었다.[23] 가장 흔하게 발견된 식물 재료는 감람나무 열매를 으깬 파편이었다. 이외에도 물밤(*Trapa* sp.), 호리병박(*Lagenaria* sp.), 후추(*Piper* sp.), 오이(*Cucumis* sp.) 등도 확인되었다.[24] 발굴팀은 호리병박, 오이, 물밤 및 채소의 흔적을 단순히 채집의 증거가 아니라 원경(園耕, horticulture)의 가능성으로 해석했다.[25] 이 유적에서는 동물의 흔적도 발견되었다. 분석 결과 수상종(樹上種) 동물이 확인되었고, 던지는 무기에 독(*Madhuca, Euphorbiaceae*)을 묻혀 사용했을 가능성이 대두되었다.[26]

21　Bellwood, *Prehistory of the Indo-Malaysian Archipelago*; Higham, *Archaeology of Mainland Southeast Asia*.
22　C. Gorman, 'The Hoabinhian and after: subsistence patterns in Southeast Asia during the late Pleistocene and early Recent periods', *World Archaeology*, 2 (1971), 301-20 (301).
23　Higham, *Archaeology of Mainland Southeast Asia*, 53.
24　Gorman, 'The Hoabinhian'; D. Yen, 'Hoabinhian horticulture: the evidence and the questions from northwest Thailand', in J. Allen et al. (eds.), *Sunda and Sahul: Prehistoric Studies in Southeast Asia, Melanesia and Australia* (New York and London: Academic Press, 1977), 567-99.
25　C. Gorman, 'Hoabinhian: a pebble-tool complex with early plant associations in Southeast Asia', *Science*, 163 (1969), 671-3.
26　Higham, *Archaeology of Mainland Southeast Asia*, 53.

홀로세 초기에 이미 중국 남부, 베트남, 태국 등지의 해안 및 내륙 지역에 수렵채집인 정주 집단이 존재했으며, 이들 중 일부는 간단한 토기뿐만 아니라 간석기도 사용하고 있었다.[27] 중국 남부에서 토기를 사용한 가장 이른 시기의 흔적은 1만 2000~8000년 전(BP)으로 확인되었다(甑皮岩, 革新桥, 百達, 堪屯). 증피암(甑皮岩) 유적에서 발굴된 토기는 몸체가 두껍고 석영 알갱이를 섞어 단단하게 만든 것이 특징이었다.[28] 가장 오래된 토기들 중에는 표면에 무늬가 없는 것도 있었고, 여러 개의 가늘고 평행한 빗살무늬를 새긴 것도 있었다. 새끼줄 모양을 새긴 것은 시기적으로 더 나중의 토기였다.[29] 육안으로 확인 가능한 식물 파편을 통해 당시 사람들의 식생활을 엿볼 수 있었는데, 야생 딸기와 견과류와 씨앗류뿐만 아니라 일부 근경류도 확인이 되었다.[30]

대륙동남아 초기 신석기 유적지의 연대는 기원전 제3천년기 말기부터 제2천년기 전반기에 해당한다. 대부분의 유적에서 확인되는 식량은 다양한 조합이 특징적이며, 당시 포레이징과 식량 생산이 모두 중요했던 것 같다. 농업이 전면적으로 시행되지는 않았고, 대신 부분적으로 식량 생산 활동이 추가되는 정도였다. 생산 작물 중에는 벼와 기장류도 있었다. 이뿐만 아니라 조개류나 식물 채취 및 동물 사냥도 계속해서 중요한 식량 공급원이었다. 일반적으로 대륙동남아 최초의 농부는 중국 남부에서 출발하여 남쪽으로 내려와 베트남 북부와 태국으로 진출한 것으

---

27 Higham et al., 'Prehistory of a friction zone'.
28 Ibid.; C. Zhang and H.-C. Hung, 'Later hunter-gatherers in southern China, 18000-3000 BC', *Antiquity*, 86 (2012), 11-29.
29 Zhang and Hung, 'Later hunter-gatherers'.
30 Ibid.

로 알려져 있었다. 중국 복건성(福建省) 남부에서 가장 이른 벼농사 흔적의 연대는 기원전 2870~2340년이었고, 광동성(廣東省) 북부의 석협(石峽) 유적에서 발굴된 볍씨와 벼의 줄기 연대는 기원전 3000년에서 기원전 2500년 사이에 분포했다. 중국 남서부 지역에서 발굴된 벼와 기장류를 대상으로 연대를 측정한 결과, 해당 지역에서 벼농사는 기원전 2500년 이후에 시작되었고, 남쪽의 대륙동남아까지 전파된 시기는 기원전 2300~2000년으로 확인되었다.[31]

광동성 남서부 아열대 해안선을 따라 최초의 정주 공동체가 등장했다. 이들은 토기를 사용했으며, 해안에서 수렵채집을 하고 물고기를 잡았다. 기둥이 있는 움막에 거주했으며, 망자를 땅에 매장했고, 모래를 첨가하여 만든 토기가 특징적이었다. 그들이 사용한 석기로는 갈판과 갈돌, 홈이 팬 자갈, 그물추, 자갈에 구멍을 뚫어 만든 낚시추 등이 있었다.[32] 광동성 신촌(新村, Xincun) 유적에서 발굴된 자갈 석기와 갈돌의 연대는 기원전 3500~2500년으로 확인되었다. 이 유적에서는 식물고고학적으로 유의미한 자료가 발굴되지 않았기 때문에 연구자들은 갈돌 등 발굴된 석기를 대상으로 잔류 전분(澱粉) 분석을 실시했다.[33] 그 결과 사고야자, 바나나, 고사리 뿌리, 여러 수생 식물의 뿌리, 염주(念珠) 등의 성분이 확인되었다.[34] 그곳 공동체에서 모종의 "원경(園耕, horticulture)"을

---

31 Zhang and Hung, 'Emergence of agriculture'.
32 X. Yang et al., 'Sago-type palms were an important plant food prior to rice in southern subtropical China', *PLoS ONE*, 8 (2013), e63148; Zhang and Hung, 'Later hunter-gatherers'.
33 Zhang and Hung, 'Emergence of agriculture'.
34 Yang et al., 'Sago-type palms'.

했는지 수렵채집을 지속했는지는 확정하기 어려웠다. 그러나 그곳에서 발굴된 식물들은, 화전이나 근경류 재배(vegeculture)를 실시한 대륙동남아의 다른 유적에서 발견된 것과 일치했다. 도구에 묻어 있던 벼의 식물규소체를 분석한 결과, 형태가 아령 모양(bilobate)이었다. 이는 재배종 벼의 특징이었다. 도구의 연대는 기원전 2500년경으로 확인되었다.[35] 그러나 발견되는 빈도가 워낙 낮아서, 아직 벼가 주식 작물의 지위에 있었다고 보기는 어려웠다.

베트남의 홍강(Hong River) 유역에서 "신석기 이전 단계"가 출현한 시기는 1만 1000~7000년 전(BP)이었다. 이들 유적은 호아빈 문화의 말기에 해당하는 것으로 추정되는데, 모서리가 둥근 자갈도끼와 손가락으로 눌러 새끼줄 모양의 자국을 새긴 토기가 특징적인 유물이었다.[36] 망자는 주거 구역에 매장했고, 시신에 오커를 뿌렸으며, 석기나 조개껍데기 장신구를 함께 부장하는 경우도 있었다.[37] 홀로세 중엽 베트남 북부 다붓(Da But) 유적에서는 토기가 더욱 광범위하게 나타나는데, 시기는 기원전 4500~2500년으로 아직 "농업(agriculture)"이 출현하기 이전이었다.[38] 다붓 유적의 특징은 대규모 조개무지, 일정 정도의 정주 생활, 시신 매장, 모서리가 둥근 자갈도끼, 자갈로 만든 그물추, 매우 거친 모래를 섞고 새끼줄 모양을 새긴 토기 등이었다.[39] 중국 해안의 신촌(新村)

35 Ibid.
36 Nguyen et al., 'Northern Vietnam'.
37 Ibid.
38 M.F. Oxenham and H. Matsumura, 'Man Bac: regional, cultural, and temporal context', in M.F. Oxenham et al. (eds.), *Man Bac: The Excavation of a Neolithic Site in Northern Vietnam* (Canberra: ANU E Press, 2011), 127-34.

유적과 마찬가지로 이곳 공동체들도 신석기 이전 단계로 추정되는데, 간석기나 토기는 있지만 수렵채집 단계에서 농업 단계로 넘어간 확실한 증거가 없기 때문이다. 토기와 간석기는 내륙의 동굴이나 바위 은신처 등 호아빈 문화 유적에서도 발견되었고, 연대는 기원전 4200~2000년이었다. 따라서 이동 생활을 하던 수렵채집인도 토기와 간석기를 사용했다고 보아야 한다.[40] 그래서 이 시기를 신석기 이전 토기 사용 문화(Pre-Neolithic Pottery-using Culture, PNPC)라고 한다.[41] 근동 지역의 토기 이전 신석기 문화(Pre-Pottery Neolithic Culture, PPNC)와 혼동해서는 안 된다.

베트남 북부의 풍응웬 복합 유적(Phung Nguyen Complex, 2500/2000~1500 BCE)은 홍강 하류를 따라 높은 지대에 위치하고 있다. 이들 유적에서 발굴된 토기에는 모래가 함유되어 있었으며, 색채는 노란색에서 붉은색 및 회색과 검은색까지 다양하다. 장식은 단순하며 목 부위에 새긴 자국, 눌러서 모양을 만든 자국, 빗살무늬, 새끼줄 문양 등이 있었다.[42] 이외에도 진흙으로 만든 방추차, 진흙으로 만든 알, 사각형 모양의

---

39 Nguyen et al., 'Northern Vietnam'.
40 J.C. White, 'Emergence of cultural diversity in mainland Southeast Asia: a view from prehistory', in N. Enfield (ed.), *Dynamics of Human Diversity: The Case of Mainland Southeast Asia* (Canberra: Pacific Linguistics, 2011), 9-46.
41 Oxenham and Matsumura, 'Man Bac'. 여기서는 "신석기 이전(pre-Neolithic)"이라는 용어를 사용하는데, 토기와 모서리가 둥근 형태의 석기는 나타나지만 농업의 흔적이 보이지 않기 때문이다. 그래서 신석기(Neolithic)라는 용어를 적용하는 데 혼란이 발생했다. 섬동남아 지역의 경우 농업의 흔적이 분명하게 확인되었기 때문이다. M. Spriggs, 'Archaeology and the Austronesian expansion: where are we now?', *Antiquity* 85 (2011), 510-28에서는 농업의 흔적이 없더라도 토기와 간석기가 나타나면 신석기로 보아야 한다는 입장을 지지했다.

간석기 자귀, 어깨 모양이 불룩한 형태의 자귀, 돌 화살촉, 돌 팔찌, 갈돌 등이 발굴되었다(줄 모양으로 홈이 팬 돌 조각도 발굴되었는데, 장신구를 만드는 데 사용된 도구로 추정된다).[43] 다른 정착지 유적들과 마찬가지로 벼농사나 다른 곡물 농사의 직접적 증거는 발견되지 않았다.

베트남 남부에서 알려진 가장 오래된 "신석기" 유적지는 밤코동강(Vam Co Dong River)과 밤코타이강(Vam Co Tay River), 그리고 메콩강 삼각주 집수 구역을 따라 형성되어 있었다. 시기는 기원전 2000~1500년경이었다.[44] 초기 정착지는 해안의 안전 지역, 혹은 민물 접근이 용이한 지역에 위치하고 있었다. 발굴된 유물 중에는 방추차, 뼈로 만든 사냥용 작살, 진흙 새총 알, 숫돌, 돌팔찌, 나무껍질을 두드리는 도구, 다양한 종류의 간석기 자귀 등이 포함되어 있었다. 자귀는 주로 사각형으로, 같은 시기 중국 남부나 태국 북동부 및 중부 지역에서 발굴된 것과 같은 형태였다. 따라서 당시 베트남 남부는 북쪽 및 서쪽 지역과 모종의 문화적 연관 관계가 있었을 것으로 추정된다.[45] 하띤성(Ha Tinh Province, 3000~2700 BCE)에 있는 탁락(Thach Lac) 유적도 처음에는 토기를 사용하는 수렵채집인이 거주한 것으로 확인되었다. 약간의 시간적 간격을 두고 토기 형태에 변화가 나타났는데, 바닥이 평평하고 장식된 토기가

---

42 P. Nguyen, 'Nguyen Ba Khoach', *Asian Perspectives*, 23 (1980), 23-53.
43 Ibid.
44 M. Nishimura and K.D. Nguyen, 'Excavation of An Son: a Neolithic mound site in the middle reach of the Vam Co Dong River, southern Vietnam', *Bulletin of the Indo-Pacific Prehistory Association*, 22 (2002), 101-9; P. Bellwood et al., 'An Son and the Neolithic of southern Vietnam', *Asian Perspectives*, 50 (2011), 144-74.
45 Bellwood et al., 'An Son'; Higham, 'Mainland Southeast Asia from the Neolithic to the Iron Age'.

등장했다. 같은 시기의 유물로 사각형 및 어깨가 불룩한 형태의 자귀, 갈돌, 골각기 등이 출토되었다. 시기는 기원전 1500년경이었다.[46]

안손(An Son, 2200~1200 BCE)과 록장(Loc Giang, 2200 BCE)의 정착지는 충적토가 쌓여 지대가 올라간 곳에 위치하고 있었으며, 락누이(Rach Nui, 1600~1200 BCE) 유적의 발굴층에서는 토기와 조개껍데기 가루로 만든 석회 모르타르가 출토되었다. 지상층 건축물에 관한 정보는 거의 남아 있는 것이 없지만, 안손과 록장 유적에서는 지표면에서 건축이 이루어졌던 것 같다. 락누이 유적에서는 아마도 바닥에 기단을 조성하고 기둥을 세운 단층 주택이 건설되었을 것이다. 락누이 유적에서 주택 기단부 주변으로 나무 울타리를 두른 (심지어 아마도 칠을 한) 흔적이 발견되었다. 주변의 공용 공간과 주택의 사적 공간을 분리하기 위한 울타리였을 것이다.[47] 안손에서는 기원전 2100년부터 사육된 개와 돼지의 흔적이 나타났다. 개 뼈에는 자른 흔적이 남아 있었다. 뼈가 발굴된 위치는 비교적 일관성이 없어, 함부로 내다버린 것 같았다. 이로 보아 주로는 식용을 목적으로 개를 키웠던 것 같다. 안손 유적의 돼지 흔적은 대부분 2년생 혹은 그 이하로 확인되었다. 이는 당시 사람들이 돼지의 개체를 관리했음을 의미한다.[48]

---

46 P.J. Piper and M.F. Oxenham, 'Of prehistoric pioneers: the establishment of the first sedentary settlements in the Mekong delta region of southern Vietnam during the period 2,000-1,500 cal BCE' (forthcoming).
47 Ibid.
48 P.J. Piper et al., 'Early evidence for pig and dog husbandry from the Neolithic site of An Son, southern Vietnam', *International Journal of Osteoarchaeology*, 24 (2012), 68-78.

지금까지 확인된 바로 태국에서 신석기 유적이 등장한 시기는 기원전 제3천년기 중엽이었다.[49] 당시 정주 생활이 강화되었고, 문양을 새긴 토기, 간석기 자귀, 사육종 돼지와 닭, 재배종 벼가 등장했다.[50] 홀로세 중기가 끝나갈 무렵, 즉 기원전 제3천년기 말 대륙동남아 몇몇 지역에서 매장지와 주거지가 혼재된 장소가 등장했다. 그곳에서는 작물을 재배하고 가축을 사육했다.[51] 기원전 제2천년기 말기에 이르러 태국 남부 해안 혹은 그에 가까운 곳에서 해양 생활에 적응한 뚜렷한 정주 생활 장소가 등장했다. 여기서도 농업의 흔적이 분명히 확인되었다.[52] 이들 유적지는 조금 높은 지대에 위치하고 있었다. 바로 옆에 붙어 있는 토지는 계단식으로 한 층이 낮고, 그 옆으로는 하천의 지류가 지나갔다.[53]

태국 중부의 코랏고원(Khorat Plateau)에는 중요한 초기 신석기 유적지가 많다. 유적지의 입지는 비교적 낮은 언덕(0.8~5헥타르)에서 100헥타르 이상 되는 거대한 요새까지 다양했다.[54] 고원의 북쪽과 동쪽은 메콩강과 접하고 있어서 지리적으로 충적 평야, 하안 단구, 언덕 경사면이 포함되어 있으며, 화성암이 노출된 바위 지대도 일부 존재한다. 작은 언덕이 침식 작용으로 무너지면서 토기가 노출되었고, 이를 단서로 유적지가 발견되었다. 가끔 정착지 아래 매장된 인골이 발견되기도 했다.[55]

49 Higham, 'Mainland Southeast Asia from the Neolithic to the Iron Age'.
50 Higham, *Archaeology of Mainland Southeast Asia*.
51 White, 'Emergence of cultural diversity', 34.
52 Higham et al., 'Prehistory of a friction zone'.
53 Higham, *Archaeology of Mainland Southeast Asia*.
54 Ibid., 92.
55 Ibid., 96.

핵심적인 초기 신석기 유적으로는 논녹타(Non Nok Tha), 반치앙(Ban Chiang), 반나디(Ban Na Di) 등이 있으며, 1960년대와 1970년대 초에 걸쳐 발굴 작업이 이루어졌다. 논녹타 유적은 두 강줄기가 합류하는 지점에 위치하고 있었다. 기원전 3000/2500년부터 기원전 500년경까지 매장지로 이용되었던 곳이다.[56] 가장 아래 층위에는 무덤 부장품과 함께 성인 및 어린이 시신들이 매장되어 있었다. 토기, 작은 사각형 간석기 돌자귀, 조개껍데기 팔찌, 조개껍데기 원반 장신구가 출토되었고, 청동 도끼도 하나 발견되었다.[57] 사람과 동물을 함께 매장한 최초의 흔적은 어떤 어린이의 무덤에서 발견되었다. 세 개의 토기가 함께 묻혀 있었고, 어린 돼지의 뒷다리 뼈와 턱뼈가 가슴 부위에 놓여 있었으며, 발아래에는 개가 묻혀 있었다.[58] 동물의 잔해가 온전히 혹은 부분적으로 포함된 무덤 두 기가 더 있었는데, 무덤 속 동물 뼈의 위치는 일관되지 않았다. 이들 두 무덤 중 하나인 매장지 14번에서는 어린이의 시신과 함께 네 개의 온전한 토기가 부장되어 있었는데, 새끼줄 문양이 새겨진 토기였다. 이 어린이의 시신 위로는 토기 파편이 덮여 있었다. 의도적으로 시신 위에서 토기를 깨트린 것으로 추정된다. 조개껍데기 장신구가 시신 주위로 줄을 맞춰 배치되어 있었고, 왼쪽 허벅지 옆에 뼈로 만든 숟가락이 놓여 있었다. 머리 부근에는 온전한 돼지 전체와 소의 앞다리 뼈가, 어깨와 발목 부위에는 돼지의 앞다리 뼈와 뒷다리 뼈가 놓여 있었다.[59] 이처

---

56 D.T. Bayard, 'Excavation at Non Nok Tha, northeastern Thailand, 1968', *Asian Perspectives*, 13 (1970), 109-43.
57 Ibid.
58 Higham, *Archaeology of Mainland Southeast Asia*, 102.
59 Ibid., 102.

럼 인간과 동물을 함께 매장한 무덤이 다른 유적지에서도 확인되었다. 예를 들면 반논왓(Ban Non Wat) 유적이다(그림 16-2).

기원전 3500/3000년부터 기원후 제1천년기까지 사람이 거주한 반치앙(Ban Chiang) 유적은 세 개의 강줄기가 흐르는 저지대 근처에 위치하고 있다. 1967년부터 1975년까지 수차례에 걸친 발굴 작업으로 층서가 분명히 확인되었으며, 토양, 꽃가루, 동물학, 체질인류학 전문가들이 체계적으로 유적에 접근할 수 있었다. 1973년에 몇몇 구역의 발굴 작업이 실시되었는데, 그중 한 구역에는 4미터에 달하는 층서가 포함되어 있었다. 가장 깊은 층위에서 직물 자국, 렌틸 콩 재, 볍씨가 발굴되었다.[60] 이후 1974~1975년에 태국 예술국(Thai Fine Arts Department)과 펜실베이니아대학교 발굴팀의 공동 발굴이 실시되어 몇몇 인골 매장 층위를 발견했다. 인골이 매장된 층위 중에서 가장 깊은 층위에는 인골과 함께 많은 부장품이 매장되어 있었고, 새끼줄 문양 등 각종 문양이 새겨진 토기도 발견되었다.[61] 또한 기원전 2500년 이전의 것으로 확인된 볍씨도 발굴되었는데, 야생종인지 재배종인지는 아직 결론이 나지 않았다.[62]

태국 남부의 콕프놈디(Khok Phnom Di)에는 중요한 이행기 유적이 하나 있다. 정주 생활을 하던 수렵채집인의 유적으로 추정되는 곳이다. 그곳의 생활 경제는 대체로 포레이징에 의존하고 있었는데, 후기에는

---

60 Ibid., 107.
61 Ibid., 111.
62 D. Yen, 'Ban Chiang pottery and rice: a discussion of the inclusions in the pottery matrix', *Expedition*, 24 (1982), 51-64.

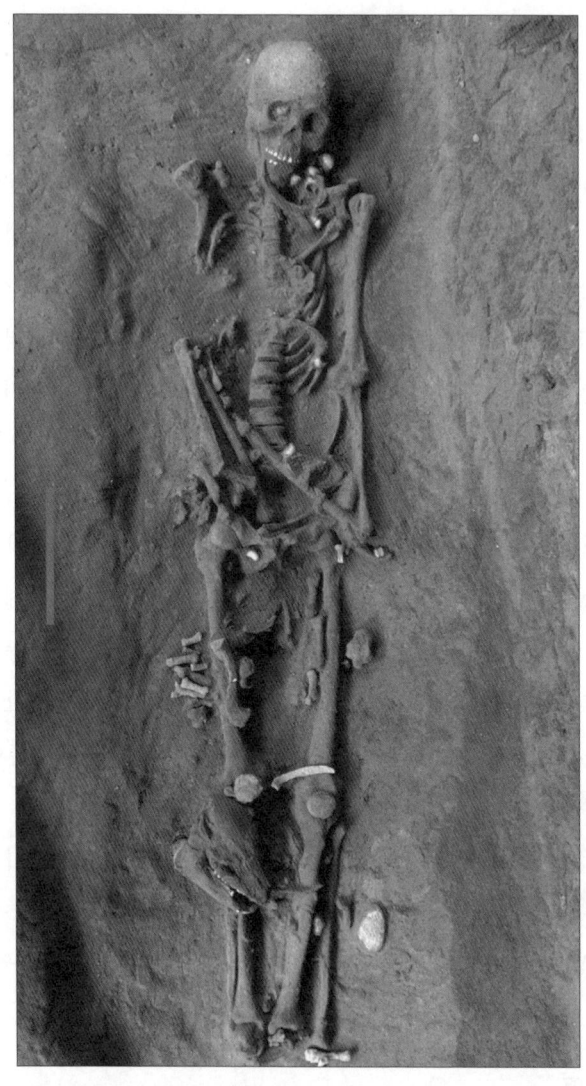

[그림 16-2] 반논왓 유적 매장지 86구역
기원전 1500년경. 인골과 함께 돼지가 묻혀 있다. 오른쪽 다리 정강이 위에 돼지 두개골이 보인다.

농업의 흔적이 나타났다.[63] 콕프놈디는 현재 해안에서 약 22킬로미터 안쪽에 위치하고 있지만, 당시에는 강이 바다와 만나는 강어귀였던 것으로 추정된다. 그 주변으로 민물과 맹그로브 숲이 있었다.[64] 그곳에 최초로 사람이 살기 시작한 때는 기원전 4710~3960년이었다. 코어를 뽑아 꽃가루와 재를 분석한 결과, 불에 탄 흔적과 풀이 증가한 흔적, 그리고 논농사와 관련된 잡초의 씨앗이 차례대로 나왔다. 그러나 벼농사를 했다는 직접적 증거는 아직 발견된 것이 없다.[65] 기원전 2000~1400년경 콕프놈디는 매장지로 이용되었다. 새끼줄 문양이 새겨지고 표면이 매끈한 수준 높은 토기가 부장되어 있었고, 비록 소량이지만 최초로 볍씨가 발견되었다. 그들의 식생활은 해양 자원에 크게 의존하고 있었던 것 같다.[66] 기원전 1800~1700년(cal) 조개껍데기로 만든 칼, 그리고 같은 발굴층에서 돌로 만든 괭이가 발견되었다. 이는 현지에서 실시된 벼농사와 관련이 있는 유물들이었다. 그리고 사육되던 개도 처음으로 등장했다.[67] 이 지역은 복잡한 매장의 역사가 묻혀 있는 곳이었다. 가장 오래된 발굴층위(A구역)에서 남자, 여자, 어린이 등이 섞인 총 104구의 유골이 발견되었다. 이와 함께 기둥을 세웠던 구멍들과 작은 화덕 자리들이 발견되었다. 그러나 조개로 만든 구슬 하나를 제외하고 부장품은 전

---

63 Higham et al., 'Prehistory of a friction zone'.
64 Higham, *Archaeology of Mainland Southeast Asia*, 67.
65 L. Kealhofer and D.R. Piperno, 'Early agriculture in Southeast Asia: phytolith evidence from the Bang Pakong valley, Thailand', *Antiquity*, 68 (1994), 564-72; Higham, *Archaeology of Mainland Southeast Asia*, 67.
66 Bellwood, *Prehistory of the Indo-Malaysian Archipelago*, 256.
67 Piper et al., 'Early evidence for pig and dog husbandry'.

혀 없었다.⁶⁸ B구역에서는 중요한 변화가 나타났다. 부장품이 풍성한 무덤 네 기가 발굴되었는데, 여인 한 명과 아이들 세 명의 무덤이었다. 이 외의 다른 무덤에서는 부장품이 소략했다. 그리고 지상 분묘 구조도 확인되었다. C구역에서는 매장지가 발견되지 않았다. 대신 토기, 토기 제작 도구, 동물의 흔적이 많았다.

최초의 벼농사 및 일반적 식생활 연구의 단서를 찾는 일이 발굴 작업의 핵심 과제였다. 동위원소 분석 등 새로운 기술이 발달하면서 복잡한 문제들이 확인되었다. 최근 태국 중부의 문강(Mun River) 상류 유적에서 발굴된 시료를 대상으로 동위원소 분석을 실시한 결과, 기원전 제2천년기까지 3탄당(C_3) 식물(벼 포함)의 섭취가 일관되지 않았다는 사실이 밝혀졌다.⁶⁹ 따라서 이 시기에는 천수답이 가능한 저지대에서만 벼농사가 이루어졌던 것으로 추정된다.⁷⁰ 반논왓 유적 최초의 신석기 조개무지에서는 쌀겨가 발견되었는데, 그와 함께 민물고기의 뼈, 조개껍데기, 사슴과 야생 소를 포함한 야생 동물의 뼈 등이 나왔다.⁷¹ 인간의 치아를 대상으로 동위원소 분석을 실시한 결과도 있다. 주로는 반논왓 유적에서 발굴된 인골이지만, 노엔유-록(Noen U-Loke), 반룸카오(Ban Lum Khao), 반치앙(Ban Chiang) 유적에서 발굴된 시료도 포함되었다. 분석

---

68 Higham, *Archaeology of Mainland Southeast Asia*, 71.
69 C.L. King et al., 'Economic change after the agricultural revolution in Southeast Asia?', *Antiquity*, 88 (2014), 112-25.
70 Ibid., 115.
71 A. Kijngam, 'The mammalian fauna', in C. Higham and A. Kijngam (eds.), *The Origins of the Civilization of Angkor*, vol. IV: *The Excavation of Ban Non Wat* (Bangkok: Fine Arts Department of Thailand, 2010), 189-97.

결과 반논왓 유적과 노엔유-록 유적에서는 초기 청동기 시대부터 쌀 섭취가 서서히 증가한 것으로 확인되었다. 이후 기원전 제2천년기 나머지 기간에는 계속해서 섭취량이 줄어들다가 나중에 철기 시대에 다시 증가했다.[72] 쌀 소비의 증가와 같은 시기에 해당 유적에서 환호(環濠) 건설도 증가했다. 물을 저장하기 위한 (아마도 벼농사를 위한) 시설이었다. 쌀의 상징적 중요성도 함께 강화되었으며, 무덤 부장품을 통해 이를 확인할 수 있었다. 반논왓 유적에서 무덤 부장품으로 철제 괭이가 발견되었다.[73] 청동기 시대 쌀 섭취의 증가는 사콘나콘(Sakon Nakhon) 평원의 반치앙 유적과 반나디(Ban Na Di) 유적에서도 확인이 되었다. 그러나 이곳에서는 훗날 철기 시대에 다시 쌀 소비의 증가 패턴이 나타나지 않았고, 환호 건설의 흔적도 발견되지 않았다.[74]

태국 남부에서 태국 고고금속학 프로젝트(Thailand Archaeometallurgy Project)의 일환으로 웨버 연구팀(Weber et al.)이 발굴에 착수했다. 이들은 카오왕프라찬 계곡(Khao Wang Prachan valley)의 유적 세 곳(Non Pa Wai, Nil Kham Maeng, Nor Mak La)을 대상으로 상세한 식물고고학 연구를 진행했다. 유적지의 연대는 기원전 제2천년기에서 기원후 제1천년기까지였다. 연구팀은 이들 유적에서 방대한 양의 탄화된 씨앗을 발굴해냈다. 발굴 성과를 분석한 결과는 예상을 벗어났다. 모두 합쳐서 3294개의 씨앗을 발굴했는데, 그중에서 볍씨는 50개 미만이었다. 대부분의 볍씨는 한 유적지(Nil Kham Maeng)에서만 발견되었다. 발굴된 씨앗의 대부분은 조

72 King et al., 'Economic change'.
73 Ibid., 115.
74 Ibid.

〔그림 16-3〕 태국 "신석기" 유적 발굴 볍씨
(a) 재배종 벼 이삭의 일부(spikelet base). 카오삼카에오(Khao Sam Kaeo) 유적 발굴(TP43

US4). 기원전 383-203년(WK18769). (b) 볍씨. 카오삼카에오 유적 발굴(TP57 US16). 기원전 359-57년(WK21175). (c) 볍씨. 반논왓(Ban Non Wat) 유적 발굴(K500 4.2 GEN). 직접 AMS 측정 연대 기원전 441-203년(BA121030). (d) 볍씨. 푸카오통(Phu Khao Thong) 유적 발굴(S7 US4). 기원전 36-기원후 125년(OXA26629).

(粟, *Setaria italica*)였고, 그 외 기장류(*Panicum* sp.)와 염주속(*Coix* sp.)도 일부 포함되어 있었다.[75] 씨앗과 재를 가지고 AMS 연대측정을 실시한 결과는 문제가 없었지만, 애초에 발굴층위가 혼돈된 문제가 있었다. 그럼에도 불구하고 시대적 경향은 확인할 수 있었다. 기원전 제3천년기 후기에는 기장류가 식생활의 중심이었으며, 기원전 제1천년기 이전까지는 어느 유적에서도 볍씨가 발견되지 않았다.[76] 이러한 분석 결과를 통해, 기원전 제2천년기에 해당 유적에서 벼농사가 실시되었을 가능성은 있지만 식생활에서의 비중은 미미한 정도에 그쳤음을 짐작할 수 있다(그림 16-3).

섬동남아

섬동남아(ISEA)는 발달이 느린 지역으로 간주되는 경우가 많다. 동아시아 농업 관행이 이곳으로 전파되기 전에는 농업이 극히 제한적이거나 아예 없었다고 보기도 한다. 벼농사를 비롯한 기타 곡물 재배와 가축 사육에 중점을 두는 동아시아 농업이 이곳에 전래된 시기는 약 4000년 전이었다.[77] 이른바 오스트로네시아어 사용자들이 확산되기 전에 농업이 존재했다는 직접적 증거는 없다. 그러나 그 이후 시기에도 직접 증거가 없기는 마찬가지다. 홀로세가 한참 지난 뒤에도 섬동남아 어디에서든 고고학적으로 "농업"의 흔적이 발견된 것은 없었다.

---

75 S. Weber et al., 'Rice or millets: early farming strategies in prehistoric central Thailand', *Journal of Archaeological and Anthropological Sciences*, 2 (2010), 79-88.
76 Ibid.
77 Diamond and Bellwood, 'Farmers and their languages'; Bellwood, *First Farmers*. See also below.

벼가 처음 확인된 곳은 필리핀의 안다라얀(Andarayan) 유적이었다. 기원전 1700년경에 만들어진 토기에 왕겨가 섞여 들어가 있었다.[78] 보르네오 북쪽 해안에 있는 기원전 2800~2100년의 유적 구아시레 동굴(Gua Sireh Cave)에서도 퇴적층과 토기에 섞여 있는 왕겨가 발견되었다.[79] 또한 술라웨시섬의 기원전 2000년경 유적 레앙부룽(Leang Burung)과[80] 기원후 100년에서 1000년 사이의 유적 울루레앙(Ulu Leang)에도[81] 벼의 흔적이 남아 있었다. 술라웨시섬의 마로스 동굴(Maros Cave)에서 발견된 볍씨의 연대는 기원후 500년으로 분명하게 확인되었다. 연대를 논하기에는 섬동남아 고고 유적에서 발굴된 볍씨의 양이 너무 적고, 그나마 토기를 만들 때 섞여 들어간 것이 주를 이루었다. 게다가 발견된 볍씨를 재배종으로 보기 어렵다는 점이 문제를 더 복잡하게 한다.[82] 야생종 벼는 발견된 것이 있지만 재배종 벼인 오리자 사티바(*Oryza sativa*)는 어디에서도 발견된 것이 없었다. 습지 혹은 화전한 다음 재생한 숲에서 자라는 야생종 벼는 여러 종이 있었다(특히 *O. rufipogon*은 중국 남부 지역에서 재배종의 주요 야생종 선조였던 것으로 추정되는 품종이다).[83] 기원전 제3천년기 초기에 대만/대륙동남아 지역으로

78 B. Snow et al., 'Evidence of early rice cultivation in the Philippines', *Philippine Quarterly of Culture and Society*, 14 (1986), 3-11.
79 P. Bellwood et al., 'New dates for prehistoric Asian rice', *Asian Perspectives*, 31 (1992), 161-70.
80 V. Paz, 'Rock shelters, caves, and archaeobotany in island Southeast Asia', *Asian Perspectives*, 44 (2005), 107-18.
81 F. Bulbeck, 'Ian Glover's contribution to the development of archaeology in island Southeast Asia', in B. Bellina et al. (eds.), *50 Years of Archaeology in Southeast Asia: Essays in Honour of Ian Glover* (Bangkok: River Books, 2010), 26-39.
82 See e.g. Yen, 'Ban Chiang pottery and rice'.

부터 벼가 외부로 전파된 것은 분명한 사실이다. 그러나 어떤 맥락에서, 어떤 목적으로 전파가 이루어졌는지는(예를 들면 주식 작물이었는지, 아니면 신분을 나타내는 위신재였는지) 아직 밝혀지지 않았다.[84]

앞에서 언급했듯이 동아시아 농업 및 기타 신석기 문화가 대만이나 중국 대륙에서 섬동남아(ISEA)로 확산된 사건은 흔히 오스트로네시아어의 확산과 관련이 있는 것으로 알려져 있다.[85] 기원전 4000~3000년에 시작된 대만의 초기 신석기는 새끼줄 문양이 새겨진 토기, 간석기 자귀, 석편 창촉이 특징이었다. 기원전 3000년경에 이르면 숲을 제거하고 벼농사를 하는 관행이 추가되었다.[86] 섬동남아의 토기류는 전반적으로 중국 남부 지역과 연관성이 매우 강했다. 기원전 2500~1500년 닭과 돼지 사육을 포함해서 이러한 문화 요소의 "패키지"가 대만의 남쪽, 즉 필리핀, 술라웨시, 보르네오 북부, 할마헤라 등지에서 출현했다. 초기 토기의 장식은 다양했지만 새끼줄 문양보다 붉은색 채색 토기가 일반적이었다.[87]

바타네스섬은 열대 지방의 북쪽 끝에 위치하는데, 대만 남단에서

---

83 D.A. Vaughan, 'Biogeography of the genus Oryza across the Malay archipelago', *Rice Genetics Newsletter*, 8 (1991), 73-5.
84 See Barton, 'Reversed fortunes'; Barton and Denham, 'Prehistoric vegeculture'; B. Hayden, 'Rice: the first luxury food?', in G. Barker and M. Janowski (eds.), *Why Cultivate? Archaeological and Anthropological Approaches to Foraging-Farming Transitions in Southeast Asia* (Cambridge: McDonald Institute for Archaeological Research, 2011), 75-94; R. Hunter-Anderson et al., 'Rice as a prehistoric valuable in the Marianas Islands', *Micronesia*, 34 (1995), 69-89.
85 Bellwood, *Prehistory of the Indo-Malaysian Archipelago*, 117-24.
86 Bellwood, 'Austronesian prehistory', 107.
87 Ibid.

150킬로미터, 필리핀 루손섬 북쪽 해안에서 200킬로미터 떨어져 있다. 바타네스섬에 사람이 살기 시작한 시기는 기원전 2000년경으로, 이곳에서도 초기 단계에는 붉은색 채색 토기가 있었다. 그러나 벼농사의 흔적은 발견되지 않았다. 기원전 1500년경에 이르러 바타네스에 있는 순겟(Sunget), 사비둑(Savidug), 아나로(Anaro) 등의 유적에서 처음으로 대만산 연옥(軟玉)과 석편, 사육종 돼지와 개, 붉은색 채색 토기와 도장 문양 토기, 토기 방추차, 옆을 묶을 수 있는 그물추, 홈이 있는 사다리꼴 모양 돌자귀(Type 1A in Duff's 1970 catalogue) 등이 발견되었다. 이는 당시 대만 지역과의 강력한 문화적 연관성을 의미하는 유물들이었다.[88] 바타네스의 잇바얏(Itbayat)에서 발굴된 허리가 잘록한 몇몇 석재 도구들은 아마도 괭이로 추정되는데, 연대는 기원전 2000~1500년경이었다.[89] 동물의 흔적은 삽탕(Sabtang)섬에서 돼지가 기원전 1200년경부터, 바타네스섬에서 개가 기원전 500년경부터 확인되었다.[90]

대만을 벗어나면 벼농사의 흔적이 급격히 줄어든다. 이는 대부분의 "일원론적(monothetic)" 문화 현상에서 확인되는 보편적 양상이다. 매튜 스프릭스(Matthew Spriggs)가 지적했듯이, "대부분의 지역에서 우리가 확인할 수 있었던 것은 대개 지극히 파편적인 편린들이었고, 연대가 불분

---

88 Ibid.; P. Bellwood and E. Dizon, 'The Batanes Islands and the prehistory of island Southeast Asia', in P. Bellwood and E. Dizon (eds.), *4000 Years of Migration and Cultural Exchange* (Canberra: ANU E Press, 2013), 235-9.
89 P. Bellwood and E. Dizon, 'Other portable artefacts from the Batanes sites', in Bellwood and Dizon (eds.), *4000 Years of Migration*, 123-48.
90 P.J. Piper et al., 'The terrestrial vertebrate remains', in Bellwood and Dizon (eds.), *4000 Years of Migration*, 169-200.

명한 신석기 유물들이었으며, 대체로 다른 자료들과 섞여 혼란스러운 상태였고, 4000년 전에 처음 등장한 이후 2300/2100년 전(BP)까지 거의 2000년에 걸쳐 분포하는 유적들이었다."[91] 전통적으로 신석기 "패키지"라고 거론된 항목들, 예를 들면 붉은색 채색 토기, 사각형 간석기 자귀, 석편 자귀, 조개로 만든 특정 형태의 구슬, 방추차, 나무껍질을 두드리는 도구, 재배종 벼, 사육종 돼지와 닭 등이 전체적으로 발견된 유적은 거의 없었다. 일부 항목이 (양적으로 차이는 있을지라도) 등장하는 동안 다른 항목들은 초기 단계에서는 나타나지 않거나 나중에라도 영영 나타나지 않는 것이 일반적 양상이었다.[92] 매튜 스프릭스의 주장에 따르면, 오스트로네시아인에게서 기원한 것이 분명한 문화의 파편들이 섬동남아 지역에 전반적으로 확산된 것은 원주민 집단과 이주민 집단 사이에 물건, 사상, 기술 교류의 과정을 거친 결과로 추정할 수 있다. 그 과정에서 각 지역의 문화적 관심사에 따라, 혹은 특정 생태 환경의 수용 범위에 따라 어떤 것들은 받아들여지고 어떤 것들은 거부되었다.[93] 재배종 벼의 확산 또한 마찬가지 과정이었을 것이다. 벼는 더 이상 오스트로네시아인의 이주에서 중심적 작물로 간주되지 않는다. "진정한 신석기 '패키지' 혹은 '신석기화'라고 해서 농업이 반드시 포함되어야 하는 것은 절대 아니었다. 그러나 토기는 반드시 포함되었다. 다양한 토기의 형태와 표면 처리 방식은 틀림없이 새로운 사회관계를 나타내는 것이었다. 여러 가지 조개껍데기 공예품 또한 마찬가지로 새로운 의미를 지니

91 Spriggs, 'Archaeology and the Austronesian expansion', 517.
92 See ibid., table 1.
93 Ibid., 517.

는 것이었고, 천을 짜는 기술이나 나무껍질을 벗기는 기술 또한 마찬가지였다. … 새로운 언어(오스트로네시아어)를 사용하면 이 새로운 세계에 참여할 수 있었다."[94] 여기서 매튜 스프릭스는 신석기 혹은 "신석기화"의 초점을 옮기고 있다. 기존에는 식량 생산 체제의 확산이 중요했지만, 이제는 새로운 사회 체제의 확산이 중점이 되었다. 물질문화와 기술은 여기에 포함된 항목들일 뿐, 그 자체로 변화를 이끄는 주체는 아니었다. 오스트레일리아에서 홀로세 중엽 파마늉아어족(Pama-Nyungan languages)의 확산 과정은 이와 정확히 일치하는 과정이었다. 가설에 따르면 세 차례의 물결이 일었다. 첫 번째 물결은 5000~4000년 전으로, 오스트레일리아 동부 및 서부 해안을 따라 내려가는 과정을 거쳤고, 최종적으로 내륙의 반건조 지대 및 건조 지대까지 진출한 때가 3000~2000년 전이었다.[95] 궁극적으로 언어의 확산이 이루어진 원인은 인구의 확산 때문이 아니라 소규모-족내혼-내부 지향의 사회 집단이 의례를 통한 새로운 동맹 관계-족외혼-더 큰 규모의 교역 네트워크에 편입된 결과였다.[96] 새로운 관계를 통해 개인은 새로운 지위를 얻었을 가능성이 크고, 기존에 속해 있던 집단 내의 다른 사람들이나 아직 새로운 사회관계에 편입되어 참여해본 적 없는 경쟁자의 입장에서 보기에는 그들이 더 유리한 지위를 차지하는 것 같았다. 매튜 스프릭스의 주장에 따르면, 섬동

---

94 Ibid., 523.
95 N. Evans and P. McConvell, 'The enigma of Pama-Nyungan expansion in Australia', in R. Blench and M. Spriggs (eds.), *Archaeology and Language II: Archaeological Data and Linguistic Hypotheses* (London: Routledge, 1989), 174-90.
96 Ibid., 184.

남아의 오스트로네시아어 및 새로운 물질문화의 확산 과정에서 이와 같은 방식의 사회적 변화가 더욱 심도 있게 일어났던 것으로 추정된다. 사회적 변화의 토착화는 새로운 물질문화의 도입 못지않게 중요한 문제였다. 또한 오스트로네시아어 사용자들이 이주해 오기 전에도 섬과 섬 사이의 접촉이 어느 정도는 이루어졌을 것이다. 그 역사는 플라이스토세까지도 충분히 거슬러 올라갈 수 있다. 그러나 신석기 시대에 지역권 내 교류의 정도는 훨씬 더 강화되었다.[97]

보르네오섬 북서부 해안에 있는 니아 동굴(Niah Cave)과 그곳의 신석기 무덤은 문화적 변화의 결과를 풍부하게 보여주는 좋은 사례다. 토기 도입의 정도를 훨씬 넘어서는, 이른바 오스트로네시아어-신석기 문화 패키지가 대만이나 필리핀 북부를 벗어나 다른 지역에 어떻게 출현했는지를 보여준다. 니아의 묘지는 섬동남아 최대 규모였다. 또한 보르네오섬 안에서는 지금껏 알려진 가운데 인간의 유골이 가장 많이 출토된 유적이기도 하다. 이곳에서 문화의 흔적은 약 4만 5000년 전부터 등장했다.[98] 니아 동굴 신석기의 특징은 일련의 매장 문화 출현이었다. 매장 풍습은 약 3500~3300년 전(BP, c. 1500 BCE)부터 약 2000년 전(BP)까지 오래도록 지속되었다. 그 뒤 약 4000년간 뚜렷한 단절이 있었다.[99] 넓

---

97 M. Donohue and T.P. Denham, 'Farming and language in island Southeast Asia: reframing Austronesian history', *Current Anthropology*, 51 (2010), 223-56; Spriggs, 'Archaeology and the Austronesian expansion'.
98 G. Barker et al., 'The "human revolution" in lowland tropical Southeast Asia: the antiquity of anatomically modern humans, and of behavioural modernity, at Niah Cave (Sarawak, Borneo)', *Journal of Human Evolution*, 52 (2007), 243-61.
99 L. Lloyd-Smith et al., '"Neolithic" societies c. 4,000-2,000 years ago: Austronesian

적한 자갈로 만든 절구나 절굿공이 및 갈판 등 발굴된 석기를 분석한 결과, 이미 약 1만 2000년 전(BP)부터 사람들이 정착하기 시작했던 것으로 추정된다.[100] 홀로세 중엽에 이르러 동굴 입구는 주로 매장지로 사용되었고, 더 이상 거주 목적으로는 사용되지 않았다. 홀로세가 시작되면서 이미 사람들이 살지 않는 곳이 되었던 것 같다.

신석기 물질문화로는 토기(대부분 평평한 타날打捺 성형), 간석기 자귀(Type 2A-D in Duff's 1970 catalogue), 납작 볼록한 렌즈 모양의 돌자귀(사례가 드문 편), 조개껍데기로 만든 구슬, 팔찌, 금속 공예품, 천, 시신 매장을 위한 관 등이 있었다(그림 16-4).[101] 토기는 대부분 동굴 유적의 매장지 단계에서 발견되었는데, 크고 작은 항아리, 커다란 뼈를 담는 항아리(옹관), 사발, 병, 그리고 드물기는 하지만 주둥이가 두 개 달린 그릇(doublespouted vessel) 등 그 형태가 다양했다.[102] 그릇 장식은 주로 민무늬가 많았지만, 일부는 문양이 새겨진 것들도 있었고, 바구니 문양 혹은 새끼줄 문양이 새겨진 것들도 있었다. 모두 타날(打捺) 기법으로 만든 것이었다. 이 유적에서는 붉은색 채색 토기는 발견되지 않았으며, 후대에 가서도 마찬가지였다. 이곳에서 금속기 시대(Metal Age)는 2000년 전부터 시작되었고, 이때에도 문양이 새겨진 토기는 여전히 드물었다. 14개

---

farmers?', in G. Barker (ed.), *Rainforest Foraging and Farming in Island Southeast Asia* (Cambridge: McDonald Institute for Archaeological Research, 2013), 255-98.
100 H. Barton et al., 'Late Pleistocene foragers, c. 35,000-11,500 years ago', in Barker (ed.), *Rainforest Foraging and Farming*, 171-214.
101 Lloyd-Smith et al., '"Neolithic" societies', 272.
102 Ibid., 273.

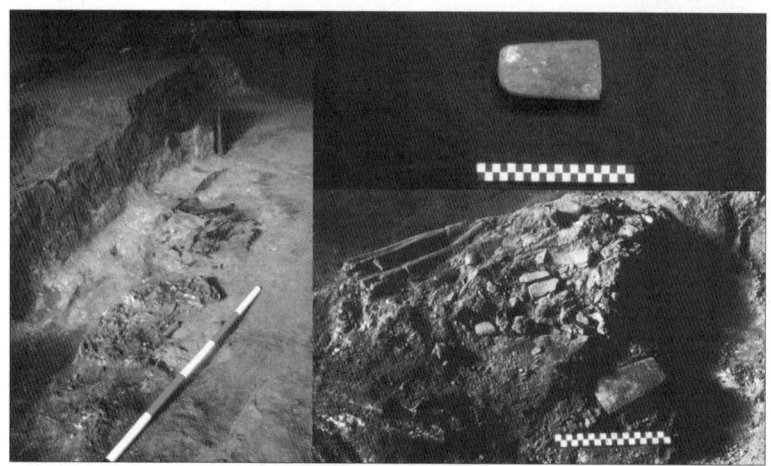

[그림 16-4] 니아 동굴, 매장지 B205
동북 방향으로 촬영(좌측, 눈금 1m). 함께 부장된 간석기 자귀 확대 사진(우측 상단)과 발굴 당시 현장(우측 하단, 눈금 1cm).

의 토기 조각에서 벼의 흔적이 발견되었는데, 모두 합쳐 1500개 이상의 파편을 조사한 결과 찾아낸 흔적이 그 정도였다.[103] 왕겨가 토기를 만들 때 섞여 들어간 시기는 한참 나중인 금속기 시대(기원전 제1천년기 후기) 이후였다.

이 유적에서 식생활의 변화를 알아보기 위하여, 신석기 이전 단계 및 신석기 시대의 유골에서 3탄당(C_3)과 4탄당(C_4)의 비율을 분석한 연구가 있었다.[104] 분석 결과, 중석기 시대(토기 이전)에서 신석기 시대(토기

---

103 G. Barker et al., 'Foraging-farming transitions at the Niah Caves, Sarawak, Borneo', *Antiquity*, 85 (2011), 492-509.
104 J. Krigbaum, 'Reconstructing human subsistence in the West Mouth (Niah Cave, Sarawak) burial series using stable isotopes of carbon', *Asian Perspectives*, 44 (2005), 73-89.

이후)로 갈수록 3탄당(C_3)이 증가했다. 이 유적에서 신석기 시대 다른 식물들의 흔적은 비교적 잘 보존되어 있었지만 유독 벼의 흔적은 발견되지 않았다. 그러므로 동위원소(C_3, C_4) 측정값이 벼 같은 3탄당(C_3) 식물의 섭취가 증가한 결과로 보기는 어렵다. 그보다는 오히려 당시 울창한 숲의 짙은 그늘 아래 살던 사람들이 주변 식물들이 제거된 개방된 환경에서 갈수록 많은 시간을 보낸 결과로 추정된다. 근경류 재배 방식의 식물 재배가 점차 증가하면서, 아마도 1만 년 전(BP) 쿠크(Kuk) 지역의 화전과 비슷한 방식이 여기서도 시행되었다면, 그 또한 이와 같은 결과로 나타났을 것이다.

제시카 맨서(Jessica Manser)는 새로운 이주민 집단이 이 지역으로 유입된 이후 유의미한 변화가 있는지를 알아보기 위해 두개골 형태를 연구했다.[105] 분석 결과, 유의미한 변화는 전혀 나타나지 않았다. 오래도록 일관되게 지속된 결과를 볼 수 있었는데, 신석기 이전 단계와 신석기 시대 사람들의 두개골 사이에는 아무런 차이가 없었다.[106] 흥미롭게도 이 연구 결과는 20년 전 벌벡(Bulbeck)의 연구 성과를 뒷받침했다. 그는 대륙동남아 및 섬동남아의 유골을 비교 연구했는데, 여기서도 인구 대체를 입증할 만한 유의미한 변화는 나타나지 않았다.[107]

---

105 J. Manser, 'Morphological analysis of the human burial series at Niah Cave: implications for late Pleistocene-Holocene Southeast Asian human evolution', unpublished PhD thesis (New York University, 2005).
106 Lloyd-Smith et al., '"Neolithic" societies', 289.
107 D. Bulbeck, 'A re-evaluation of possible evolutionary processes in Southeast Asia since the late Pleistocene', unpublishedMAthesis (Canberra: Australian National University, 1982).

라피타 문화

라피타(Lapita) 양식의 토기는 대개 섬동남아의 붉은색 채색 토기에서 파생된 것으로 알려져 있으며, "신석기"를 대표하는 고고학적 유물로 간주된다.[108] 라피타 양식의 토기는 화려한 문양이 특징이다. 돌기가 있는 도장 문양 혹은 새김 문양이 무척 화려하다. 비스마르크 제도에서 처음 발견되었는데, 시기는 약 3300년 전(BP)으로 확인되었다. 이후 약 200년밖에 안 되는 짧은 기간에 근접 및 원격 오세아니아(Near and Remote Oceania)로 빠르게 확산되었다.[109] 확산에 걸린 시간이 매우 짧았던 점으로 미루어 라피타 문화는 상당히 집중적이고 "일원적인" 문화였으며, 신석기 시대 이주의 증거로 해석되었다.

라피타 문화에 속하는, 아마도 대표적 유적이라고 할 수 있는 유명한 매장지가 있는데, 바로 테오우마(Teouma) 유적이다. 바누아투섬의 에파테(Éfaté) 남부 해안에 있는 유적으로, 시기는 약 3300~3200년 전(BP)이다. 이 지역에 사람이 살기 시작한 초기의 매장지로 해석되며, 화려하게 돌기가 있는 도장 문양 토기가 다양한 형태로 풍부하게 발견되었다. 그중에는 뼈를 담는 항아리(옹관), 바닥이 평평한 독특한 모양의 그릇, 원기둥 모양의 토기, 두 겹 주둥이 토기(double-rimmed vessel) 등이 있었다.[110] 매장은 1차와 2차로 나누어 신중히 진행되었던 것으로

---

108 Bellwood and Koon, 'Lapita colonists'; Carson et al., 'Pottery trail'; Spriggs, 'Archaeology and the Austronesian expansion'.
109 Spriggs, 'Archaeology and the Austronesian expansion', 517.
110 S. Bedford et al., 'The Teouma Lapita site and the early human settlement of the Pacific Islands', *Antiquity*, 80 (2006), 812-28.

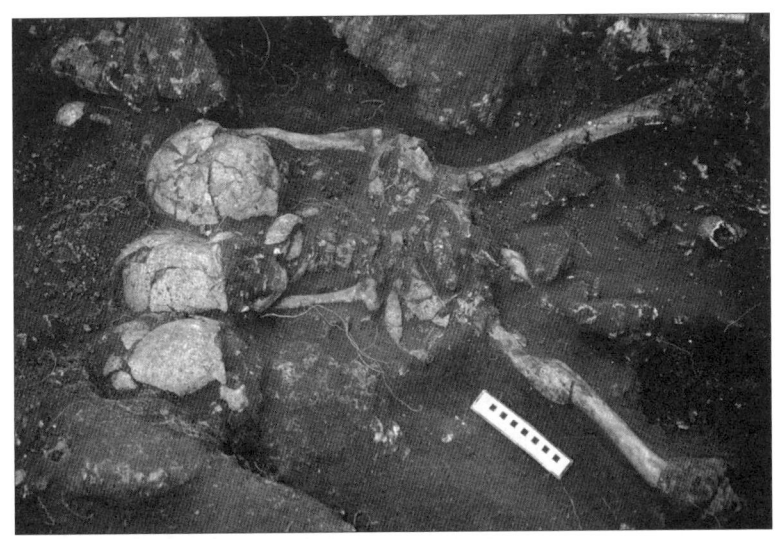

[그림 16-5] 테오우마 유적 발굴 무덤
바누아투섬. 시신 가슴 부위에 다른 사람의 두개골 세 개가 놓여 있다.

추정된다. 처음에는 땅속에 묻었다가 나중에 다시 옮겨서 2차로 매장을 했다. 매장지에서 발견된 유골은 모두 신체와 두개골이 분리되어 있었고, 두개골을 어딘가로 옮겨 다른 곳에 안치한 증거도 발견되었다(그림 16-5).[111]

그러나 여기서 보이는 화려한 토기의 수명은 그리 길지 않았다. 이후 200여 년이 흐른 뒤 토기 양식이 바뀌었다. 토기 형태의 다양성도 극단적으로 줄어들었고, 주둥이의 V자형 문양을 제외하면 별다른 문양도 거의 없었다.[112] 처음 화려한 장식 토기가 번성한 이후로 200~300년 동안

---

111 Ibid.

이처럼 토기 디자인이 쇠퇴하는 양상은 모든 라피타 유적에서 공통적으로 확인되는 사실이다.[113] "라피타 양식 토기에 적용된 디자인은 신체의 타투 디자인을 비롯해 아마도 다른 물건에도 적용되었을 것이다. 이주 초기 단계에 디자인은 상당히 복합적인 문화 양식이었다. 컴퓨터 시뮬레이션을 통해 이주 규모를 추산해본 결과, 이 정도라면 혼인 관계로 보기는 어렵고 집단 대 집단의 접촉이 있었던 것으로 나타났다."[114]

짧은 기간 번성하다 사라진 라피타 양식의 토기가 과거 800년 전에 바누아투섬에서 등장했던 붉은색 채색 토기와 어떤 식으로든 관련되어 있을 가능성은 전혀 없다.[115] 라피타 문화인은 일종의 원경(園耕, horticulture)을 한 사람들로, 얌이나 타로 같은 근경류 작물뿐만 아니라 견과류나 다른 나무 열매도 이용한 것으로 알려져 있었다.[116] 최근에 테오우마 유적에서 발굴된 유골을 대상으로 동위원소 분석을 실시한 결과는 기존 가설과 상당한 차이가 있었다. 그곳 사람들의 식생활은 (해양과 육상의) 단백질에 훨씬 더 많이 의존했던 것으로 밝혀졌다. 그렇다면 그들의 생활 경제가 원경을 기반으로 하지는 않았을 것이다.[117] 처음에 비

---

112 Ibid., 820.
113 G. Clark and T. Murray, 'Decay characteristics of the eastern Lapita design system', *Archaeology in Oceania*, 41 (2006), 107-17.
114 Ibid., 115.
115 But see Bellwood and Koon, 'Lapita colonists'; and Carson et al., 'Pottery trail'.
116 A. Crowther, 'Starch residues on undecorated Lapita pottery from Anir, New Ireland', *Archaeology in Oceania*, 40 (2005), 62-6; C. Gosden, 'Production systems and the colonization of the Western Pacific', *World Archaeology*, 24 (1992), 55-69; J. Hather, 'The archaeobotany of subsistence in the Pacific', *World Archaeology*, 24 (1992), 70-81; P. Matthews, 'Aroids and the Austronesians', *Tropics*, 4 (1995), 105-26.

스마르크 제도에 진출한 라피타 문화인은 이후 뉴아일랜드섬과 뉴브리튼섬으로, 그리고 다시 솔로몬섬으로 진출했을 것이다. 그랬다가 플라이스토세 말기에 어디론가 사라져버렸다. 그로부터 400년이 채 지나지 않은 어느 시기에 그들은 피지섬에 도착했다.[118]

다양한 재배종과 사육종: 기원지와 확산 과정

여기서 동남아 지역의 몇몇 작물 재배와 돼지 및 닭의 사육에 관해 간략히 살펴보고자 한다. 이렇게 별도로 논의하는 이유는, 이 주제가 어느 특정 유적이나 특정 지역에 국한된 이야기가 아니기 때문이다. 오히려 여러 곳에서 재배종 및 사육종의 진화가 이루어졌고, 오랜 시간에 걸쳐 인간에 의해 동식물이 전치(轉置, 이동 배치)되었으며, 때로는 굉장히 멀리까지 이동하기도 했다. 결과적으로 여러 표현형(表現型, 발현 형질)이 등장했는데, 고고학자들은 이를 "재배종" 혹은 "사육종"이라 일컫는다. 재배 및 사육의 과정은 어느 특정 시공간에 고정된 것이 아니었다. 그보다는 여러 시기에 여러 지역에서의 과정을 통해 진화가 이루어진 것으로 보아야 할 것이다. 적어도 어느 한 곳의 기원지로부터 모든 "사육종" 및 "재배종"이 발생했고, 이후 다른 곳으로 확산되었다는 가설은 좋은 대안이 못 된다는 것만은 분명한 사실이다.

---

117 F. Valentin et al., 'Lapita subsistence strategies and food consumption patterns in the community of Teouma (Efate, Vanuatu)', *Journal of Archaeological Science*, 37 (2010), 1820-9.
118 T.P. Denham et al., 'Dating the appearance of Lapita pottery in the Bismarck archipelago and its dispersal to Remote Oceania', *Archaeology in Oceania*, 47 (2012), 39-46.

바나나

전 세계 식용 바나나의 대부분은 에우무사(Eumusa) 품종에서 파생된 것이다. 무사 아쿠미나타(Musa acuminata)와 혼종이거나, 무사 발비시아나(Musa balbisiana)와 혼종인 경우도 있다.[119] 야생종에서 재배종으로 진화하는 과정은 섬동남아에서 진행되었고, 그 과정에서 씨앗의 수가 줄어들고 불임의 특성도 부가되었다. 페리에 연구팀(Perrier et al.)은 동남아 및 멜라네시아 지역의 야생종을 대상으로 DNA 상세 분석과 유전자 배수성(ploidy, 염색체 쌍의 특성 — 옮긴이)을 조사했는데, 재배종 무사(Musa sp.) 품종의 단일한 기원을 밝혀내지 못했다. 오늘날 무사(Musa) 품종의 바나나는 섬동남아 및 서부 멜라네시아 지역에서 파생된 무사 아쿠미나타와의 혼종이었다.[120] 바나나가 그토록 광범위한 지리적 범위에 분포하게 되기까지는 분명 인간에 의한 이동, 이식(移植), 섬과 섬 사이의 식생 번식 같은 과정이 있었을 것이다. 얼마나 오래전부터 이런 사건이 발생했는지는 전혀 알 수 없다. 아마도 과거에 이런 일이 한두 차례 일어나지는 않았을 것이다(실제로는 끊임없이 이런 과정이 계속되었을 것이다). 굳이 연원을 추적하자면 플라이스토세까지도 충분히 거슬러 올라갈 수 있다. 오늘날 바나나 열매를 섭취하는 방식은 매우 다양하다. 날 것을 먹기도 하고 삶거나 구워서 먹기도 하며, 설탕의 원료로 쓰거나 심

---

119 J. Kennedy, 'Pacific bananas: complex origins, multiple dispersals?', *Asian Perspectives*, 47 (2008), 75-94; X. Perrier et al., 'Multidisciplinary perspectives on banana (*Musa* spp.) domestication', *Proceedings of the National Academy of Sciences*, 108 (2011), 11311-18.
120 Perrier et al., 'Multidisciplinary perspectives', 11312.

지어 발효시키기도 한다. 그러나 인간의 관심이 열매에 국한된 것은 아니다. 다른 많은 종류의 야자가 그러하듯이 바나나 또한 열매 이외에도 다양한 쓰임새가 있다. 줄기와 잎은 건축 자재나 천의 재료로 쓰이며, 사료나 밧줄 또는 끈으로 사용되기도 한다. 줄기의 일부는 또한 식용으로도 사용된다.[121]

타로와 얌

타로(*Colocasia esculenta* L.)는 섬동남아 역사상 복잡한 재배종 진화 과정을 거친 또 하나의 사례다. 오랜 시간에 걸친 인간의 개입과 이동의 결과로 오늘날 지리적으로 널리 확산되어 있으며, 재배종의 진화 과정이 여러 지역에서 일어났다.[122] 기존의 연구에 따르면, 타로의 재배종 진화 과정은 월리스 라인(Wallace Line)의 양쪽에서 모두 발생했다. 구체적으로는 인도, 중국 남부, 멜라네시아, 오스트레일리아 북부 등이다.[123] 바나나와 함께 타로는 6400~7000년 전 쿠크 스왐프에서 최초로 농업이 실시되었을 당시 핵심 작물에 속했다. 그러나 1만 년 전에도 야생종 타로를 재배한 흔적이 있다(제17장 참조). 참마(greater yam, *Dioscorea*

---

121 S.C. Nelson et al., '*Musa* species (banana and plantain)', *Species Profiles for Pacific Island Agroforestry*, 15 (2006), 1-33; Perrier et al., 'Multidisciplinary perspectives'; R.C. Ploetz et al., 'Banana and plantain: an overview with emphasis on Pacific island cultivars', *Permanent Agriculture Resources, Hawaii, USA*, 27 (2007), 1-27.
122 V. Lebot, *Tropical Root and Tuber Crops: Cassava, Sweet Potato, Yams and Aroids* (Wallingford: CABI, 2009); P. Matthews and D.V. Nguyen, 'Taro: origins and development', in C. Smith (ed.), *Encyclopedia of Global Archaeology* (New York: Springer, 2014), 7237-40.
123 Lebot, *Tropical Root and Tuber Crops*.

alata)는 이 지역에서 재배종으로 진화한 과정이 불분명한 또 하나의 작물이다. 참마가 몇몇 다른 품종에서 파생된 재배종이라는 의견이 있는가 하면, 최소한 한 차례 이상 여러 차례에 걸쳐 야생종 그대로 재배한 것이라는 의견도 있다.[124] 아프리카에서 "야생종"과 "재배종" 얌을 연구한 결과, 근경류의 경우 오랜 시간에 걸쳐 인간과 식물의 관계가 매우 복잡하게 전개되었음을 알 수 있었다. 스카셀리 연구팀(Scarcelli et al.)은 "야생종" 식물(*D. abyssinica, D. praehensilis*)을 연구했다. 그들은 "야생종(wild)"이라는 용어를 썼지만 사실은 "재배종 이전 단계(predomesticated)"라고 해야 할 것이다. 이것은 숲속에서 재배종 변종(*D. cayenensis, D. rotundata*)과 번식하여 탄생한 혼종이었다.[125] 그들이 확보한 샘플의 거의 절반(47퍼센트)이 "재배종"에서 파생된 "야생종" 유전자를 가지고 있었고, 14개의 샘플은 "야생종"과 "재배종"의 혼종이었다. "야생종"과 "재배종"의 유전자가 섞인 것은 혼종의 과정이 진행된 결과인데, 아마도 휴경지가 다시 숲으로 복원되는 과정에서 야생화 과정이 발생했던 것 같다.[126]

---

124 E.g. V. Lebot, 'Biomolecular evidence for plant domestication in Sahul', *Genetic Resources and Crop Evolution*, 46 (1999), 619-28.
125 N. Scarcelli et al., 'Genetic nature of yams (*Dioscorea* sp.) domesticated by farmers in Benin (West Africa)', *Genetic Resources and Crop Evolution*, 53 (2006), 121-30.
126 H.D. Mignouna and A. Dansi, 'Yam (*Dioscorea* spp.) domestication by the Nago and Fon ethnic groups in Benin', *Genetic Resources and Crop Evolution*, 50 (2003), 519-28 (524).

돼지

인도차이나반도에서 사육종 돼지가 처음 등장한 시기는 기원전 제3천년기 말이었다. 정주 농업의 흔적도 이 무렵에 처음 나타나기 시작했다.[127] 섬동남아 지역에서 야생종 돼지와 사육종 돼지의 미토콘드리아 DNA(mtDNA)를 조사한 결과, 계보를 가장 거슬러 올라가는 멧돼지 유전자가 섬동남아 서부 지역에서 등장한 것으로 확인되었다.[128] 중국의 멧돼지 중에는 두 가지 유전자 유형이 있었는데, 동아시아의 사육종 돼지에게는 이 두 종의 유전자가 모두 전해졌다. 이로 보아 대륙에서 사육종은 여러 곳에서 독자적으로 진화한 뒤 서로 뒤섞인 것으로 추정되며, 아마 섬동남아에서도 비슷한 과정이 진행되었을 것이다.[129] 전체적으로 보자면 유전자 분석 결과 최소한 서로 다른 네 곳에서 독자적으로 사육종 진화가 이루어졌고, 이들이 서로 뒤섞였다. 그중 하나는 인도 지역이었고, 나머지 셋은 인도차이나반도의 야생 멧돼지에서 진화된 사육종이었다.[130] 인간에 의해 사육종 돼지의 지역 간 이동이 일어났고, 또한 야생종 멧돼지도 해당 지역에 있다가 다른 지역으로 확산되었을 수 있으므로, 유전자 정보는 서로 복잡하게 얽히게 되었다.[131] 예를 들어 라슨

---

127 Higham, *Early Culture of Mainland Southeast Asia*.
128 G. Larson et al., 'Worldwide phylogeography of wild boar reveals multiple centers of pig domestication', *Science*, 307 (2005), 1618-21.
129 Ibid., 1620.
130 G. Larson et al., 'Patterns of East Asian pig domestication, migration, and turnover revealed by modern and ancient DNA', *Proceedings of the National Academy of Sciences*, 107 (2010), 7686-91 (7690).
131 M. Fang and L. Andersson, 'Mitochondrial diversity in European and Chinese pigs is consistent with population expansions that occurred prior to domestication', *Proceedings of the Royal Society B*, 273 (2006), 1803-10.

연구팀(Larson et al.)은 오늘날 태평양 지역 사육종 돼지의 분기군(分岐群)이 섬동남아 지역에서 가져온 종자라고 말한다. 그러나 섬동남아 지역에는 이 종자가 남아 있지 않은데, 나중에 중국 중부에서 가져온 사육종이 기존의 사육종을 대체했기 때문이다.[132] 바누아투섬에서 사육종 돼지의 mtDNA를 조사해보았더니, 태평양 분기군은 동남아 해안 지역에서 기원한 종자로 나타났다. 유력한 기원지는 베트남이었다.[133]

닭

돼지와 마찬가지로 닭의 기원 문제도 매우 복잡하게 얽혀 있다. 인간과의 인연도 오래되었고, 그만큼 인간에 의한 지역 이동에 따라 다양한 지역에서 다양한 시기에 나름의 토종닭이 진화했다. 닭(*Gallus gallus domesticus*)의 야생종 조상은 적색야계(赤色野鷄, Red Jungle Fowl, *Gallus gallus*)인데, 대륙동남아와 인도네시아 및 중국 남부에 분포했으며 최소한 5400년 전(BP)에는 사육종으로 진화했다.[134] mtDNA 분석 결과 사육종의 진화는 중국 남서부, 동남아시아, 인도 등지에서 진행된 것으로 확인되었다.[135] 중국 바깥에서 고고학적으로 가장 시기가 앞서는 닭의

132　Larson et al., 'Patterns of East Asian pig domestication', 7690.
133　J.K. Lum et al., 'Recent Southeast Asian domestication and Lapita dispersal of sacred male pseudohermaphroditic "tuskers" and hairless pigs of Vanuatu', *Proceedings of the National Academy of Sciences*, 103 (2006), 17190-5 (17194).
134　D. Niu et al., 'The origin and diversity of Chinese native chicken breeds', *Biochemical Genetics*, 40 (2002), 163-74; A.A. Storey et al., 'Investigating the global dispersal of chickens in prehistory using ancient mitochondrial DNA signatures', *PLoS ONE*, 7 (2012), e39171.
135　Y.-W. Miao et al., 'Chicken domestication: an updated perspective based

흔적은 콕프놈디(Khok Phnom Di) 유적에서 발견되었는데, 시기는 약 4000년 전이었다.[136] 다만 이 흔적이 야생종의 것인지 사육종의 것인지는 분명하게 밝혀지지 않았다.

근경류 재배

대륙동남아와 섬동남아의 특징적인 농업 형태로 이른바 근경류 재배(vegeculture)라는 것이 있다. 작물을 재배하는 다양한 방식을 아울러서 일컫는 명칭이다. 이런 방식이 얼마나 오래되었는지는 아직 알 수 없다. 그러나 앞에서도 언급했듯 근경류 재배는 매우 오랜 옛날부터 시행되었을 가능성이 크다. 근경류 재배 작물은 이른바 화전(火田)이라고 하는 곳에 심는다. 개간지의 나무를 모두 제거하는 경우도 있고, 반쯤 듬성듬성 남기는 경우도 있다. 오늘날 대륙동남아와 섬동남아에 이미 "농업"이 도입되어 있지만, 남아시아와 동남아시아에서 가장 광범위하게 시행되는 농업은 화전이다. 화전 유적은 주로 보르네오, 태국 고산 지대, 미얀마, 라오스, 베트남, 캄보디아, 중국 남서부에 많이 남아 있다.[137]

화전을 만들 때 숲을 개간하는 방식은 다양하다. 때로는 모든 나무를 베어버리고, 때로는 큰 나무만 남겨두거나, 심지어 줄기만 남기고 가지치기를 하기도 한다. 베어낸 나무는 모두 불에 태우거나, 아니면 그 자

---

on mitochondrial genomes', *Heredity*, 110 (2013), 277-82; Storey et al., 'Investigating the global dispersal of chickens'.
136 Higham, *Early Culture of Mainland Southeast Asia*.
137 J.E. Spencer, *Shifting Cultivation in Southeastern Asia* (Berkeley: University of California Press, 1966), 4.

리에 그대로 방치해서 썩게 내버려두는 경우도 있다. 새로 개간한 화전에는 일년생과 다년생 작물을 혼합해서 심는다. 화전에 농사를 지은 뒤 대개는 3~6년, 혹은 그 이상의 기간 동안 그 지역을 내버려둔다. 그 사이에 개간지에서 식물들이 마음대로 자라도록 하는 것이다. 넓은 지역에서 몇 군데 개간지를 정해두고 돌아가면서 농사를 짓는데, 순환 주기에 따라 새로운 개간지로 옮겨 가면서 각각의 개간지에서 작물들이 재성장하는 주기를 관리한다. 이러한 개간지들은 1~6년, 심지어 10여 년 뒤에 다시 찾아가는데, 이는 가족 혹은 마을 단위로 의도하는 용도에 따라 달라진다. 이와 같은 재생 숲은 일년생 작물을 심지 않는다고 해서 완전히 방치된 농지가 아니다. 수렵과 채집을 위한 중요한 공간의 구실을 하기 때문이다.

화전을 했던 장소에서는 식량, 약품, 공예품을 만들 재료, 천이나 밧줄을 만들 섬유, 지붕이나 벽의 재료 혹은 바구니를 만드는 데 사용할 나무껍질, 고무, 불 피울 때 사용할 송진, 유향목, 물이 새는 것을 방지하는 코킹, 향료, 나무 기름, 염료, 사냥을 위한 독성 물질, 지붕에 덮을 나뭇잎, 지붕 조각, 건축 자재, 도구나 배나 무기를 만들 원재료 등을 구했다.[138]

이런 시스템에서 농부는 숲속의 특정 구역을 개간하고 관리하는데, 이는 한 구역을 완전히 갈아엎어서 농지를 만드는 것과 다른 방식이다.

---

138 K.J. Pelzer, 'Swidden cultivation in Southeast Asia: historical, ecological, and economic perspectives', in P. Kunstadter et al. (eds.), *Farmers in the Forest: Economic Development and Marginal Agriculture in Northern Thailand* (Honolulu: University Press of Hawai'i, 1978), 272.

(그림 16-6) 전형적인 텃밭 농장
주택 뒤편. 여러 종류의 식물을 심어 혼작의 특성을 잘 보여준다. 여기서부터 뒷산의 숲까지 특별한 경계 없이 자연스럽게 이어지는데, 이 숲도 화전 농법으로 일구었던 밭(사진상 산 아랫부분에서 보인다)을 재생하여 관리한 것이다.

오히려 숲의 구조를 모방하는 방식으로 개간이 이루어지기 때문이다.[139] 해리스(Harris)에 따르면 "화전과 원경(園耕)은 … 다른 농업 시스템과 달리 자연환경의 구조, 기능적 역학, 균형을 모방한다는 점에서 서로 비슷한 면이 있다."[140]

섬동남아 대부분 지역에서 벼농사와 함께 가장 많이 하는 농사가 바로 화전이다. 화전은 열대 지방의 다양한 위험 요소들, 이를테면 가

---

139 Ibid.; D.R. Harris, 'Agricultural systems, ecosystems and the origins of agriculture', in P.J. Ucko and G.W. Dimbleby (eds.), *The Domestication and Exploitation of Plants and Animals* (Chicago: Aldine Press, 1969), 6; C. Geertz, *Agricultural Involution: The Process of Ecological Change in Indonesia* (Berkeley: University of California Press, 1963).
140 Harris, 'Agricultural systems', 6.

품, 해충, 혹독한 날씨 등으로 벼농사를 실패할 경우 식량의 안정성을 확보해주는 수단이다.[141] 화전을 통해 재배하는 작물로는 조(粟, *Setaria italica*), 염주(念珠, *Coix lachryma-jobi*), 옥수수(*Zea mays*), 그리고 타로 (*Colocasia esculenta*)나 얌(*Dioscorea alata, Dioscorea esculenta*) 같은 근경류가 있다(그림 16-6).[142]

결론

대륙동남아(MSEA)와 섬동남아(ISEA)의 초기 농업은 간단히 요약하기가 어렵다. 각 지역마다 물질과 사람과 사상의 흐름이 나름대로 복잡하게 흘러왔기 때문이다. 지역 전체의 신석기 시대를 한꺼번에 논한다는 것은 분명 무의미한 일이 될 것이다. 동남아 지역에서 사람과 사물이 움직인 방식은 매우 복잡했다. 중국 남부 및 베트남 북부의 아열대 지역에서 토기가 처음 등장하고 확산되는 과정은 농업과 무관했다. 다만 토기의 디자인과 형태는 지역적으로 유사성이 있었다. 신석기 시대의 석기도 나름의 경로가 있었다. 플라이스토세 말기에 베트남 북부에서 초기 형태의 간석기 돌도끼가 등장했는데, 역시 농경과는 무관하게 독자적으로 출현한 도구였다. 플라이스토세 후기 및 홀로세 초기에 중국, 베트남 북부, 태국 남부의 열대 해안 지대에서 정주 생활 혹은 반(半)정주 생활을 하는 공동체가 등장했다. 이들은 토기를 사용했고, 수렵 및 채집

---

141 Barton, 'Reversed fortunes'; J. Prill-Brett, 'The Bontok: traditional wet-rice and swidden cultivators of the Philippines', in G.G. Marten (ed.), *Traditional Agriculture in Southeast Asia* (Boulder, CO: Westview Press, 1986), 54-84 (68).
142 Prill-Brett, 'Bontok', 68.

과 함께 고기잡이를 하는 사람들이었다. 이들은 복잡한 장례 의례를 거행했다. 망자의 시신 처리 과정도 단순하지 않았지만, 무덤에서 확인되는 동물과 인간의 관계 또한 상당히 복잡했다. 이 지역 전체적으로 매장 의례에서 토기는 중요한 역할을 했던 것 같다. 온전한 토기가 무덤에 부장되기도 하고, 때로는 고의로 깨트린 파편을 묻기도 했다. 시신 매장을 1차와 2차로 나누어 실시했는데, 1차와 2차 모두 토기가 시신을 안치하는 관 역할을 했다. 이러한 토기는 때로 화려하게 장식되기도 했다.

대륙동남아의 농업이라 하면 주로 벼농사를 떠올렸지만, 바타네스섬이나 태국 중부 등지를 발굴한 결과 벼는 다른 여러 작물들 가운데 하나였을 뿐인 것으로 드러났다. 가장 종합적인 고고학적 분석이 시행된 유적은 태국 중부에 있는 카오왕프라찬 계곡이었는데, 그곳에서는 벼보다 조(粟)가 중심 작물이었다. 기원전 제2천년기 중엽까지는 재배종 벼가 등장하지도 않았다. 벨우드(Bellwood)의 주장에 따르면, 오스트로네시아어 사용자들의 이주는 말 그대로 농부의 이주였다. 그들은 벼농사에 능숙했을 뿐만 아니라 근경류, 과수, 야자, 바나나 등을 재배했다. 그러나 그들의 독특한 농경 방식인 근경류 재배는 일반적인 작물 농업과 상당히 달랐고, 오히려 수렵채집 관행과 공통점이 많았다. 예컨대 곡물을 재배하기 위해 다른 모든 식물을 제거한 농지를 조성하기보다는 기존의 숲속에서 그대로 식물을 관리하는 방식이었다. 벼농사가 중국에서 동남아로 수입될 때 농업 "패키지"(벼농사와 근경류 재배 시스템 모두)가 한꺼번에 수입된 것은 아니었다. 그보다는 오히려 대륙동남아와 섬동남아 특유의 전통적 근경류 재배 시스템이 기존에 존재하는 가운데, 그 시스템으로 벼 재배가 흡수되었을 것이다. 고고 유적 및 고생태학 자료가 부족한 가운데 사라왁(Sarawak) 유적은 생태 환경의 중요한 변화를 보여주고 있다. 그곳에서는 최소한 6500년 전에 화전(火田)과 식물 제거를 비롯한 농지 조성 작업이 있었던 것으로 추정된다.[143] 이는 오스트로네시아어 사용자들이 이주하기 전에 생태 환경을 조작 및 관리한 흔적으로, 쿠크 스왐프 유적에서 확인된 것처럼 뉴기니 고산 지대에서 1만 년 전에 시행된 화전 방식과 크게 다르지 않은 방식이었다.

이곳에는 고고학자들이 연구해야 할 많은 내용들이 남아 있다. 기존에는 기술 및 사회적 변화에 주안점을 두고 오래도록 연구가 이루어져 왔지만,[144] 이제는 새로운 관점에서 새로운 접근을 해야 할 필요가 있는 것 같다. 식물 재배와 동물 사육의 역사는 문제를 더욱 복잡하게 만드는 주제다. 돼지와 닭의 사육 관련 증거는 바나나, 타로, 얌의 재배와 마찬가지로 진화 과정이 인도와 섬동남아 지역의 여러 곳에서 동시에 진행된 것으로 나타났다. 인간의 이동과 동식물의 이식(移植)은 인간과 식물 및 인간과 동물의 관계에서 매우 중요한 사항이었을 테고, 그 과정에서 재배종 및 사육종도 진화했을 것이다. 근경류 재배 방식뿐만 아니라 동남아 지역에서 인간 및 사람속(hominin)의 오랜 역사를 감안할 때 다양한 재배종 출현은 어쩌면 당연한 일일 수도 있다.

오늘날 그리고 미래 연구자들의 도전에서는 기존에 오래도록 사용되어온 "중석기" 및 "신석기" 개념이나, 유물과 언어에 남겨진 문화를 개

---

143 S.E. Jones et al., 'Forest disturbance, aboriculture and the adoption of rice in the Kelabit highlands of Sarawak, Malaysian Borneo', *The Holocene*, 23 (2013), 1528-46.
144 E.g. Bellwood, 'Asian farming diasporas?'

념화하려는 방식을 과감히 포기해야 할 것이다. 예컨대 "토기 이전 신석기 문화"라거나, "농업으로부터 독립적인 토기 사용 신석기 문화"라거나, "벼농사로부터 독립적인 수렵채집 문화"라는 등의 짜인 개념 속에 사실을 맞추기보다는, 모순되는 사실 그 자체를 있는 그대로 받아들이고(우리 모두는 사실 그러한 모순 속에서 만들어져왔다) 있는 그대로의 다양성을 탐구해야 할 것이다. 그래야만 우리는 이 놀라운 세계에 적응해온 인간의 복잡다단한 과거를 풍부하게 이해할 수 있을 것이다.

더 읽어보기

Barker, G. et al. 'The "human revolution" in lowland tropical Southeast Asia: the antiquity of anatomically modern humans, and of behavioural modernity, at Niah Cave (Sarawak, Borneo).' *Journal of Human Evolution*, 52 (2007), 243-61.

Barker, G. and M. Richards. 'Foraging-farming transitions in island Southeast Asia.' *Journal of Archaeological Method and Theory*, 20 (2013), 256-80.

Barton, H., G. Barker, D. Gilbertson, et al. 'Late Pleistocene foragers, c. 35,000-11,500 years ago.' In G. Barker (ed.), *Rainforest Foraging and Farming in Island Southeast Asia*. Cambridge: McDonald Institute for Archaeological Research, 2013. 171-214.

Barton, H. and T.P. Denham. 'Prehistoric vegeculture and social life in island Southeast Asia and Melanesia.' In G. Barker and M. Janowski (eds.), *Why Cultivate? Anthropological and Archaeological Approaches to Foraging-Farming Transitions in Southeast Asia*. Cambridge: McDonald Institute for Archaeological Research, 2011. 17-26.

Bellwood, P. 'Asian farming diasporas? Agriculture, languages, and genes in China and Southeast Asia.' In M. Stark (ed.), *Archaeology of Asia*. London: Blackwell, 2006. 96-118.

_____. *First Farmers: The Origins of Agricultural Societies*. Oxford: Blackwell, 2005.

_____. *The Prehistory of the Indo-Malaysian Archipelago*. Honolulu: University of Hawai'i Press, 1997.

Bellwood, P., J.J. Fox, and D. Tyron. *The Austronesians: Historical and Comparative Perspectives*. Canberra: Department of Anthropology, Australian National University, 2005.

Bulmer, S. 'Reflections in stone: axes and the beginnings of agriculture in the Central Highlands of New Guinea.' In A. Pawley, R. Attenborough, J. Golson, and R. Hide (eds.), *Papuan Pasts: Cultural, Linguistic and Biological Histories of Papuan-Speaking Peoples*. Canberra: Pacific Linguistics, 2005. 387-450.

Donohue, M. and T.P. Denham. 'Farming and language in island Southeast Asia: reframing Austronesian history.' *Current Anthropology*, 51 (2010), 223-56.

Higham, C. *The Archaeology of Mainland Southeast Asia: From 10,000 BC to the Fall of Angkor*. Cambridge University Press, 1989.

_____. *Early Culture of Mainland Southeast Asia*. Bangkok: River Books, 2002.

Higham, C., X. Guangmao, and L. Qiang. 'The prehistory of a friction zone: first farmers and hunter-gatherers in Southeast Asia.' *Antiquity*, 85 (2011), 529-43.

King, C.L., A. Bentley, C. Higham, et al. 'Economic change after the agricultural revolution in Southeast Asia?' *Antiquity*, 88 (2014), 112-25.

Lebot, V. *Tropical Root and Tuber Crops: Cassava, Sweet Potato, Yams and Aroids.* Wallingford: CABI, 2009.

Nguyen, K.S., M.H. Pham, and T.T. Tong. 'Northern Vietnam from the Neolithic to the Han period.' In I. Glover and P. Bellwood (eds.), *Southeast Asia: From Prehistory to History.* London: RoutledgeCurzon, 2004. 189-201.

Paz, V. 'Rock shelters, caves, and archaeobotany in island Southeast Asia.' *Asian Perspectives*, 44 (2005), 107-18.

Piper, P.J., N. Amano Jr, S. Hsiu-Ying Yang, and T. O'Connor. 'The terrestrial vertebrate remains.' In P. Bellwood and E. Dizon (eds.), *4000 Years of Migration.* Canberra: ANU E Press, 2013. 169-200.

Spencer, J.E. *Shifting Cultivation in Southeastern Asia.* Berkeley: University of California Press, 1966.

Spriggs, M. 'Archaeology and the Austronesian expansion: where are we now?' *Antiquity*, 85 (2011), 510-28.

Torrence, R. and P. Swadling. 'Social networks and the spread of Lapita.' *Antiquity*, 317 (2008), 600-16.

White, J.C. 'Emergence of cultural diversity in mainland Southeast Asia: a view from prehistory.' In N. Enfield (ed.), *Dynamics of Human Diversity: The Case of Mainland Southeast Asia.* Canberra: Pacific Linguistics, 2011. 9-46.

Zhang, C. and H.-C. Hung. 'Later hunter-gatherers in southern China, 18000-3000 BC.' *Antiquity*, 86 (2012), 11-29.

CHAPTER 17

뉴기니 쿠크 스왐프의 농부들: 뉴기니 고산 지대의 초기 농업

팀 데넘
Tim Denham

뉴기니를 초기 농업과 재배종 식물 진화의 중심지라 한다면, 어쩌면 의아하게 들릴지도 모르겠다. 초기 농업에 관한 세계사 상식에는 맞지 않는 지역이기 때문이다. 예를 들어 토기 같은 이른바 "신석기" 문화의 핵심 요소라고 알려진 것들이 뉴기니 초기 농업 당시에는 등장하지 않았다. 곡물 재배도 없었다. 심지어 그곳의 농업은 파종을 통한 번식보다는 무성 번식에 기반을 두고 있었다. 뉴기니 지역의 초기 농업에서는, 다른 지역에서 흔히 농업과 관련되는 다른 측면들, 즉 사회적 변화, 대규모 위계질서를 갖춘 정치 조직, 도시 등 이른바 "문명의 등장"이라 할 만한 것이 전혀 없었다.

비록 뉴기니가 전통적인 신석기 서사에 걸맞지 않다 하더라도, 와기 밸리(Wahgi valley) 상류에 있는 쿠크 스왐프(Kuk Swamp) 유적을 여러 학문 분과에서 조사한 결과, 이 섬은 초기 농업의 중심지이자 아마도 독자적으로 농업이 발달한 지역으로 추정되었다.[1] 쿠크 스왐프의 습지에는

---

1 T.P. Denham, 'Early agriculture and plant domestication in New Guinea and island Southeast Asia', *Current Anthropology*, 52, Supplement 4 (2011), S379-95; T.P. Denham et al., 'Origins of agriculture at Kuk Swamp in the highlands of New Guinea', *Science*, 301 (2003), 189-93; J. Golson, 'The New Guinea highlands on the eve of agriculture', *Bulletin of the Indo-Pacific Prehistory Association*, 11 (1991), 82-91; J. Golson and P.J. Hughes, 'The appearance of plant and animal

홀로세 시기 동안 농지 개간과 식물 재배를 위해 정기적으로 토지를 관리한, 즉 물을 빼낸 흔적이 남아 있다. 이 지역의 농업 기원이 약 1만 년 전이었다는 가설에는 논란의 여지가 없지 않으나, 약 7000~6400년 전 (cal BP) 습지에 제방을 조성했던 유적 및 바나나를 재배했던 흔적이 분명하게 남아 있다. 그곳의 사람들은 약 4500~4000년 전부터 오늘날까지 습지에서 정기적으로 물을 빼냈고, 농사를 짓기 위해 도랑을 팠다. 고원 지대의 다른 지역에도 고고학 및 고생태학적으로 비슷한 유형의 유적지가 있다.[2]

유전자 분석을 통해 고원 지대의 고고학적 유물을 조사한 결과, 뉴기니는 식물 재배종이 진화한 중요한 중심지였음이 분명하게 드러났다. 전 세계적으로 중요한 몇몇 주식 작물과 현금 작물, 예컨대 바나나와 사탕수수뿐만 아니라 타로와 얌까지도 처음 재배된 지역이 바로 뉴기니

---

    domestication in New Guinea', *Journal de la Société des Océanistes*, 36 (1980), 294-303; G.S. Hope and J. Golson, 'Late Quaternary change in the mountains of New Guinea', *Antiquity*, 69 (1995), 818-30.
2 T.P. Denham, 'Early to mid-Holocene plant exploitation in New Guinea: towards a contingent interpretation of agriculture', in T.P. Denham et al. (eds.), *Rethinking Agriculture: Archaeological and Ethnoarchaeological Perspectives* (Walnut Creek, CA: Left Coast Press, 2007), 78-108; T.P. Denham and S.G. Haberle, 'Agricultural emergence and transformation in the upper Wahgi valley during the Holocene: theory, method and practice', *The Holocene*, 18 (2008), 499-514; J. Golson, 'The Ipomoean revolution revisited: society and sweet potato in the upper Wahgi valley', in A. Strathern (ed.), *Inequality in New Guinea Highland Societies* (Cambridge University Press, 1982), 109-36; S.G. Haberle, 'The emergence of an agricultural landscape in the highlands of New Guinea', *Archaeology in Oceania*, 38 (2003), 149-58; J.M. Powell, 'The history of plant use and man's impact on the vegetation', in J.L. Gressitt (ed.), *Biogeography and Ecology of New Guinea*, vol. I (The Hague: Junk, 1982), 207-27.

였다.³ 게다가 쿠크 스왐프 농업의 세계적 중요성도 널리 인정받고 있는데, 2008년에 파푸아뉴기니 최초로 유네스코 세계문화유산으로 등재되었다.⁴

지리적 입지 여건

쿠크 스왐프는 파푸아뉴기니 웨스턴하이랜드주 수도인 마운트하겐(Mount Hagen)에서 북동쪽으로 약 12킬로미터 거리에 위치한다. 유적지의 면적은 약 280헥타르에 달하는데, 과거에는 그곳을 쿠크 차(茶) 연구 지역(Kuk Tea Research Station, 이후 Agricultural Research Station으로 바뀜)이라 했다. 쿠크 스왐프가 위치한 지역은 열대 지방이지만, 해발 약 1560미터로 고산 지대(해발 1200미터 이상)에 속한다. 계곡은 산악 지대 중에서는 낮은 곳으로, 연평균 기온은 섭씨 19도, 연간 강우량은 약 2700밀리미터다.⁵ 국지성 강우가 일반적이지만 5월과 6월에는 다소 건조한 편이다. 그러나 지표수는 1년 내내 식물 생장에 부족함이 없다.

쿠크 스왐프는 와기밸리 상류 유역 전체를 뒤덮고 있는 방대한 습

---

3 V. Lebot, 'Biomolecular evidence for plant domestication in Sahul', *Genetic Resources and Crop Evolution*, 46 (1999), 619-28; X. Perrier et al., 'Multidisciplinary perspectives on banana (*Musa* spp.) domestication', *Proceedings of the National Academy of Sciences*, 108 (2011), 11311-18.

4 J. Muke et al., 'Nominating and managing a World Heritage Site in the highlands of Papua New Guinea', *World Archaeology*, 39 (2007), 324-38.

5 P.J. Hughes et al., 'Human induced erosion in a highlands catchment in Papua New Guinea: the prehistoric and contemporary records', *Zeitschrift für Geomorphologie*, Supplement, 83 (1991), 227-39; J.R. McAlpine et al., *Climate of Papua New Guinea* (London: Commonwealth Scientific and Industrial Research Organisation; Canberra: ANU Press, 1983).

지의 일부분이다. 이 정도 고도에서 만약 인간의 개입이 없다면, 계곡 경사면 아래쪽에는 참나무과(*Castanopsis-Lithocarpus* spp.) 숲으로 뒤덮인 삼림 지대가 형성될 것이고, 계곡 경사면 위쪽은 주로 노토파구스속(*Nothofagus* spp.) 참나무 숲 지대가 될 것이다. 오늘날 계곡의 경사면 아래쪽에는 원경(園耕, horticulture)의 경관이 펼쳐져 있는데, 농지와 초지 및 주거지가 혼재되어 있으며 카수아리나 올리고돈(*Casuarina oligodon*) 나무가 줄지어 늘어서 있다.

연구사 개괄

몇몇 분과 학문에서 뉴기니 고원 지대의 고대 농업과 관련된 예비적 연구 발표가 있었다. 태평양 지역을 연구하던 민족식물학(Ethnobotany)에서는 뉴기니가 식물 재배의 중심지였다는 주장을 펼쳤고,[6] 고생태학(Palaeoecology)에서는 약 5000~4000년 전 고산 지대의 산 아래쪽 숲 지대에서 심각한 변형과 훼손의 흔적이 있다고 보고한 적이 있다.[7] 와기밸리 상류 습지의 고고 발굴 작업에서는 나무로 만든 땅 파는 도구와 도랑

---

6 J. Barrau, 'Introduction', in J. Barrau (ed.), *Plants and the Migrations of Pacific Peoples: A Symposium* (Honolulu: Bishop Museum Press, 1963), 1-6; D.E. Yen, 'The origins of Oceanic agriculture', *Archaeology and Physical Anthropology in Oceania*, 8 (1973), 68-85; see also J. Golson, 'Unravelling the story of early plant exploitation in highland Papua New Guinea', in Denham et al. (eds.), *Rethinking Agriculture*, 109-25.

7 J.M. Powell, 'The impact of man on the vegetation of the Mt Hagen region, New Guinea', unpublished PhD thesis (Canberra: Australian National University, 1970); Powell, 'History of plant use'; see also G.S. Hope and S.G. Haberle, 'The history of the human landscapes of New Guinea', in A. Pawley et al. (eds.), *Papuan Pasts: Cultural, Linguistic and Biological Histories of Papuan-Speaking Peoples* (Canberra: Pacific Linguistics, 2005), 541-54.

등 농경의 흔적이 발견되기도 했다. 시기는 2000년 이상 오래된 것들이었다.[8]

고산 지대 농업의 역사를 밝혀줄 쿠크 스왐프의 잠재력이 처음으로 명확히 드러난 때는 1969년이었다. 당시 습지의 배수로 공사를 하던 중 유적이 드러났던 것이다. 이후 1972년에서 1977년 사이, 여섯 차례에 걸쳐 본격적인 발굴이 이루어졌다. 다양한 분야의 학자들이 참여한 가운데 잭 골슨(Jack Golson)이 발굴을 지휘했고, 1974년 발굴은 필립 휴스(Philip Hughes)가 공동 지휘를 맡았다.[9] 그 결과 배수로 및 개활지 180곳의 발굴 작업이 완료되었다. 새로 조성한 플랜테이션 농장의 배수로를 따라 고고학 및 층서학 기록이 15킬로미터 이상 펼쳐져 있었다(그림 17-1). 이후 1990년 정부에서 해당 지역 지구의 사용을 사실상 중단할 때까지 소규모 현지 조사와 방문 조사가 이어졌다. 쿠크 스왐프의 고고학은 농학은 물론 새로운 연구 방법론의 도움을 많이 받았다. 식물고고학과 고생태학에서 육안으로 관찰 가능한 대형 화석(씨앗, 목재)과 미화

8 J. Golson et al., 'A note on carbon dates for horticulture in the New Guinea highlands', *Journal of the Polynesian Society*, 76 (1967), 369-71.
9 J. Allen, 'Prehistoric agricultural systems in the Wahgi valley: a further note', *Mankind*, 7 (1970), 177-83; J. Golson, 'Archaeology and agricultural history in the New Guinea highlands', in G. de G. Sieveking et al. (eds.), *Problems in Economic and Social Archaeology* (London: Duckworth, 1976), 201-20; J. Golson, 'No room at the top: agricultural intensification in the New Guinea highlands', in J. Allen et al. (eds.), *Sunda and Sahul: Prehistoric Studies in Southeast Asia, Melanesia and Australia* (New York and London: Academic Press, 1977), 601-38; J.Golson, 'New Guinea agricultural history: a case study', in D.Denoon and C. Snowden (eds.), *A Time to Plant and a Time to Uproot: A History of Agriculture in Papua New Guinea* (Port Moresby: Institute of Papua New Guinea Studies, 1981), 601-38.

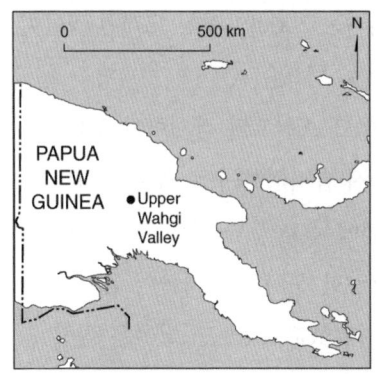

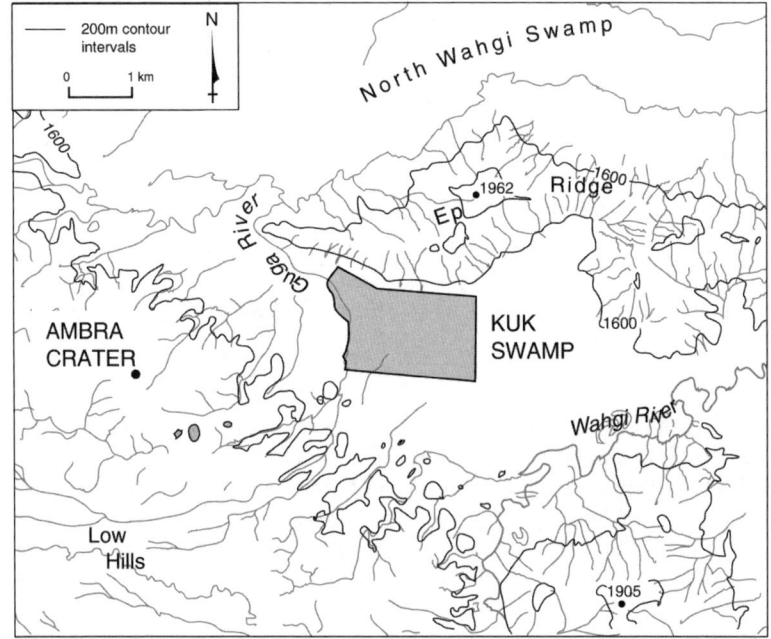

[그림 17-1] 쿠크 스왐프
(위) 쿠크 스왐프의 위치, 파푸아뉴기니. (아래) 쿠크 스왐프의 자연환경.

석(微化石, 식물규소체, 꽃가루, 마이크로차콜)을 조사했고, 연대측정 기술
로는 열발광, 전자스핀공명, 방사성탄소 연대측정법 등이 사용되었으며,
일련의 층서학 조사도 실시되었다.[10]

 그러나 이러한 연구 조사를 통해 발표된 초기 농업 관련 성과들은
널리 인정받지 못했다. 고고학 자료가 충분히 공표되지 못했던 까닭이
다. 초기 농경 활동과 관련된 농업의 형태와 기능적 측면이 고고학적
으로 분명히 밝혀지지 않았고, 초기 농업 환경을 밝혀줄 고생태학 자료
가 부족했으며, 재배종 식물의 등장 및 이용과 경작에 관한 식물고고학
증거도 제한적이었다.[11] 결국 기존에 제기된 문제들을 해명하기 위해

---

10 W.T. Bell, 'Thermoluminescence dating of cooking stones from the Kuk Tea Research Station site, New Guinea', *Archaeology and Physical Anthropology in Oceania*, 11 (1976), 51-5; Hughes et al., 'Human induced erosion'; M. Ikeya and J. Golson, 'ESR dating of phytoliths (plant opal) in sediments: a preliminary study', *ESR Dating and Dosimetry* (1985), 281-5; H. Polach et al., 'Radiocarbon dating: a guide for archaeologists on the collection and submission of samples and age-reporting procedures', in G. Connah (ed.), *Australian Field Archaeology: A Guide to Techniques* (Canberra: Australian Institute of Aboriginal Studies, 1983), 145-52; J.M. Powell, 'Plant resources and palaeobotanical evidence for plant use in the Papua New Guinea highlands', *Archaeology in Oceania*, 17 (1982), 28-37; J.M. Powell, 'Ecological and palaeoecological studies at Kuk I: belowthe grey clay', unpublished manuscript, Kuk archive, Australian National University, 1984; J.M. Powell et al., *Agricultural Traditions in the Mount Hagen Area*, Department of Geography Occasional Paper 12 (Port Moresby: University of Papua New Guinea, 1976); S.M. Wilson, 'Phytolith analysis at Kuk, an early agricultural site in Papua New Guinea', *Archaeology in Oceania*, 20 (1985), 90-7.
11 T.P. Bayliss-Smith, 'People-plant interactions in the New Guinea highlands: agricultural hearthland or horticultural backwater?', and M. Spriggs, 'Early agriculture and what went before in island Melanesia: continuity or intrusion?', both in D.R. Harris (ed.), *The Origins and Spread of Agriculture and Pastoralism in Eurasia* (London: UCL Press, 1996), 499-523 and 524-37.

1997년에 초기 농업에 관한 학제간 연구가 재개되었다.

1998년 및 1999년에 실시된 쿠크 스왐프 발굴 조사의 목표는 약 2500년 전 농업의 형태와 기능을 밝히고, 고대의 지표면을 찾아서 초기 습지의 조작 및 배수와 관련된 흔적을 찾아내는 것이었다. 당시 실시되었던 유물 및 토양/퇴적물 관련 조사를 요약하면 다음과 같다.

- 방사성탄소 연대측정(기존 방식 및 AMS): 농업의 연대를 더욱 정밀하게 해명한다.
- 집중적 고생태 환경 분석(마이크로차콜, 식물규소체, 꽃가루, 곤충 대조 분석): 과거 농업과 관련된 생태 환경의 변화를 밝혀낸다. 식물의 역사에서 인간 개입에 의한 변화와 기후 요소에 따른 변화를 구분하고, 고고학적으로 유의미한 측면 및 시기에 해당하는 생태 환경의 징후 파악한다.
- 식물고고학 분석(식물규소체 및 석기 표면에 잔류하는 전분 분석 포함): 식량 작물의 등장, 이용, 재배를 확인한다.
- 혼합 방식의 층서 분석(X선 촬영, X선 회절 분석, 토양 미시 형태 분석): 시간의 흐름에 따른 퇴적 및 토양 형성 과정의 특징을 파악한다.[12]

---

12 T.P. Denham, 'Environmental archaeology: interpreting practices-in-the-landscape through geoarchaeology', in B. David and J. Thomas (eds.), *Handbook of Landscape Archaeology* (Walnut Creek, CA: Left Coast Press, 2008), 468-81, and 'The Kuk morass: multi-disciplinary investigations of early to mid Holocene plant exploitation at Kuk Swamp, Wahgi valley, Papua New Guinea', unpublished PhD thesis (Canberra: Australian National University, 2003); Denham et al., 'Origins of agriculture at Kuk Swamp'; T.P. Denham et al., 'Reading early agriculture at Kuk (phases 1-3), Wahgi valley, Papua New Guinea: the wetland archaeological features', *Proceedings of the Prehistoric Society*, 70 (2004), 259-

1999년 이후 고고 발굴 조사는 더 이상 실시되지 않았지만, 기존에 수집된 자료 분석 작업은 계속되었다. 연구 프로젝트의 목표는 생태 환경 및 사용 흔적의 분석을 통해 배수로 작동 이후(2500년 동안)와 이전의 차이를 밝혀내는 것이었다. 식물고고학에서는 가령 아라케아이(Araceae)과에 속하는 식물(예컨대 타로)의 씨앗(조직 및 현미경 분석)이나 덩이줄기 파편(古DNA, AMS, 전분 함량 분석) 등 식물 자료 연구를 계속했다.

층서학

쿠크 스왐프의 층서 모델(stratigraphic model)을 밝히기 위하여 일련의 연구가 이루어졌다.[13] 복합적인 연구 기법을 통해 여러 차례에 걸친 습지의 범람, 테프라(tephra)의 누적, 건기 및 농경을 위한 배수로가 설치

98; T.P. Denham et al., 'New evidence and interpretations for early agriculture in highland New Guinea', *Antiquity*, 78 (2004), 839-57; T.P. Denham et al., 'A multi-disciplinary method for the investigation of early agriculture: learning lessons from Kuk', in A. Fairbairn et al. (eds.), *New Directions in Archaeological Science*, Terra Australis 28 (Canberra: ANU E Press, 2009), 139-54; T.P. Denham et al., 'Contiguous multi-proxy analyses (X-radiography, diatom, pollen and microcharcoal) of Holocene archaeological features at Kuk Swamp, upper Wahgi valley, Papua New Guinea', *Geoarchaeology*, 24 (2009), 715-42; R. Fullagar et al., 'Early and mid-Holocene processing of taro (*Colocasia esculenta*) and yam (*Dioscorea sp.*) at Kuk Swamp in the highlands of Papua New Guinea', *Journal of Archaeological Science*, 33 (2006), 595-614; S.G. Haberle et al., 'The palaeoenvironments of Kuk Swamp from the beginnings of agriculture in the highlands of Papua New Guinea', *Quaternary International*, 249 (2012), 129-39.

13 Denham, 'Environmental archaeology', following M. Canti, 'A mixed-method approach to geoarchaeological analysis', in A.J. Barham and R.I. MacPhail (eds.), *Archaeological Sediments and Soils: Analysis, Interpretation and Management* (Institute of Archaeology, University College London, 1995), 183-90.

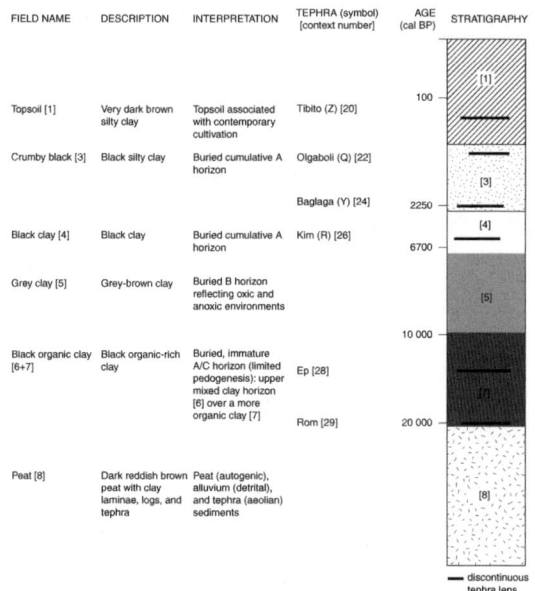

[그림 17-2] 쿠크 스왐프의 고고학적 층서 모델

된 이후 토양의 형성 등으로 뒤얽혀 있는 층서를 구분하고 각 층서의 위계질서를 재구성했다. 퇴적 및 토양 생성 과정을 통해 중첩이 생겨났고, 그 결과 서로 구분되는 층서 단위가 나뉘었다. 특히 초기 및 중기 홀로세의 습지 개간 및 방치 기간에 형성된 층서에 연구가 집중되었다(그림 17-2).

층서의 단위와 고고학적 층위는 일반적으로 다음과 같은 세 가지로 구분된다.

- 기반층(테프라, 충적토, 토탄을 막론하고): 자체적으로 형성된 퇴적층.
- 인간의 개입층: 퇴적층의 변화와 고고 유물 및 습지 개간, 배수, 경작 행위의 흔적이 포함된 층.
- 훼손층: 매장 풍습이나 후대의 관개 시설 건설 및 토양 생성으로 고고학적 맥락이 훼손된 층.

층서가 형성된 이후에 변형이 가해진 부분에 대해서는 식물고고학, 연대학, 고생태학 등의 다양한 맥락에서 신뢰할 만한 입증이 가능하다.

개념적 구조의 대강

쿡 스왐프의 농업사를 이해하기 위해 수많은 이론적 틀이 개발 및 적용되었다. 골슨(Golson)의 초기 해석은 생태 환경과 효율성을 강조하며 네오-보저럽주의(neo-Boserupian)의 개념 틀을 준용했으나, 이후 모제스카(Modjeska)와 고레츠키(Gorecki)의 해석은 좀 더 사회·정치적 관점으로 기울어졌다.[14] 그 뒤에도 수많은 연구자들이 인간의 생태 환경과 후기-과정주의(post-processual) 고고학에 입각하여 기존의 증거 자료에 대해 다양한 의문을 제기했다.[15]

14 Golson, 'No room at the top'; J. Golson and D. Gardner, 'Agriculture and sociopolitical organisation in New Guinea highlands prehistory', *Annual Review of Anthropology*, 19 (1990), 395-417; see also N. Modjeska, 'Production and inequality: perspectives from central New Guinea', in Strathern (ed.), *Inequality in New Guinea Highland Societies*, 50-108; and P. Gorecki, 'Human occupation and agricultural development in the Papua New Guinea highlands', *Mountain Research and Development*, 6 (1986), 159-66.
15 Respectively: T.P. Denham and H. Barton, 'The emergence of agriculture in

쿠크 스왐프에서 고대 농업의 실상을 파악하려면 삼각 측량 같은 방식으로 유추를 해야 한다. 즉 농업의 실체는 어느 한 유형의 증거에 의존하는 것이 아니라, 다양한 차원의 증거를 서로 비교 대조하는 사이에 위치하고 있다. 여기에는 세 가지 차원이 포함된다. 첫째는 (작물 재배와 관련되는) 유물, 둘째는 식물고고학적 증거(식물의 존재, 이용, 재배의 증거), 셋째는 생태 환경 관련 기록(고생태학, 지형학, 퇴적학 등 농업의 출현 및 시간에 따른 변화를 알려주는 경관의 변화)이다(그림 17-3).

다양한 분과 학문을 기반으로 방법론들이 진보했고, 이로써 과거의 관행을 밝혀내는 데 초점을 맞출 수 있었다. 관행이란 과거 인간의 행위로서, 개인적 특성뿐만 아니라 관습적 행동 양식과 경향도 포함된다.[16] 관행의 증거는 서서히 축적되어 오랜 시간에 걸쳐 자연 경관에 새겨진다. 자연 경관은 분석과 해석의 대상으로 아주 적합한 주제다. 일상생활의 경험이 그 속에 고스란히 담겨 있기 때문이다. 다른 말로 하자면 과거 인류의 경험이 담겨 있는 공간의 의미를 해석하는 일이다. 또한 오늘

New Guinea: continuity from pre-existing foraging practices', in D.J. Kennett and B. Winterhalder (eds.), *Behavioral Ecology and the Transition to Agriculture* (Berkeley: University of California Press, 2006), 237-64; and Denham, 'Early to mid-Holocene plant exploitation'; T.P. Denham, 'A practice-centred method for charting the emergence and transformation of agriculture', *Current Anthropology*, 50 (2009), 661-7.

16 J. Barrett, *Fragments from Antiquity: An Archaeology of Social Life 2900-1200 BC* (Oxford: Blackwell, 1994); M. Bruno, 'Practice and history in the transition to food production', *Current Anthropology*, 50 (2009), 703-6; Denham, 'Environmental archaeology'; S. Jussuret, 'Socializing geoarchaeology: insights from Bourdieu's theory of practice applied to Neolithic and Bronze Age Crete', *Geoarchaeology*, 25 (2010), 675-708, following P. Bourdieu, *The Logic of Practice*, trans. R. Nice (Cambridge: Polity Press, 1990).

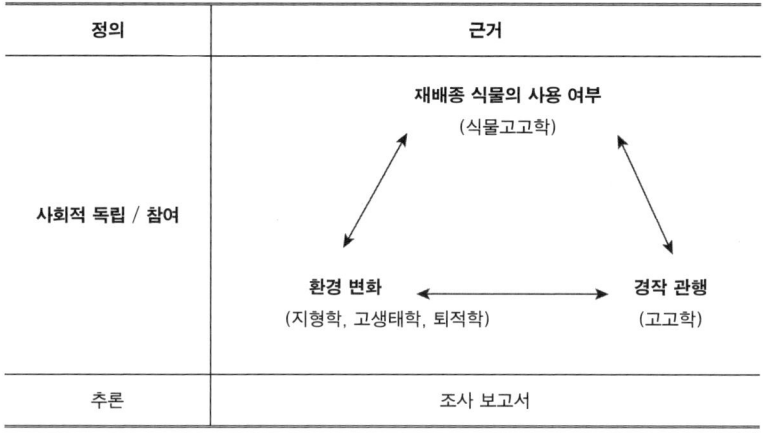

[그림 17-3] 뉴기니 초기 농업 분석에 기초한 개념도

날 파푸아뉴기니에서 식물 이용 관행의 다양성을 고려하지 않을 수 없는데, 과거 관행을 반영하는 측면이 있기 때문이다. 즉 자연 경관 혹은 지역별 농업을 연구할 때, 섬의 여러 지역에서 수집된 모든 관행의 증거를 한꺼번에 모아서 취급해서는 곤란하다. 과거에도 여러 지역 전체가 한꺼번에 변화된 적은 결코 없었기 때문이다.[17]

시기별 관행의 변화는 자연 경관에 남아 있다. 다만 함께 발생했던 관행들, 혹은 "세트"로 움직였던 관행들은 함께 고려해야 한다. 그래야만

17 R.M. Bourke and T. Harwood (eds.), *Food and Agriculture in Papua New Guinea* (Canberra: ANU E Press, 2009); T.P. Denham, 'Envisaging early agriculture in the highlands of New Guinea: landscapes, plants and practices', *World Archaeology*, 37 (2005), 290-306; Denham, 'Early agriculture and plant domestication'.

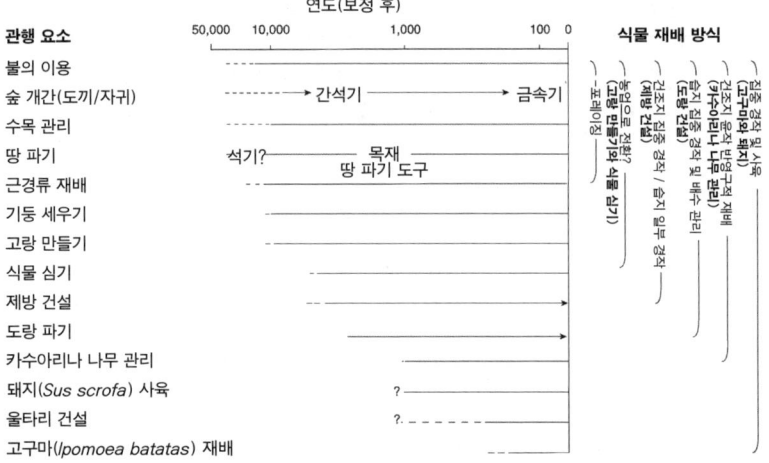

[그림 17-4] 와기밸리 상류 식물 재배 관행 연표

다양한 식물 이용의 행태를 해석할 수 있다(그림 17-4). 이때 가장 중요한 요소는 아마도 고고학 발굴 자료와 토양의 증거(재배 활동의 증거), 그리고 식물고고학적 증거(재배된 식물의 증거)일 것이다. 과거의 식물 재배 및 농업을 해석하고자 할 때 이와 같은 기본적 증거들 없이 고생태학으로만, 혹은 "재배종" 식물의 화석에만 의존한다면 다만 추론에 불과하다 할 것이다.

시기별 식물 이용 상황

플라이스토세의 생활

뉴기니에 인류가 진출한 시기는 늦어도 5만~4만 5000년 전이었다. 당시 고산 지대에서 활동한 인류의 흔적이 남아 있다.[18] 뉴기니에 진출한 초기 인류는 일반적인 현생인류의 행동 양식을 그대로 보여주었다. 예를 들면 주위 환경과 식물을 관리하기 위해 불을 이용했으며, 나무(견과류, 과일, 사고야자 비슷한 식물)와 근경류를 비롯해 폭넓은 범위의 식물을 이용했고, 또한 폭넓은 범위의 동물을 사냥했으며, 육지 및 아마도 해상에서도 고도의 이동성을 보였다. 와기밸리 상류에서 생활한 초기 인류는 계곡 경사면 아래에서 평지 삼림 지대를 발견했다. 그곳은 기후가 비교적 안정적인 지역으로, 고고도 산간 지방 식물과 저고도 산간 지방 식물들이 섞여 있었다.

쿠크 스왐프에서 추출한 코어에서 꽃가루를 분석한 결과 불이 일어난 흔적이 있었고, 숲속 군데군데 개활지가 만들어져 초원이 조성된 흔적도 나타났다. 시기는 최소한 2만 년 이전이었다(그림 17-5).[19] 불이 번개 때문에 일어났을 수도 있겠지만, 빈도수로 볼 때 인간이 의도적으로 불을 일으켰던 것으로 추정된다. 보다 구체적인 인류의 흔적으로 대표적인 것은 화덕 유적이었다. 습지 가장자리에서 약 3000년 전의 화덕

18 Denham and Barton, 'Emergence of agriculture in New Guinea'; M.-J. Mountain, 'Highland New Guinea hunter-gatherers: the evidence of Nombe rockshelter, Simbu, with emphasis on the Pleistocene', unpublished PhDthesis (Canberra: Australian National University, 1991); J.F. O'Connell and J. Allen, 'Pre-LGM Sahul (Pleistocene Australia-New Guinea) and the archaeology of early modern humans', in P. Mellars et al. (eds.), *Rethinking the Human Revolution: New Behavioural and Biological Perspectives on the Origin and Dispersal of Modern Humans* (Cambridge: McDonald Institute for Archaeological Research, 2007), 395-410; G.R. Summerhayes et al., 'Human adaptation and plant use in highland New Guinea 49,000 to 44,000 years ago', *Science*, 330 (2010), 78-81.
19 Denham et al., 'New evidence and interpretations'; Haberle et al., 'Palaeoenvironments of Kuk Swamp'.

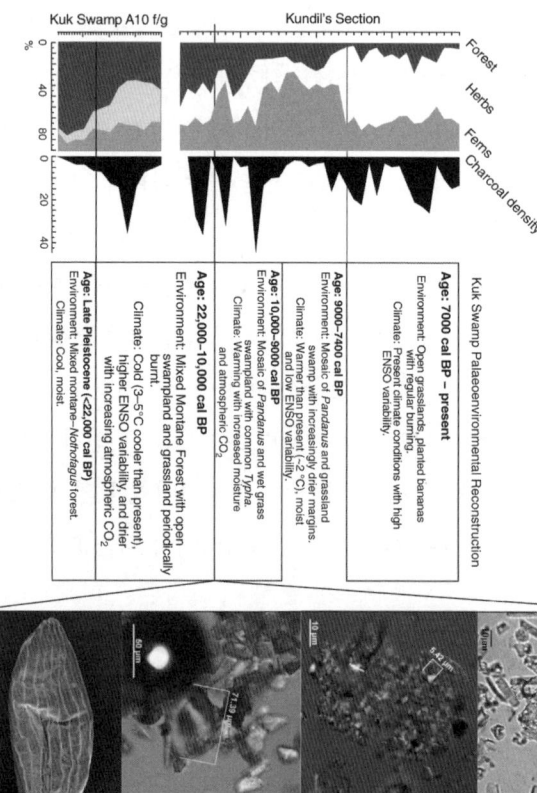

[그림 17-5] 쿠크 스왐프의 식물고고학 및 고생태학 정보

(좌) 꽃가루 및 미세탄화물질 요약 다이어그램
(우) 식물규소체 및 곡물 전분 현미경 사진. 석기 도구에 남아 있는 전분물. 쿠크 스왐프 출토 아라케아이(Araceae)과 식물 씨앗의 전자현미경 사진. 약 1만 년 전.

자리로 추정되는 유적이 발견되었다.

인간에 의해 불이 처음 일어난 시기는 동쪽으로 오웬스탠리산맥(Owen Stanley Range)에서 약 4만 년 전(cal BP)이었고, 서쪽으로 발리엠 밸리(Baliem valley)에서 약 3만 2000년 전(cal BP)이었다.[20] 게다가 플라이스토세 당시 불이 난 흔적은 모두 텔레포민(Telefomin), 하에아푸구아(Haeapugua), 와기밸리 등 높은 산봉우리 사이에 위치한 계곡 지대에 몰려 있었다. 한편 뉴기니의 저지대나 멜라네시아의 다른 섬들에서는 그러한 흔적이 훨씬 더 적었다.[21]

빈번한 화재의 흔적은 농업이 시행되기 이전 고산 지대에 사람이 살았다는 증거다. 기존에는 플라이스토세 당시 사람들이 그곳에서 임시로 거주했으며, 사냥을 위해 혹은 계절에 따라 판다누스 계열(Pandanus spp.)의 식물 자원을 이용하기 위해 머문 것으로 알려져 있었다.[22] 사냥

---

20 Respectively: G.S. Hope, 'Environmental change and fire in the Owen Stanley Ranges, Papua New Guinea', *Quaternary Science Reviews*, 28 (2009), 2261-76; and S.G. Haberle et al., 'Environmental change in the Baliem valley, montane Irian Jaya, Republic of Indonesia', *Journal of Biogeography*, 18 (1991), 25-40.
21 Denham et al., 'New evidence and interpretations'; S.G. Haberle, 'Late Quaternary change in the Tari basin, Papua New Guinea', *Palaeogeography, Palaeoclimatology, Palaeoecology*, 137 (1998), 1-24; Haberle et al., 'Palaeoenvironments of Kuk Swamp'; G.S. Hope, 'The vegetational changes of the last 20,000 years at Telefomin, Papua New Guinea', *Singapore Journal of Tropical Geography*, 4 (1983), 25-33; Hope and Haberle, 'History of the human landscapes'; C. Lentfer et al., 'Natural and human impacts in a 35,000-year vegetation history in central New Britain, Papua New Guinea', *Quaternary Science Reviews*, 29 (2009), 3750-67.
22 S. Bulmer, 'Between the mountain and the plain: prehistoric settlement and environment in the Kaironk valley', in J.H. Winslow (ed.), *The Melanesian Environment* (Canberra: ANU Press, 1977), 61-73; Golson, 'Ipomoean

문제는 논란의 여지가 별로 없기 때문에 논외로 하더라도, 시공간적으로 인류의 거주가 연속되지 않았고 사람들이 플라이스토세 혹은 최후빙하극성기 내내 고산 지대에서 지속적으로 거주하지 않았다는 가설이 성립하려면 중요한 두 가지 전제가 충족되어야 한다.

첫째, 판다누스 브로시모스(Pandanus brosimos)는 고고도에서 자라는 판다누스 품종으로, 계절에 따라 열매를 생산하므로 플라이스토세에는 고고도 혹은 고산 지대에서 주요 식량 자원으로 활용되었을 것이라는 전제다. 판다누스 브로시모스의 열매(견과류)는 그러나 생산이 안정적이지 않았고 기후에 따른 변화 폭도 컸다. 예컨대 와기밸리 상류처럼 기후의 주기적 규칙성이 약한 곳에서는 견과류의 생산 또한 주기적이지 못했고 단절이 심했다. 결과적으로 고산 지대라 할지라도 와기밸리 상류 같은 곳에서는 판다누스 브로시모스가 예측 가능한 안정적 식량 자원이 되지 못했다. 따라서 판다누스 브로시모스가 계절에 따른 정착의 근거는 될 수 없다.

둘째, 고산 지대 계곡의 바닥면에는 자원 가치가 거의 없는 노토파구스(Nothofagus) 위주의 숲이 형성되어 있었을 것이라는 전제다. 고도가 낮아질수록 최후빙하극성기 당시의 저고도 식생대가 형성되기 때문이다. 일부 산간 계곡 지대에서는 그것이 사실이었지만, 그러나 코어에

revolution revisited'; Hope and Golson, 'Late Quaternary change'; A.S. Fairbairn et al., 'Pleistocene occupation of New Guinea's highland and subalpine environments', *World Archaeology*, 38 (2006), 371-86; cf. T.P. Denham, 'Exploiting diversity: plant exploitation and occupation in the interior of New Guinea during the Pleistocene', *Archaeology in Oceania*, 42 (2007), 41-8.

서 추출한 꽃가루 분포로 보아 와기밸리의 상류 지역은 그렇지 않았다. 쿠크 스왐프(해발 약 1560미터)에서는 최후빙하극성기와 그 이후까지도 고고도 식물과 저고도 식물이 혼재된 상태가 지속되었다. 이와 달리 같은 계곡 지대에서 고도가 약간 더 높은 드라에피-민지기나(Draepi-Minjigina) 유적(해발 약 1890미터)에는 혼합 참나무 숲이 뚜렷이 감소했고 노토파구스 숲이 압도적이었다. 계곡 바닥면에 위치하는 쿠크 스왐프에서 저고도 식물이 계속 남아 있었다는 것은 상당한 의미가 있는 현상이었다. 왜냐하면 이러한 숲에서는 동식물 자원이 비교적 풍부했기 때문이다. 특히 판다누스 브로시모스 숲과 달리 노토파구스 숲에서는 먹을 수 있는 식물이 거의 없었다.[23]

이와 같은 재검토를 통해 뉴기니 내륙의 고산 지대에서 사람들이 계절에 따라 간헐적으로 거주하지 않는 시기가 있었다는 주장이 가능하다. 그러나 계절에 따른 이동식 거주 모델은 계절적 변화가 보다 뚜렷한 곳에 있는 노토파구스 숲 지대에 적용되어야 할 것이다. 와기밸리 상류 지역처럼 계절적 변화가 별로 없는 곳에는 들어맞지 않는 가설이다. 그곳에서는 폭넓은 자원을 바탕으로 지속적인 거주가 가능했기 때문이다.[24] 어떤 경우든 당시 사람들이 이동식 생활을 했으며, 1년 내내 자원을 찾아 고지대와 저지대를 오갔던 것만큼은 사실이다. 이와 같이 이동성이 높은 토지 이용 패턴은 이바네밸리(Ivane valley) 지역에서도

---

23 Golson, 'Ipomoean revolution revisited'; Hope and Golson, 'Late Quaternary change', 827; Powell, 'History of plant use', 219.
24 Denham and Barton, 'Emergence of agriculture in New Guinea'; Denham, 'Exploiting diversity'.

분명하게 나타난다. 여기서도 여러 곳의 개활지가 조성되었던 것이다. 플라이스토세 시기 이곳에 살던 수렵채집인은 고고도에서는 판다누스를, 저고도에서는 얌을 이용했다.[25]

이행기

플라이스토세-홀로세 이행기에 사람들이 식물을 이용하는 패턴이 왜 바뀌었는가 하는 문제에 관해서 여러 가지 가설이 제기되었다.[26] 대개 이러한 가설들은 자연환경과 그 환경에 포함된 식용 식물 자원 관리에 초점을 맞추었고, 어떻게 갈수록 관리를 강화하게 되었는지 설명했다. 쿡 스왐프를 예로 들자면, 그곳의 환경 변화는 주변의 다른 고산지대와 달랐다. 다른 고산 지대에서는 홀로세 초기에 기온이 올라가고 강우량이 증가하면서 숲이 초원 지대를 잠식해 들어가고 결국 초원이 숲으로 바뀌는 등의 변화가 있었지만, 쿡 스왐프에서는 그러한 변화가 일어나지 않았다. 열대우림의 확대가 전혀 없었고, 부분적으로 존재하던 초원도 그대로 유지되었으며, 가끔씩 숲에서 불이 일어난 것까지 예전에 비해 달라진 점이 없었다.

---

25 Summerhayes et al., 'Human adaptation and plant use'.
26 Golson, 'Ipomoean revolution revisited'; Hope and Golson, 'Late Quaternary change'; Denham and Barton, 'Emergence of agriculture in New Guinea'; Denham and Haberle, 'Agricultural emergence', following in a broad sense L. Groube, 'The taming of the rainforests: a model for late Pleistocene forest exploitation in New Guinea', D.R. Harris, 'An evolutionary continuum of people-plant interaction', and D.E. Yen, 'The domestication of environment', all in D.R. Harris and G.C. Hillman (eds.), *Foraging and Farming: The Evolution of Plant Exploitation* (London: Unwin Hyman, 1989), 292-304, 11-26, 55-75.

와기밸리 상류의 자연환경에서 당시 사람들이 관심을 가졌던 곳은 숲이 우거진 밀림이 아니라 식용 자원이 풍부한 장소였다. 숲속에 생겨난 공터가 바로 그런 곳이었다. 그러한 공터는 산사태가 나거나 나무가 쓰러지면서 만들어지기도 하고, 인위적으로 만들기도 했다. 또한 식생대가 바뀌는 전이대(轉移帶, ecotone), 물길이 지나가는 통로, 습지 등도 같은 이유로 관심이 집중되는 곳이었다. 시간이 지나면서 사람들은 이러한 환경을 의도적으로 유지하려 했고, 불이나 석기 같은 도구를 이용해서 일부러 만들기도 했다. 갈수록 사람들이 자연환경에 개입하는 정도가 강화되었다. 원하는 자원의 밀도를 증대시키거나, 혹은 원하는 품종의 생산성을 높이는 방향이었다. 주로는 식물을 대상으로 한 것이지만, 아마도 동물을 사냥하거나 유인할 목적으로 하는 경우도 있었을 것이다. 그렇게 조성된 장소에서 식량 자원이 증가함으로써 그들의 행위는 더욱 힘을 얻었다.

자원 증가에서 한 발 더 나아가 농업으로 변화한 데에는 두 가지 중요한 요소가 있었다. 첫째, 사람들은 식량 자원을 생산할 수 있는 특정 식물에 집중하여 갈수록 관리를 강화하면서 그 식물을 의도적으로 심기까지 나아가게 되었다. 둘째, 사람들은 숲속에서 원하는 식물을 심기 위하여 새로운 환경, 즉 농지를 조성했다.

제1차 이행기: 언젠가부터 사람들은 특정 품종 관리에 더욱 집중하기 시작했다. 예를 들면 바나나(*Musa* spp.), 타로(*Colocasia esculenta*), 얌(*Dioscorea* spp.) 등의 전분이 풍부한 식물, 사탕수수(*Saccharum* spp.)나 핏핏(pit-pit, *Setaria* spp.) 같은 초본류, 야자류나 견과류(*Pandanus* spp.,

Castanopsis sp.) 등 기름이나 단백질이 풍부한 식물, 잎채소류 등이었다. 이 무렵에 식생활도 바뀌었던 것 같다. 이전까지는 폭넓은 수렵채집 혹은 포레이징에 의존했었지만, 이 무렵부터 칼로리나 기름 혹은 단백질이 풍부한 몇몇 식물이 집중적으로 선택되었다. 기존에는 사람들이 원하는 식물의 밀도를 늘리기 위해 불을 일으키거나 숲속에 공터를 조성하는 방법을 사용했지만, 시간이 지나면서 다른 방법도 쓰게 되었다. 즉 자연 상태에서 자라는 식물에서 재생산 가능한 부분(뿌리, 가지, 열매 등)을 의도적으로 채취하여 다른 곳에 심고, 적당한 간격과 공간을 만들어 주었다. 전통적으로 뉴기니의 원경(園耕, horticulture)은 식물의 번식을 위해 가능한 모든 방법을 사용했었다. 씨앗을 심는 것은 물론, 식물의 흡근을 옮겨 심거나 꺾꽂이도 했다. 이는 식물의 특성을 파악하고 있었기에 개발 가능한 번식 방법들이었다. 우리의 논의는 먹을 수 있는 식물에 중점을 두고 있지만, 처음에 의도적으로 식물을 심은 이유가 반드시 식량 문제만은 아니었을 수도 있다. 영역을 표시하거나, 향신료 혹은 양념을 채취하거나, 의약 혹은 의례에 사용하거나, 기타 여러 가지 목적이 있었을 수도 있기 때문이다.[27]

제2차 이행기: 후대에 가서 사람들은 숲속은 물론 다른 환경에서도 식물을 심을 수 있는 농지를 조성하기 시작했다. 식물을 심는 관행은 추정컨대 자원의 밀도와 배열을 조정하기 위해 숲속의 빈 공간을 관리하

---

27 J.M. Powell, 'Ethnobotany', in K. Paijmans (ed.), *New Guinea Vegetation* (Amsterdam and Oxford: Elsevier, 1976), 106-83; and e.g. J. Kennedy, 'Bananas and people in the homeland of genus *Musa*: not just pretty fruit', *Ethnobotany Research and Applications*, 7 (2009), 179-97.

거나 의도적으로 공간을 만드는 과정에서 처음 생겨났을 것이다. 언제부터인가 사람들은 열대우림에서 일정한 공간의 식물을 모두 제거하고 원하는 식물을 심을 수 있는 농지를 만들기 시작했다. 그 뒤로는 의도적으로 식물을 심어서 자원을 얻는 것(농지 조성)이 주가 되고, 기존의 숲을 제거하여 자연 상태의 식물 분포에 균열을 가함으로써 원하는 식물의 밀도를 늘리는 방법(공터 조성)은 부차적인 문제가 되었다. 당시의 농지는 아마도 모든 식물을 완전히 제거한 상태가 아니었을 것이다. 큰 나무는 둥글게 껍질을 벗기거나 혹은 가지만 잘라내고 줄기를 남긴 상태로 두어서, 그늘을 만들거나 흙이 쓸려 나가지 않도록 보존하는 역할을 했을 것이다. 경운은 최소화했던 것 같다. 즉 막대기를 이용해서 구멍을 파고 식물을 심은 뒤 손으로 흙을 덮었다.

고고학, 연대학, 고생태학 및 층서학 등으로 두 차례에 걸친 이행기의 증거를 밝혀냈지만, 그 특성상 결과는 모호할 수밖에 없다. 지역의 특성에 따라 소규모로 식물을 옮겨 심어서 밀도를 높이거나, 혹은 자연환경을 그대로 둔 채로 그 사이에 식물을 심은 흔적을 어떻게 분명히 밝혀낼 수 있겠는가? 공백을 조성하고 식물을 최소한만 심은 공간과, 좀 더 적극적으로 농지를 조성하여 식물을 심은 공간을 과연 무슨 수로 구별할 수 있겠는가? 일단 개념부터 모호한 측면이 있다. 뉴기니에서 농업은 식량 생산 목적과 다른 목적의 식물 재배가 혼재되어 있는 대표적 사례다.[28] 방법론적으로도 모호한 측면이 있다. 파편적이고 부분적인 증거는

---

28 Denham, 'Early to mid-Holocene plant exploitation'; cf. B.D. Smith, 'Low-level

여러 가지 의미로 해석될 여지가 있기 때문이다. 이런 문제들이 약 1만 년 전 쿠크 스왐프의 습지 조작과 식물 이용의 실상을 밝히는 문제에도 얽혀 있는 논점이다.

모호한 관행, 약 1만 년 전

다른 주장도 없지 않지만, 아직은 약 1만 년 전 쿠크 스왐프의 습지 주변에서 농지를 준비하고 식물을 재배했다는 명백한 증거가 충분히 드러났다고 하기는 어렵다.[29] 다만 당시에 제한적 범위에서나마 기존의 식물을 제거하고 전분 함량이 높은 식물을 심은 흔적이 다양한 차원으로 존재하는 것만은 확인된 사실이다(그림 17-6). 구체적인 예를 들면 다음과 같다.

- 인간이 불과 아마도 석기를 이용하여 산악 지대 숲을 훼손한 흔적. 숲속 곳곳에 모자이크 형태의 서식 환경이 산재한다.
- 지역에 따른 식물 제거 및 토양 훼손 흔적. 인근의 물길을 메꾼 흔적.
- 땅을 판 흔적. 식물을 심거나 근경류를 수확하기 위한 목적으로 추정된다.
- 식물을 이용한 구역 표시로 추정되는 흔적.
- 식물을 제거한 구역에서 물길을 연장하기 위해 고토양의 지표면을 훼손한 흔적.
- 전분 함량이 높은 식물의 획득과 재처리 흔적. 식물 중에는 타로(*Colocasia esculenta*)와 얌(*Dioscorea* sp.)이 포함되어 있었던 것으로 추

food production', *Journal of Archaeological Research*, 9 (2001), 1-43.
29 Denham, 'Early to mid-Holocene plant exploitation'; Denham et al., 'Reading early agriculture at Kuk'; Golson, 'Unravelling the story'.

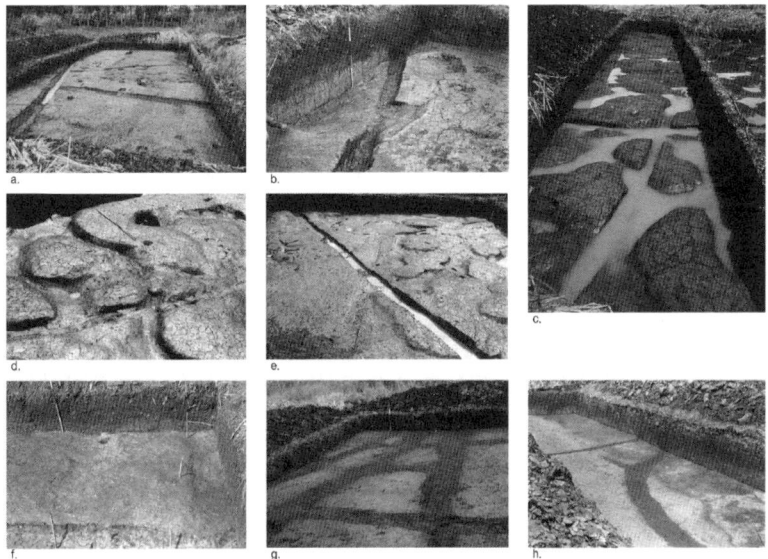

[그림 17-6] 쿠크 스왐프의 초기 농업 관행을 알려주는 고고 유적들
초기 홀로세 지표면, 약 1만 년 전. (a) 전경. (b) 세부; 제방 안쪽의 바닥 자리, 약 7000~6400년 전. (c) 전경. (d~e) 세부. (f) 구덩이 끝부분에 기둥을 세웠던 구멍; 서로 연결된 도랑, 약 3000~2500년 전. (g) 삼각형 모양으로 연결(사진 가운데 세로로 두 개의 큰 도랑이 보이고, 중간에 여러 차례 가로로 연결되었다). (h) 돌기 모양으로 연결.

정된다.[30]

결론적으로 말하자면, 다양한 분과 학문에서 밝혀낸 이 정도의 근거로 당시의 농업, 즉 농지를 조성하여 식물을 재배하는 관행을 명백히 밝

---

30 Denham, 'Kuk morass'; Denham et al., 'Reading early agriculture at Kuk'; Fullagar et al., 'Early and mid-Holocene processing of taro'; Haberle et al., 'Palaeoenvironments of Kuk Swamp'.

혀냈다고 말하기는 어렵다. 같은 증거를 가지고 숲의 빈 공간에서 우연히 식물을 심었던 흔적이라고 해석할 수도 있기 때문이다. 모호성은 핵심적으로 세 가지 때문이다. 이는 추후로 더욱 명확히 밝혀져야 할 문제다. 첫째, 토양의 준비. 당시의 토양 단면은 A/C층에 속하는 미숙 토양(immature soil, 토양학 분류에 따르면, A층은 토양의 최표층에 존재하는 부식 혼재 무기질 토양, C층은 그 아래의 단단한 모재층이다 — 옮긴이)이었다. 그 지역에서는 건기가 짧아 토양 형성 기간이 제한적이었기 때문이다.[31] 당시 땅을 파는 작업은 최소한으로 이루어졌던 것 같다. 오늘날 뉴기니 곳곳에서 시행되는 화전(火田)의 관행에서도 마찬가지다. 옛날 사람들이 농사를 위하여 특별히 토양의 준비 과정을 거쳤다는 증거는 없다. 둘째, 지형적 특성과 유물. 고고학적으로 발굴된 유물이나 혹은 예를 들어 말뚝을 박거나, 구덩이를 파거나, 배수로를 만들기 위해 지형을 약간 바꾸거나, 식물을 재처리한 흔적 등이 숲속에서 빈터나 농지를 조성하여 식물을 심는 관행과 관련된 것일 수도 있다. 추정은 가능하지만 반드시 식물을 심었다는 증거는 될 수 없다. 셋째, 식물 재배 가능성. 가능성은 어디까지나 가능성일 뿐이다. 바나나 중에서 무사(Musa) 계열(예전에는 에우무사Eumusa로 분류), 타로, 얌의 일부 품종 등 저고도 식물의 파생 품종들이 확인되었고, 그것이 모두 약 1만 년 전에 고고도 지역인 쿠크 스왐프에서 자란 것도 확인되었다. 그러나 이것을 명백한 재배의 증거로 보기 어려운 것이, 당시 뉴기니의 고도별 식생대를 분명하게 알 수 없기 때문이다.[32] 당시 사람들이 의도적으로 이러한 식물들을 고고도 지역으

---

31 Denham et al., 'Contiguous multi-proxy analyses'.

로 가지고 가서 재배를 한 것인지, 아니면 쿠크 스왐프 근처에서 야생적으로 자란 것인지는 아직 확실하게 말하기가 어렵다.

약 1만 년 전 쿠크 스왐프의 습지 주변에서 자연환경에 적극적으로 개입하고 식물을 재배한 관행의 증거를 여러 분과 학문에서 찾아내기도 했지만, 그것이 반드시 농지를 조성하고 식량 작물을 재배하는 삶의 방식을 반영한다고 보기는 어렵다. 앞에서 언급했던 두 차례에 걸친 이행기를 중심으로 보자면, 전분 함량이 높은 식물(타로, 얌, 아마도 바나나 포함)이 많아졌고, 숲속에 빈터나 농지를 조성한 증거가 확인된 것은 사실이었다. 그러나 식물 재배의 분명한 증거는 아직 모호할 따름이다.

자연환경에서의 화전(火田)

홀로세 초기 와기밸리 상류 지역에 무언가 새로운 흐름이 나타나기 시작했다.[33] 쿠크 스왐프에서 이에 대한 직접적인 고고학적 증거가 발견되지는 않았다. 그러나 불을 일으키고 석기를 이용한 산간 지대 열대우림의 훼손 관행은 계속되고 있었고, 아마도 더 증가했던 것 같다. 계곡의 경사면 아래 바닥층에서 군데군데 초원이 확장되었고, 산간 지대 숲이 훼손되어 주로 키 작은 식물들이 자라고 있었다(그림 17-5). 식물규소체의 빈도수와 손상되지 않은 온전한 형태의 식물규소체를 분석한 결과,

---

32 Denham et al., 'New evidence and interpretations'; Hope and Golson, 'Late Quaternary change'.
33 Denham and Haberle, 'Agricultural emergence'; Denham et al., 'Origins of agriculture at Kuk Swamp'; Fullagar et al., 'Early and mid-Holocene processing of taro'; Haberle et al., 'Palaeoenvironments of Kuk Swamp'; Hughes et al., 'Human induced erosion'.

주기적으로 바나나가 번성했고 아마도 의도적으로 그 지역에서 바나나 나무를 심었던 것으로 추정된다. 또한 사람들은 타로나 얌처럼 전분 함량이 높은 식물들을 계속해서 이용했다. 이와 함께 쿠크 스왐프 습지의 침식 흔적을 총체적으로 감안할 때, 초기 홀로세 계곡 경사면 아래 바닥층에서 화전(火田)이 발달했을 가능성이 매우 높다.

제방을 이용한 작물 재배, 7000~6400년 전

작물 재배를 위해 조성한 제방 가운데 고고학적으로 밝혀진 가장 오래된 유적은 약 7000~6400년 전의 것으로, 쿠크 스왐프 습지의 가장자리에 위치해 있다(그림 17-6 c~f, 그림 17-7). 여러 가지 방법론을 통하여 퇴적물을 조사한 결과, 제방이 인공적으로 조성된 것임이 밝혀졌다.[34] 제방을 조성하여 작물을 재배한 시기는 "불이 빈번하게 일어난 시기, 판다누스를 비롯한 숲속의 여러 식물이 급격히 제거된 시기, 초본류가 급격히 증가한 시기"와 모두 비슷한 것으로 확인되었다. 당시의 그곳은 지금보다 더 건조했다.[35] 숲속 식물의 제거는 간석기를 통해 효율성을 더했던 것 같은데, 당시에 사용한 돌도끼-자귀가 발굴되기도 했다.[36] 불을 일으켜 숲을 제거하고 초지를 유지하는 관행은 20세기 말까지도

---

34 Denham, 'Kuk morass'; T.P. Denham, 'Archaeological evidence for mid-Holocene agriculture in the interior of Papua New Guinea: a critical review', *Archaeology in Oceania*, 38 (2003), 159-76; Denham et al., 'Contiguous multi-proxy analyses'.
35 Denham et al., 'Contiguous multi-proxy analyses', 735.
36 O.A. Christensen, 'Hunters and horticulturalists: a preliminary report of the 1972-4 excavations in the Manim valley, Papua New Guinea', *Mankind*, 10 (1975), 24-36.

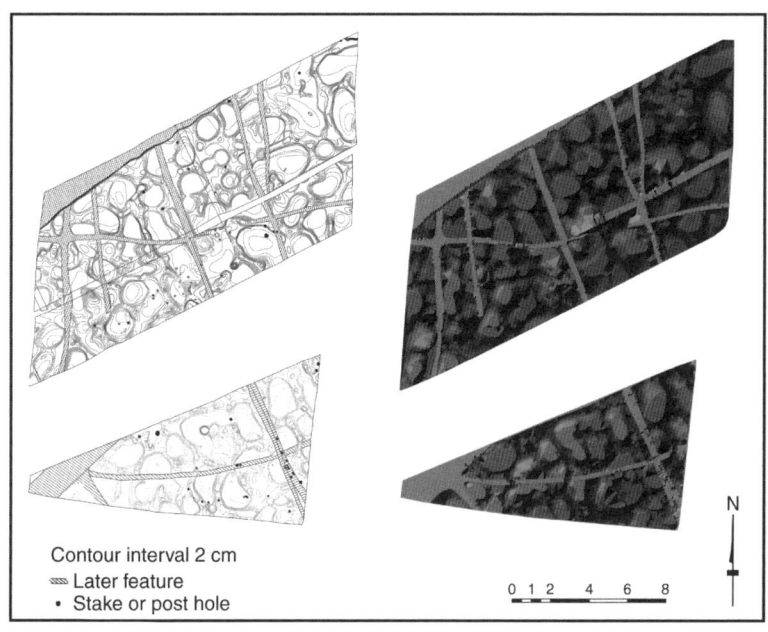

〔그림 17-7〕 잔존 제방 유적의 디지털 재구성, 약 7000~6400년 전

그대로 유지되고 있었다.[37]

바나나 식물규소체가 증가한 것은 제방뿐만 아니라 그 주변에서도 바나나를 재배한 증거로 해석되었다.[38] 석기에 남아 있는 잔류물과 제방

---

37 Denham et al., 'New evidence and interpretations'; Haberle et al., 'Palaeoenvironments of Kuk Swamp'; M. Leahy, 'The Central Highlands of New Guinea', *Geographical Journal*, 87 (1936), 229-62; J.M.K. Sniderman et al., 'A late Holocene palaeoecological record from Ambra Crater in the highlands of Papua New Guinea and implications for agricultural history', *The Holocene*, 19 (2009), 449-58.

의 토양/퇴적물을 분석한 결과, 타로를 포함한 근경류를 계속해서 이용한 사실이 확인되었다.[39] 결과적으로 다양한 분과 학문에서 발견한 증거들이 가리키는 바는, 특히 제방 안에 조성된 농지를 중심으로 바나나를 비롯한 여러 작물의 재배가 이루어졌다는 사실이다. 제방 주변으로는 기존에 불을 일으켜 만든 초지가 줄어든 것으로 보아, 당시 사람들은 제방에 조성된 농지에 크게 의존했던 것 같다. 다시 말해서 그 당시 자연 환경에서는 식용 가능한 식물 자원이 그만큼 더 줄어들었다.

골슨(Golson)은 제방의 역할이 토양에 있다고 처음으로 주장했다. 제방과 제방 사이 낮은 곳에는 물에 잘 견디는 작물(타로 등)을 심고, 제방 위 높은 곳에는 물에 잘 견디지 못하는 작물(사탕수수 *Saccharum* spp. 등)을 심었다. 제방 사이에 채워진 돌에서 식물성 플랑크톤의 일종인 규조류(硅藻類, diatom)가 대량 발견된 것으로 보아, 그곳은 물이 상시적으로 채워져 있기보다 습한 환경이었던 것으로 추정된다. 제방은 고산 지대의 고고도에 따른 차가운 기운 때문에 고안된 장치였을 것이다. 말하자면 제방 주위로 차가운 공기가 빠져나가 약간 더 따뜻한 생장 환경이 조성되었고, 더불어 안쪽으로 퇴비를 축적할 수도 있었다.[40] 이와 같은 새로운 방식은 와기밸리 상류의 계곡 바닥층 건조 지대에서 주로 발견

---

38 Denham et al., 'Origins of agriculture at Kuk Swamp'; Denham et al., 'New evidence and interpretations'; Haberle et al., 'Palaeoenvironments of Kuk Swamp'.
39 Fullagar et al., 'Early and mid-Holocene processing of taro'.
40 E. Waddell, *The Mound Builders: Agricultural Practices, Environment and Society in the Central Highlands of New Guinea* (Seattle: University of Washington Press, 1972).

되었지만, 골슨은 습지 주변으로도 같은 방식의 농지 조성법이 적용될 수 있을 것으로 예측했다. 실제로 지역 여건에 따라 시기는 달랐지만 쿠크 스왐프, 무구맘프(Mugumamp), 와라와우(Warrawau) 등의 습지 지역에도 제방이 조성되었다.[41] 고고학적 유물은 습지에 조성된 제방에 더 잘 남아 있었다. 제방이 조성되었을 당시의 매장지가 남아 있는데, 이후 기후가 습해진 뒤 사람들이 더 이상 그곳의 제방을 이용하지 않았기 때문이다. 건조한 지대에 조성된 제방은 사람들이 계속해서 이용하는 가운데 원경(園耕), 토양 형성, 침식 등의 과정을 거치며 애초의 흔적이 훼손되었다.

수로 네트워크의 등장, 약 4500~4000년 전
약 4500~4000년 전 쿠크 스왐프를 비롯한 여러 습지에서 물을 빼내기 위해 도랑이 조성되기 시작했다(그림 17-6 g~h, 그림 17-8). 쿠크 스왐프에서 발견된 가장 오래된 도랑은 최소한 4000년 전의 유적이었다. 탐불(Tambul) 유적(2170미터)의 도랑에서는 나무로 만든 창끝 모양의 삽이 발견되었는데, 방사성탄소 연대측정 결과 4600~4100년 전으로 확인되었다.[42] 대부분의 수로 네트워크는 직선 형태였으며, 서로 직

---

41 Denham, 'Archaeological evidence for mid-Holocene agriculture'; J. Golson, 'Gourds in New Guinea, Asia and the Pacific', in S. Bedford et al. (eds.), *Fifty Years in the Field: Essays in Honour and Celebration of Richard Shutler Jr.'s Archaeological Career*, Monograph 25 (Auckland: New Zealand Archaeological Association, 2002), 69-78; E.C. Harris and P.J. Hughes, 'An early agricultural system at Mugumamp Ridge, Western Highlands province, Papua New Guinea', *Mankind*, 11 (1978), 437-45.

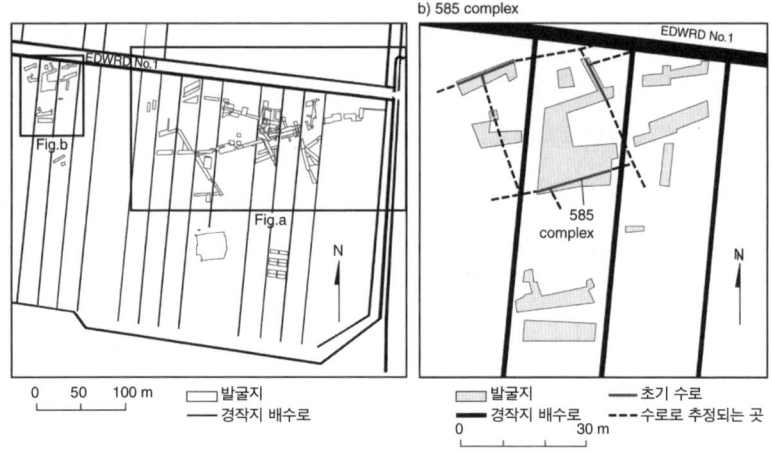

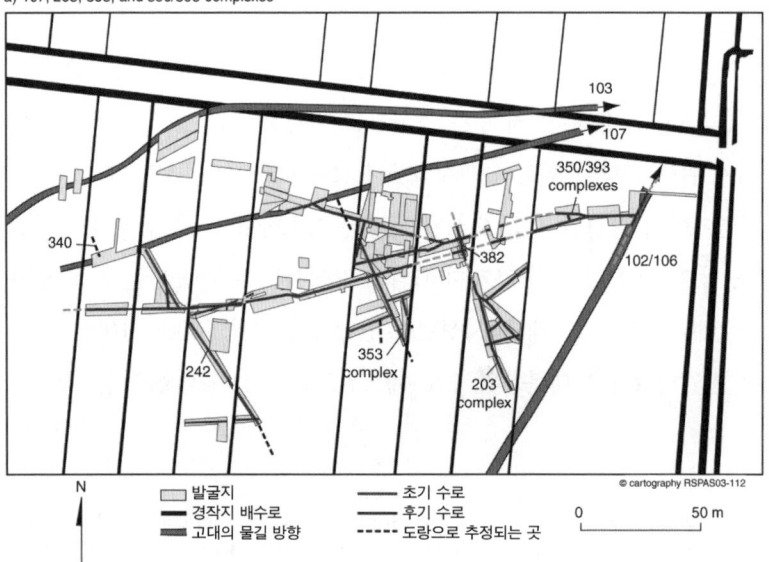

〔그림 17-8〕 쿠크 스왐프 발굴로 드러난 가장 오래된 수로의 평면도
"초기" 수로의 연대는 약 4400~4000년 전, "후기" 수로의 연대는 약 3000~2500년 전.

각으로 교차했다. 가끔 곡선 형태의 도랑도 있었다.[43] 예전에 조성된 농지의 지표면과 고토양을 분석해본 결과, 후대에 작물 재배를 위한 배수로를 만들 때 기존 농지를 대폭 재구성한 것으로 확인되었다.

쿠크 스왐프의 수로 및 그 네트워크는 층서학과 테프라연대학(화산 분출물을 통한 연대 분석법 – 옮긴이)에 의해 몇 단계로 구분된다.[44] 도랑에 남아 있는 토양을 대상으로 직접 방사성탄소 연대측정으로 분석한

---

42 T.P. Denham, 'Agricultural origins and the emergence of rectilinear ditch networks in the highlands of New Guinea', in Pawley et al. (eds.), *Papuan Pasts*, 329-61; Denham et al., 'Origins of agriculture at Kuk Swamp'; Denham et al., 'Reading early agriculture at Kuk'; J. Golson, 'The Tambul spade', in H. Levine and A. Ploeg (eds.), *Work in Progress: Essays in New Guinea Highlands Ethnography in Honour of Paula Brown Glick* (Oxford: Peter Lang, 1997), 142-71.

43 Denham, 'Agricultural origins and the emergence of rectilinear ditch networks'; Golson, 'No room at the top'.

44 T.P. Bayliss-Smith, 'The meaning of ditches: interpreting the archaeological record using insights from ethnography', in Denham et al. (eds.), *Rethinking Agriculture*, 126-48; T.P. Bayliss-Smith and J. Golson, 'Wetland agriculture in New Guinea highlands prehistory', in B. Coles (ed.), *The Wetland Revolution in Prehistory* (Exeter: Prehistoric Society and Wetland Archaeological Research Project, 1992), 15-27; T.P. Bayliss-Smith and J. Golson, 'A Colocasian revolution in the New Guinea highlands? Insights from phase 4 at Kuk', *Archaeology in Oceania*, 27 (1992), 1-21; T.P. Bayliss-Smith and J. Golson, 'The meaning of ditches: deconstructing the social landscapes of drainage in New Guinea, Kuk, phase 4', in C. Gosden and J. Hather (eds.), *The Prehistory of Food: Appetites for Change* (London: Routledge, 1999), 199-231; T.P. Bayliss-Smith et al., 'Archaeological evidence for the Ipomoean revolution at Kuk Swamp, Papua New Guinea', in C. Ballard et al. (eds.), *The Sweet Potato in Oceania: A Reappraisal* (University of Sydney, 2005), 109-20; S. Coulter et al., 'The geochemical characterisation and correlation of locally distributed late Holocene tephras layers at Ambra Crater and Kuk Swamp, Papua New Guinea', *Geological Journal*, 44 (2009), 568-92; Golson, 'Ipomoean revolution revisited', and 'No room at the top'; J. Golson et al. (eds.), *10,000 Years of Gardening at Kuk* (Canberra: ANU E Press, forthcoming).

사례는 얼마 되지 않는다. 어떤 도랑과 그 네트워크가 사용된 시기, 그 뒤 방치된 시기, 때로는 다시 사용되기도 한 시기를 모두 밝혀내는 것이 불가능한 일은 아니다. 그러나 쿠크 스왐프 유적지 전체를 대상으로 하는 배수로 및 작물 재배의 신뢰할 만한 시기 구분은 아직 확정되지 않았다. 1933년 금을 찾는 사람들이 이 계곡 지대로 들어갔을 때, 습지는 전쟁 때문에 방치된 상태였다.[45] 과거에도 방치된 시기가 있었을 것이다. 그러나 시기별로 사용된 공간의 범위를 파악하는 일은 거의 불가능에 가까웠다. 어느 특정 구역에서 도랑의 사용이 중지된 시기를 밝혀낸다 하더라도, 그것이 유적지 전체가 방치된 긴 시간대에 속하는 유적인지, 아니면 습지의 경작 단계에 따라 어느 특정 공간을 돌아가며 휴경지로 방치한 짧은 시간대에 속하는 유적인지를 구별하기가 어렵기 때문이다.

비록 시기 구분은 모호하지만, 약 2750~2150년 전 고산 지대에 수로 네트워크가 광범위하게 확산된 것은 확인이 가능했다. 쿠크, 하에아푸가(Haeapugua), 카나(Kana), 와라와우(Warrawau) 등지에서 수로 네트워크가 조성되었고, 이후에는 다른 수많은 유적에서도 수로 네트워크가 확인되었다. 나무로 만든 땅 파는 도구와 삽, 석기, 식물고고학 유적이 흔히 발굴되는 시점도 이 무렵 이후였다. 카나 유적에서 발굴된 동아 (*Benincasa hispida*)도 이 무렵의 유물이었다.[46]

---

45 J. Ketan, *An Ethnohistory of Kuk* (Port Moresby: National Research Institute, 1998).
46 P. Matthews, 'Identification of *Benincasa hispida* (wax gourd) from the Kanae archaeological site, Western Highlands province, Papua New Guinea', *Archaeology in Oceania*, 38 (2003), 186-91; J. Muke and H. Mandui, 'In the

전통의 지속

쿠크 스왐프를 비롯한 여러 습지에서 수로를 건설하여 물을 빼내고 작물을 재배한 증거를 분석해본 결과, 지속적인 농업 혁신이 확인되었다. 예를 들면 카수아리나(*Casuarina*) 나무를 이용하거나, 돼지(*Sus scrofa*) 사육을 도입하거나, 고구마(*Ipomoea batatas*)를 재배하는 등의 혁신이었다. 미미한 영향에 그치는 혁신도 있었고, 고산 지대 사회 전체를 바꾸어놓은 혁신도 있었다.

개간지에 카수아리나를 심으면 토양에 질소가 고정되고 탄소가 증가하므로, 이후 작물 재배를 위한 비옥한 땅을 만들 수 있었다.[47] 작물의 재배 주기가 거의 끝나갈 무렵, 카수아리나 올리고돈(*Casuarina oligodon*)의 씨앗을 농지에 심은 뒤 8~12년을 그대로 둔 다음, 나무를 베거나 둥치 껍질을 벗기거나 혹은 줄기를 남기고 가지만 잘라서 땔감이나 목재로 사용했다. 고고학적 증거로 볼 때 개간지를 이용한 카수아리나 나무 재배는 지난 1000년 이상 지속되었다.[48] 고생태학 연구 결과에 따르면, 조금 더 이른 시기부터 고산 지대에 그러한 관행이 있었다.[49] 고산 지대 일부 지역에서는 오늘날까지도 카수아리나 나무 재배의 전통이 그대로

---

shadows of Kuk: evidence for prehistoric agriculture at Kana, Wahgi valley, Papua New Guinea', *Archaeology in Oceania*, 38 (2003), 177-85; see also Golson et al., 'Note on carbon dates'.
47 R.M. Bourke and B. Allen, 'Village food production systems', in Bourke and Harwood (eds.), *Food and Agriculture in Papua New Guinea*, 193-269 (245-7).
48 Denham, 'Kuk morass'; Powell, 'Plant resources'.
49 S.G. Haberle, 'Prehistoric human impact on rainforest biodiversity in highland New Guinea', *Philosophical Transactions of the Royal Society B*, 362 (2007), 219-28.

이어지고 있다.

아시아에서 사육종으로 진화된 돼지가 뉴기니로 전해진 시기는 3500년 전 이후 어느 시점이었다. 고산 지대에서는 1500년 전까지만 해도 돼지가 흔하지 않았다.[50] 남아메리카에서 재배종으로 진화한 고구마를 태평양 지역에서 처음 도입한 사람들은 폴리네시아인이었다. 일반적 견해로는 마젤란의 항해 이후 고구마가 뉴기니로 도입된 것으로 본다.[51] 20세기 초의 고산 지대 사회는 탄수화물을 고구마 재배에 크게 의존했다. 돼지를 사육하여 단백질을 얻는 경우도 있었지만, 일반적이지는 않았다. 고구마는 이전에 재배하던 타로나 바나나 혹은 얌보다 고산 지대의 생산력을 크게 증가시킨 것으로 알려졌다. 고산 지대의 많은 사회에서 돼지 사육을 통해 단백질 결핍을 보충한 사례는 극히 드물었다. 돼지는 일상적 소비보다는 교환 체계나 축제에서 중요한 가치를 지니는 동물이었다. 민족학에서 말하는 "빅맨 소사이어티(big-men societies)"가 고산 지대에 출현한 시기는 고구마 재배와 돼지 사육이 도입되어 널리 확산된 이후인 것으로 나타났다.

쿠크 스왐프 연구의 의미

쿠크 스왐프로부터 다양한 분야의 연구 성과들이 도출되면서, 뉴기

---

50 A. Sutton et al., 'Archaeozoological records for the highlands of New Guinea: a review of current evidence', *Australian Archaeology*, 69 (2009), 41-58.
51 Golson, 'No room at the top'; see C. Roullier et al., 'Historical collections reveal patterns of diffusion of sweet potato in Oceania obscured by modern plant movements and recombination', *Proceedings of the National Academy of Sciences*, 110 (2013), 2205-10.

니 지역은 농업 발달과 재배종 식물 진화의 초기 중심지로 확고한 지위를 차지하게 되었다. 이들 연구는 대체로 추론에 입각하여 초기 농업의 발달에 접근했다. 세계 다른 지역의 초기 농업에 대한 해석 또한 나름의 독특한 관행과 자료가 무엇인지를 밝히는 데 중점을 두어야 할 것이다. 그렇지 않고 "하나의 틀"에 맞추는 방식의 해석은 바람직하지 않다. 지역별 특성을 밝히는 접근법이 오히려 보편성을 가질 것이며, 이를 통해서만 특히 신열대구(新熱帶區, neotropics) 저지대 같은 열대습윤 지역에서 재배종 식물의 증거와 재배 관행 증거의 시공간적 불일치를 설명할 수 있을 것이다.[52]

쿠크 스왐프 연구의 의의는 비단 뉴기니 지역에 국한되지 않으며, 바깥 지역의 장기 지속적인 역사 이해에도 상당한 영향을 미친다. 대표적인 예로 바나나를 들 수 있다. 쿠크 스왐프에서 바나나를 재배한 시기는 약 7000~6400년 전부터였는데, 이는 시공간적으로 바나나의 재배종 진화 및 확산 과정을 밝혀줄 유전적·식물지리학적 기준을 제시한다.[53] 재배종 바나나의 역사는 뉴기니에서 시작해 서쪽으로 이어지며, 인도양을 거쳐 서아프리카까지 전파되는 기간은 2000년이 넘는다.[54] 이외에

---

52 D.R. Piperno and D.M. Pearsall, *The Origins of Agriculture in the Lowland Neotropics* (San Diego: Academic Press, 1998).
53 Perrier et al., 'Multidisciplinary perspectives on banana'.
54 T.P. Denham and M. Donohue, 'Pre-Austronesian dispersal of banana cultivars west from New Guinea: linguistic relics from eastern Indonesia', *Archaeology in Oceania*, 44 (2009), 18-28; H. Rangan et al., 'Environmental history of botanical exchanges in the Indian Ocean world', *Environment and History*, 18 (2012), 311-42; E. De Langhe, 'The establishment of traditional plantain cultivation in the African rain forest: a working hypothesis', in Denham et al. (eds.), *Rethinking Agriculture*, 361-70.

도 역사지리적 전파 과정이 뉴기니에서 시작되는 재배종 식물로는 빵나무(*Artocarpus altilis*), 사고야자(*Metroxylon sagu*), 사탕수수(*Saccharum officinarum*), 그리고 타로와 얌의 일부 품종 등이 있다.

이러한 식물들이 무성 생식의 방식으로 뉴기니에서 서쪽으로 전파된 것이 사실이라면 분명 특정한 재배 방식도 전파되었을 텐데, 이는 아직 고고학적으로 밝혀지지 않았다.[55] 섬동남아(ISEA) 지역에서 모자이크처럼 식물이 전파되었으며, 재배의 방식도 포함되었다. 이러한 전파와 관련된 정확한 시기나 문화적 연관 관계는 아직 불분명하다. 또한 어떤 방식의 농업과 관련되어 있었는지도 마찬가지다. 뉴기니 기준 동쪽으로 전파되는 과정에서는 어떤 방식의 농업이 함께 전파되었는지 분명히 밝힐 수 있다. 그러한 전파 과정 자체가 사람들의 원격오세아니아 진출과 관련되어 있기 때문이다. 그러나 뉴기니에서 전해진 식물이 역사적으로 어느 시기에 중요한 식량 자원이 되었는지, 광대한 구대륙의 열대습윤 지역에서 상업 작물로 등장한 역사적 과정은 어떻게 되었는지는 아직 밝혀져야 할 과제로 남아 있다.

동남아시아에서 동쪽으로 전파된 식물도 있었다. 먼 옛날 이들 작물이 전파될 당시에 그 재배 관행도 뉴기니 산간 지방으로 함께 전해졌다. 동아, 그리고 아마도 호리병박도 최소한 2000년 전에는 고산 지대에서 자라고 있었다. 또한 20세기 중엽에 아시아에서 재배되던 칡(*Pueraria*

---

55 T.P. Denham, 'From domestication histories to regional prehistory: using plants to reevaluate early and mid-Holocene interaction between New Guinea and Southeast Asia', *Food and History*, 8 (2010), 3-22.

lobata)이 고산 지대 일부 지역에서도 자랐다는 보고가 있다.[56] 결국 뉴기니 지역으로 전해 들어온 식물도 있었고, 뉴기니에서 전파되어 나간 식물도 있었다. 이는 특별히 새로운 일이 아니었다. 1000여 년 동안 비슷한 과정이 반복되었다. 이러한 식물의 이식은 홀로세 시기의 지역 간 관계는 물론, 이후 작물 재배 관행과 사회생활의 변화를 밝혀줄 열쇠가 될 것이다.

---

56 J.B. Watson, '*Pueraria*: names and traditions of a lesser crop of the Central Highlands, New Guinea', *Ethnology*, 3 (1968), 1-5.

더 읽어보기

Allen, J. 'Prehistoric agricultural systems in the Wahgi valley - a further note.' *Mankind*, 7 (1970), 177-83.

Bayliss-Smith, T.P. 'The meaning of ditches: interpreting the archaeological record using insights from ethnography.' In T.P. Denham, J. Iriarte, and L. Vrydaghs (eds.), *Rethinking Agriculture: Archaeological and Ethnoarchaeological Perspectives*. Walnut Creek: Left Coast Press, 2007. 126-48.

―――. 'People-plant interactions in the New Guinea highlands: agricultural hearthland or horticultural backwater?' In D.R. Harris (ed.), *The Origins and Spread of Agriculture and Pastoralism in Eurasia*. London: UCL Press, 1996. 499-552.

Bourke, R.M. and T. Harwood (eds.). *Food and Agriculture in Papua New Guinea*. Canberra: ANU E Press, 2009.

Brookfield, H.C. 'The ecology of highland settlement: some suggestions.' *American Anthropologist*, 66 (1964), 20-38.

Christensen, O.A. 'Hunters and horticulturalists: a preliminary report of the 1972-4 excavations in the Manim valley, Papua New Guinea.' *Mankind*, 10 (1975), 24-36.

Denham, T.P. 'Agricultural origins and the emergence of rectilinear ditch networks in the highlands of New Guinea.' In A. Pawley, R. Attenborough, J. Golson, and R. Hide (eds.), *Papuan Pasts: Cultural, Linguistic and Biological Histories of Papuan-Speaking Peoples*. Canberra: Pacific Linguistics, 2005. 329-61.

―――. 'Archaeological evidence for mid-Holocene agriculture in the interior of Papua New Guinea: a critical review.' *Archaeology in Oceania*, 38 (2003), 159-76.

―――. 'Early agriculture and plant domestication in New Guinea and island Southeast Asia.' *Current Anthropology*, 52, Supplement 4 (2011), S379-95.

―――. 'Early to mid-Holocene plant exploitation in New Guinea: towards a contingent interpretation of agriculture.' In T.P. Denham, J. Iriarte, and L. Vrydaghs (eds.), *Rethinking Agriculture: Archaeological and Ethnoarchaeological Perspectives*. Walnut Creek: Left Coast Press, 2007. 78-108.

―――. 'Envisaging early agriculture in the highlands of New Guinea: landscapes, plants and practices.' *World Archaeology*, 37 (2005), 290-306.

―――. 'The Kuk morass: multi-disciplinary investigations of early to mid Holocene plant exploitation at Kuk Swamp, Wahgi valley, Papua New Guinea.'

Unpublished PhD thesis (Canberra: Australian National University, 2003).

Denham, T.P. and H. Barton. 'The emergence of agriculture in New Guinea: continuity from pre-existing foraging practices.' In D.J. Kennett and B. Winterhalder (eds.), *Behavioral Ecology and the Transition to Agriculture*. Berkeley: University of California Press, 2006. 237-64.

Denham, T.P., J. Golson, and P.J. Hughes. 'Reading early agriculture at Kuk (phases 1-3), Wahgi valley, Papua New Guinea: the wetland archaeological features.' *Proceedings of the Prehistoric Society*, 70 (2004), 259-98.

Denham, T.P. and S.G. Haberle. 'Agricultural emergence and transformation in the upper Wahgi valley during the Holocene: theory, method and practice.' *The Holocene*, 18 (2008), 499-514.

Denham, T.P., S.G. Haberle, and C. Lentfer. 'New evidence and interpretations for early agriculture in highland New Guinea.' *Antiquity*, 78 (2004), 839-57.

Denham, T.P., S.G. Haberle, C. Lentfer, et al. 'Origins of agriculture at Kuk Swamp in the highlands of New Guinea.' *Science*, 301 (2003), 189-93.

Fullagar, R., J. Field, T.P. Denham, and C. Lentfer. 'Early and mid-Holocene processing of taro (*Colocasia esculenta*) and yam (*Dioscorea* sp.) at Kuk Swamp in the highlands of Papua New Guinea.' *Journal of Archaeological Science*, 33 (2006), 595-614.

Golson, J. 'The Ipomoean revolution revisited: society and sweet potato in the upper Wahgi valley.' In A. Strathern (ed.), *Inequality in New Guinea Highland Societies*. Cambridge University Press, 1982. 109-36.

_____. 'The New Guinea highlands on the eve of agriculture.' *Bulletin of the Indo-Pacific Prehistory Association*, 11 (1991), 82-91.

_____. 'No room at the top: agricultural intensification in the New Guinea highlands.' In J. Allen, J. Golson, and R. Jones (eds.), *Sunda and Sahul: Prehistoric Studies in Southeast Asia, Melanesia and Australia*. New York and London: Academic Press, 1977. 601-38.

_____. 'Unravelling the story of early plant exploitation in highland Papua New Guinea.' In T.P. Denham, J. Iriarte, and L. Vrydaghs (eds.), *Rethinking Agriculture: Archaeological and Ethnoarchaeological Perspectives*. Walnut Creek, CA: Left Coast Press, 2007. 109-25.

Golson, J., T.P. Denham, P.J. Hughes, P. Swadling, and J. Muke (eds.). *10,000 Years of Gardening at Kuk*. Canberra: ANU E Press, forthcoming.

Golson, J. and P.J. Hughes. 'The appearance of plant and animal domestication in New Guinea.' *Journal de la Société des Océanistes*, 36 (1980), 294-303.

Groube, L. 'The taming of the rainforests: a model for late Pleistocene forest exploitation in New Guinea.' In D.R. Harris and G.C. Hillman (eds.), *Foraging and Farming: The Evolution of Plant Exploitation*. London: Unwin Hyman, 1989. 292-304.

Lebot, V. 'Biomolecular evidence for plant domestication in Sahul.' *Genetic Resources and Crop Evolution*, 46 (1999), 619-28.

Powell, J.M. 'The history of plant use and man's impact on the vegetation.' In J.L. Gressitt (ed.), *Biogeography and Ecology of New Guinea*, vol. I. The Hague: Junk, 1982. 207-27.

_____. 'Plant resources and palaeobotanical evidence for plant use in the Papua New Guinea highlands.' *Archaeology in Oceania*, 17 (1982), 28-37.

Powell, J.M., A. Kulunga, R. Moge, et al. *Agricultural Traditions in the Mount Hagen Area*. Department of Geography Occasional Paper 12. Port Moresby: University of Papua New Guinea, 1976.

Yen, D.E. 'The domestication of environment.' In D.R. Harris and G.C. Hillman (eds.), *Foraging and Farming: The Evolution of Plant Exploitation*. London: Unwin Hyman, 1989. 55-75.

_____. 'The origins of Oceanic agriculture.' *Archaeology and Physical Anthropology in Oceania*, 8 (1973), 68-85.

CHAPTER 18

사하라 이남 아프리카의 초기 농업
(기원후 500년경 이전)

폴 레인
Paul J. Lane

이번 장에서는 지금까지 알려진 사하라 이남 아프리카의 초기 농업에 관한 내용을 개괄하려 한다. 우리의 논의가 포괄하는 시기는 사하라 이남 아프리카 곳곳에서 농업이 시작된 이후부터 기원후 500년경까지다. 이 글에서 "농업"이란 가능한 가장 넓은 의미로 사용된다. 어떤 형태건 식량 생산 활동을 총칭하는 의미를 포함한다. 곡물 재배 위주(원경園耕, 이동식 농업, 숲의 관리 등 그 자체로 다양한 형태를 포괄함에도 불구하고 이 글에서는 "농경farming"이라 칭한다), 가축 사육 위주(이 글에서는 "유목herding" 혹은 "목축pastoralism"이라 칭한다), 혹은 농경과 유목을 함께 병행하는 경우(이 글에서는 "농목업agropastoralism"이라 칭한다)를 모두 농업의 개념에 포함한다. 이후 논의를 통해 드러나겠지만, 이처럼 개념을 넓게 적용하다 보면 다양성이 가려지는 경우가 없지 않고, 사실은 매우 복잡한 식량 생산 체계가 지나치게 단순화되는 경향도 있다. 예를 들면 수목 재배(arboriculture)가 그러한 경우다. 기름야자(oil palm)는 열대우림 지대에서 혹은 그 주변부에서 재배되었을 뿐만 아니라, 서아프리카 초원 지대와 동아프리카 해안의 배후지 건조 지대인 니이카(nyika) 국립공원 지역에서도 재배의 흔적이 분명히 확인되었다. 이는 사하라 이남 아프리카에서 상당히 이른 시기부터 농업 시스템의 중요한 구성 요소였을 것이다.

다양한 식량 생산 시스템이 동시에 공존함으로써 식량 수급의 안정성을 높이고 위험을 줄일 수 있었다. 이를 위해서는 다양한 집단의 사람들이 참여하는 복잡한 사회관계와 교환 체계가 마련되어야 했다. 사하라 이남 아프리카 전역에서 농업의 확산과 함께 상당한 정도의 인구 이동이 수반되었다. 물론 목적의식적 이주에 비하면 아주 서서히 번져 나가는 방식이었다. 지역마다 토양의 성질, 식생의 분포, 강우의 방식이 달랐으므로 곡물 재배에 적합한 곳이 있었고 가축 사육에 적합한 곳이 있는가 하면 양쪽을 병행해야 하는 곳도 있었고, 여기에 포레이징, 고기잡이, 사냥 등이 결합되기도 했다. 농경 혹은 유목 공동체가 새로운 지역으로 진출할 때는 그들만의 사회 관습과 물질문화 및 언어를 가지고 갔다. 이 모든 요소는 원래 그 지역에 거주하던 토착 원주민의 그것과 달랐다. 원주민은 주로 고기잡이나 사냥 등의 포레이징 생활을 하고 있었다. 그리하여 사하라 이남 아프리카에서는 매우 다양한 민족 언어와 사회의 모자이크가 형성되었다. 새로 이주해 들어온 사람들과 토착 원주민이 서로 교류하고 물건과 용역, 서로의 관습과 신앙 체계를 교환하거나, 혹은 혼인으로 협력 관계를 구축한 경우도 있었다. 이는 언어의 역사나 유전자 분석 및 고고학적 발굴을 통해 명확히 확인되는 바와 같다. 이러한 관계가 긴장과 적대감을 초래하는 경우도 있었다. 이 또한 유물을 통해 확인되는데, 특히 신체적 폭력의 흔적이 말 그대로 신체나 유골 주변의 유물로 남겨져 있다. 농업의 시스템은 지역마다 달랐지만 기원후 500년경에 이르면 사하라 이남 아프리카 거의 전역에서 농업 시스템이 확고히 자리 잡았고, 기원후 1000년경에 이르면 더욱더 확고해졌지만, 그럼에도 불구하고 수렵채집 관행은 열대우림에서부터 칼라하리 사막에 이르기까지, 서아프리카에서 동아프리카에 이르기까지 수 세기 동안 지속되었다는 사실을 기억해둘 필요가 있겠다. 심지어 오늘날까지도 사하라 이남 아프리카 곳곳에서 우리는 그들의 후손을 드물지 않게 발견할 수 있다.

아주 특별한 몇몇 예외가 아니라면 이질적 집단의 상호 교류가 갖는 특성과 의미는 아주 최근에 이르러서야 고고학적 연구의 대상이 되었다. 게다가 고고학적 발굴 성과의 해석이 대개는 쉽지 않은 경우가 많았다. 즉 서로 다른 시공간에서 발견된 유물의 성격을 분명히 규명하는 일은 분석 방법론이나 이론적 측면에서 상당히 도전적인 과제였다. 마찬가지로 어려운 과제는, 어쩌면 더욱 어려운 과제는 재배 및 사육의 과정을 밝히는 일이었다. 즉 서로 다른 지역에서 왜 어떻게 농업이 발생했으며, 어떠한 메커니즘이 작동했는지, 고고학 및 고생태학적 흔적으로부터 이를 어떻게 밝혀내야 할지가 주어진 과제였다.

식량 생산의 시작

사하라 이남 아프리카 최초의 식량 생산 방식은 목축이었다. 북아프리카에서 목축이 처음 시작된 시기는 약 8000년 전이었다.[1] 이후 홀로세 중엽에 서서히 남쪽으로 확산되기 시작했다. 당시는 사하라의 강우량이 오늘날보다 훨씬 더 많을 때였다. 강우량이 증가하면서 두 가지 결

---

[1] A. Gautier, 'Animal domestication in North Africa', in M. Bollig et al. (eds.), *Aridity, Change and Conflict in Africa: Proceedings of an International ACACIA Conference held at Königswinter, Germany, October 1-3, 2003* (Köln: Heinrich-Barth-Institut, 2007), 75-89.

과가 나타났다. 첫째, 지표수가 많이 드러났고, 둘째, 사바나 초원 같은 푸른 초지가 확대되었다. 이는 이동식 공동체의 삶에 이상적인 조건이었다. 이들은 소 위주로 목축을 하고 토기를 사용하는 사람들이었다. 기원전 제5천년기에 이르러 오늘날의 차드공화국 지역에도 이들이 등장했고, 더욱 동쪽으로 확산되었다. 그곳 서부 사하라 지역에는 원래 수렵-채집-어로에 의존하는 여러 공동체들이 살고 있었다. 이들도 대부분 토기를 사용하는 사람들이었다.[2] 기원전 제5천년기 말에서 제4천년기 초에 이르러 소를 키우는 공동체의 사람들이 서부 사하라의 남단까지 퍼져 나갔다. 이는 니제르의 테네레 사막(Ténéré desert)에 있는 아드라르 대산괴(Adrar Bous) 유적을 통해서 확인되었다(지도 18-1).[3] 기원전 2500년경 기후가 다시 건조해지기 시작했다. 남회귀선과 북회귀선 사이 적도 수렴대(convergence zone)에도 변화가 찾아왔다. 소를 키우는 사람들은 다시 남쪽으로 이동을 시작했다. 특히 물이 풍부하고 배수가 잘 되는 강가의 계곡 지대를 따라 움직였다. 건조 기후가 심해지고 습지가 줄어들면서 말라리아나 아프리카 수면병(trypanosomiasis) 같은 병원균의 서식 환경도 줄어들었다. 이는 목축을 하는 사람들에게 훨씬 더 유리한 환경이었다.

대체로 초기 식량 생산을 선택한 사회의 생활 경제는 다양한 스펙트

---

2 R. Kuper and S. Kröpelin, 'Climate-controlled Holocene occupation in the Sahara: motor of Africa's evolution', *Science*, 313 (2006), 803-7.
3 J.D. Clark and D. Gifford-Gonzalez (eds.), *Adrar Bous: Archaeology of a Central Saharan Granitic Ring Complex in Niger* (Tervuren: Royal Museum for Central Africa, 2008).

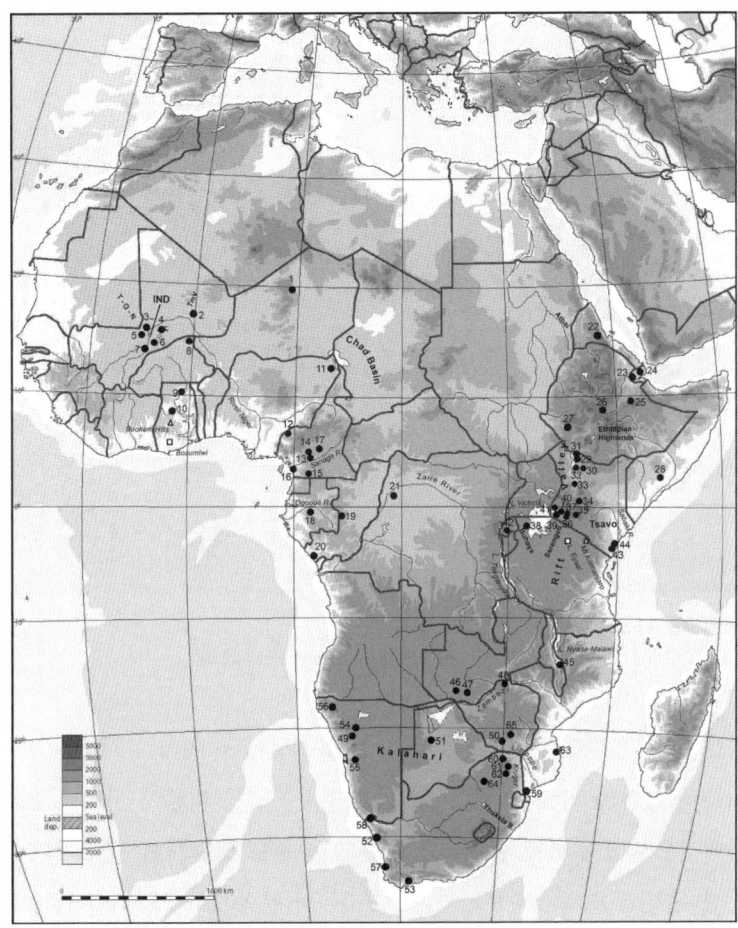

[지도 18-1] 아프리카의 주요 지역과 유적지

1. Adrar Bous; 2. Korkorichinikat; 3. Windé Koroji Ouest; 4. Windé Koroji Ouest; 5. Kobadi; 6. Kolima Sud; 7. Ti-N Akof; 8. Laga Oda; 9. Asa Koma; 10. FeJx3; 11. Gogoshiis Qabe; 12. Handoga; 13. Asmara; 14. Kumali; 15. Dongodien; 16. North Horr; 17. Ilert; 18. Jarigole; 19. Lokori; 20. Ol Ngoroi; 21. Enkapune ya Muto; 22. Birimi; 23. K6; 24. Jennejeno; 25. Zilum; 26. Ngamuriak; 27. Sugenya; 28. KM2 & 3; 29. Gogo Falls; 30. Wadh Lang'o; 31. Usenge 3; 32. Kabusanze; 33. Mgombani; 34. Panga ya Saidi; 35. Shum Laka; 36. Oliga; 37. Nkang; 38. Abang Minko; 39. Bwambé-Sommet; 40. Nanga Eboko; 41. Toubé 1; 42. Abéké; 43. Tchissinga West; 44. Leopard Cave; 45. Bambata Cave; 46. Toteng; 47. Spoegrivier; 48. Blombos Cave; 49. Geduld; 50. Mirabib; 51. Orunwange 95/1; 52. Kasteelberg Hill; 53. Jakkalsberg; 54. Situmpa; 55. Matola; 56. Happy Rest; 57. Klein Africa; 58. Silver Leaves; 59. Nkope Hill; 60. Kalundu; 61. Kadzi; 62. Chibuene; 63. Broederstroom; 64. Mabveni, Zimbabwe; IND=Inland Niger Delta sites.

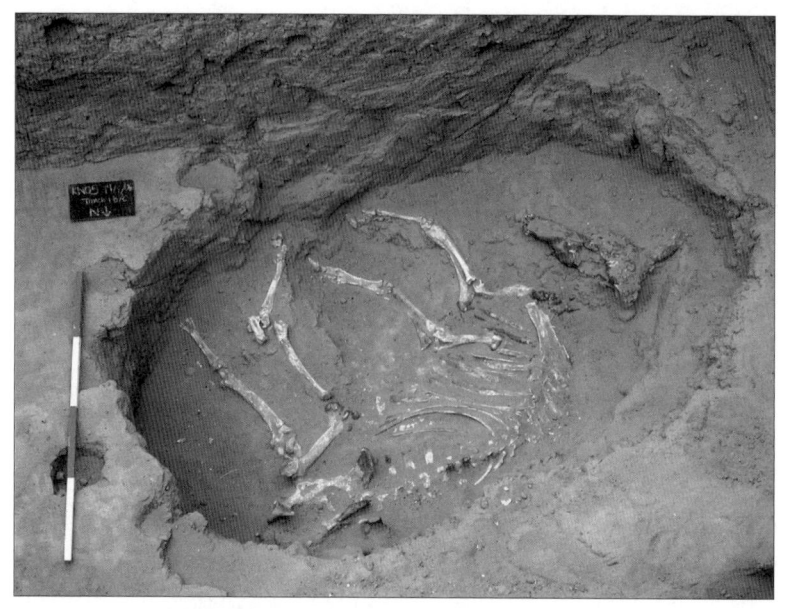

[그림 18-1] 소 매장지
기원전 2600년경. 말리, 카르카리친카트 노르(Karkarichinkat Nord).

럼을 보였다. 다만 지역에 따라 그 성격이 달랐다. 여러 유적에서 발견되는 동물의 흔적을 볼 때 야생 동물이 차지하는 비중이 서로 달랐고, 상대적으로 풍부하게 발견되는 동물의 종류도 달랐으며, 물고기도 다양했다. 말리공화국의 도시 가오(Gao)에서 북쪽으로 약 80~85킬로미터 떨어져 있는 틸렘시 계곡(Tilemsi valley)에서 기원전 제3천년기 중엽의 유적이 발견되었는데, 여기서 사육종 소와 크기가 작은 가축의 흔적이 확인되었다(그림 18-1). 기원전 2200년경부터는 말리의 니제르강 삼각주(Niger delta) 동쪽 내륙에 있는 윈데 코로지 우에스트(Windé Koroji Ouest), 그리고 기원전 1600년경부터는 코바디(Kobadi)와 콜리마 쥐드

(Kolima Sud)까지도 그들이 진출했다.[4] 기원전 2200년경부터 모리타니 공화국의 티치트(Tichitt)-왈라타(Oulata)-네마(Néma)로 이어지는 단층애(斷層崖, escarpment, 침식 작용이나 단층에 의해 생긴 연속된 절벽이나 가파른 경사 지형 — 옮긴이) 지역에서도 몇몇 선구적인 가축 사육 관행이 등장했다(제19장 참조). 틸렘시 계곡 하류 지역에서는 사육종과 야생종 동물이 풍부했지만 물고기나 조개 같은 수생 동물도 여전히 중요한 비중을 차지하고 있었다. 한편 코바디 지역에서는 기원전 제2천년기 초에 고기잡이에 특화된 공동체가 등장한 흔적이 발견되었다. 이들의 식량 자원 목록은 예전보다 단순해졌던 것 같다. 부르키나파소공화국 북부 지역에서 남쪽과 동쪽으로 가면서 유적지들이 더 있는데, 시기는 기원전 2200~1000년이다. 이들은 후기 석기 시대(LSA)의 기술을 보유한, 이동성이 굉장히 높은 집단이었는데, 간헐적으로 진주조(pearl millet)를 재배한 흔적이 남아 있다. 이외에도 기원전 1800년경부터 다양한 과일을 이용했던 것 같다(Tin-Akof 유적 참조).[5] 그러나 사육종 가축을 길렀다는 직접적 증거는 서력기원이 시작될 때까지 나타나지 않는다.[6]

4 K.C. MacDonald and R.H. MacDonald, 'The origins and development of domesticated animals in arid West Africa', in R.M. Blench and K.C. MacDonald (eds.), *The Origins and Development of African Livestock: Archaeology, Genetics, Linguistics and Ethnography* (London: UCL Press, 2000), 127-62; K.Manning, 'A developmental history of West African agriculture', in P. Allsworth-Jones (ed.), *West African Archaeology: New Developments, New Perspectives* (Oxford: Archaeopress, 2010), 43-52.
5 K. Neumann et al., 'Early food production in the Sahel of Burkina Faso', *Berichte des Sonderforschungsbereichs*, 268 (2000), 327-34.
6 P. Breunig, 'Pathways to food production in the Sahel', in P. Mitchell and P.J. Lane (eds.), *The Oxford Handbook of African Archaeology* (Oxford University Press, 2013), 555-70.

이들이 서부 아프리카 사헬 지대에 도착한 것은, 고고학적으로는 주먹도끼로 잔손질을 거친 발사체 무기(창촉)의 등장으로 확인이 된다. 이는 사하라 지역에 널리 분포하는 유물과 같은 종류다.[7] 곳에 따라서 석기 창촉과 함께 토기가 발견되는데, 기하학적 문양이 특징적이다. 이런 문양의 토기는 같은 시기 동부 및 중남부 사하라에서도 널리 발견되는 유물이었다. 마침내 분명히 구분되는 세 개의 문화 전통이 출현했다. 이들의 지리적 분포는 서로 겹쳐 있었지만, 사용한 석기와 토기 유물은 서로 확연히 달랐다. 아자와드(Azawad), 메마(Mema), 구르마(Gourma) 지역을 중심으로 코바디 문화(Kobadi tradition)가 있었고, 티치트-왈라타-네마 단층애 지역과 메마 지역을 중심으로 티치트 문화(Tichitt tradition)가 있었고, 틸렘시와 구르마 지역을 중심으로 윈데 코로지 문화(Windé Koroji tradition) 혹은 틸렘시 문화가 있었다.

오래전부터 서아프리카 사헬 지대는 재배종 진주조(*Pennisetum glaucum*)가 진화한 지역으로 알려져 있었다. 그러나 할란(Harlan)의 주장에 따르면, 진주조의 조상 야생종(*P. glaucum violaceum*)의 분포로 볼 때, 서남아시아에서 재배종으로 진화한 여러 곡물들, 예컨대 에머밀, 외알밀, 보리 등과 달리 원산지가 아프리카인 재배종 작물들, 예컨대 진주조와 수수(sorghum) 등은 어느 한 곳, 특히 어떤 중심지에서 재배종으로 진화한 것으로 보기 어렵다. 진주조는 서아프리카 사헬 지대 여러 곳에서 독립적으로 재배종 진화가 이루어졌다.[8] 최근의 연구

---

7 Ibid.
8 J. Harlan, 'Agricultural origins: centers and non-centers', *Science*, 174 (1971), 468-74.

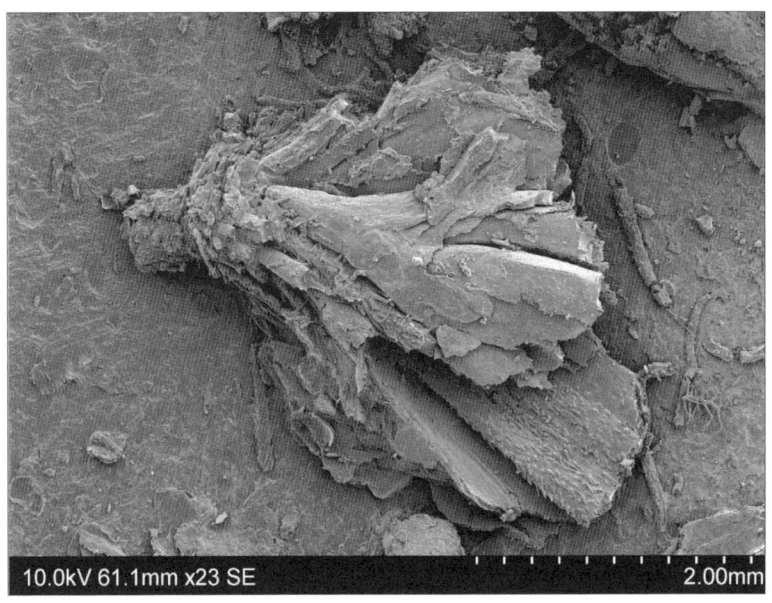

[그림 18-2] 진주조의 꽃대와 외피
주사전자현미경사진(SEM). 기원전 2000년경. 말리, 틸렘시 계곡 하류(Er Neg).

를 통해 할란의 주장은 다시 한 번 확인되었다. 현재까지 이 지역에서 가장 오래된 진주조는, 말리공화국 북부 틸렘시 계곡 하류의 카르카리친카트(Karkarichinkat) 유적에서 발굴되었다. 유적의 연대는 기원전 2600~2000년경으로 확인되었다(그림 18-2).[9] 진주조가 처음 재배종으로 진화한 사건은 약 500년 사이에 일어났는데, 이후 진주조는 사헬 지

9 K. Manning et al., '4500-year-old domesticated pearl millet (*Pennisetum glaucum*) from the Tilemsi valley, Mali: new insights into an alternative cereal domestication pathway', *Journal of Archaeological Science*, 38 (2011), 312-22.

대 전역으로 확산되었다. 이는 오늘날 여러 유적에서 발굴된 식물의 잔해와 토기에 박혀 있는 씨앗을 직접적으로 분석하여 연대가 분명하게 확인된 사실이다. 예를 들면 모리타니공화국의 다르 네마(Dhar Néma)에 있는 몇몇 유적에서 기원전 1700년경의 유물이 확인되었고, 말리공화국의 반디아가라(Bandiagara) 단층애에 있는 여러 유적(Dhar Tichitt, Dhar Oulata, Ounjougou)에서 기원전 1700~1500년경의 유물이 확인되었다. 다르 네마를 비롯한 일부 유적에서는 상당수의 갈돌도 발굴되었다. 갈돌로 갈았던 식물의 씨앗이 반드시 모두 재배종이라고 할 수는 없겠지만, 어쨌든 당시 그곳의 식생활에서 곡물이 중요했음을 알 수 있다. 기원전 제2천년기가 끝나갈 무렵, 진주조는 나이지리아 북동부 차드 분지에서 널리 재배되고 있었다.[10]

서아프리카 사헬 지대에서와 마찬가지로 북동부 아프리카에서 가축 사육, 특히 소 사육은 곡물 재배보다 다소 이른 시기에 시작되었다. 에티오피아 고원 지대의 라가 오다(Laga Oda) 바위 은신처 유적과, 지부티의 아브헤 호수(Lake Abhé) 근처에 있는 아사 코마(Asa Koma)의 노출된 유적에서 그 흔적이 발견되었다. 시기는 둘 다 기원전 2000년경이었다.[11] 오늘날의 에리트레아 국경 근처에 있는 수단의 아타비(Atabi) 유적들 또

---

10 S. Kahlheber and K. Neumann, 'The development of plant cultivation in semi-arid West Africa', in T.P. Denham et al. (eds.), *Rethinking Agriculture: Archaeological and Ethnoarchaeological Perspectives* (Walnut Creek, CA: Left Coast Press, 2007), 320-45.
11 M. Curtis, 'Archaeological evidence for the emergence of food production in the Horn of Africa', in Mitchell and Lane (eds.), *Oxford Handbook of African Archaeology*, 567-80.

한 초기 유적들의 시기는 기원전 제3천년기에서 제2천년기까지 다양하다. 이들 중 상당수에서 양족(양/염소)의 뼈가 발견되었다. 에티오피아의 동아프리카 지구대(Rift Valley)에 위치하는 베사카 호수 근처의 페즈(FeJx)-3 유적과 에티오피아의 고베드라(Gobedra) 유적 연대는 모두 기원전 1500~500년경이었고, 소말리아의 고고쉬스 카베(Gogoshiis Qabe) 바위 은신처는 기원전 2300~1000년경이었다.[12] 아사 코마와 라가 오다 유적에서는 방대한 양의 야생 동물 뼈와 함께 소뼈가 발견되었다(아사 코마에서는 민물고기 뼈도 발견되었다). 함께 발견된 물질문화 유물의 유형은 이전 시기 포레이징 생활을 하던 사람들의 것과 같았다. 이 두 가지 점으로 볼 때, 이들 유적은 모두 토착 원주민이 식량 생산을 현지의 특성에 맞게 시작하던 상황을 보여주고 있다. 지부티의 한도가(Handoga) 유적도 마찬가지다. 여기에 남아 있는 소뼈는 시기가 가장 이른 것으로, 기원전 제2천년기에 해당한다. 남아 있는 동물의 뼈 가운데 소의 비중이 매우 적었고, 주로는 육상 동물과 물고기의 뼈가 많았다.[13] 페즈-3 유적에서는 이와 같은 특성이 거의 나타나지 않았다. 발굴된 유물로 보아 이곳에서는 목축 혹은 농목업(農牧業)을 하던 초기 이주민이 거주했던 것 같다.

비록 양족(양/염소)의 뼈가 처음 등장하는 시기는 상당히 이르지만, 그럼에도 불구하고 양과 염소는 소와 달리 식량 생산 경제에서 상당히

---

12 S. Brandt, 'The upper Pleistocene and early Holocene prehistory of the Horn of Africa', *African Archaeological Review*, 4 (1986), 41-82.
13 H. Grau, 'Handoga: site d'habitat de pasteurs nomades?', *Archeologia Paris*, 159 (1981), 55-9.

후대에 등장한다. 고고쉬스 카베 유적에서는 기원전 제2천년기 후반, 에리트레아의 아스마라(Asmara) 근처에 있는 고대 오나 문화(Ancient Ona tradition) 유적에서는 기원전 제1천년기 초·중기,[14] 그리고 에티오피아 남서부에 있는 쿠말리(Kumali) 바위 은신처 유적에서는 기원후 100년경으로 나타난다.[15] 전반적인 경향성은 서부 사헬 지대의 발굴 성과와 유사성이 있다. 즉 최초로 사육종 소가 소개되어 기존의 수렵-채집-어로 생활 경제의 일환으로 이를 받아들였고, 크기가 작은 가축은 그 뒤에 받아들였으며, 이에 대응하여 식량 수급 및 식생활 전반에서 야생 동물의 비중이 감소하는 과정을 거쳤다.

곡물 재배와 관련해서 에티오피아 고원 지대는 재배종 식물의 중심지로 알려져 있었다. 그중에는 원산지가 아프리카인 곡물 테프(tef)와 바나나처럼 생긴 근경류 작물로 전분이 함유된 엔세트(enset)뿐만 아니라 커피(*Coffea arabica*), 누그(noog, *Guizotia abyssinica*), 그리고 아마도 손가락기장(finger millet)이 있었고, 수수(sorghum)도 포함될 수 있다. 기원전 제2천년기에 곡물을 재배했다는 직접적 증거는 발견되지 않았다. 그러나 라가 오다(Laga Oda)의 바위 은신처 유적에서 토착 야생종 초본류를 채취한 흔적이 발견되었다. 이는 사육종 소를 기르던 때와 같은 시기였다.[16] 이런 관행을 거치면서 토착 야생종이 재배종으로 진화했을 가능성

14 P.R. Schmidt, 'Variability in Eritrea and the archaeology of the northern Horn during the first millennium BC: subsistence, ritual, and gold production', *African Archaeological Review*, 26 (2009), 305-25.
15 E.A. Hildebrand et al., 'The Holocene archaeology of southwest Ethiopia: new insights from the Kafa Archaeological Project', *African Archaeological Review*, 27 (2010), 255-89.

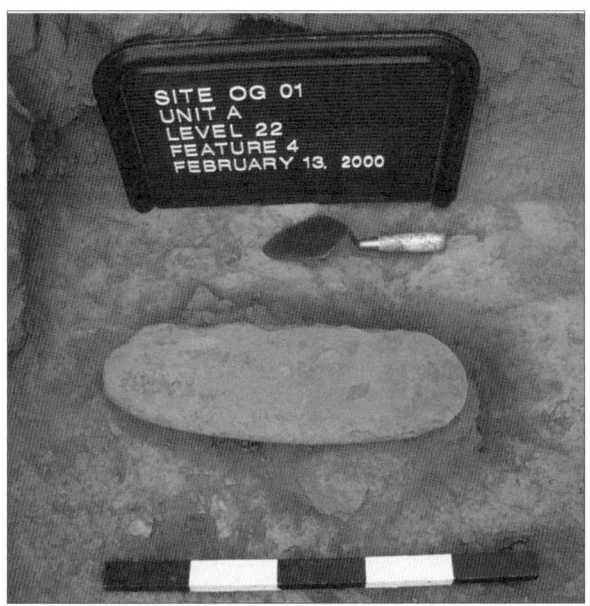

(그림 18-3) 갈돌(오나 문화 유적)
안산암(安山岩)으로 제작. 탄화 보리 씨앗(불에 탄 토양 아래에 묻혀 있었다)과 함께 출토. 고대 오나 문화(Ona Culture) 유적. 에티오피아, 에리트레아, 아스마라 고원, 오나 구도(Ona Gudo)에 위치. 기원전 800~400년경.

은 충분히 있다. 분쇄 도구도 발굴되었는데, 이는 곡물을 재처리한 과정을 알려주는 유물이다(그림 18-3).

기원전 2200년경에 이르러 케냐 북부의 투르카나 호수 분지(Lake Turkana basin)에서도 사육종 가축(소와 양족)이 등장했다. 이와 관련하

16 J.D. Clark and G.R. Prince, 'Use-wear in later Stone Age microliths from Laga Oda, Haraghi, Ethiopia, and possible functional interpretations', *Azania*, 13 (1978), 101-10.

여 최소한 두 종의 토기 양식이 확인되었다(Nderit, Ileret). 이와 같은 새로운 유물과 식량 수급 문화를 기존에는 신석기 목축의 시작 근거로 해석했다. 이러한 유물들은 잔석기를 기본으로 하는 후기 석기 시대(LSA)의 도구들과 함께 나타난다. 예를 들면 돈고디엔(Dongodien), 노스호르(North Horr), 일레레트(Ileret) 등의 유적지들이다.[17] 현지에서 획득한 것으로 추정되는 흑요석이 도구의 중요한 원재료로 사용되었다. 그리고 이 시대에 처음으로 돌그릇이 등장했는데, 굳은 용암이 만들어낸 "부드러운" 바위를 재료로 했다. 같은 케냐 북부 지방에 속하는 그 인근에서 새로운 형태의 매장지가 발견되었다. 돌기둥을 특징으로 하는 이 무덤은 자리골(Jarigole)과 로코리(Lokori) 등의 유적에서 발견되는데, 기원전 3000~2000년경 비슷한 무덤들이 등장했다(그림 18-4).[18] 그중에서 무덤과 직접적으로 연결된 주거지 유적은 발견된 것이 없었다. 그래서 매장지 주변은 의례를 위하여 모이는 "회합 장소"가 아닐까 하는 추론이 제기되었다. 이동식 생활을 하며 널리 흩어져서 살았을 가능성이 큰 다양한 집단의 사람들이 사회적 네트워크를 강화하기 위하여 다양한 의례를 행할 목적으로 회합을 가졌을 수도 있다.

고고학적 기록으로 나타나는 이와 같은 변화는 이주민이 투르카나 호수 분지로 유입되었을 가능성을 뒷받침한다. 새로 들어온 사람들이

---

17 J. Barthelme, *Fisher-Hunters and Neolithic Pastoralists in East Turkana, Kenya* (Oxford: British Archaeological Reports, 1985).
18 K.M. Grillo and E.A. Hildebrand, 'The context of early megalithic architecture in eastern Africa: the Turkana basin, c. 5000-4000 BP', *Azania*, 48 (2012), 193-217.

[그림 18-4] 목축 신석기 시기 유적(Lothagam West: GeJi10)
케냐, 투르카나 호수 서쪽.

가축(다른 지역에서 이미 사육종으로 진화된 동물)과 자연환경을 활용하는 새로운 방식을 가지고 왔을 수도 있다. 역사언어학적 증거로 볼 때 이주민 집단은 남수단, 에티오피아, 그리고 아마도 소말리아 등지에서 소규모 단위로 이동한 공동체였다. 그리고 원시-남부쿠시어 사용자들도 일부 포함되어 있었다. 락타아제 내성 유전자가 약 7000~3000년 전 동아프리카에서 독자적으로 진화한 것으로 확인되었는데, 이 또한 이주민 가설을 뒷받침하는 증거다. 특히 이 유전자가 매우 급속히 확산된 것이 사람들이 이주했을 때 나타나는 유전자 모델과 일치하기 때문이다.[19] 당시 이주민은 다양한 병균의 지리적 분포 때문에, 특히 체체파리(tsetse) 때문에 최초의 정착지에서 더 이상 살지 못하고 남쪽으로 이주한 것으로 추정된다. 마침내 질병에 대한 내성이 발달하고 또한 감염을 예방할 수 있는 주거 환경이 개발될 때까지 이주는 계속되었다.[20] 아마 다른 요인도 작용했을 것이다. 먼저 이동한 이주민 공동체와, 후기 석기 시대(LSA) 문화를 보유하고 수렵-채집-어로 생활을 한 토착민 공동체가 서로 만난 것은 분명하게 확인된 사실이다.

더 남쪽으로 내려와서 케냐 중부의 대지구대와 동부 고원 지대에서 최초로 가축을 사육한 흔적은 기원전 2500~2000년경에 등장한다. 후

---

19 S.A. Tishkoff et al., 'Convergent adaptation of human lactase persistence in Africa and Europe', *Nature Genetics*, 39 (2006), 31-40.
20 D. Gifford-Gonzalez, 'Animal disease challenges to the emergence of pastoralism in sub-Saharan Africa', *African Archaeological Review*, 18 (2000), 95-139; D.K. Wright, 'Frontier animal husbandry in the Northeast and East African Neolithic: a multiproxy palaeoenvironmental and palaeodemographic study', *Journal of Anthropological Research*, 26 (2011), 213-44.

(그림 18-5) 올 은고로이(Ol Ngoroi) 바위 은신처, 케냐(Lolldaiga hills)

기 석기 시대 문화를 보유한 수렵채집인의 바위 은신처 유적들로, 예를 들면 라이키피아(Laikipia)고원에 있는 올 은고로이(Ol Ngoroi) 유적 (그림 18-5), 대지구대에 있는 엔카푸네 야 무토(Enkapune ya Muto) 유적 등이다.[21] 사육종 양족(양/염소)은 기원전 2400~2150년경 빅토리아 호수(Lake Victoria) 근처의 몇몇 유적에서 나타났다. 그러나 그 수

---

21 P.J. Lane, 'Trajectories of pastoralism in northern and central Kenya: an overview of the archaeological and environmental evidence', in M. Bollig et al. (eds.), *Pastoralism in Africa: Past, Present and Future* (Oxford: Berghahn, 2013), 104-43.

가 많지 않았고, 후기 석기 시대 문화에 속하며 수렵-어로-채집을 하던 칸시오레(Kansyore) 문화인과 관련된 유적이었다.[22] 남쪽과 동쪽으로 더 나아가면 목축 생활에 특화된 공동체의 흔적이 나타나는데, 기원전 1800~1700년경 케냐 남동부의 차보(Tsavo) 유적과 사바키강(Sabaki River) 중류 지역의 유적들,[23] 기원전 1200~100년경 케냐 남서부의 마사이 마라(Maasai Mara) 유적, 그리고 기원전 제1천년기 중·후기 킬리만자로산 서부 산록의 세렝게티 평원(Serengeti plains)과 탄자니아의 에야시 호수 분지(Lake Eyasi basin) 주변에 있는 숲과 초원으로 이루어진 개활지의 유적 등이다.[24]

식량 생산의 본격화

처음 재배종 식물과 사육종 동물이 도입되었을 때 아프리카에서는 기존의 수렵채집 경제에 이를 접목시켰다. 이후 1000여 년의 시간이 지나는 동안 상당수 토종 작물이 재배종으로 정착되었다.

서아프리카의 경우, 기원전 1700년경 동부(cowpea, *Vigna unguiculata*)와 기름야자(oil palm, *Elaeis guineensis*), 기원전 1000~500년경 아프리카 벼(African rice, *Oryza glaberrima*), 밤바라땅콩(Bambara groundnut, *Vigna*

---

22 P. Lane et al., 'The transition to farming in eastern Africa: new faunal and dating evidence from Wadh Lang'o and Usenge, Kenya', *Antiquity*, 81 (2007), 62-81.
23 Wright, 'Frontier animal husbandry'.
24 M.E. Prendergast, 'Hunters and herders at the periphery: the spread of herding in eastern Africa', in H. Jousse and J. Lesur (eds.), *People and Animals in Holocene Africa: Recent Advances in Archaeozoology* (Frankfurt: Africa Magna, 2011), 43-58.

subterranea), 바오바브나무(baobab tree, *Adansonia digitata*), 그리고 기원후 제1천년기 중기 포니오(fonio, *Digitaria exilis*)가 재배되었다.[25] 숲의 가장자리에서 서아프리카 얌(West African yams, *Dioscorea* spp.)이 재배된 시기는 거의 확실하게 기원전 2000~1500년경이었다(역사언어학적 근거를 참조하자면 그 시기가 훨씬 더 옛날로 거슬러 올라간다).[26] 다만 직접적인 식물고고학적 근거가 발견되지 않았을 따름이다. 다양한 종류의 근경류 식물과 잎채소 또한 재배되거나 정해진 주기에 따라 "관리"되었다. 여기에는 몇 가지 나무 품종도 포함되는데, 예를 들면 메뚜기 콩나무(locust bean tree, néré, *Parkia biglobosa*, 열매를 발효시켜 향신료를 만들거나 씨주머니를 먹는다), 시어나무(shea, karité, *Vitellaria paradoxa*, 땔감이나 숯을 만드는 용도로 이용되지만 그 열매인 견과류도 중요한 자원으로, 가공을 거쳐 식용 기름과 화장품을 만드는 데 쓰인다) 등이다.

서아프리카 숲 지대에 있는 여러 유적에서 식물의 흔적들이 발견되었다. 바랭이속(*Digitaria*), 팽나무(hackberry, *Celtis*), 아프리카 올리브(incense tree, *Canarium schweinfurthii*), 기름야자(oil palm, *Elaeis guineensis*) 등을 이용한 흔적이었다. 이로 보아 당시 생활 경제에서 야생 자원은 여전히 중요한 요소였다. 기름야자는 다른 식물들보다 적극적으로 관리했던 것 같다(이와 관련하여 킨탐포Kintampo 유적에서 불에 타다 남은 흔적

---

25 D. Fuller and E.A. Hildebrand, 'Domesticating plants in Africa', in Mitchell and Lane (eds.), *Oxford Handbook of African Archaeology*, 503-21.
26 R.M. Blench, 'Using linguistics to reconstruct African subsistence systems: comparing crop names to trees and livestock', in Denham et al. (eds.), *Rethinking Agriculture*, 408-38.

이 많이 발견되었는데, 시간이 갈수록 빈도수가 높아졌다).[27] 또한 코어를 추출하여 퇴적물을 분석한 결과, 기원전 1500년경 가나의 보숨트위 호수(Lake Bosumtwi) 지역과 기원전 800년경 니제르강 삼각주 지역에서 꽃가루 성분의 급격한 변화 및 인위적으로 숲을 제거한 흔적이 발견되었다(기름야자는 그늘을 싫어하며 숲이 우거진 지역에서 잘 자라지 못하기 때문이다). 이러한 근거들로 볼 때 시간이 지나면서 점차 기름야자를 인위적으로 재배하는 단계까지 나아갔음을 알 수 있다. 기원전 2500~1400년경 이 지역의 기후도 갈수록 건조해졌다. 그 결과 나무로 뒤덮인 지역이 뚜렷하게 줄어들었고, 사바나 초원이 그만큼 더 확장되었다. 이를 다호메이 갭(Dahomey Gap)이라 하는데,[28] 이 또한 기름야자의 확산을 촉진하는 계기가 되었을 것이다.

기름야자와 함께 진주조(pearl millet)의 재배도 확인되었다. 마찬가지로 킨탐포(Kintampo) 문화의 맥락이었는데(그림 18-6), 시기는 기원전 1740~1130년경이었고, 발굴된 유적지는 가나 북부의 비리미(Birimi)였다.[29] 사바나 초원 지대 전역에서 새로운 식물들이 재배 작물의 목록에 추가되었다. 당시 재배된 토종 식물들 중에는 동부(cowpea, *Vigna*

---

27 A.L. Logan and A.C. D'Andrea, 'Oil palm, arboriculture, and changing subsistence practices during Kintampo times (3600-3200 BP, Ghana)', *Quaternary International*, 247 (2012), 63-71.
28 M.A. Sowunmi, 'The beginnings of agriculture in West Africa: botanical evidence', *Current Anthropology*, 26 (1985), 127-9; U. Salzmann and P. Hoelzmann, 'The Dahomey Gap: an abrupt climatically induced rain forest fragmentation in West Africa during the late Holocene', *The Holocene*, 15 (2005), 190-9.
29 A.C. D'Andrea and J. Casey, 'Pearl millet and Kintampo subsistence', *African Archaeological Review*, 19 (2002), 147-73.

[그림 18-6] 시가(담배) 모양 토기
가나(Birmi). 킨탐포 문화(Kintampo culture)를 나타내는 지표 유물.

unguiculata), 아프리카벼(African rice, *Oryza glaberrima*), 포니오(fonio, *Digitaria exilis*), 얌(yam, *Dioscorea* sp.) 등이 있었다. 이 가운데 동부를 제외한 나머지 식물들이 확실한 발굴 자료로 확인된 시기는 상당히 오랜 시간이 지난 뒤였다(다만 동부는 가나 중부의 부오켐 힐스Buokem hills에 있는 몇몇 바위 은신처 유적에서 고고학적으로 확인되었다. 또한 K6 유적에서도 발견되었는데, 여기서는 동물 먹이로 이용되었다). 수수(Sorghum)는 이곳보다 더 북쪽과 동쪽 지역에서 처음 재배되었던 것으로 추정된다. 이 또한 건조 지대에서 재배된 작물이었다. 그러나 직접적 근거는 비교적 나중의 것이다(예를 들어 세네갈에서는 고고학적으로 서력기원 전후가 되어서야 수수가 나타난다).[30]

지역마다 작물과 가축의 목록은 상당히 달랐다. 해당 지역의 자연 환경 조건과 야생종 조상의 지리적 분포에 따라 달라질 수밖에 없었다. 농업이 널리 확장되면서 특히 사바나 지역에서는 지역별 품종이 발달했다. 상가 소(Sanga cattle)는 아프리카 타우린 소(African taurine cattle)와 남아시아 혹소(South Asian humped zebu)의 혼종이었다(기원전 제1천년기 중기부터 아프리카에서 혹소가 등장하는데, 도입 시기는 아마 그 이전이었을 것이다). 또한 동아프리카 및 남아프리카에서 비만꼬리양(fat-tailed sheep, 脂尾羊)을 많이 길렀다. 이외에도 지역별로 특징적인 소, 양, 염소 등이 알려져 있다. 서아프리카의 뿔이 짧은 소 품종으로 은다마(N'Dama), 바울레(Baoulé), 솜바(Somba) 등이 있는데, 모두가 이러한 지역별 특화 품종에 속한다. 드워프종(난쟁이 품종) 양과 염소도 있는데, 특히 숲 지대에서 많이 길렀지만 더 북쪽 지역까지도 분포했다. 드워프종 염소의 가장 이른 사례는 기원전 제2천년기의 것으로, 가나의 킨탐포(Kintampo) 문화 유적에서 발견되었다. 최근에는 그보다 더 북쪽에 있는 유적에서도 이들 품종이 발견되었다. 예를 들면 말리의 제니-제노(Jenne-jeno), 나이지리아 질룸(Zilum) 지역에 있는 가지가나 제3단계(Gajiganna phase Ⅲ) 유적 등이다.[31] 드워프 품종은 특히 진드기 내성

---

30 A.C. D'Andrea et al., 'Early domesticated cowpea (*Vigna unguiculata*) from central Ghana', *Antiquity*, 81 (2007), 686-98; S. Kahlheber and K. Neumann, 'The development of plant cultivation in semi-arid West Africa', in Denham et al. (eds.), *Rethinking Agriculture*, 320-46.
31 V. Linseele, *Archaeofaunal Remains from the Past 4000 Years in Sahelian West Africa: Domestic Livestock, Subsistence Strategies and Environmental Change* (Oxford: Archaeopress, 2007).

이 있었고, 아프리카 수면병(trypanosomiasis)이나 범안열원충(汎岸熱原蟲, theileriosis) 같은 가축 질병에도 강했다. 또한 건조한 환경에서도 잘 자랐고, 반복적으로 발생하는 가뭄도 잘 견뎠다. 현지 품종의 개발 및 서식 환경의 조작은 아프리카 대륙의 남쪽으로 가축 사육이 전파되는 결정적 요인이었다(결과적으로 가축을 기르는 환경 자체가 개조되었다). 그러므로 품종과 환경을 살펴보면 어느 품종이 언제쯤 어느 지역으로 전파되었는지 추적이 가능하다.[32]

동아프리카에서는 기원전 1500년경부터 초기 목축 유적이 확대되는 경향을 보였다. 그래서 각 지역별로 물질적·경제적·공간적 다양성이 뚜렷하게 확대되기 시작했다. 크게 두 갈래의 문화적 전통이 확인되는데, 사바나 목축 신석기 문화(Savanna Pastoral Neolithic)와 엘레멘테이타 문화(Elementeitan, 엘레멘테이타 호수 근처의 신석기 문화 – 옮긴이)가 그것이다. 이들 두 문화는 유물의 종류, 정착지의 위치, 가축 사육 방식 등에서 다소간의 차이를 보였다.[33] 이들 문화 유적에서는 간석기 유물, 도끼, 자귀, 뿔로 만든 화살 펴는 도구(horn straightener), 돌그릇(그림 18-7) 등과 함께 주로 흑요석을 이용한 석편 석기가 발견되었다. 사바나 목축 신석기 문화나 엘레멘테이타 문화 모두 주로는 소와 양/염소를 사육했다. 기원전 1000년경에 이르러 등장한 몇몇 목축 공동체 유적, 예를 들면 케냐의 마사이 마라(Maasai Mara) 지역에 있는 은가무리아크(Ngamuriak) 유적이나 수게냐(Sugenya) 유적에서 확인되는 생활 경제

32 Gifford-Gonzalez, 'Animal disease challenges'.
33 Lane, 'Trajectories of pastoralism'.

〔그림 18-7〕 돌그릇
목축 신석기 시기. 케냐, 동아프리카지구대 중부(유적 번호 GvJh73).

는 거의 전적으로 가축 사육에 의존하는 것이었다. 당시 그 지역에서 우기와 건기가 두 차례씩 나타나는 쌍봉형(bimodal) 강우 패턴이 등장하여 사육 경제를 촉진한 측면도 있었던 것 같다. 그럼에도 불구하고 양쪽 문화 모두 내부적으로 다양성을 포함하고 있었다. 수렵, 어로, 채집, 가축 사육에 전문화된 패턴들이 서로 공존했으며, 가축에 의존하는 정도도 일정하지 않았다.

 기원전 500년경부터는 초기 농경 공동체의 흔적이 나타났다. 고고학적 기록이 처음 등장한 곳은 빅토리아 호수의 서쪽, 오늘날의 르완다, 부룬디, 우간다에 걸쳐 있는 지역이었다. 기원후 200년경부터는 빅토리아 호수의 동쪽, 케냐 해안 지대의 서부 및 중부, 탄자니아의 북부 및 해안 지대에서도 이러한 흔적이 나타난다. 기원후 500~700년에 이르러 농경 공동체는 동아프리카에서 건조 지대 및 반건조 지대를 제외한 대부분의 지역에 자리를 잡았다. 동아프리카 지구대(Rift Valley) 중부와 북부 및 남쪽으로 인접한 지역도 포함되었다. 역사언어학에 따르면, 이 지역에 자리 잡은 공동체들은 최초의 원시-동부반투어(proto-Eastern Bantu, "마샤리키Mashariki"라고도 한다) 사용자였다. 이들은 원래 카메룬 북부 및 나이지리아 남부에 있는 원시-반투어군(proto-Bantu)의 "고향"으로부터 갈라져 나온 사람들이었다. 고고학적으로는 이들을 관련된 토기 유물을 근거로 초기 농경 공동체(Early Farming Communities, EFC) 혹은 초기 철기 시대(Early Iron Age, EIA) 문화라 칭한다. 이는 고고학적 유물의 형태적 변화에 근거한 명칭이다. 최초의 EFC 지역보다 시기가 더 늦은 유형의 유물들이 남쪽과 동쪽에서 발견되는데, 이는 EFC가 주변 지역으로 확산되었다는 가설을 뒷받침한다. 주로는 인구 증가 때문에 일부 사람들이 갈라져서 이주를 하고 정착하는 식이었는데, 동부반투어나 금속기 제작 기술이 중앙아프리카의 남부 및 동부로 확산되는 양상도 이와 같았다.

지리적으로 이들의 확산을 고려해볼 때 EFC는 분명 수렵채집인(후기 석기 시대LSA 기술을 보유한 사람들)이나 초기 목축민(신석기 목축 문화를 보유한 사람들)과 마주쳤을 것이다. 기원전 마지막 천년기에 마샤리키 EFC의 구성원들에게 중부수단어파(Central Sudanic)와 동부사헬어파(Eastern Sahelian)가 미친 영향은 언어학적 증거로 분명하게 확인이 된다. 가축, 곡물, 다양한 생활 경제 관행, 특정 물질문화를 지칭하는 수단어 및 사헬어 차용어가 동부반투어에 남아 있기 때문이다.[34] 마찬가지로 초기 농경 공동체(EFC)-후기 석기 시대(LSA) 문화-목축 신석기 집단(group)의 교류 관계도 고고학적으로 수많은 유적지에서 확인되고 있다.[35]

고고학적 관점에서 볼 때 철기 문화와 곡물 재배가 모두 연관되어 있는 최초의 유적지는 우레웨(Urewe) 문화의 맥락에 속했다(그림 18-8). 우레웨란 케냐 서부의 얄라강(Yala River) 강변에 있는 지명인데, 문화의 명칭은 이 지명에서 비롯되었다. 우레웨 문화의 유적지들은 모두 빅토리아 호수 서쪽에 위치한다. 특히 탄자니아의 부하야(Buhaya) 근처에 있는데, 르완다/브룬디에 걸쳐 있는 키부호(Lake Kivu)-루시지강(Rusizi River)으로 이어지는 지역에 집중되어 있다. 방사성탄소 연대측정에 따르면, 이곳에서 우레웨 문화가 처음 등장한 시기는 기원전 8~6세기였다. 우레웨 토기(Urewe ware)는 르완다, 브룬디, 그리고 여기서 남쪽으로 접해 있는 우간다 남서부, 케냐 서부, 탄자니아 북서부까지 상당히 넓은 지역에 분포한다.[36] 우레웨 토기 유적지들은 또한 아프리카 대호수(Great Lake) 지역 최초로 철기 문화가 등장한 맥락과 밀접하게 연관되어 있다. 그곳 철기 문화의 기원과 특성을 밝히기 위해 상당히 많은 연구가 축적되어왔다. 예컨대 탄자니아의 케몬도만(Kemondo Bay) 가까이

---

34 C. Ehret, *An African Classical Age: Eastern and Southern Africa in World History, 1000 BC to AD 400* (Charlottesville: University of Virginia Press, 1998), 47-53.
35 P.J. Lane, 'The "moving frontier" and the transition to food production in Kenya', *Azania*, 39 (2004), 243-64.
36 C.Z. Ashley, 'Towards a socialised archaeology of ceramics in Great Lakes Africa', *African Archaeological Review*, 27 (2010), 135-63.

[그림 18-8] 반구형 사발과 바닥이 오목한 토기
우간다(Lolui Island). 우레웨 문화(Urewe culture) 유적 출토(유적 번호 LOL-13).

에 위치하는 유적지 KM2 및 KM3의 발굴 성과와, 인근 지역에서의 민족학 관습 조사 결과로 볼 때, EFC의 금속 기술자들은 고도의 물리·화학적 지식을 갖추었으며 기원후 제1천년기에 이미 탄소강을 만들 수 있을 정도로 용광로 온도를 높일 수 있는 능력을 가지고 있었다.[37]

37 P.R. Schmidt and S.T. Childs, 'Innovation and industry during the early Iron

대개 EFC의 사람들은 복합 영농을 했던 것으로 추정된다. 작물 재배와 가축 사육을 동시에 했지만 곡물 재배에 더 중점을 두었던 것 같다. 그들이 선호한 주거지는 물 공급이 원활한 낮은 산간 지대와 숲이 있는 사바나 초원 지대의 교차점이었다. 우레웨 유적지에서 실질적인 식량 수급 전략을 확인할 수 있는 유물은 상당히 드문 편이다. 그러나 케냐 서부의 사우스 니안자(South Nyanza) 지역에 있는 고고 폴스(Gogo Falls) 유적과 와드 랑고(Wadh Lang'o) 유적, 노스 니안자(North Nyanza) 지역에 있는 우셍게(Usenge)-3 유적에서는 예외적으로 식량 관련 흔적들이 발굴되었다. 이곳에서는 소를 비롯해 소형 가축의 흔적이 나타났다. 최근에 발굴된 르완다의 여러 유적에서도 이 지역의 초기 농경 관행을 알려주는 중요한 자료들이 출토되었다. 카부산제(Kabusanze) 유적에서 진주조, 수수, 콩과 식물(동부일 가능성이 크다)이 발견되었는데, 시기는 기원후 380~420년경이었고, 우레웨 문화의 토기가 함께 출토되었다.[38] 케냐 남부의 음곰바니(Mgombani) 개방 유적(c. 660~890 CE)과 지초니 고지대(Dzitsoni uplands) 근처에 있는 석회암 동굴 판가 야 사이디(Panga ya Saidi) 유적(LSA 수렵채집인 거주)에서도 아프리카 원산 작물들의 직접적 증거가 다양하게 발견되었다. 양쪽 유적지 모두에서 재배종 작물들, 수수, 진주조, 손가락기장, 바오바브나무 씨앗 등이 발견되었고, 음곰바니

Age in East Africa: the KM2 and KM3 sites of northwestern Tanzania', *African Archaeological Review*, 3 (1995), 53-94.

38 J.D. Giblin and D.Q. Fuller, 'First and second millennium AD agriculture in Rwanda: archaeobotanical finds and radiocarbon dates from seven sites', *Vegetation History and Archaeobotany*, 20 (2011), 253-65.

유적에서는 추가로 콩과 식물(동부로 추정)도 확인되었다.[39]

열대우림의 작물 재배

중앙아프리카 지역은 오늘날 열대우림으로 뒤덮여 있다. 이곳 농업의 특성과 그 시작 및 확산 정도를 알려주는 자료들은 매우 산발적으로 흩어져 있다. 그럼에도 불구하고 자료들을 종합하면 핵심적 발전 양상과 다양한 변화에 관해 어느 정도 추론이 가능하다. 결과적으로 이와 관련하여 서로 구별되는 두 단계가 확인되었다. 최초의 단계는 기원전 1500년에서 기원후 100년까지로, 석기에서 금속기로 넘어가는 이행기였다. 특징적 유물로는 간석기 돌도끼 및 괭이와 함께 토기가 있었다. 시기적으로 이행기는 초기 철기 시대와도 겹쳤다. 고고학적으로 초기 철기 시대는 기원전 400년부터 기원후 1000년까지였다. 이때 최초의 철기 제작 근거가 등장했고, 새로운 형태의 토기가 나타났다. 기존의 연구를 통해 밝혀진 바와 같이, 돌도끼나 괭이 같은 간석기가 언제나 식량 생산을 의미하는 유물은 아니었다(이런 유물들이 후기 석기 시대 수렵채집 경제의 마지막 시기를 나타내는 지표인 경우가 훨씬 더 많았다). 또한 농업이 전파되기 전의 공동체에서도 토기를 만든 몇몇 사례가 존재했다(예를 들면 카메룬 북서부의 슘라카Shum Laka 바위 은신처 유적). 그럼에도 불구하고 기원전 600년경 이후 콩고 분지(Congo basin) 전역에 걸쳐 유적지들이 뚜렷하게 증가했고, 새로운 기술이 도입된 흔적이 확인되었다. 이는

---

39 R. Helm et al., 'Exploring agriculture, interaction and trade on the eastern African littoral: preliminary results from Kenya', *Azania*, 47 (2012), 39-63.

인구 증가 및 화전 농법(slash and burn agriculture) 사용자들의 남쪽 이주 때문이었던 것으로 추정된다. 석기-금속기 이행기(Stone-to-Metal Age, SMA, 즉 석기가 광범위하게 사용되는 가운데 제철 흔적이 처음 등장하는 시기) 유적의 지리적 분포를 근거로 추정하자면, 그들의 초기 이주 경로는 카메룬 중남부에서 출발해서 동쪽으로는 열대우림 지대의 북쪽 경계를 따라 갔으며, 남쪽으로는 대서양 연안 오늘날의 적도기니, 가봉, 콩고로 뻗어 나갔다. 동쪽으로 가던 무리 중 일부는 오고우에강(Ogooué River)을 따라 오늘날의 로페(Lopé, 가봉 중부)까지 진출했다. 시기는 대략 기원전 800~300년이었다. 이들의 전체 경로에 걸쳐 같은 양식의 토기가 발견되는데, 이는 당시 그들이 단일한 문화 집단에 속했다는 것을 의미한다. 또한 이 단계의 사람들이 선호한 주거지의 위치는 언덕이었으며, 주요 거점들은 주로 강가에 위치해 있었다.[40]

기원전 1500년경 대서양 몬순 기후가 쇠약해지면서 숲이 부분적으로 사라지는 지역들이 생겨났다. 숲의 틈이 벌어진 곳이 남쪽으로 이동하는 사람들을 유인하는 공간이 되었다. 그로부터 수백 년 뒤 기후 변화로 더 많은 면적의 숲이 줄어들었다. 이를 계기로 제철 및 농경 지식을 보유한 새로운 집단의 사람들이 대거 남쪽으로 이주하게 되었다. 이들의 언어는 원시-서부반투어(proto-Western Bantu)였다. 당시의 유적들 가운데 가장 오래된 곳이 카메룬 남부의 올리가(Oliga)에 있으며, 시기는 기원전 제1천년기 중엽이었다. 뒤이어 기원전 600년경에서 기원후

---

40 R. Oslisly et al., 'Climatic and cultural changes in the West Congo basin forests over the past 5000 years', *Philosophical Transactions of the Royal Society B*, 368 (2013), 20120304.

100년 사이 금속기 사용 공동체들이 급속도로 확산되었다. 그들은 이미 말롱고(Malongo) 토기 제작자들이 거주하는 곳과 내륙으로 더 깊숙한 곳까지도 진출했는데, 당시 유적들은 오늘날 숲 지대에 위치하고 있다. 그 후 정착지들이 다시 줄어들었는데, "인종 충돌"이 벌어져 내륙 지역의 상당 부분이 사람이 살지 않는 곳으로 바뀌었을 수도 있다. 혹은 숯을 만들고 화전을 일구기 위해 숲을 너무 많이 태운 데 따른 생태 환경의 변화가 이러한 쇠락의 원인이었을 수도 있다.[41]

당시 얌은 매우 중요한 식량 자원이었던 것 같다. 그리고 아마도 기장과 심지어 바나나도 있었던 것 같다. 은캉(Nkang) 유적에서 이와 관련된 근거들이 출토되었다. 유적지의 연대는 기원전 800~350년이고, 위치는 카메룬의 수도 야운데(Yaoundé)에서 북서쪽으로 70킬로미터가량 떨어져 있다.[42] 최근 카메룬 남부의 발굴 조사에서, 기원전 400~200년경 진주조(pearl millet)가 아방 민코(Abang Minko)와 브왐베-소메(Bwambé-Sommet)에서 재배된 것으로 확인되었다. 이와 함께 당시 사람들은 숲을 기반으로 하는 많은 식물 자원을 이용했는데, 그중에는 기름야자(oil palm)와 아프리카 올리브(*Canarium schweinfurthii*)도 포함되어 있었다. 아코네테(Akonéte) 근처의 유적에서 밤바라땅콩(Bambara

---

41 J. Maley and P. Brenac, 'Vegetation dynamics, palaeo-environments and climatic changes in the forests of western Cameroon during the last 28,000 years BP', *Review of Paleobotany and Palynology*, 99 (1998), 157-87; R. Oslisly and L. White, 'Human impact and environmental exploitation in Gabon during the Holocene', in Denham et al. (eds.), *Rethinking Agriculture*, 347-60.

42 C. Mbida et al., 'Evidence for banana cultivation and animal husbandry during the first millennium BC in the forest of south Cameroon', *Journal of Archaeological Science*, 27 (2000), 151-62.

groundnut) 재배도 확인되었다.⁴³ 진주조와 밤바라땅콩은 모두 사바나 초원에 서식하던 식물로, 기원지는 발굴지보다 훨씬 북쪽이었다. 당시의 남부 카메룬 지역은 오늘날보다 건조한 환경이었기 때문에 이들 작물을 재배할 수 있었던 것이다. 즉 이들 유적지의 당시 연평균 강우량은 오늘날에 비해서 더 적었음을 의미한다. 이러한 환경 조건은 또한 북쪽의 은캉 유적에서 이미 수 세기 전에 재배된 바나나/플랜틴(재배종 바나나)이 왜 남쪽에서는 발견되지 않는지를 설명해준다.⁴⁴

은캉 유적에서와 마찬가지로 중앙아프리카에서도 당시의 식량 수급 전략과 관련된 많은 증거들이 구덩이 속에서 발견되었다. 특히 기원전 900년에서 기원후 600년 사이의 유적들에서 흔히 이러한 구덩이들이 나타났다. 그중 일부는 후기 석기 시대(LSA)/석기-금속기 이행기(SMA)와 관련되어 있었고, 또 일부는 초기 철기 시대(EIA)에 속하는 것들이었다. 대부분 1.5~3미터 깊이의 구덩이에는 토기와 석기, 그리고 가끔 금속 재료(EIA에 속하는 경우) 등이 뒤섞여 있었으며, 기름야자나 감람나무와 기타 먹을 수 있는 견과류가 포함되어 있었다. 유적지들은 숲 지대에 분포했는데, 카메룬, 콩고, 가봉에 이르는 대서양 연안에서 북쪽으로는 카메룬 중부의 난가 에보코(Nanga Eboko)까지 이르렀다. 이들 유적에서 동물 관련 흔적은 드물었다. 다만 은캉 유적과 투베(Toubé)-Ⅰ 유적(가봉)에서 사육종 양/염소의 흔적이 발견되었다. 한편 몇몇 바위 은

---

43 K. Neumann et al., 'First farmers in the Central African rainforest: a view from southern Cameroon', *Quaternary International*, 249 (2012), 53-62.
44 K. Neumann and E. Hildebrandt, 'Early banana in Africa: the state of the art', *Ethnobotany Research and Applications*, 7 (2009), 353-62.

신처 유적에서도 동물 관련 증거들이 발견되었다. 예를 들면 카메룬의 슘라카(Shum Laka) 유적과 아베케(Abéké) 유적 등이었다. 당시 그곳의 사람들은 여전히 야생 동물을 식량으로 이용했다.[45] 동시에 해안의 조개류도 이용한 것으로 확인되었다. 예를 들면 가봉과 콩고의 해안에 있는 몇몇 유적들이다. 해안 유적들 중에는 LSA 유적들이 일부 있는데, 로앙고(Loango) 해안에 있는 치싱가 웨스트(Tchissinga West) 유적 같은 경우다. 시기는 기원전 1300~100년경으로, 여기서도 깊은 구덩이가 발견되었다. 구덩이에는 탄화된 기름야자 열매와 납작한 갈돌, 독특한 목 둥근 항아리(globular-necked jar) 등이 들어 있었다. EIA 유적은 매우 독특한 토기와 철제 유물 및 용재(slag) 등으로 확인되는데, 처음 등장한 시기는 기원전 100년경이었다.[46] 그러나 식량 수급 전략과 관련해서는 어느 해안 유적에서도, 기름야자 이외에는 직접적 증거가 발견된 것이 없었다. 자이르 분지(Zaire basin)에 흐르는 중심 강줄기를 따라 방대한 발굴 작업이 진행되자 일련의 비슷한 유적들이 발견되었으며, 그들만의 독특한 토기 양식이 확인되었다. 발굴 성과로 보아 이 지역에서 최초로 농업 공동체가 자리 잡은 시기는 기원전 800년경에서 기원전 100년 사이였다.[47]

---

45 P. Lavachery, 'The Holocene archaeological sequence of Shum Laka rock shelter (Grassfields, western Cameroon)', *African Archaeological Review*, 18 (2001), 213-47.
46 J. Denbow, 'Pride, prejudice, plunder and preservation: archaeology and the reenvisioning of ethnogenesis on the Loango coast of the Republic of Congo', *Antiquity*, 86 (2012), 383-408.
47 M.K.H. Eggert, 'Central Africa and the archaeology of the equatorial rainforest: reflections on some major topics', in T. Shaw et al. (eds.), *The Archaeology of Africa: Food, Metals and Towns* (London: Routledge, 1993), 289-329.

남부 아프리카의 초기 목축과 농업

남부 아프리카에서 식량 생산은 약 2300~1800년 전에 시작되었다. 아프리카 대륙의 다른 지역에서도 그랬듯이, 사람들의 이주가 식량 생산을 촉발하는 계기가 되었다. 대개 농업 집단은 북서부와 북동부 두 방향에서 따로 들어왔다고 알려져 있는데, 모두 초기 동부반투어(early Eastern Bantu language) 사용자들이었다. 그리고 목축 집단은 원시-코에코에어(proto Khoekhoe language) 사용자들이었는데, 니아사호(Lake Nyasa, 다른 이름으로 말라위호Lake Malawi)에서 탕가니카호(Lake Tanganyika)로 이어지는 회랑 지역 출신이었다. 그러나 당시 남부 아프리카의 LSA 수렵채집인은 이미 주기적으로 야생종 식물들을 식량 자원으로 이용하고 있었다. 따라서 그들은 기존의 생활 방식에 특별한 변화를 가미하지 않더라도 곡물 농업을 어렵지 않게 받아들일 수 있었다.

목축을 처음 도입한 사람들은 대개 양을 길렀고, 지역에 따라 추가로 많지 않은 정도의 소를 길렀다. 또한 염소를 키운 사례도 일부 있었다. 남부 아프리카 고고 유적에서 가축 사육의 흔적이 등장하는 시기는 기원 전후 이행기 즈음이었다. 일부 지역에서는 이보다 조금 앞서기도 했다. 알려진 바로 가장 오래된 유적은, 나미비아 중서부 에롱고(Erongo) 산맥에 있는 레오파드 동굴(Leopard Cave)의 홀로세 유적이었다. 여기서 양족(양/염소)의 흔적이 발견되었으며, 대형 야생 동물의 흔적도 함께 발견되었다. 발굴 자료를 대상으로 직접 연대측정을 한 결과, 시기는 기원전 300~40년경으로 확인되었다.[48] 사육종 양의 흔적이 발견된 유

---

48 D. Pleurdeau et al., "Of sheep and men": earliest direct evidence of caprine

적도 있었다. 기원전 50년경의 짐바브웨 남서부 밤바타 동굴(Bambata Cave), 보츠와나 북부의 토텡(Toteng) 유적, 기원전 100년경의 스포그리비어(Spoegrivier) 유적, 기원후 40년경의 블롬보스 동굴(Blombos Cave) 유적 등이었다.[49] 이외에 나미비아에도 초기 양족(양/염소)의 흔적이 남아 있는 유적(Geduld, Mirabib, Orunwanje 95/1 등)이 있지만, 동물 뼈를 대상으로 직접 연대측정을 해본 사례는 없다. 남부 아프리카의 유적들 가운데 케이프타운에서 북쪽으로 약 140킬로미터 떨어져 있는 카스틸버그 힐(Kasteelberg Hill)에 위치한 몇몇 유적들(그림 18-9)과, 오렌지강(Orange River, 다른 이름으로 가리프강Gariep River) 하구에서 가까운 자칼스버그(Jakkalsberg)에서도 가축의 흔적들이 발견되었다. 양쪽 모두 벽면이 얇은 토기와 관련되어 있었고, 시기는 기원후 제1천년기 중엽이었다.[50] 이와 달리 다른 많은 유적지에서는 야생 육상 동물들의 흔적이 발견되었고, 해안 유적들의 경우 동물 유적 가운데 조개와 물개 등이 많은 비중을 차지했다. 드러난 자료들조차 모호한 측면이 많았기 때문에, 가축의 흔적이 발견된 유적이라고 해서 과연 모두 목축민이 거주했던 장소로 해석될 수 있는지 많은 논란이 있었다. 일부 연구자들은 그곳에 수렵채집인이 거주했고, 그들이 어떤 경로를 통해서든 가축을 구해서 먹었던 흔적일 수도 있다는 주장을 펼쳤다. 특히 유물 자료의 일반적 해석

    domestication in southern Africa at Leopard Cave (Erongo, Namibia)', *PLoS ONE*, 7 (2012), e40340.
49 K. Sadr, 'A short history of early herding in southern Africa', in Bollig et al. (eds.), *Pastoralism in Africa*, 171-97.
50 K. Sadr, 'The Neolithic of southern Africa', *Journal of African History*, 44 (2003), 195-209.

[그림 18-9] 초기 가축 사육 정착지 전경, 남아프리카공화국(Kasteelberg Hill)

에 많은 의문을 가져온 사드르(Sadr)의 연구에서(예를 들면 벽면이 얇은 토기, 선명한 선화로 양의 모습을 그린 바위그림, 비교적 편차가 큰 타조 알로 만든 구슬, 심지어 석기 도구들에 관한 문제 제기도 있었다) 남부 아프리카 발굴 유물을 근거로 원시-코에코에어 사용자들을 과연 "목축민"으로 볼 수 있을지 강한 의문을 제기했다.[51] 이들 유적에서 야생 동물에 비해 가축의 비중이 전반적으로 낮게 나타나는 점을 근거로, 당시 사람들의 생

---

51 K. Sadr, 'An ageless view of first millennium CE southern African ceramics', *Journal of African Archaeology*, 6 (2008), 103-29.

활 경제는 사육과 함께 정기적 수렵과 채집 활동이 혼재한 것으로 추정되었다.

초기 목축민과 달리 남부 아프리카 지역의 초기 농경 공동체들(EFC)은 동부 및 남동부 습윤 지역에 한정되어 있었다. 그곳은 우기가 남반구 여름철로 국한되는 지역이었다. 상당히 넓은 지역이었으므로 그 중 일부 지역의 생태 환경은 농경에 적합하지 않았다. 주로는 강우량이 적었기 때문이지만 다른 요인들, 예컨대 지형적 특성, 토양의 성격, 식생대와 야생 동물의 밀도 등도 영향을 미쳤다. 이들 지역 가운데 대부분에는 이미 후기 석기 시대(LSA) 문화를 보유한 수렵채집인 원주민이 살고 있었다. 그들은 대체로 예전처럼 천연자원을 계속 이용했고, 농업 공동체와는 이웃에서 공존했다. 수렵채집 공동체와 농업 공동체의 관계는, 예컨대 남아프리카공화국 콰줄루나탈(KwaZulu-Natal)주에 있는 투켈라 분지(Thukela basin) 발굴 조사 같은 고고학적 연구를 통해 확인된 바에 따르면, 시공간에 따라서 매우 다양했다. 공생하는 경우도 있었고, 농노와 주인의 관계를 맺는 곳도 있었고, 소외되는 경우도 있었고, 노골적인 적대 관계도 있었다.[52]

고고학에서 EFC를 확인할 수 있는 유물은 주로 토기였다. 최소한 남아프리카 동부 지역에서는 토기의 등장과 함께 철기 사용의 흔적이 발견되었다(일부 구리를 사용한 흔적도 있었다). 동아프리카에서도 그랬

---

52 A.D. Mazel, 'People making history: the last ten thousand years of hunter-gatherer communities in the Thukela basin', *Southern African Humanities*, 1 (1989), 1-168.

듯이, 남아프리카 농업 공동체의 경우 금속 제련 기술을 보유하고 있었기 때문에 이들의 문화를 초기 철기 시대(EIA)로 보는 것이다. 남아프리카에서는 기원후 200년경에 시작되어서 9세기 혹은 10세기까지 이 단계가 지속되었다. 특징적인 유형과 방사성탄소 연대측정 결과를 종합적으로 고려하여 EFC의 남진 과정을 추적할 수 있었다. EFC의 토기는 모두 치품바제 문화복합체(Chifumbaze Complex)에 속하는데, 크게 두 가지 문화로 나뉜다. 하나는 동아프리카에서 기원한 우레웨 문화(Urewe tradition), 또 하나는 앙골라(Angola)에서 기원한 것으로 추정되는 칼룬두 문화(Kalundu tradition)다. 우레웨 문화의 토기는 다시 두 갈래로 나뉘는데, 크왈레(Kwale) 토기는 케냐 남부에서 남아프리카공화국 더반에 이르는 인도양 해안과 그 배후지에서 확인되며, 은코페(Nkope) 토기는 탄자니아 중부 및 서부, 말라위, 잠비아, 짐바브웨, 남아프리카공화국 북부 등지의 EFC 유적에서 확인된다. 이러한 문화들이 등장한 시기는 기원전 350년경에서 기원후 300년 사이였고, 주요 유적지로는 시툼파(Situmpa) 유적(잠비아, 은코페 계열, c. 290 BCE~70 CE), 베네피카(Benefica) 유적(앙골라, 칼룬두 문화, c. 250 CE), 마톨라(Matola) 유적(모잠비크, 크왈레 계열, c. 350 BCE~255 CE) 등이 있다.

남아프리카의 핵심적인 초기 유적지 가운데 해피레스트(Happy Rest) 유적(기원후 4~7세기)과 클라인 아프리카(Klein Africa) 유적(기원후 5~6세기)이 있다. 양쪽 유적지에서 모두 식량 수급 관련 증거들이 발견되었다. 그들은 가축을 길렀고, 수수, 기장, 콩과 식물을 재배했었다. 해피레스트 유적에서는 사육종 양/염소의 뼈가 소뼈보다 훨씬 더 많았다. 패턴으로 볼 때 주로 성년에 이르기 직전 도축을 했던 것 같다. EFC 유적

중에서 사냥이 여전히 중요했던 곳이 많은데, 크루거(Kruger) 국립공원 안에 있는 많은 유적지들도 여기에 포함된다. 전반적으로 상당히 많은 EFC 유적(말라위의 은코페힐Nkope Hill 유적, c. 530 CE, 잠비아의 칼룬두 Kalundu 유적, c. 540 CE)에서 동물의 흔적이 발견되었으며, 심지어 제2단계 및 제3단계 EFC 유적(예컨대 짐바브웨의 잠베지강 중류 지역에 있는 카드지Kadzi 유적, c. 770 CE)에서도 야생 동물이 주종을 이루었다. 사육종 동물들이 발견된 곳에서는 소보다는 사육종 양/염소가 뚜렷하게 많았다. 이런 상황은 기원후 제1천년기 후기까지도 큰 변화가 없었고, 그 이후에도 일부 지역에서만 변화가 있었을 뿐이다.[53]

고고학적으로 남아프리카 동부 지역에서는 마톨라 토기(Matola ware, 다른 이름으로 실버리브스Silver Leaves 토기, c. 350 BCE~430 CE)가 EFC를 확인하는 대표적 유물이었다. 분포 지역은 모잠비크, 짐바브웨 남동부, 에스와티니(스와질란드)였고, 서쪽으로 남아프리카공화국의 림포포(Limpopo)주를 향해 확장되었는데, 보츠와나 남동부 지역까지도 진출했다. 이들 EFC는 오늘날의 콰줄루나탈주의 해안선을 따라 남쪽으로 확산되었다. 이들이 선호한 지형은 오늘날 기준으로 연간 800밀리미터 이상의 비가 내리는 지역이면서 철광석 원석을 구할 수 있는 곳이었다. 이들은 대부분 농업과 목축을 병행했다. 그러나 지역별로 다소간의 차이는 물론 존재했다. 모잠비크와 콰줄루나탈주의 해안 지역에서는 조개가

---

53 S. Badenhorst, 'Subsistence change among farming communities in southern Africa during the last two millennia: a search for possible causes', in S. Badenhorst et al. (eds.), *Animals and People: Archaeozoological Papers in Honour of Ina Plug* (Oxford: Archaeopress, 2008), 215-28.

중요한 식량 자원이었고, 이외에도 다양한 야생 곡물, 과일, 견과류를 채집했다. 이들의 유적지에서는 소뿐만 아니라 소형 가축들의 뼈가 발견되지만, 동시에 야생 동물의 뼈도 남아 있었다. 예를 들면 모잠비크 남부의 치부에네(Chibuene) 유적(c. 600~900 CE)이 그랬다.[54] 코어에서 추출한 꽃가루 분석 결과, 대부분 소규모로 농지를 조성하여 농사를 지은 것으로 나타났다.[55] 조성된 농지는 농경 혹은 사육에 사용되었겠지만, 대부분의 유적에서 초기 단계에는 그 규모가 상당히 작았다. 남쪽으로 더 내려와 음존자니(Mzonjani) 유적의 경우에는 식량 자원에서 양족(양/염소)의 비중이 훨씬 더 커진 것으로 확인되었다. 또한 수수, 기장, 콩과 식물, 박과 식물(cucurbits)을 포함해 아프리카 원산의 작물들이 재배되었다.[56] 해안에서 떨어진 림포포강 유역이나 북부 트란스발(Transvaal) 등지에서는 목축과 농경을 병행한 유사한 유적이 발견되었다. 예를 들면 실버리브스(Silver Leaves) 유적(c. 420~545 CE)이나 브뢰더스트룸(Broederstroom) 유적(c. 550~700 CE)이었다. 또한 EFC의 특징적 유물들이 있는데, 이는 보다 직접적으로 작물 재배와 관련이 있었다. 그중에서 가장 분명한 유물은 갈돌이다. 대부분의 EFC에서 발견되며, 때로는 수량도 상당히 많았다. 주로 곡물 저장용 상자(예를 들면 짐바브웨 중남부

---

54 S. Badenhorst et al., 'Faunal remains from Chibuene, an Iron Age coastal trading station in central Mozambique', *Southern African Humanities*, 23 (2011), 1-15.
55 A. Ekblom et al., 'Land use history and resource utilisation from AD 400 to the present, at Chibuene, southern Mozambique', *Vegetation History and Archaeobotany*, 23 (2014), 15-32.
56 T. Maggs and V. Ward, 'Early Iron Age sites in the Muden area of Natal', *Annals of the Natal Museum*, 26 (1984), 105-40.

의 맙베니Mabveni 유적)나 저장용 구덩이(예를 들면 남아프리카공화국 브뢰더스트룸 유적)와 함께 발견되었다.

결론

사하라 이남 아프리카에서 농경과 목축의 발달은 매우 오랜 시간에 걸친 지난하고도 일관되지 않은 과정으로, 무려 5000여 년 동안 여러 번 중단과 재시작이 반복되었다. 그 과정에서 재배종으로 진화한 작물이 있었고, 농경과 목축에 알맞도록 생태 환경을 의도적으로 변경 및 조작하기도 했으며, 종자를 결합하여 독특한 아프리카의 환경에 더 잘 적응할 수 있는 혼종을 생산하기도 했다. 그리고 다양한 범위의 식물을 이용했는데, 겉으로 보기에 형태적으로 큰 변화는 없었다. 오랜 시간에 걸쳐 아프리카 농업의 역사는 세계의 다른 지역으로부터 "이국적인" 작물을 폭넓게 받아들였고, 아프리카에서 재배종으로 진화한 다양한 작물이 세계의 다른 지역으로 전파되기도 했다.[57] 그러나 농업의 기원과 확산을 연구할 때 사하라 이남 아프리카는 세계 고고학계로부터 다른 대륙들만큼 주목을 받지 못했다. 사하라 이남 지역에서 기원하는 "중요한" 재배종 및 사육종은 없었을 것이라는 암묵적 선입관 때문이었다. 자료의 다양성 측면에서 이는 불행한 일이 아닐 수 없다. 식량 생산의 기원이라는

---

57 J.A. Carney and R.N. Rosomoff, *In the Shadow of Slavery: Africa's Botanical Legacy in the Atlantic World*, (Berkeley: University of California Press, 2009); D. Fuller and N. Boivin, 'Crops, cattle and commensals across the Indian Ocean: current and potential archaeobotanical evidence', *Études Océan Indien* 42/43 (2009), 13-46.

측면에서 사하라 이남 아프리카는 다른 지역들과는 다른 여정을 걸어왔다. 다른 지역과 달리 작물 재배에 비해 동물 사육이 먼저 시작되었기 때문이다. 더욱이 식량 생산이 시작된 이후의 역사는 다양한 연구 주제에 새로운 통찰의 기회를 제공해주고 있다. 모자이크 형태로 분포하는 민족들 사이의 경계가 어떻게 움직이고 또한 안정되었는지, 농업의 집중화를 선도하는 요인은 무엇이었는지, 농경의 도입이 생태 환경에 미친 영향은 무엇이었는지, 농업이 시작된 이후 후손들의 이념적 구조와 패턴은 어떻게 변해갔는지, "자연 경관의 사육화(domestication)"와 관련해서 어떤 생각을 가지게 되었는지, 심지어 "재배종"을 판별하는 확실한 기준이 오직 형태적 변화에만 국한되는지 등등의 연구 주제들이 있다.[58] 이 글에서 대강을 서술한 바와 같이, 오늘날의 연구 상황으로 볼 때 앞으로의 연구 경향은 이제 곧 변화를 맞이할 것이다.

---

58 K. Neumann, 'The romance of farming - plant cultivation and domestication in Africa', in *African Archaeology: A Critical Introduction*, Stahl, A. B. (ed.), (Oxford: Blackwell, 2005), pp. 249-75.

더 읽어보기

Badenhorst, S. 'Descent of Iron Age farmers in southern Africa during the last 2000 years.' *African Archaeological Review*, 27 (2010), 87-106.

Blench, R.M. 'Using linguistics to reconstruct African subsistence systems: comparing crop names to trees and livestock.' In T.P. Denham, J. Iriarte, and L. Vrydaghs (eds.), *Rethinking Agriculture: Archaeological and Ethnoarchaeological Perspectives*. Walnut Creek, CA: Left Coast Press, 2007. 408-38.

Blench, R.M. and K.C. MacDonald (eds.). *The Origins and Development of African Livestock: Archaeology, Genetics, Linguistics and Ethnography*. London: UCL Press, 2000.

Breunig, P. 'Pathways to food production in the Sahel.' In Mitchell and Lane (eds.), *Oxford Handbook of African Archaeology*, 555-70.

Casey, J. 'The Stone to Metal Age in West Africa.' In Mitchell and Lane (eds.), *Oxford Handbook of African Archaeology*, 599-610.

Curtis, M. 'Archaeological evidence for the emergence of food production in the Horn of Africa.' In Mitchell and Lane (eds.), *Oxford Handbook of African Archaeology*, 567-80.

de Maret, P. 'Archaeologies of the Bantu expansion.' In Mitchell and Lane (eds.), *Oxford Handbook of African Archaeology*, 627-43.

Denbow, J. *The Archaeology and Ethnography of Central Africa*. Cambridge University Press, 2014.

Eggert, M.K.H. 'Central Africa and the archaeology of the equatorial rainforest: reflections on some major topics.' In T. Shaw, P. Sinclair, B. Andah, and A. Okpoko (eds.), *The Archaeology of Africa: Food, Metals and Towns*. London: Routledge, 1993. 289-329.

Ehret, C. *An African Classical Age: Eastern and Southern Africa in World History, 1000 BC to AD 400*. Charlottesville: University of Virginia Press, 1998.

Fuller, D. and E.A. Hildebrand. 'Domesticating plants in Africa.' In Mitchell and Lane (eds.), *Oxford Handbook of African Archaeology*, 503-21.

Gifford-Gonzalez, D. 'Animal disease challenges to the emergence of pastoralism in sub-Saharan Africa.' *African Archaeological Review*, 18 (2000), 95-139.

Gifford-Gonzalez, D. and O. Hanotte, 'Domesticating animals in Africa: implications of genetic and archaeological findings.' *Journal of World Prehistory*, 24 (2011), 1-23.

Huffman, T.N. *Handbook to the Iron Age: The Archaeology of Pre-colonial*

Farming Societies in Southern Africa. Scottsville: University of KwaZulu-Natal Press, 2007.

Jousse, H. and J. Lesur (eds.). *People and Animals in Holocene Africa: Recent Advances in Archaeozoology*. Frankfurt: Africa Magna, 2011.

Kusimba, C. and S.B. Kusimba (eds.). *East African Archaeology: Foragers, Potters, Smiths and Traders*. Philadelphia: University of Pennsylvania Museum of Archaeology and Anthropology, 2003.

Lane, P.J. 'Trajectories of pastoralism in northern and central Kenya: an overview of the archaeological and environmental evidence.' In M. Bollig,M. Schnegg, and H.-P.Wotzka (eds.), *Pastoralism in Africa: Past, Present and Future*. Oxford: Berghahn, 2013. 104-43.

Lesur, J. *Chasse et élevage dans la Corne de l'Afrique entre le Néolithique et les Temps Historiques*. Oxford: Archaeopress, 2007.

MacDonald, K.C., R. Vernet, M. Martinon-Torres, and D.Q. Fuller. 'Dhar Néma: from early agriculture to metallurgy in southeastern Mauritania.' *Azania*, 44 (2009), 3-48.

Manning, K. 'A developmental history of West African agriculture.' In P. Allsworth-Jones (ed.), *West African Archaeology: New Developments, New Perspectives*. Oxford: Archaeopress, 2010. 43-52.

Marshall, F.B. and E.A. Hildebrand. 'Cattle before crops: the beginnings of food production in Africa.' *Journal of World Prehistory*, 16 (2002), 99-143.

Mazel, A.D. 'People making history: the last ten thousand years of hunter-gatherer communities in the Thukela basin.' *Southern African Humanities*, 1 (1989), 1-168.

Mitchell, P.J. *The Archaeology of Southern Africa*. Cambridge University Press, 2002.

Mitchell, P.J. and P.J. Lane (eds.). *The Oxford Handbook of African Archaeology*. Oxford University Press, 2013.

Neumann, K., K. Boesten, A. Höhn, et al. 'First farmers in the Central African rainforest: a view from southern Cameroon.' *Quaternary International*, 249 (2012), 53-62.

Oslisly, R., L. White, I. Bentaleb, et al. 'Climatic and cultural changes in the West Congo basin forests over the past 5000 years.' *Philosophical Transactions of the Royal Society B*, 368 (2013), 20120304.

Phillipson, D.W. *African Archaeology*. 3rd edn. Cambridge University Press, 2005.

Sadr, K. 'A short history of early herding in southern Africa.' In M. Bollig, M.

Schnegg, and H.-P. Wotzka (eds.), *Pastoralism in Africa: Past, Present and Future*. Oxford: Berghahn, 2013. 171-97.

Stevens, C.J., S. Nixon, M.A. Murray, and D.Q. Fuller (eds.). *The Archaeology of African Plant Use*. Walnut Creek, CA: Left Coast Press, 2014.

Wadley, L. 'Gender in the prehistory of sub-Saharan Africa.' In D. Bolger (ed.), *A Companion to Gender Prehistory*. Oxford: Wiley-Blackwell, 2012. 313-32.

Wright, D.K. 'Frontier animal husbandry in the Northeast and East African Neolithic: a multiproxy palaeoenvironmental and palaeodemographic study.' *Journal of Anthropological Research*, 26 (2011), 213-44.

CHAPTER 19

서아프리카 사헬 지대의 티치트 문명

케빈 맥도널드
Kevin C. Macdonald

티치트 문명(Tichitt civilization)은 사하라 이남 아프리카에서 가장 오래된 복합 문화 사회(culture complex society)였음에도 불구하고 세계 고고학계에서 비교적 잘 알려지지 않은 수수께끼로 남아 있었다. 처음에는 사헬 지대 곡물 재배에 대한 사례 연구의 일환으로 알려졌다. 1976년 패트릭 먼슨(Patrick Munson)의 보고서에서 토기 재료에 새겨진 곡물 자국이 언급되었다. 기원전 1100년경 기장(*Pennisetum glaucum*, 진주조)의 초기 재배를 보여주는 증거였다. 후속 연구를 통해 이 지역에서 재배종 기장은 이미 그 이전부터 존재했음이 밝혀졌다. 재배종의 진화가 이루어진 곳은 티치트의 북쪽이나 동쪽에 있는 다른 지역으로 추정되었다(아래에서 다시 논의한다). 더욱 주목할 만한 티치트 문명의 유적은 석조 건축이었다. 돌을 쌓아 만든 원시-도시 건축의 유적으로, 매장지도 포함되어 있었다. 이러한 유적은 주로 티치트(Tichitt)와 왈라타(Oulata) 단층애(斷層崖, escarpment) 지역에 집중되어 있지만, 남쪽으로 더 내려가서 타간트(Tagant)와 네마(Néma) 단층애 지역에도 유적이 있었다. 패트릭 먼슨의 최초 연구 이후로 티치트 문명의 주거지 분포나 구조는 많은 학자들의 관심을 끌었다.[1] 이 글에서는 티치트 문명의 생활 경제를 알려주는 증거

---

1 P.J. Munson, 'The Tichitt tradition: a late prehistoric occupation of the

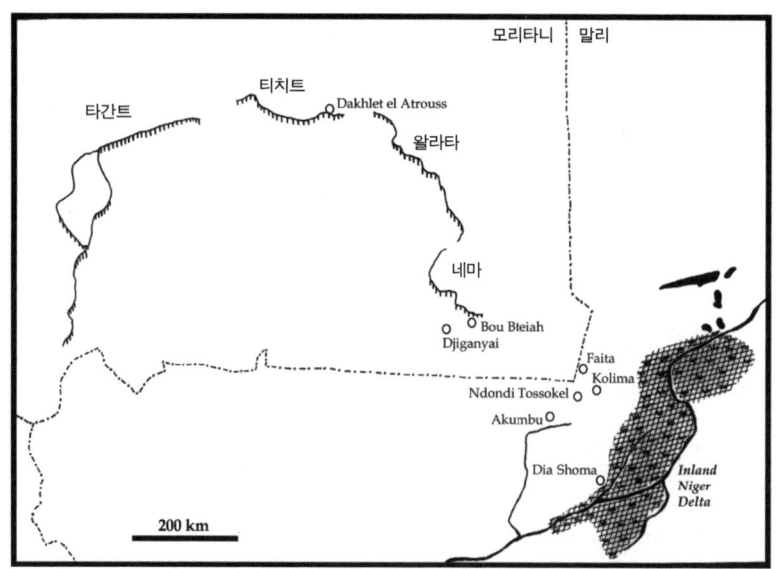

[그림 19-1] 티치트 문화 지역 지도

들을 검토하고, 복합 사회의 특성과 후대에 남동쪽 니제르강 중류 지역까지 확장된 과정의 의미에 대해서 살펴보도록 하겠다(그림 19-1).

티치트 문명: 농업의 기원

모리타니 남부 고원 지대는 호드(Hodh) 함몰지(depression, 요지凹)

southwestern Sahara', unpublished PhD thesis (University of Illinois at Urbana-Champaign, 1971), and 'Archaeological data on the origins of cultivation in the southwestern Sahara and their implications for West Africa', in J.R. Harlan et al. (eds.), *Origins of African Plant Domestication* (The Hague: Mouton, 1976), 187-209.

地)를 둘러싸고 반원을 그리고 있다. 그곳에 형성된 단층애를 따라 서쪽에서 동쪽으로 가면서 다르 타간트(Dhar Tagant), 다르 티치트(Dhar Tichitt), 다르 왈라타(Dhar Oulata), 다르 네마(Dhar Néma)가 위치하고 있다. 호드 함몰지는 과거 홀로세 온난기후최적기(Holocene Climatic Optimum, HCO)에는 호수가 있었던 곳이다. 그런데 기원전 4000년 이후 점차 호수가 줄어들었고, 기원전 1000년경에 이르러 지표수가 완전히 말라버렸다.[2] 티치트 문화(Tichitt tradition, 패트릭 먼슨이 붙인 이름)가 일어나기 시작한 때는 기후가 악화되어가던 바로 그 시기였다. 패트릭 먼슨은 이 지역에서 최초로 정주 생활, 농경, 복합 사회가 시작되는 과정을 설명했는데, 이는 고전적인 "오아시스 가설"을 이 지역에 적용한 것으로 밝혀졌다. 즉 이용 가능한 지표수가 줄어들고 야생 곡물이 번성함에 따라 기장 재배가 시작되었고, 마을이 형성되었으며, 영토 개념이 생겨났다는 주장이다.[3] 그러나 이후 계속된 연구를 통해, 티치트 문화에 속하는 유적들은 애초 예상과 달리 이러한 공식에 잘 들어맞지 않는다는 사실이 밝혀졌다.

    티치트 문화의 시대가 시작되기 전, 이 지역에는 이동 생활을 하던 수렵채집인 집단이 산만하게 흩어져 있었다. 이 시기를 지칭하는 여러 명칭이 존재하는데, 예를 들면 티치트 이전 시기(pre-Tichitt), 티치트 제1단계(Tichitt phase 1), 혹은 아크레이지트 단계(Akreijit phase) 등이다. 티치트 이전 시기의 유적들은 규모가 작고 지역성이 비교적 뚜렷하지 않

---

2 R. Vernet, *Préhistoire de la Mauritanie* (Nouakchott: Centre Culturel Français A. de Saint-Exupéry; Paris: Sépia, 1993).
3 V.G. Childe, *The Most Ancient East* (New York: Knopf, 1929).

[그림 19-2] 티치트 이전 시기 유적
넓은 평원 위 바위가 노출된 지역(Bou Bteiah)에 위치. 가축 떼를 감시하거나 사냥을 위한 조망을 하기에 유리한 위치로 추정된다.

으며, 기본적으로 임시 거처의 성격을 띠었다(그림 19-2). 한때는 수렵채집인의 시대와 티치트 문화 사이에 약간의 간극이 존재하는 것으로 알려져 있었다.[4] 그러나 오늘날의 연구 성과에 따르면, 그들도 목축을 했고 티치트 문화 자체가 그들의 연속선상에 존재했다. 다르 네마 지역에서 발굴된 동물 관련 자료에 따르면, 티치트 이전 시기의 생활 경제는 포괄적인 경제였다. 즉 목축과 사냥 및 고기잡이가 하나로 통합되어 있었다.[5] 당시의 재배종 곡물은 발견되지 않았지만, 그렇다고 티치트 이전

4 Munson, 'Archaeological data'.
5 A. Person et al., 'Les sites du Néolithique final du Dhar Néma (Mauritanie): relations peuplement - environnement', in C. Descamps and A. Camara (eds.),

시기와 티치트 문화 사이에 간극이 존재한다는 개념도 발굴 성과와는 모순된다. 지간야이(Djiganyai) 유적은 다르 네마 지역에 있는 인공 언덕 주거지였는데, 여기서는 티치트 이전 시기와 티치트 문화의 요소들이 연속적인 양상으로 나타났다(그림 19-3).[6] 애초에 패트릭 먼슨의 연구에서는 티치트 이전 시기의 연대를 확정하지 않았었다. 유일한 연대측정 근거가 하나 있기는 했다. 티치트 이전 시기의 토기와 관련된 "해변" 유적에서 발견된 쌍패류(雙貝類)를 근거로 한 계산이었다. 추정값은 3700년±130년 전(BP) 혹은 기원전 2290~1920년이었다. 그러나 이는 패트릭 먼슨이 보기에 너무 늦은 시점이었고, 그는 이 근거를 받아들이지 않았다.[7] 오늘날 분명하게 확인된 바로, 티치트 문화 직전, 즉 티치트 이전 시기의 끄트머리가 기원전 1900년경이었다. 퍼슨 연구팀(Person et al.)은 부크자마(Bou Khzama)-II 유적에서 티치트 이전 시기의 패총을 발견했는데, 연대는 3765±35년 전(BP), 즉 기원전 2280~2130년으로 확인되었다.[8] 지간야이 유적에서 티치트 이전 시기 유물들이 발굴된 층서는 초기 티치트 문화 유물층의 바로 아래층이었고, 시기는 3550±40년

Senegalia: études sur le patrimoine ouest-africain: Hommage à Guy Thilmans (Saint-Maur: Sépia, 2006), 297-307; K.C. MacDonald et al., 'Dhar Néma: from early agriculture to metallurgy in southeastern Mauritania', *Azania*, 44 (2009), 3-48.
6 MacDonald et al., 'Dhar Néma'.
7 Munson, 'Tichitt tradition', 184-6.
8 A. Person et al., 'Environnement et marquers culturels en Mauritanie sud-orientale: le site Bou Khzama (DN4), premiers resultants et approche biogéochimique', in A. Bazzana and H. Bocoum (eds.), *Du Nord au Sud au Sahara: cinquante ans d'archéologie française en Afrique de l'Ouest et au Maghreb* (Paris: Sépia, 2004), 195-213.

〔그림 19-3〕 지간야이(Djiganyai) 유적 발굴 현장, 2000년

전(BP), 즉 기원전 1950~1770년이었다.[9]

주목해야 할 사항은, 티치트 이전 시기에서 티치트 문화로 넘어오면서 토기 제작 기술의 변화는 있었지만(흙 반죽의 강화재가 모래에서 왕겨로 바뀌었다), 형태와 두께는 서로 굉장히 비슷했고 공통되는 문양도 상당히 많았다는 사실이다(새끼줄 모양 점선과 첨필로 새긴 문양 등). 석기의 변화를 보자면, 기하학적 형태의 잔돌 석기가 점차 감소하는 대신 발사체 무기(창촉)가 증가했다. 따라서 티치트 이전 시기와 초기 티치트 문화의 관계는 단절이 아니라 연속성으로 이해되어야 한다(그림 19-4).[10] 생활 경제의 측면에서 티치트 문화의 식량 수급 방식을 이해하려면 먼저 티치트 이전 시기를 이해해야 하지만, 이 부분에 대해서는 지금까지도 연구가 거의 이루어지지 못했다. 티치트 이전 시기 토기에서 곡물 자국이 발견된 것은 없고 저장 용도에 적합한 공간도 확인된 것이 없기 때문에, 당시의 농업 관련 활동을 지금으로서는 안타깝지만 추론에 의거해서 이해할 수밖에 없다.

티치트 이전 시기와 달리 티치트 문화에 대해서는, 토기 파편에 새겨진 곡물 자국과 관련해서 1990년대 이후로 많은 연구가 이루어졌다(그림 19-5). 토기 파편에 남아 있는 유기물을 대상으로 직접적인 AMS 연대측정도 실시되었는데, 그 결과 다르 티치트, 왈라타, 네마 지역에서 재배종 기장이 등장한 시기는 약 3500년 전(BP), 즉 기원전 1900~1700년까지 거슬러 올라갔다.[11] 그러므로 재배종 기장은 티치트 문화가 처음

---

9 MacDonald et al., 'Dhar Néma'.
10 Ibid.

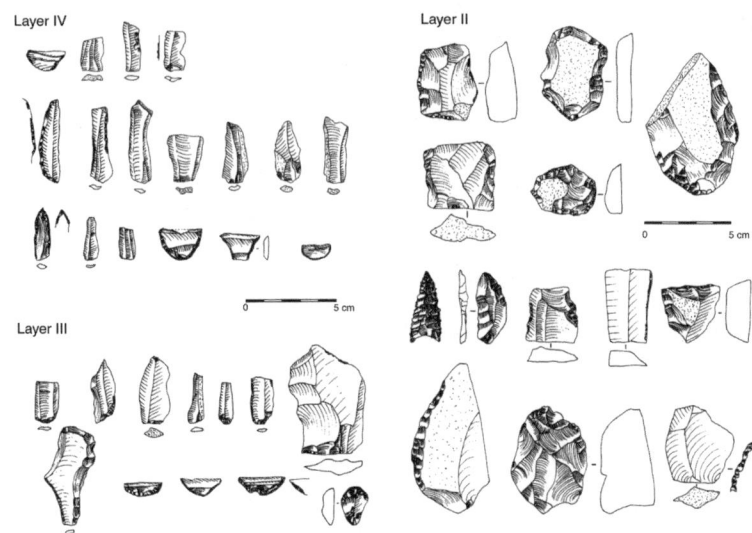

[그림 19-4] 지간야이(Djiganyai) 출토 석기
티치트 이전 시기에서 티치트 문화 시기로의 변화.

시작되던 바로 그 시점에 이미 존재하고 있었다. 그렇다면 다음과 같은 의문이 제기될 것이다. 서부 사헬 지대의 "농업 혁명"은 언제 어디서 일어났던 것인가?

아프리카의 재배종 기장이 여러 곳에서 진화했는지 혹은 하나의 기

---

11 S. Amblard, *Tichitt-Walata, République Islamique de Mauritanie: civilisation et industrie lithique* (Paris: ADPF, 1984); D.Q. Fuller et al., 'Early domesticated pearl millet in Dhar Néma (Mauritania): evidence of crop-processing waste as ceramic temper', in R.T.J. Cappers (ed.), *Fields of Change: Progress in African Archaeobotany* (Groningen: Barkhuis, 2007), 71–6; MacDonald et al., 'Dhar Néma'.

[그림 19-5] 토기에 남아 있는 재배종 기장의 흔적, 티치트 문화

원지에서 유래했는지는 논외로 하더라도, 틸렘시 계곡(Tilemsi valley)에서 새롭게 발굴된 자료에 따르면, 한때 예상한 바와 달리 적어도 티치트는 그 기원지가 아니었다. 말리공화국의 틸렘시 계곡 지대에 있는 카르카리친카트 노르(Karkarichinkat Nord) 유적에서 발굴된 재배종 기장은

기원전 2500~2000년의 것이었다. 매닝(Manning)의 연구에서는 수확기에 꽃대가 흩어지지 않는 품종의 등장을 근거로 처음 재배종이 등장한 시기를 훨씬 더 먼 과거로 보고 있다.[12] 풀러(Fuller)의 연구에 따르면, 수확기에 꽃대가 흩어지지 않는 품종의 진화는 서서히(1000년 이상 동안[13]) 이루어졌다. 이 이론에 근거해서 보자면, 사하라 지역에서 곡물 재배가 처음 시작된 시기는 기원전 3000년경 혹은 그 이전이었을 것이다. 확실한 것은 기원전 1900년경에는 이미 서아프리카 지역에 재배종 기장이 널리 확산되어 있었다는 사실이다. 가나 북부에서 기원한 품종도 있었고,[14] 말리의 구르마(Gourma)/반디아가라(Bandiagara) 지역에서 기원한 품종도 있었다.[15] 티치트 문화의 작물 재배는 사헬 지대 전체에 걸쳐 일어난 훨씬 더 폭넓은 과정에 속해 있었다. 아마도 우리는 모리타니 지역의 농업이라는, 훨씬 더 뿌리 깊고 연속적인 과정을 들여다봐야 할

12 K. Manning, 'A developmental history for early West African agriculture', in P.Allsworth-Jones (ed.), *West African Archaeology: New Developments, New Perspectives* (Oxford: Archaeopress, 2010), 43-52 (46); K. Manning et al., '4500-year-old domesticated pearl millet (*Pennisetum glaucum*) from the Tilemsi valley, Mali: new insights into an alternative cereal domestication pathway', *Journal of Archaeological Science*, 38 (2011), 312-22.
13 D.Q. Fuller, 'Contrasting patterns in crop domestication and domestication rates: recent archaeobotanical insights from the Old World', *Annals of Botany*, 100 (2007), 903-24.
14 A.C. D'Andrea et al., 'Archaeobotanical evidence for pearl millet (*Pennisetum glaucum*) in sub-Saharan West Africa', *Antiquity*, 75 (2001), 341-8.
15 K.C. MacDonald, 'The Windé Koroji complex: evidence for the peopling of the eastern inland Niger delta (2100-500 BC)', *Préhistoire Anthropologie Méditerranéennes*, 5 (1996), 147-65; S. Ozainne et al., 'Developing a chronology integrating archaeological and environmental data from different contexts: the late Holocene sequence of Ounjougou (Mali)', *Radiocarbon*, 51 (2009), 457-70.

것이다. 그러나 티치트 이전 시기에서 티치트 문화로 넘어가는 이행기 (c. 1900 BCE)는 정주 생활이 증가하던 시기, 즉 기존 목축 중심의 이동식 생활 경제에서 집약적 기장 농업이 추가 혹은 도입되던 시기와 일치하고 있는 것이다.

티치트 문화복합체: 정착과 팽창

홀로세 중기의 아프리카 목축 사회로서는 복합 사회(complex society)가 그리 낯설지 않았다. 기원전 4000년경부터 사하라 전역에서 기념비적 고분들이 건설되었고, 원거리 교역을 통해 귀중품 간석기(구슬, 돌도끼, 돌팔찌 등)가 거래되었다.[16] 이처럼 당시에 심화된 사회적 역동성은 티치트(Tichitt)에서 보다 지속적인 도시의 모습으로 나타났다. 티치트의 사회경제적 여정에 대해서 수십 년 동안 연구가 축적되었다. 1960년대 말에 패트릭 먼슨(Patrick Munson)이 다르 티치트(Dhar Tichitt)를 연구했고, 그 뒤로 티치트 및 그 주변 지역 연구가 이어졌다.[17] 그러나 연대 설정은 연구자들이 언제나 맞닥뜨리는 난관이었다. 그도 그럴 것이 핵심

---

16 K.C. MacDonald, 'Before the empire of Ghana: pastoralism and the origins of cultural complexity in the Sahel', in G. Connah (ed.), *Transformations in Africa: Essays on Africa's Later Past* (London: Leicester University Press, 1998), 71-103.
17 Munson, 'Archaeological data'; A.F.C. Holl, *Economie et société Néolithique du Dhar Tichitt (Mauritanie)* (Paris: Éditions Recherches sur les Civilisations, 1986); Vernet, *Préhistoire de la Mauritanie*; M. Ould Khattar, 'Les sites Gangara, la fin de la culture de Tichitt et l'origine de Ghana', *Journal des Africanistes*, 65 (1995), 31-41; MacDonald et al., 'Dhar Néma'; S. Amblard-Pison, *Communautés villageoises Néolithiques des Dhars Tichitt et Oulata (Mauritanie)* (Oxford: British Archaeological Reports, 2006); Person et al., 'Les sites du Néolithique final du Dhar Néma'.

유적지들은 대개 훼손이 심했고, 부분적인 "장면들" 혹은 약간의 유기물과 함께 남아 있는 희미한 주거의 흔적들이 자료의 전부였기 때문이다. 그래도 티치트 토기 대부분이 강화재를 사용했기 때문에, 이를 이용하면 토기의 AMS 연대측정이 용이한 편이었다. 패트릭 먼슨은 애초에 티치트 문화를 8단계로 나누었다. 그러나 오늘날의 연구자들은 이를 대폭 요약해서 3~4단계로 보고 있다. 물론 지금까지 발굴된 증거로 보아 시기별 단계 설정이 불가능하다고 판단하는 연구자들도 있다.[18] 이 글에서 우리는 티치트 토기와 건축물을 근거로 4단계 구분설을 따르고자 한다.

티치트 이전 : 제1단계(아크레이지트Akreijit 단계), 기원전 2600~1900년경

앞서 " 티치트 문명: 농업의 기원" 논의 참조.

초기 티치트 : 제2~3단계(키미야Khimiya/고운고우Goungou 단계), 기원전 1900~1600년경

예전에는 이 단계의 사람들을 농경이 도입되기 이전 이동 생활을 하던 티치트 목축민으로 이해했으나,[19] 지금은 이들이 당시 기장(*Pennisetum glaucum*, 진주조)을 재배했다는 사실이 알려져 있다.[20] 그런

---

18 Munson, 'Archaeological data'; Vernet, *Préhistoire de la Mauritanie*; MacDonald et al., 'Dhar Néma'; K.C. MacDonald, 'Betwixt Tichitt and the IND: the pottery of the Faïta Facies, Tichitt tradition', *Azania*, 46 (2011), 49-69; Amblard-Pison, *Communautés villageoises Néolithiques*.
19 Munson, 'Archaeological data'.
20 S. Amblard, 'Agricultural evidence and its interpretation on the Dhars Tichitt

데 이들의 이동식 생활이 어느 정도는 지속되었던 것 같다. 발굴층위가 분명히 구분되는 유적에서는 티치트의 독특한 유적인 돌을 쌓아 만든 건축물들이 모두 이다음 시기에 등장했기 때문이다. 따라서 제2~3단계는 티치트에서 영토와 사회적 위계질서가 등장하는 과정을 알 수 있는 많은 정보를 담고 있는 시기다.

고전 티치트: 제4~6단계(은칼Nkahl/나게즈Naghez/체브카 Chebka 단계), 기원전 1600~1000년경

중요한 사회경제적 변화는 모두 고전 티치트 시기에 일어났다. 티치트의 주요 중심지들도 대부분 이때 건설되었다. 돌로 쌓은 벽들로 나뉜 구획이 다르 티치트와 왈라타까지, 그리고 다르 타간트의 들판까지 이어지면서 정착지의 면적이 대폭 확대되었다.[21] 이 시기에 티치트 문화가 니제르강 중류의 메마(Méma) 지역까지 전파되었다. 처음에 그곳은 건기에 목축을 하는 사람들이 다녀가는 곳이었으나, 나중에는 항구적인 정착지가 건설되었다.[22] 다르 티치트 자체도 4단계에 걸쳐 확장되었던 것으로 추정된다.[23] 작은 마을(약 2헥타르)에서 큰 마을(10헥타르 이하),

and Oualata, south-eastern Mauritania', in G. Pwiti and R. Soper (eds.), *Aspects of African Archaeology: Papers from the 10th Congress of the Pan-African Association for Prehistory and Related Studies* (Harare: University of Zimbabwe Publications, 1996), 421-7; MacDonald et al., 'Dhar Néma'.

21 Ould Khattar, 'Les sites Gangara'.
22 K.C. MacDonald, 'A view from the south: sub-Saharan evidence for contacts between North Africa, Mauritania and the Niger, 1000 BC–AD 700', in A. Dowler and E.R. Galvin (eds.), *Money, Trade and Trade Routes in Pre-Islamic North Africa* (London: British Museum Press, 2011), 72-82.

[그림 19-6] 다클레트 엘 아트루스-Ⅰ 유적 평면도, 모리타니

구역의 중심지(약 15헥타르), 지역 전체의 중심지(약 80헥타르)로 발전했다. 각 구역은 3~20개의 크고 작은 마을들이 소속되어 있었다. 지역 중심지인 다클레트 엘 아트루스(Dakhlet el Atrouss)-Ⅰ 유적에서는 540개의 석조 건축물이 확인되었다. 각각의 건축물에는 돌을 쌓아 만든 원기둥 모양의 저장고와 몇 개의 방이 있었으며, 썩어 없어지는 재료들(짚, 돗자리, 벽을 세웠던 나무틀 등)의 잔해가 발견되었다(그림 19-6). 다클레

23 A.F.C. Holl, 'Late Neolithic cultural landscape in southeastern Mauritania: an essay in spatiometrics', in A.F.C. Holl and T.E. Levy (eds.), *Spatial Boundaries and Social Dynamics: Case Studies from Food-Producing Societies* (Ann Arbor, MI: International Monographs in Prehistory, 1993), 95-133.

트 엘 아트루스-Ⅰ 유적지는 26개의 구획으로 나뉘는데, 아마도 혈연관계에 따라 주거지가 나뉘었던 것 같다. 이와 별도로 대규모 벽체로 구분되는 공간도 있었다. 어느 쪽이든 가축을 기르는 공간과 정원의 흙이 유실되지 않도록 보호하는 장치가 포함되어 있었다. 유적지 주변과 내부에는 100기 이상의 무덤이 있었는데, 아직 발굴 조사가 이루어지지 못했다.

후기 티치트: 제7~8단계(아리안느Arriane/아크진제이르 Akjinjeir 단계), 기원전 1000~400년경

티치트의 마지막 단계는 흩어지고 쇠락하는 과정이었다. 티치트 문화의 정착지는 다르(Dhars) 및 호드 분지(Hodh basin) 지역에서 사라지는 대신 당시의 중심지인 티치트-왈라타-네마 지역은 확장되었다.[24] 남아 있는 정착지 유적들은 규모가 작아지고 방어하기가 비교적 용이한 곳에 위치했다. 패트릭 먼슨은 이러한 변화를 자연환경뿐만 아니라 철제 무기로 무장한 베르베르족(Berber)의 침략 때문으로 해석했다.[25] 초기 북아프리카 교역을 연구한 최근의 성과도 먼슨의 가설을 뒷받침하고 있다. 교역 연구에 따르면, 기원전 5세기 이후로 중앙 사하라 지역에서 베르베르족의 농업 지역 및 교역을 위한 시장 유적이 증가했으며, 규모가 크지는 않지만 노예 무역의 흔적이 증가했다.[26] 후기 티치트 토기의

---

24 Ould Khattar, 'Les sites Gangara'; MacDonald, 'Betwixt Tichitt and the IND'; MacDonald et al., 'Dhar Néma'.
25 P.J. Munson, 'Archaeology and the prehistoric origins of the Ghana empire', *Journal of African History*, 21 (1980), 457-66.

양식이 베르베르족의 토기와 유사한 면이 있고 티치트 지역에서도 제철 기술이 등장한 것으로 보아, 후기 티치트 단계에서 베르베르족 집단이 유입되어 기존의 티치트 문화와 통합되었음을 알 수 있다.[27]

티치트 지역의 사회와 정치

티치트는 서아프리카 최초의 대규모 복합 사회 유적이다. 티치트 사회는 "군장 국가(chiefdom)"[28] 혹은 심지어 "초기 국가(incipient state)"였을 수도 있다.[29] 그러나 오늘날 아프리카 전문가들은 이런 식의 용어를 점차 의문시하고 있다. 수입된 사회 진화론의 개념을 아프리카에 그대로 적용하기가 부자연스럽기 때문이다.[30] 그러므로 우리는 문제를 단순화하여 티치트 문화의 원점(c. 1600~1000 BCE)에서 티치트 문화의 특성을 다시 살펴보기로 한다.

앞에서도 언급했듯이, 티치트와 왈라타 지역에 남아 있는 수많은 유적지들은 규모로 볼 때 가나와 말리 왕국의 중심지였던 니제르강 중류 지역의 수많은 유적지들을 능가한다. 그러나 아직은 그러한 유적지들이 언제 어떻게 확장된 것인지, 정밀한 연대기를 밝혀내지 못했다. 우리가

---

26 E.g. D. Mattingly, 'The Garamantes of Fezzan: an early Libyan state with trans-Saharan connections', in Dowler and Galvin (eds.), *Money, Trade and Trade Routes*, 49-60.
27 MacDonald et al., 'Dhar Néma'.
28 A.F.C. Holl, 'Background to the Ghana empire: archaeological investigations on the transition to statehood in the Dhar Tichitt region (Mauritania)', *Journal of Anthropological Archaeology*, 4 (1985), 73-115.
29 Munson, 'Archaeology and the prehistoric origins of the Ghana empire'.
30 S.K. McIntosh (ed.), *Beyond Chiefdoms: Pathways to Complexity in Africa* (Cambridge University Press, 1999).

알고 있는 사실이라곤 대부분의 유적이 약 600년 동안, 즉 기원전 1600년에서 기원전 1000년 사이에 건설된 건축물이라는 것뿐이다. 티치트 문화인들이 원거리 교역에 능동적으로 참여했다는 증거는 불분명하다. 티치트 유적에서 발견된 준보석(홍옥수와 아마조나이트) 유물들은 수량이 그리 많지 않다.[31] 이러한 유물들은 조공이나 티치트 사회의 위계질서 체제에서 위로 혹은 아래로 주어진 것들이라는 주장도 있었다.[32] 불분명한 부분은 일단 논외로 하고 현재 우리가 알고 있는 자료에만 근거해서 보자면, 티치트 문화의 가장 놀라운 점은 티치트 및 왈라타 단층애를 따라 형성된 건축물들의 뚜렷한 위계질서다. 이러한 건축물들뿐만 아니라 독특한 양식의 토기도 다르 네마, 다르 타간트, 나중에는 니제르 강 중류 지역과 모두 공통된 양상을 보이고 있다.[33] 또 한 가지 흥미로운 점은 고전 티치트 문화에서 보이는 주거지 둘레의 돌담이다. 돌담을 건축한 목적은 방어보다 경계 획정에 있었던 것 같다. 가족 계보에 따른 주거지의 소유를 구분하는 경계였을 가능성이 매우 크다. 돌담을 둘러친 구역의 면적 차이나 구역 안에 건설된 건물들을 통해 당시의 불평등 구조를 엿볼 수 있다.[34] 이러한 주거지들 가운데 안에는 아무것도 없고 돌담만 둘러쳐진 경우도 있는데, 아마도 가축 우리였을 것으로 추정된다. 종합적으로 볼 때 당시 사회에서는 소와 토지를 소유하기 위한 내부적 경쟁이 존재했으며, 주기적으로 목초지가 요구되었으므로 필요한 면

---

31 MacDonald, 'A view from the south'.
32 Holl, 'Late Neolithic cultural landscape'.
33 Ibid.; MacDonald, 'Betwixt Tichitt and the IND'.
34 Holl, 'Background to the Ghana empire', and 'Late Neolithic cultural landscape'.

적은 점차 더 늘어났을 것이다. 또한 의례 행위의 존재도 분명하게 확인되었다. 특히 다르 티치트 단층애 지역에 있는 수백 기의 무덤이 그 증거다. 이에 비해 선사 시대부터 인구가 많았던 다르 왈라타 지역에서는 집중적인 발굴 조사에도 불구하고 10여 기의 무덤이 발견되었을 뿐이다.[35] 장례 풍습이 지역별로 달랐던 것일까? 혹은 어떤 이념적 현상 때문에, 예컨대 다르 티치트가 조상의 고향이라 엘리트 계층이라면 반드시 그곳에 무덤을 조성해야 할 중심지로 인식되었던 것일까? 이런 의문에 답하려면 티치트 무덤의 체계적 발굴 조사가 필수적이며, 이를 통해 티치트 문화의 사회 구조 또한 더욱 분명히 밝혀낼 수 있을 것이다.

니제르강 중류의 티치트 문화 전통

티치트 문화의 마지막 흔적과 가나 제국(와가두Wagadu 제국)의 등장 사이에는 거의 500년의 간극이 존재한다. 그럼에도 불구하고 이들 사이에 모종의 연관이 있는 것이 아닌가 하는 추측이 오래도록 제기되어왔다.[36] 무엇보다 중요한 논점은 소닌케족(Soninke peoples)이다. 이들은 가나/와가두 제국을 설립한 사람들인데, 티치트 디아스포라의 후손으로 추정된다. 그러나 1990년대까지만 하더라도 이러한 추측은 대개 언어학적 분석에 근거를 둔 것이었을 뿐 고고학적으로 직접 증거는 발견된 바 없었다.[37] 그런데 티치트 문화의 특징적인 토기 유물이 니제르강 중

---

35 Amblard-Pison, *Communautés villageoises Néolithiques*.
36 See Munson, 'Archaeology and the prehistoric origins of the Ghana empire'.
37 K.C. MacDonald, 'Tichitt-Walata and the middle Niger: evidence for cultural contact in the second millennium BC', in Pwiti and Soper (eds.), *Aspects of*

류의 북쪽 지역에서 조금씩 발견되기 시작했다. 그 지역에 대규모 인공 언덕 유적이 있는데, 유적의 발굴층위 가운데 가장 오래된 층위에서 티치트 토기 유물이 발견된 것이다. 이로써 니제르강 중류 지역과 티치트 문화의 연관성은 명백히 밝혀진 셈이다.

말리에서는 파이타(Faïta) 토기라 일컫는 (대개 새끼줄 문양 자국이 새겨진) 고전 티치트 시기의 토기가 니제르강 중류의 메마(Méma) 지역 하천 충적 평야 바로 옆 조금 높은 지대, 특히 현지에서 은돈디 토소켈(Ndondi Tossokel)이라고 하는 곳에서 발견되었다(그림 19-7). 이곳은 단일 유적으로서, 그사이에 침식 작용은 있었지만, 작은 규모의 쓰레기 더미가 훼손되지 않은 채 남아 있었다. 여기서 소뼈, 토기 파편, 가공된 수입 석기(대체로 미사암微砂岩의 일종인 프타나이트phthanite로 만들어진 것들로 모리타니의 다르 지역에서 수입되었는데, 석편으로 쪼개거나 갈아서 만들었다)가 발견되었다.[38] 고고학자 앙블라르(Amblard)는 티치트 발굴 유물을 대상으로 돌도끼와 돌팔찌의 유형을 분석한 적이 있는데, 초기 파이타 유적에서 발굴된 도구들은 모두 티치트 유형과 일치했다.[39] 은돈디 토소켈의 유물과 일치하는 유물들이 사베리 파이타(Saberi Faïta) 유적에서 발견되기도 했다. 말리와 모리타니 국경 지역에 위치하는 이 유적은 티치트 문화권의 끄트머리에 해당하며, 평원 위에 고립해 솟아 있는 언

African Archaeology, 429-40.
38 K.C. MacDonald, 'Socio-economic diversity and the origins of cultural complexity along the middle Niger (2000 BC to AD 300)', unpublished PhD thesis (University of Cambridge, 1994), and 'Tichitt-Walata and the middle Niger'.
39 Amblard, *Tichitt-Walata*.

[그림 19-7] 티치트 문화의 전형적인 토기 테두리
니제르강 중류(Ndondi Tossokel) 출토.

덕이다. 유적지의 면적은 6헥타르인데, 여기서도 간석기가 발견되었고 돌을 쌓아 만든 담장의 잔해가 남아 있었다. 메마 지역 충적 평야에 있는 초기 파이타 유적에서는 이러한 돌담의 잔해가 발견되지 않는다. 이처럼 니제르강 중류 지역에서 발견되는 티치트 문화 유물 가운데 지금까지 확인된 바로 가장 오래된 유물은 콜리마-쉬드(Kolima-Sud) 유적에서 발견되었다. 충적 평야에 위치하는 이곳은 발굴 층서가 매우 깊은 유적으로, 시기는 기원전 1300년경이며, 원주민의 토기와 함께 파이타 토기 및 수입된 석기 유물이 발견되었다.[40] 필자의 다른 글에서 풍부하게 논의한 바 있듯이, 이곳 원주민은 고기잡이를 하는 어민(漁民)이었다.[41] 나중에 티치트 목축민이 가끔씩 이곳에 들렀는데, 그들이 남긴 유물이 고전 티치트 시기의 토기, 소뼈, 프타나이트 석기, 소 인형 등이었다.

티치트 토기는 모리타니의 다르(Dahrs) 지역 및 초기 파이타 파시에(early Faïta Facies) 토기와 형태는 같지만 강화재가 다르다. 티치트 토기는 주로 곡물 껍질을 강화재로 사용한 반면, 모리타니의 토기는 그로그(grog, 혹은 샤모트chamotte, 내화 점토 - 옮긴이)와 뼈를 사용했다. 이런 차이는 원자재 수급의 편의 때문이었던 것 같다. 모리타니 지역에서는 곡물을 가공한 부산물을 구하기가 어려웠다. 초기 파이타 문화는 모리타니의 다르 지역에서 니제르강 중류의 충적 평야에 이르는 지역의 문화로, 여기서는 생활 경제의 중심이 주기적으로 정해진 장소를 이동하는 목축, 즉 이목(移牧)이었던 것으로 알려져 있다.[42] 생태 환경이 기장을 재배하기에 적합하지 않았으므로 기장 부산물을 구하기란 거의 불가능했을 것이다.

기원전 900년경 니제르강 중류의 폭넓은 지역에서 주거지의 변화가 나타났다. 계절에 따른 주기적 임시 거처 혹은 고기잡이를 위한 단기 공동 거처(예컨대 코바디 지역과 콜리마-쥐드 지역의 유적)가 사라지고, 티치트 문화의 연장선상에 있는 항구적 주거지가 건설되기 시작했다. 콜리

---

40 MacDonald, 'Socio-economic diversity'.
41 K.C. MacDonald, 'Invisible pastoralists: an inquiry into the origins of nomadic pastoralism in the West African Sahel', in C. Gosden and J. Hather (eds.), *Prehistory of Food: Appetites for Change* (London: Routledge, 1999), 333-49.
42 MacDonald, 'Socio-economic diversity', and 'Invisible pastoralists'.

마 쥐드-에스트(Kolima Sud-Est)부터 아쿰부(Akumbu)까지 이런 유적들이 남아 있다. 콜리마 쥐드-에스트 유적은 10헥타르에 걸쳐 펼쳐져 있는데, 시기는 기원전 900~400년이며, 점토를 다져 굳힌 흙으로 건축한 흔적이 남아 있다.[43] 또한 아쿰부에 있는 인공 언덕 복합 유적의 맨 아래층 기반 층위에도 이러한 유적이 남아 있다.[44] 남쪽으로 더 내려가면 마시나(Macina) 지역에 디아 쇼마(Dia Shoma) 유적이 있다. 이곳은 말리에서 가장 오래된 고대 도시 인공 언덕 유적으로, 최초로 사람들이 거주한 제1단계는 기원전 800~0년이다. 이곳에서도 점토를 굳혀 만든 건축물의 유적과 철제 도구들이 발견되었다.[45]

요약하자면 니제르강 중류 지역 도시 문명 유적의 가장 밑바탕에서 티치트 디아스포라가 발견된다. 아쿰부나 디아 쇼마 유적 같은 기원전 제1천년기 인공 언덕 유적의 기반은 티치트 디아스포라였다. 더욱이 모리타니의 다르 지역에서 티치트 문화의 빛이 바래가던 시기, 디아 쇼마 지역에서는 이미 12~20헥타르에 달하는 주요 정착지가 조성되어 있었다.[46] 이처럼 다르 티치트 지역과 가나 및 말리 제국의 모태가 된 니제르

---

43 S. Takezawa and M. Cissé, 'Domestication des céreales au Méma, Mali', in S. Sanogo and T. Togola (eds.), *Proceedings of the 11th Congress of the PanAfrican Association for Prehistory and Related Fields* (Bamako: Institut des Sciences Humaines, 2004), 105-21.
44 MacDonald, 'Socio-economic diversity', 92.
45 R. Bedaux et al., 'The Dia Archaeological Project: rescuing cultural heritage in the inland Niger delta (Mali)', *Antiquity*, 75 (2001), 837-48; R. Bedaux et al. (eds.), *Recherches archéologiques à Dia dans le delta intérieur du Niger (Mali): bilan des saisons de fouilles 1998-2003* (Leiden: CNWS, 2005).
46 Bedaux et al., 'Dia Archaeological Project'; Bedaux et al. (eds.), *Recherches archéologiques à Dia*.

강 중류 지역 문명의 연속성은, 한때 알려졌던 것처럼 그리 허황된 가설은 아닐 것이다. 티치트 문화, 그리고 서부 아프리카 사헬 지대 문명의 시작에서 티치트 문화가 담당했던 역할은 지금까지보다 훨씬 더 깊이 주목해야 할 주제다. 고고학적으로는 니제르강 중류와 모리타니 단층애의 흙 한 숟가락이 나일강의 흙 한 삽보다 더 풍성하다고 해도, 결코 부당한 말은 아닐 것이다.

더 읽어보기

Amblard-Pison, S. *Communautés Villageoises Néolithiques des Dhars Tichitt et Oulata (Mauritanie)*. Oxford: British Archaeological Reports, 2006.

Holl, A.F.C. 'Background to the Ghana empire: archaeological investigations on the transition to statehood in the Dhar Tichitt region (Mauritania).' *Journal of Anthropological Archaeology*, 4 (1985), 73-115.

_____. 'Late Neolithic cultural landscape in southeastern Mauritania: an essay in spatiometrics.' In A.F.C. Holl and T.E. Levy (eds.), *Spatial Boundaries and Social Dynamics: Case Studies from Food-Producing Societies*. Ann Arbor, MI: International Monographs in Prehistory, 1993. 95-133.

MacDonald, K.C. 'Before the empire of Ghana: pastoralism and the origins of cultural complexity in the Sahel.' In G. Connah (ed.), *Transformations in Africa: Essays on Africa's Later Past*. London: Leicester University Press, 1998. 71-103.

_____. 'Betwixt Tichitt and the IND: the pottery of the Faïta Facies, Tichitt tradition.' *Azania*, 46 (2011), 49-69.

_____. 'Invisible pastoralists: an inquiry into the origins of nomadic pastoralism in the West African Sahel.' In C. Gosden and J. Hather (eds.), *Prehistory of Food: Appetites for Change*. London: Routledge, 1999. 333-49.

MacDonald, K.C., R. Vernet, M. Martinon-Torres, and D.Q. Fuller. 'Dhar Néma: from early agriculture to metallurgy in southeastern Mauritania.' *Azania*, 44 (2009), 3-48.

Manning, K. 'A developmental history for early West African agriculture.' In P. Allsworth-Jones (ed.), *West African Archaeology: New Developments, New Perspectives*. Oxford: Archaeopress, 2010. 43-52.

Munson, P.J. 'Archaeological data on the origins of cultivation in the southwestern Sahara and their implications for West Africa.' In J.R. Harlan, J.M.J. de Wet, and A.B. Stemler (eds.), *Origins of African Plant Domestication*. The Hague: Mouton, 1976. 187-209.

_____. 'Archaeology and the prehistoric origins of the Ghana empire.' *Journal of African History*, 21 (1980), 457-66.

Ould Khattar, M. 'Les sites Gangara, la fin de la culture de Tichitt et l'origine de Ghana.' *Journal des Africanistes*, 65 (1995), 31-41.

Vernet, R. *Préhistoire de la Mauritanie*. Nouakchott: Centre Culturel Français A. de Saint-Exupéry; Paris: Sépia, 1993.

CHAPTER 20

아메리카 대륙의 초기 농업

데버러 피어설
Deborah M. Pearsall

아메리카 대륙의 작물과 재배의 지리적 조건

15세기 유럽인이 아메리카와 접촉할 무렵, 아메리카 대륙에는 이미 수백만 명의 인구가 농업 기반 사회에서 살고 있었다. 일부 농업 관행과 작물은 수천 년의 전통을 가지고 있었고, 일부는 선사 시대 후기에 신규 작물 목록에 추가되기도 했다. 그러나 작물 재배와 농업이 아메리카 대륙 어디에서나 발생했던 것은 아니며, 아메리카 대륙의 모든 사회가 농업화의 경로를 거쳤던 것도 아니다. 야생종의 지역적 분포, 아메리카 특유의 작물을 대상으로 하는 유전자 연구, 고고학 등의 성과를 종합하여 우리는 아메리카 대륙에서 재배종으로 진화한 식물의 지리적 분포를 엿볼 수 있으며(그림 20-1), 작물의 다양성도 확인할 수 있다(표 20-1).

잭 할런(Jack Harlan)의 책 《작물과 인간(Crops and Man)》이 발표된 1970년대 이후로 몇몇 작물의 조상인 야생종과 분포 지역에 대해서 오늘날 우리는 상당히 많은 지식을 가지고 있지만, 그 이외의 작물에 대해서는 거의 알려진 바가 없다.[1] 경제적으로 중요한 작물에 관해서는 농경제학과 식물유전학에서 연구가 진행되었다. 예를 들면 아메리카 원산

---

1 J.R. Harlan, *Crops and Man* (Madison, WI: American Society of Agronomy, 1975).

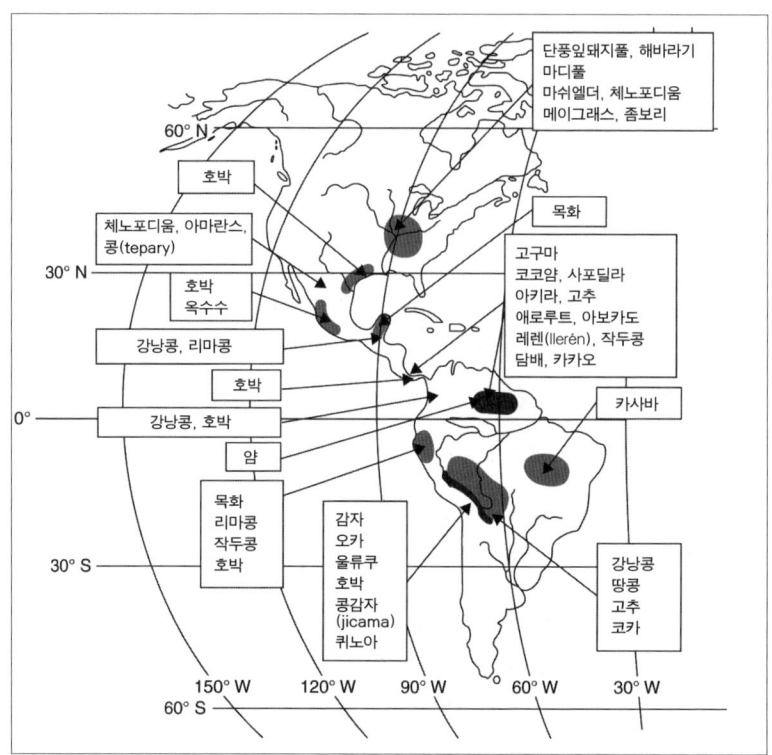

[그림 20-1] 아메리카 대륙의 농작물 기원지 추정 지도

곡물, 옥수수, 그와 관련된 야생종 등에 대해 수십 년 동안 연구와 논쟁이 이어져왔다. 그 결과 오늘날 야생종 발사스 테오신테(Balsas teosinte), 즉 야생 메이스 아종 파르비글루미스(*Zea mays* subsp. *parviglumis*)가 재배종 옥수수로 진화했고, 진화가 이루어진 장소는 단일 지역이었다는 사실이 의심할 나위 없이 밝혀져 있다.[2] 야생종 발사스 테오신테는 오늘날 멕시코 남부 및 서부의 낙엽성 열대림(deciduous tropical forests)에 자

유사곡물, 곡물, 기름
아마란스	*Amaranthus caudatus* (Andes), *A. cruentus* (Mexico)
카냐우아(cañahua)	*Chenopodium pallidicaule*
체노포디움	*Chenopodium berlandieri* var. *jonesianum* (North America), *C. berlandieri* subsp. *nuttaliae* (Mexico)
마디풀	*Polygonum erectum*
단풍잎돼지풀	*Ambrosia trifida*
좀보리	*Hordeum pusillum*
옥수수	*Zea mays*
마쉬엘더	*Iva annua* var. *macrocarpa*
메이그래스	*Phalaris caroliniana*
퀴노아	*Chenopodium quinoa*
해바라기	*Helianthus annuus* var. *macrocarpus*

콩류
강낭콩	*Phaseolus vulgaris*
리마콩	*Phaseolus lunatus*
테파리콩	*Phaseolus acutifolius*
붉은강낭콩	*Phaseolus coccineus*
작두콩	*Canavalia ensiformis, C. plagiosperma*
루피너스	*Lupinus mutabilis*
땅콩	*Arachis hypogaea*

호박과 박
조롱박	*Lagenaria siceraria*
호박	*Cucurbita pepo, C. argyrosperma* (=*C. mixta*), *C. moschata, C. maxima, C. ficifolia*

근경류
아키라	*Canna edulis*
애로루트	*Maranta arundinacea*
코코얌	*Xanthosoma sagittifolium*
콩감자	*Pachyrrhizus ahipa*
레렌	*Calathea allouia*
카사바	*Manihot esculenta*
오카	*Oxalis tuberosa*
감자	*Solanum tuberosum*

고구마	*Ipomoea batatas*
울루쿠	*Ullucus tuberosus*
얌	*Dioscorea trifida*

과일나무

아키오테(achiote)	*Bixa orellana*
아보카도	*Persea americana*
검은감나무(black sapote)	*Diospyros digyna*
카카오	*Theobroma cacao*
시루엘라 (ciruela de fraile)	*Bunchosia armeniaca*
구아바	*Psidium guajava*
루쿠마	*Pouteria lucuma*
파카이	*Inga* species
파파야	*Carica papaya*
복숭아야자	*Bactris gasipaes*
페피노	*Solanum muricatum*
사포딜라	*Manilkara achras*
가시여지	*Annona* sp.
타마릴로	*Cyphomandra betacea*
카니스텔	*Pouteria campechianum*
몸빈(yellow, red)	*Spondias* sp.

향신료 외 기타

고추	*Capsicum annuum, C. baccatum, C. frutescens/ C. chinense, C. pubescens*
코카	*Erythroxylum coca, E. novogranatense*
목화	*Gossypium barbadense, G. hirsutum*
담배	*Nicotiana rustica, N. tabacum*

[표 20-1] 아메리카 대륙의 곡물 간략 목록

2 E.S. Buckler IV and N.M. Stevens, 'Maize origins, domestication, and selection', in T.J. Motley et al. (eds.), *Darwin's Harvest: New Approaches to the Origins, Evolution, and Conservation of Crops* (New York: Columbia University Press, 2006), 67-90.

생하며, 이를 근거로 옥수수의 기원지가 이곳으로 간주되고 있다. 아메리카 대륙의 초기 농부들이 어떻게 야생종 테오신테를 재배종 옥수수로 변화시켰는지는 아직 더 많은 연구가 필요한 주제다. 그러나 아마도 수천 년의 시간이 걸렸을 것이며, 의식 혹은 무의식적으로 수확기 이삭이 흩어지는 정도, 과립의 크기, 광주기(photoperiod), 전분 함량 등과 관련한 인위적 선택 과정이 개입되었을 것이다. 낮은 지대에서 재배하는 근경류(애로루트, 코코얌, 레렌lerén, 카사바, 고구마, 얌)와 관련해서는 생산량도 많고 기르기도 쉬운 카사바만 많은 연구가 이루어져 있다. 오늘날 카사바는 전 세계 수백만 인구의 주식 작물로 재배되고 있다. 주로 가난한 열대 지방의 나라들이다. 처음 재배된 곳은 아마존 분지의 남부 경계 지역으로, 그 조상 야생종은 마니홋 에스쿨렌타 아종 플라벨리폴리아(*Manihot esculenta* subsp. *flabellifolia*)였다.[3] 이외에 다른 많은 작물에 관해서 우리가 알고 있는 지식은, 과일나무부터 근경류와 유사 곡물류에 이르기까지 그 기원지로 추정되는 지리적 분포 상황 정도에 불과하다. 계절에 따른 변화가 있는 생태 환경, 특히 숲과 숲의 경계 지역이 아메리카 재배종 작물의 핵심 서식지였다.[4]

최근에는 기본적인 연구들이 더욱 가속화되고 있다. 특히 여러 재배종 작물의 선조를 파악하기 위하여 재배종 관련 야생종과 전통 작물의 다양성 연구, 사라진 품종과 서식지 소멸, 잃어버린 전통 지식에 관한 연

---

3 B.A. Schall et al., 'Evolution, domestication, and agrobiodiversity in the tropical crop cassava', in Motley et al. (eds.), *Darwin's Harvest*, 269-84.
4 D.R. Piperno and D.M. Pearsall, *The Origins of Agriculture in the Lowland Neotropics* (San Diego, CA: Academic Press, 1998).

구 등이 진행되고 있다. 지금까지 확인된 자료를 근거로 보더라도 아메리카 대륙에서 기원하는 재배종 작물은 다양성을 특징으로 하며, 북아메리카와 중앙아메리카 및 남아메리카에서 각각의 필요에 따라 독립적으로 진화했다.[5] 이러한 패턴은 유사 곡물, 콩류, 고추, 호박, 담배, 목화, 여러 과일류에서 모두 확인된다. 영양학적으로 균형 잡힌 식재료 수급을 위해 다양한 식물이 다양한 환경에서 여러 차례에 걸쳐 재배되었다. 예컨대 경작이 가능한 지역마다 주로 재배하는 콩의 종류가 서로 달랐다. 낮은 지대에서는 습한 환경에 잘 적응하는 땅콩이, 추운 지역에서는 추위를 잘 견디는 루핀(*Lupinus*) 혹은 다양한 강낭콩(common bean)이 재배되었다.

근경류 작물은 연구하기가 특히 어려운 점이 있다. 기존의 연구 성과는 카사바와 감자 연구에만 집중되어 있기 때문이다. 이들 두 작물은 각자 단일 중심지에서 재배종으로 진화했다. 다른 근경류 작물도 이와 같은 패턴인지는 알 수 없다. 고고학 자료를 볼 때 일부 근경류 작물은 여러 지역에서 독립적으로 재배종 진화가 이루어진 것 같기도 하다(혹은 매우 이른 시기에 확산되어 그렇게 나타날 수도 있다). 작물의 재배종 진화를 지리적으로 더 풍부하게 이해한다면, 아메리카 대륙에서 초기 사회적 네트워크의 특성이 어떠했는지를 이해하는 데에도 도움이 될 것이다.

---

5 Ibid.

재배종 진화의 초기

재배종 식물 진화의 초기 역사는 중앙아메리카 남부 및 남아메리카 북서부에서 시작된다(지도 20-1). 이와 관련된 근거는 대부분 미화석(微化石)으로 남겨져 있다(식물규소체, 전분립, 꽃가루 등). 인류가 아메리카 대륙의 신열대구(新熱帶區)에 진출한 시기는 플라이스토세 후기부터다. 기원전 1만 900~9400년경에 이르러 사람들은 다양한 생태 환경으로 진출했고, 불을 이용해 생태 환경을 조작한 흔적도 일부 남아 있다.[6] 예를 들어 파나마의 라 예구아다 호수(Lake La Yeguada) 근처에서 숲을 불태우거나 소규모 지역 범위에서 인위적으로 식물을 제거한 흔적이 기원전 1만 1050년경★부터 나타난다(★는 기존에 보정하지 않은 연대로 발표된 자료를 근거로 필자가 검량 곡선(檢量曲線)에 의거 보정한 연대를 의미한다). 그곳에서 최초로 재배된 작물은 애로루트(arrowroot)였다. 쿠에바 데 로스 밤피로스(Cueva de los Vampiros) 유적에서 확인된 시기는 기원전 7800년★이었고, 아구아둘체(Aguadulce) 유적에서 확인된 시기는 기원전 5800년★이었다. 기원전 5800년★에는 파나마에 옥수수가 전래되었고, 레렌(llerén)과 호박(squash)은 이미 재배 중이었으며, 카사바(manioc)는 그보다 조금 뒤에 전래되었다.

에콰도르 남서부에서는 기원전 8500년 이전에 식물 재배가 시작되었다. 베가스(Vegas) 유적의 플라이스토세 말 홀로세 초기의 발굴층위에서 호박의 식물규소체가 발견되었다.[7] 가장 오래된 층위에서 발굴된 식

---

6 Ibid.
7 Piperno and Pearsall, *Origins of Agriculture*.

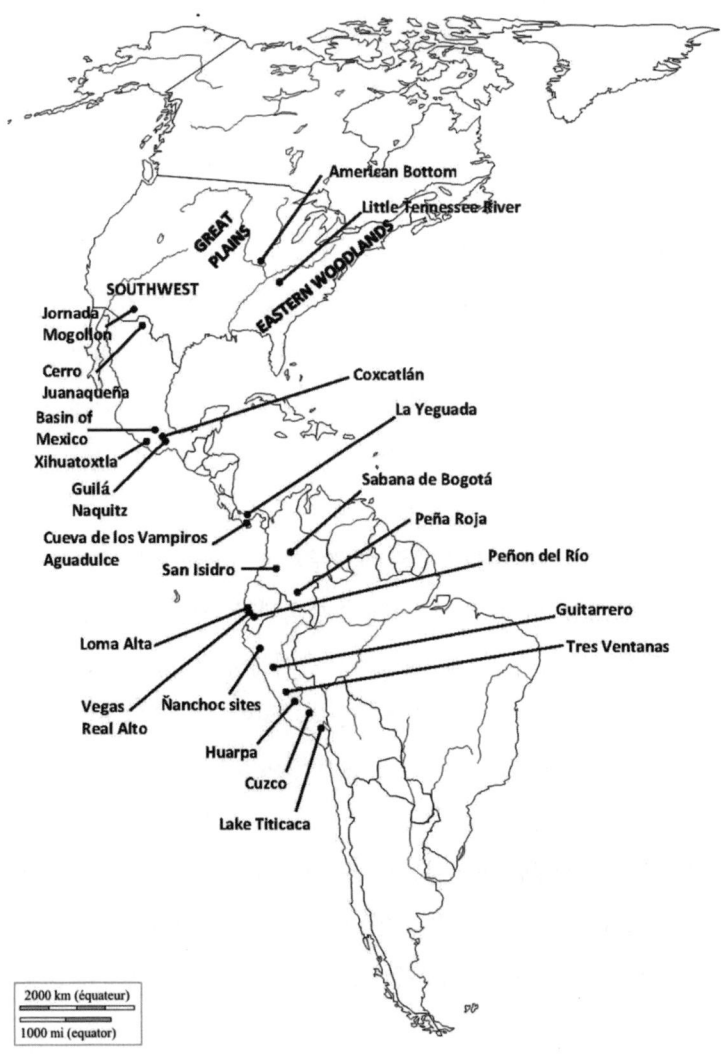

[지도 20-1] 아메리카의 초기 농업 유적지

물규소체는 야생종 호박(wild squash)이었다. 재배종 크기의 식물규소체로부터 직접 연대측정을 실시한 결과 기원전 9840~8555년으로 확인되었다.[8] 이외에도 베가스 유적에서 발견된 작물 중에는 박(gourd)과 레렌 등이 있었고, 옥수수는 기원전 5800년★ 이전에 전래되었다. 레알 알토(Real Alto) 유적과 로마 알타(Loma Alta) 유적에서도 옥수수가 확인되었다. 이들 두 유적은 발디비아 문화(Valdivia tradition)에 속하는 농업 마을(4500~2250 BCE)이었다. 여기서는 옥수수 외에도 목화, 작두콩(jack bean), 아키라(achira), 카사바, 고추(chile pepper), 레렌, 애로루트 등이 재배되었다.[9] 에콰도르 해안 지역의 농업은 수천 년 동안 폭넓은 기반을 갖추었다. 그들은 다양한 나무 열매뿐만 아니라 일년생 곡물을 야생 상태로 이용 혹은 관리했다.[10]

콜롬비아의 안데스 지역 산 이시드로(San Isidro) 유적에서 발견된 재배종 애로루트는 시기가 기원전 9250~8500년★이었다. 이 유적에서는 석기 도구에 남아 있는 전분도 확인되었다.[11] 야자(palm)와 아보카도(avocado)도 있었다. 그러나 재배종인지, 야생종을 다만 관리한 것인지는 밝혀지지 않았다. 코어를 추출해 꽃가루를 분석하자 옥수수 재배와 함께 숲을 제거한 기록이 나타났는데, 이러한 변화가 시작된 시기는 기

---

8 D.R. Piperno and K.E. Stothert, 'Phytolith evidence for early Holocene *Cucurbita* domestication in southwest Ecuador', *Science*, 299 (2003), 1054-7.
9 K. Chandler-Ezell et al., 'Root and tuber phytoliths and starch grains document manioc (*Manihot esculenta*), arrowroot (*Maranta arundinacea*), and llerén (*Calathea* sp.) at the Real Alto site, Ecuador', *Economic Botany*, 60 (2006), 103-20.
10 D.M. Pearsall, *Plants and People in Ancient Ecuador: The Ethnobotany of the Jama River Valley* (Belmont, CA: Wadsworth/Thomson Learning, 2004).
11 Piperno and Pearsall, *Origins of Agriculture*.

원전 7250년*에 한 차례, 기원전 5500년* 이후 여러 차례에 걸쳐 나타났다. 콜롬비아 동부의 페냐 로하(Peña Roja) 유적에서 발견된 야자와 재배종 호박, 레렌, 박 등은 직접 연대측정 결과 기원전 8250~6500년*으로 확인되었다.

페루 북부의 난촉(Nanchoc) 지역에 있는 여러 유적에서는 진화 역사상 초기 형태의 재배종 작물들이 발견되었다. 카사바와 땅콩(peanut) 등의 작물을 대상으로 직접 연대측정이 가능했는데, 최근 새로운 연대측정 결과가 보고되었다. 호박은 기원전 8283년, 땅콩은 기원전 6538년, 목화는 기원전 4113년이었고, 카사바도 초기부터 재배된 것으로 확인되었다.[12] 기원전 7163~5744년의 치아가 발견되었는데, 치석을 분석한 결과 콩과 식물과 파카이 나무 열매의 전분, 호박의 과육, 땅콩 등의 성분이 확인되었다.[13] 페루 중부의 산간 지방에서도 재배의 역사가 같은 정도로 오래되었을 것으로 추정된다. 그러나 주요 유적에서 연대가 분명히 확인되지는 않았다. 기타레로 동굴(Guitarrero Cave) 유적의 기원전 9250~8500년*에 해당하는 발굴층위에서 오카(Oca), 고추(chile pepper), 루쿠마(lucuma), 강낭콩(common bean)과 리마콩(lima bean)이 발견되었다. 그러나 콩을 대상으로 직접 연대측정을 실시한 결과 시기는 훨씬 후대로 나타났다.[14] 트레스 벤타나스 동굴(Tres Ventanas Cave) 유적

---

12 T.D. Dillehay et al., 'Preceramic adoption of peanut, squash, and cotton in northern Peru', *Science*, 316 (2007), 1890-3.
13 D.R. Piperno and T.D. Dillehay, 'Starch grains on human teeth reveal early broad crop diet in northern Peru', *Proceedings of the National Academy of Sciences*, 105 (2008), 19622-7.
14 L. Kaplan and T.G. Lynch, '*Phaseolus (Fabaceae)* in archaeology: AMS

에서도 같은 정도로 오래된 발굴층위에서 몇몇 뿌리 작물이 발견되었다. 그러나 그중 한 작물을 대상으로 직접 연대측정을 실시한 결과는 기원전 5800년*이었다. 안데스 지역의 근경류, 콩류, 퀴노아 등 다양한 작물의 재배가 기원전 5800년* 이전에 이미 진행되고 있었다.[15]

메소아메리카에서 알려진 바로 가장 오래된 재배종 유물은 두 곳의 동굴 유적에서 발견되었다. 콕스카틀란 동굴(Coxcatlán Cave)과 길라 나키츠 동굴(Guilá Naquitz Cave)이었다. 이 두 동굴은 멕시코 중부 반건조 고산 지대에 위치한다. 유적의 환경이 건조하여 최고의 보존 상태가 유지되었는데, 콕스카틀란 동굴의 경우 발굴 시기도 빨랐고 보고서도 일찍 출간되었기 때문에 식물 재배의 역사를 논할 때 오래도록 큰 영향을 미쳤다. 옥수수, 호박, 호리병박이 콕스카틀란에 처음 등장한 시기는 멕시코 선사 시대의 콕스카틀란 단계(Coxcatlán phase, 5800~4400 BCE*)였다. 콕스카틀란 단계가 끝나갈 무렵 인간에 의해 관리되는 나무 열매(tree fruits)가 확산되기 시작했다.[16] 이후 2000년 동안 호박, 강낭콩, 테파리콩, 고추 등이 등장했다. 이들 작물도 콕스카틀란 단계에서 재배되었을 것으로 추정했지만, 이러한 추정을 뒷받침할 식물 유물 대상 직접 연대측정 결과는 없었다. 콕스카틀란 단계의 유물로 옥수수는 기원

radiocarbon dates and their significance for pre-Columbian agriculture', *Economic Botany*, 53 (1999), 261-72.
15 D.M. Pearsall, 'Plant domestication and the shift to agriculture in the Andes', in H. Silverman and W.H. Isbell (eds.), *Handbook of South American Archaeology* (New York: Springer, 2008), 105-20.
16 C.E. Smith, Jr, 'Plant remains', in D.S. Byers (ed.), *The Prehistory of the Tehuacan Valley*, vol. I: *Environment and Subsistence* (Austin: University of Texas Press, 1967), 220-5.

전 3600년, 강낭콩은 기원전 300년, 테파리콩은 기원전 440년으로 확인되었다.[17] 발굴된 층위와 같은 연대로 확인된 작물은 호리병박뿐이었다. 길라 나키츠 동굴에서도 초기에 재배된 호박, 옥수수, 고추, 호리병박이 발견되었다.[18] 직접 연대측정 결과 호박(*Cucurbita pepo*)은 기원전 8000~6000년, 옥수수는 기원전 4250년으로 확인되었다.[19]

최근 멕시코 남서부 발사스강(Balsas River) 유역에 있는 시와톡스틀라 은신처(Xihuatoxtla shelter) 유적에서 초기 옥수수를 발견했다는 보고가 있었다. 그곳은 야생종 옥수수가 자라는 열대건조수림(dry tropical forest) 지대였다.[20] 옥수수의 식물규소체가 유적 퇴적층에서 발견되었고, 갈돌에서도 옥수수의 전분과 식물규소체가 나타났다. 시기는 기원전 6700년으로 확인되었다. 같은 유적에서 재배종 호박의 흔적도 발견되었다. 발사스 지역에서 시작된 옥수수 재배는 이후 최초로, 예를 들면 기원전 5100~5000년경 멕시코만 남부 연안으로 전파되었다. 기원전

---

17 Bean dates from Kaplan and Lynch, '*Phaseolus* in archaeology'; maize dates from A. Long et al., 'First direct AMS dates on early maize from Tehuacan, Mexico', *Radiocarbon*, 31 (1989), 1035-40.
18 C.E. Smith, Jr, 'Preceramic plant remains from Guilá Naquitz', in K.V. Flannery (ed.), *Guilá Naquitz: Archaic Foraging and Early Agriculture in Oaxaca, Mexico* (Orlando, FL: Academic Press, 1986), 265-74.
19 B.D. Smith, 'The initial domestication of *Cucurbita pepo* in the Americas 10,000 years ago', *Science*, 276 (1997), 932-4; D.R. Piperno and K.V. Flannery, 'The earliest archaeological maize (*Zea mays*, L.) from highland Mexico: new accelerator mass spectrometry dates and their implications', *Proceedings of the National Academy of Sciences*, 98 (2001), 2101-3.
20 D.R. Piperno et al., 'Starch grain and phytolith evidence for early ninth millennium BP maize from the central Balsas River valley, Mexico', *Proceedings of the National Academy of Sciences*, 106 (2009), 5020-4.

3500년경이면 옥수수의 꽃가루와 식물규소체가 멕시코 남부의 태평양 연안, 과테말라의 태평양 연안, 벨리즈 북부 및 온두라스 등지에 이르렀다.[21] 그런데 더 남쪽의 파나마, 콜롬비아, 에콰도르 등 열대 지방의 남부에서는 이보다 앞서 옥수수가 전파되었다.

아메리카 대륙에서 처음 식물 재배가 시작된 시기에 기후 변화의 흐름이 있었다. 즉 기온이 올라가고 강우량이 많아졌다.[22] 열대 지방 북부에서 최초의 작물 재배가 이루어진 시기는 북반구 기온극대기(northern thermal maximum, 8500~3400 BCE)로, 기온은 오늘날보다 더 높았다. 이 시기에 잠시 춥고 건조한 기후가 찾아왔는데(6300~5800 BCE), 일부 작물(옥수수, 애로루트)은 그 이전에, 다른 일부 작물(호박, 레렌, 카사바)은 그 추운 시기의 끝머리 혹은 직후에 재배가 시작되었다. 열대 지방 남부에서는 재배가 더 일찍 시작되었다. 애로루트, 레렌, 호박, 박 등이 남반구 기온극대기(southern thermal maximum, 8000~5500 BCE) 이전부터 재배되었다. 그러다가 기온극대기에 이르러서는 재배종 작물의 목록이 훨씬 더 풍부해졌다. 엔소(ENSO, El Niño-Southern Oscillation, 엘니뇨와 남방 진동) 기후가 약해진 시기(6800~3800 BCE)에 옥수수, 땅콩, 목화, 강낭콩, 작두콩, 아키라, 카사바, 고추, 감자 등이 재배되었다. 재배종 작물의 전파는 온난기에 이루어졌다. 예를 들어 옥수수는 멕시코 서부에서

---

21 Piperno and Pearsall, *Origins of Agriculture*.
22 D.M. Pearsall and P.W. Stahl, 'The origins and spread of early agriculture and domestication: environmental and cultural considerations', in J.A. Matthews (ed.), *The Sage Handbook of Environmental Change*, 2 vols. (Los Angeles, CA: Sage, 2012), vol. II, 328-54.

중앙아메리카와 남아메리카로, 카사바는 아마존 서부 끄트머리에서 페루(땅콩과 함께), 에콰도르, 파나마로 전해졌다. 기원지로부터의 초기 전파 상황이 알려진 작물은 극소수에 지나지 않는다. 이를 추적하려면 발굴된 유물에 남아 있는 전분 혹은 식물규소체를 근거 자료로 삼을 수밖에 없는데, 재배종 작물의 기원지에도 같은 종류의 유물이 있는 경우가 극히 드물기 때문이다.

북아메리카 온대 지방에서 재배종 작물의 역사가 시작된 것은 기원전 3200~1785년이었다. 토착 야생종 식물인 호박, 체노포디움(chenopodium), 마쉬엘더(marsh elder), 해바라기 등의 작물이 동부 삼림 지대(Eastern Woodlands)에서 재배되었고, 메이그래스(maygrass), 마디풀(erect knotweed), 좀보리(little barley), 단풍잎돼지풀(giant ragweed) 등은 자생 서식지를 벗어나 재배되었다.[23] 토종 작물과 야생종의 비중은 지역에 따라서 달랐다. 예컨대 아메리칸 바텀(American Bottom) 지역(세인트루이스 인근의 미시시피강 충적 평야)은 토종 작물을 가장 많이 생산한 곳이었다. 토종 작물이 부족한 곳일수록 도토리를 이용하는 비중이 높았다.[24] 옥수수가 동부 삼림 지대의 토종 작물 재배 품목에 포함된 시기는 기원전 300년경이었다.[25] 거의 1000년 동안 옥수수는 여러 식량 자원

---

23 B.D. Smith and C.W. Cowan, 'Domesticated crop plants and the evolution of food production economies in Eastern North America', in P.E. Minnis (ed.), *People and Plants in Ancient Eastern North America* (Washington, DC: Smithsonian Books, 2003), 105-25.
24 C.M. Scarry, 'Patterns of wild plant utilization in the prehistoric Eastern Woodlands', in Minnis (ed.), *People and Plants*, 50-104.
25 Smith and Cowan, 'Domesticated crop plants'.

가운데 하나일 뿐이었다. 그러다가 기원후 800년에서 1200년 사이 어느 시점부터 옥수수가 주식 작물로 자리 잡기 시작했다. 중서부와 북동부 지역에서 옥수수 알갱이와 요리의 흔적이 직접적으로 확인되는 시기도 이 무렵부터다.[26]

옥수수가 멕시코에서 남서부로 전파된 시기는 기원전 1600년경 혹은 그보다 조금 이른 시기였다. 북아메리카의 후기 상고(上古) 시대(late Archaic) 혹은 초기 농업 시대(early Agricultural period, 1500 BCE~0/500 CE)에는 토종 식물을 기반으로 하는 식량 수급에 변화가 찾아왔다.[27] (아메리카 대륙의 선사 시대는 고든 윌리Gordon Willey의 시대구분론이 통설이다. 세부적으로는 석기 단계Lithic Stage, 상고 단계Archaic Stage, 형성 단계Formative Stage, 고전 단계Classic Stage, 후고전 단계Postclassic Stage 로 나뉜다. Gordon Willey & Philip Phillips, *Method and Theory in American Archaeology*, 1958 참조. 이 글에서 등장하는 시대 명칭은 고든 윌리의 통설을 따른 것이다. - 옮긴이) 옥수수가 널리 확산되면서 주거 공간에 저장 시설이 갖추어지는 경우가 많았다. 옥수수, 콩(강낭콩과 테파리콩), 페포 호박(pepo squash) 등이 기원지에서 남서부로 확산되었고, 목화와 호리병박이 먼저 전래된 이후 콩류와 호박류는 나중에 전해졌다. 중기 상고

---

26 J.P. Hart et al., 'Extending the phytolith evidence for early maize (*Zea may* spp. *mays*) and squash (*Cucurbita* sp.) in central New York', *American Antiquity*, 72 (2007), 563-83.
27 L.W. Huckell, 'Ancient maize in the American Southwest: what does it look like and what can it tell us?', in J.E. Staller et al. (eds.), *Histories of Maize: Multidisciplinary Approaches to the Prehistory, Biogeography, Domestication, and Evolution of Maize* (Amsterdam and London: Elsevier Academic Press, 2006), 97-107.

시대 초(1500 BCE 이전)에는 야생종 일년생 식물들이 식량으로 이용되었는데, 메소아메리카의 푸에블로 제Ⅳ기(Pueblo Ⅳ)/고전 시기(Classic period)를 거치면서도 여전히 식량 자원으로 활용되었다.[28]

상고 시대(3500~500 BCE) 그레이트 플레인스(Great Plains) 지역의 식량 자원에는 토종 일년생 식물, 과일류, 견과류, 근경류, 초본류가 포함되어 있었다.[29] 직접적으로 연대가 확인된 재배종 작물 가운데 가장 오래된 것은 호박(2218~2142 BCE), 마쉬엘더(628~609 BCE), 옥수수(813~878 CE)였다. 옥수수가 처음 도입된 시기는 이보다 더 이전이었을 것이다. 삼림 지대의 사람들(500 BCE~800/900 CE)은 정착 생활을 더 많이 하는 편이었다. 토기가 전래되었고, 재배종 식물을 갈수록 많이 이용했다. 이러한 전통이 축적되어 옥수수를 기반으로 한 플레인스 빌리지 문화(Plains Village tradition, 900~1600 CE)가 형성되었다. 캐나다 동부 초원 지대 및 그와 맞닿은 북방수림(boreal forests) 지대에서도 기원후 700~1600년에 옥수수가 보편적인 식량 자원으로 확산되었다.[30]

초기 식량 생산 사회

중기 홀로세(mid-Holocene) 초엽 아메리카 대륙 식량 생산 사회의

---

28 L.W. Huckell and M.S. Toll, 'Wild plant use in the North American Southwest', in Minnis (ed.), *People and Plants*, 37-114.
29 M.J. Adair, 'Great Plains paleoethnobotany', in Minnis (ed.), *People and Plants*, 258-346.
30 M. Boyd et al., 'Reassessing the northern limit of maize consumption in North America: stable isotope, plant microfossil, and trace element content of carbonized food residue', *Journal of Archaeological Science*, 35 (2008), 2545-56.

사람들은 어떤 삶을 살았을까? 몇 가지 사례를 통해 다양한 삶의 방식을 알 수 있으며, 또한 이동식 생활이 감소하고 마을이 등장하는 등의 공통점도 엿볼 수 있다. 에콰도르의 레알 알토(Real Alto) 유적은 아메리카 대륙 최초의 농업 마을 중 하나였다. 우리는 그곳에서의 사회 조직, 의례 활동, 복잡한 정치 구조의 등장 등을 추론해볼 수 있다. 초기 식량 생산 사회의 또 다른 사례들은 메소아메리카, 미국 남서부의 사막 경계 지역, 멕시코 북서부 등지에서 확인이 가능하다.

민족학 조사에 따르면, 식물의 재배와 야생 식물의 관리 및 이용이 혼재된 사례가 다수 보고되어 있다. 다시 말해 식량 수급의 비중 면에서 재배종 식물이 절대적이지 않은 경우들이다.[31] 작물 재배가 시작된 시점과 농업이 본격화된 시점 사이의 간극은 경우에 따라서 달랐다. 가령 북아메리카 동부 지역은 낮은 정도의 식량 생산 기간이 매우 길었다(토종 작물을 재배하기 시작한 시점과 옥수수에 의존한 시점 사이의 간극이 약 4000년이었다). 그러나 과거 식생활에서 재배종 식물이 어느 정도의 비중을 차지했는지를 측정하기란 쉬운 일이 아니다.[32] 재배종 식물이 등장한다고 해서 곧바로 식생활이 작물 재배에 의존했다고 볼 수는 없다. 고고학 발굴 현장에서는 서로 다른 종류의 식량 자원이 다양한 방식으로 함께 출토된다(예를 들면 단단해서 먹을 수 없는 식물 부위가 불에 탄 채 남아 있거나, 근경류가 전분이나 식물규소체의 형태로 도구에 묻어 있다). 초

---

31 B.D. Smith, 'Low-level food production', *Journal of Archaeological Research*, 9 (2001), 1-43.
32 D.M. Pearsall, 'Investigating the transition to agriculture', *Current Anthropology*, 50 (2009), 609-13.

기 식량 생산 시스템에서 근경류, 호박, 채소류, 나무 열매(tree fruit) 등은 주식 작물로 간주되지 않는 경향이 있다. 반면 옥수수 농업은 곧바로 주식 작물과 연결된다.[33] 그러나 많은 종류의 근경류 작물은 칼로리 면에서 옥수수 못지않다. 만약 근경류 작물을 재배할 수 있는 환경이라면 재배종 식물이 등장한 이후 신속하게 본격 농업이 시작될 수 있었을 것이다.

에콰도르 남서부 해안 지역에서 식물 재배가 처음 시작된 때는 중기 홀로세 초엽의 베가스 문화(Vegas tradition) 시기였다.[34] 단 하나의 사례를 제외하고 모든 베가스 문화 유적지는 상당히 작은 규모였다. 아마도 임시 거처를 위한 구조물들이 세워져 있었던 곳으로 추정된다. 다만 유적 제80번만은 전혀 달랐는데, 전체 면적이 2000제곱미터를 넘었다. 그곳에 망자를 매장하기 위해 주기적으로 사람들이 모였던 것으로 추정된다.[35] 이처럼 에콰도르 해안 지역에서 마을이 등장하기 전에 이미 조상을 매개로 흩어져 있는 공동체들을 서로 연결하는 공간이 존재했던 것이다. 그중 한 독특한 무덤이 있었다. 여성의 시신이 조그만 구조물에 안치되어 있었는데, 이는 초기 그곳 공동체의 삶과 의례에서 여성이 중심

33 J. Iriarte, 'New perspectives on plant domestication and the development of agriculture in the New World', in T.P. Denham et al. (eds.), *Rethinking Agriculture: Archaeological and Ethnoarchaeological Perspectives* (Walnut Creek, CA: Left Coast Press, 2007), 167-88.
34 Piperno and Pearsall, *Origins of Agriculture*; Piperno and Stothert, 'Phytolith evidence'.
35 K.E. Stothert, 'Expression of ideology in the formative period of Ecuador', in J.S. Raymond and R.L. Burger (eds.), *Archaeology of Formative Ecuador* (Washington, DC: Dumbarton Oaks Research Library and Collection, 2003), 337-420.

적 역할을 했음을 의미한다. 유적지는 간헐천을 따라 형성되어 있다. 이로 보아 당시 작물 재배가 이미 사람들의 교류와 공간의 선정에 일정한 영향을 미쳤던 것으로 추정된다.

에콰도르 지역에서 베가스 문화가 끝나고 약간의 간극을 거친 뒤 발디비아 시기(Valdivia period, 4400~1400 BCE)가 시작되었다.[36] 발디비아는 아메리카 대륙 최초의 토기 문화 중 하나였다. 중기 발디비아 시기에 이르러 레알 알토는 마을에서 도시 규모로 성장했다. 이 또한 아메리카 최초의 도시 중 하나였다.

레알 알토의 거주지 및 공동체의 구조를 보면 발디비아 사회가 어떠했는지 엿볼 수 있다.[37] 처음에 등장한 마을의 규모(지름 150미터)는 크지 않았으며, 원형 또는 U자 형태로 12~15채의 집들이 배치되어 있었다. 집 한 채의 크기(8.4제곱미터)도 작아서 한 가족이 살았던 것으로 추정된다. 그렇다면 마을의 인구는 모두 합쳐 50~60명이었을 것이다. 초기 발디비아 시기가 끝나갈 무렵까지 마을은 계속 성장했고, 주민 수는

---

36 J.G. Marcos, 'A reassessment of the Ecuadorian Formative', in Raymond and Burger (eds.), *Archaeology of Formative Ecuador*, 7-32; J.A. Zeidler, 'The Ecuadorian Formative', in Silverman and Isbell (eds.), *Handbook of South American Archaeology*, 459-88.

37 J.E. Clark et al., 'First towns in the Americas', in M.S. Bandy and J.R. Fox (eds.), *Becoming Villagers: Comparing Early Village Societies* (Tucson: University of Arizona Press, 2010), 205-45; J.G. Marcos, 'The ceremonial precinct at Real Alto: organization of time and space in Valdivia society', unpublished PhD thesis (University of Illinois at Urbana-Champaign, 1978); J.A. Zeidler, 'Social space in Valdivia society: community patterning and domestic structure at Real Alto, 3000-2000 BC', unpublished PhD thesis (University of Illinois at Urbana-Champaign, 1984); Stothert, 'Expression of ideology'; Marcos, 'Reassessment of the Ecuadorian Formative'.

150~250명으로 늘어났다. 마을은 사적 공간(주위로 둘러가며 집들이 배치)과 공적 공간(중앙 광장)으로 나뉘어 있었다. 공공 의례를 위한 건물 같은 것은 아직 나타나지 않았다.

중기 발디비아 시기에 레알 알토는 도시로 성장했다. 지름이 400미터에 달했으며, U자형 혹은 사각형 구조로 집들이 배치되었다. 집들의 크기는 평균적으로 102제곱미터 정도였고, 확대 가족이 거주했던 것으로 추정된다. 도시 전체의 인구는 1800명으로 늘어났다. 공동체 공간에도 변화가 있었는데, (하나는 축제를 위한, 또 하나는 장례를 위한) 두 개의 인공 언덕이 조성되어 광장을 가운데 두고 서로 마주 보도록 배치되었다. 인공 언덕 때문에 광장도 두 개의 공간으로 구분되었다. 이에 따라 잠재적으로 공동체에서도 구분/대립이 만들어지게 되었다. 누가 어떤 의례에 참여했고 누가 의례를 지휘했는지 알 수 있는 근거는 남아 있지 않지만, 많은 연구자들은 레알 알토의 의례에 샤머니즘이 포함되었다고 주장한다.[38] 열대수림 농업 공동체에서 샤머니즘은 여성의 생애 주기(결혼 적령기, 임신)에 따른 의례, 치유, 예언 등의 역할을 담당했다. 샤먼은 또한 공동체 의례 일정을 관리했고, 공동체 생활 및 종교 생활에서도 지도자의 지위에 있었다.

시간이 지나면서 레알 알토의 인공 언덕 위에 구조물이 건설되었고,

---

38 D.W. Lathrap et al., *Ancient Ecuador: Culture, Clay and Creativity, 3000-300 BC* (Chicago: Field Museum of Natural History, 1975); J.G. Marcos, *Real Alto: la historia de un centro ceremonial Valdivia* (Guayaquil: Escuela Superior Politécnica del Litoral; Quito: Corporación Editora Nacional, 1988); P.W. Stahl, 'Hallucinatory imagery and the origin of early South American figurine art', *World Archaeology*, 18 (1986), 134-50; Stothert, 'Expression of ideology'.

그곳에서 거행되는 의례도 뚜렷이 정형화되었다. 도시에는 두서너 개의 사회 집단이 존재했다. 도시의 가족 구조는 대가족 체제로 변해갔다. 주거 구역의 구조는 갈수록 후손 집단을 강조했다.[39] 두 가지 크기의 확대가족 주택이 남아 있는데, 이를 통해 각 가족의 사회적 지위가 달랐음을 알 수 있다. 그러나 그들이 자원에 접근하는 방식이 달랐다는 증거는 없다. 또한 무덤 부장품도 다를 것이 없었다. 다만 사람에 따라서 사후 처리 과정이 달랐던 흔적은 남아 있다.[40] 대부분의 사람들은 거주지 구조물의 벽체를 둘러싸고 있는 도랑의 바로 안쪽 혹은 바로 바깥쪽에 매장되었다. 그런데 인공 언덕 위의 제사용 건축물에서는 매장이 전혀 다른 방식으로 이루어졌다. 성인 여성 한 명의 시신이 입구에 위치하는 무덤에 묻혀 있었고, 같은 건물 안에서 가까운 곳에 남성과 청소년이 매장되어 있었다. 아마도 이 여인은 친족 집단의 계보에서 가장 꼭대기에 위치하는 사람일 것으로 추정된다. 축제용 인공 언덕에서도 나름대로 독특한 맥락이 발견되었다. 언덕 위에는 쌍을 이루는 구조물들이 늘어서 있었고, 가운데 커다란 구덩이들이 있었다. 구덩이에는 깨진 술잔이나 이국적인 해산물 음식 찌꺼기 같은 축제의 흔적이 남아 있었다. 축제는 집단의 구성원들을 끌어들이고 결속을 다지는 의례였으며, 이 공간은 축제를 통한 사회적 경쟁의 장이었을 것이다.

중기 발디비아 시기에 레알 알토가 마을에서 도시로 변하는 과정에서 사회적으로 많은 변화들이 있었다. 아마도 샤먼이 지휘했을 축제 의

---

39 Zeidler, 'Social space in Valdivia'.
40 Marcos, 'Ceremonial precinct at Real Alto'; Marcos, 'Reassessment of the Ecuadorian Formative'.

레는 새로운 사회 질서를 만들고 유지하는 데 크게 기여했다. 당시의 사회적 차별이 엿보이는 흔적이 남아 있는데, 귀중품보다는 노동력을 더 많이 이용할 수 있는 권한이 사회적 차별의 핵심이었다(이를 위하여 축제를 통해 추종자를 끌어들일 필요가 있었다). 노동력을 동원하면 더 많은 농지를 경작할 수 있었고, 생장 기간이 긴 근경류 작물에 건기에도 물을 공급할 수 있었으며, 돌을 쌓아 만든 밭(albarrada, 물을 오래 가두어두는 데 유리하다)에서 과외로 옥수수를 재배할 수도 있었다.

멕시코 서부 지역 최초의 농부들은 주기적으로 거주지를 옮겨 다니면서 이동식 농업을 하던 사람들이었다.[41] 시와톡스틀라(Xihuatoxtla) 은신처 유적에서 초기 옥수수가 확인되었다. 이곳은 소규모 집단의 사람들이 반복적으로 들러 몇 주 정도 머물렀던 곳으로 추정된다. 그들은 자연 상태의 강자갈과 갈돌을 가지고 와서 곡물을 분쇄하는 도구로 사용했고, 뗀석기를 만들기도 했다. 주변 지역에서 발견된 같은 시기의 유적 두 군데에서는 갈돌이 발견되지 않았다. 이는 당시 사람들의 생활 방식이 서로 달랐음을 의미한다. 근처에 있는 호수의 고생태 환경 자료를 참조해보면, 이 지역의 상고(上古) 시기 사람들이 호수의 자연환경을 이용한, 즉 호수 가장자리에서 작물을 재배한 흔적이 남아 있다. 이동식 생활은 멕시코에서 식량 생산이 본격화되면서 서서히 줄어들었던 것 같다. 예를 들어 테와칸 계곡(Tehuacan valley)의 고산 지대에서 유적지의 위치, 수, 규모 등으로 볼 때 리에고 단계(Riego phase, 7500~6000 BCE*)부터

---

41 A.J. Ranere et al., 'The cultural and chronological context of early Holocene maize and squash domestication in the central Balsas River valley, Mexico', Proceedings of the National Academy of Sciences, 106 (2009), 5014-18.

반(半)정주적 캠프(즉 계절에 따라 한두 계절 거주하는 곳)가 등장했으며, 아베하스 단계(Abejas phase, 4500~2750 BCE★)부터는 소규모의 정주적 주거지들이 등장했다.[42] 기원전 2000년경에 이르면 메소아메리카에서 정주적 마을이 광범위하게 확산되어 있었다. 그것이 형성 시대(Formative period, 2000 BCE~250 CE)의 시작을 알리는 특징이었다. 이 시기에 농업, 마을, 토기 생산이 한꺼번에 등장했다.[43]

메소아메리카에서 후기 상고 시대(late Archaic)부터 초기 형성 시대(early Formative)까지는 변화의 시기였다. 식량 생산의 비중이 적고 분산되어 살던 사람들이 농업을 시작하면서 정착하게 되었고 인구가 증가했다.[44] 멕시코와 과테말라의 남서부 태평양 연안에는 상반되는 생활 경제를 보여주는 이행기의 유적이 남아 있다. 기원전 5500~1800년 상고 시대 멕시코 해안 지역의 유적에서 대규모 조개무지가 흔히 발견된다. 이들 유적은 주기적으로 수생 생물 자원을 이용한 포레이저가 머물렀던 흔적으로 해석된다. 여기에는 약간의 재배종 작물도 포함되어 있었던 것 같다. 인근 지역에서 추출한 코어로부터 꽃가루, 식물규소체, 탄화 자료 등을 분석한 결과, 기원전 2700~1800년에 화전(火田) 농법이

---

42 R.S. MacNeish et al., 'The archaeological reconnaissance', in R.S. MacNeish et al. (eds.), *The Prehistory of the Tehuacan Valley*, vol. V: *Excavations and Reconnaissance* (Austin: University of Texas Press, 1972), 341-495.
43 T.G. Powis, 'Formative Mesoamerican cultures: an introduction', in T.G. Powis (ed.), *New Perspectives on Formative Mesoamerican Cultures* (Oxford: Archaeopress, 2005), 1-14.
44 R.G. Lesure, 'Early social transformations in the Soconusco', in R.G. Lesure (ed.), *Early Mesoamerican Social Transformations: Archaic and Formative Lifeways in the Soconusco Region* (Berkeley: University of California Press, 2011), 1-24.

존재하고 옥수수도 재배한 것으로 확인되었다.[45] 농업 정착지는 내륙 지역에 위치했는데, 바닷가의 짠물에서 벗어나고 주기적 범람도 피해야 했기 때문이다. 유적들은 현재 강물에 의한 퇴적층 아래 묻혀 있다. 이로부터 추론하자면, 당시 그곳 사람들은 농부이면서 동시에 포레이저로서, 농사 짓기에 좋은 곳에 근거지를 설치하고 이동식 생활을 줄여 나갔으며, 수생 생물 자원이 풍부한 곳에 임시 거처를 마련하여 주기적으로 이용했다.

이처럼 수생 생물 자원이 풍성한 지역이 과테말라의 태평양 연안을 따라 펼쳐져 있는데, 그곳의 고생태 환경을 보면 6000년 전부터 인간이 점유했던 흔적이 남아 있다.[46] 후기 상고 시대에 인위적으로 불을 일으킨 흔적이 있으며, 미화석 분석 결과 옥수수, 호박, 목화도 재배된 것으로 확인되었다. 그리고 최초의 정착 마을이 등장하기 전에는 이동식 생활을 하던 사람들이 여러 수종의 나무를 관리한 흔적도 발견되었다. 그럼에도 불구하고 후기 상고 시대의 거주지 유적이 발견되지 않는 이유는, 그곳 사람들이 멕시코 해안 지역과는 달리 이동성이 강한 생활을 했기 때문이다. 전반적으로 발견되는 작물의 비중이 매우 희박한 것은 당시 식량 생산의 정도가 그만큼 낮았기 때문이다. 인위적으로 불을 일으킨 이유는 유용한 야생 식물의 성장을 돕고 동물을 유인하기 위해서였다.

---

45 D.J. Kennett et al., 'Pre-pottery farmers on the Pacific coast of southern Mexico', *Journal of Archaeological Science*, 37 (2010), 3401-11.
46 M. Blake and H. Neff, 'Evidence for the diversity of late Archaic and early Formative plant use in the Soconusco region of Mexico and Guatemala', in Lesure (ed.), *Early Mesoamerican Social Transformations*, 47-66.

최근 멕시코 북서부 및 미국 남서부 국경 지역을 연구한 결과, 상고시대에 작물을 재배한 사람들은 기존의 추정보다 덜 이동한 것으로 확인되었다.[47] 초기 농업 시스템은 범람을 이용하거나, 지하수 혹은 지표수를 이용하거나, 관개 시설을 조성하거나, 건조 농법을 사용하거나, 빗물에 의존하는 농업 등 지역에 따라 편차가 매우 컸다. 그러나 거의 모든 농법이 자연적으로 토양에 양분이 공급되는 충적토를 이용했다는 점에서는 공통적이었다.[48] 예를 들어 애리조나 남동부에서는 옥수수, 콩, 목화, 아마란스(amaranth)를 재배한 흔적이 먼저 있었고, 나중에 수로, 테라스, 더 크고 항구적인 정착지가 건설되었다.[49] 그곳에서 수로와 테라스를 조성하는 데 막대한 노동력이 투입된 것으로 보아, 결국에는 이동식 생활이 줄어들고 영토권이 강화된 것을 알 수 있다.

국경의 사막 지대를 조사한 결과, 그곳에서 이동 생활을 하던 사람들이 농경 생활로 전환된 비율은 곳에 따라 달랐던 것 같다. 예를 들어 멕시코의 치와와(Chihuahua)에 있는 세로 후아나케냐(Cerro Juanaqueña) 유적에서는 기원전 1200년경 농지 조성을 위해 상당히 투자한 흔적이

---

47 G.J. Fritz, 'The transition to agriculture in the desert borderlands: an introduction', in L.D. Webster et al. (eds.), *Archaeology Without Borders: Contact, Commerce, and Change in the US Southwest and Northwestern Mexico* (Boulder: University Press of Colorado, 2008), 25-33.
48 J.B. Mabry and W.E. Doolittle, 'Modeling the early agricultural frontier in the desert borderlands', in Webster et al. (eds.), *Archaeology Without Borders*, 55-70.
49 J.B. Mabry, 'Changing knowledge and ideas about the first farmers in southeastern Arizona', in B.J. Vierra (ed.), *The Late Archaic across the Borderlands: From Foraging to Farming* (Austin: University of Texas Press, 2005), 41-83.

발견되었다. 반면 그곳에서 가까운 호르나다 모고욘(Jornada Mogollon) 지역에서는 기원후 1000년에 가서야 그와 같은 정도의 변화가 나타났다.[50] 세로 후아나케냐는 세로스 데 트린체라스(cerros de trincheras) 유적(언덕 위의 테라스, 돌로 쌓은 원형 구조물, 돌담으로 구성된 복합 유적)의 최초 사례로 알려져 있다. 테라스는 생활 공간으로 이용되었고, 언덕 아래 리오카사스(Rio Casas) 강변의 충적 평야에서 농사를 지었다. 발견된 작물의 흔적 중에서 옥수수가 60퍼센트를 차지했다. 아마도 당시 옥수수가 주식 작물이었던 것으로 추정된다. 또한 사용한 갈돌이 상당히 많이 발견되었고, 재배종 아마란스나 야생종 체노포디움 혹은 기타 식물의 씨앗을 이용했던 것으로 추정된다. 호르나다 모고욘 지역과 달리 리오카사스 충적 평야에서의 옥수수 농사는 저위험 고수익을 가져다주었다. 그래서 호르나다 모고욘 지역에서는 야생 자원, 특히 관목(灌木)이나 콩과 식물인 메스키트(mesquite)를 더 많이 이용했다.

농업 관행과 자연 경관의 개조

농업은 아메리카 대륙의 자연 경관을 인위적으로 변형했는데, 다만 그 규모는 시공간에 따라서 달랐다. 초기의 공간 조성 작업에서 불은 매우 중요한 도구였다. 불 말고도 자연 경관을 관리하는 다른 방법들이 있었다. 예를 들면 물 관리(관개 시설, 저수 시설, 바닥을 높인 농지와 낮춘 농지)와 농지 관리(테라스, 테라 프레타, 고랑 밭) 등이었다(테라스는 계단식

---

50 R.J. Hard and J.R. Roney, 'The transition to farming on the Río Casas Grandes and in the southern Jornada Mogollon region', in B.J. Vierra (ed.), *Late Archaic across the Borderlands*, 141-86.

논밭을 말하고, 테라 프레타는 유기물을 썩혀 만드는 아마존 특유의 검은 흙을 일컫는다. ─옮긴이).

유럽인이 도착했을 때는 이미 아메리카 대륙에 인위적으로 개조한 자연 경관이 존재했다. 예를 들어 스페인의 코르테스(Cortés) 함대가 상륙한 멕시코만과 메소아메리카의 산록 지대에는 삼림 지대와 관목 지대를 관리하는 농지들이 곳곳에 산재했다.[51] 배수가 잘되는 땅(언덕의 경사면이나 인위적으로 조성된 테라스)에서는 비가 내리는 계절에만 농사를 지었고, 건기에는 습지의 가장자리에서 물이 빠진 곳이나 인위적으로 물을 빼낸 곳에서 농사를 지었다. 카카오 같은 과수 작물은 잘 관리된 숲속이나 집 마당 같은 특수한 곳에서 재배되었다. 메소아메리카의 중부 고산 지대는 반건조 분지 지역인데, 고지대 상단 산록은 숲 지대로 남아 있었다. 산록의 낮은 지대와 테라스가 조성된 지역에서는 빗물을 이용하여 농사를 지었고, 물길이나 분지의 바닥 지역에 테라스가 조성된 곳에서는 지표수나 관개 시설을 이용해서 농사를 지었고, 물이 잘 빠지지 않는 곳에서는 습지 작물이 재배되었다.

북아메리카의 남서부 및 동부 지역에서는 자연 경관의 인위적 개조가 상당한 정도로 진행되었고, 집약적 농업(즉 고도의 노동력 투입이 요구되는 농업)이 실시되었다.[52] 남서부 지역에서는 강 주변의 평야 지대와

---

51 T.M. Whitmore and B.L. Turner II, 'Landscapes of cultivation in Mesoamerica on the eve of the conquest', *Annals of the Association of American Geographers*, 82 (1992), 402-25.
52 W.E. Doolittle, 'Agriculture in North America on the eve of contact: a reassessment', *Annals of the Association of American Geographers*, 82 (1992), 386-401.

산록 지대 모두 농사에 이용되었다. 여름 우기 이외에도 물을 원활히 끌어들이기 위해 관개 시설을 갖추었고, 강줄기 근처에서는 이모작이 실시된 곳도 여럿 발견되었다. 산록 지대에서는 (토심과 수분 보유력을 증가시킬) 테라스가 조성되고, (지표수의 흐름을 늦추고 물줄기를 넓게 펼치기 위해) 보가 건설되기도 했다.

동부 삼림 지대에서는 화전 농법으로 들판 곳곳에 농지가 조성되었다. 휴경지, 반영구적 개활지, 개방된 숲 지대 등이 모자이크처럼 구성되어 있었다.[53] 장기간 작물을 재배한 곳은 잠시 휴경지로 버려두었다가 부분적으로 불을 일으켜 잡초를 제거했다.[54] 농지의 규모는 경우에 따라 달랐다. 매우 큰 필지의 농지도 있었다. 1년 단위로 작물을 재배하는 농지들이었다. 바닥을 높인 밭, 고랑을 탄 밭, 언덕 밭 등이 있었고, 집 마당에서도 흔히 작물을 재배했다. 그러나 산록의 형태를 변형한 경우는 확인되지 않았다. 동부 삼림 지대 최초의 농부들은 주로 충적 평야의 환경을 이용하려 했던 것 같다. 예컨대 리틀테네시강(Little Tennessee River) 하류 유역에서는 평지 숲에서 인간의 흔적이 보였는데, 호박과 박이 등장한 뒤로 숲의 질서가 교란되었을 때 번성하는 품종이 늘어났다.[55] 시간이 지나면서 충적 평야뿐만 아니라 낮은 산록 지대에서 테라스도 조성되기 시작했다. 유럽인이 들어와 정착하기 전까지는 고산 지대에서

---

53 W.M. Denevan, 'The pristine myth: the landscape of the Americas in 1492', *Annals of the Association of American Geographers*, 82 (1992), 369-85.
54 Doolittle, 'Agriculture in North America'.
55 P.A. Delcourt et al., 'Holocene ethnobotanical and paleoecological record of human impact on vegetation in the Little Tennessee River valley, Tennessee', *Quaternary Research*, 25 (1986), 330-49.

숲이 제거된 규모가 매우 작았다.

유럽인이 도착하기 전 아메리카 대륙의 농작업에서는 모두 인간의 손과 도구를 사용할 뿐이었다. 견인 축력이나 쟁기 같은 것은 존재하지 않았다. 농기구에는 크게 두 부류가 있었다. 하나는 땅을 파거나 식물을 심을 때 사용하는 막대기에 삽날이 붙어 있는 도구로, 손잡이가 부착되어 있었다. 다른 하나는 곡괭이처럼 생긴 도구로, 마찬가지로 끝부분에 손잡이가 부착되어 있었다.[56] 나무로 만든 땅 파는 도구는 쐐기 모양으로 생겼는데, 작물을 심는 구덩이를 파거나 땅을 갈아엎을 때 사용했다. 끝부분은 불에 그슬어 단단하게 만들었고, 때로는 석기(돌날)를 부착하기도 했다. 안데스 지역의 차키타클라(chaqui-taclla)는 발을 이용해서 땅을 갈아엎는 도구로, 도구를 발로 밟아서 뿌리가 깊은 잡초를 뒤집을 수 있었다(그림 20-2). 곡괭이처럼 생긴 도구는 곡물을 심어둔 곳의 주변을 정리하는 데 사용되었다. 삽날은 나무, 돌, 동물의 어깨뼈 등으로 만들었다. 메소아메리카와 남아메리카 서부 지역에서 가끔 도구의 끝부분에 주석이나 청동을 사용한 경우가 있었다. 오늘날에는 덤불을 제거하거나 나무를 쓰러트릴 때 철로 만든 마체테 칼이 사용되지만, 선사 시대에는 숲을 제거하는 작업에 목재 도구나 돌 도구가 사용되었다.[57] 선사 시대의 돌도끼는 손잡이 꽂을 자리를 뾰족하게 다듬은 뒤 목재 손잡이를 꽂아서 만들었다. 가끔은 도끼를 휘둘러서 숲속의 풀을 자르기도 했지만,

---

56 R.A. Donkin, *Agricultural Terracing in the Aboriginal New World*, Viking Fund Publications in Anthropology 56 (Tucson: University of Arizona Press, 1979).
57 W.M. Denevan, *Cultivated Landscapes of Native Amazonia and the Andes* (Oxford University Press, 2001).

[그림 20-2] 발로 밟는 쟁기(따비)
펠리페 구아만 포마(Felipe Guaman Poma)의 책 《새로운 연대기와 좋은 정부(El Primer Nueva Coronica y Buen Gobierno)》에 수록된 삽화.

대개는 쓰러트리는 용도로 사용했다. 자르는 대신 나무껍질을 벗기거나 불을 지르기도 했다. 그러나 큰 나무들은 쓰러트리지 못해 그대로 서 있는 경우가 많았다. 단단한 나무로 만든 목재 도구 혹은 "목검"이 덤불이나 잡초를 제거할 때 사용되었다. 이외에 전통적인 방식으로는 멀칭 기법이 사용되었다. 잡초 위에 작물을 덮어 그늘을 만들어서 잡초를 제거하는 방식이었다. 또한 불을 일으키는 방법도 있었다.

아메리카 대륙에서 이른바 하드 테크놀로지(hard technologies), 즉 농지 조성 방법 등(아래에서 세부적으로 논함)은 비교적 잘 보존되어 있다. 반면에 소프트 테크놀로지(soft technologies), 즉 농지의 환경을 조작하는 근본적인 방법들은 고고학적으로 거의 남아 있지 않다.[58] 토양에 유기물 양분을 더하는 일(즉 구아노guano 혹은 조분석鳥糞石, 물고기, 동물의 똥, 거름, 퇴비 등)이 선사 시대에도 행해졌을 것으로 추정되고, 인위적으로 조작된 토양(테라 프레타라고 하는, 과거의 거주 지역에서 만들어지는 검은 흙)에 작물을 심는 관행도 있었던 것 같다. 불은 중요한 농사 기법이었다.[59] 전통 농업에서 불은 햇볕이 필요한 작물의 성장을 위해 숲을 제거하고 개방성을 유지하는 용도로 사용되었다. 또한 불을 이용해서 숲의 부스러기를 제거하고, 병균을 죽이며, 재를 통해 영양소를 토양으로 되돌려줄 수 있었다. 작물 재배 관행은 민속 조사 사례와 일부 역사적 기록을 통해서 알려져 있다.[60] 문헌 자료의 증언에 따르면 다양한 작물을 재배하는 복합 영농이 주를 이루었던 것 같지만, 그 형태는 매우 다양했

---

58 Ibid.
59 Denevan, 'The pristine myth', and *Cultivated Landscapes*.
60 Denevan, *Cultivated Landscapes*.

다. 동시 재배(예컨대 옥수수-콩-호박처럼, 서로에게 도움이 되는 작물 재배), 수목 혼합 재배(agroforestry, 과수 작물과 함께 일년생 혹은 다년생 작물 재배), 구획별 재배(구획을 나누어 다른 작물을 재배), 단일 작물 재배(거의 전체적으로 한 작물을 재배하는 가운데 가끔씩 다른 작물이 섞여 있는 정도) 등의 방식이 있었다. 생태 환경의 구획을 나누어서 관리한 흔적은 많이 남아 있다. 이는 서식 환경이 미시적으로 달라지는 경우를 말하는데, 예컨대 안데스 지역에 특징적인 수직적 작물 분포를 들 수 있다. 주요 강변의 충적 평야 지역에서는 땅의 기복이나 토양, 물길의 흐름에 따라서 작물이 달라졌다. 안데스 원주민의 농업 관행 중에는 윤작(같은 농지에서 매년 다른 작물을 재배), 병작(같은 농지에서 서로 다른 작물을 교차 배열), 휴경(농지에 휴지기를 두어 지력을 회복하고 잡초 및 병충해 저항력을 높임) 등이 있었다.

아메리카 대륙의 선사 시대 농업에서는 물 관리가 결정적 역할을 하는 곳이 많았고, 이를 통해 자연 경관에 큰 변화가 있었다. 예컨대 페루 해안 사막 지대의 초기 농부들은 강변을 따라 충적 평야 지대에서 농사를 지었다. 그곳에서는 강물이 범람하면서 자연적으로 지력을 회복하는 과정이 주기적으로 발생했다. 그리고 짧은 수로와 둑을 건설하여 물길을 약간 조정할 수도 있었다.[61] 농업의 집약화 및 확장은 관개 시설에 달려 있었다. 남아메리카의 경우 에콰도르 남부 해안부터 칠레 중부까지 운하를 파서 물을 끌어들인 사례들이 발견되었다. 예를 들면 안데스산맥의 산간 계곡, 페루 남부에서 볼리비아 북부에 걸쳐 있는 알티플라노

---

61 Ibid.; Pearsall, 'Plant domestication'.

(Altiplano)고원, 카리브해 연안의 일부 계곡 지대 등이다. 페루에서 확인된 선사 시대 운하는 25~30개 정도이며, 해안 지역의 강가에 위치해 있었다. 그중 가장 큰 운하는 기원후 1000년경의 것으로 페루 북부 해안 지역에서 발견되었다.[62] 조그만 도랑을 파서 물을 끌어들이는 방식은 기원전 4500~3400년(cal) 난촉 밸리에서 시작되었다.[63]

미국 남서부 지역에서도 관개 시설은 농업의 핵심 요소였다.[64] 초기 농부들은 물이 잘 공급되는 충적토에 농사를 지었다. 빗물에 의존하는 농업을 실시한 지역도 가끔 있었는데, 고고도 지역에서 강우량이 충분한 경우였다. 역사적 문헌 자료들을 보면 돌과 나뭇가지, 흙을 다져서 보를 건설했다는 기록이 있다. 강물이나 샘물 혹은 지표수의 흐름을 늦추거나 물길을 원하는 방향으로 돌리기 위해서였다. 언덕에는 돌을 쌓아서 테라스를 조성했다. 그렇게 하면 물이 빠져나가는 속도를 늦추고 토양의 손실도 막을 수 있었으므로, 작물 재배가 가능해졌다. 미국 남서부 지역에서 운하를 파서 물을 끌어들인 사례는 남부 및 중부 지역에서 기원전 1250~400년*까지 거슬러 올라간다. 관개 시설을 이용해서 농사를 짓는 경우, 영양분의 고갈과 토양 염류화(salinization)를 회피하기 위해 주기적으로 농지/이랑의 위치를 바꾸어야 했다. 크게 보면 미국 남서부와 메소아메리카의 관개 시설 조성 연대가 거의 비슷하게 나타나지만

62 M.E. Moseley, *The Incas and their Ancestors: The Archaeology of Peru*, 2nd edn (London: Thames & Hudson, 2001).
63 T.D. Dillehay et al., 'Preceramic irrigation canals in the Peruvian Andes', *Proceedings of the National Academy of Sciences*, 102 (2005), 17241-4.
64 Mabry and Doolittle, 'Modeling the early agricultural frontier'.

(뒤에서 다시 논함), 양쪽의 시스템은 각각 독립적으로 발달했던 것 같다.

메소아메리카에서는 형성 시대(Formative stage)부터 관개 시설이 등장하기 시작했다.[65] 관개 시설 중에는 하천의 범람이나 지표수를 이용한 경우, 샘을 이용한 경우, 계곡에서 흘러내리는 물줄기를 이용한 경우, 계곡의 아래 바닥에 고이는 물을 이용한 경우 등이 있었다. 하천의 범람이나 지표수를 이용한 경우가 가장 흔했는데, 기원전 1200년 이후로 여러 곳에서 그 흔적이 확인되었다. 구체적 사례로는 댐, 운하, 도랑, 배수로, 인공 연못, 저수지, 바닥을 높인 밭, 테라스, 고랑 밭 등이 있었다. 이만큼 흔한 사례는 아니지만 샘을 이용한 경우(770 BCE), 계곡에서 흘러내리는 물줄기를 이용한 경우(300 BCE), 계곡의 바닥에 고이는 물을 이용한 경우(1050 BCE) 등도 있었다. 테와칸 계곡(Tehuacan valley)의 유적에서는 깊이 땅을 파서 우물을 만든 기원전 7900년의 사례도 확인되었다. 아마도 인력으로 물을 길어 사용했던 것 같다. 우리에게 익숙한 대부분의 관개 시설이 조성된 시기는 메소아메리카 전역에서 마을이 출현하기 시작한 기원전 1200~1000년이었다. 그 규모는 경우에 따라 상당히 달랐지만, 시설을 만든 주체는 친족을 기반으로 한 수평적 공동체였던 것으로 추정된다.

안데스산맥 고산 지대는 지형 변화를 통해 농업 생산 지역으로 변신할 수 있었다. 기본적인 형태는 관개 시설, 테라스 조성, 바닥을 높인 밭 등이었다.[66] 안데스 계곡의 산간 지방에서는 빗물을 보완할 수 있는 관

---

65 J.A. Neely, 'Mesoamerican Formative period water management technology: an overview with insights on development and associated method and theory', in Powis (ed.), *New Perspectives*, 127-46.

개 시설이 많이 조성되었다. 분지 지역에서는 더 큰 면적을 포괄하는 방대한 시스템이 만들어졌다. 티티카카 호수(Lake Titicaca) 분지에서는 운하를 흔히 볼 수 있었다. 운하를 통해 끌어들인 호수 물이 바닥을 높인 밭으로 연결되었다. 아야쿠초(Ayacucho) 근처의 와르파(Huarpa) 유적에서는 기원전 200년에서 기원후 600년에 건설된 관개 시설을 갖춘 테라스가 발견되었다.

테라스는 경사진 산록을 평평하게 돋운 것으로, 대부분 아메리카 대륙의 건조 및 반건조 지대에서 발견된다. 너무 건조한 곳에는 관개 시설이 연결되어 있다.[67] 테라스 분포 지역 가운데 가장 북쪽은 콜로라도주 남서부로, 여기서부터 멕시코 서부의 시에라마드레(Sierra Madre)까지 이어져 있다. 분포 지역은 매우 산발적이며, 좁은 수로를 가운데 두고 양쪽 언저리에 테라스가 조성되었다. 메소아메리카에서는 테라스가 연속적으로 분포하지 않는다. 멕시코 중부 및 남부, 그리고 과테말라 서부의 분지 지역에 걸쳐 있으며, 과테말라 남부 지역에서 안데스산맥까지도 매우 드물다. 테라스의 형태는 물길이 사이를 가로지르는 형태, 비탈면을 둘러 가는 형태, 계곡의 바닥면에 설치된 형태 등 다양하다. 지대가 높은 곳에 테라스를 조성하면 아래쪽보다 서리 피해를 줄일 수 있다. 그래서 계곡의 바닥면보다는 테라스에서 작물을 재배하는 것이다.

남아메리카의 경우 테라스는 베네수엘라에서 칠레 및 아르헨티나 북부에 걸쳐 드문드문 존재한다. 잉카 제국의 수도였던 쿠스코와 볼리

---

66 Denevan, *Cultivated Landscapes*.
67 Donkin, *Agricultural Terracing*.

비아 북부를 비롯하여 페루 남부 지역에 관개 시설을 갖춘 테라스가 집중되어 있다.[68] 빗물을 이용한 테라스는 페루의 안데스산맥 동부와 에콰도르 남부에 분포하고 있다. 이 지역에서 가장 보편적인 형태는 산록 경사면 테라스인데, 산록을 가로질러 돌담을 쌓아두면 그곳에 토양이 축적되고 지표수를 머금게 된다. 벤치형 혹은 계단형 테라스는 길고 좁게 이어지며 수평면을 이루고, 돌담의 높이에 따라 토양도 깊어진다. 테라스는 그 지역의 미시 기후를 바꾸어놓기도 한다. 작물 재배에 더 유리한 조건이 만들어지고, 위험을 줄이며, 불리한 자연환경에서도 작물 재배가 가능하도록 만드는 것이다. 관개 시설을 갖춘 테라스나 그렇지 않은 테라스 모두 페루 지역에서는 빠르면 기원전 2400년경부터 등장하는데, 규모가 큰 테라스 시스템이 기원후 600년 혹은 그 이후에 나타났다.

바닥면을 인공적으로 높이면 배수가 원활하고 습지에서도 농사가 가능했다.[69] 이런 식의 밭을 치남파스(chinampas)라 했는데, 멕시코 분지의 호숫가 지역에서 농업의 중요한 요소였다. 치남파스는 호수의 진흙과 수생 식물, 그리고 가정 생활에서 발생하는 쓰레기 등으로 만들었다. 전체가 물 위에 떠 있는 것은 아니지만 작물을 심는 일부 구역은 뗏목처럼 이동이 가능한 구조였다. 치남파스는 대개 좁게 만들었지만 상당히 길게 늘일 수 있었고, 가장자리를 따라 나무를 심기도 했다.[70] 약 1만

---

68 Denevan, *Cultivated Landscapes*.
69 Ibid.
70 C.T. Morehard, 'Mapping ancient *chinampa* landscapes in the Basin of Mexico: a remote sensing and GIS approach', *Journal of Archaeological Science*, 39 (2012), 2541-51.

2000헥타르의 치남파스가 아즈텍 제국 수도의 인구를 먹여 살렸다. 인공위성 등을 통한 원격 계측으로, 멕시코 분지 북부에서 땅속에 묻혀 있는 예전의 치남파스가 보고되기도 했다. 이외에도 멕시코 고산 지대, 멕시코만 해안 평지, 벨리즈 북부, 과테말라 등지에도 치남파스가 있었다. 늪 지대에서 치남파스처럼 바닥면을 높이는 대신 도랑을 파서 물을 빼내는 방법으로도 농사가 가능했다.

안데스 고산 지대에서 바닥면을 돋우어 조성한 농지 가운데 가장 규모가 큰 사례는 사바나 데 보고타(Sabana de Bogotá, 콜롬비아), 에콰도르 북부, 티티카카 호수 분지 등에서 발견되었다.[71] 기원후 600~1200년 티티카카 호수 지역에는 티아와나코(Tiahuanaco) 제국이 있었는데 인구 밀도가 높았다. 그들은 주변 지역에서 바닥면을 높인 밭을 조성했고, 감자와 퀴노아 및 루피너스 등 토종 작물을 선택하여 많은 인구를 부양했다.[72] 농지 면적은 대략 2만 5000헥타르에 달했고, 대개 평지 혹은 약간의 경사가 있는 곳에 농지를 조성했다. 바닥면을 높인 농지의 특성 때문에 보온에 유리했고, 거름을 통해 지력을 고도로 높였으며, 건기에는 물을 가두고 범람할 때는 물을 빼냈다. 같은 지역에서 기원전 1500~200년에 해당하는 더 이른 시기의 농지도 확인되었는데, 규모는 더 작았다.[73]

---

71 Denevan, *Cultivated Landscapes*.
72 A. Morris, 'The agricultural base of the pre-Incan Andean civilizations', *Geographical Journal*, 165 (1999), 286-95; J.W. Janusek and A.L. Kolata, 'Top-down or bottom-up: rural settlement and raised field agriculture in the Lake Titicaca basin, Bolivia', *Journal of Anthropological Archaeology*, 23 (2004), 404-30.
73 C.L. Erickson, 'The dating of raised-field agriculture in the Lake Titicaca basin,

남아메리카의 낮은 지대에서 바닥면을 높인 대규모 농지가 발견되었다. 위치는 콜롬비아 북부(최초로 조성된 시기는 기원전 800년), 프랑스령 기아나 해안(1000 CE), 과야스 분지(Guayas basin, 에콰도르 남서부) 등이다.[74] 에콰도르의 페뇬델리오(Peñon del Rio) 복합 유적을 조사한 결과, 기원후 500년경에 조성된 농지 아래에 묻혀 있는, 기원전 500년에서 기원후 500년 사이의 농지가 발견되었다. 옥수수 식물규소체가 전후기의 모든 농지에서 확인되었다.[75] 대규모 범람과 조류의 유입으로 바닥면을 높인 밭에서는 집약적 농업이 이루어졌다.

　아마존 분지(Amazon basin)에는 생태 환경을 식량 생산과 작물 재배에 알맞도록 변형함으로써 부지불식간에 이루어진 농업의 흔적들이 남아 있다.[76] 앞에서 언급한 불을 이용하는 방법 이외에도 다른 식의 변형들이 있었다. 예를 들면 인간의 거주지 및 그와 관련된 정원이 있었고, 인공 언덕(주거용, 의례용, 매장용), 사바나 초원과 습지에 섬처럼 조성된 인공 숲, 원형 수로, 바닥면을 높인 밭 등이 있었다. 또한 (생활 쓰레기와 아마도 인위적으로 더해진 것으로 추정되는 대량의 탄화 물질을 섞어 만든) 검은 토양(테라 프레타)이 있었고, 광범위한 포장도로를 포함하여 인위적으

Peru', in W.M. Denevan et al. (eds.), *Pre-Hispanic Agricultural Fields in the Andean Region* (Oxford: British Archaeological Reports, 1987), 373-84.

74　Denevan, *Cultivated Landscapes*; S. Rostain, 'Agricultural earthworks on the French Guiana coast', in Silverman and Isbell (eds.), *Handbook of South American Archaeology*, 217-33.

75　D.M. Pearsall, 'Evidence for prehistoric maize cultivation on raised fields at Peñon del Rio, Guayas, Ecuador', in Denevan et al. (eds.), *Pre-Hispanic Agricultural Fields*, 279-95.

76　C.L. Erickson, 'Amazonia: the historical ecology of a domesticated landscape', in Silverman and Isbell (eds.), *Handbook of South American Archaeology*, 157-83.

로 만든 오솔길과 도로가 있었고, 관리 어장이 있었으며, 수목 혼합 재배 (agroforestry, 필요 없는 식물은 제거하고 선호하는 품종으로 대체)도 있었다. 이 모든 관행이 아마존 지역에서 고대로부터 지속적으로 시행되어왔다.

전 세계적 관점에서 본 아메리카의 농업

새로운 자료들, 특히 미화석(식물규소체, 전분립, 꽃가루) 자료를 통해 아메리카 열대 지역의 농업이 구대륙 주요 농업 중심지에 비해 결코 늦게 시작되지 않았다는 사실이 밝혀졌다.[77] 아메리카 대륙에서 식물 재배는 홀로세 초기에 시작되었다. 플라이스토세-홀로세 이행기의 기후 변화는 장기적 생태 환경 변화와 함께 아메리카 대륙에서 식량 생산 단계가 시작되는 결정적 계기였다. 특정 사례와 관련하여 가능한 모든 원인을 밝혀내는 일은 언제나 상당한 추측에 바탕을 둘 수밖에 없다. 문화적 요인과 생태 환경적 요인을 모두 밝혀내기란 쉽지 않고, 특히 제한된 고고학 자료를 감안할 때는 더더욱 그러하다.

아메리카 대륙의 열대 지방에서 초기 식량 생산을 담당했던 사람들의 생활 양식은 반(半)정주 생활에서 정주 생활까지 다양했으며, 주로 충적토나 습지의 가장자리를 생활 공간으로 선택했다. 집단을 이룬 사람들은 가족 단위 혹은 작은 마을 단위로 조직화되었고, 복합 사회를 구성했다는 증거는 발견되지 않았다. 신열대구에서 초기 홀로세에 숲이 확장되면서 식물의 지리적 분포도 바뀌었다. 기존의 개방 숲 지대가 막

---

77 Piperno and Pearsall, *Origins of Agriculture*; Pearsall and Stahl, 'Origins and spread of early agriculture'.

혀버렸고, 그 대신 숲 가장자리에 전분이 풍부한 근경류 작물이 서식하기에 적당한 환경이 조성되었다. 초기 농업과 관련된 인간의 반응 양상들을 살펴보면, 선호하는 식물의 야생 서식지를 유지하는 활동을 했고, 식량 자원이 풍부한 곳을 중심으로 머무르며 생활의 이동성이 감소했으며, 이용 가능한 식량 자원의 변화에 따라 식생활 패턴을 바꾸었고, 작물 재배 혹은 야생 작물 관리를 통해 원하는 동식물의 밀도를 높여 나갔다. 자료에 따르면 홀로세 초기부터 식물 재배가 빈번하게 또한 산발적으로 이루어졌다. 몇몇 작물이 먼저 재배되기 시작했으며, 포레이저와 원경(園耕, horticulture)을 하던 사람들의 사회적 교류를 통해 초기 재배 작물이 때로는 매우 폭넓게 확산되었다. 작물 재배 장소는 규모가 크지 않았으며, 물 공급이 원활한 곳이었다.

식량 생산이 지속되면서 인구가 증가했다. 그래서 새로운 환경에서 농업에 의존하는 사회가 더욱 많아졌고, 그들이 농업에 적합하도록 주변 환경을 바꾸게 되었다. 그 덕분에 아메리카 대륙 전역에서 농업의 단계로 넘어가는 과정이 눈에 보이는 증거로 남게 되었다. 이는 퇴적층에서 뽑아낸 코어뿐만 아니라 수많은 유적지를 통해서도 확인이 된다. 농업은 마침내 아메리카 대륙에서 가능한 모든 지역으로 확산되었다. 자연환경의 변형과 작물 품종의 개량으로 기존에는 지리적 한계 때문에 농사에 적합하지 않았던 지역까지 농업이 가능해졌고, 또한 실제로 농업이 진출하게 되었다. 홀로세 초기 근경류 작물 재배의 증거는 이미 명확히 확인되었다. 이제 우리의 연구는 재배에 이르기까지의 과정을 고고생태 환경 및 고고학적 기록을 통해 밝혀내고, 빙하기 후기 인간과 식물의 관계를 더욱 풍부하게 이해하는 데까지 확장되어야 할 것이다.

더 읽어보기

Bermejo, J.E.H. and J. León (eds.). *Neglected Crops: 1492 from a Different Perspective.* Rome: Food and Agriculture Organization of the United Nations, 1994.

Blake, M. and H. Neff. 'Evidence for the diversity of late Archaic and early Formative plant use in the Soconusco region of Mexico and Guatemala.' In R.G. Lesure (ed.), *Early Mesoamerican Social Transformations: Archaic and Formative Lifeways in the Soconusco Region.* Berkeley: University of California Press, 2011. 47-66.

Boyd, M., T. Varney, C. Surette, and J. Surette. 'Reassessing the northern limit of maize consumption in North America: stable isotope, plant microfossil, and trace element content of carbonized food residue.' *Journal of Archaeological Science,* 35 (2008), 2545-56.

Byers, D.S. (ed.). *The Prehistory of the Tehuacan Valley,* vol. I: *Environment and Subsistence.* Austin: University of Texas Press, 1967.

Chandler-Ezell, K., D.M. Pearsall, and J.A. Zeidler. 'Root and tuber phytoliths and starch grains document manioc (*Manihot esculenta*), arrowroot (*Maranta arundinacea*), and lleren (*Calathea* sp.) at the Real Alto site, Ecuador.' *Economic Botany,* 60 (2006), 103-20.

Clark, J.E., J.L. Gibson, and J. Zeidler. 'First towns in the Americas: searching for agriculture, population growth, and other enabling conditions.' In M.S. Bandy and J.R. Fox (eds.), *Becoming Villagers: Comparing Early Village Societies.* Tucson: University of Arizona Press, 2010. 205-45.

Denevan, W.M. *Cultivated Landscapes of Native Amazonia and the Andes.* Oxford University Press, 2001.

Denham, T.P., J. Iriarte, and L. Vrydaghs (eds.). *Rethinking Agriculture: Archaeological and Ethnoarchaeological Perspectives.* Walnut Creek, CA: Left Coast Press, 2007.

Dillehay, T.D., J. Rossen, T.C. Andres, and D.E. Williams. 'Preceramic adoption of peanut, squash, and cotton in northern Peru.' *Science,* 316 (2007), 1890-3.

Donkin, R.A. *Agricultural Terracing in the Aboriginal New World.* Viking Fund Publications in Anthropology 56. Tucson: University of Arizona Press, 1979.

Erickson, C.L. 'The dating of raised-field agriculture in the Lake Titicaca basin, Peru.' In W.M. Denevan, K. Mathewson, and G. Knapp (eds.), *Pre-Hispanic Agricultural Fields in the Andean Region.* Oxford: British Archaeological

Reports, 1987. 373-84.

Hard, R.J. and J.R. Roney. 'The transition to farming on the Rio Casas Grandes and in the southern Jornada Mogollon region.' In B.J. Vierra (ed.), *The Late Archaic across the Borderlands: From Foraging to Farming*. Austin: University of Texas Press, 2005. 141-86.

Harlan, J.R. *Crops and Man*. 2nd edn. Madison, WI: American Society of Agronomy, 1992.

Hawkes, J.G. *The Potato: Evolution, Biodiversity, and Genetic Resources*. Washington, DC: Smithsonian Institution Press, 1990.

Huckell, L.W. and M.S. Toll. 'Wild plant use in the North American Southwest.' In P.E. Minnis (ed.), *People and Plants in Ancient Western North America*. Washington, DC: Smithsonian Institution Press, 2004. 37-114.

MacNeish, R.S., M.L. Fowler, A. Garcia Cook, et al. (eds.). *The Prehistory of the Tehuacan Valley*, vol. V: *Excavations and Reconnaissance*. Austin: University of Texas Press, 1972.

Minnis, P.E. (ed.). *People and Plants in Ancient Eastern North America*. Washington, DC: Smithsonian Institution Press, 2003.

Motley, T.J., N. Zerega, and H. Cross (eds.). *Darwin's Harvest: New Approaches to the Origins, Evolution, and Conservation of Crops*. New York: Columbia University Press, 2006. 67-90.

Pearsall, D.M. *Plants and People in Ancient Ecuador: The Ethnobotany of the Jama River Valley*. Belmont, CA: Wadsworth/Thomson Learning, 2004.

Pearsall, D.M. and P.W. Stahl. 'The origins and spread of early agriculture and domestication: environmental and cultural considerations.' In J.A. Matthews (ed.), *The Sage Handbook of Environmental Change*. 2 vols. Los Angeles: Sage, 2012. vol. II, 328-54.

Piperno, D.R. and T.D. Dillehay. 'Starch grains on human teeth reveal early broad crop diet in northern Peru.' *Proceedings of the National Academy of Sciences*, 105 (2008), 19622-7.

Piperno, D.R. and D.M. Pearsall. *The Origins of Agriculture in the Lowland Neotropics*. San Diego, CA: Academic Press, 1998.

Piperno, D.R., A.J. Ranere, I. Holst, J. Iriarte, and R. Dickau. 'Starch grain and phytolith evidence for early ninth millennium BP maize from the central Balsas River valley, Mexico.' *Proceedings of the National Academy of Sciences*, 106 (2009), 5020-4.

Raymond, J.S. and R.L. Burger (eds.). *Archaeology of Formative Ecuador*.

Washington, DC: Dumbarton Oaks Research Library and Collection, 2003.

Sauer, J.D. *Historical Geography of Crop Plants: A Select Roster.* Boca Raton, FL: CRC Press, 1993.

Silverman, H. and W.H. Isbell (eds.). *Handbook of South American Archaeology.* New York: Springer, 2008. 157-83.

Simmonds, N.W. and J. Smartt (eds.). *Evolution of Crop Plants.* 2nd edn. Essex: Longman Scientific & Technical, 1995. 383-8.

Stone, D. (ed.). *Pre-Columbian Plant Migration.* Papers of the Peabody Museum of Archaeology and Ethnology 76. Cambridge, MA: Harvard University Press, 1984.

Webster, L.D., M.E. McBrinn, and E.G. Carrera (eds.). *Archaeology Without Borders: Contact, Commerce, and Change in the US Southwest and Northwestern Mexico.* Boulder: University Press of Colorado, 2008.

CHAPTER 21

페루의 난촉 밸리

톰 딜레헤이
Tom D. Dillehay

고고학자들은 오래도록 인류가 포레이징에서 식량 생산 단계로 넘어간 이유를 탐색해왔다. 고든 차일드(Gordon Childe)를 시작으로 여러 가지 이론이 제기되었다. 대개는 그 이행이 질적 변화였다는 가설을 제시했고, 인구 성장이나 환경 변화가 사람들을 식량 생산 단계로 내몰았다는 주장이 핵심이었다. 이후 데이비드 린도스(David Rindos) 같은 이론가들은 공진화 모델(coevolutionary model)을 주장했다. 이 모델에서는 이행의 원인을 인구 문제가 아니라 선택(selection)의 과정으로 본다.[1] 최근에는 인간행동생태학 이론(human behavioural ecology theory)이 제기되었다. 이 이론 또한 개인의 선택에 영향을 미친 사회경제적 문제에 초점을 맞추지만, 적자생존의 관점에서 선택의 주요 동기로 작용했던 개별적 목표를 찾아내고자 한다.[2] 다시 말해서 기본적으로는 인간의 의사결정을 진화에 따른 결과물로 보지만, 인간의 전략에 성패를 가져오는 환

---

1 V.G. Childe, *Man Makes Himself* (London: Watts, 1936); D. Rindos, *The Origins of Agriculture: An Evolutionary Perspective* (Orlando, FL: Academic Press, 1984).
2 See e.g. B. Winterhalder and D.J. Kennett (eds.), *Behavioral Ecology and the Transition to Agriculture* (Berkeley: University of California Press, 2006); and D.R. Piperno, 'The origins of plant cultivation and domestication in the New World tropics: patterns, process, and new developments', *Current Anthropology*, 52, Supplement 4 (2011), S56-78.

경의 구조와 가변성도 강조한다. 식량 생산 전략의 전환 과정을 연구하는 대부분의 고고학자들은 이와 같은 이론을 포함하여 다양한 접근 방식을 신중히 채택하고 있으며, 이를 응용하여 고고학의 특정 연구 분야에 맞게 적용하고 있다. 페루 북부 지역에서 홀로세 초·중기 식량 생산 단계의 출현을 연구하는 우리 연구팀의 입장 또한 크게 다르지 않다.

고고학 발굴 자료를 통해 남아메리카 안데스 중부 지역의 식량 수급, 특히 식량 생산을 자극 혹은 제한한 생태 환경의 요인을 살펴보려면 여러 학문 분야에서 제공하는 다양한 자료들을 분석해야 한다. 예를 들면 육안으로 관찰 가능한 식물 및 그 흔적, 독특한 서식 환경의 지표가 되는 척추동물(설치류, 조류, 파충류 등)과 무척추동물(연체동물, 뱀, 곤충 등)의 흔적 등이다.[3] 또한 이러한 자료들을 통해 재배종(사육종)과 야생종의 비중을 알 수 있으며, 이는 초기 단계에서 포레이징과 원경(園耕, horticulture)이 뒤섞여 있었던 생활 경제를 말해주는 근거가 된다. 이외에도 어떤 특정 식물 자원을 재배 및 이용했다는 사실이 곧 인구 성장, 인구 부양을 위한 집약적 노동력 투입, 위기관리 능력을 나타내는 증거가 되기도 한다. 예를 들면 안데스 지역에서는 퀴노아 같은 작물이 바로 그러한 지표가 된다. 또한 이보다 훨씬 더 대량으로 생산되는 옥수수, 감

---

3 E.g. D.M. Pearsall, 'Plant food resources of the Ecuadorian Formative: an overview and comparison to the Central Andes', in J.S. Raymond and R. Burger (eds.), *Archaeology of Formative Ecuador* (Washington, DC: Dumbarton Oaks Research Library and Collection, 2003), 213-57; D.R. Piperno, 'Prehistoric human occupation and impacts on neotropical forest landscapes during the late Pleistocene and early/middle Holocene', in M.B. Bush and J.R. Flenley (eds.), *Tropical Rainforest Responses to Climatic Change* (Berlin and New York: Springer, 2007), 193-218; Piperno, 'Origins of plant cultivation'.

자, 콩 같은 작물도 집약적 식량 생산의 직접 증거로 간주된다.

이처럼 초기 식량 생산 사회의 진화를 이해하기 위해서는 고생태 환경과 식량 수급 관련 지식들이 필수적이다. 나아가 초기의 인구 규모와 성장률도 중요한 세부 주제들이다. 이를 통해 잉여 생산물, 후대의 도시 사회, 더욱 복합적인 사회 구조와 엘리트를 정점으로 하는 위계질서를 이해할 수 있다. 이러한 양상들을 면밀히 검토하려면 당시의 기술, 경제, 사회 조직, 인구 구조와 관련된 고고학적 자료들이 매우 중요하다. 민속 조사나 역사적 사례 등에 비추어 볼 때 초기 식량 생산 사회는 자원 공유제, 토지의 공동 사용, 기타 여러 가지 공유 기반 사회였을 수도 있다.[4] 만약 오랜 시간에 걸쳐 이와 같은 공유 사회가 존재했다면, 어떻게 그러한 사회경제적 조직이 출현·유지·변화되었는지를 확인할 수 있는, 그리고 그 사회의 결정에 영향을 미친 생태 환경적 요인과 사회적 요인은 무엇이었는지를 밝혀줄 고고학적 증거가 필요하다.

페루 북부에 있는 안데스산맥 서부 산록 지대는 고고학 및 고생태학 연구가 가장 집중된 곳에 속한다(그림 21-1). 남아메리카의 재배종(사육종) 도입 및 초기 식량 생산과 관련된 자료들이 가장 잘 남아 있으며, 다양한 자원의 분포 지역이 중첩된 곳이기도 하다. 육안으로 관찰 가능한 유물(macro-remains)과 육안으로 볼 수 없는 미세한 흔적(micro-remains), 예컨대 전분립, 식물규소체, 꽃가루, 인간 치아의 치석 등을 통해 중요한 작물들이 확인되었다. 난촉 밸리(Nanchoc valley)는 해

---

4 E. Ostrom, *Governing the Commons: The Evolution of Institutions for Collective Action* (Cambridge University Press, 1990).

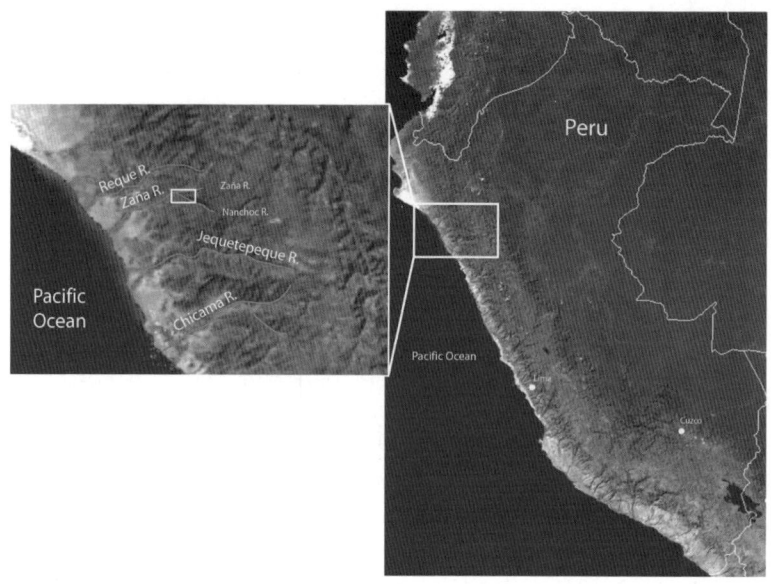

〔그림 21-1〕 난축 밸리 지도, 페루

발 1500~1800미터 고지에 위치하는데, 그곳에서 주요 작물들은 1만 ~7000년 전부터 재배되었다. 그중에는 호박(*Cucurbita moschata*), 땅콩 (*Arachis* sp.), 강낭콩(*Phaseolus*), 파카이(pacay) 즉 나무 열매(a tree fruit, *Inga feuilleei*), 퀴노아(*Chenopodium*), 코카(*Erythroxylum novogranatense* var. *truxillense*), 고시피움(*Gossypium*, 목화속) 등이 포함되어 있었다. 난축 밸리의 유적지에서 출토된 다양한 식물의 흔적과 크고 작은 동물의 뼈를 통해, 그 지역에서 존재했던 다양한 생활 경제가 농업 경제로 이행한 증거를 확인할 수 있었다. 안데스 서부 산록 지대는 주기적으로 건기를 맞이하는 열대산악삼림 지대로, 가시교목과 열대우림으로 둘러싸여 있었다.⁵ 발굴된 자료에 따르면, 약 6500년 전 난촉강(Nanchoc River)을 따라 드문드문 흩어져 있었던 비옥한 충적토 지역에, 규모는 작지만 뚜렷한 농업 시스템이 자리 잡고 있었다. 다양한 야생종 및 재배종 곡물, 나무, 채소류, 근경류 식물들이 자랐고, 이를 통해 그곳 주민들은 안정적이며 균형 잡힌 식량 자원을 확보할 수 있었다.⁶

자연환경 지표

초기 및 중기 홀로세 기간 동안 난촉 밸리 지역에서 잠재적으로 식량 생산의 가능성이 높아진 요인은 세 가지다. 첫째, 1만~7000년 전(BP) 강우량이 증가했고, 이는 초기 작물 재배에 적합한 환경을 조성했다. 이전의 건조한 환경에 비해 습도가 높아졌고, 그 결과 오늘날과 마찬가지로 난촉 밸리의 산록 지대에 군데군데 열대림이 조성 및 확장되었다.⁷ 둘째, 약 5000년 전부터 간헐적으로 엘니뇨(El Niño)와 홍수가 강화되었다. 7000~4000년 전 강우량의 급증은 기온 상승과도 관련이 있었다. 셋째, 해수면의 변화 또한 지역의 기후에 영향을 미쳤다. 바람의 변화가 기온과 강우량을 바꾸어놓았고, 7000년 전(BP) 이후로는 간헐적으로 엘니뇨로 인한 홍수가 발생하기는 했지만 전반적으로 기후가 더

---

5   D.R. Piperno and T.D. Dillehay, 'Starch grains on human teeth reveal early broad crop diet in northern Peru', *Proceedings of the National Academy of Sciences*, 105 (2008), 19622-7.
6   T.D. Dillehay (ed.), *From Foraging to Farming in the Andes: New Perspectives on Food Production and Social Organization* (Cambridge University Press, 2011).
7   See P.J. Netherly, 'An overview of climate in northern South America from the late Pleistocene to the middle Holocene', in Dillehay (ed.), *From Foraging to Farming*, 76-99.

건조해졌다.

난촉 밸리 지역에서 재배종 작물들의 개체 수가 급증한 시기는 7000~4000년 전(BP)이었다. 시기적으로는 대략 홀로세 기후최적기 (hypsithermal, 혹은 HCO) 건조 기후가 가장 강화되었던 시기와 겹친다.[8] 고생태 환경 자료를 분석한 결과 이 지역에서 혹독한 건기의 흔적은 나타나지 않았지만, 대체로는 기온이 높고 건조한 편이었다. 이러한 기후 상태가 얼마나 안정적이었는지는 확인되지 않았다. 아마도 일부 포레이저 집단 혹은 초기 원경(園耕, horticulture) 집단의 사람들이 변화하는 기후와 식량 및 사회적 위기에 직면하여, 비록 일관되지는 않지만 식물성 식량 자원에 의존하는 비중을 더 키웠던 것 같다. 난촉 밸리의 생활 경제 및 식량 자원을 선택하는 중요 요인으로는 기후 이외에 사회적 요인들도 있었다. 이곳을 포함하여 여러 곳의 사례에서 알려져 있듯이, 플라이스토세 말기의 수렵채집인은 야생종 식물 자원에서 비롯되는 식량 부족과 계절적 불안정 문제를 해소하기 위해 크고 작은 동물 사냥을 계속했고, 단기적 기후 변화에 대처하는 방안으로 몇몇 식물(예를 들면 호박 *Cucurbita moschata* 등)을 재배하기 시작했다.[9]

난촉 밸리에서 왜 특정 구역들이 재배지로 선정되었는지는 알 수 없지만, 약 9000년 전(BP)부터 작은 협곡 혹은 충적 평야 위주로 반(半)정

---

8 T.D. Dillehay et al., 'Preceramic adoption of peanut, squash, and cotton in northern Peru', *Science*, 316 (2007), 1890-3; T.D. Dillehay et al., 'Preceramic irrigation canals in the Peruvian Andes', *Proceedings of the National Academy of Sciences*, 102 (2005), 17241-4; Dillehay (ed.), *From Foraging to Farming*.
9 Dillehay (ed.), *From Foraging to Farming*.

〔그림 21-2〕 라스 피르카스 유적, 난촉 밸리 충적토에 위치

주 생활의 흔적이 등장하기 시작했다. 이와 같은 입지 조건은 식량 생산에 알맞았는데, 작은 하천이 주기적으로 범람하여 토지 영양분이 풍부한 곳이었기 때문이다. 고고학적 발굴을 통해 주거지와 근처의 재배지에서 범람의 흔적들이 확인되었다(그림 21-2).

난촉 밸리의 문화적 환경

집자리와 그 근처의 농경지에서 발굴된 탄화 물질로 방사성탄소 연대측정이 가능했다. 분석 결과 플라이스토세 말기에서 홀로세 중기까지(약 1만 1500~5000년 전 BP)의 인류 거주 기간 안에서 세부 단계를 확인할 수 있었다. 연구된 바에 따르면 난촉 밸리 지역의 고고 유적은 3단계

로 나뉘었다.[10]

그중 첫 번째는 엘팔토(El Palto) 단계(약 1만 1500~1만 년 전 BP)였다. 이때 페루 북부 지역의 해안과 고지대를 주기적으로, 아마도 계절에 따라 오가는 생활 패턴이 등장했다. 그 지역에는 연중 내내 혹은 연중 일부 기간에 이용할 수 있는 다양한 동식물과 해양 생물 자원이 분포했다. 약 1만 년 전(BP)의 것으로 추정되는 이 지역의 독특한 석기가 출토되었고, 작은 규모의 주거지 유적(그림 21-3)과 가공하지 않은 돌 도구 등으로 미루어 볼 때 파이한(Paijan) 문화인이 주변의 환경(주로는 작은 개천 주변의 충적토 지역)을 개척하여 반(半)정주 생활을 했던 것으로 추정된다. 재배종 호박(Cucurbita moschata)이 처음 등장한 시기도 이때였다. 그 뒤로 라스 피르카스(Las Pircas) 단계와 티에라 블랑카(Tierra Blanca) 단계가 이어졌다. 첫 번째 단계부터 시작된 활동 영역의 축소, 이동 생활의 약화, 지역성의 강화는 이후 단계에서도 지속되었다. 9000~7000년 전(BP) 라스 피르카스 단계에서 자원 수급 패턴에 변화가 시작되었다. 즉 당시 사람들이 충적선상지(alluvial fan)에서 정착 생활을 강화하기 시작했다.

라스 피르카스 단계의 사람들은 포레이저였다. 이들이 고고도 지역에서 정착 생활을 시작한 때는 9000~7000년 전(BP)이었다. 소규모의 정착지가 조성되었는데, 망자를 위한 매장지와 주거용 원형 구조물로 구성되어 있었다. 도구 소유로 보아 내부적으로 약간의 사회적 위계는 존재했던 것 같다. 주거지 근처에는 작은 농지가 조성되어 있었다(그

10 Ibid.

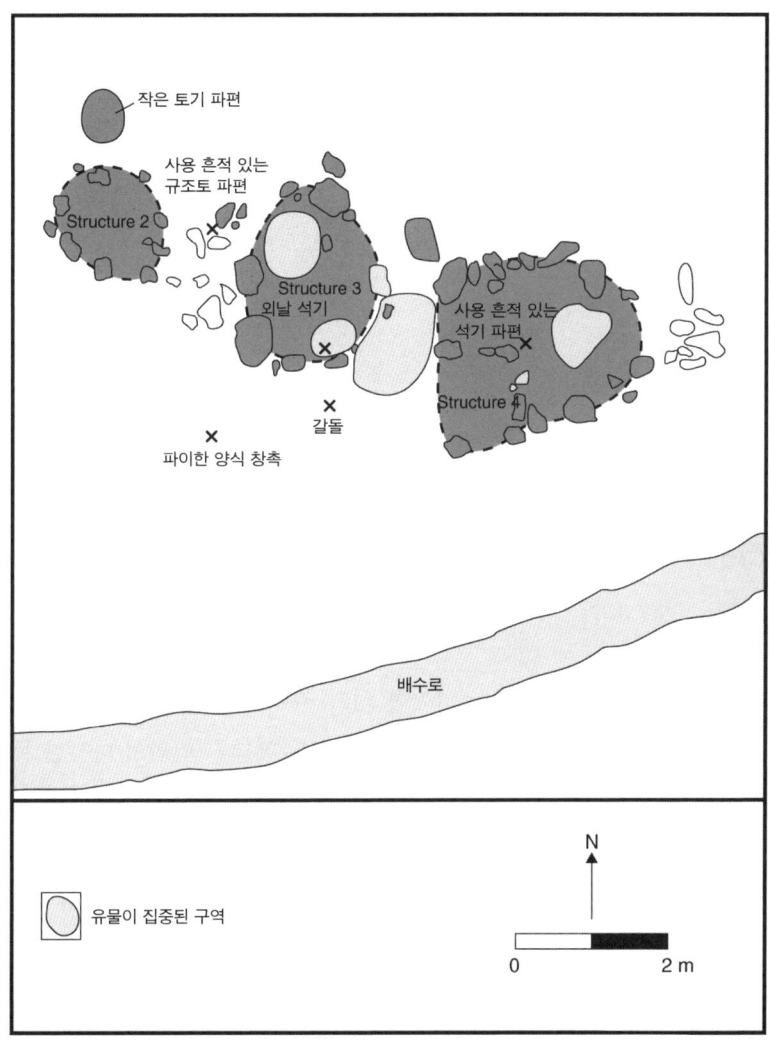

[그림 21-3] 주택 개념도, 파이한 유적, 약 1만 년 전

〔그림 21-4〕 주택의 흔적, 라스 피르카스 유적

림 21-4). 그들은 한쪽 면이 납작한 석기, 다양한 방식의 갈돌, 간단한 식량 저장고를 갖추고 있었다. 그들의 문화는 폭넓은 범위의 다양한 동식물을 식량으로 이용하는 데 적합했다. 그들의 유적에서는 야생종 호박과 재배종 호박, 체노포디움(Chenopodium, 예컨대 퀴노아), 땅콩, 유카(yucca), 카사바(manioc), 기타 품종이 확인되지 않는 과일류 등이 발견되었다. 외부 유물(예를 들면 조개껍데기, 조각을 새긴 가오리 뼈, 수정水晶, 가공하지 않은 원석 등)의 발견 빈도는 매우 낮았다. 이로 보아 이들과 멀리 해안 지역 혹은 다른 고산 지대와의 교류는 많지 않았던 것 같다. 라스 피르카스 단계에서 정착 생활이 강화되었다고는 하지만, 당시 유적지들은 대체로 규모가 작고 일시적으로 거주한 흔적으로 해석되었다. 그들의

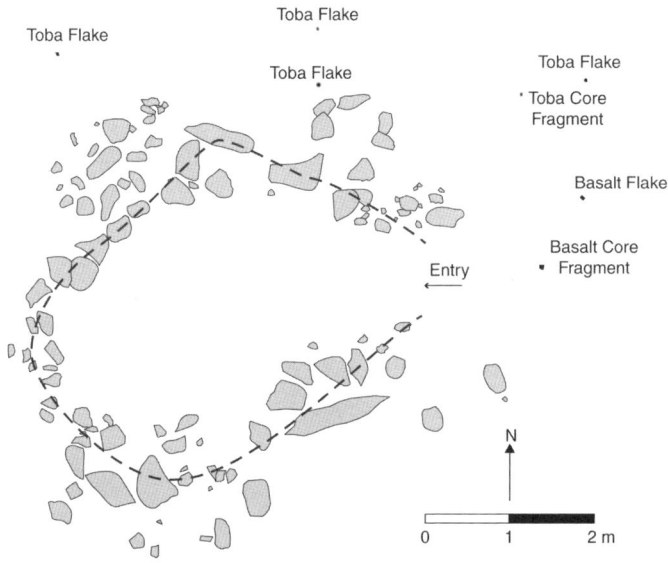

〔그림 21-5〕 사각형 주택의 기초, 티에라 블랑카 유적

생활 양식은 민속학적으로 보고되는 포레이저 집단과 상당히 비슷했다.

티에라 블랑카 단계(7000~5000년 전 BP)에는 정착지의 위치가 바뀌었다. 즉 난축 밸리의 아래쪽 토양이 비옥한 곳으로 정착지가 몰렸다. 주거지의 형태도 (작은 원형 구조에서 더 크고 방이 많은 사각 구조로) 바뀌었다(그림 21-5). 재배 작물의 목록에는 목화, 콩, 코카가 추가되었다. 인공적으로 농지가 조성되었고, 농지와 함께 관개 시설 및 정주 생활 시설도 건축되었다. (옥수수는 이 단계에서 발견되지 않았으며, 4000년 전 처음 등장했다.) 극소수의 이국적인 유물들도 완전히 사라졌다. 또한 공적 공간과 사적 혹은 주거 공간이 명확히 나뉘었다. 난축 밸리 지역에 있는 세멘테리오 데 난촉(Cementerio de Nanchoc) 유적에서 돌을 쌓아 이중으로 층위를 구분한 증거가 발견되었다(그림 21-6). 그곳에서 신중한 공공 의례가 거행되었던 것으로 추정된다. 그 의례에서 석회(lime)를 생산하는 과정이 있었고, 코카 잎에서 특정 성분을 추출하는 데 석회가 사용되었다(그림 21-7). 충적선상지에 조성된 인공 언덕은 주거 구역과 구별되었으나, 동시에 모든 주거 공간으로부터 접근이 용이한 위치에 있었다. 왜 그랬는지는 모르겠지만, 난촉 밸리의 모든 사람이 정주 생활과 식량 생산에 참여했던 것은 아니다. 이 지역에서 재배종 식물이 등장한 이후로도 일부 집단은 여전히 포레이저의 이동식 생활을 하고 있었다. 즉 6000~5000년 전의 같은 지역에서 농민과 포레이저가 공존했고, 서로가 상호 의존적 관계를 유지하고 있었다.

난촉 밸리의 일부 지역에서 식량 생산 단계로 넘어가자 물질문화의 양상이 바뀌었다. 그 흔적이 곳곳에 남아 있다. 예를 들면 식량 작물을 이용한 흔적과 함께 분쇄 도구(갈돌), 주거지, 저장용 구덩이 등이 발견되었다. 이러한 흔적들은 식량 생산의 직접적 증거였다. 주거 공간의 구조와 기능 변화도 같은 맥락에서 이해할 수 있다. 예컨대 라스 피르카스 단계의 원형 주거지는 초기 정착 생활을 반영하는 형태였다. 당시 사람들은 반(半)정주 생활을 했고, 포레이징을 하면서 동시에 새로운 식량 작물도 재배했다. 주거지의 형태는 이러한 폭넓은 활동 반경과 관련이 있었다. 그러나 티에라 블랑카 단계의 사각형 주거지는 다른 식의 생활을 반영하는 형태였다. 이때는 식량 생산 활동을 위주로 했고, 포레이징은 부차적 수단이었다.

티에라 블랑카 단계에서도 식생활의 일부는 여전히 포레이징에 의존

〔그림 21-6〕 두 개의 언덕, 세멘테리오 데 난촉 유적

〔그림 21-7〕 코카 이파리, 티에라 블랑카 유적
집자리 바닥층에서 발굴.

했다. 그러나 열대건조수림(dry tropical forest) 지대에서 주기적으로 생산되는 식량 작물들(호박, 콩, 유카, 아보카도, 고추, 땅콩, 퀴노아 등)은 사람들을 정착 생활로 이끌었다.[11] 이 시기 동안 몇몇 사회문화적 양상들이 발달했다. 예를 들면 공동의 계획 수립과 결정, 위험 관리, 토지의 공동 이용, 서로 다른 집단 간의 자원 공유, 기술 혁신 등이었다. 이러한 일들은 주로 홀로세 기후최적기, 즉 7000~4000년 전(BP) 무렵에 등장했다.

요컨대 고생태 환경과 고고학 분석을 통해 난촉 밸리의 일부 지역에서 기후 및 생태 환경 변화가 확인되었다. 더불어서 특정 석기 문화, 식생활, 유적과 주거지의 형태, 식량 작물들이 밝혀졌다. 그리고 이와 관련하여 인간의 다양한 대응 양상들도 드러났다. 1만~1만 1000년 전(BP), 플라이스토세 말에서 초기 홀로세가 끝나갈 무렵까지 사람들은 특정 생태 환경을 찾아, 해안 평야 지대에서 난촉 밸리의 산록 지대로 몰려들었다. 아마도 이 과정에서 사람들의 교류가 증대했고, 이후 복합적인 사회 구조의 발달로 이어졌던 것 같다. 그 사례가 바로 라스 피르카스 단계와 티에라 블랑카 단계의 문화였다. 고고학적 발굴 성과에 따르면 플라이스토세 말기에서 홀로세 초기를 거치면서 인류 집단의 이동성이 줄어들기 시작했고, 이들이 모여 보다 항구적인 정착지를 건설했다. 그들이 정착한 지역의 입지 여건은 건조 유자림(有刺林) 지대(dry thorn forest)의 가장자리로, 가까운 곳에서 물을 이용할 수 있는 곳이었다. 정착지 서쪽으로는 해안 사막 지대가 있었고, 동쪽으로는 계절 변화가 있는 건조 삼림 지대가 있었다. 당시 인류의 정착지는 양쪽의 한가운데에 위치했다.

11 Ibid.

그들은 현지의 돌을 도구로 이용했고, 계절에 따라 건조 지대 특유의 동식물을 식량 자원으로 활용했다. 즉 그들의 생활은 지역성이 상당히 강화되어 있었다. 뒤이어 9000~5000년 전(BP)에는 라스 피르카스 단계 및 초기 티에라 블랑카 단계가 이어졌다. 이 시기에 기후가 더욱 건조해지고 사람들 간의 접촉과 교류도 확대되었지만, 그럼에도 불구하고 이전보다 훨씬 더 안정적인 환경이 조성되었다. 이러한 환경 조건에 힘입어 인구가 증가하고 문화의 구조가 더욱 복합적으로 고도화되었다. 이 시기에는 더 많은 분쇄 도구가 발견되었으며, 분쇄 도구의 크기도 더 커졌다. 관개 시설과 작물 생산도 확대되었다. 주거용 건물의 지속성도 강화되었고, 이들이 모여 소규모 공동체를 형성했다.

5000~3500년 전(BP)에 이르면 난축 밸리를 비롯한 몇몇 지역, 고고도 지역과 해안 지역에서 모두 더욱 항구적인 주거지, 강화된 정주 생활, 소규모의 복합 식량 생산 사회가 등장했다. 해안 지역 마을의 사람들은 수상 활동과 농경 생활을 겸했는데, 이 시기에 마을의 규모가 더욱 커지고 대규모의 기념비적 건축물도 처음 등장했다. 돌을 쌓아 기단을 올리는 형태로 만든 인공 언덕과 소규모 의례용 피라미드 등은 주거용이 아닌 공공 건축물이었다. 이러한 사례가 확인되는 곳은 와카 프리에타(Huaca Prieta), 알토 살라베리(Alto Salaverry), 아스페로(Aspero), 와이누나(Huaynuna), 카랄(Caral), 가라가이(Garagay) 등이었다.[12]

---

12 M.S. Aldenderfer, *Montane Foragers: Asana and the South-Central Andean Archaic* (Iowa City: University of Iowa Press, 1998); W. Creamer et al., 'Archaeological investigation of late Archaic sites (3000-1800 BC) in the Pativilca valley, Peru', *Fieldiana Anthropology*, 40 (2007), 1-78; P. Kaulicke (ed.), 'El

공공 건축물, 공동체 조직, 식량 생산

난촉 밸리 지역에서 공공 건축물이 등장한 시기는 홀로세 중기였다. 그중에는 토목 공사(운하 또는 농지 조성)가 포함되어 있었고, 의례용 인공 언덕으로 추정되는 구조물도 있었다. 이는 작물 생산량의 증가와 결부되어 있었다. 인공 언덕은 눈물방울 형태의 조그만 구조물이었는데, 세멘테리오 데 난촉(Cementerio de Nanchoc) 유적에서 확인되었다.[13] 인공 언덕 유적은 중부 안데스 지역 최초의 공공 건축물 사례로, 특히 주목할 점은 정착지 안에 위치해 있었다는 사실이다. 인공 언덕에서는 석회를 생산한 흔적이 발견되었는데, 이는 코카 잎의 소비와 관련이 있다. 라스 피르카스 단계 및 티에라 블랑카 단계의 유적지를 발굴한 결과, 주거지에서 석회석을 가열하여 석회를 추출한 흔적이 발견되었는데, 석회는 알칼리여서 전통 시대에나 심지어 오늘날에도 코카 잎에서 알칼로이드를 추출하기 위해 사용되는 물질이다. 고고학적 발굴 결과 코카 잎(*E. novogranatense* var. *truxillense*)과 석회 침전물이 몇몇 주택 바닥층에 남아 있었다. 두 건의 코카 잎을 대상으로 직접 방사성 연대측정을 실시했는데, 난촉 밸리 지역에서는 최소한 7000년 전부터 코카 잎을 씹는 관습이 시작된 것으로 확인되었다.[14]

---

período Formativo: enfoques y evidencias recientes. Cincuenta años de la Misión Arqueológica Japonesa y su vigencia, Primera parte', *Boletin de Arqueologia PUCP*, 12 (2008), 'Segunda parte', 13 (2009); M.E. Moseley, *The Incas and their Ancestors: The Archaeology of Peru* (New York: Thames & Hudson, 2001); J. Quilter, 'Late preceramic Peru', *Journal of World Prehistory*, 5 (1991), 387-438.
13 Dillehay, *From Foraging to Farming*.
14 Ibid.

라스 피르카스 단계의 원경(園耕, horticulture)은 짧은 도랑이 특징이었다. 상류의 작은 물줄기를 끌어와서 충적선상지의 상단 꼭짓점에 도랑을 연결하는 방식이었다. 이 도랑이 근처 15~20가구의 농지에 물을 공급했다. 이후 티에라 블랑카 단계의 농업에서는 공동체의 조직력이 더욱 강화된 형태가 등장했다. 티에라 블랑카 단계에서 확인된 25가구는 작은 규모의 공동체를 형성해 충적선상지 아래쪽에 모여 있었고, 근처에 2.5킬로미터에 달하는 운하가 조성되어 있었다. 이 운하를 통해 비옥한 난촉 밸리의 범람원에 물이 공급되었다. 그러므로 라스 피르카스 단계에서 티에라 블랑카 단계로 넘어갈 때 주요 정착지의 변화가 있었다고 말할 수 있다. 이전 단계에서는 작은 도랑에 의지하여 충적선상지에서 농사를 지었지만, 이후 단계에서는 운하로 물을 끌어들여 범람원에서 농사를 지었다. 가장 좁은 시야에서 평가하자면, 난촉 밸리에서 일어난 공동체의 식량 생산 방식의 변화는 다만 지역 내 사회정치적 조건에만 관련되어 있을 뿐 난촉 밸리 전체를 포괄하는 정치 단위나 중앙 집권화된 권력과 상관이 없었다. 가장 넓은 시야에서 평가하자면, 소규모 지역 공동체에 의한 농업 방식의 변화는 주변 환경에 "뚜렷하게" 각인되었다.[15] 이러한 방식은 결국 다른 공동체들에게도 친숙한 개념으로 변해갔고, 다른 지역에서도 비슷한 입지 조건의 충적선상지 혹은 강변 범람원에 사는 사람들은 비슷한 식량 생산 관행을 받아들였다. 좁은 시야에서 보건 넓은 시야에서 보건 분명한 것은, 이러한 변화는 곧 공동체가

---

15 J. Scott, *Seeing Like a State: How Certain Schemes to Improve the Human Condition Have Failed* (New Haven, CT: Yale University Press, 1999).

함께 자원을 만들고 바꾸고 관리하는 색다른 방식이었고, 자연과 문화의 새로운 관계를 보여주는 사례였다는 점이다.

    난축 밸리와 관련해서 다양한 분야의 연구 성과를 요약하자면, 소규모로 밀집 혹은 산재하는 공동체를 이루며 살아가는 난축 밸리의 주거지는 저마다 복합적인 생태 환경의 맥락에 놓여 있었다. 그 속에서 일어난 작은 변화들, 예컨대 짧은 거리의 정착지 이동, 관개 시설 및 작물 재배 기술의 발달, 일부 수렵채집 의존의 지속 등은 의미 있는 사회경제적 진보를 가져왔고, 난축 밸리 내의 곳곳에서 변화를 이끌어내는 잠재력으로 작용했다. 난축 밸리에서는 작은 구역별로 나름의 독특한 생태 환경을 가지고 있었다. 학제간 연구를 통해 우리는 특정 구역의 특징을 식별할 수 있었고, 그를 통해 옛날 사람들과 고고학적 지표를 해석할 수 있게 되었다. 난축 밸리의 사람들은 오랜 시간에 걸친 지역별 기후 변화에 적응했을 뿐만 아니라 사회경제적 관행도 유리한 방향으로 개선해 나갔다. 발굴 성과를 종합적으로 놓고 보면, 같은 난축 밸리 안에서 불과 2~5킬로미터 떨어져 있는 가까운 지역이라 할지라도, 또한 기후와 생태 환경 조건이 비슷한 정도였음에도 불구하고 발전의 양상은 서로 달랐다. 같은 시기에 수렵채집인이 포레이징 활동을 하던 드넓은 공간은 충적선상지와 구별되었다. 이들은 서로 이웃하여 살았지만 수렵채집인은 주로 포레이징 생활을 지속했다. 기후 변화가 사회문화적 변화를 촉발했다는 직접적 근거는 없다. 그러나 지역별로 변화하는 환경에 어떻게 대응할지 나름의 선택과 선호의 정도는 분명히 존재했을 것이다. 일부 집단은 변화를, 또 일부는 이동을, 그리고 일부는 현상 유지를 선택했다.

식량 생산 도입과 확산

난축 밸리의 사례에서 보듯이 중부 안데스 지역에서는 일찍부터 재배종 작물이 도입되었지만, 농업 잉여 생산물에 기초한 마을이 형성되기까지는 그로부터 1000여 년의 시간이 더 걸렸다. 따라서 농업이 널리 보편적으로 도입되고 집약적 단계로 넘어가는 과정이 상당히 지체된 셈이다. 난축 밸리 지역에서는 고대로부터 인류가 거주했다고 알려져 있다. 늦어도 7000년 전(BP) 무렵 건조 기후가 찾아왔을 때도 사람들이 살고 있었다. 당시의 기후 변화는 이 지역에서 오래도록 변함없이 지속되어온 소규모 농업에 변화를 촉발했다. 그 결과 일부 충적선상지에서 반(半)정주 생활을 하던 사람들이 정주 생활을 하게 되는 변화가 나타났다. 작물 재배에 의존하는 새로운 방식의 생활 경제는 그러나 바로 옆의 이웃들에게도 영향을 미치지 못했다. 같은 시기 같은 기후 조건에서 살아가던 근처의 사람들은 기존의 생활 경제를 그대로 유지했다. 현재까지 수집된 자료로 볼 때, 오히려 동식물의 수렵과 채집을 계속한 흔적은 상당히 뚜렷하게 나타나고 있다. 그러므로 난축 밸리 지역에서 식량 생산 단계로의 이행을 단순히 직선적 과정으로 보는 것은 기존 자료에 부합하지 않는다.

애초에 연구를 시작한 주제로 되돌아가 보자면, 우리의 연구는 포레이징이나 식량 생산을 선택하게 한 요인이 무엇인지를 살펴보려는 것이었다. 우리의 연구에서는 식량 생산이 확산되는 데 기여한 변수를 파악하는 것이 중요했다. 그래서 우리는 식량 생산과 관련된 기회비용, 중기 홀로세 초엽 식량 생산 단계 이행 가설, 그리고 이후 시기 난축 밸리 지역에서 농업의 지리적 확산까지를 살펴보고자 했다.

우리는 고고학적으로 발굴된 동식물 유적 연구 성과를 바탕으로, 어느 공동체가 어떤 식량 작물을 획득 혹은 생산하기로 결정하게 되는 모델을 제시해보고자 했다. 어느 공동체든 대가가 크다고 인식되는 쪽을 선택하리라는 것이 우리의 전제였다. 이러한 해석은 경제학 개념을 응용한 것이었다. 자원의 잉여 가치 혹은 기회비용 같은, 적응형 의사 결정(adaptive decision-making)을 이해하는 데 핵심이 되는 개념들이었다(예를 들면 자원 재배의 가치는 어느 시점에 극대화되는가? 특정 시점을 기준으로 노동력, 시간, 생산 요소 경쟁이 어떻게 농업을 결정하도록 만드는가?). 이런 식의 판단은 즉각적 대가가 아니라 미래의 대가를 기대하는 것이며, 확정되지 않은 미래에 대하여 다양한 가치 기준에서 식량 혹은 자원을 예측하는 것이다. 그리하여 (사냥, 채집, 원경園耕 등의) 다양한 노동력 투입으로 장기적 대가와 단기적 대가를 고려하게 된다. 이러한 개념들은 인간의 의사 결정 맥락을 이해하는 핵심이 된다. 난촉 밸리 지역의 식량 생산을 둘러싼 의사 결정도 마찬가지다. 그런 관점에서 우리가 보기에, 주기적으로 건기가 찾아오는 삼림 지대에서 적은 양의 에너지 투입이 요구되는 초기 원경(園耕)은 식량 생산을 위한 최고의 선택지였을 것이다. 작은 면적의 농지에 물길을 끌어들이면 비교적 많은 수확을 볼 수 있었기 때문이다.

우리가 생각하는 또 하나의 가설이 있다. 즉 일부 집단에서 초기 식량 생산을 도입한 이후에도 먼 거리에서 식량 자원을 조달하는 일에는 모두가 관심을 두고 있었다. 이는 포레이저 집단이나 식량 생산 집단 모두 마찬가지였을 것이다. 적어도 식량 생산 집단의 경우 확실한 증거가 남아 있는 것이, 티에라 블랑카 유적에서 다른 지역의 재배종 작물들이 발굴되었다.[16] 또한 식량 생산 집단에서도 가끔 주기적으로 사냥을 했는데, 이를 위해서 아마도 먼 거리를 이동해야 했을 것이다. 이런 조건에서라면 아주 좋은 사냥감이 아닌 한 굳이 사냥할 필요가 없었다. 그것이 티에라 블랑카 유적에서 사슴의 흔적이 증가한 이유였다.

    마지막으로 우리 연구가 주목한 바는 식량 생산자들이 새로운 환경으로 진출한 과정이다. 난촉 밸리 안쪽의 더 넓은 충적선상지와, 특히 난촉 밸리 하류 해안 가까이에 있는 상당히 넓은 범람원이었다. 이러한 확장은 인구 증가와 관련이 있었던 것 같다. 티에라 블랑카 단계의 범람원 농업만 가지고는 늘어나는 인구를 감당할 수 없었다. 식량 생산자들이 확장하기 위해서는 비옥한 새 토지를 찾을 수밖에 없었다. 예를 들면 엘니뇨 때문에 큰 홍수가 난 이후에 생겨난 거대한 퇴적층 같은 곳이었다. 우리가 보기에 인구 밀도와 상관없이 환경 변화가 먼저 일어났다. 충적선상지와 난촉 밸리 상류의 좁은 범람원 지형이 상당히 크게 바뀌고 생산력이 극대화된 이후에 인구 증가 현상이 나타났기 때문이다. 초기 및 중기 홀로세 시기에 난촉 밸리 상류 산간 지대에서 인구 증가에 따른 정착지 이동 현상이 있었지만, 지금까지 알려진바 어느 한 곳의 핵심 지역에서 인구가 성장해서 사람들이 확산되는 일이 다시 일어난 적은 없었다. 5000년 전(BP) 이후로 농업 인구가 더욱 널리 확산되었다. 그리고 4000년 전(BP) 이후로 이런 패턴은 더욱 강화되었으며, 대규모의 기념비적 건축물과 농업 마을이 난촉 밸리 및 그 주변 지역에서 등장한 시기도 그 즈음이었다.

16 Dillehay, *From Foraging to Farming*.

더 읽어보기

Aldenderfer, M.S. *Montane Foragers: Asana and the South-Central Andean Archaic*. Iowa City: University of Iowa Press, 1998.

Childe, V.G. *Man Makes Himself*. London: Watts, 1936.

Creamer, W., J. Haas, and A. Ruiz. 'Archaeological investigation of late Archaic sites (3000-1800 BC) in the Pativilca valley, Peru.' *Fieldiana Anthropology*, 40 (2007), 1-78.

Dillehay, T.D. *From Foraging to Farming in the Andes: New Perspectives on Food Production and Social Organization*. Cambridge University Press, 2011.

Dillehay, T.D., H.H. Eiling, Jr, and J. Rossen. 'Preceramic irrigation canals in the Peruvian Andes.' *Proceedings of the National Academy of Sciences*, 102 (2005), 17241-4.

Dillehay, T.D., J. Rossen, T.C. Andres, and D.E. Williams. 'Preceramic adoption of peanut, squash, and cotton in northern Peru.' *Science*, 316 (2007), 1890-3.

Kaulicke, P. (ed.). 'El período Formativo: enfoques y evidencias recientes. Cincuenta años de la Misión Arqueológica Japonesa y su vigencia, Primera parte.' *Boletin de Arqueologia PUCP*, 12 (2008).

_____. 'El período Formativo: enfoques y evidencias recientes. Cincuenta años de la Misión Arqueológica Japonesa y su vigencia, Segunda parte.' *Boletin de Arqueologia PUCP*, 13 (2009).

Moseley, M.E. *The Incas and their Ancestors: The Archaeology of Peru*. New York: Thames & Hudson, 2001.

Netherly, P.J. 'An overview of climate in northern South America from the late Pleistocene to the middle Holocene.' In T.D. Dillehay (ed.), *From Foraging to Farming in the Andes: New Perspectives on Food Production and Social Organization*. Cambridge University Press, 2011. 76-99.

Ostrom, E. *Governing the Commons: The Evolution of Institutions for Collective Action*. Cambridge University Press, 1990.

Pearsall, D.M. 'Plant food resources of the Ecuadorian Formative: an overview and comparison to the Central Andes.' In J.S. Raymond and R. Burger (eds.), *Archaeology of Formative Ecuador*. Washington, DC: Dumbarton Oaks Research Library and Collection, 2003. 213-57.

Piperno, D.R. 'The origins of plant cultivation and domestication in the New World tropics: patterns, process, and new developments.' *Current Anthropology*, 52, Supplement 4 (2011), S56-78.

_____. 'Prehistoric human occupation and impacts on neotropical forest landscapes during the late Pleistocene and early/middle Holocene.' In M.B. Bush and J.R. Flenley (eds.), *Tropical Rainforest Responses to Climatic Change*. Berlin and New York: Springer, 2007. 193-218.

Piperno, D.R. and T.D. Dillehay. 'Starch grains on human teeth reveal early broad crop diet in northern Peru.' *Proceedings of the National Academy of Sciences*, 105 (2008), 19622-7.

Quilter, J. 'Late preceramic Peru.' *Journal of World Prehistory*, 5 (1991), 387-438.

Rindos, D. *The Origins of Agriculture: An Evolutionary Perspective*. Orlando, FL: Academic Press, 1984.

Scott, J. *Seeing Like a State: How Certain Schemes to Improve the Human Condition Have Failed*. New Haven, CT: Yale University Press, 1999.

Winterhalder, B. and D.J. Kennett (eds.). *Behavioral Ecology and the Transition to Agriculture*. Berkeley: University of California Press, 2006.

CHAPTER 22

유럽의 초기 농업 사회

앨러스데어 휘틀
Alasdair Whittle

신석기 유럽 기행

만약 누군가 기원전 제5천년기 혹은 제4천년기에 유럽을 여행한다면, 아마도 그는 분주히 오가는 사람들과 동물들을 마주칠 것이다. 또한 인간이 개입한 인위적 경관이 여행하는 내내 반복적으로 눈에 들어올 것이다. 숲이 제거된 곳에서 원경(園耕, garden cultivation)을 하는 곳도 있을 수 있고, 때로는 목초지도 볼 수 있다. 고산 지대를 제외한 유럽 대부분의 지역에서 우리의 여행자는 수많은 정착 마을을 만날 것이다.[1] 어디서나 사람들은 활발하게 돌아다닐 것이다(그림 22-1). 주거지 근처에서 일상적인 일을 보는 사람들뿐만 아니라 더 넓은 지역에 흩어져 이른바 행위 경관(taskscape, 자연 경관에 대비되는 개념으로, 인간의 조작이 개입된 환경을 의미한다. ─옮긴이)에서[2] 가축을 돌보는 사람들도 있을 것이다. 그리고 꽤 먼 거리를 이동하는 사람들도 만날 것이다.[3] 그들은 유럽

---

1 A. Whittle, *Europe in the Neolithic: The Creation of New Worlds* (Cambridge University Press, 1996); A. Jones (ed.), *Prehistoric Europe: Theory and Practice* (Chichester: Wiley-Blackwell, 2008); C. Fowler et al. (eds.), *The Oxford Handbook of Neolithic Europe* (Oxford University Press, forthcoming); J. Robb and O.J.T. Harris (eds.), *The Body in History: Europe from the Palaeolithic to the Future* (Cambridge University Press, 2013).
2 T. Ingold, *The Perception of the Environment: Essays in Livelihood, Dwelling and Skill* (London: Routledge, 2000).

[지도 22-1] 유럽의 주요 고고 유적지
1. Iceman; 2. Balatonszárszó-Kis-erdei-dűlő; 3. Alsónyék-Bátaszék; 4. Vinča-Belo Brdo; 5. Tiszapolgár-Basatanya; 6. Whitehawk; 7. Passy; 8. Locmariaquer; 9. Durrington Walls; 10. La Draga; 11. Uivar; 12. Csőszhalom-Polgár; 13. Aldenhoven; 14. Vaihingen; 15. Hornstaad-Hörnle; 16. Arbon Bleiche; 17. Okolište; 18. Cuiry-lès-Chaudardes; 19. Monte Viso; 20. Varna; 21. Valencina de la Concepción; 22. Stonehenge; 23. Budakalász.

3 D. Gronenborn, 'Fernkontakte aus dem nördlichen Europa während der bandkeramischen Kultur', in P. Kalábková et al. (eds.), *PANTA RHEI: Studies on the Chronology and Cultural Development of South-Eastern and Central Europe in Earlier Prehistory* (Bratislava: Comenius University, 2010), 561-74.

[그림 22-1] 아이스맨 복원 모형
알프스 빙하에서 발굴, 기원전 제4천년기 후기(cal).

곳곳에 유통될 수많은 물건을 가지고 다니는 사람들이었다. 주로 걸어서 이동했지만 배를 이용하기도 했다.

걸어서 유럽을 횡단하는 우리의 여행자에게, 기원전 4500년(제5천년기)의 유럽과 기원전 3500년(제4천년기)의 유럽은 같지 않을 것이다. 여행자의 경험은 장소에 따라 확연히 달라질 것이다. 당시의 유럽은 정태적으로 머물러 있는, 시간이 사라진 곳이 아니라 나름대로 뚜렷하게 역사가 흘러가는 곳이었다. 예컨대 남동부 유럽에서는 새로운 물건이 유입되고 새로운 관행도 시작되었다. 처음에 이를 주도한 사람들은 아마도 새로 유입된 이주자였겠지만, 현지의 토착민도 금세 새로운 것들을 받아들였다. 유럽에서 이런 일이 처음 일어난 시기는 기원전 제7천년기까지 거슬러 올라가는 것으로 추정된다. 당시 새로 들어온 물건이라 하면 토기, 주택, 곡물, 사육종 동물 등이었다. 헝가리 서부에서 우리는 하나의 구체적 사례를 확인할 수 있다. 원래는 수렵채집인이 흩어져 거주하던 그곳에 기원전 6000년경(제7천년기) 스타르체보 문화(Starčevo culture)에 속하는 공동체가 이주해 들어왔다.[4] 이후 기원전 5500년경(제6천년기)부터 그 주변으로 보다 큰 규모의 정착지들이 더 많이 생겨나기 시작했다. 그들의 문화를 LBK(선형토기Linear Pottery)[5] 문화라고 한다. 대표적 유적지는 벌러톤 호수(Lake Balaton) 남쪽에서 자동차 도로

---

4 E. Bánffy, *The 6th Millennium BC Boundary in Western Transdanubia and its Role in the Central European Neolithic Transition* (Budapest: Institute of Archaeology, Hungarian Academy of Sciences, 2004).
5 LBK란 독일어 Linearbandkeramik(선형 띠무늬 토기)의 약자다. 토기의 장식 문양에 초점을 맞춘 명칭이다.

를 건설하다가 발견된 마을 유적 벌러톤사르소-키시-에르데이-뒬뢰 (Balatonszárszó-Kis-erdei-dűlő)였다.⁶ 기둥을 갖춘 롱하우스(longhouse, 기다란 형태의 주택 건물) 유적이 마을 여러 곳에서 발견되었다. 기원전 제6천년기(cal) 후기부터는 이런 건물이 서유럽 중부 지역에서도 폭넓게 확인되기 시작했다.⁷ 기원전 4500년경(제5천년기)에 이르러 정착지의 규모는 더욱 커졌다. 예를 들면 헝가리의 얼쇼네크-바터세크(Alsónyék-Bátaszék) 유적 같은 경우인데(그림 22-2), 당시 그곳에는 이른바 렝젤 문화(Lengyel culture)가 번성하고 있었다. 이 또한 도로 공사를 하다가 발견된 유적이었다. 가로 1.5킬로미터 세로 800미터에 달하는 유적지의 한 귀퉁이가 발견되었는데, 일부 구역만 조사했음에도 불구하고 기둥을 갖춘 건물 유적이 100곳 넘게 발견되었다(이곳에서도 LBK 문화의 선조들이 사용하던 롱하우스 건물이 발견되었는데, 렝젤 문화의 건물은 크기가 그보다 약간 작았다). 크고 작은 구덩이도 많이 발견되었다. 무덤도 2500기가 발굴되었는데, 모두가 주거 구역 안에 분포했으며 아마도 가까이 위치한 주택에 살던 사람들과 연관이 있는 무덤이었을 것이다.⁸ 얼쇼네크는 고고학자들이 말하는 평지 주거지(flat settlement)에 속했다. 그러

---

6 T. Marton and K. Oross, 'Reconstructing space in a familiar world: the formation of late LBK settlements in central Transdanubia', in J.K. Kozłowski (ed.), *Interactions Between Different Models of Neolithization North of the Central European Agro-Ecological Barrier* (Kraków: Polska Akademia Umiejętności, 2009), 51-73.
7 방대한 발굴 성과에 대해서는 다음을 참조. P. Bickle and A. Whittle (eds.), *The First Farmers of Central Europe: Diversity in LBK Lifeways* (Oxford: Oxbow, 2013).
8 A. Osztás et al., 'Alsónyék-Bátaszék: a new chapter in research of the Lengyel culture', *Documenta Praehistorica*, 39 (2012), 377-96.

[그림 22-2] 렌젤 문화의 주택
헝가리 알쇼넥-바타섹, 기원전 제5천년기 초기(cal).

나 여기로부터 동쪽과 남동쪽으로 그리 멀리 떨어지지 않은 곳에 언덕(mound) 혹은 인공 언덕(tell)에 위치하는 수많은 주거지가 있었다. 그곳은 같은 장소에서 수 세대가 대를 이어 살아간 유적인 만큼 시기별로 누적된 유물 층위가 확연히 드러났다. 흔히 조상의 터전과 역사 위에서 살아간다는 말도 있지만, 그곳 사람들은 말 그대로 그렇게 살아간 사람들이었다. 이런 유적 가운데 유명한 사례가 세르비아의 빈차-벨로 브르

[그림 22-3] 빈차-벨로 브르도 유적의 일부
Miloje Vasić 발굴, 1933년.

도(Vinča-Belo Brdo) 유적이었다(그림 22-3). 베오그라드(Beograd)의 바로 남쪽, 도나우(Donau) 강가에 위치한 유적인데, 유적층은 깊이가 약 7미터에 달했다. 형성 시기는 기원전 제6천년기 중엽부터 제5천년기 중엽까지였다.[9] 기원전 4500년경(제5천년기) 어느 시점에 빈차-벨로 브르도의 삶은 막을 내렸고, 주변의 많은 언덕 유적에서도 비슷한 시기 혹은 그 직후에 주민들이 사라졌다.[10] 기원전 3500년경(제4천년기) 카르파티

9 W. Schier, 'The relative and absolute chronology of Vinča: new evidence from the type site', in F. Draşovean (ed.), *The Vinča Culture, its Role and Cultural Connections* (Timişoara: Museum of Banat, 1996), 141-62.

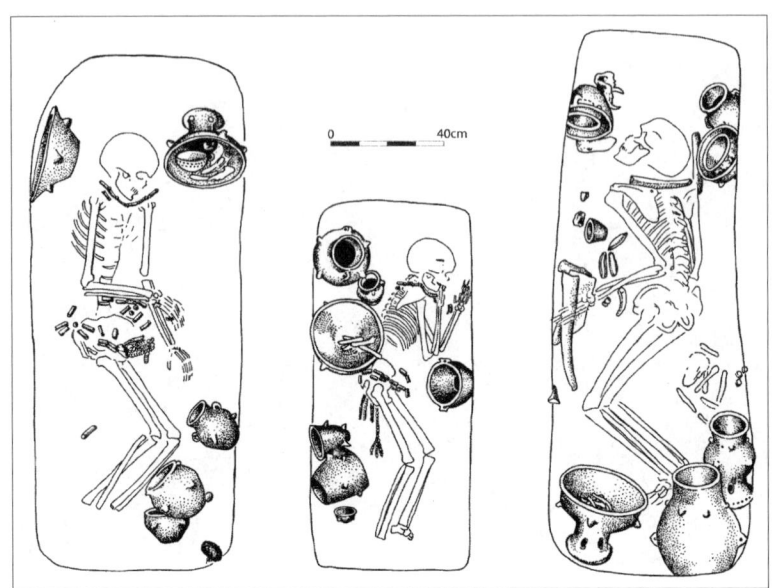

[그림 22-4] 티사폴가르-바사타니아 유적의 매장지 구역

아 평원(Carpathian basin, 판노니아 평원)과 남동부 유럽 여러 지역에서 정착 마을의 성격에 상당히 뚜렷한 변화가 나타났다. 전반적으로 정착지의 규모가 더 작아졌고, 주거지는 밀집하기보다 상당히 흩어져 있었다. 일부 단계 혹은 지역에 따라서는 고고학적으로 생활 공간보다 매장지가 더 분명하게 드러나는 경우도 있었다(그림 22-4).[11]

10 T. Link, *Das Ende der neolithischen Tellsiedlungen: ein kulturgeschichtliches Phänomen des 5. Jahrtausends v. Chr. im Karpatenbecken* (Bonn: Habelt, 2006).
11 P. Raczky and Z. Siklósi, 'Reconsideration of the Copper Age chronology of the eastern Carpathian basin: a Bayesian approach', *Antiquity*, 87 (2013), 555-73.

남동부 유럽에서 북쪽으로 조금 더 올라가면 유럽의 중부와 서부 지역을 만나게 된다. 그곳에서 우리의 여행자가 목격하게 될 풍경은 남동부 유럽과는 상당히 달랐을 것이다. 중서부 유럽에는 기원전 제6천년기에 LBK(선형토기) 문화와 함께 새로운 물건, 관행, 사상이 유입되었다. 그 주인공이 누구인지, 새로 들어온 사람들인지, 현지인인지, 혹은 양쪽의 혼합인지에 대해서 오래도록 논쟁이 이어져왔다. 오늘날 고(古)DNA 조사를 통해 새로 들어온 사람들이라는 견해가 힘을 얻게 되었다.[12] 그러나 문제는 간단하지 않았고, 필요한 연구는 아직 턱없이 부족한 상황이다. 기원전 5500~5000년(제6천년기) 토양이 비옥한 강변 지역을 중심으로 정착지가 확산되었다. 그곳에는 LBK 특유의 롱하우스들이 모여 있었다. 롱하우스 정착지(longhouse settlement)들은 지역에 따라 나름대로 변화의 시기를 겪었는데, 일부는 쇠락을 맞았고, 심지어 위기와 절멸의 간극을 맞닥뜨리는 곳도 있었다.[13] 그러나 전반적으로는 기원전 제5천년기 중엽까지 롱하우스 정착지들이 꾸준히 유지되었다. 기원전 제6천년기부터 제5천년기 중엽까지, 그 오랜 기간 동안 북쪽으로는 북유럽 평원, 발트해 연안과 그 너머 북쪽까지, 서쪽으로는 라인강-뫼즈강 하구 파리 평원(Paris basin)의 가장자리와 프랑스 북서부까지, 남쪽으로는 바이에른 산록 지대(Bayerisches Alpenvorland)까지 수렵채집인도 살고 있었

---

12 M.-F. Deguilloux et al., 'European Neolithization and ancient DNA: an assessment', *Evolutionary Anthropology*, 21 (2012), 24-37.
13 A. Zeeb-Lanz, 'Gewaltszenarien oder Sinnkrise? Die Grubenanlage von Herxheim und das Ende der Bandkeramik', in A. Zeeb-Lanz (ed.), *Krisen - Kulturwandel - Kontinuitäten: zum Ende der Bandkeramik in Mitteleuropa* (Rahden: Marie Leidorf, 2009), 87-101.

다. 기원전 4500년경(제5천년기) 이후로는 더 이상 롱하우스가 건설되지 않았다(제23장 참조). 기원전 제5천년기 후반부터 상황이 완전히 달라지기 시작했다. 이 무렵 새로운 물건, 관행, 사상이 널리 퍼지기 시작했고, 브르타뉴(Bretagne) 지방까지 변화의 물결이 밀려왔다(아마도 기원전 제5천년기 전반). 기원전 4300년경에는 바이에른 산록 지대까지, 기원전 4000년경 이후로는 스칸디나비아 남부와 브리튼, 아일랜드까지 변화의 물결이 밀려들었다.[14] 수많은 지역에서 전혀 다른 세계가 등장하기 시작했다. 다 그런 것은 아니었지만 고고학적 기록에서 정착지들이 대개 금세 사라지는 경우가 많았다. 예를 들면 아일랜드에서 존속 기간이 짧은 단기 정착지들이 급격히 늘어난 적이 있었다. 아마도 기원전 3800년대 말에서 3700년대(제4천년기)였던 것으로 추정된다.[15] 이와 달리 믿기 어려울 만큼 너무나 오래도록 유지되는 정착지들도 있었다. 그런 곳은 보존도 아주 잘 되어 있었다. 예를 들면 바이에른 산록 지대 같은 곳이었다(그림 22-5). 건물에 사용된 목재를 연륜연대학으로 조사하여 정확한 건축 연대도 알 수 있었다. 이런 구조물은 다른 지역에서 흔히 찾아보기 어려운 것들이었다.[16] 고고학 발굴 결과, 생활 근거지에서 주로

---

14 A. Whittle and V. Cummings (eds.), *Going Over: The Mesolithic-Neolithic Transition in North-West Europe* (Oxford University Press for the British Academy, 2007).
15 G. Cooney et al., 'Ireland', in A. Whittle et al., *Gathering Time: Dating the Early Neolithic Enclosures of Southern Britain and Ireland* (Oxford: Oxbow, 2011), 562-669.
16 P. Pétrequin, 'Lake dwellings in the Alpine region', and R. Ebersbach, 'Houses, households, and settlements: architecture and living spaces', both in F. Menotti and A. O'Sullivan (eds.), *The Oxford Handbook of Wetland Archaeology*

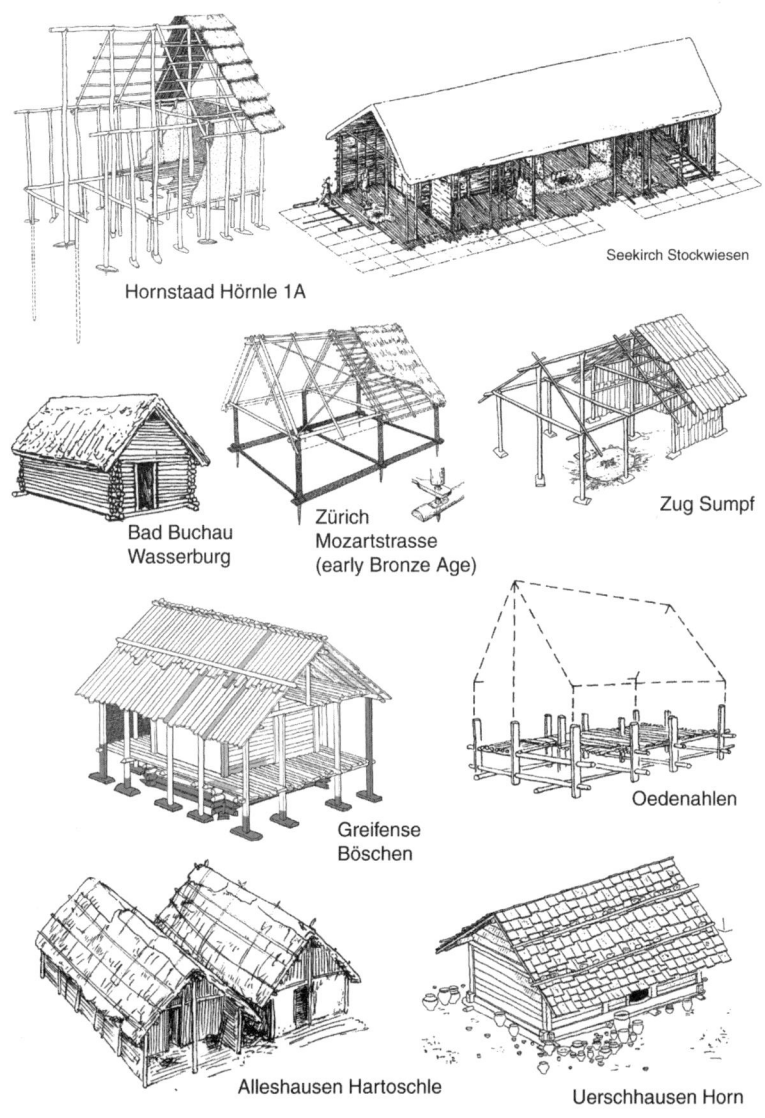

[그림 22-5] 바이에른 산록 지대의 다양한 주택 형태

[그림 22-6] 정착지 환호 구조의 상상도
영국, 서식스 주, 화이트호크(Whitehawk).

등장하는 구조물이 있게 마련이었다. 도랑, 둑, 목책(성벽) 등은 대표적으로 공동체의 노력이 투입된 구조물이며, 상시 거주 목적보다는 주기적 모임, 교환, 공동 의례나 때로는 방어에 사용되었을 가능성이 컸다 (그림 22-6). 이러한 "기념비적 건축물(monument)"은 파리 평원과 그 근처, 라인란트(Rheinland) 지역 및 그 동쪽에서 유서가 상당히 깊은 편이었다.[17] 그런데 최근 연구에 따르면, 브리튼섬 남부의 경우 정착지가 번

(Oxford University Press, 2013), 253-67, 283-301; D. Hofmann, 'Living by the lake: domestic architecture in the Alpine foreland', in D. Hofmann and J. Smyth (eds.), *Tracking the Neolithic House in Europe: Sedentism, Architecture, and Practice* (New York: Springer, 2013), 197-227.

17 N. Andersen, *Sarup*, vol. I: *The Sarup Enclosures* (Moesgaard: Jysk Arkæologisk Selskab, 1997).

성한 기간이 놀랍도록 짧았다. 그곳에 남아 있는 새로운 성벽 구조물은 기원전 3800년대 말에서 3600년대 중엽(제4천년기) 사이에 건설된 것으로 확인된다.[18] 이외에 반복적으로 등장하는, 그러나 형태는 다른 기념비적 구조물이 있었다. 매장지를 덮고 있는 돌무덤, 즉 케른(cairn)이었다. 이 구조물 또한 오래고도 복잡한 역사를 지녔다. 케른이란 연속되는 여러 기의 무덤을 덮고 있는 좁고 긴 형태의 무덤 언덕을 말하는데, 파시(Passy)를 비롯하여 파리 평원 곳곳에서 이러한 케른이 발견되었다. 케른의 긴 모양은 같은 지역에 있었던 롱하우스 전통과 이미지가 겹치기도 한다. 추정컨대 주택이라는 관념을 기념하며 그것을 망자와 관련시켜 형태를 부여한 초기적 구조물로 해석된다.[19] 초기 구조물로 해석되는 또 하나의 후보가 있는데, 브르타뉴 지방에서 발견되는 길고 둥근 형태의 돌무지무덤이다(그림 22-7). 내부는 통로, 통로를 거쳐 들어갈 수 있는 방, 그리고 닫혀 있는 석관으로 구성되어 있었다.[20] 이후로 비슷한 구조물의 변형된 형태들이 뒤를 이었다. 이러한 구조물들은 먼저 기원전 제4천년기 초부터 브리튼과 아일랜드 지역을 필두로 해서 주로 기원전 3800년경에 널리 확산되었는데, 독일 북부와 스칸디나비아 남부까지 유적이 발견되었다. 최근에 이루어진 브리튼 남부와 독일 북부 지역

18 Whittle et al., *Gathering Time*.
19 A. Thomas et al., 'Unpacking burial and rank: the role of children in the first monumental cemeteries of western Europe (4600-4300 BCE)', *Antiquity*, 85 (2011), 772-86.
20 S. Cassen (ed.), *Autour de la Table: explorations archéologiques et discours savants sur des architectures mégalithiques à Locmariaquer, Morbihan (Table des Marchands et Grand Menhir)* (Nantes: Laboratoire de recherches archéologiques, CNRS, and Université de Nantes, 2009).

[그림 22-7] 거석 유물 복합 유적
프랑스, 브르타뉴 모르비앙(Morbihan) 로크마리아케르(Locmariaquer). 구역 내에 열을 맞춘 거대한 멘히르 유적(Grand Menhir Brisé)과 무덤 출입구 유적(La Table des Marchands)이 포함되어 있다.

의 사례 연구는 상당히 놀라운 결과를 보여주었다. 그곳에 매장된 사람들의 생애가 매우 짧은 기간 안에 분포했기 때문이다. 이러한 결과는 또 다른 의문을 낳았는데, 도대체 그곳에 모아둔 유골의 주인공이 누구인가 하는 문제였다.[21] 브리튼 남부의 경우 기원전 3500년경 기존의 형태와 새로운 형태가 놀라운 혼합을 보여주었다. 일직선으로 늘어선 형태의 기념비적 구조물이 당시의 최신 형태로 개조되었고, 동시에 일부 목책(성벽)은 여전히 사용되고 있었다. 옛날 스타일의 긴 언덕 모양 봉분 혹은 석실(돌방) 형태의 무덤이 당시에도 계속 건설되고 있었다.[22]

이와 유사한 전통과 변형의 대비를 지중해 지역에서도 볼 수 있었다. 우리의 짧은 지면에서 모든 사례를 다 다룰 수는 없다. 선택적으로 언급할 수밖에 없는 한계를 독자들께서도 이해해주시리라 믿는다. 지중해 지역에서 새로운 물건과 관행은 기원전 제6천년기 초부터 확산되기 시작했고(그들이 누구인지와 관련해서 앞에서 언급한 경우와 비슷한 논쟁이 있었다), 기원전 제6~5천년기에 다양한 정착지 유적들이 이탈리아, 프랑스 남부, 이베리아반도 등지에서 발견되었다.[23] 이후 다양한 형태의 기념비적 매장지가 건설되었는데, 예를 들어 이베리아반도에서는 기원전

---

21 A. Bayliss and A. Whittle (eds.), 'Histories of the dead: building chronologies for five southern British long barrows', *Cambridge Archaeological Journal*, 17, Supplement 1 (2007), 1-147; D. Mischka, 'The Neolithic burial sequence at Flintbek LA 3, north Germany, and its cart tracks: a precise chronology', *Antiquity*, 85 (2011), 742-58; P. Chambon and J. Leclerc (eds.), *Les pratiques funéraires Néolithiques avant 3500 av. J. C. en France et dans les régions limitrophes* (Paris: Société Préhistorique Française, 2003).
22 Whittle et al., *Gathering Time*.
23 J. Robb, *The Early Mediterranean Village: Agency, Material Culture and Social Change in Neolithic Italy* (Cambridge University Press, 2007).

제5천년기(cal) 후기부터 나타나기 시작했다. 처음에는 석실분 혹은 돌멘(dolmen, 고인돌)이었고, 그다음에는 바위를 깎아 만든 무덤이었으며, 기원전 제4천년기 말 내지 제3천년기 초부터는 톨로스(tholos, 복수형은 tholoi, 고대 그리스의 원형 돔 건축 양식을 의미한다. – 옮긴이) 형태였다.[24] 여기서도 다시 한 번 역사는 한 줄기로 흐르지 않았다. 환호(環濠)와 목책(성벽)을 두른 마을들이 이르면 기원전 제6천년기부터 이탈리아 남동부 지역에서 발견되었고, 프랑스 남부에서는 기원전 제5천년기 후반부터 예컨대 가론강 상류 유역(upper Garonne valley)에서 북쪽(즉 유럽 중서부)과 비슷한 모습의 유적들이 등장했다.[25] 이들은 서로가 별개로 동떨어진 세계만은 아니었다. 예컨대 브르타뉴 지역의 초기 기념비적 건축물에서 발견된 구슬은 바리스사이트(variscite)라고 하는 초록색 보석으로 만든 것인데, 아마도 원산지는 이베리아반도였던 것으로 추정된다.[26]

이 모든 양상, 땅속에 매장된 수많은 사람의 유골, 하나씩 하나씩 만들어진 수많은 정착지, 셀 수 없이 많은 건물과 동반 출토된 풍성한 유

24 L. García Sanjuán et al. (eds.), *Exploring Time and Matter in Prehistoric Monuments: Absolute Chronology and Rare Rocks in European Megaliths/ Explorando el tiempo y la material en los monumentós prehistorícos: cronología absoluta y rocas raras en los megalitos europeos. Menga: Journal of Andalusian Prehistory*, Monograph 1 (Seville: Andalusian Government, 2011).
25 M. Gandelin, *Les enceintes chasséennes de Villeneuve-Tolosane et de Cugnaux dans leur contexte du Néolithique moyen européen* (Toulouse: Centre de Recherches sur la Préhistoire et la Protohistoire de la Méditerranée; École des Hautes Études en Sciences Sociales, 2011).
26 J.A. Linares Catela and C. Odriozola Lloret, 'Cuentas de collar de variscita y otras piedras verdes en tumbas megalíticas del suroeste de la Península Ibérica: cuestiones acerca de su producción, circulación y presencia en contextos funerarios', in García Sanjuán et al. (eds.), *Exploring Time and Matter*, 335-69.

물, 작은 농지와 가축, 목책(성벽), 무덤 등등은 모두가 새롭게 등장한 세계의 일부였다. 새로운 세계는 농업을 기반으로 했고, 유럽에서 농업은 기원전 제7천년기부터 시작된 것이었다. 우리는 수렵채집인의 역사를 부정하면 안 된다. 또한 의심할 나위 없이 탁월했던 그들의 능력을 폄하해서도 안 된다. 그들은 나름대로 선택을 했고, 환경이 그들로 하여금 그렇게 선택하도록 했다. 그들은 구조물을 건설하고 어떤 장소를 지속적으로 점유하고, 망자의 시신을 매장함으로써 장소와 영역을 표시하고, 정교한 세계관을 만들어 나갔다.[27] 우리는 수렵채집인과 초기 농부를 너무 엄격히 구분하지 않도록 주의해야 할 것이다. 유럽의 경우 새로운 세계를 만들어간 사람들은 대부분 수렵채집인과 농업 공동체가 밀접하게 접촉한 시대에 등장했다(도나우강 유역에서는 기원전 제7천년기 말부터, 발트해 서부 지역에서는 기원전 제5천년기부터).[28] 앞에서 언급한 사례들은, 비록 간략히 살펴보았지만, 유럽에 농업이 소개된 결과로 나타난 것들이었다.

이런 가설은 일정한 맥락에서 설명될 필요가 있다. 중요한 맥락을 추리면 세 가지다. 첫째, 곡물 재배 및 소, 양과 염소, 돼지 등 가축의 사육

---

27 R.J. Kelly, *The Lifeways of Hunter-Gatherers* (Cambridge University Press, 2013).
28 D. Borić, 'Adaptations and transformations of the Danube Gorges foragers (c. 13,000-5500 cal BC): an overview', in R. Krauß (ed.), *Beginnings - New Research in the Appearance of the Neolithic between Northwest Anatolia and the Carpathian Basin: Papers of the International Workshop 8th-9th April 2009, Istanbul* (Rahden: Marie Leidorf, 2011), 157-203; L. Larsson, 'Mistrust traditions, consider innovations? The Mesolithic-Neolithic transition in southern Scandinavia', in Whittle and Cummings (eds.), *Going Over*, 595-616.

을 농업이라 한다면, 이와 같은 변화의 원인은 농업만이 아니었다. 고고학적으로 발견되는 이 모든 변화를 설명하기 위해 농업은 필요조건일 수 있지만 충분조건은 아니었다. 둘째, 새로운 물건과 관행이 "패키지"로 등장했다고 설명하는 편이 매력적인 것은 사실이다. 그러나 이 글의 서두부터 언급했듯이, 시공간에 따라서 너무나 큰 다양성이 존재했었다. 지금으로서는 오히려 "학파 간의 전쟁"을 포함하여 이론적 구분을 잊어버리는 것이, 그리고 우리가 말하는 신석기 생활 양식이라고 하는 것에 경제와 인구뿐만 아니라 사회적·개념적·상징적 차원을 결합하는 것이 우리가 도전해야 할 과제다. 초기 농업을 실행한 사람들은 농부였지만, 유럽 초기 농부들의 가치관과 목표 및 세계관이 하나로 통일되어 있었던 것은 아니다. 셋째, 내가 보기에 유럽에서 전반적인 신석기 발달 과정은 사실 상당히 경이로운 일이었다. 기원전 제7천년기부터 제3천년기까지 유럽의 신석기는 단선적으로 서서히 발달하지 않았다. 경제적 측면에서도 사회적 측면에서도 마찬가지였다. 유럽의 신석기 연구가 이를 담아내기까지는 오랜 시간이 걸렸다. 점진적 발전의 결여라는 특성은 단지 신석기 시대에만 국한된 문제가 아니었다. 내가 보기에 유럽의 청동기 시대 또한 엎질러진 물이 사방으로 흩어지는 것처럼 한꺼번에 확장된 면이 있었다. 그러나 제한된 지면에서 이 모든 이야기를 다 할 수는 없다.[29]

유럽의 신석기 연구는 한 세기를 훌쩍 넘어섰으며, 아직도 연구 성

---

29 C. Prescott and H. Glørstad (eds.), *Becoming European: The Transformation of Third Millennium Northern and Western Europe* (Oxford: Oxbow, 2012).

과는 쇠퇴할 기미를 보이지 않고 있다. 오늘날 도로 건설을 포함하여 사회 인프라 구조가 발전하면서 순수 이론 연구보다는 훨씬 광범위한 조사 기회가 주어지고 있다. 또한 기술적 저력이 발전을 거듭하고 있다. 예를 들면 고해상 지리 정보, 동위원소 분석과 유전자 분석, (연륜연대학 등) 형태학적 연대 모델링 등에 힘입어 이전 세대의 연구보다 훨씬 상세한 연구가 가능한 시대가 되었다. 그러므로 이와 같은 글에서 걱정할 일은 보고할 내용의 부족이 아니라, 활발한 연구 상황에서 어떻게 소개할 내용을 제대로 선택할 것인가 하는 문제다. 앞에서 제시한 세 가지 논점을 설명하기 위하여 우리의 논의에서는 앞으로 세 가지 서로 연결된 중심 주제를 다루고자 한다. 즉 공동체, 생계 수단, 세계관이다. 그리고 마지막으로 유럽 신석기 시대에 무슨 일이 일어났는지, 나의 견해를 밝히는 것으로 이 글을 맺고자 한다.

공동체

어느 지역의 상황이나 단계를 보여주는 상세한 자료에 매몰되기보다는 한 걸음 물러서서 보고자 하면, 신석기 유럽에는 언제나 놀라운 점 하나가 있다. 바로 공동체의 흔적이다. 공동체 활동, 공동의 노력, 상호 관여의 증거가 수없이 많다. 공동체 말고 다양성이나 변화 과정에도 주목을 하려 하지만, 어디서나 공동체의 흔적이 너무 강하게 나타난다. 이러한 삶의 방식이 시작된 것은 단지 농업 때문만이 아니었다. 나는 특히 정착지, 주거용 건물의 형태와 가구 구성원, 물질문화와 매장 풍습을 통해 공동체 문제에 주목했다. 공동체에 집중하는 가운데 내부적 분화(internal difference)의 문제도 놓치고 싶지 않았다. 경쟁 가치 모형

(competing value model)에 입각해서 보자면, 변화의 비중(rates of change)과 변화의 종류(kinds of change)도 역동성의 한 축이었을 수 있기 때문이다.

집단 거주 건물 유적은 엄청나게 많이 발견되었다.[30] 그러나 이 단순한 사실만 하더라도 세부 경우를 나누어서 보아야 한다. 어떤 지역 및 시대는 "주택 부자(house-rich)"였고, 다른 지역 및 시대는 "주택 빈곤(house-poor)"이었다. 남동부 유럽은 기원전 제7천년기에서 제5천년기까지, 서유럽 중부 및 일부 지역은 기원전 제6천년기 말엽부터 제5천년기 중엽까지, 바이에른 산록 지대는 기원전 제5천년기 말엽부터 제3천년기까지의 주택 유적이 풍부하게 발견되었다. 한편 기원전 제4천년기부터 제3천년기까지의 서유럽에서는 주택 유적이 발견되지 않았다. 여기서 하는 언급은 발굴 결과를 가지고 하는 말이다. 즉 유적이 발견되지 않았다고 해서 실제로 그 시대에 주택이 없었다고 말할 수는 없다. 좋은 반증 사례로, 브리튼 남부 지역에 있는 더링턴 월스(Durrington Walls)에서 기원전 제3천년기 중엽의 유적으로 튼튼하지는 않지만 주택의 바닥과 벽이 발견되었고,[31] 스페인 북동부 지역에 있는 라 드라가(La Draga)에서 기원전 제6천년기 말의 유적으로 물에 잠겨 있던 뜻밖의 구조물이 발견되었다.[32] 일반적으로 주거용 건물의 유적이 풍부한 지역, 예컨대

---

30 Hofmann and Smyth (eds.), *Tracking the Neolithic House*.
31 M. Parker Pearson, *Stonehenge: Exploring the Greatest Stone Age Mystery* (London: Simon & Schuster, 2012).
32 A. Palomo et al., 'Harvesting cereals and other plants in Neolithic Iberia: the assemblage from the lake settlement at La Draga', *Antiquity*, 85 (2011), 759-71.

남동부 유럽에서도 세부 지역별로 사정은 뚜렷하게 달랐다. 그리스와 불가리아의 일부 유적에서는 일찍부터 건물의 유적이 집단적으로 발견되었으나, 좀 더 북쪽으로 올라가 발칸 지역에서는 구조물이 집단적으로 모여 있는 유적이 비교적 적거나 거의 나타나지 않았다.[33] 그러나 조사 범위를 확대한 신규 조사 결과 기존의 현황도 바뀌는 추세다. 헝가리 얼쇼네크(Alsónyék) 유적의 스타르체보 단계(Starčevo phase) 발굴층에서, 비록 지표면의 건물 유적은 나타나지 않았지만 화덕 자리와 대형 구덩이 및 매장지가 발견되었다.[34] 다른 지역에서는 주거용 건물이 처음부터 공동체의 지표로 해석되었다. 중부 유럽 지역 최초의 선형토기 문화(LBK)는 기원전 제6천년기 중반에 시작되었다. 그 무렵에 이미 기둥을 갖춘 롱하우스(longhouse)가 존재했는데, 전통적으로 기원전 5300년경으로 여겨지는 이 유적은 이미 상당히 큰 규모였다.[35] 아일랜드에서, 그리고 논란의 여지가 없지 않지만 브리튼에서도 새로운 생활 문화가 도입될 무렵 단단한 구조물로 건축된 가옥이 등장했다. 사각형 구조의 건물은 때로 상당히 큰 규모도 있었다. 그러나 새롭게 시작된 생활 문화는 놀라울 정도로 짧은 기간 안에 사라져버렸고, 건물 유적도 더 이상 발견

33 J. Chapman, 'Meet the ancestors: settlement histories in the Neolithic', in D. Bailey et al. (eds.), *Living Well Together? Settlement and Materiality in the Neolithic of South-East and Central Europe* (Oxford: Oxbow, 2008), 68-80.
34 E. Bánffy et al., 'Early Neolithic settlement and burials at Alsónyék-Bátaszék', in J.K. Kozłowski and P. Raczky (eds.), *Neolithization of the Carpathian Basin: Northernmost Distribution of the Starčevo/Körös Culture* (Kraków: Polish Academy of Sciences; Budapest: Institute of Archaeological Sciences of the Eötvös Loránd University, 2010), 37-51.
35 H. Stäuble, *Häuser und absolute Chronologie der ältesten Bandkeramik* (Bonn: Habelt, 2005).

되지 않았다.[36]

유럽에서 발견된 건물들은 지역에 따라 규모와 평면이 달랐고, 문화적으로 각 단계에서 다음 단계로 넘어갔을 때의 연속성과 존속 기간도 달랐다.[37] 다만 확인된 유적의 대부분이 사각형 구조였고(남동부 유럽에서 발견된 일부 구덩이가 초기 주택의 흔적인지, 말하자면 반지하 움막 구조물 유적인지에 관한 오랜 논쟁은 일단 논외로 함), 대개는 방이 한두 칸이었다. 흔적만으로는 원래 몇 층 구조였는지 알 수 없는 구조물들도 있었다. 남동부 유럽에서는 언덕(tell) 위 정착지나 평지(flat) 정착지 모두 건물의 크기가 어느 정도 통일되어 있었다. 길이가 15미터 이상인 경우는 거의 없었다. 초기에 건축된 건물의 평면 구조는 정확히 알 수 없지만, 기둥 자리가 어느 정도 반듯하게 줄 맞춰 늘어서 있었던 것만은 분명하다. 기둥 자리가 한곳을 중심으로 동심원 구조로 배치된 경우도 있었다. 서부 루마니아의 우이바르(Uivar)에 있는 언덕 유적, 그리고 북동부 헝가리의 최스헐롬-폴가르(Csőszhalom-Polgár)에 있는 언덕 유적(유럽 최북단 언덕 위 정착지 유적)은 모두 그 시기가 기원전 제5천년기 초기였다. 이들 두 유적에서는 모두 건물을 연결해서 사용했던 것으로 추정된다. 각각의 언덕 유적에는 수직으로 발굴층위가 겹겹이 누적되어 있었고, 인근에 평지 정착지가 있었다.[38] 최스헐롬 유적의 경우 평지 정착지에도 주거용

---

36 J. Smyth, *Settlement in the Irish Neolithic: New Discoveries at the Edge of Europe* (Oxford: Oxbow, 2014).
37 J. Müller, 'Dorfanlagen und Siedlungssysteme: die europäische Perspektive: Südosteuropa und Mitteleuropa', in Badisches Landesmuseum, *Jungsteinzeit in Umbruch: die 'Michelsberger Kultur' und Mitteleuropa vor 6000 Jahren* (Karlsruhe: Badisches Landesmuseum, 2010), 250-7.

건물의 흔적이 있었다(건물 길이는 대략 12미터였다). 굉장히 거칠게 줄을 맞추었지만, 어쨌든 기둥 자리가 일직선으로 배치되어 있었다. 언덕 유적지의 기둥 자리는 중심을 향해 동심원 구조로 배치되어 있었다. 이와 같은 배치 구조의 차이는 물론 의도적인 것이었다. 양쪽 유적에서 발굴된 유물도 성격상 차이가 있었다. 이 또한 양쪽의 차이가 의도적이었다는 사실을 뒷받침하고 있다.

LBK 문화가 발달하면서 기원전 5300년경부터 대개 롱하우스가 밀집해 있는 정착지가 등장하기 시작했다. 그중에는 물론 작은 크기의 건물도 없지 않았다. 그러나 긴 형태의 건물은 대개 그 길이가 20미터를 넘었고, 30미터가 넘는 경우도 있었다. 물론 30미터가 넘으면 그 지역에서 제일 큰 건물이었다.[39] 건물의 규모와 평면은 다양했다. 여기서 오늘날의 개념으로 마을이라는 표현을 쓰기가 조심스럽기도 한데, 모든 다양한 경우를 전부 마을이라는 어휘로 포괄하기는 어렵다. 일부 유적은 규모가 작았고, 어느 한 시점을 기준으로 보면 불과 건물 몇 채가 전부였다. 또한 건물 몇 채로 구성된 정착지들이 물줄기를 따라 점점이 늘어선 경우도 있었다. 가장 고전적인 사례는 메르츠바흐(Merzbach) 계곡

---

38 P. Raczky and A. Anders, 'Late Neolithic spatial differentiation at Polgár-Csőszhalom, eastern Hungary', in Bailey et al. (eds.), *Living Well Together*, 35-53; F. Draṣovean and W. Schier, 'The Neolithic tell sites of Parṭa and Uivar (Romanian Banat): a comparison of their architectural sequence and organization of social space', in S. Hansen (ed.), *Leben auf dem Tell als soziale Praxis* (Bonn: Habelt, 2010), 165-87.
39 J. Pechtl, 'A monumental prestige patchwork', in D. Hofmann and P. Bickle (eds.), *Creating Communities: New Advances in Central European Neolithic Research* (Oxford: Oxbow, 2009), 186-201.

유역에서 볼 수 있었고,[40] 북서부 독일에 있는 알덴호벤고원(Aldenhoven plateau)에도 유사한 사례가 있었다. 한편 남서부 독일에 있는 바이힝엔(Vaihingen)의 경우는 동심원 구조에 가까웠다.[41] 어떤 작은 구역을 보더라도 나름대로 특성이 있었다. 최초의 정착지로 추정되는 메르츠바흐 계곡의 랑바일러(Langweiler)-8 유적은 나중에 건물들이 밀집한 최대 규모의 정착지로 성장했다. LBK 문화 당시 건물 구조가 어떠했을지, 아직 뜨거운 논쟁이 진행 중이다. 아마도 해답이 어느 하나로 국한되기는 어려울 것 같다. 오래도록 주류 이론으로 받아들여진 가설은 마당 공유 모델(yard model)이었다. 독립적인 개별 건물에 딸린 개별적인 공간과 마당이 있었는데, 마당을 옆집 혹은 앞뒷집이 공유했다는 가설이다. 마당 공유 모델은 거주 기간 가설과 연결되어 있다. 토기 장식의 변화를 면밀히 조사해본 결과, LBK 문화에 속하는 어느 주택도 (당시 주택의 기둥을 참나무로 건축하는 특징이 있었음에도 불구하고) 점유 기간이 25년을 넘지 않았다. 점유 기간을 한 세대로 잡으면, 알덴호벤고원의 경우 10여 차례, 바이힝엔의 경우 17~18차례의 세대교체가 있었다.[42] 한편 마당 공유 모델에 도전하는 기둥 공유 모델(model of rows) 가설도 있다. 이 가설은 다른 지역보다 중부 유럽의 사례에 부합하는 측면이 있고, 건물의

---

40 J. Lüning and P. Stehli (eds.), *Die Bandkeramik im Merzbachtal auf der Aldenhovener Platte* (Köln: Rheinland-Verlag, 1994).
41 A. Bogaard et al., 'Towards a social geography of cultivation and plant use in an early farming community: Vaihingen an der Enz, south-west Germany', *Antiquity*, 85 (2011), 395-416.
42 J. Lüning, 'Bandkeramische Hofplätze und die absolute Chronologie der Bandkeramik', in J. Lüning et al. (eds.), *Die Bandkeramik im 21. Jahrhundert* (Rahden: Marie Leidorf, 2005), 49-74.

사용 기간도 더 오래 잡았다.[43] 나아가 이웃과 공유하는 공간이 경우에 따라 다양했다는, 보다 매력적인 가설도 있다.[44] 이러한 논쟁의 결과가 무엇이든 전통적인 문제는 여전히 해결되지 않고 있다. 즉 당시 주택의 바닥층 혹은 생활층이 발굴되지 않았다는 문제다. 유물은 대개 생활 공간이 아니라 LBK 문화 층위의 구덩이에서 출토되었다. 따라서 롱하우스에 몇 명이 거주했는지 추정하기가 매우 어렵다. 마당 공유 모델에서는 대체로 핵가족 혹은 최소한의 확대 가족이 거주했던 것으로 추정하지만, 그렇다면 남동부 유럽에서 발굴된 신석기 주택에 비해 왜 그토록 "지나치게 큰 집"을 지었는지 의문이 풀리지 않는다.

보존 여건이 양호한 바이에른 산록 지대에는 잘 보존된 여러 채의 구조물 유적이 남아 있었다. 그중에는 호숫가 습지에 기둥을 세우고 그 위에 건물을 얹은 가옥의 형태도 포함되어 있었다. 이 지역에서 발견된 가옥도 모두 사각형 구조였다. 건물은 가끔 한 채 혹은 두 채씩 건설되었다. 연륜연대학으로 건물 기둥을 분석해본 결과, 한두 채의 건물을 짓고 나서 다시 한두 해가 지난 뒤에 추가 건물을 또 지었다. 밀집된 건물의 수는 대개 그리 많지 않았다. 일부 지역에서는 기원전 제4천년기 말엽에 이르러 일부 정착지가 이전 세대에 비해 더 확장된 사례가 있었다. 바이에른 산록 지대의 집들은 대체로 크기가 비슷했다. 여기서도 길이

---

43 O. Rück, 'New aspects and models for Bandkeramik settlement research', in Hofmann and Bickle (eds.), *Creating Communities*, 159-85.
44 L. Czerniak, 'House, household and village in the LBK of Little Poland', in L. Amkreutz et al. (eds.), *Something Out of the Ordinary? Interpreting Diversity in the Early Neolithic Linearbandkeramik of Central and Western Europe* (Cambridge University Press, forthcoming).

는 10~12미터를 넘는 경우가 거의 없었다. 대개는 닫힌 구조로서 거의 격자 문양처럼 반듯했고, 기둥이 줄지어 늘어서 있었다. 독특하면서도 특이한 구조가 아닐 수 없었다.[45] 가장 놀라운 측면 중 하나는 지나치게 짧은 사용 기간이었다. 그곳에 거주한 사람들은, 초기에는 소와 돼지 및 곡물뿐만 아니라 붉은사슴도 많이 활용하기는 했지만, 어쨌든 틀림없이 농사를 지었다.[46] 그리고 주택은 지속적인 정주 생활을 의미하는 건물로 해석된다. 문화적 맥락에서 보자면, 지역별로 지속성은 있었지만 개별 정착지의 지속성은 없었다. 시간이 지남에 따라 정착지의 지속 기간이 길어진 사례도 일부 없지 않았다. 그러나 계속되는 발굴 사례들을 통해, 특히 초기에는 지속 기간이 10~15년을 넘지 못했음을 확인할 수 있었다. 호른슈타트-회른레(Hornstaad-Hörnle)-1A 유적과 아르본 블라이처(Arbon Bleiche)-3 유적은 마지막에 불이 나서 지속 기간이 끝났다.[47] 이들 두 유적의 경우 사고가 일어난 것일 수도 있다. 또한 다른 유적은 호수의 수면이 변하는 바람에 그곳 주민들이 더 이상 살지 못하고 떠난 것일 수도 있다. 그러나 특정한 원인이 확인되지 않는 사례가 상당히 많다. 건물을 지을 때 그곳에서 오래 살 계획이나 기대를 하지는 않았던 것 같

---

45 Ebersbach, 'Houses, households, and settlements'.
46 E.G. Schibler et al., *Ökonomie und Ökologie neolithischer und bronzezeitlicher Ufersiedlungen am Zürichsee: Ergebnisse der Ausgrabungen Mozartstrasse, Kanalisationssanierung Seefeld, AKA/Pressehaus und Mythenschloss in Zürich* (Zürich: Kantonsarchäologie; Fotorotar, 1997).
47 B. Dieckmann et al., 'Die Befunde einer jungsteinzeitlichen Pfahlbausiedlung am westlichen Bodensee', in Landesamt für Denkmalpflege, *Siedlungsarchäologie im Alpenvorland IX* (Stuttgart: Theiss, 2006), 8-275; S. Jacomet et al. (eds.), *Die jungsteinzeitliche Seeufersiedlung Arbon-Bleiche 3: Umwelt und Wirtschaft* (Frauenfeld: Departement für Erziehung und Kultur des Kantons Thurgau, 2004).

다. 당시 사람들은 오늘날의 서구적 사고로는 짐작하기 어려운, 전혀 다른 사고방식을 가지고 있었던 것이다.[48]

물론 이러한 몇 가지 사례만 가지고 유럽의 모든 발굴 성과를 대변할 수는 없다. 그러나 여기서 선택된 몇몇 사례만 보더라도 일반적 경향과 다르지 않다. 즉 거듭해서 발견되는 다른 사례들과 마찬가지로 사람들이 함께 살았던 증거가 드러나고 있다. 그렇다면 언제나 같은 방식이었을까? 그와 반대되는 두 가지 증거가 있다. 일부 공동체들은 다른 공동체들보다 더 우위에 있었던 것 같다. 규모나 주도권 면에서 우위의 요소들이 존재했었다. 연맹 개념과 네트워크의 연결 및 상호 지원 등은 흩어져 살고 있던 공동체들에게 매력적인 모델이었을 것이다. 이 경우 어떤 특정 공동체와 장소는 다른 공동체에 비해 더 유리한 요소를 가지고 있었을 수도 있다. 연속성 면에서나 오래된 기간의 측면에서 언덕(tell) 위 정착지가 평지(flat) 정착지보다 더 중요한 입지였다는 증거는 여러 차례 확인되었다. 최근의 평지 정착지 연구 결과 언덕 위 정착지의 중요성이 새삼 재확인되었다.[49] 다른 정착지들보다 규모가 더 큰 일부 LBK 문화의 정착지는 일종의 "중심지"로 해석되었다. 그곳에서 자원의 분배와 관련하여 모종의 역할을 했기 때문이다. 예를 들면 그 지역으로 수입된 특정한 돌이나 부싯돌 같은 자원이었다.[50] 단순히 거주 인구수가 많

---

48 D. Hofmann, 'Living by the lake: domestic architecture in the Alpine foreland', in Hofmann and Smyth (eds.), *Tracking the Neolithic House*, 197-227.
49 J. Chapman, 'Places as timemarks: the social construction of prehistoric landscapes in eastern Hungary', in J. Chapman and P. Dolukhanov (eds.), *Landscapes in Flux: Central and Eastern Europe in Antiquity* (Oxford: Oxbow, 1997), 209-30.

왔기 때문일 수도 있다. 이 경우 공동 노동과 집단 방어의 수단을 제공할 수 있다. (당시는 개인 간, 때로 집단 간의 폭력 및 투쟁의 증거를 적지 않게 남겼던 시기다.[51])

정착지들의 차이에 대한 흥미로운 증거들이 새로 발견되기도 했다. 앞에서 언급한 우이바르(Uivar)와 최스헐롬(Csőszhalom)의 사례를 일단 기억해야 할 것이다. 통합된 사회에서 언덕(tell)이 의례의 장소로서 특별한 역할을 했다는 주장도 있었다. 그러나 언덕 위 건물에 사는 사람들이 다른 사람들보다 무언가 우월한 지위에 있었던 것은 아닐까? 보스니아의 오콜리슈테(Okolište)에서 언덕 유적이 발견되었는데, 이웃해 있는 여러 집들이 기원전 제5천년기 초기 지층에서 발굴되었다. 기둥 자리가 줄지어 늘어서 있었는데, 가구별로 서로 다른 활동을 담당했던 것으로 추정된다. 일부는 농사를 지었고, 일부는 수공업을, 또 다른 일부는 사냥을 위주로 했다.[52] 여기서 우리는 내부적 차별을 엿볼 수 있을지도 모르겠다. 혹은 건물이 몇 개로 나뉘어 가구별 구성원 개념이 있었던 것은 아닐까? 비슷한 흔적이 LBK 문화 후기 유적에서도 확인되었다. 프랑스 북부의 엔강 유역(Aisne valley)에 있는 퀴리-레-쇼다르드(Cuiry-lès-Chaudardes)의 정착지 유적에서는 롱하우스 옆에 붙어 있는 구덩이에

---

50 J. Petrasch, 'Zentrale Orte in der Bandkeramik?', in J. Eckert et al. (eds.), *Archäologische Perspektiven: Analysen und Interpretationen im Wandel* (Rahden: Marie Leidorf, 2003), 505-13.
51 R. Schulting and L. Fibiger (eds.), *Sticks, Stones, and Broken Bones: Neolithic Violence in a European Perspective* (Oxford University Press, 2012).
52 J. Müller et al. (eds.), *Okolište 1: Untersuchungen einer spätneolithischen Siedlungskammer in Zentralbosnien* (Bonn: Habelt, 2013).

서 소와 돼지의 뼈가 발견되었다. 뼈는 한군데로 모여 있는 편이었다. 한편 당시 사람들은 야생 동물도 사냥했는데, 붉은사슴과 곰의 뼈도 포함되어 있었다. 그런데 야생 동물의 뼈는 정착지 주변부에 있는 크기가 작은 집 주변에서 발견되었다.[53] 독일 남서부에 있는 바이힝엔(Vaihingen)의 유적지 평면, 토기 장식, 식물의 흔적 등을 종합적으로 분석한 결과, 아마도 부족 같은 개념이 존재한 것으로 추정되었다. 연구자들은 당시 정착지의 범위를 넘어서서 지역적으로 다양한 연결 고리들이 있었을 뿐만 아니라, LBK 문화에 속하는 공동체들끼리의 네트워크와 연대감이 존재했고, 지역 내에서도 토질이 가장 좋은 곳에 접근할 수 있는 권한에 차별이 있었다고 주장했다. 하지만 아마도 당시 그곳의 모든 가정에서 모든 사람이 같은 작물을 대체로 비슷한 방식으로 재배했을 텐데, 내부적 차별이 존재했다면 어떻게 그것이 가능했을까?[54] 더 넓은 범위에서 LBK 문화인의 식생활과 이동을 연구한 결과에 따르면, 돌도끼(stone adzes)가 부장된 무덤의 주인공은 해당 지역에서 태어나서 거주한 사람으로 확인되었다. 그러므로 당시에 주요 자원에 접근할 수 있는 모종의 권한 개념이 있었던 것으로 추정되기도 했다.[55]

기원전 제5천년기 중후기의 폴란드 중부 지역에서(제23장 참조) 사다리꼴 모양의 롱하우스 유적이 발견되었다. 롱하우스 전통의 마지막

---

53 L. Hachem, *Le site Néolithique de Cuiry-lès-Chaudardes – I: de l'analyse de la faune à la structuration sociale* (Rahden: Marie Leidorf, 2011).
54 Bogaard et al., 'Towards a social geography of cultivation'; A. Bogaard, *Plant Use and Crop Husbandry in an Early Neolithic Village: Vaihingen an der Enz, Baden-Württemberg* (Bonn: Habelt, 2012).
55 Bickle and Whittle (eds.), *First Farmers of Central Europe*.

단계를 보여주는 유적이었다. 그곳에서는 경제적으로 서로 독립성이 강했던 것으로 추정된다. 롱하우스의 크기는 더 큰 것도 있고 더 작은 것도 있었지만, 각각의 롱하우스마다 주변에 상당히 큰 공간을 포함하고 있었다.[56] 마지막으로 기원전 제4천년기 말 보덴호(Bodensee) 호숫가에 있는 아르본 블라이처(Arbon Bleiche)-3 유적을 살펴보자. 이곳에는 거의 비슷한 형태의 집들이 줄을 맞추어 배치되어 있는데, 명확하게 두 개의 그룹으로 나뉜다. 이곳은 특히 세부적으로 들여다볼 필요가 있는 유적이다.[57] 이 유적지의 어떤 집(1~4, 8, 20, 24)에는 다른 집(7, 23)보다 야생 동물의 뼈가 더 많이 남아 있었다. 사슴 뼈가 가장 많이 발견된 집은 3, 8, 20, 24였다. 야생 소의 뼈가 가장 많이 발견된 집은 3, 8, 20이었다. 한편 8과 20에는 큰곰, 담비/긴털족제비, 오소리, 수달의 뼈가 집중되어 있었다. 사육종 소는 마을의 북부 지역에서, 사육종 돼지는 마을의 남쪽 호수에 가까운 지역에서 주로 발견되었다. 양과 염소는 북부와 남부 양쪽에서 모두 발견되었다(북부와 남부에서도 특정한 어느 집에 편중되어 있었다). 이곳에서 발견된 토기의 양식은 알프스 동쪽 끝 지역과 비슷했다(바덴 문화Baden culture 중에서도 볼레라즈Boleráz 스타일). 토기는 발굴지 중에서도 호수 쪽과 가운데 지역에서 더 많이 발견되었다. 이외

---

56 A. Marciniak, 'The society in the making: the house and household in the Danubian Neolithic of the central European lowlands', in T. Kerig and A. Zimmermann (eds.), *Economic Archaeology: From Structure to Performance in European Archaeology* (Bonn: Habelt, 2013), 47-63.
57 Jacomet et al. (eds.), *Die jungsteinzeitliche Seeufersiedlung Arbon-Bleiche 3*. 다만 정착 연대에 관해서는, 비록 그 기간이 짧지는 않겠지만, 보다 구체적으로 규명할 필요가 있겠다(Urs Leuzinger, pers. comm.).

에도 토종 스타일의 토기가 있었다. 호수 반대편에서는 강꼬치고기, 농어, 특히 잉엇과 물고기의 흔적이 주로 발굴되었다. 이들은 호수 가장자리에 고정식 그물을 걸어두고 잡는 물고기였는데, 함께 발굴된 그물추가 이런 추정을 뒷받침해준다. 마을의 호수 쪽에 있는 집들에서는 화이트피시(whitefish)의 흔적이 주로 발견되었다. 이런 물고기는 배를 타고 호수 깊은 곳으로 나아가 그물추를 달지 않은 주낙을 이용해야 잡을 수 있었다. 이곳 사람들도 집들은 가까이 붙어 있었지만, 집집마다 하는 일이 같지는 않았다.

유럽 전역에 걸쳐 신석기 정착지에서는 유물들이 풍부하게 발견되었다. 유물이 많아진 것과 정착 생활이 강화된 것은 서로 무관한 일이 아닐 것이다. 그러나 경우에 따라 상황은 각기 달랐다. 주택 빈곤 지역(주거용 건물 유적이 잘 발견되지 않는 지역)에서는 예를 들어 토기가 어느 특정 시기 특정 채집 식물과 관련해서만 사용되었고, 1년 내내 사용되지는 않았다. LBK 문화 유적의 우물에서는 나무나 자작나무 껍질로 만든 그릇과 진흙으로 만든 용기가 발견되었다. 토기는 외부에서 들여온 것이 아니라 주로 그 지역에서 만들었던 것으로 추정된다. 그러나 이웃 지역에서 수입하거나 때로는 멀리 떨어진 곳에서 가져온 토기도 없지 않았다. 토기와 달리 다른 많은 물건들은 외부에서 들여온 것이 많았다. 부싯돌이나 석기를 만들기 위한 석편(石片), 돌도끼(자귀)의 원재료가 되는 단단한 돌 등이 대표적이다. 최근 연구에서 밝혀진 화려한 유물로 경옥(硬玉, jadeitite)으로 만든 옥도끼가 있는데, 이는 서부 이탈리아의 알프스 지역 고산 지대가 원산지인 특수한 암석으로 만든 것이었다(그림 22-8). 이 특수 암석은 기원전 제6천년기 후기부터 제4천년기 초기까지 교환 등 여러 수단을 통해 중부 및 서부 유럽에 널리 유통되었다.[58] 기원전 제5천년기부터는 남동부 유럽에서 한정된 자원에 입각해 생산량이 점차 증가했다. 당시의 구리 광산들이 확인되었는데, 구리 제련 기술은 점차 서쪽으로 퍼져 나갔다.[59] 아이스맨 외치(Ötzi)는 구리로 만든 도끼를 가지고 있었는데, 그는 기원전 제4천년기 후기에 알프스 남부에서 태어난 사람이었다.[60] 이베리아반도 남부 지역에서 기원전 제4천년기 말에서 제3천년기(cal)에 접어들 무렵 구리 유물은 상당히 많이 발견되었다.[61] 흑해 연안에 있는 불가리아의 도시 바르나(Varna)의 묘지에서 기원전 제5천년기 중엽의 무덤이 발견되었는데, 대형 주물로 제작된 구리 도구와 소박한 형태의 구리 반지, 바늘, 송곳, 그리고 금박 공예품이 부장되어 있었다.[62]

---

58 P. Pétrequin et al. (eds.), *Jade: grandes haches alpines du Néolithique européen. V^e et IVe millénaires av. J.-C.* (Besançon: Presses Universitaires de Franche-Comté, 2013).
59 C. Strahm, 'L'introduction de la metallurgie en Europe', in J. Guilaine (ed.), *Le Chalcolithique et la construction des inegalités* (Paris: Errance, 2007), 49-71; A. Dolfini, 'The emergence of metallurgy in the central Mediterranean region: a new model', *European Journal of Archaeology*, 16 (2013), 21-62; B.W. Roberts, 'Production networks and consumer choice in the earliest metal of western Europe', *Journal of World Prehistory*, 22 (2009), 461-81.
60 S. Bortenschlager and K. Öggl (eds.), *The Iceman and his Natural Environment: Palaeobotanical Results*, The Man in the Ice 4 (Vienna and New York: Springer, 2000).
61 M. Cruz Berrocal et al. (eds.), *The Prehistory of Iberia: Debating Early Social Stratification and the State* (New York: Routledge, 2013).
62 I. Ivanov, 'Die Ausgrabungen des Gräberfeldes von Varna', in A. Fol and J. Lichardus (eds.), *Macht, Herrschaft und Gold: das Gräberfeld von Varna und die Anfänge einer neuen europäischen Zivilisation* (Saarbrücken: Moderne Galerie des Saarland-Museums, 1988), 49-65.

〔그림 22-8〕 알프스 고고도 지대의 자연석
서부 이탈리아. 알프스 산악 지대 고고도 지역. 이런 바위를 쪼갠 파편으로 연옥 돌도끼를 만들었다. 발로네 포르코(Vallone Porco), 해발 2400미터. 바위 뒤로 몬테비소산(Monte Viso)이 보인다.

물건은 사람들을 묶어주기도 하고 나누기도 하는 것이다. 물건을 해석하는 두 가지 전통적 접근 방법이 있었다. 주류 이론은 공간적 규칙성과 연속되는 각 단계의 특성을 살펴보는 것이었다. 그리고 어느 특정 시공간에 공유되는 정체성을 찾아내면 그것을 "문화"라고 했다. 그래서 어떤 시기에 양식의 갑작스런 변화가 나타나면 사람들이 이동했다거나 대체되었다는 해석을 선호했다. 또 하나의 전통적인 이론은 특정한 물건이나 범주를 가치재로 보고(원산지의 거리, 희귀성, 제작에 투입되는 노동력의 양 등 다양한 평가 기준에 근거함), 그 소유 관계에 주목하는 것이었다. 이 이론에서 주목하는 대상은 대개 보석 아니면 구리나 금으로 만든 물건이었고, 시간이 지나면서 점차 신분 격차가 확대되었다는 식으로 이론이 전개되었다. 둘 중 어느 이론도 가볍게 무시해서는 안 된다. 철 지난 "문화사"라고 도외시하는 경향이 없지 않았다. 문화사에서 대개는 토기를 가지고 이야기했고, 거론되는 지역은 워낙 넓어서 어떠한 정체성도 구체적인 지역 범위를 확인하기 어려웠기 때문이다. 지도나 연표에서는 문화와 문화의 경계가 분명하고, 하나의 문화에서 다른 문화로 넘어가는 기간도 금방이지만, 현실에서는 전혀 그렇지가 않다. 여러 측면에서 보자면, 내 생각에 신석기 시대의 유물은 사람들의 신분을 차별하기보다 사람들을 하나로 묶어주는 기능을 했던 것 같다. 내부적으로 미묘한 차별이 존재한 사례도 있었다. 예를 들면 바이힝엔(Vaihingen)이나 아르본 블라이처(Arbon Bleiche)의 공동체가 그랬다. 그래도 시기별 변화는 있었지만 공동체는 계속해서 유지되었다. 마찬가지로 프랑스 브르타뉴 지방에 위치한 신석기 시대 초기의 대규모 기념비적 건축물에서 발견된 경옥 도끼나 팔찌, 혹은 바르나(Varna) 유적에서 발견된 방대한 양의 구리와 황금 유물은 분명 원하는 물건에 접근할 수 있는 권한의 차등을 나타내는 증거가 아닐 수 없다. 그러나 물건이 존재한다는 것과 소유한다는 것을 명확히 구분하기란 언제나 쉽지 않은 문제다. 바르나는 그 지역에서나 주변을 통틀어 독특한 예외에 속하며,[63] 부장품이 풍성한 몇몇 무덤은 전몰자의 기념비 같은 것이었다. 브리튼에서 발견된 경옥 도끼는 조상 전래의 세습 재산이었을 가능성이 크다. 아마도 이주자가 가지고 들어온 물건이었을 것이다. 발견된 사례가 매우 드문 데다 유물의 맥락도 일반적이지 않았다(하나는 서머싯Somerset 지역 습지를 가로지르는 오솔길 옆에서 발견되었고, 또 하나는 스코틀랜드 남서부의 무덤 방 앞에서 발견되었다). 오히려 어떤 중요한 유물이 하나의 맥락에서 축적되어 온 경우는 거의 없었다. 그래서 내가 보기에는 귀중품을 원하고 획득하는 것도 중요했지만 귀중품을 양도하는 것도 그에 못지않게 중요한 문제였다.

우리의 간략한 논의에서 마지막으로 검토할 주제에도 비슷한 논점이 포함되어 있다. 마지막 주제는 장례 풍습이다. 고고학적으로 보자면, 특정 시기 특정 지역에서는 대체로 비슷하게 장례를 치렀다. 그러나 시간이 지나면 장례 풍습도 달라졌는데, 예를 들어 남동부 유럽에서는 주거 구역과 그 주변에 수많은 매장지가 산재했다(그리스는 조금 달랐다). 그러다가 기원전 제6천년기 말에서 제5천년기에 이르러, 특히 발칸 동부 지역에서 별도의 구분된 묘지 구역이 등장했다. 이러한 매장 방식은

---

63 J. Chapman, 'From Varna to Brittany via Csőszhalom: was there a "Varna" effect?', in A. Anders and G. Kulcsár (eds.), *Moments in Time: Papers Presented to Pál Raczky on his 60th Birthday* (Budapest: L'Harmattan, 2013), 323-35.

LBK 문화의 한 양상으로 이어졌다. 기원전 5300년경 이후로 발달했으며, 이후 기원전 제5천년기까지 그 전통이 이어졌다. 이를테면 서유럽에서 등장한 집단 석실과 봉분이 있는데, 이러한 무덤 양식은 앞에서 언급한 것처럼 기원전 제5천년기에 등장해서 이후 제4천년기에 널리 확산되었다. 묘지 구역에서 개인을 하나의 무덤에 매장하거나 혹은 기념비적 건축물에 여러 시신을 공동 매장했지만, 어느 쪽을 선택하든 이러한 장례 풍습에는 공동체의 감정이 강하게 개입되어 있었고, 이는 기원전 제4천년기 후기까지도 변함없이 이어졌다. 당시는 이미 사회적 차별 구조가 강화된 사회 모델이 일부 출현했던 것으로 추정되는 시기다. 그럼에도 불구하고 북부 프랑스에서 발견된 무덤의 경우 지하 혹은 지상에 무덤방을 만들어두고(예를 들면 allées sépulchrales, hypogées) 시신을 계속해서 같은 방에 매장했고, 결과적으로 매우 짧은 기간 안에 상당한 규모의 공동 무덤이 만들어졌다(시신이 100구 이상 포함된 경우가 많았다).[64]

우리가 다루어야 할 문제들은 또 있다. 고고학적으로 확인된 것이 과연 전부인가 하는 문제와, 내부적 차별의 문제다. 묘지 구역이든 무덤 건축물이든 그곳에 모든 사람의 시신이 다 매장되어 있는 것은 아니다. LBK 문화 시기 매장지 가운데 가장 규모가 큰 곳도 무덤의 수는 몇백 기밖에 되지 않는데, 이 정도로는 모든 인구를 포함하는 무덤이라고 볼 수 없다.[65] 집단 무덤의 경우도 마찬가지다. 양쪽 가운데 어느 경우

---

64 P. Chambon, *Les morts dans les sépultures collectives Néolithiques en France: du cadavre aux restes ultimes* (Paris: CNRS, 2003).
65 P. van de Velde, 'Much ado about nothing: Bandkeramik funerary ritual', *Analecta Praehistorica Leidensia*, 29 (1997), 83-90.

든 매장된 사람들은 공동체에서 우월적 지위를 차지한 개인 혹은 집단이거나, 특정 가문이나 계보에 속하는 사람들, 아니면 순수한 지역 공동체가 아닌 어떤 모임이나 의례에 소속된 사람들일 수도 있다. 유골 샘플을 대상으로 한 동위원소 분석에 따르면, 해당 지역 출신자와 타지 출신자가 모두 포함되어 있었다.[66] 스페인 북서부의 발렌시나 데 라 콘셉시온(Valencina de la Concepción) 유적은 과달키비르강(Guadalquivir River) 위쪽의 도시 세비야(Seville)에 있는데, 기원전 제4천년기 말에서 제3천년기 초까지의 상황을 잘 보여주는 사례다. 발렌시나는 약 400헥타르에 달하는 유적으로, 그 지역 및 주변 권역에서 두드러지는 유적지다. 정착지의 특성을 나타내는 집자리 유적이 발견되고 구리 제련의 흔적도 일부 남아 있었지만, 대부분의 발굴 내용은 매장과 관련된 것이었다. 이베리아반도에서 가장 주목할 만한 거석 기념물도 그곳에 있다. 예를 들면 라 파스토라(La Pastora), 마타루빌라(Matarrubilla), 몬텔리리오(Montelirio)의 거대한 돌멘(dolmen)과 톨로이(tholoi) 등이다.[67] 매장과 관련된 또 다른 발굴 성과로 인공 동굴과 단순한 구덩이도 있었다. 모두가 시신을 연속적으로 매장한 다양한 집합 매장지였다. 이곳이 과연 누구에게나 허용된 매장지였을까? 아니면 지역 유력자의 매장지였을까? 유력한 가설은 후자다. 특정 집단 혹은 계보에 속하는 사람들, 이국적 유물을 관리하거나 획득할 수 있는 사람들이 매장되었을 것이다. 가장 화

---

66 E.g. Bickle and Whittle (eds.), *First Farmers of Central Europe*.
67 M.E. Costa Caramé et al., 'The Copper Age settlement of Valencina de la Concepción (Seville, Spain): demography, metallurgy and spatial organization', *Trabajos de Prehistoria*, 67 (2010), 87-118.

려한 기념비적 건축물에는 구리 제품뿐만 아니라 아프리카산 및 동부 지중해산 상아도 포함되어 있었다.[68]

생계 수단

기원전 7000년경 유럽은 어디든 수렵채집 생활을 하는 사람들이 있었다. 그러나 기원전 4000년 직후 무렵 그들이 거의 사라지고 없었으며, 남은 사람들은 주로 발트해 동쪽과 북극 근처에 있었다. 앞에서 언급했던 것처럼 농부 중에도 사냥하는 사람들이 없지 않았다. 기원전 제6천년기 헝가리 대평원(Great Hungarian Plain)에는 쾨뢰시 문화(Körös culture)가 있었는데, 그곳의 기후 조건 덕분에 주목할 만한 유물들이 아주 잘 보존되었다. 유물들을 통해 야생 동물 사냥, 새 사냥, 고기잡이, 조개 채취 등이 이루어졌음을 알 수 있었다. 그러나 주식을 해결하는 방편은 어디까지나 곡물과 양(염소)이었다.[69] 시간이 지나면서 유럽 어디서든 야생 동물은 상징적 존재로서 중요한 의미를 띠었고, 사냥은 스포츠나 성별 정체성을 나타내는 지표의 의미가 있었다. 과거의 유물을 제대로 분석하는 기술은 아직 개선해야 할 부분이 많다. 예를 들면 흙을 체에 걸러서 미세한 유물들을 찾아내는 부유법이 있는데, 특히 악조건에

---

68 T.X. Schuhmacher et al., 'Sourcing African ivory in Chalcolithic Portugal', *Antiquity*, 83 (2009), 983-97.
69 A. Bogaard et al., 'Archaeobotanical evidence for plant husbandry and use', and L. Bartosiewicz, 'Mammalian bone', both in A. Whittle (ed.), *The Early Neolithic on the Great Hungarian Plain: Investigations of the Körös Culture Site of Ecsegfalva 23, County Békés* (Budapest: Institute of Archaeology, Hungarian Academy of Sciences, 2007), 421-45, 287-325.

서 발굴이 이루어지는 경우 시간에 쫓기다 보면 최상의 결과에 도달하기 어려울 때가 많다. 이때 가장 흔히 희생되는 발굴 성과가 바로 식물의 흔적이다. 식생활과 관련해서 우리가 이미 모든 것을 알고 있다는 주장은 어떻게 해도 어불성설이다. 아주 최근에 와서야 토기에 남아 있는 지방산(fatty acids) 혹은 지방질(lipids)을 분석해내는 기술이 개발되어, 우유 섭취와 관련된 정보를 알아낼 수 있게 되었다. 연구 결과 우유 섭취는 예상 외로 일찍부터 시작된 것으로 밝혀졌다. 카르파티아 평원(판노니아 평원)에서는 기원전 제6천년기 이전부터, 중부 유럽에서는 기원전 제6천년기 후기부터 우유를 섭취하기 시작했다. 아나톨리아 지역에서도 기원전 제7천년기부터 우유를 섭취한 것으로 나타났다.[70] 이는 매우 흥미로운 결과로 많은 의문을 낳았다. 젖을 뗀 뒤 우유를 소화하는 능력(락타아제 분해 능력)은 누구에게나 있지 않았기 때문에, 먼저 (우유 소화 능력이 생긴) 유전적 돌연변이 인구가 널리 확산된 뒤에야 우유 섭취가 일반화되었을 것이다(03권 제6장 참조). 그렇다면 초기 유제품 섭취는 주로 치즈나 가공 식품 형태로 이루어졌을 것이다. 치아 상태 분석도 앞으로 해야 할 일이 많은 기술이다. 다양한 음식물이 치아에 다양한 흔적을 남기기 때문이다. 또한 건강에 대한 전반적 정보도 알 수 있다. 신석기 시대에 무엇을 먹고 살았는지 알아내는 데는 거의 성공했다고

---

70 O.E. Craig et al., 'Did the first farmers of central and eastern Europe produce dairy foods?', *Antiquity*, 79 (2005), 882-94; R.P. Evershed et al., 'Earliest date for milk use in the Near East and southeastern Europe linked to cattle herding', *Nature*, 455 (2008), 528-31; M. Salque et al., 'Earliest evidence for cheese making in the sixth millennium BC in northern Europe', *Nature*, 493 (2012), 522-5.

말할 수 있지만, 더욱 상세한 연구를 통해 어떤 개인이 일생 동안 겪은 스트레스와 질병에 대하여 풍부한 이해가 가능하다.[71] 예컨대 중부 지중해 지역의 사례를 연구한 결과, 그곳 사람들의 기대 수명은 40세가 조금 넘었던 것으로 확인된다.[72]

신석기 공동체는 식량을 대개 곡물에 의존했으며 동물성 식품도 물론 존재했다. 기원전 제4천년기 후기의 인물로 남부 알프스 빙하에서 발견된 아이스맨 "외치"는 고고도 지역에 익숙한 아마도 특별한 인물이었던 것 같은데, 그 또한 사망하기 전 마지막으로 먹은 식사는 곡물이었다.[73] 유럽 전역에 걸친 폭넓은 발굴에서도 거의 비슷한 결과가 나온다. 물론 시기에 따라서는 야생 식량 자원이 중요한 비중을 차지한 적도 있었으나, 전반적으로 곡물에 의존하는 경향성은 큰 변화가 없었다. 예를 들어 곡물 재배가 동쪽에서 서쪽으로 전파되면서 갈수록 재배하는 곡물 및 채소의 종류는 줄어들었다.[74] 또한 시간이 지날수록 사육 동물의 핵심은 양에서 소로 바뀌어갔다. 중부 유럽뿐만 아니라 카르파티아 평원

---

71 E.g. L. Fibiger, passim, in Bickle and Whittle (eds.), *First Farmers of Central Europe*.
72 Robb, *Early Mediterranean Village*.
73 J.H. Dickson et al., 'The omnivorous Tyrolean Iceman: colon contents (meat, cereals, pollen, moss and whipworm) and stable isotope analyses', *Philosophical Transactions of the Royal Society B*, 355 (2000), 1843-9; W. Groenman-van Waateringe, 'The Iceman's last days: the testimony of *Ostrya carpinifolia*', *Antiquity*, 85 (2011), 434-40.
74 S. Colledge and J. Conolly (eds.), *The Origins and Spread of Domestic Plants in Southwest Asia and Europe* (Walnut Creek, CA: Left Coast Press, 2007); A. Kreuz, 'Die Vertreibung aus dem Paradies? Archäobiologische Ergebnisse zum Frühneolithikum im westlichen Mitteleuropa', *Bericht der Römisch-Germanischen Kommission*, 91 (2012), 23-196.

에서도 마찬가지였다.[75] 앞으로 연구해야 할 과제는 식량 자원의 비중, 생산 조직과 규모와 목표, 그리고 시간이 지나면서 변화가 있었는지, 혹은 변화를 가져온 결정적 이유는 무엇이었는지를 밝혀내는 것이다. 기존에는 시간이 지남에 따라 생산도 집약화되었을 것으로 예상했지만, 내가 보기에 신석기 시대에는 핵심 작물 개념이 상당히 약했던 것 같다.

신석기 시대 유럽의 농업 현실은, 넓은 들판에서 화전 농법으로 이동식 농업을 하기보다 고정된 농지를 장시간 이용하는 소규모 집약 농업이었을 것으로 추정된다. 최신 기술로 잡초의 분포를 연구한 성과 또한 이러한 가설에 부합한다.[76] LBK 문화 시기의 바이힝엔에서 다양한 식량 자원을 이용했던 것을 우리는 이미 앞에서 살펴보았다. 그리고 바이에른 산록 지대에서 정착 마을이 생겨난 이후로 작은 규모의 원경(園耕, garden cultivation=horticulture)이 유지되었을 것으로 추정해볼 수 있다. 산록 지대의 일부 지역에서 주기적으로 숲을 이용한 증거가 발견되기도 했다. 따라서 우리는 신석기 시대 유럽이 언제나 고정된 농지 모델에 의존했다고 믿어서는 안 될 것이다.[77] 서부 아일랜드 메이요주(County

---

75 Bartosiewicz, 'Mammalian bone'; D. Orton, 'Both subject and object: herding, inalienability and sentient property in prehistory', *World Archaeology*, 42 (2010), 188-200.
76 A. Bogaard, *Neolithic Farming in Central Europe: An Archaeobotanical Study of Crop Husbandry Practices* (London: Routledge, 2004); Kreuz, 'Die Vertreibung aus dem Paradies?'; W. Schier, 'Extensiver Brandfeldbau und die Ausbreitung der neolithischen Wirtschaftsweise in Mitteleuropa und Südskandinavien am Ende des 5. Jahrtausends v. Chr.', *Prähistorische Zeitschrift*, 84 (2009), 15-43.
77 M. Rösch et al., 'Spätneolithische Landnutzung im nördlichen Alpenvorland: Beobachtungen - Hypothesen - Experimente', and A. Billamboz and J. Köninger, 'Dendroarchäologische Untersuchungen zur Besiedlungs-und

Mayo)에서 발견된, 상당히 규모가 크고 방대한 기원전 제4천년기의 돌담은 들판을 가로지르는 기본 축을 공유하고 있었다. 그러나 이 시설은 아마도 곡물 재배보다 가축 사육과 관련이 있었던 것 같다.[78] 꽃가루 분석 결과도 그렇고 고고학적 발굴 성과(예를 들면 저장 공간)도 그렇지만, 신석기 시대에 시간이 지나면서 작물 재배의 규모가 증가했다는 증거는 나타나지 않았다. 그러나 기원전 제4천년기에 쟁기질을 했던 흔적은 주목해보아야 할 것이다. 무덤 봉분 아래 격자 모양으로 팬 골이 발견되었는데, 소 두 마리가 끄는 쟁기를 이용하여 땅을 갈았던 흔적으로 추정된다. 이는 매우 의미 있는 유적이지만, 과연 이보다 앞서 가축을 끌기 위한 멍에가 없었다고 확언하기는 어렵다. 이전 시기에 원경(園耕)을 할 때 어떤 도구를 이용했는지는 아직 확인되지 않았다. 그러므로 개별 가구 구성원들이 참여하는 비교적 작은 규모로 생산성을 높이는 방식이 가장 보편적인 모델이었고, 세부적 차이는 있었겠지만 시기적으로 큰 변화는 없었다.

가축 무리의 규모를 가늠하기란 더더욱 어렵다. 한 가지 분명한 모델은 가축의 소유와 관리 모두 가정 중심이었다는 것이다(아마도 원경과 밀

Landschaftsentwicklung im Neolithikum des westlichen Bodenseegebietes', both in W. Dörfler and J. Müller (eds.), *Umwelt - Wirtschaft - Siedlungen im dritten vorchristlichen Jahrtausend Mitteleuropas und Südskandinaviens* (Neumünster: Wachholtz, 2008), 301-15, 317-34; Ebersbach, 'Houses, households, and settlements'; N. Bleicher, *Altes Holz in neuem Licht: archäologische und dendrochronologische Untersuchungen an spätneolithischen Feuchtbodensiedlungen Oberschwabens* (Stuttgart: Theiss, 2009).

78 S. Caulfield, 'The Neolithic settlement of north Connaught', in T. Reeves-Smyth and F. Hamond (eds.), *Landscape Archaeology in Ireland* (Oxford: British Archaeological Reports, 1983), 195-215.

접하게 관련이 있었을 텐데, 적어도 장원 규모로 운용되지는 않았다). 초기에는 양 떼를, 나중에는 소 떼를 사육했다. 동위원소 분석을 통해 동물의 이동 상황이 상세하게 밝혀지기 시작했다. 예컨대 LBK 문화의 독일 남서부 지역은 정착지와 동물 사육장의 거리가 경우에 따라 달랐다.[79] 여러 가구가 협력하면 더 큰 규모의 가축 무리를 관리하고 위험을 분산하는 이점이 있었겠지만, 앞에서 언급했듯 동물의 흔적이 개별 가구에 따라 크게 달랐던 것으로 보아 공동체가 하나의 단일한 조직으로 가축을 사육했다고 해석하기는 어렵다. 일반적 상식을 깨는 또 하나의 연구 성과가 있었다. 기원전 제4천년기 이전 LBK의 중부 폴란드 지역 및 남부 잉글랜드 지역에서 동물 뼈가 발굴되었는데, 뼈의 신체 부위와 뼈에 남은 흔적을 분석한 결과에 따르면, 양은 일상적으로 소비하고 소는 잔치를 위해 준비해둔 것으로 추정되었다.[80] 곡물과 동물의 소비 비중을 확인하기란 지극히 어려운 과제다. 마셜 살린스(Marshall Sahlins)의 표현처럼 "가정 단위의 생산 양식(domestic mode of production)"이었다는[81] 정도는 예상할 수 있다. 또한 가정과 공동체의 차원이 달랐다는 점도 말할 수 있다. 시간이 지나면서 가축 사육의 규모가 늘어났을 것 같기도 하다.[82] 살

---

79 C. Knipper, *Die räumliche Organisation der Linearbandkeramischen Rinderhaltung: naturwissenschaftliche und archäologische Untersuchungen* (Oxford: Archaeopress, 2011).
80 A. Marciniak, *Placing Animals in the Neolithic: Social Zooarchaeology of Prehistoric Farming Communities* (Institute of Archaeology Publications, University College London, 2005); D. Serjeantson, 'Food or feast at Neolithic Runnymede?', in D. Serjeantson and D. Field (eds.), *Animals in the Neolithic of Britain and Europe* (Oxford: Oxbow, 2006), 113-34.
81 M. Sahlins, *Stone Age Economics* (Chicago: Aldine Press, 1974).
82 Orton, 'Both subject and object'.

아 있는 동물은 눈으로 볼 수 있고 귀로 들을 수 있는 용기와 성공의 증거였으며, 가장 많은 가축 무리를 소유한 자, 선호하는 동물을 기꺼이 도축하는 자들이 공동체에서 존경을 받았을 것이다. 그러나 다시 말하지만 이를 계량화해서 말하기는 굉장히 어렵다. 최근 브리튼 남부 지역의 어느 성벽 아래 환호(環濠)에서 동물 뼈가 발굴되었는데, 주로는 소뼈였다. 이를 분석한 결과 한번에 소비한 동물의 개체 수는 매우 적었다고 한다.[83]

따라서 나는 신석기 시대에 시간이 지날수록 작물 재배가 집약화되었다거나 동물 사육의 규모가 커졌다는 주장을 믿기 어렵다. 널리 인용되는 이른바 "제2차 생산물 혁명(secondary products revolution)" 이론도 그런 가설 중 하나로, 오늘날에도 많은 연구자들이 이 이론을 따르고 있다. 이 가설에 따르면, 기원전 제4천년기에 근동 지역 및 동부 지중해 지역에서 제2차 생산물 혁명이 유입될 당시에 우유, 동물 털을 이용하는 기술, 가축이 끄는 바퀴와 쟁기, 술, 기타 약 등이 일습으로 함께 들어왔다고 한다.[84] 오늘날에는 각각의 품목이 유입된 각기 다른 시기들이 밝

---

83 Whittle et al., *Gathering Time*.
84 A. Sherratt, 'Plough and pastoralism: aspects of the secondary products revolution', in I. Hodder et al. (eds.), *Pattern of the Past: Studies in Honour of David Clarke* (Cambridge University Press, 1981), 261-305; H.J. Greenfield, 'The secondary products revolution: the past, the present and the future', *World Archaeology*, 42 (2010), 29-54; V. Heyd, 'Growth and expansion: social, economic and ideological structures in the European Chalcolithic', in M.J. Allen et al. (eds.), *Is there a British Chalcolithic? People, Place and Polity in the Later 3rd Millennium* (Oxford: Oxbow, 2012), 98-114; A. Marciniak, 'The secondary products revolution: empirical evidence and its current zooarchaeological critique', *Journal of World Prehistory*, 24 (2011), 117-30.

혀졌다. 앞에서도 언급했듯 우유는 일찍 들어왔고, 동물 털을 이용하는 기술은 더 늦게 들어왔을 것이다. 쟁기와 견인 동물이 들어온 시기는 아직 확정되지 못했지만, 바퀴 달린 수레가 등장한 시기는 카르파티아 평원과 바이에른 산록 지대 모두 기원전 제4천년기였다.[85] 그렇다 할지라도 조그만 수레가 당시 생산력에 어떤 영향을 미쳤는지는 아직 우리가 밝혀야 할 과제다. 따라서 내가 보기에 농업 생산은 대체로 가정 단위로 운영되었다. 대개의 경우 생명 유지에 필요한 정도를 넘어서는 생산량은 달성했고, 사회적으로 각 가정과 공동체에 부과되는 생산 목표도 충족시켜야 했을 것이다. 계속되는 연구를 통해 밝혀졌듯이 어쨌거나 경우의 수는 다양했다. 공동의 목표가 반드시 후대에 와서야 가능했던 것만은 아니다. 굳이 생산의 규모와 결부시키기는 어렵지만, 어떤 경우에는 기념비적 건축물을 건설할 노동력을 동원하기 위해서 그들에게 지급할 어떤 가치재 혹은 능력을 보유했던 것을 부정할 수는 없다. 앞에서 언급했던 경옥 도끼와 동위원소 분석 결과도 같은 맥락의 증거다. 그러나 특정 가문, 계보, 공동체 혹은 사회적 집단이 생산 수단을 독점하거나, 토지나 초과 생산량을 특정인이 차지했던 것 같지는 않다.

세계관

온갖 종류의 공동체들이 있었다. 어떤 곳에서는 집들이 가까이 밀집해 있었고, 또 어떤 곳에서는 널리 흩어져서 살았지만 서로가 강하

---

85 W. Schier, 'Jungneolithikum und Kupferzeit in Mitteleuropa (4500-2800 v. Chr.)', in Badisches Landesmuseum, *Jungsteinzeit in Umbruch*, 26-36.

게 연결되어 있었다. 많은 곳에서 인구가 증가했고, 공동체가 참여하는 대규모 건설 공사가 시행되었다. 사람들은 집에 딸린 조그만 농지에서 작물을 재배했으며, 주변 지역과 조금 더 멀리까지 나아가 행위 경관(taskscapes)에서 동물을 사육했다. 그렇게 살아가던 사람들의 세계관과 가치관은 어떠했을까?

고고학자들은 이 질문에 적절한 해답을 내놓기 위해 오래도록 고심을 거듭했다. 해답이 쉽지 않은 이유는 여러 가지겠지만, 과거의 삶에서 세계관 같은 차원을 이해하기란, 말하자면 농업 경제 같은 차원보다는 상당히 어렵기 때문이기도 하다. 또한 기존의 고고학계에서 계급 구성을 통해서 사회를 설명하려는 경향이 있었기 때문이기도 하고, 증거가 너무 다양해서 어떤 식으로든 하나의 획일적 설명을 시도하면 잘못된 길로 나아갈 가능성이 크기 때문이기도 하다. 이러한 난점들을 피해 가기 위해 이 글에서는 과도한 일반화의 위험을 어느 정도는 감수하기로 한다.

논의를 시작하기 위한 하나의 단서로서 수렵채집인과 농업인을 비교해볼 수 있겠다. 앨런 바너드(Alan Barnard)가 다양한 측면에서 양자를 비교한 적이 있었다. 수렵채집인은 즉각적 소비, 공유, 공동체의 의지에 대한 추종과 복종에 가치를 두었다. 모든 사람을 친족으로 분류했으며, 땅은 신성하며 근원적인 존재였고, 개인은 자유인이었다. 그들에게는 자연스러운 평등과 사회적 조화가 중요했으며, 반사회적 행동에 대해서는 강력한 처벌이 뒤따랐다. 이와 달리 농업인은 축적, 자신을 위한 저축, 가족 구성원, 리더십, 높은 사회적 지위, 특권에 가치를 두었다. 그들은 사회를 친족 이외에 부족 단위로도 나누었고, 땅은 최고의 가치였지만 양도 가능한 재산 혹은 정치적 권위와 연결된 것으로 이해했다. 그들에게 신성한 존재는 땅이 아니라 사람이었고, 불평등을 인정했으며, 축적이나 성취 혹은 경쟁의 능력과 불평등이 연관된 것으로 생각했다.[86] 물론 이러한 주장에는 많은 논란의 여지가 있다. 일반화의 정도에 대한 문제가 즉시 제기된다. 수렵채집인이라고 해서 모두 같지는 않았고, 초기 농부 또한 그에 못지않게 다양했다. 어느 쪽이든, 앞에서 언급했듯이 가능성을 열어두고 이해하는 것이 중요하다. 어떤 상황에서도 내부적 차별, 대립, 긴장이 존재했을 가능성은 언제나 있었다. 게다가 수렵채집인에서 농업인으로 가치관의 변화가 일어나기까지는 매우 오랜 시간이 걸렸다.[87] 그럼에도 불구하고 앨런 바너드의 연구가 매력적인 이유는, 그의 표현대로 변치 않는 수렵채집인의 사고방식(hunter-gatherer mode of thought) 때문이다. 소규모 작물 재배나 동물 사육을 통한 생활 경제의 변화에도 불구하고, 수렵채집인적 사고의 몇몇 요소들은 변함없이 그대로 유지되는 경우가 있었다. (앨런 바너드는 본인이 연구한 남부 아프리카의 맥락에서 그러한 사례를 확인했다.)

또 한 가지 초기 농부의 세계관을 엿볼 수 있는 유용한 통로는 바로 그들의 시간 관념이다. 논의상 편의를 위하여 신석기인의 시간을 미래, 현재, 과거로 나누어서 보도록 하겠다. 숲을 제거하고, 소규모 농지를 조성하고, 가축을 기르는 등의 일은 분명 미래를 위한 투자였다. 토지와 공

---

86 A. Barnard, 'From Mesolithic to Neolithic modes of thought', in Whittle and Cummings (eds.), *Going Over*, 5-19.
87 K.V. Flannery and J. Marcus, *The Creation of Inequality: How our Prehistoric Ancestors Set the Stage for Monarchy, Slavery, and Empire* (Cambridge, MA: Harvard University Press, 2012).

간을 소유하는 것 또한 연속성이라는 농업 이데올로기의 일부였다. 바이에른 산록 지대의 사례를 보면, 영속적 주거 공간과 임시적 주거 공간은 경우에 따라 달라질 수 있었다. 그러나 토지의 소유와 이용은 대개 지속적으로 이루어졌다. 다른 사례로 남동부 유럽의 언덕 위 정착지는 놀라운 결과를 보여주고 있는데, 세대와 세대를 거듭하면서 주요 장소를 계속 유지함으로써 그들만의 미래를 만들어 나갔다. 미래 개념이 반드시 농업 경제에만 국한되어 있었던 것은 아니다. 물질문화 또한 신분의 미래와 관련이 있었다. 알프스 고산 지대에서만 나는 경옥이나 지하의 광맥에서 찾아낸 구리를 획득하는 거창한 일뿐만 아니라, 평범한 토기 하나를 굽는 일에도 부분적으로는 미래에 대한 사고가 들어 있는 것이다.

현재의 시간 속에서도 물론 삶은 굴러간다. 신석기 시대 사람들 역시 복잡한 관계 가운데 할 일이 많았고, 그날그날 해야 할 일뿐만 아니라 특별한 일도 있었다. 대부분의 사람들은 매일, 매년을 그럭저럭 사이좋게 살았다고 볼 수도 있겠다. 최근 새롭게 발견된 사람 간, 그리고 집단 간 폭력과 관련된 증거는[88] 기존의 상식을 다시 한 번 강조해주고 있다. 예컨대 LBK 문화 후기의 경우 직접적 폭력의 사례는 예외적 경우에 국한되어 있었다. 즉 지역적으로 특수한 경쟁이나 주기적으로 문제 해결을 위한 폭력 사태 정도가 벌어졌던 것으로 이해할 수 있겠다. 서로의 네트워크나 연맹을 위해서는 평화로운 관계를 유지해야 했다. 상호 협력의 윤리와 아마도 공유 경제 덕분에 대규모 밀집 정착지가 유지될 수

---

88 Schulting and Fibiger (eds.), *Sticks, Stones, and Broken Bones*.

있었고, 이 경우 각 가구 혹은 정착지 내 구역 간 차별의 흔적은 거의 발견되지 않았다. 귀하고 아름다운 물건을 획득하는 경우도 가끔은 있었지만, 흔히 또다시 다른 곳으로 주어버렸다. 선호하는 동물을 희생시켜 잔치를 벌이고 나누어 먹었는데, 한 마리만으로도 수백 명이 먹을 수 있었다.[89]

과거를 돌이켜보는 일은 신석기 시대 유럽 농업인의 특징이기도 했다. 과거에 무언가를 소유했다는 것은 곧 현재의 소유권을 정당화하는 근거가 되며, 미래에도 마찬가지였다. 과거를 돌이켜보는 방식은 다양했다. 남동부 유럽의 평지 정착지(flat settlement)는 뭐라고 해야 할지 모르겠지만, 인접해 있었던 언덕 위 정착지(tell settlement)는 그야말로 "조상의 연표(ancestral timemarks)"라고 부를 만한 곳이다.[90] 집은 그 자체로 혈통과 "집안 사회(house society, système à maison)"라는 관념을 보존하는 통로였다. 이 개념은 클로드 레비-스트로스(Claude Lévi-Strauss)가 처음 사용했지만, 신석기 연구자들이 그의 개념을 가져다 쓰는 경우가 갈수록 많아지고 있다.[91] 만약 이 사례를 인류학적 모델에 적용하기가 너무 추상적이거나 모호하다면, 더 구체적인 사례는 LBK 문화의 롱하우스(longhouse)다. 얼마나 오랜 기간을 사용했든지 과거의 건물이 낡으면 주로 그 옆에다 새 건물을 지었고, 과거의 건물은 자연적으로 무너지도록

---

89 Marciniak, *Placing Animals in the Neolithic*.
90 Chapman, 'Places as timemarks'.
91 R.A. Beck, 'The durable house: material, metaphor and structure', in R.A. Beck (ed.), *The Durable House: House Society Models in Archaeology* (Carbondale: Center for Archaeological Investigation, Southern Illinois University, 2007), 3-24.

내버려두었다. 정착지와 붙어 있는 무덤 구역에서 무덤을 하나씩 조성하다 보면, 그것이 곧 과거를 땅속에 새겨두는 결과가 되었다. 서부 유럽 전역에 걸쳐, 또한 스칸디나비아반도에서 중부 및 서부 지중해 지역까지, 사람들은 무덤 건축을 통해 과거를 돌이켜보는 복잡한 관점을 (그리고 아마도 숭배 대상을) 만들어냈다. 그중 어떤 건물은 머나먼 과거의 추억을 간직하고 있다. 예를 들면 배로(barrow, 거대한 봉분 형태의 무덤)나 케른(cairn, 돌무지무덤)에 매장된 사람들은 가까운 과거의 조상들이었지만, 그 형태는 먼 옛날 롱하우스를 모방한 것이었다. 조상을 기억하는 일은 아마도 점점 더 먼 과거로까지 거슬러 올라갔던 것 같다.

신석기 시대에 무슨 일이 일어났을까?

농산물 관리 못지않게 미래, 현재, 과거를 관리하고자 하는 사고방식은 새로운 변화를 불러일으켰다. 공동체 안의 일부 가구가, 혹은 일부 공동체가 더 좋은 땅을 차지했다면 생산량도 더 많이 얻었을 것이다. 대가를 기대하지 않는 선물이나 관대함도 사회의 불균형을 만들어낼 수 있었다. 더욱 존경을 받는 사람들이 있었고, 공동체의 필요에 따른 공동 노동을 소집할 때 그들은 명령을 내릴 수 있는 위치에 가까이 가 있었다. 분쟁이 있을 때면 그들을 찾아가 조정을 요청했을 테고, 그런 일에 익숙한 그들은 능숙하게 간극을 메워주었을 것이다. 최근 거의 전 세계적인 조사 결과에 따르면, 사회적 불평등이 발생한 경로는 오랜 시간에 걸쳐 매우 다양했다. 물론 불평등이 심화될수록 내부적 저항도 당연히 존재했다.[92] 그러나 이러한 연구에서 유럽은 대체로 제외되고 말았다. 이는 유감이 아닐 수 없는데, 시간적 범위나 사회 변화의 특성 면에서 선사 시대 유럽은 세계의 많은 지역들과 다른 나름의 독특한 특성이 있었기 때문이다. 우리의 논의에서도 언급되었듯이 농업의 도입은 유럽에 많은 변화를 가져왔다. 사람 간, 그리고 공동체 간의 불평등 또한 농업의 결과 중 하나였다. 그러나 어떠한 사회적 불평등도 하나의 단선적 과정으로 추적하기는 쉽지 않다. 내가 보기에 유럽의 신석기 시대 사람들이 공통적으로 가졌던 가치관 중에는 경쟁을 강화하는 탐욕과 불평등에 저항하는 견제와 균형의 심리가 있었던 것 같다. 예를 들어 기원전 제5천년기 중엽 바르나(Varna)의 묘지 유적에서 풍성한 유물이 발견된 시기는, 언덕 위 정착지(tell settlement)로 대변하는 낡은 사회 질서가 해체되기 직전이었다.[93] 이 문제에 관해서는 필자의 다른 글에서 긴장과 해소가 반복되는 과정을 간략히 언급한 적이 있었다.[94]

대개 신석기 시대의 역사 변화에 일정한 방향성이 있었을 것으로 기대하는 경우가 많다. 시간이 지날수록 사회의 불평등(위계질서)이 더욱 강화되는 방향, 그래서 현대 사회를 향해 한 걸음 더 나아가는 방향이었으리라고 예상하는 것이다. 이런 관점에서 보자면 기원전 제3천년기는 특히 중요한 계기였다. 누군가 기원전 2800년경 유럽을 가로질러 여행한다면, 변화와 지속과 모호하지만 오래된 과거가 뒤섞인 사회를 목

---

92 Flannery and Marcus, *Creation of Inequality*.
93 D.W. Anthony, 'The rise and fall of Old Europe', in D.W. Anthony with J.Y. Chi (eds.), *The Lost World of Old Europe: The Danube Valley, 5000-3500 BC* (Institute for the Study of the Ancient World at New York University and Princeton University Press, 2010), 28-57.
94 A. Whittle, 'Unexpected histories? South-east and central Europe', in Fowler et al. (eds.), *Oxford Handbook of Neolithic Europe* (forthcoming).

격하게 될 것이다. 스코틀랜드 오크니(Orkney) 제도의 중심부에는 거대한 정착지가 생겼을 것이고,[95] 스톤헨지(Stonehenge)가 막 건설되기 시작했을 수도 있다.[96] 중부 유럽 지역에서 매듭무늬토기 문화(Corded Ware culture)의 매장지들을 보게 될 것이고,[97] 헝가리 북부 도나우강 근처에 있는 부더컬라스(Budakalász)에서 바덴 문화(Baden culture)에 속하는 묘지의 마지막 단계를 보게 될 것이며,[98] 바이에른 산록 지대의 정착지들이 변함없이 지속되고 있는 모습을 보게 될 것이다.[99] 그러한 가운데 어떤 주도적 인물이나 우월적 가문의 계보를 알게 될 것이다. 이것이 당시에는 그리 새로운 현상만은 아니었다. 집단과 공동체 조직화의 증거는 이미 그 이전 세대에게도 낯설지 않은 일들이었다. 그러므로 이제 우리에게는 신석기 시대에 관하여 더욱 복합적이고, 상세하고, 분명하고, 지역적으로 특화된 설명이 필요할 것 같다.

---

95 A.M. Jones, *Prehistoric Materialities: Becoming Material in Prehistoric Britain and Ireland* (Oxford University Press, 2012).
96 Parker Pearson, *Stonehenge*.
97 E. Neustupný, 'Kultura se šňůrovou keramikou', in E. Neustupný et al. (eds.), *Archeologie pravěkých čech*, vol. I V: *Eneolit* (Prague: Archeologický ústav AV ČR, 2008), 124-47; A. Muhl et al., *Tatort Eulau: ein 4500 Jahre altes Verbrechen wird aufgeklärt* (Stuttgart: Theiss, 2010); V. Heyd, 'Families, prestige goods, warriors and complex societies: Beaker groups of the 3rd millennium cal BC along the upper and middle Danube', *Proceedings of the Prehistoric Society*, 73 (2007), 327-79.
98 M. Bondár and P. Raczky (eds.), *The Copper Age Cemetery of Budakalász* (Budapest: Pytheas, 2009).
99 Pétrequin, 'Lake dwellings in the Alpine region'.

더 읽어보기

Bailey, D., A. Whittle, and D. Hofmann (eds.). *Living Well Together? Settlement and Materiality in the Neolithic of South-East and Central Europe*. Oxford: Oxbow, 2008.

Bickle, P. and A. Whittle (eds.). *The First Farmers of Central Europe: Diversity in LBK Lifeways*. Oxford: Oxbow, 2013.

Bogaard, A. *Neolithic Farming in Central Europe: An Archaeobotanical Study of Crop Husbandry Practices*. London: Routledge, 2004.

_____. *Plant Use and Crop Husbandry in an Early Neolithic Village: Vaihingen an der Enz, Baden-Württemberg*. Bonn: Habelt, 2012.

Bortenschlager, S. and K. Öggl (eds.). *The Iceman and his Natural Environment: Palaeobotanical Results*. The Man in the Ice 4. Vienna and New York: Springer, 2000.

Chambon, P. *Les morts dans les sépultures collectives Néolithiques en France: du cadavre aux restes ultimes*. Paris: CNRS, 2003.

Chapman, J. and P. Dolukhanov (eds.). *Landscapes in Flux: Central and Eastern Europe in Antiquity*. Oxford: Oxbow, 1997.

Colledge, S. and J. Conolly (eds.). *The Origins and Spread of Domestic Plants in Southwest Asia and Europe*. Walnut Creek, CA: Left Coast Press, 2007.

Cruz Berrocal, M., L. García Sanjuán, and A. Gilman (eds.). *The Prehistory of Iberia: Debating Early Social Stratification and the State*. New York: Routledge, 2013.

Flannery, K.V. and J. Marcus. *The Creation of Inequality: How our Prehistoric Ancestors Set the Stage for Monarchy, Slavery, and Empire*. Cambridge, MA: Harvard University Press, 2012.

Fowler, C., J. Harding, and D. Hofmann (eds.). *The Oxford Handbook of Neolithic Europe*. Oxford University Press, forthcoming.

Greenfield, H.J. 'The secondary products revolution: the past, the present and the future.' *World Archaeology*, 42 (2010), 29-54.

Hofmann, D. and P. Bickle (eds.). *Creating Communities: New Advances in Central European Neolithic Research*. Oxford: Oxbow, 2009.

Hofmann, D. and J. Smyth (eds.). *Tracking the Neolithic House in Europe: Sedentism, Architecture, and Practice*. New York: Springer, 2013.

Ingold, T. *The Perception of the Environment: Essays in Livelihood, Dwelling and Skill*. London: Routledge, 2000.

Jones, A. *Prehistoric Materialities: Becoming Material in Prehistoric Britain and*

Ireland. Oxford University Press, 2012.
_____. (ed.). *Prehistoric Europe: Theory and Practice*. Chichester: Wiley-Blackwell, 2008.
Kelly, R.J. *The Lifeways of Hunter-Gatherers*. Cambridge University Press, 2013.
Marciniak, A. *Placing Animals in the Neolithic: Social Zooarchaeology of Prehistoric Farming Communities*. Institute of Archaeology Publications, University College London, 2005.
Parker Pearson, M. *Stonehenge: Exploring the Greatest Stone Age Mystery*. London: Simon & Schuster, 2012.
Prescott, C. and H. Glørstad (eds.). *Becoming European: The Transformation of Third Millennium Northern and Western Europe*. Oxford: Oxbow, 2012.
Robb, J. *The Early Mediterranean Village: Agency, Material Culture and Social Change in Neolithic Italy*. Cambridge University Press, 2007.
Robb, J. and O.J.T. Harris (eds.). *The Body in History: Europe from the Palaeolithic to the Future*. Cambridge University Press, 2013.
Schulting, R. and L. Fibiger (eds.). *Sticks, Stones, and Broken Bones: Neolithic Violence in a European Perspective*. Oxford University Press, 2012.
Serjeantson, D. and D. Field (eds.). *Animals in the Neolithic of Britain and Europe*. Oxford: Oxbow, 2006.
Smyth, J. *Settlement in the Irish Neolithic: New Discoveries at the Edge of Europe*. Oxford: Oxbow, 2014.
Whittle, A. *Europe in the Neolithic: The Creation of New Worlds*. Cambridge University Press, 1996.
Whittle, A. and V. Cummings (eds.). *Going Over: The Mesolithic-Neolithic Transition in North-West Europe*. Oxford University Press for the British Academy, 2007.
Whittle, A., F. Healy, and A. Bayliss. *Gathering Time: Dating the Early Neolithic Enclosures of Southern Britain and Ireland*. Oxford: Oxbow, 2011.

CHAPTER 23

폴란드의 초기 농부들

피터 보거키 Peter Bogucki
리샤르트 그리기엘 Ryszard Grygiel

선사 시대 공동체 사회에 관해서는 아마 중부 유럽이 전 세계에서 가장 많이 연구된 지역일 것이다. 그럼에도 불구하고 고고학자들은 여전히 많은 의문과 도전 과제를 안고 있다. 우리 연구팀은 거의 40년 가까이 폴란드 쿠야비(Kujawy, 영어로 Kuyavia) 유적의 농업 공동체들을 연구해왔다. 기원전 제6천년기 내지 제5천년기의 유적들로, 비스와(Wisła, 영어로 Vistula)강 근처에 위치해 있다. 오늘날의 도시로 보면 토룬(Toruń)과 비드고슈치(Bydgoszcz)의 남쪽, 브제시치 쿠야프스키(Brześć Kujawski)라고 하는 도시 근교다. 유적지에서는 주거용 건물의 흔적과 매장지, 그리고 토기, 석기, 동물의 뼈, 탄화된 곡물이 포함된 구덩이가 발견되었다. 그리고 그곳의 토양과, 코어에서 추출한 꽃가루 연구를 통해 그들이 주변 환경에 미친 영향도 밝혀졌다.

쿠야비 지역 자연환경의 특징은 빙하의 흔적에 있다. 평평한 평야 지대에 모레인(moraine, 빙퇴석)이 뒤덮여 있고, 동쪽과 서쪽에 빙하가 녹아 흐르면서 생겨난 두 개의 강이 있는데, 그 사이에는 두 강의 퇴적물(융빙유수融永流水 퇴적물)이 쌓여 있다. 2만 년 전까지 이곳은 빙하로 뒤덮여 있었다. 지면에 닿은 빙하의 아래층이 녹으면서 아주 서서히 움직이는 물줄기가 생겨났다. 빙하가 물러나면서 군데군데 빙하의 덩어리가 남겨졌고, 빙하기 이후에는 그 자리에 퇴적층이 형성되었다. 커다란 얼

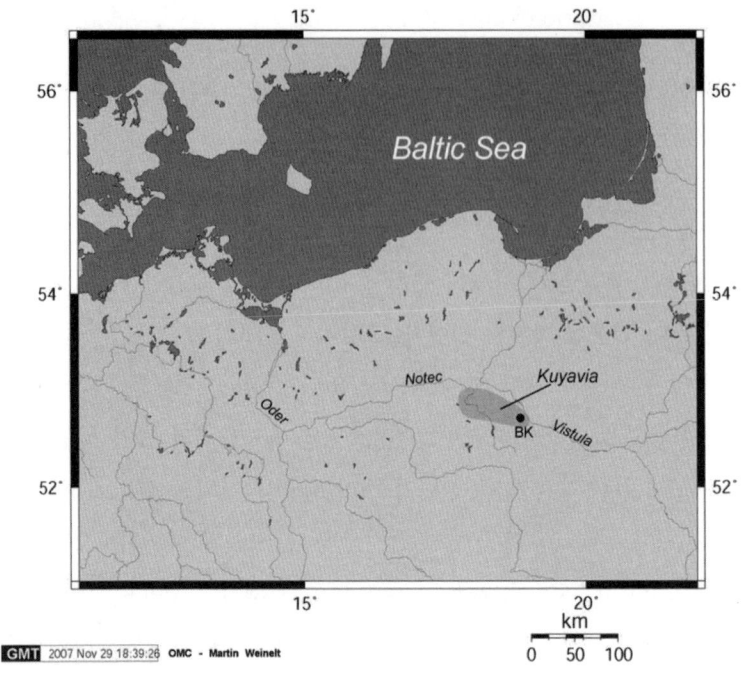

[지도 23-1] 유럽 중북부의 쿠야비 및 브제시치 쿠야프스키(BK) 위치

얼음 덩어리가 고정된 자리에서 녹아내리면, 그곳에 조그만 분지가 형성되어 호수나 연못이 만들어졌다. 많은 분지들이 형성되었고, 그곳에 토탄(peat)과 기타 생물학적 퇴적물이 쌓였다. 그러므로 오늘날 쿠야비에서 볼 수 있는 농촌 풍경과 달리, 최초의 농부들이 그곳에 도착했을 때의 자연 경관은 매우 다양했었다.

  수천 년 동안 이어진 침식 작용과 인위적인 농경 작업은 흔적을 남겼다. 신석기 시대 정착 마을의 흔적은 오늘날의 지표면 바로 아래에 묻혀 있었다. 농경의 흔적이 있는 구역의 지표면을 걷어내자, 오래된 선사 시대 발굴층이 나타났다. 당시의 구덩이, 기둥 자리, 집자리, 묘지 등이 모습을 드러냈다. 우리가 알기로 그곳에 흔적을 남긴 선사 시대 사람들이 살아갈 당시의 지표면은 현재의 발굴층위보다 수십 센티미터 더 높았다. 그러나 현재의 발굴 결과로도 그들이 건축한 주택과 매장지의 대강을 충분히 짐작할 수 있다. 구덩이의 바닥 깊은 곳에서 쓰레기 더미가 발견되었으며 토기, 석기, 뗀석기 파편, 동물의 뼈, 곡물 등이 출토되었다. 이를 통해 신석기 시대 농부들의 물질적 삶을 재구성하고 그들의 생활 경제를 연구할 수 있었다.

브제시치 쿠야프스키(Brześć Kujawski)의 최초 발굴자는 우리가 아니었다. 바르샤바의 고고학 박물관에 콘라트 야슈제프스키(Konrad Jażdżewski)라는 젊은 연구자가 있었다. 1933년 봄 어느 날, 그는 브제시치 쿠야프스키 근교에 있는 농업학교에서 창밖을 내다보고 있었다. 최근 학교 앞마당에서 발견된 신석기 시대 무덤을 조사하는 일이 그의 임무였다. 길 건너 호숫가로 자갈과 점토가 뒤섞인 구릉이 펼쳐져 있었다. "틀림없이 무언가 있을 것 같군." 첫눈에 그는 이렇게 생각했다. 며칠 뒤 첫 발굴 조사가 이루어졌고, 토기와 갈돌 석기 들이 발견되었다. 박물관 책임자는 발굴을 계속하라고 지시했다. 그의 작업은 여름 내내 계속되었고, 놀라운 유물들이 발견되었다.

야슈제프스키는 학교 앞마당의 무덤뿐만 아니라 근처의 브제시치 쿠야프스키 지역에서 신석기 시대 롱하우스(longhouse, 제22장 참조)의 흔적과 매장지도 발견했다.[1] 1930년대 독일의 도시 쾰른의 린덴탈 (Lindenthal) 지구에서 처음 발견된 롱하우스는 사각형이었으나, 브제시치 쿠야프스키에서 발견된 것은 형태가 달랐다. 집자리 외곽으로 도랑이 패어 있었으며, 도랑 구조의 평면 형태가 마름모꼴이었다. 기둥 자리는 도랑 안에 있었고, 기둥을 연결하여 롱하우스의 벽면이었던 것으로 추정된다. 발굴 결과 여러 집자리의 경계선이 서로 겹쳐 있었는데, 이는 여러 차례에 걸쳐 건물이 재건축되었음을 의미한다. 집 안에 무덤이 있는 경우도 있었다. 무덤에서는 유골이 발굴되었고, 구리로 만든 장신구도 나왔다. 야슈제프스키는 그곳에 집을 짓고 또한 그곳에 묻힌 선사 시대 사람들을 "브제시치 쿠야프스키 그룹(Brześć Kujawski Group)"이라고 명명했다. 그러나 방사성탄소 연대측정을 실시하기 전까지는 이러한 발굴 성과가 중부 유럽의 초기 농업 사회에 부합하는지 확신할 수 없었다.

야슈제프스키의 연구는 제2차 세계대전 때문에 중단되었다. 1976년 폴란드 고고인류학 박물관 소속의 우리 연구팀이 현장에 도착했다. 야슈제프스키의 연구를 계승하기 위해서였다.[2] 제2차 세계대전 이후 고고학 방법론은 많은 발전을 거듭했다. 우리 연구팀의 목표는 탄화된 자료를 신중히 발굴하여 방사성탄소 연대측정을 실시하는 것, 동물의 뼈와 곡물의 흔적을 찾아내는 것, 이를 통하여 당시의 생활 경제를 밝혀내는 것이었다. 1950~1960년대 야슈제프스키의 발굴 성과가 보여준 것은

---

1 K. Jażdżewski, 'Cmentarzyska kultury ceramiki wstęgowej i związane z nimi ślady osadnictwa w Brześciu Kujawskim', *Wiadomości Archeologiczne*, 15 (1938), 1-105 (93).
2 P. Bogucki and R. Grygiel, 'Early farmers of the North European Plain', *Scientific American*, 248/4 (1983), 104-12 (106).

신석기 주거 유적뿐만이 아니었다. 이른바 LBK(선형토기) 문화라고 하는 초기 농경 사회의 흔적도 발굴 성과를 통해 드러났었다. 그러므로 쿠야비 유적의 신석기 농업 사회는 두 시기로 나뉘어 설명되어야 할 것이다. 하나는 기원전 제6천년기 후반이며, 다른 하나는 기원전 제5천년기 중엽이다.

LBK 문화의 농부들

중부 유럽의 북부 변두리 지역, 그러니까 오데르강 하류(lower Oder)와 비스와(Wisła)강 근처의 북유럽 평원(North European Plain)에 LBK 문화의 농부들이 건설한 정착지들이 있었다.[3] 북유럽 평원의 정착지들은 중부 유럽 고지대에 둘러싸여 있는 "엑스클라베(exclave)" 같은 상황이었다. 쿠야비 또한 그러한 엑스클라베 중 하나였다. 쿠야비 유적 가운데 선형토기 문화 구역은 손가락 모양의 낮은 지대에 위치해 있었다. 인접해 있는 얕은 호수나 계곡 등과 함께 손가락 모양 저지대는 모두 빙하기에 형성된 특징적 지형들이었다. (대륙빙하의 이동 때문에 지표면이 긁히면서 손가락 모양으로 길게 움푹 팬 지형이 나타난다. 그렇게 팬 곳은 저지대가 되기도 하고, 그곳에 물이 고이면 호수가 되기도 한다. — 옮긴이)

브제시치 쿠야프스키(Brześć Kujawski) 근처에서 정착지 유적이 발견되었다(그림 23-1). 그곳의 LBK 문화 유적들은 얕은 습지를 따라 점점

---

3 P. Bogucki, 'Neolithic dispersals in riverine interior central Europe', in A. Ammerman and P. Biagi (eds.), *The Widening Harvest: The Neolithic Transition in Europe: Looking Back, Looking Forward* (Boston: Archaeological Institute of America, 2003), 249-72 (259-62).

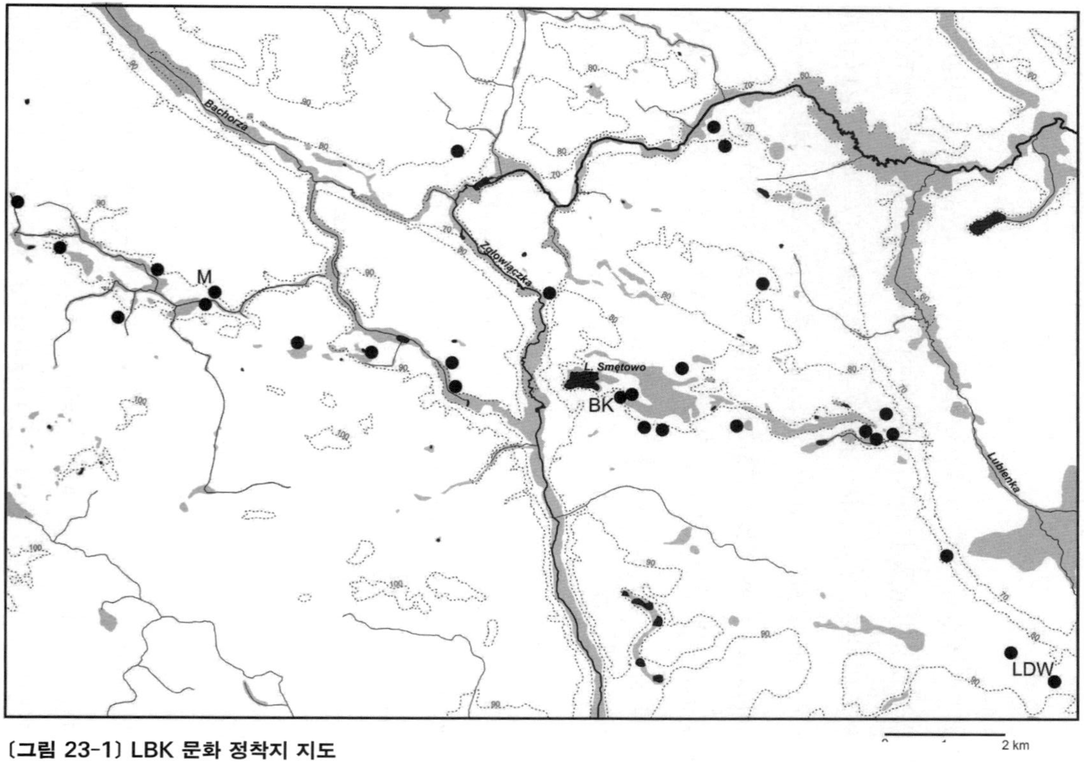

〔그림 23-1〕 LBK 문화 정착지 지도
브제시치 쿠야프스키 인근 지역. M: 미에호비체, BK: 브제시치 쿠야프스키, LDW: 루드비노보.

684 농업과 세계사 2: 지역별 농업의 기원

이 흩어져 있었다. 이 습지는 빙하 아래 지표면을 흐른 물길의 흔적으로 남은 것인데, 동서로 20킬로미터, 즉 비스와강 유역에서 쿠야비 빙퇴석 고원 안쪽까지 길게 이어져 있었다.[4] LBK 문화의 농부들은 빙하 지형 가운데 북유럽 평원과 비슷한 유형을 선호했다. 핵심 요소는 물길 네트워크를 갖춘 낮은 평원과 숲속의 개활지였다. 개활지를 확장해서 정착지와 농경지를 조성할 수 있었다.

발견된 유적지는 거의 30곳에 달했지만 그중 두드러지는 몇 군데가 있었다. 최근 A1 고속도로 건설 과정에서 복합 유적지가 발견되었는데, 비스와강 유역으로 도시 크루신(Kruszyn)에서 가까운 곳이었다. 루드비노보(Ludwinowo)라고 하는 마을 근처의 유적지에서는 방대한 규모의 정착지 유적이 발견되었다. 요안나 피젤(Joanna Pyzel)의 지휘 아래 발굴팀은 여러 구덩이와 13곳의 건물 유지를 찾아냈다.[5] 쿠야비 빙퇴석(Kuyavian moraine)의 동쪽 끄트머리부터 스몰스크(Smólsk)와 노바비에시(Nowa Wieś)까지 유적지들이 이어져 있었다. 브제시치 쿠야프스키에서는 건물 유적이 포함된 정착지가 발견되었는데, 시기는 선형토기 문화에 속하는 여러 단계에 걸쳐 있었다. 주변으로는 이보다 작은 규

---

4 R. Grygiel, *Neolit i Początki Epoki Brązu w Rejonie Brześcia Kujawskiego i Osłonek* (*The Neolithic and early Bronze Age in the Brześć Kujawski and Osłonki Region*), 2 vols. (Konrad Jażdżewski Foundation for Archaeological Research, Museum of Archaeology and Ethnography, Łódź, 2004-8), vol. i, 113-19.

5 J. Pyzel, 'Preliminary results of large scale emergency excavations in Ludwinowo 7, comm. Włocławek', in R. Smolnik (ed.), *Siedlungsstruktur und Kulturwandel in der Bandkeramik: Beitrage der internationalen Tagung 'Neue Fragen zur Bandkeramik oder alles beim Alten?!'* (Dresden: Landesamt für Archäologie, 2012), 160-6.

모의 많은 유적지들이 분포하고 있었다. 그로부터 서쪽으로 10킬로미터를 더 가서 즈그워비옹치카강(Zgłowiączka River) 건너편 미에호비체(Miechowice)에서 대규모 LBK 문화 정착지 유적이 발견되었다. 그곳에도 건물 유지 두 곳이 포함되어 있었다. 다시 몇 킬로미터를 더 가면, 건물 유지 한 곳이 포함된 자가예비체(Zagajewice) 유적이 있다.

브제시치 쿠야프스키 근처의 LBK 문화 정착지들은 몇 가지 중요한 특성을 보여주었다. 첫째, 중요한 고고학적 특징으로 거대한 구덩이들이 있었다. 주로 기다란 모양으로 팬 구덩이였는데, 그 속에는 쓰레기가 채워져 있었다. 둘째, 기둥 자리의 패턴이 사각형 구조를 가지고 있었다. 브제시치 쿠야프스키 유적의 주거용 건물 제3호는 크기가 6×3미터였다. 건물 북쪽으로 건물에 붙어 도랑이 파여 있었다(그림 23-2). 한편 미에호비체에서 두 건물, 자가예비체에서 한 건물 유적의 크기는 8×7미터였다. 루드비노보에서는 길이가 47미터나 되는 거대한 구조물을 제외하고 나머지 12개의 주거용 건물 유적의 크기가 각각 18×6미터였다.[6] 기다란 형태의 구덩이가 어쩌면 부속 건물의 유적이며 기둥 자리는 지워져서 안 보이는 것일지도 모른다. 그러나 일단 이런 가능성을 논외로 하고 보면, 다른 곳에서 볼 수 있는 대규모 정착지의 사례, 즉 빌라니(Bylany), 엘슬루(Elsloo), 쾰른의 린덴탈 등지에서 볼 수 있는, 길이 20미터 이상의 롱하우스(longhouse) 수십 채가 몰려 있는 대규모 정착지의 사례는 아직 발견되지 않았다. 시기가 지나면서 LBK 문화 유적지는 (전부는 아니지만) 대부분 브제시치 쿠야프스키 그룹의 차지가 되었다.

6 Ibid.

[그림 23-2] LBK 문화 건축 구조물 유지, 브제시치 큐야프스키 유적

방사성탄소 연대측정 결과에 따르면, 브제시치 쿠야프스키 지역 및 쿠야비의 유적들은 대개 기원전 5400년에서 기원전 5000년 직후까지의 기간에 속했다.[7] 이러한 연대는 발굴 토기를 근거로 잡은 것인데, 주변 고지대의 세부 시기 구분에도 어긋나지 않는 결과였다. 스물스크 유적에 있는 6미터 깊이의 우물에서 온전하거나 약간 손상된 토기 여러 점이 발견되었다. 토기의 형태와 장식은 이른바 "조피폴레(Zofipole) 스타일"이라고 하는, 폴란드에서 가장 오래된 LBK 문화 유형이었다. 이로 보아 LBK 문화 정착지의 등장 시기는 비스와강 상류와 쿠야비 지역 사

7 Grygiel, *Neolit i Początki Epoki Brązu*, vol. i, 633-43.

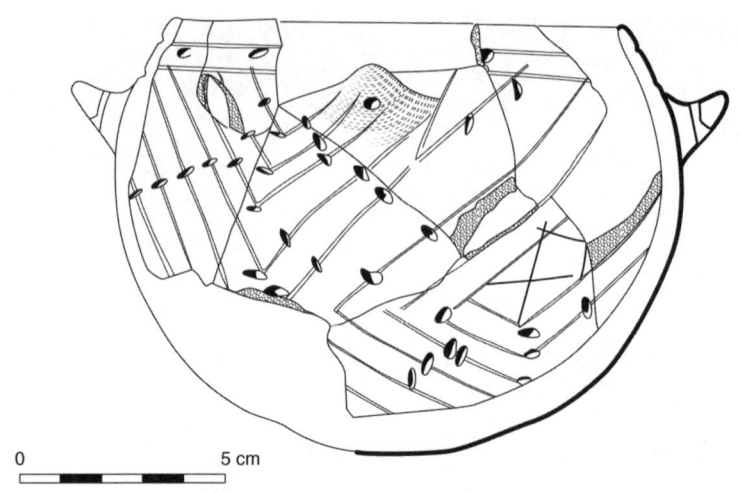

[그림 23-3] 선형토기(LBK), 팔보르츠 출토

이에 별 차이가 없었다. 쿠야비 지역의 많은 정착지에서는 점과 선이 어우러진 이른바 "음표 문양" 모티프의 토기들이 발견되었다(그림 23-3). 기원전 5300년/5200년경의 토기들이었다. 그곳에서 발견된 다른 문양의 토기라면 기원전 제6천년기 말까지의 사례도 있었다. 일부 유적지에는 여러 차례에 걸쳐 반복적으로 사람들이 정착했었다. 예를 들어 브제시치 쿠야프스키에서는 같은 LBK 문화라도 주거 시기가 최소한 두 차례로 분리되었다.

유적에서 발굴된 토기 양식으로 보자면, 쿠야비 지역의 초기 농부들은 여러 방향에서 들어왔던 것 같다.[8] 일부는 폴란드 남부의 오늘날 크

---

8 Ibid., vol. i, 617-27.

라쿠프(Kraków) 근처 마워폴스카(Małopolska) 지역 출신이었는데, 아마도 비스와강을 따라 내려왔을 것이다. 또 다른 이들은 실레시아(Silesia) 지역 출신으로, 오데르강 상류에서 강을 따라 내려온 사람들이었다. 이들은 아마도 폴란드 중부의 평원과 융빙유수(融永流水) 계곡을 건너왔을 것이다. 이외에 또 다른 토기 양식들이 있는데, 이는 중부 독일 지역, 엘베(Elbe)강과 잘레(Saale)강 유역과 관련이 있는 듯하다. 네덜란드의 고고학자 모데르만(P. J. R. Modderman)은 LBK 문화의 특징을 "통일성 속의 다양성"으로 규정한 바 있는데, 브제시치 쿠야프스키 주변의 소규모 정착지에서 발굴된 토기들이 바로 그러한 사례들이다. 얼핏 굉장히 비슷해 보이는 이 토기들은 저마다 다양한 모티프를 담고 있다.

쿠야비 지역의 LBK 문화 유적에서 발견되는 석기의 재료는 주로 이른바 초콜릿색 원석(chocolate flint)이었다. 이 암석은 폴란드 중부 지역에 있는 시비엥토크시스키에(Świętokrzyskie)산맥과 크라쿠프 근처의 쥐라기 시대 암석 광산에서 채취한 것들이었다. 또한 발굴된 돌날에 묻어 있는 유기물의 흔적을 통해 그 돌날이 곡물이나 잡초를 베는 데 사용된 것으로 확인되었다. 간석기는 평평한 모양의 돌도끼부터 구두 모양 돌도끼까지 다양했는데, 주로 실레시아 원산의 각섬암(amphibolite)으로 만든 것들이었다. 오래 사용하기 위해서 석기를 다시 갈아서 쓰는 경우가 많았으므로, 발굴된 석기는 애초에 만들어진 크기보다 훨씬 더 작아진 상태였다.

쿠야비 지역의 땅속에서는 동물 뼈가 굉장히 잘 보존되어 있었다.[9]

---

9 P. Bogucki, *Early Neolithic Subsistence and Settlement in the Polish Lowlands*

쿠야비에서 발굴된 LBK 문화 시기의 동물 뼈는 주로 사육종이었다. 가축 구성을 보면 소의 비중이 월등했는데, 대개 70퍼센트가량이었다. 대부분의 발굴지에서 양과 염소는 20퍼센트 이하였고, 돼지는 굉장히 드물었다. 이러한 패턴은 중부 유럽의 LBK 문화 유적에서 발굴된 동물 뼈의 구성 비율과 일치하는 결과였다. 다만 다른 동물에 비해 소의 비중이 너무 큰 것이 약간의 차이라면 차이였다. 소는 쿠야비 LBK 문화의 생활경제에서 틀림없이 매우 소중한 존재였다.[10]

쿠야비 LBK 문화 유적의 특이한 점 중 하나는, 아주 작은 구멍이 많이 뚫린 토기 파편이 흔히 발견된다는 사실이다. 무언가 거르는 체로 사용되었음 직한 형태의 토기가 다른 지역에 비해서 워낙 흔히 발견되었는데, 몇 년 전 이 토기가 치즈를 만들 때 응유(curd, 응고시킨 우유)와 유장(乳漿, 치즈 분리 후 남는 수용액)을 분리하는 도구라는 주장이 제기되었다. 최근에 브제시치 쿠야프스키, 미에호비체, 루드비노보 등지에서 출토된 잔구멍 토기 파편을 조사한 바에 따르면 유지방 잔류물이 남아 있었다. 따라서 우유 가공 처리 도구였다는 가설이 힘을 얻었다.[11]

탄화된 식물의 흔적을 연구한 성과에 따르면, 브제시치 쿠야프스키 지역의 LBK 문화 농부들이 재배한 식물은 주로 에머밀(emmer)과 외알밀(einkorn)이었다. 아마도 주거지 근처의 작은 농경지에서 여러 가지 작물을 함께 재배했을 것이다. 신석기 시대 중부 유럽에서 작물 재배 이후

(Oxford: British Archaeological Reports, 1982), 57-63.
10 Grygiel, *Neolit i Początki Epoki Brązu*, vol. i, 544-77.
11 M. Salque et al., 'Earliest evidence for cheese making in the sixth millennium BC in northern Europe', *Nature*, 493 (2013), 522-5.

에 발견되던 잡초 품종들이 여기서도 발견되었다.[12] 몇몇 유적지에서는 완두콩과 아마 씨가 발견되었고, 스물스크에서는 양귀비(poppy)가 확인되었다. 지금까지 양귀비 씨앗은 서유럽의 LBK 문화 유적에서만 발견되었다. 그래서 쿠야비는 기원전 제6천년기 중부 유럽의 양귀비 발굴 분포 지역 가운데 동쪽 끝 지역에 해당한다. 스물스크는 토기 양식으로 보아 서쪽과 연관이 있는 유적 같다. 양귀비의 존재는 그러한 관계의 가능성을 더욱 강화해주는 흔적이다.

브제시치 쿠야프스키 지역의 LBK 문화 유적 가운데 이상하리만치 잘 나타나지 않는 것이 매장지 유적이다. LBK 문화에 속하는 무덤으로 확인된 유일한 사례는 미에호비체의 매장지로, 아이의 유골이 부분적으로 남아 있었다. 이외에 LBK 문화의 유적으로 확인되지는 않았지만 가능성 있는 매장지 유적이 브제시치 쿠야프스키에서 두 곳, 루드비노보에서 두 곳 발견되었다. 이는 다른 지역의 LBK 문화 유적들, 예컨대 독일 남부 바이에른주에 있는 아이테르호펜(Aiterhofen), 슬로바키아의 니트라(Nitra), 네덜란드의 엘슬로(Elsloo)뿐만 아니라 독일 남서부 바이힝엔(Vaihingen)의 수많은 정착지에서 발견되는 매장지 사례와는 뚜렷이 대비되는 현상이다. 가능한 해석은 두 가지다. 하나는, 빙하로 얼어붙은 진흙은 뼈 보존에 매우 유리한 환경임에도 불구하고, 쿠야비의 LBK 문화 무덤을 우리가 아직 찾지 못했을 가능성이다. 또 하나는, LBK 문화 정착지

---

12 A. Bieniek, 'Neolithic plant husbandry in the Kujawy region of central Poland', in S. Colledge and J. Conolly (eds.), *The Origins and Spread of Domestic Plants in Southwest Asia and Europe* (Walnut Creek, CA: Left Coast Press, 2007), 327-42 (335).

들이 워낙 일시적으로 머문 곳이라 한 세대라고 해봐야 사망자가 몇 명 되지 않았고, 그 정도로는 고고학적으로 흔적을 남길 만큼의 규모가 되지 못했을 가능성이다. 하나씩 동떨어져 있는 무덤이라면 인적이 드문 시골에서는 흔히 잊어버리기 쉽고, 혹은 후대에 같은 지역에 정착지가 건설되면서 미처 알아보지 못했을 수도 있다.

오래전 우리는 쿠야비의 LBK 문화 정착지를 "전술적" 거점으로 평가한 적이 있었는데, 농사짓기에 적당한 땅을 찾아다니던 선발대가 수색 임무를 수행하던 중 짧은 기간 머문 정착지 같은 특성이 보였기 때문이다.[13] 지금도 우리의 입장은 마찬가지다. 농경의 증거가 명백하고 LBK 문화 유물이 많이 발견되었기 때문에 쿠야비의 호수와 계곡을 따라 정착지가 건설되었다는 사실은 분명하게 확인되었다. 하지만 구조물을 건설한 유적이나 매장지 유적이 흔치 않은 것으로 보아 정착지의 존속 기간은 불과 몇 년이었을 테고, 아무리 길게 보아도 결코 한두 세대를 거칠 정도는 아니었다. 브제시치 쿠야프스키에서 LBK 문화의 주거용 건물이 이차적으로 증축된 사례는 단 하나뿐이었다. 고생태 환경 연구에 따르면 코어에서 추출한 당시의 꽃가루 자료에서 곡물이 확인되는 등 당시의 자연 생태계가 인위적인 영향을 받은 흔적도 나타나지만, 신석기 정착민에 의해 발생하는 전형적인 환경 변화는 시기적으로 더 나중에 등장했다. 소규모로 숲을 제거하고 정착지를 건설한 흔적은 금세 복원되었고, 풀을 먹이로 하는 가축의 규모는 숲이 재생되는 데 영향을

---

13 P. Bogucki, 'Tactical and strategic settlements in the early Neolithic of lowland Poland', *Journal of Anthropological Research*, 35/2 (1979), 238-46 (242).

미칠 정도가 못 되었던 것이다.

변경 지역의 생활, 브제시치 쿠야프스키 그룹

기원전 4700년 이후, 그러니까 수백 년 동안 뚜렷한 공백기를 거친 후, 쿠야비 지역에서 렌젤 문화(Lengyel culture)에 속하는 브제시치 쿠야프스키 그룹(Brześć Kujawski Group)의 정착지들이 등장하기 시작했다(그림 23-4).[14] 이들 공동체는 도나우강 유역에서 이어져 내려오던 전통 문화의 요소를 뚜렷하게 보여주었다. 예를 들면 LBK 문화를 보유했고, 롱하우스를 건설했으며, 매장지 유적이 특히 드물었다. 이는 중부 유럽 고지대 신석기 공동체의 선조들이 보여준 특징이었다. 브제시치 쿠야프스키 그룹의 유적지는 몇 세기 전 LBK 문화의 정착지와 비슷한 환경에 자리 잡고 있었고, 아예 자리가 겹치는 경우도 흔했다. 새로운 정착지 유적의 개수가 훨씬 더 많았고, 규모도 더 컸으며, 존속 기간도 훨씬 길었다.

우리가 조사한 지역에서 대표적인 유적지 두 곳, 즉 브제시치 쿠야프스키와 오스원키(Osłonki)는 서로 8킬로미터 거리에 위치했다.[15] 양쪽 정착지 모두 규모가 몇 헥타르에 달했으며, 10여 채의 롱하우스 및 매장지 유적이 포함되어 있었다. 또한 주변에서 규모가 작은 정착지 여러 곳이 발견되었다. 브제시치 쿠야프스키에서 북쪽으로 가까운 피쿠트코보(Pikutkowo)에 규모가 약간 작은 정착지가 하나 있었고, 동쪽으

---

14 Grygiel, *Neolit i Początki Epoki Brązu*, vol. ii, 1995-2009.
15 R. Grygiel and P. Bogucki, 'Early farmers in north-central Europe: 1989-1994 excavations at Osłonki, Poland', *Journal of Field Archaeology*, 24/2 (1997), 161-78 (162).

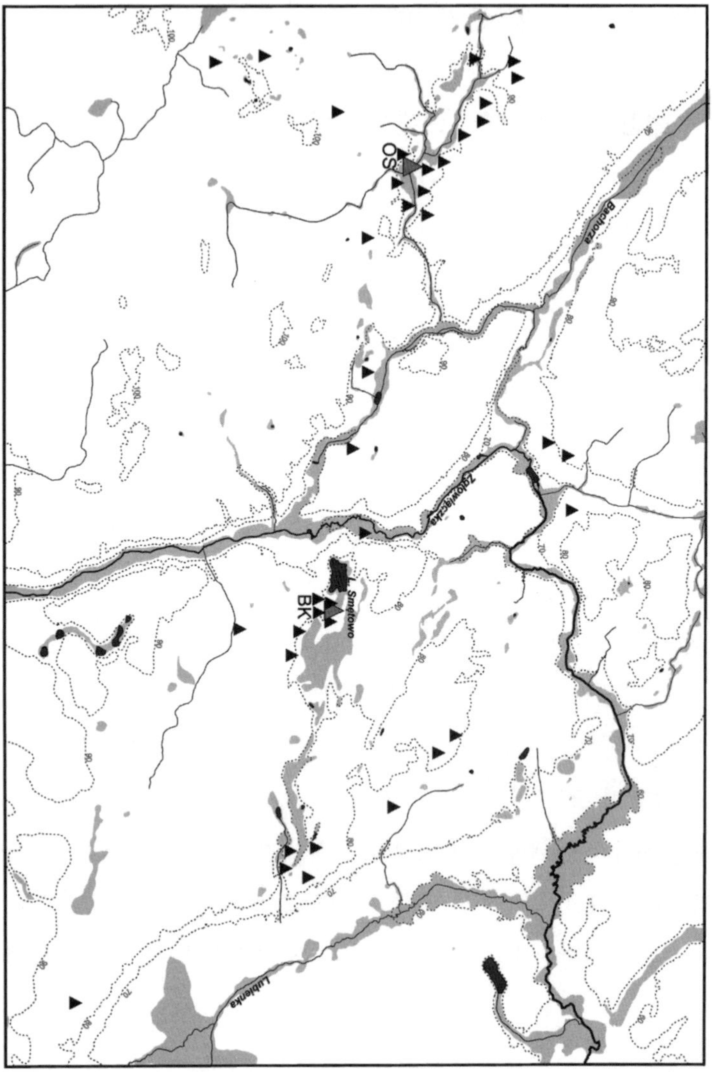

[그림 23-4] 브제시치 쿠야프스키 그룹 분포도
브제시치 쿠야프스키 인근 지역. BK: 브제시치 쿠야프스키, OS: 오스원키.

로 더 가서 A1 고속도로를 따라 스몰스크(Smólsk)와 크루신(Kruszyn)에 브제시치 쿠야프스키 그룹의 정착지들이 있었다. 이외에 미에호비체(Miechowice), 코나리(Konary), 자가예비체(Zagajewice) 등지에서도 브제시치 쿠야프스키 그룹의 정착지가 발견되었다.

브제시치 쿠야프스키 그룹의 대규모 정착지에는 몇 가지 고고학적 특징이 있었다. 특유의 사다리꼴 모양 평면의 롱하우스 유적, 롱하우스의 벽면을 바르기 위한 흙을 채취했던 큰 구덩이, 그보다는 크기가 작고 용도를 알 수 없는 구덩이, 건물 안에 있는 욕조 형태의 특이한 구덩이, 매장지 등이었다. 오스윈키의 경우 환호와 목책의 흔적이 남아 있었다(그림 23-5). 대체로 주거용 건물 유적과 구덩이가 공통적으로 발견되기 때문에, 이를 기준으로 정착지 유적의 시기를 세 단계로 나눌 수 있다. 먼저 "초기 단계(early phase)"는 기원전 4500년 이전으로, 소규모 롱하우스를 중심으로 농장이 형성되었다. 그다음으로 이어지는 "고전 단계(classic phase)"는 기원전 4500~4300년경이었는데, 정착지의 발전은 대부분 이 시기에 이루어졌다. 대규모 롱하우스가 건설되었고, 매장지 유적도 많아졌다. 마지막으로 "후기 단계(late phase)"는 기원전 4000년경까지 이어졌다. 그 이후로 브제시치 쿠야프스키 그룹은 서서히 사라져 갔다.

브제시치 쿠야프스키 그룹의 정착지에서 가장 놀라운 유적은 특유의 사다리꼴 롱하우스였다. 쿠야비 지역 전역에 걸쳐 10여 건의 사례가 확인되었다(그림 23-6). 대개는 20~40미터 길이에 중심축은 북서-남동 방향이었다. 남동쪽 끝은 너비가 5~8미터, 북서쪽 끝은 너비가 3~5미터였다. 건물의 기둥 자리는 하나씩 독립해서 파지 않고 건물 외곽선을

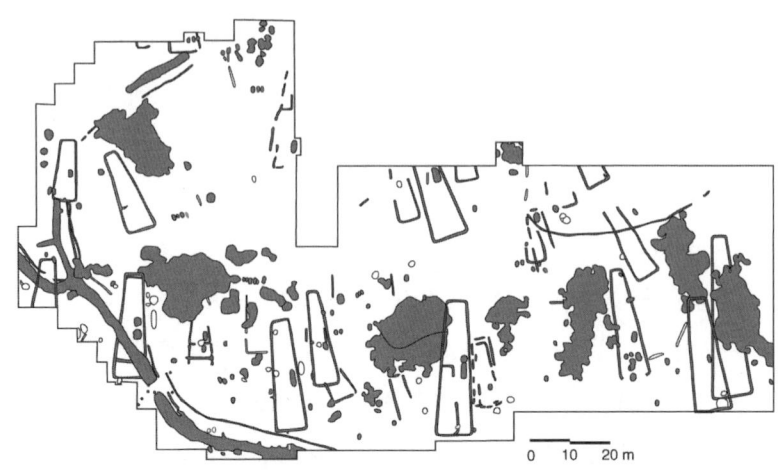

[그림 23-5] 브제시치 쿠야프스키 그룹의 정착지 평면도, 오스원키 유적

[그림 23-6] 브제시치 쿠야프스키 그룹의 집자리 유적, 미에호비체 발굴
각각의 집자리 안에 원형 구덩이가 보인다.

따라 하나의 긴 참호 형태로 도랑을 팠다. 그리고 기둥을 촘촘히 세워서 목책처럼 벽면을 만들었다. 도랑 밑바닥에 기둥의 흔적이 남아 있는데, 대부분은 통나무를 세로로 쪼개서 세웠던 것 같다. 기둥과 기둥 사이는 진흙으로 메웠다. 집 바로 옆에 구덩이를 파서 캐낸 진흙이었다. 지붕을 어떻게 만들었는지는 알 수 없다. 다만 건물의 중심축을 따라 경사 지붕을 만들었던 것으로 추정할 수 있다. 입구가 어디였는지도 파악이 쉽지 않다.

브제시치 쿠야프스키 그룹의 정착지에 있는 롱하우스에서, 전부는 아니지만 대부분의 경우 욕조 형태의 구덩이가 발견되었다. 주로는 집 중앙의 동쪽 벽 가까이에 위치했다. 오스윈키 유적에서 처음 주목을 받았는데, 다른 곳의 롱하우스 유적을 다시 검토하자 어디서나 비슷한 구덩이를 확인할 수 있었다. 형태와 크기로 보아 식량 저장용은 아니었던 것 같다(식량은 쥐나 곤충의 피해를 막기 위해 주로 높은 곳에 선반을 만들어서 저장했다). 그리고 욕조형 구덩이 안에서 인공 유물이나 뼈 혹은 곡물은 거의 발견된 적이 없었다. 그러나 거의 모든 롱하우스에서 일관되게 같은 형태의 구덩이가 발견되는 것으로 보아, 아마도 브제시치 쿠야프스키 그룹의 공통된 문화적 패턴으로서 의미가 있었을 수도 있다.

집 주변에 있는 커다란 구덩이는 집을 지을 때 벽을 채울 진흙을 채취하거나 토기를 만들 때 필요한 흙을 퍼낸 자리였다. 의도적으로 만들어진 구덩이가 아니기 때문에 그 안에 모서리나 갈라진 틈 혹은 굴이 많았다. 구덩이가 만들어진 다음에는 구덩이 주변의 흙이 무너져서 다시 흙이 채워지는 동안 물건을 가져다두거나, 혹은 찌꺼기나 쓰레기를 버리는 장소로 활용되었다. 일부 사례에서는 깨진 토기 파편이 집중적으로 모여 있는 가운데 나뭇조각, 동물 뼈, 곡물 등도 발견되었고, 또 다른 사례에서는 거의 아무것도 발견되지 않았다.

브제시치 쿠야프스키 토기는 몇 가지 기본 형태가 있었다. 각진 대접(carinated bowl)이나 암포라(amphora)도 기본 형태에 속했다. 표면 장식은 이전 LBK 문화의 사례에서 보던 것보다 훨씬 축소되어 있었다. 대개는 테두리와 허리 주위에 손가락으로 몇 개의 줄을 그은 자국이 전부였다. 손잡이를 덧붙이는 형태 또한 흔히 볼 수 있었다. 반죽에 강화 재질로 운모(雲母, mica)를 사용한 점도 이들 토기의 특징이었다.

브제시치 쿠야프스키에서 석기를 만든 사람들은 대부분 현지에서 구하기 쉬운 발트해 지역 특유의 표석(漂石, erratic rock)을 이용했다. 그러나 가능하면 수입된 원석도 사용했다. 그중에는 시비엥토크시스키에 산맥에서 나는 이른바 "초콜릿색 원석(chocolate flint)", 크라쿠프 고지대(Kraków uplands)에서 나는 쥐라기 시대에 생성된 원석, 폴란드 남동부 구석에 있는 볼히니아(Volhynia) 지역의 원석도 포함되어 있었다. 초콜릿색 원석으로 만든 돌날은 특히 동물의 뼈나 뿔 같은 단단한 재료를 가공할 때 즐겨 사용되었다. 간석기를 만들 때는 대부분 현지의 표석을 사용했다. 브제시치 쿠야프스키와 오스윈키 중간쯤에 있는 쿠치나(Kuczyna) 유적에서 발견된 도구를 전체적으로 비교 및 분석한 결과, 그곳에 나무꾼의 오두막이 있었던 것으로 추정된다. 돌도끼를 만들기 전의 원재료에서부터 오래 써서 닳아 못 쓰게 된 돌도끼까지 다양한 단계의 도구들이 발견되었다.[16]

16 R. Grygiel, 'The household cluster as a fundamental social unit of the Brześć

오스윈키에서 정착지 서쪽 경계로 거대한 환호가 발견되었는데, 한때는 물이 채워져 있었던 것으로 추정된다.[17] 남아 있는 환호의 깊이는 2미터 혹은 그 이상이었다. 환호를 조성할 때 파낸 흙으로 둑도 만든 것 같은데, 지금은 무너지고 그 자리에 농경지가 조성되어 형태가 남아 있지 않다. 오스윈키의 환호는 하나로 이어지지 않고 끊어진 부분이 있는데, 그 부분이 출입구였을 것이다. 그곳을 지나도 다시 목책이 가로막고 있어서 통과가 쉽지 않았을 것이다. 애초에 환호는 정착지를 구성하는 일부분이 아니었다. 환호가 기존에 있던 주거용 건물 자리를 절단하며 지나간 것으로 보아, 그사이에 정착지의 방어를 강화할 수밖에 없는 어떤 사건이 일어났던 모양이다. 환호 안 흙이 채워진 곳에 매장을 한 유적도 발견되었다. 따라서 정착지가 유지되는 동안 이미 환호가 다시 메워지기 시작했던 것으로 추정된다.

브제시치 쿠야프스키와 오스윈키의 주민들에 관해서 가장 풍부한 정보를 제공한 발굴 성과는 10여 기의 매장지 유적이었다. 브제시치 쿠야프스키 그룹의 매장지가 조성된 시기는 그들의 롱하우스 건축 시기와 일치했다. 따라서 롱하우스가 사라진 뒤 후대에 다른 누군가가 그들의 정착지를 매장지로 사용했을 가능성은 전혀 없다. 그보다는 롱하우스와 매장지가 동시에 정착지의 구성 요소였다. 처음에는 브제시치 쿠야프스키 그룹의 매장지가 정착지 안에서 불규칙하게 흩어져 있는 줄 알았는

Kujawski group of the Lengyel culture in the Polish lowlands', *Prace i Materialy Muzeum Archeologicznego i Etnograficznego* (seria archeologiczna), 31 (1986), 43-334 (220-38).
17 Grygiel and Bogucki, 'Early farmers in north-central Europe', 170.

데, 자세히 검토해본 결과 2~9기 정도의 매장지로 구성된 소규모 묘지 구역이 존재했던 것 같다. 이 작은 구역이 별도로 존재했다는 사실은 곧 조상을 기억하는 관습이 있었다는 명백한 증거이며, 추가로 무덤을 조성할 때는 기존의 무덤 옆에 터를 잡았다. 그렇다면 당시에는 묘지에 어떤 식으로든 표식이 있었을 것이다.

대부분의 무덤에서 유골은 웅크린 자세를 취한 채 팔은 가슴 위에 가지런히 놓여 있었다(그림 23-7). 브제시치 쿠야프스키 그룹의 초기 및 중기에 남성은 언제나 오른쪽에, 여성은 왼쪽에 놓였고, 머리는 남쪽 혹은 남동쪽을 향했다. 이런 관습이 어떤 의미였는지 우리는 알 수 없다. 그러나 이러한 관습이 근본적으로 중요한 이유는, 문화적으로 성별을 구분했다는 증거이기 때문이다. 브제시치 쿠야프스키 그룹의 후기에는 무덤의 구성 원칙이 혼란스러워져 기존의 관습에 부합하지 않았다. 구부린 자세도 있었고, 길게 펴진 자세도 있었고, 등을 위로 한 채 묻힌 경우도 있었으며, 머리의 방향도 일정하지 않았다. 대부분의 무덤에는 시신이 한 구만 묻혀 있었고, 가끔씩 두세 구가 매장된 무덤도 발견되었다.

많은 유골이 부장품과 함께 매장되어 있었다. 남성의 무덤에는 돌날 혹은 붉은사슴의 뿔로 만든 도끼, 여성의 무덤에는 주석으로 만든 장신구, 조개껍데기로 만든 구슬, 돌로 만든 구슬, 동물 뼈로 만든 팔찌 등이 부장되어 있었다. 붉은사슴의 뿔에 관해서는 뒤에서 다시 설명하겠지만, 일단 그것이 남성성의 상징이었던 것만은 분명하다. 조개껍데기는 둥근 모양으로, 강조개(genus Unio) 껍질을 분리하여 구멍을 뚫은 다음 실에 꿰어서 허리띠를 만들었다. 조개껍데기 구슬의 수가 수천 개에 달하는 허리띠도 있었다. 돌 구슬은 그보다 수가 적었는데, 대리석처럼 생긴 방

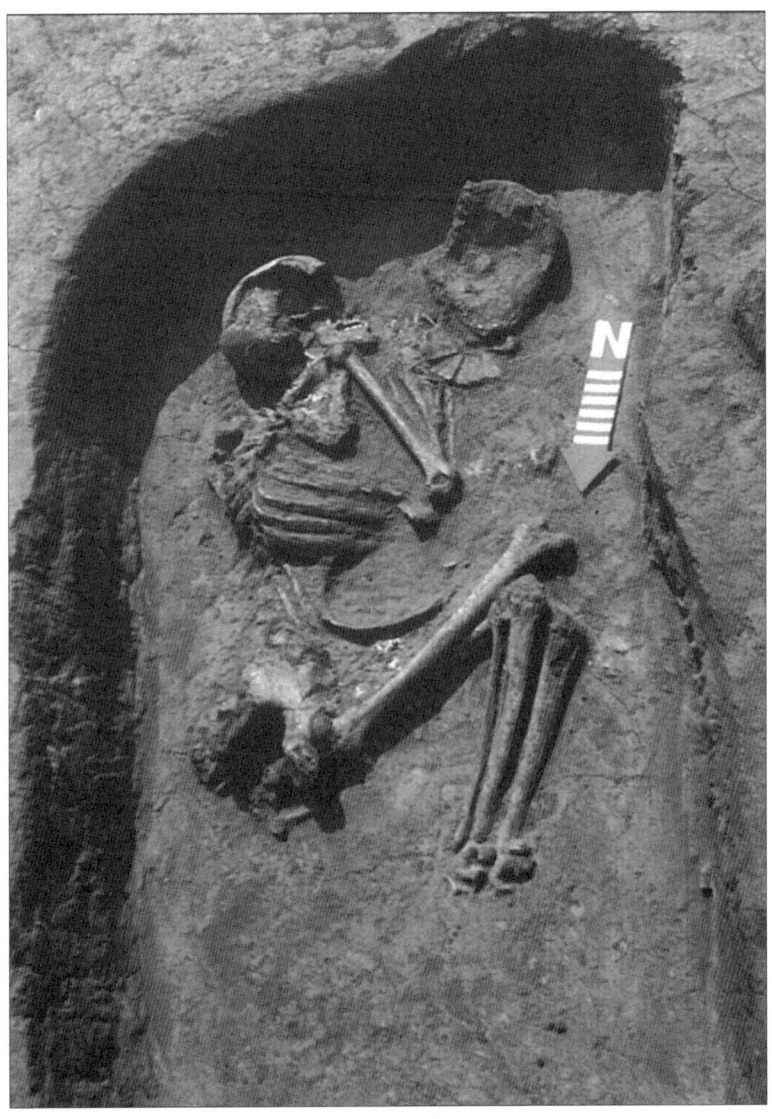

[그림 23-7] 브제시치 쿠야프스키 그룹의 매장지, 오스원키 유적
구리 유물이 부장되어 있다.

해석(calcite)으로 만든 것이었다. 뼈로 만든 팔찌는 위팔에 차는 것으로, 조그만 삼각형 문양을 새겨 장식했다. 수많은 장신구 혹은 부장품이 함께 묻힌 무덤이 있는가 하면, 아무것도 부장되지 않은 무덤도 있었다.

브제시치 쿠야프스키와 오스원키에서 발굴된 구리 유물은 유럽 중부 지역에서는 최초의 발굴 사례로 알려져 있으며, 제작 시기는 기원전 4500년경이다. 구리의 출처는 아직 확실히 밝혀지지 않았다. 그러나 비슷한 유물들이 그곳에서 수백 킬로미터나 떨어진 알프스 동부 지역에서 주로 발견되었다. 구리는 녹이고 두드려서 리본 모양이나 납작한 모양으로 만든 다음에 구슬, 목걸이, 모자용 장신구로 만들었다. 구리로 시신을 치장한 무덤도 있었지만, 구리가 하나도 없는 무덤도 있었다. 기원전 4500년경 잠시 구리가 등장한 이후로는 어느 순간부터 이어지지 않았고, 후대의 무덤에서는 금속을 제련한 장신구가 더 이상 발견되지 않았다. 브제시치 쿠야프스키와 불과 8킬로미터 떨어진 오스원키 유적에서 발굴된 구리는 전혀 다른 특징을 보였다.[18] 오스원키에서 발굴된 구리는 브제시치 쿠야프스키의 구리 유물보다 훨씬 더 공들여 만든 것이었다. 복잡한 구성의 목걸이와 구슬, 심지어 조그만 띠처럼 얇은 구리로 만든, 머리에 쓰는 관도 발견되었다.

브제시치 쿠야프스키에서 발굴된 이른바 "T자 모양 도끼"는 특히 주목할 필요가 있다. 붉은사슴의 단단한 뿔로 만든 도끼였는데, 사슴은 야생에서 잡은 것도 있었고 집에서 기른 것도 있었다. 사슴뿔을 자르고 부러트려 대가리에서 제거한 후 다시 가지마다 하나씩 부러트렸다. 두 번

---

18 Grygiel, *Neolit i Początki Epoki Brązu*, vol. ii, 1934-5.

째 가지를 부러트린 위치에 구멍을 뚫었는데, 아마도 그곳에 나무로 된 손잡이를 부착했던 것 같다. 부러트린 뿔의 끝 부분은 뭉툭했기 때문에 갈아서 날카롭게 만들었다. 이렇게 만든 도끼가 브제시치 쿠야프스키와 오스원키에서 현지 제작되었다는 것을 우리는 알고 있다. 도끼 제작을 위한 사슴 뼈와 잔가지가 현장에서 발굴되었기 때문이다. 도끼는 남성의 무덤에서 발견되었는데, 위치로 보아 매장 당시에는 손잡이를 달아서 시신의 손에 쥐어주었던 것으로 추정된다.

인류학자들도 브제시치 쿠야프스키와 오스원키를 비롯한 여러 유적에서 발굴된 유골들을 조사한 바 있다.[19] 유골에는 초기 농부들을 죽음으로 이끈 영양실조와 고된 노동의 흔적이 남아 있었다. 기아 때문에 생긴 안와 천공(cribra orbitalia) 사례가 무더기로 발견되었다. 오스원키에서 발굴된 어린이 유골의 80퍼센트, 성인 유골의 20퍼센트에서 그러한 흔적이 확인되었다. 어린 시절 치아 형성기의 영양 부족 때문에 생기는 법랑질 형성부전증(enamel hypoplasia)이 발견된 사례도 많았다. 오래 쪼그리고 앉는 자세에서 비롯된 종아리뼈 변형과, 신체적 문제 때문에 척추에 발생하는 쉬모를 결절(Schmorl's nodes)도 발견되었다. 치아가 음식을 씹는 것 말고 다른 용도로 쓰인 흔적도 있었다. 아래 앞니에 홈이 패어 있었는데, 이는 반복적으로 끈이나 실을 물고 당긴 행동의 흔적이었다.[20] 여성의 치아에서는 거의 예외 없이 앞니의 홈이 발견되었다. 그러

---

19 Ibid., vol. ii, 1811-50.
20 W. Lorkiewicz, 'Nonalimentary tooth use in the neolithic population of the Lengyel culture in central Poland (4600-4000 BC)', *American Journal of Physical Anthropology*, 144 (2011), 540-2.

므로 앞니 손상의 원인 행동은 여성에게 특화된 관행이었던 것 같다.

많은 유골에 폭력의 흔적이 남아 있었다(그림 23-8).[21] 남성 유골의 경우 거의 3분의 1이 "두개골 상부(above the hat line)"에 치명적 상처가 있었다. 무언가로 두개골을 강타당한 흔적이었다. 일부는 상처를 입은 뒤에도 생명이 유지되었지만 대개 치명상이었고, 두개골에 구멍이 난 경우가 많았다. 폭력의 희생자는 성인 남성만이 아니었다. 오스원키에서 발굴된 어떤 무덤에는 25~35세 여성의 유골이 한 구, 10세 및 4~6세 어린이의 유골이 한 구씩 있었다. 여성과 10세 어린이는 끝이 둥근 둔기로 머리를 맞아 사망했다. 상처의 크기는 그 지역에서 신석기 시대에 사용한, 사슴뿔로 만든 도끼의 크기와 일치했다.

브제시치 쿠야프스키에서는 동물 뼈가 많이 발견되었기 때문에, 당시의 동물 경제와 관련해서는 비교적 연구가 많이 되어 있는 편이다.[22] LBK 문화의 동물 경제에서는 소의 비중이 컸는데, 브제시치 쿠야프스키 그룹의 동물 경제는 이와 뚜렷한 대비를 이루었다. 여기서는 양과 염소가 더 많아진 것이 특징인데, 발굴된 자료의 30~40퍼센트를 차지했다. 돼지는 10~30퍼센트였다. 소는 40퍼센트 남짓으로 사육 동물 가운데 여전히 중요한 비중을 차지했지만, 동물 구성의 다양성 자체가 이전

---

21 W. Lorkiewicz, 'Skeletal trauma and violence among the early farmers of the North European Plain: evidence from Neolithic settlements of the Lengyel culture in Kuyavia, north-central Poland', in R. Schulting and L. Fibiger (eds.), *Sticks, Stones, and Broken Bones: Neolithic Violence in a European Perspective* (Oxford University Press, 2012), 56-67.
22 P. Bogucki, 'Animal exploitation by the Brześć Kujawski Group of the Lengyel culture', in Grygiel, *Neolit i Początki Epoki Brązu*, vol. ii, 1581-704 (1684-5).

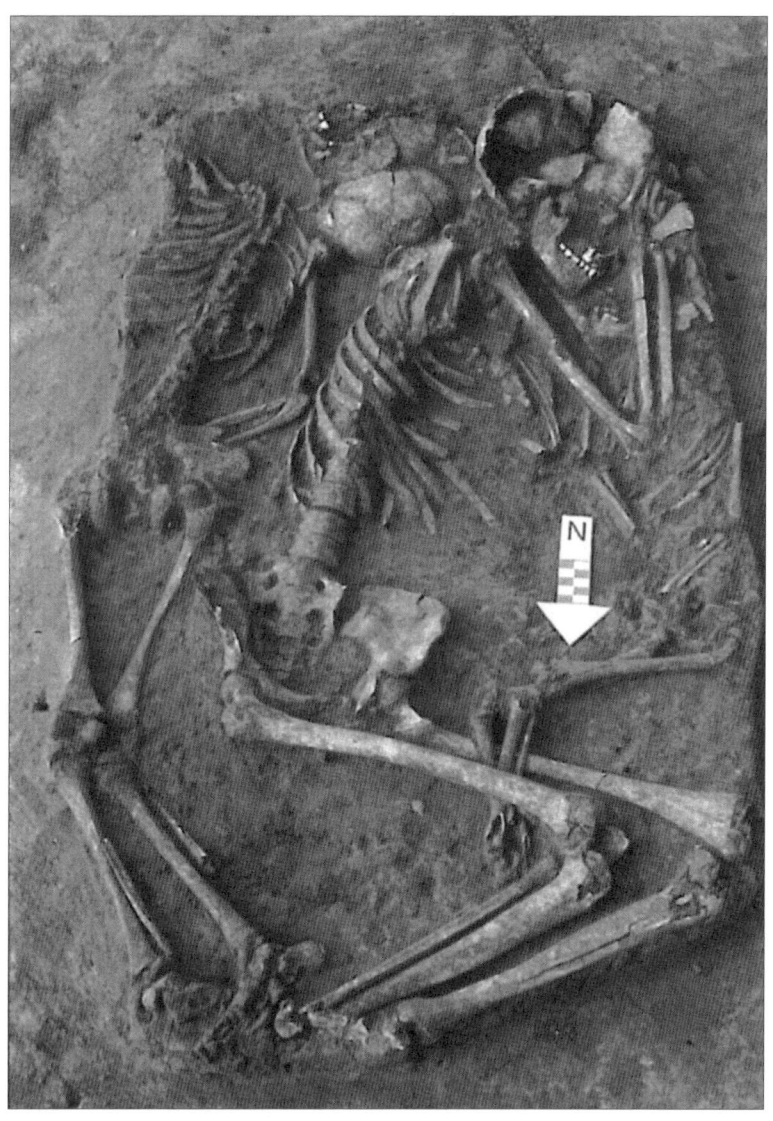

[그림 23-8] 공동 매장 사례, 오스원키 유적
폭력에 의해 여러 명이 한꺼번에 희생된 것으로 추정된다.

시대와는 확연히 달라진 모습이었다. 야생 동물의 비중은 선형토기 문화 시기보다 브제시치 쿠야프스키 그룹에게서 더 크게 나타났는데, 붉은사슴과 유럽 노루는 많지 않아도 모든 유적지에서 고르게 발견되었다. 사냥한 야생 동물은 예컨대 야생 말, 야생 돼지, 비버, 수달, 곰 등이 있었다. 브제시치 쿠야프스키 그룹은 이외에도 물고기, 새, 거북도 상당히 많이 잡아먹었다.

브제시치 쿠야프스키 그룹의 유적지에는 그들의 선조인 LBK 문화 유적지보다 식물고고학 자료가 훨씬 더 풍부하게 남아 있었다. 오스윈키와 미에호비체, 그리고 그 주변에 있는 알도나 비에니에크(Aldona Bieniek)에서 발굴된 탄화 식물의 흔적을 조사한 결과, 곡물을 대량 재배한 것으로 확인되었다. 재배 품종은 주로 밀이었고, 약간의 보리가 포함되어 있었다. 식물 유체 가운데 80퍼센트 이상이 밀 이삭이었다.[23] 야생종 식물 유체도 발견되었는데, 종류가 무척 많았고, 농경지에서 자라 곡물을 수확할 때 딸려 들어온 잡초의 유체와 의도적으로 채집한 야생 식물의 유체가 모두 남아 있었다. 오스윈키, 코나리, 미에호비체에서 발견된 식물 유체의 특이점은 곡물과 동유럽갈대(feathergrass, 즉 *Stipa pennata*)의 이삭이 많다는 점이다. 동유럽갈대는 우거진 낙엽수림보다 건조한 초원 지대에서 잘 사는 전형적인 온난건조 식물이다. 동유럽갈대의 이삭이 무엇에 사용되었는지는 알 수 없지만, 어딘가 굉장히 먼 곳에서 가지고 왔을 것 같지는 않다. 따라서 브제시치 쿠야프스키 그룹의 유적지에서 그토록 많은 동유럽갈대의 유체가 발견되었다는 사실은, 인

---

23 Bieniek, 'Neolithic plant husbandry', 328-33.

공적인지 자연적인지는 알 수 없지만 인근에 건조 식생대의 개활지가 존재했음을 의미한다.

여러 분야의 연구 성과 덕분에 우리는 오스원키와 그 주변의 미에호비체나 코나리 지역에 존재했던 브제시치 쿠야프스키 그룹 정착지의 생태 환경이 어떠했는지 추정해볼 수 있었다. 이들 세 지역은 모두 평원이었고, 빙하기 이후 남아 있던 얼음 덩어리가 녹는 과정에서 유기물 퇴적물이 쌓인 곳이었다.[24] 기원전 제5천년기에 그곳은 얕은 호수였기 때문에 주변의 토양이 씻겨 내려와서 부드러운 흙이 쌓였다. 그래서 평원에는 모래 성분이 많은 삼각주나, 렌즈 모양으로 볼록한 퇴적층이 곳곳에 형성되었다. 이외에도 호수의 둘레를 따라 광물과 탄화 물질이 남아 있는데, 이는 활발한 인간 활동의 흔적이었다. 연체동물의 흔적 중에서 달팽이의 흔적이 많은 것 또한 근처 육지의 토양이 호수로 흘러들었음을 의미한다. 물벼룩(*Cladocera*) 품종이 처음에는 저영양 상태에서 번성하는 종에서 나중에는 고영양 상태에서 번성하는 종으로 바뀌었는데, 이는 인간과 동물의 배설물 등 쓰레기가 호수로 흘러들었기 때문이다. 미에호비체 지역에서 이러한 지표들은 LBK 문화 시기에 전혀 나타나지 않았으며, 이후 브제시치 쿠야프스키 그룹이 그곳에 정착하면서 나타났고 오래도록 지속되었다.

그러는 동안 시공간에 따라 지역별 특징이 달라졌다. 코어를 추출하여 꽃가루를 분석해본 결과, 자연 생태계가 인위적으로 교란된 흔적이

---

[24] P. Bogucki et al., 'Multiproxy environmental archaeology of Neolithic settlements at Osłonki, Poland, 5500-4000 BC', *Environmental Archaeology*, 17/1 (2012), 45-65 (60-3).

간헐적으로 끊어지는 시기가 있었다. 그러나 이는 퇴적층이 화석화되는 과정에서 곡물의 꽃가루가 부식되었기 때문이다. 약간의 간극을 지나면, 꽃가루를 통해 본 숲의 구성은 별다른 변화가 없는 것으로 (즉 인위적 교란 상태가 지속되는 것으로) 나타났다. 주변의 토양이 호수로 흘러드는 과정이 끝나자 물벼룩 품종은 다시 저영양 상태에서 번성하는 종으로 바뀌었다. 그러나 오스원키, 미에호비체, 코나리 지역에 국한해서는 기원전 제5천년기 중엽에 고생태학적 징후가 뚜렷이 나타났다. 그곳에 살던 사람과 동물이 정착지 인근의 자연환경을 바꾸어놓은 결과였다.

브제시치 쿠야프스키와 오스원키를 비롯한 여러 유적에서 발견된 풍부한 고고학 자료를 근거로, 우리는 제5천년기 쿠야비 지역에서 번성했던 신석기 사회를 재구성할 수 있게 되었다. 주거 및 의사 결정의 기본 단위는 가구였다. 그들은 가구 단위로 롱하우스에서 같이 거주했고, 근처의 무덤에 망자를 매장했으며, 롱하우스 옆에 붙어 있는 구덩이에 쓰레기를 버렸다.[25] 어느 한 시점을 기준으로 보면 브제시치 쿠야프스키나 오스원키 같은 대규모 정착지에는 롱하우스 여러 가구가 함께 밀집되어 있었고, 미에호비체나 피쿠트코보 같은 소규모 정착지에는 롱하우스 한두 가구가 있었다. 한 가구의 내부적 구성원이 어떻게 되었는지 우리는 알지 못한다. 다만 여러 세대가 한 지붕 아래 모여 살았던 것으로 추정된다. 세대를 거듭하는 동안 일부 롱하우스는 건물을 확장하거나 다시 건축하기도 했다.

---

25 P. Bogucki and R. Grygiel, 'The household cluster at Brześć Kujawski 3: small-site methodology in the Polish lowlands', *World Archaeology*, 13/1 (1981), 59-72 (63-8).

시간이 지나면서 새로운 가구가 형성되었고, 그들이 살아갈 새로운 롱하우스가 필요해졌다. 새 집이 건축되면 그곳에서 새롭게 세대의 순환이 시작되었고, 동시에 어떤 롱하우스에서는 사람들이 줄어들다 사라지고 건물은 빈집으로 방치되었다. 브제시치 쿠야프스키와 오스윈키에서 발굴된 많은 롱하우스 유적에는 여러 세대를 거듭하며 이용한 흔적이 남아 있었다. 어떤 롱하우스는 때로 일부가 허물어지고 재건축되기도 했다. 정착지가 오래도록 지속되었다는 사실은 브제시치 쿠야프스키와 오스윈키 등 여러 유적지에서 발견된 매장지 유적을 통해서도 알 수 있었다. 우리가 보기에 이와 같이 장시간 유지된 특정 정착지는 "전략적" 입지 선택의 결과를 반영하고 있었다. 즉 그곳은 대규모 곡물 경작과 가축 사육을 위주로 하고, 고기잡이와 사냥을 부차적으로 하는 생활경제의 입장에서 유리한 곳이었다.[26]

일부 매장지에서는 부장품이 풍부하게 발견되었다. 이를 근거로 사회적 차별이 존재했다는 해석도 가능하겠지만, 브제시치 쿠야프스키에서 계급 혹은 제도적 리더십이 지속적으로 유지되었다는 확고한 근거는 아직 찾지 못했다. 오히려 당시 사회는 초평등주의(transegalitarian) 사회(중부 이베리아반도의 청동기 문화를 분석할 때 도입된 개념으로, 평등주의를 벗어나기 시작한 사회 – 옮긴이)였을 것 같다. 초평등주의란 가치의 획득 혹은 상실에 따라 가구들 간 사회적 지위의 격차가 일시적으로 형성되었다가 시간이 지나면서 사라지기도 하는 사회적 특성을 의미한다. 각 가구는 공동의 관심사에 따라 특정 파벌에 소속되기도 하고, 다른 공동

---

26 Bogucki, 'Tactical and strategic settlements', 243.

체 혹은 외부 집단과 동맹을 맺기도 했을 것이다.

그곳에 사는 사람들의 삶은 쉽지 않았다. 유골에 남겨진 흔적으로 보아 그들은 영양 부족과 고된 노동에 시달렸다. 그곳 공동체에서는 폭력 또한 일상적이었다. 유골에 남아 있는 치명적 상처는, 앞에서 언급했듯이 당시에 사용하던 사슴뿔로 만든 "T자형 도끼"에 맞은 흔적이었다. 더욱이 오스원키와 브제시치 쿠야프스키의 고전 시기(classic phase)에는 화재로 집이 파괴된 흔적과, 재건축되거나 폐허가 된 흔적이 남아 있었다. 이러한 흔적이 나타난 직후인 기원전 4300년경, 오스원키에서 정착지의 방어 시설로 환호를 판 흔적이 발견되었다. 사슴뿔 도끼와 활 같은 무기가 남자들의 무덤에 부장되어 있었는데, 이는 그들의 전투 능력을 기념하기 위한 유물이었을 것이다. 아마도 내부적 긴장이 강화되고 사회적 불평등이 지속되면서 파벌 간 분쟁도 심화되었을 테고, 그것이 결국 브제시치 쿠야프스키 그룹의 쇠락을 가져왔던 것 같다.

브제시치 쿠야프스키 그룹의 사람들은 남쪽이나 서쪽으로 멀리 떨어진 곳에 있는 농업 공동체와도 접촉 관계를 유지했다. 서로 연결된 관계망을 통해 실레시아(Silesia)와 보헤미아(Bohemia) 지역으로부터 구리와 방해석을 수입했다. 또한 그들이 수입한 고품질 석기 원석은 폴란드 남부 및 남동부 지방이 원산지였다. 롱하우스나 집단 매장지뿐만 아니라 공통된 토기 양식 등의 문화적 관습을 보면, 브제시치 쿠야프스키 그룹은 1000여 년 전부터 LBK 문화에 의해 형성된 도나우강 유역의 문화적 전통에 분명하게 소속되어 있었다.

그러나 동시에 쿠야비 지역은 문화적 변경 지대로, 도나우강 유역의 전통과 발트해 평원(Baltic basin)의 포레이저 문화가 만나는 곳이었다.[27]

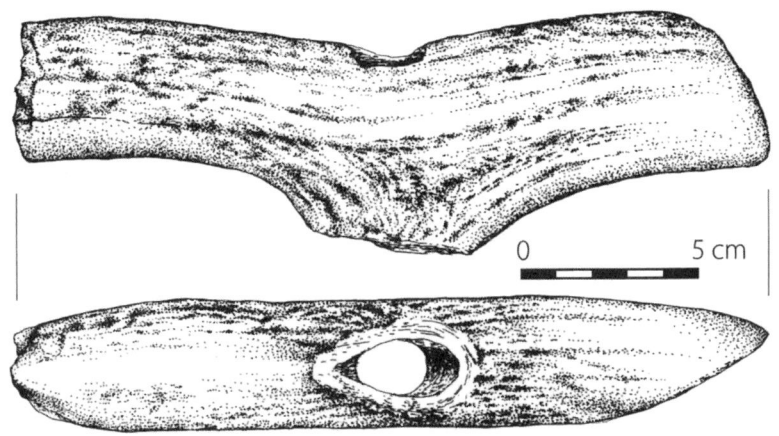

[그림 23-9] 브제시치 쿠야프스키 그룹의 사슴뿔 도끼, 오스원키 유적

오스원키와 브제시치 쿠야프스키 지역의 사람들은 사슴뿔로 만든 T자형 도끼 같은 도구를 만들어 사용했고, 심지어 사람을 죽이는 데에도 이 도구를 사용했으며, 마침내 그것을 사용한 남성의 무덤 부장품으로 묻었다. 이러한 도구는 기원전 제5천년기 중석기 시대에 유행한 것들이었다(그림 23-9). 동물 뼈에 삼각형 문양을 연속해서 새기는 장식은 발트해 평원 지역에서도 발견되었다. 쿠야비 지역은 발트해 해안에서 카누를 타고 잔잔한 강줄기를 따라 가면 며칠 안에 도달할 수 있는 곳이었

---

27 P. Bogucki, 'The Danubian-Baltic borderland: northern Poland in the fifth millennium BC', in H. Fokkens et al. (eds.), *Between Foraging and Farming: An Extended Broad Spectrum of Papers Presented to Leendert Louwe Kooijmans*, Analecta Praehistorica Leidensia 40 (Leiden University Press, 2008), 53.

다. 그러므로 발트해 평원의 포레이저와 쿠야비의 농부는 서로의 존재를 알고 있었을 것이다. 남서부 발트해 지역 기원전 제5천년기 말엽의 유적지에서 사육종 소의 뼈가 발견되기도 했다. 이로 보아 변경 지역은 단절의 장애물이 아니라 문화가 서로 삼투하는 점이 지대였다.

그러나 브제시치 쿠야프스키 그룹의 종말과 관련해서 풀리지 않는 오랜 의문이 남아 있다. 폴란드 남부는 마침내 새로운 신석기 문화로 대체되었다. 이를 푼넬비커 문화(Funnel Beaker culture)라 한다. 정착지와 매장 풍습의 성격이 이전과는 확연히 달라졌다. 기원전 4300년을 전후로 나타나는 폭력의 흔적은 쇠락의 시작이었다. 이후로 매장 풍습은 기존의 전통에서 벗어났고, 소규모 정착지들은 일부 방치되기도 했다. 그러나 그것이 브제시치 쿠야프스키 그룹 종말의 직접적 원인은 아니었다. 한 가지 가능성을 꼽자면, 지나친 토지 이용으로 지속 가능한 생산이 불가능해졌을 수도 있다. 그러나 이런 가설로는 전체적으로 충분한 설명이 되지 못한다. 왜냐하면 생태 환경은 금세 회복되었기 때문이다. 아마도 기존의 도나우강 유역 전통 문화로는 새롭게 이주해 오는 다양한 사람들을 만족시키지 못했고, 새로운 푼넬비커 문화가 결국 수용성이 더 뛰어났을 수도 있다.

그럼에도 불구하고 브제시치 쿠야프스키 그룹의 영향을 과소평가해서는 안 된다. 그들의 정착지는 여러 세대를 거치는 동안 유지되었고, 북유럽 평원에서 최초로 성공한 농업 공동체가 바로 그들이었다. 그들의 생활 경제는 쿠야비 지역의 풍요로움을 바탕으로 집약적 작물 재배와 가축 사육을 혼합한 농업 경제였다. 그들의 유산은 북유럽 평원 토착 포레이저 문화의 변화를 이끌어냈다. 푼넬비커 문화의 유적지는 그들의 정착지 근처에 위치했는데, 롱하우스 건축과 흙을 쌓아 만든 긴 언덕은 흔히 공통점으로 지적되는 요소들이다. 그러나 아직 밝혀져야 할 부분이 많이 남아 있다. 미래의 고고학 연구에 있어서 브제시치 쿠야프스키 그룹은 많은 도전 과제와 보상을 제공할 것이다.

더 읽어보기

Bieniek, A. 'Neolithic plant husbandry in the Kujawy region of central Poland.' In S. Colledge and J. Conolly (eds.), *The Origins and Spread of Domestic Plants in Southwest Asia and Europe.* Walnut Creek, CA: Left Coast Press, 2007. 327-42.

Bogucki, P. 'Tactical and strategic settlements in the early Neolithic of lowland Poland.' *Journal of Anthropological Research*, 35 (1979), 238-46.

_____. *Early Neolithic Subsistence and Settlement in the Polish Lowlands.* Oxford: British Archaeological Reports, 1982.

_____. 'Neolithic dispersals in riverine interior central Europe.' In A. Ammerman and P. Biagi (eds.), *The Widening Harvest: The Neolithic Transition in Europe: Looking Back, Looking Forward.* Boston: Archaeological Institute of America, 2003. 249-72.

_____. 'Animal exploitation by the Brześć Kujawski Group of the Lengyel culture.' In Grygiel, *Neolit i Początki Epoki Brązu*. vol. ii, 2008, 1581-704.

_____. 'The Danubian-Baltic borderland: northern Poland in the fifth millennium BC.' In H. Fokkens et al. (eds.), *Between Foraging and Farming: An Extended Broad Spectrum of Papers Presented to Leendert Louwe Kooijmans.* Analecta Praehistorica Leidensia 40. Leiden University Press, 2008. 51-65.

Bogucki, P. and R. Grygiel. 'The household cluster at Brześć Kujawski 3: small-site methodology in the Polish lowlands.' *World Archaeology*, 13 (1981), 59-72.

_____. 'Early farmers of the North European Plain.' *Scientific American*, 248/4 (1983), 104-12.

Bogucki, P., D. Nalepka, R. Grygiel, and B. Nowaczyk. 'Multiproxy environmental archaeology of Neolithic settlements at Osłonki, Poland, 5500-4000 BC.' *Environmental Archaeology*, 17/1 (2012), 45-65.

Grygiel, R. 'Household cluster as a fundamental social unit of the Brześć Kujawski Group of the Lengyel culture in the Polish lowlands.' *Prace i Materialy Muzeum Archeologicznego i Etnograficznego* (seria archeologiczna), 31 (1986), 43-334.

_____. *Neolit i Początki Epoki Brązu w Rejonie Brzesścia Kujawskiego i Osłonek (The Neolithic and Early Bronze Age in the Brześć Kujawski and Osłonki Region).* 2 vols. Łódź: Konrad Jażdżewski Foundation for Archaeological Research, Museum of Archaeology and Ethnography, 2004-8.

Grygiel, R. and P. Bogucki. 'Early farmers in north-central Europe: 1989-1994 excavations at Osłonki, Poland.' *Journal of Field Archaeology*, 24 (1997), 161-78.

Jażdżewski, K. 'Cmentarzyska kultury ceramiki wstęgowej i związane z nimi ślady osadnictwa w Brześciu Kujawskim.' *Wiadomości Archeologiczne*, 15 (1938), 1-105.

Lorkiewicz, W. 'Nonalimentary tooth use in the Neolithic population of the Lengyel culture in central Poland (4600-4000 BC).' *American Journal of Physical Anthropology*, 144 (2011), 538-51.

———. 'Skeletal trauma and violence among the early farmers of the North European Plain: evidence from Neolithic settlements of the Lengyel culture in Kuyavia, north-central Poland.' In R. Schulting and L. Fibiger (eds.), *Sticks, Stones, and Broken Bones: Neolithic Violence in a European Perspective*. Oxford University Press, 2012. 51-76.

Pyzel, J. 'Preliminary results of large scale emergency excavations in Ludwinowo 7, comm. Włocławek.' In R. Smolnik (ed.), *Siedlungsstruktur und Kulturwandel in der Bandkeramik: Beitrage der internationalen Tagung 'Neue Fragen zur Bandkeramik oder alles beim Alten?!'* Dresden: Landesamt für Archäologie, 2012. 160-6.

Salque, M., P. Bogucki, J. Pyzel, et al. 'Earliest evidence for cheese making in the sixth millennium BC in northern Europe.' *Nature*, 493 (2013), 522-5.

케임브리지 세계사 04
농업과 세계사 2
지역별 농업의 기원

2021년 7월 15일 1판 1쇄

그레이엄 바커 · 캔디스 가우처 편집
류충기 옮김

펴낸곳 : (주)소와당笑臥堂 | 신고 번호 : 제313-2008-5호
주소 : (03994) 서울시 마포구 연남로 13(영상빌딩 3층)
전화 : (02)325-9813
팩스 : (02)6280-9185
전자우편 : sowadang@gmail.com

저작권자와 맺은 협의에 따라 인지를 생략합니다.
값은 뒤표지에 적혀 있습니다.
잘못 만든 책은 서점에서 바꾸어 드립니다.

ISBN 978-89-6722-032-7 94900
ISBN 978-89-6722-028-0 94900 (세트)